신비한 동양철학 · 66

四柱學

글갈 丁大燁 先生 著

삼한

글갈 정대엽

국립 전북대학교 상과대학 졸업
저서 『운명을 팝니다』
　　　『이야기 사주학』
현재 명보철학원 원장

전화 02-2696-6448
　　　010-3123-4100

사주학
──────────────────────

1판 1쇄 인쇄일 | 2005년 10월 10일
1판 1쇄 발행일 | 2005년 10월 16일

발행처 | 삼한출판사
발행인 | 김충호
지은이 | 정대엽

등록일 | 1975년 10월 18일
등록번호 | 제13-47호

서울·동대문구 신설동 103-6호 아세아빌딩 201호
대표전화 (02) 2231-4460
팩시밀리 (02) 2231-4461

값 46,000원
ISBN 89-7460-107-9　03180

한가할 때 시간을 헛되이 보내지 않으면 바쁠 때에 받아 쓸

이 있고 고요할 때 마음을 흐리멍덩하게 두지 않으면 움직

일 때에 받아 쓸이 있으며 어두운 곳에서 숨기고 숨기지 아

니하면 밝은 곳에서 받아 쓸이 있을 것이다

갑신년 가을 채근담에서 적다 글갈 정미영

■ 自序

이 책은 사주학을 체계적으로 공부하려는 학도들을 위해서 꼭 알아두어야 할 내용들과 용어들을 수록하는데 중점을 두었다. 이 학문을 공부하려고 많은 사람들이 필자를 찾아 왔을 때 여러 가지 질문을 던져보면 거의 기초 지식이 시원치 않음을 보았다. 그런 상태로 사주 읽기를 하려고 하니 제대로 될 리가 없는 것이다. 그러므로 용어를 포함한 제반 지식을 골고루 습득하여 이 학문에 접근해야 빠른 시일 내에 소기의 목적을 달성할 수 있을 것이다.

사주학을 공부하는데 가장 중요한 것은 각각의 사주를 대할 때마다 그 사주에서 긴히 사용 하고자 하는 오행을 일일이 찾는 법이 핵심이다. 그것을 용신(用神)이라고 말하는데 그것만 찾아 냈다하면 어떤 사주든 거의 다 해석할 수 있기 때문에 매우 중요한 작업이다. 그런데 이 용신(用神)을 찾기란 예상보다 간단치가 않아서 사주학을 백날 천날 공부해도 뭐가 뭔지 체계가 잡히지 않아 대다수 사주 학도들이 오리무중에 빠지고 만다. 그도 그럴 것이 용신(用神)을 찾는 방법이 헤아릴 수 없이 많기 때문이다.

이 책은 그 많은 방법들을 옛 명서(命書)의 경전들인 '연해자평(淵海自平)'과 '명리정종(命理正宗)' 그리고 '적천수(滴天隨)'와 '궁통보감(窮通寶鑑)' 및 '삼명통회(三命通會)' 등과 필자의 임상실험에서도 얻은 약 2백여 개의 용어들을 구체적으로 소개해서 독자들로 하여금 용신(用神)을 잘 찾아낼 수 있도록 체계화 하는데 중점을 두었다. 그러므로 이 학술서를 탐독하고 나면 그렇지 않는 사람들에 비해 아마도 엄청난 세월을 단축해서 용신(用神) 찾는 방법을 정확하게 터득 하리라. 그러니까 한마디로 이 책은 용신정법(用神定法)의 지름길인 셈 이라고 나 할까.

체계적인 학술서를 공부하지 않고 용신(用神)을 찾아내려고 발버둥치는 것은 마치 복권을 사서 단박에 어려움을 해소해 보려는 무모한 짓이나 다름이 없는 것이다. 특히 사주학을 독학하는 사람들은 더욱 그럴 공산이 큰 것이다. 행여나 용신(用神)을 쉽게 찾는 법을 터득할 수 있지 않을까 하고, 이 책 저 책들을 섭렵해서 짜깁기를 해보지만 제대로 체계가 잡히지 않아 낙심하거나 포기 내지는 그냥 저냥 감정(鑑定)하면 된다는 심산이 들 때가 있을 지도 모를 일이다.

이 책은 그런 상황에 빠진 독자들에게 어쩌면 빠른 길라잡이가 될 수 있을 것으로 확신한다. 다만 초보자에게 이 책은 소화가 쉽지 않을 것이므로 사주학을 체계적으로 배우려는 사람은 본서 부록편을 탐독한 후에 읽기를 권한다. 왜냐하면 부록편은 사주학의 기초 학문이기 때문이다. 그것을 익힌 뒤에 본서를 보면 누구든 능히 소화할 수 있다. 아무튼 학문은 요행을 불허한다.

하나 첨부해서 말하면 유옥순(柳玉順) 씨에게 특별히 감사한다. 그녀는 사주학에 대해 문외한 이었는데 필자에게 거의 2년여 동안을 연속적으로 공부해서 나와 거의 동등한 실력에 육박했다. 그녀를 상대로 강의하다 보니 이 책이 마련된 동기가 되었기 때문에 특별히 그녀에게 감사하지 않을 수 없다. 그녀는 이 책의 교정에도 남다른 성의를 보여 주었다. 끝으로 그 동안 필자가 내놓은 두 책을 읽고 방방곡곡에서 계속 보내주고 있는 격려의 전화와 서신의 주인공들에게 이 자리를 빌려 한울의 공덕(空德) 이 동행하기를 기원한다.

■ 일러두기

초보자는 반드시 부록편을 먼저 공부하기 바란다. 왜냐하면 그
것은 사주학의 기초편이기 때문이다.

사주학을 바르게 공부하려면 그 학문에서 사용하는 전문 용어
들을 익혀야 한다. 최소한 이 책에 소개된 약 2백 여 개의 용어
들을 익혀두지 않으면 사주학자 라고 말하기 어려운 것이다. 이
책은 그 용어들을 가나다의 순서로 배열시켜 언제나 손쉽게 찾
아보도록 했다.

예조가 풍부해야 실력을 더 많이 쌓을 수 있기 때문에 본서에
는 500조 이상을 인용했다.

예조들을 설명하면서 가령 37년 생 또는 50년 생, 67년 생 이
렇게 소개된 것은 모두 1900년대의 사람들이다.

사주를 설명할 때 어떤 용어 끝에 ✣표시는 본서에 그 용어 편
(마당 또는 장)이 있다는 기호이다. 그 까닭은 그곳을 찾아서
그 용어를 더욱 확실하게 이해하도록 한 것이다.

이 책도 다른 전문서적을 읽을 때처럼 처음에는 대강 읽어나가
고, 두 번째는 대충 이해하면서 읽고, 세 번째는 완전히 이해하
면서 읽어야 한다. 처음부터 완전히 소화 하면서 읽으려면 다른
전문 서적처럼 중도에 실증을 느껴 책을 덮어버리는 수도 생긴
다. 그러므로 처음에 대강 읽어두고 다음번에 또 보면 읽고 있
는 단원이 다른 어떤 단원과 연결이 되면서 상호 이해가 잘 될
것이다.

< 500조 중에는 이런 인물들도 들어 있음 >
　　ㄱ 김대중 대통령-104조
　　　　장군의 아들 김두환-182조
　　　　인촌 김성수-203조
　　　　김영삼 대통령-1조
　　　　김좌진 장군-342조
　　　　김정일 북한지도자-241조
　　　　김재규 정보부장-129조
　　　　강희제(康熙帝)-147조
　　ㄴ 노태우 대통령-504조
　　ㅂ 박정희 대통령-103조
　　　　박태준 철강왕-105조

ㄱ부

〚 가색격(稼穡格) 〛

심을 가(稼)자에 거둘 색(穡)자이니 곡식을 심고 추수하는 격이라는 뜻이다. 씨를 뿌리는 목적은 거두어 이기 위해서다. 추수를 못한다면 씨를 심을 필요가 없는데 어떤 경우 씨만 뿌리고 거두는 작업을 못하는 사주가 적지 않다. 이 격은 신주가 戊土나 己土로서 사주에 土들이 많고 그 土를 생조하는 火가 많은 명조로 土는 흙으로써 주로 인간들이 먹고사는 곡식을 재배하는 땅이다.

겁재 戊(土土)辰 겁재
편관 乙(木土)丑 비견　丙 丁 戊 己 庚 辛 壬
신주 己(土土)未 비견　寅 卯 辰 巳 午 未 申
정관 甲(木土)戌 겁재　1조

이 사주는 제 14대 대통령이 된 김영삼씨가 담겨진 명조다. 본조(本造)는 지지(地支)에 辰戌丑未가 모두 있어 기관팔방(氣貫八方)⁺격이다.「홍범」(洪範)에 이르기를 "辰戌丑未가 전부 있으면 이것은 곧 재고(財庫)이니 부귀가 높은 명조자(命造者)다."라고 했으며,「보」(補)에서는 "辰戌丑未가 모두 있으면 이것은 사고격(四庫格)이니 남명(男命)일 경우 천자의 지위가 될 것인 바 제왕의 자리를 순(順)하게 얻는다."고 하였다. 그리고「벽연부」(碧淵賦)에도 "戊己土日이 사계(四季)-辰戌丑未月-에 출생하고 土氣가 모두 있으면 영광과 명예로운 고관대작의 직책을 두루두루 역임한다."고 했다.

그 외에 이 사주는 土일생이 土가 많아서 가색격(稼穡格)도 구성했고, 甲己合土가 土왕절의 丑월에 태어나 土가 많으므로 土로 변한 土화격(化格)⁺도 겸했다. 土화격(化格)⁺은 화신(化神)인 土가 풍족할수록 더욱 미명(美命)이고, 화신을 생조하는 火와 火운을 반기며 화신을 극하는 木은 병신이고, 水는 구신이다. 그런데 이 명기는 병신인 乙木이 있다. 하지만 그 밑(곁)에 있는 丑중 辛金에게 벌목을 당해서-자좌살지(自坐殺地)⁺-유야무야하다. 그러나 그 흔적은 남아 있으므로 水木운을 만날 때 되살아날 위험이 도사리고 있다.

이제 운행을 보기로 하자.

먼저 丙寅과 丁卯의 火木은 배치가 木生火니 화기(火氣)가 강해진 용신(用神)운이다. 그래서 그는 26세에 전국에서 최연소의 나이로 국회의원에 당선한 뒤 戊己의 土운과 巳午未의 火方운에 아홉 번이나 국회에 진출했고, 47세에는 제일 야당의 당수가 되었다. 그러다 辛未운행에는 未중 병신인 乙木이 고개를 들고 나와 작용했기 때문에 53세 1980년 신군부에 의한 삼김(三金:김영삼 김종필 김대중) 동결작전에 걸려 그 해 8월 13일 정계은퇴 선언을 하였다. 그 후 번복하고 다시 정계에 복귀한 뒤 未土운행 중 64세(壬申년)에 대통령에 당선 되었다.

한편, 모친성이자 인성인 火가 표면에 없어서 분명하지 못한 가운데 未중 丁火와 戌중 丁火로 둘이 있으면서 辰戌과 丑未가 각각 충극하여 모두 손상을 당했다. 그래서 생모는 6.25때 횡사했고, 모외유모(母外有母)⁺했으며, 형제자매에 속한 土가 많아 1남5여 중 외아들로 태어났다. 그리고 부모 터인 월주와 내 몸인 일주가 丑未로 형충되어 부모와 별거했고, 자녀성인 관성의 木은 乙木과 甲木으로 둘이고, 甲己가 합(딸)하여 2남3여를 두었다.

그런데 앞에 있는 乙木은 그 옆에 있는 丑중 辛金에게 극을 당하여 손상된 바람에 시원치 않은 형상이고, 甲木은 나(신주)와 甲己로 합하여 유정한 형상이다. 그렇지만 未戌의 형살 위에 놓여 형벌을 받을 형국이다. 그래서 차남이 丁丑년에 수감되어 몇 개월 고생했다.

그런데 이상하게도 그가 1993년 2월에 취임한 뒤로 전국 곳곳에서 대형사고가 계속 터졌다. 예를 들면 1993년 3월에는 부산 구포역 열차 사고로 78명이 그 자리에서 숨지고 4월에는 논산 정신병원의 화재로 34명이 사거(死去)했으며, 7월에는 목포행 비행기가 추락하여 66명이 비명에 횡사했고, 10월에는 위도에서 여객선이 침몰하여 294명이 희생되었다.

그런가 하면 이듬해 10월에 성수대교가 붕괴되어 32명이 한순간에 수장(水葬)되었고, 같은 달 유람선인 충주호 화재사건으로 30명이 화장(火葬)되었으며, 12월에는 서울 아현동 가스 폭발 사고로 불바다 속에 12명이 목숨을 잃었다. 그런가하면 1995년 2월에는 한진해운 화재로 19명, 4월에는 대구 지하철 가스폭발로 101명 또 6월에는 삼풍백화점 붕괴로 500여명이 순식간에 생매장되어 생지옥이 되었다.

게다가 임기 말에는 IMF까지 터져 민심이 흉흉해졌고 각 신문마다 김정권이 내건 '세계화'를 '별난 세계화' 또는 '사고 공화국' 혹은 '국가 관리 능력을 믿을 수 있겠는가? 하고 대서특필했다. 그 바람에 국정이 마비되다시피 했다. 아무튼 癸酉운행 중 乙酉년부터는 辰酉合金하고, 酉丑이 金局을 그리고 酉戌로 金方을 이루니 설기가 심해서 기대하기 어려우리라.

비견 戊(土土)辰 비견

겁재 乙(木土)丑 겁재　丙 丁 戊 己 庚 辛 壬
신주 戊(土木)寅 편관　寅 卯 辰 巳 午 未 申
비견 戊(土火)午 정인　2조

　신주 戊土가 土왕절의 丑월에 태어나 土로 일색이 되어 가색격
(稼穡格)이다. 이 경우 寅木이 병신인데 寅午로 火局을 이루어
木洩火하고, 火生土로 생신하니 병신이 희신으로 변해 반갑다.
따라서 火土가 용신(用神)이고, 水金은 병신이며, 木 또한 가색
격(稼穡格)의 병신이다. 그러므로 28년 생 중 한 명은 丙丁의
火운부터 발전해 戊辰과 己巳운행에 승승장구하고, 庚午에 庚金
은 병신인 木을 제거하고, 寅午로 火局을 이루면서 寅木이 火로
변한 바람에 국회에 진출했다. 그 후 辛未운행까지 7선을 역임
한 다음 壬申운행 중 丙子년에 낙마한 후 한량이 되었다.

　癸酉운행에는 재물 비리에 연루되어 구설수로 고뇌하고 있는
중이다. 水金운행은 배치상 金生水해서 水生木으로 병신을 조장
하니 불미한 운이다. 1남2여를 두었다.

겁재 戊(土土)戌 겁재
비견 己(土土)未 비견　戊 丁 丙 乙 甲 癸 壬
신주 己(土土)丑 비견　午 巳 辰 卯 寅 丑 子
비견 己(土火)巳 정인　3조

이 여조는 신주 己土가 간직된 土왕절의 未월에 태어나 온통 土뿐이고, 巳火가 생신하니 가색격(稼穡格) 내지 이인동심(二人同心)✝격과 유사하다. 따라서 火土가 용신(用神)이고, 水木은 병신이다. 그러므로 58년 생 중 한 여성은 巳午의 火方과 丙辰의 火土운행에 잘 사는 집안에서 성장한 다음 부군(辛卯, 庚寅, 己卯, 己巳)과 1남1여를 두었다. 그리고 乙卯운행부터 꼬이기 시작하더니 甲寅운행에는 부군이 부도를 내고 피신하는 통에 정신이 약간 이상해졌다. 나머지 子丑운행도 불길하리라.

비견 戊(土土)戌 비견
겁재 己(土土)未 겁재　庚辛壬癸甲乙丙
신주 戊(土土)辰 비견　申酉戌亥子丑寅
정재 癸(水土)丑 겁재　4조

신주 戊土가 土왕절의 未월에 태어나 온통 土뿐이다. 그러므로 가색격(稼穡格)이니 土가 용신(用神)이고, 火는 희신이며, 木은 병신이고, 水는 구신이며, 金은 약신이다. 이 경우 명예성이자 관록성이며, 자녀성인 木과 재물성이자 처성인 水가 발붙일 곳이 없는 재관무의(財官無依)✝격이고, 화개(華蓋)✝가 많다. 게다가 초반운행만 申酉가 약신운일 뿐 나머지는 水木운이니 무정세월이다.

이 사주는 가색격(稼穡格)이 지지에 辰戌丑未가 모두 있어서 기관팔방(氣貫八方)⁺격 가운데 사고격(四庫格)이니 품격은 매우 높으나 운행이 잘못 놓여 기세가 사방팔방으로 미치기 어렵다. 그래서 고인은 큰 진인(眞人)이 되어 사고격(四庫格) 답게 그 이름이 천추(千秋)에 전해지고 있다.

〖 가신난진(假神亂眞) 〗

먼저 가신(假神)과 진신(眞神)이라는 어휘부터 알아야 전체적인 뜻을 정확히 알 수 있다. 예를 들면 壬水가 신주인데 午월에 태어났다고 치자. 午중 정기(正氣)는 丁火인데 이것이 진신이다. 즉 월령(月令)의 정기가 진신이란 뜻이다. 그런데 신주가 약해 金을 사용하려고 할 때 그 金은 火왕절인 午월에 뿌리박을 수가 없으므로 이것을 가신이라고 한다. 한 번 더 설명하면 火가 신주인데 金왕절인 酉월에 태어났다고 하면 월령의 정기인 辛金이 진신이고, 신약하여 木을 사용하려고 할 때 木은 월령에 뿌리가 없어 가신이 된다.

이렇게 가신과 진신을 알았다면 가신난진(假神亂眞)이란 가신이 진신을 어지럽힌다는 말이 된다. 이 말은 사주의 상황상 진신을 사용하게 되었을 때 가신이 있어서 진신을 충극해 진신이 그 작용을 제대로 못하게 된 경우로 이렇게 되면 가신이 병신이 된 것이다. 이럴 경우 사주에서 그 가신을 억제하는 오행이 있으면 병을 제거하는 것이니 반가운 일이다. 또 운에서도 역시 그 어지럽히는 가신을 제거하는 오행 운이 오면 대발하여 매우 바람직한 일이다.

오언독보(五言獨步)라는 고서에는 사주에 병-가신-이 있으면 오히려 귀하게 되고, 병이 없으면 기특한 일이 없다. 유병방위귀(有病方爲貴)요 무병불시기(無病不是奇)라고 했다. 이 말은 병이 있는 사주에 그 병신을 제거하면 매우 귀하게 되고, 병이 없으면 고칠 일이 없으니 더 나아질 기특한 일이 없는 명조로 평상인이라는 말이다. 가신난진(假神亂眞) 편과 정반대는 애가증진(愛假憎眞)⁺ 편이므로 그곳을 대조하면 더욱 빨리 이해가 될 것이다.

편관 壬(水金)申 편재
편관 壬(水木)寅 편인 癸 甲 乙 丙 丁 戊 己
신주 丙(火水)子 정관 卯 辰 巳 午 未 申 酉
정인 乙(木土)未 상관 5조

신주 丙火가 간직된 木왕절의 寅월에 태어나 득기해서 신강사주로 출발했으나 申子의 水局과 두 개의 壬水가 아직도 추운 寅월에 그 여세가 강해져 극신하니 신약사주로 변했다. 따라서 신

약방조(身弱幇助)의 용법에 의해 木火가 용신(用神)이고, 金水
는 병신이며, 습토는 기신이고, 건토는 약신이다.

이때 寅중 정기인 甲木에 뿌리박고 乙木이 나타났으니 이것이
진신-또는 원신(元神)이라고도 함-으로써 사용해야할 용신(用
神)이다. 그런데 申金은 寅월에 뿌리가 없으니 가신인데 이것이
寅申으로 충극하여 寅木을 어지럽히고 있다. 이것이 가신난진
(假神亂眞)인 것이다.

그러므로 고인은 巳午未의 火方운행에 진신을 어지럽히는 申金,
즉 가신을 火克金으로 제거하여 오언독보의 말대로 오히려 귀하
게 되어 방방곡곡에 그 이름을 떨쳤던 것이다. 戊申운행은 또다
시 가신난진(假神亂眞)이 가중되니 종착역이다.

편인 庚(金金)申 편인
편관 戊(土木)寅 식신   己 庚 辛 壬 癸 甲 乙
신주 壬(水水)子 겁재   卯 辰 巳 午 未 申 酉
식신 甲(木土)辰 편관   6조

신주 壬水가 木왕절의 寅월에 태어나 설신되니 신약사주로 출
발했으나 申子辰이 水局을 이루어 신주에게 합세하고, 일주가
억센 양인이면서 똑같은 水이고, 庚申의 金이 생신하니 신강사
주로 변했다. 따라서 신강의설의 용법에 의해 木이 용신(用神)

이고, 金이 병신이며, 습토는 구신이고, 火는 약신이다.

이때 寅중 甲木이 시간에 나타나 원신으로서 이 사주가 사용해야할 용신(用神)인데 庚申의 金은 월령에서 절지로 가신이자 병신이면서 寅申이 충극하니 가신이 진신을 어지럽히고 있다. 그러므로 고인은 巳午未의 火方운행에 火克金으로 가신이자 병신인 金을 제압하여 도지사급에 육박했다. 그러다 甲申운행에 또다시 寅申이 충극하여 가신이 진신을 어지럽게 하므로 사거(死去)하고 말았다. 이 단원을 정리하면 가신이 진신을 어지럽게 하고 있으면 진신의 병신이 되어 난신인데 그 난신을 제거할 때 공명을 드날린다.

∥ 간지동체(干支同體) ∥

이것은 어떤 간지 하나로 연월일시가 짜여진 명조를 말하는데 서로 순생(順生)하거나 종격이 된 경우 그 세력에 순응하면 대발하고 역행하면 비참한 결과를 나타내는 극과 극을 달리는 사례가 많다.

비견 戊(土火)午 정인

비견 戊(土火)午 정인 己 庚 辛 壬 癸 甲 乙
신주 戊(土火)午 정인 未 申 酉 戌 亥 子 丑
비견 戊(土火)午 정인 7조

본조는 삼국지에 나온 의리의 대명사 관운장이 거쳐간 명기로 천간이 戊土의 일기(一氣)로만 된 천간일기격이자 지지도 午火의 일기로만 배치된 지지일기격이다. 그리고 간지(干支)가 戊午로만 구성된 간지동체(干支同體)격이고, 인성(火)과 비견(土)으로만 왕성하니 종왕격 내지 종강격(從强格)⁺이기도 하다. 그러니까 火土로만 순수하게 이루어진 청순한 양신성상격(兩神成象格)이다. 그래서 庚申과 辛酉의 金운행에 土金이 상생하여 전성기를 이루었다는 것이다.

비견 壬(水木)寅 식신
비견 壬(水木)寅 식신 癸 甲 乙 丙 丁 戊 己
신주 壬(水木)寅 식신 卯 辰 巳 午 未 申 酉
비견 壬(水木)寅 식신 8조

이 사주는 연해자평에서 말한 육임추간(六壬趨艮)⁺격으로 귀격이다. 이 격은 "신주 壬水가 寅자를 많이 볼 경우 寅중에 간직된 甲木과 丙火 가운데 甲木은 己土를 甲己로 합해와 신주의 관성으로 작용하고, 丙火는 辛자를 丙辛으로 합해와 신주의 인성으로 작용해 생신하며 또 寅자가 亥자를 寅亥로 합해와 亥중 壬

水로 신주를 도와 신약하지 않게 한다"고 하였다.

그리고 본조는 寅중 네 개의 丙火가 간직되어 水生木, 木生火로 水木火가 청순하게 순생(順生)하는 삼상격(三象格)⁺이자, 천간은 壬水 일기(一氣)로, 지지는 寅木 일기로만 배치된 천간일기격이자 지지일기격이며, 간지동체(干支同體)격이자 종아격(從兒格)⁺이다. 따라서 고인은 운행 卯辰의 木方과 巳午未의 火方운에 순세(順勢)로 장·차관급에 이르렀다.

비견 癸(水水)亥 겁재
비견 癸(水水)亥 겁재　壬 辛 庚 己 戊 丁 丙
신주 癸(水水)亥 겁재　戌 酉 申 未 午 巳 辰
비견 癸(水水)亥 겁재　9조

신주 癸水가 水왕절의 亥월에 태어나 득령했고, 천간이 癸水의 일기(一氣)로만 구성된 천간일기격이자 지지는 亥水의 일기로만 배치된 지지일기격이며, 간지동체(干支同體)격이다. 그리고 납음(納音) 오행으로 癸亥는 대해수(大海水)인데 이것도 하나의 뿌리로만 갖추어져 일기위근격(一氣爲根格)이며, 亥월생⁺이기 때문에 亥중 甲木이 장생하고 있어서 水木이 상생하는 양기성상격으로서 이인동심(二人同心)⁺의 형상이다.

「시결」(詩訣)에 水신주가 추동절(秋冬節:가을이나 겨울인 申

酉월과 亥子월)에 태어나고 천간이 일자(一字)로 구성되면 그 귀묘(貴妙)함을 말로 다 형언할 수 없다고 하였고, 「사언독보」(四言獨步)에도 천간일기에 지물(地物=地支)이 상동(相同)하면 위열삼공(位列三公)에 이른다고 하였다. 그러므로 고인은 대귀했다고 한다.

이상 7조와 8조 그리고 9조까지는 두 오행이 서로 순생하는 경우지만 다음 10조와 11조는 간지가 서로 상극하는 간지동체(干支同體)격이라는 것을 염두에 두고 비교 분석해보자.

비견 乙(木金)酉 편관
비견 乙(木金)酉 편관　甲 癸 壬 辛 庚 己 戊
신주 乙(木金)酉 편관　申 未 午 巳 辰 卯 寅
비견 乙(木金)酉 편관　10조

신주 乙木이 金왕절의 酉월에 태어나 실령했고, 천간은 乙木의 일기로만, 그리고 지지는 酉金의 일기로만 배치된 천간일기격과 지지일기격 그리고 간지동체(干支同體)격이다. 金과 木이 1:1로 상대해서 金이 판세를 장악했기 때문에 종살격(從殺格)⁺이다. 그러므로 金을 중심 삼아 그 세력에 순응—順勢—하는 土金水는 길신이고, 역세(逆勢)하는 火木은 기신이다.

이 경우 종살격(從殺格)⁺이고, 용신유력(用神有力)이며, 편관이 용신(用神)이고, 장성이 많아서 군·경·율의 계통에 출신할 형상이다. 그래서 고인은 辛巳의 金운행-巳酉合金-과 庚辰의 金운행-辰酉合金-20여 년에 용신(用神)이 득세하므로 일취월장을 거듭하고 장관급에 이르렀다.

비견 辛(金木)卯 편재
비견 辛(金木)卯 편재　庚己戊丁丙乙甲
신주 辛(金木)卯 편재　寅丑子亥戌酉申
비견 辛(金木)卯 편재　11조

이 사주는 천간이 辛金의 일기(一氣)로만, 그리고 지지는 卯木의 일기로만 구성되어 천간일기격이자 지지일기격이면서 간지동체(干支同體)격이다. 그래서 귀격처럼 보인다.

그럼 과연 어떤가? 신주 辛金이 木왕절의 卯월에 태어나 실령했고, 辛金과 卯木이 1:1로 金克木해서 서로 다투며 네 개의 金이 있지만 모두가 뿌리박을 곳(地支)이 없기 때문에 허탈하다. 그래도 金이 네 개나 있으므로 종재격(從財格)⁺도 안되기 때문에 신약의방의 용법에 따라 金이 용신(用神)이고, 土는 대체로 희신이며, 火는 병신이고, 木은 구신이며, 水는 약신이다.

그러므로 고인은 내 몸의 辛卯와 재성이 연이어 卯卯로 합신-재다합신(財多合身)-해 생진사초(生秦事楚)⁺이기 때문에 조실

부모했고, 己丑의 土운행에 희신운과 戊子의 土水운에 약신운을 만나 도사로 행세해서 의식이 충족했다. 그러나 丁亥운에 亥卯로 木局을 이루어 구신으로 둔갑하자 金이 절지에 다 달아 사거(死去)했다.

‖ 감리오리(坎離五理) ‖

이 말은 적천수(滴天隨)라는 경전에 감리상지(坎離相持)라는 용어로 나온다. 감(坎)은 주역에서 水를 말하고, 방향은 북이며, 리(離)는 火로 남을 말한다. 남북은 서로 대치하고 있는데 자연은 이렇게 水火가 대치하면서 서로 지속적인 관계-相持-를 맺고 있는 것이다. 남녀도 서로 대립하고 있지만 서로 지속적인 관계를 맺음으로서 인간사가 이루어진 것이고, 음양도 서로 대립적이지만 어느 한쪽만 으로는 서로 지속될 수 없는 것이다.

그러므로 사주에서 水火가 어떻게 배치되어 있는가에 따라서 이하 다섯 가지 법칙을 적용하여 사주를 읽는다. 그 다섯 가지 오리(五理)란 승강화해제(升降和解制)이다. 그래서 감리상지를 감리오리(坎離五理)라고도 말하는 것이다. 사례를 들어 보자.

비견 丙(火水)子 정관
상관 己(土水)亥 편관　庚辛壬癸甲乙丙
신주 丙(火木)寅 편인　子丑寅卯辰巳午
식신 戊(土水)子 정관　12조

　신주 丙火가 水왕절의 亥(孟冬)월에 태어나 실령했고, 亥子의
水方에게 극을 당하여 신약하다. 이렇게 천간의 리(離)라는 火
는 약하고, 지지의 감(坎)이라는 水는 강할 경우 寅중 甲木을
통하여 지지의 水를 水生木, 木生火로 위에 있는 火로 상승(上
升)하게 하는 이치가 있는 것이다.

　이것이 다섯 가지 이치 중 승에 속하는 것으로 木이 용신(用
神)이다. 일종의 살중용인(殺重用印)이나 살인상생(殺印相生)ᐩ
과 비슷하다. 그러므로 고인은 庚子와 辛丑의 金水운행에 질병
과 화환(禍患)을 겪다가 壬寅운행에 등용문을 통과하고 木火운
행에 관찰사를 역임하면서 부귀를 누렸다.

비견 壬(水火)午 정재
비견 壬(水木)寅 식신　癸甲乙丙丁戊己
신주 壬(水土)戌 편관　卯辰巳午未申酉
편인 庚(金土)戌 편관　13조

　신주 壬水가 木왕절인 寅(孟春)월에 태어나 설신되고 寅午戌火

局 때문에 신약하다. 이렇게 천간의 감수(坎水)는 약하고, 지지의 이화(離火)는 강할 경우 천간에 庚金이 있어서 金生水한다. 그래서 水가 하강(下降)하도록 하는 이치인 것이다. 따라서 金이 용신(用神)이고, 火는 병신이다. 그러므로 고인은 木火운행에 타향으로 떠돌다가 戊申의 申金운행부터 자리를 잡고 己酉운행에 부자가 되었으며, 처가 둘이나 되었다고 한다. 이것도 일종의 살인상생(殺印相生)⁺격과 유사하다. 왜냐하면 火生土하고, 土生金하여 생신하기 때문이다.

비견 丙(火水)子 정관
비견 丙(火金)申 편재　丁 戊 己 庚 辛 壬 癸
신주 丙(火水)子 정관　酉 戌 亥 子 丑 寅 卯
비견 丙(火金)申 편재　14조

　신주 丙火가 金왕절에 태어나 일락서산(日落西山)⁺이니 실령했고, 지지가 모두 申子로 水局을 이루어 극신하니 신약하다. 이때 천간에 있는 이화(離火)는 약하고, 지지의 감수(坎水)는 강하다. 이럴 때는 木운을 만나 水火를 화해(和解)시켜야 水火기제가 이루어져 좋은 것이다. 그런데 초·중반 운이 金水로 흘러버렸다. 그래서 고인은 오랫동안 큰 역경을 치렀다. 그러다 壬寅운행의 木운부터 안정하고, 큰 부자가 되었다. 이렇게 木으로 화해시킨다고 하여 화법(和法)이라고 한다.

겁재 癸(水火)巳 편재
비견 壬(水土)戌 편관　辛 庚 己 戊 丁 丙 乙
신주 壬(水火)午 정재　酉 申 未 午 巳 辰 卯
비견 壬(水木)寅 식신　15조

　천간은 감수(坎水)이고, 지지는 寅午戌의 火局과 巳午의 火方
으로 이화(離火)일 경우 운행에서 金을 만나야 해(解)한다. 그
러므로 고인은 辛酉와 庚申의 金운행에 풍성한 환경에서 활달하
게 성장했으나 己未의 火土운부터 혼미하더니 가출해 戊午의 火
운행에 도적에게 횡사를 당하고 말았다.

비견 壬(水水)子 겁재
편재 丙(火火)午 정재　丁 戊 己 庚 辛 壬 癸
신주 壬(水水)子 겁재　未 申 酉 戌 亥 子 丑
편재 丙(火火)午 정재　16조

　신주 壬水가 火왕절인 丙午월에 태어나 실령했는데 또 丙午가
있어 火가 강하고 水火, 즉 감리(坎離)가 서로 충돌한다. 이럴
때는 강자를 제지(制止)하는 오행이 용신(用神)이므로 水가 용
신(用神)이고, 金은 희신이다. 그러므로 고인은 丁未운행에 부모
님을 잃고 유리걸식하다가 申金운행에 申子가 水局을 이루어 성
가(成家)하고 발전하더니 戌土운행에 크게 고전했다.

그 후 辛亥의 金水운행부터 만사가 여의(如意)하여 亥子丑의 水方운행에 거부가 되었다. 감수(坎水)운행이 강자인 이화(離火)를 제(制)했기 때문이다. 이상의 단원을 모두 정리하면 水火로만 서로 대치한 경우 부족한 세력을 돕는 운에 자연히 부귀한다.

∥ 갑목맹아(甲木萌芽) ∥

맹아(萌芽)란 움틀 맹(萌) 자에 싹 아(芽) 자인데 亥월은 亥중에 甲木이 있어 싹이 움튼다는 뜻이다. 亥월은 입동으로 겨울의 시작인데 甲木이 장생(長生)하기 시작하는 달로 예로부터 맹동(孟冬)은 소춘(小春)이 시작된다고 보았다. 그래서 이때부터 亥중 甲木이라는 것이 움트는 것으로 보고 그것이 봄까지 계속 꿈틀대므로 장생한다고 한 것이다. 가을보리가 그런 식이다.

그러니까 亥월생의 명조는 사주에 甲乙의 木이 나타나 있지 않아도 亥중 甲木을 중시해서 살펴야 한다. 더구나 亥중 甲木이라는 원신(元神 또는 眞神)인 甲乙의 木이 나타났을 경우는 그 木이 강하다고 본다. 亥월생 편을 참조한다.

편인 丙(火火)午 정인

겁재 己(土水)亥 편재　庚辛壬癸甲乙丙
신주 戊(土水)子 정재　子丑寅卯辰巳午
편재 壬(水水)子 정재　17조

　신주 戊土가 맹동(孟冬)인 亥월에 태어나 실령했고, 亥子의 水方과 壬子의 水, 즉 재성이 많아서 신약하다. 이 경우 재다신약(財多身弱)†하므로 비겁이 용신(用神)이 될 것 같다. 그러나 亥중 甲木이 수흡목(水吸木)으로 水의 세력을 흡수해서 丙午의 火를 木生火한다. 그러니까 水火미제를 水火기제로 변환시키는 중매 역할을 하는 것이다. 그리하여 水生木, 木生火, 火生土하여 사주의 기세가 신주에게 집중된다. 그래서 신약하지만 아주 약하지는 않다.

　따라서 신약의조의 용법에 의해 火가 용신(用神)이고, 木이 희신이며, 水는 병신이고, 金은 구신이며, 건토는 약신이고, 습토는 기신이다. 그러므로 고인은 庚辛의 金을 거느린(帶同) 子丑의 水方운행에 곤고(困苦)했다. 그러나 寅卯辰의 木方운행부터 만사가 순조롭게 풀려 명재상이 되고, 노익장까지 했다고 한다.

　한편, 이 명조는 호환재록(互換財祿)†을 이루고 있다. 즉 丙午와 壬子가 있는 가운데 丙火에게는 子水가 관록(정관)이고, 壬水에게는 午중 己土가 관록(정관)으로 상호 교환해서 사용하고 있는 것이다. 그렇다고 이것 때문에 성공했던 것이 아니고 앞에서 말한 대로 亥중 갑목맹아(甲木萌芽) 때문이다.

식신 乙(木土)丑 편관
식신 乙(木水)亥 겁재　甲癸壬辛庚己戊
신주 癸(水火)巳 정재　戌酉申未午巳辰
정인 庚(金金)申 정인　18조

　신주 癸水가 水왕절인 亥월에 태어나 득령했고, 亥丑의 水方이 신주에게 합세하며 庚申의 金이 생신하니 신강사주 같다. 그러나 앞에서도 말했듯이 亥중 甲木에 뿌리박고 두 乙木이 나타나 木이 매우 강하기 때문에 설신이 심하여 신약사주로 변한 것이다. 따라서 신약방조(身弱幇助)의 용법에 의해 金水가 용신(用神)이고, 火土는 병신이며, 木은 기신이다. 그러므로 고인은 癸酉와 壬申의 水金운행에 대단히 그 명성을 드날렸다. 그러다 午未의 火方운행에는 金과 함께 배치되어 별로 큰 두각을 나타내지 못했다.

〖 거관유살(去官留殺) 〗

　사주에 정관과 편관(살성)이 두 가지가 있는 경우로 신약사주에는 정관도 살성이 되어 극신하니 신주에게는 무서운 존재들이다. 계선편에 말하기를 연월시에 정편관이 혼잡되어 있으면 크게 두렵다 <세월시중(歲月時中) 대파(大怕)는 관살혼잡(官殺混雜)⁺> 이라고 했다. 이렇게 무서운 관성과 살성이 있을 때 정관을 옆에 있는 어떤 오행이 합하거나 충극하면 그 정관이 합거(合去) 내지는 충거(沖去)되어 없어지고 살성만 남은 것이다. 그러면 무서운 존재가 하나 없어지니 신주의 입장에서는 반가운 일이 아닐 수 없다. 이것을 일컬어 거관유살(去官留殺)이라고 한다.

한편, 이와는 반대로 어떤 오행이 편관, 즉 살성을 합거하거나 충거하여 그 편관이 없어지고 관성만 남는 형태의 명조도 있으니 이것은 거살유관(去殺留官)이 된다. 여명에 관성들은 남자성으로 신약하면 관살혼잡(官殺混雜)⁺을 매우 꺼리는 것인데 거관유살(去官留殺)이나 거살유관(去殺留官)이 되면 매우 바람직한 일이다. 왜냐하면 여러 남자들에게 치다꺼리를 해야 할 명조가 그렇게 되면 그런 번잡한 인생살이를 겪지 않아도 되기 때문이다.

```
정관 癸(水土)丑 상관
식신 戊(土火)午 겁재   丁 丙 乙 甲 癸 壬 辛
신주 丙(火火)午 겁재   巳 辰 卯 寅 丑 子 亥
편관 壬(水土)辰 식신   19조
```

신주 丙火가 억센 양인월이자 火왕절의 午월에 태어나 득령했고, 일주가 똑같은 火이니 신강하다. 따라서 신강의극의 용법에 의해 水가 용신(用神)이고, 金이 희신이며, 土는 병신이고, 火는 구신이며, 木은 기신이다. 이 경우 癸水라는 정관이 옆에 있는 戊土와 戊癸로 합하여 정관이 없어지고 壬水라는 살성만 남아 이른바 거관유살(去官留殺)이다.

그리고 남아 있는 壬水라는 살성은 신강사주에 정관으로 변-가살위권(假殺爲權: 살성이 정관 노릇을 함)-하여 관록으로 작용하고, 壬辰은 축수지토(畜水之土)✝이며,-이 경우 살성은 묘하게도 식상을 좋아함- 丑중 癸水에게도 통근하여 용신유력(用神有力)이다. 게다가 살인상정(殺刃相停)✝이다. 그러므로 고인은 寅卯辰의 木方운행에 지지부진하더니 亥子丑의 水方운행에 큰 부귀를 누렸다.

정인 庚(金土)辰 정관
식신 乙(木金)酉 편인 甲 癸 壬 辛 庚 己 戊
신주 癸(水水)亥 겁재 申 未 午 巳 辰 卯 寅
편관 己(土土)未 편관 20조

이 여조는 신주 癸水가 金왕절의 酉월에 태어나 金生水로 생신하니 수원이 마련되었고, 乙庚合金도 생신하며 일주가 똑같은 오행이니 신강하다. 따라서 신강의극의 용법에 의해 土가 용신(用神)이고, 火가 희신이며, 木은 병신이고, 水는 구신이며, 金은 기신이다. 이 경우 己未시에 태어나 간여지동(干與支同)이므로 용신(用神)이 그런 대로 유력하다.

그러므로 40년 생 중 한 여성은 巳午未의 火方운행에 교편을 잡았고 부군(丁丑, 戊申, 己丑, 己巳)이 중령이었다. 그러다 庚辰운행에 퇴직하고 부군도 퇴역하여 생활이 넉넉하지 못한 세월을 지내고 있다. 자녀는 3형제만 두었는데 둘째와 셋째는 쌍둥이다. 그 부군은 이 부인이 庚辰년 현재 아들들과 합동해서 자기를 공격하고 있다는 것이다. 그러면서 남자성인 土가 辰土와 未土로 둘이니까 늘그막에 다른 남자와 사귀지 않겠느냐고 물었다.

그래서 그럴 염려는 전혀 없다고 했다. 왜냐하면 辰土는 辰酉로 合金해서 없어졌기 때문이라고 했다. 이것을 거유서배(去留舒配)＋ 내지는 거관유살(去官留殺)이라고 하는데 그 뜻은 짝지어 없어졌다는 말이다. 그제야 그가 인정했다.

아이들과 합심해서 남편을 공격하는 것은 亥未로 木局을 이루어 己土를 밑에서 木克土로 공격하기 때문이다. 이때 木局은 신주가 생산해놓은 자녀들로 일주라는 주인공과 자녀들이 합신하여 똘똘 뭉친 형상이다. 게다가 운행도 木방운이니 土(부군성)를 강력하게 극할 것은 당연한 운이다.

〖 거유서배(去留舒配) 〗

앞에서 말한 거관유살(去官留殺)✝이나 거살유관(去殺留官)은 정관과 살성 이렇게 두 개만 있는 경우이지만 여기서는 그것들이 세 개가 있는 경우에 속한다. 극신하는 관성들이 세 개나 있으면 참으로 더 두려운 신주가 될 수밖에 없다. 이때 정관이 두 개가 있고 살성, 즉 편관이 하나가 있는 경우와 편관이 두 개가 있고 정관이 하나가 있는 경우가 있다.

어떻게 있든 간에 그들 중 하나는 충극을 당하여 없어(冲去)지고 다른 하나는 짝지어 없어진(舒配) 다음 세 중 하나만 관성으로 남은(留) 것을 이른바 거유서배(去留舒配)라고 한다. 여명에는 대단히 반가운 거유서배(去留舒配)이다. 그러니까 여조에 관성들이 세 개나 있으면 무조건 음탕하다고 판단할 것이 아니라 거유서배(去留舒配)가 잘 이루어져 있는가를 살펴보아야 할 것이다.

편관 丁(火水)亥 상관
상관 壬(水水)子 식신　辛 庚 己 戊 丁 丙 乙
신주 辛(金火)巳 정관　亥 戌 酉 申 未 午 巳
편관 丁(火金)酉 비견　21조

신주 辛金이 水왕절의 子월에 태어나 설신되니 실령하여 신약 사주로 출발했으나 巳酉의 金局이 신주에게 합세하여 신약하지 않다. 따라서 신강의극과 金水식상요견관✝의 용법에 의해 火가 용신(用神)이고, 木이 희신이며, 水는 병신이고, 金은 구신이며, 건토는 약신이다. 이 경우 연간의 丁火는 옆에 있는 壬水와 丁 壬으로 짝지어 합해 없어졌다.

이것을 서배(배필을 만나)라고 하고, 巳火는 亥子의 水方에게 巳亥로 충극되어 없어졌으니 이것을 충거라 하며 남은(留) 것은 시간에 丁火뿐이다. 그래서 이른바 거유서배(去留舒配)✝가 이루 어진 것이다.

그러므로 고인은 戌土운행에 丁火가 암장되어 있고 戌土가 水 를 제거하여 등용문을 통과하고, 戊己의 土를 대동한 申酉의 金 운행에 기복이 있다가 丁未부터 巳午未의 火方운행에 명재상이 되었다고 한다. 이 사주는 거유서배(去留舒配)가 된바람에 극신 하던 火들이 없어져 신약사주를 면하는 경우이기도 하다.

상관 壬(水土)辰 정인
편관 丁(火土)未 편인　戊己庚辛壬癸甲
신주 辛(金土)丑 편인　申酉戌亥子丑寅
정재 甲(木火)午 편관　22조

신주 辛金이 아직도 무더위가 한창인 未月에 태어나 未중 丁火가 나타났고 午未로 火方을 이룬 가운데 未중 乙木에게 뿌리박고 나타난 甲木이 木生火하니 火의 세력이 매우 강해져 극신이 심하다. 그리하여 신주가 위급지경에 처했기 때문에 식상제살(食傷制殺)✝의 용법에 의해 水가 용신(用神)이고, 金이 희신이며, 火土는 병신이고, 木은 기신이다.

이 경우 丁壬이 합하여 배필(舒配)을 이룬 채 없어졌고 未중 丁火는 丑未로 충거 되었으며, 시지(時支)에 午火만 남아 극신하던 살성이 상당히 약해졌기 때문에 반가운 현상이다. 그리고 용신(用神)인 壬水는 축수지토(畜水之土)✝를 만났고, 丑중 癸水에도 약간 통근하여 용신유력(用神有力)이다. 그러므로 고인은 申酉戌의 金方운행에 연속 승승장구하여 辛亥에 亥중 壬水가 용신(用神)을 제대로 보필해 장관의 지위에 올랐다고 한다.

〖 거탁유청(去濁留淸) 〗

이 말은 궁통보감(窮通寶鑑) 6월 乙木편에 나온 말로 다음과 같다. 무릇 5, 6월 乙木은 그 木의 기세가 물러나고-퇴기(退氣)-나무는 말라 지칠-고초(枯焦)- 때니 癸水(雨露)를 써야한

다. 그런데 戊己라는 土가 있으면 癸水를 土克水하므로 쓸 수
없으니 이것이 탁(濁 혼탁)이다. 그런 사주는 하격(下格)이 되
어버린다.

이때 甲木이 나타나 그 土를 木克土로 제거하면 癸水가 존립할
수 있으니 이것이 청(淸)이 된 것으로 그렇게 짜여진 명조는 준
수해진 것이다. 그러니까 木이 나타나지 않고 土가 많으면 신주
인 乙木은 허송세월 해야하니 남의 부림을 당하는 주인공이 되
고 만다. (범오뉴월을목(凡五六月乙木) 기퇴고초(氣退枯焦) 용
계수절기무기잡란(用癸水切忌戊己雜亂) 즉위하격(則爲下格) 혹
갑목고투(或甲木高透) 제복지신(制伏土神) 명위거탁유청(名爲去
濁留淸) 가허준수(可許俊秀) 토다핍갑(土多乏甲) 수기탈공(秀氣
脫空) 용인이이(庸人而已). 그렇다고 꼭 5, 6월 乙木에 한해서
만 거탁유청(去濁留淸)을 논하는 것이 아니고 다른 형태의 명조
에도 청탁이 있다.

겁재 甲(木土)戌 정재
정관 庚(金火)午 식신　　辛 壬 癸 甲 乙 丙 丁
신주 乙(木水)亥 정인　　未 申 酉 戌 亥 子 丑
식신 丁(火土)丑 편재　　23조

신주 乙木이 한창 무더운 火旺절의 午월에 태어나 설신되고,
午중 원신인 丁火도 나타났으며, 午戌의 火局에게 초목인 신주

가 시달리고 있다. 그리니까 퇴기하고 말라 지친 상태이다. 이때 丑중 癸水와 亥중 壬水가 있어 우로와 호수가 다 갖춰졌다. 그래서 亥丑이 水方을 이루어 水生木하니 퇴기하고 말라 지친 초목에게는 이보다 더 한 기쁨이 있을 수 없다.

따라서 신약의조의 용법에 의해 水가 용신(用神)이고, 金이 희신이며, 土는 병신이고, 火는 구신이며, 木은 土라는 탁(濁)한 병신을 제압하니 이른바 거탁유청(去濁留淸)이 되어 가히 준수한 명조이다. 그러므로 고인은 亥子丑의 水方운행에 일약 만석꾼이 되었다.

정관 辛(金木)卯 겁재
겁재 乙(木土)未 정재   甲 癸 壬 辛 庚 己 戊
신주 甲(木水)子 정인   午 巳 辰 卯 寅 丑 子
편관 庚(金火)午 상관   24조

신주 甲木이 삼복 더위가 한창인 未월에 태어나 午未의 火方에게 설신되고, 金들에게 극신을 당하니 더욱 신약하다. 이 경우 子水는 무더위에 시달리는 나무를 생신할 뿐만 아니라 극신하는 金을 금흡수(金吸水)로 흡수해 水生木으로 생신하는 중매 역할을 담당하면서 살인상생(殺印相生)✝격을 이룬다. 그러니까 子水는 두 가지 역할을 담당하는 중요한 오행인 것이다.

따라서 신약방조(身弱幇助)의 용법에 의해 水木이 용신(用神)이고, 土火는 병신(濁)이며, 金은 기신이다. 이 때 未土는 子水를 극하는 탁(濁)한 오행이요, 乙木은 卯未의 木局에 뿌리박고 그 탁한 未土를 木克土로 제압하니 청(淸)한 오행이다. 그래서 이른바 거탁유청(去濁留淸)이므로 고인은 木水운행에 공명이 혁혁했다고 한다.

〚 겁식유정(劫食有情) 〛

여기서 말하는 겁(劫)은 비겁들이고, 식(食)은 식상이다. 사주가 비겁으로 가득 찼고 설신하는 식상이 적은 사주로 신강의설의 용법이 적용되는 경우이다. 이때는 비겁이 식상에게 시원하게 토수(吐秀)하므로 서로 유정(有情)하다. 그러나 만약 비겁을 극하는 관성운을 만나면 신주가 대노(大怒)해서 식상과 다정한 관계가 깨져 겁식무정(劫食無情)이 되어버린다.

그리고 식상을 극하는 인성운을 만나도 역시 토수가 시원하게 이루어지지 않으므로 이것도 겁식무정(劫食無情)이다. 그러므로 관성과 인성운을 만나면 유정이 무정으로 변해 크게 흉해지는 것이다. 어떻게 보면 파료식상(破了食傷)✝ 편과 유사한 것 같지만 겁식유정(劫食有情)은 대개 비겁들로 가득 찬 신강사주이고, 파료식상(破了食傷)⁺은 비겁과 인성 등으로 신강한 사주이다.

정재 戊(土火)午 식신
겁재 甲(木木)寅 겁재　乙 丙 丁 戊 己 庚 辛
신주 乙(木木)卯 비견　卯 辰 巳 午 未 申 酉
편재 己(土木)卯 비견　25조

　신주 乙木이 木왕절이 시작된 寅월에 태어나 득령했고, 네 개의 木이 신주의 木에게 가세하므로 신강하다. 따라서 신강의설의 용법에 의하여 火가 용신(用神)이고, 水는 병신이며, 金은 구신이고, 건조한 土는 약신이며, 습기 찬 土는 기신이다. 이 경우 용신(用神)인 火가 寅午로 火局을 이루어 용신유력(用神有力)이다.

　그리고 그 火에 왕성한 木의 세력을 木洩火로 시원하게 뿜어내기-吐秀-때문에 木火통명⁺이면서 겁식유정(劫食有情)이다. 게다가 운행도 50여세까지 木火土로 달려 용신(用神)이 득세한다. 그래서 고인은 일찍 등용문을 열고 연승가도를 달려 부귀를 만끽했다. 하지만 庚申의 金운행부터는 金克木으로 겁식무정(劫食無情)이기 때문에 사거(死去: 돌아감)하고 말았다.

정인 癸(水木)卯 겁재

식신 丙(火土)辰 편재　乙 甲 癸 壬 辛 庚 己
신주 甲(木木)寅 비견　卯 寅 丑 子 亥 戌 酉
겁재 乙(木水)亥 편인　26조

　신주 甲木이 乙木을 거느린 辰-帶木之土-월에 태어나 寅卯辰의 木方이 신주의 木에게 합세하고, 癸亥의 水가 생신하니 신강하다. 고로 신강의설의 용법에 의해 火가 용신(用神)이고, 水는 병신이며, 金은 구신이고, 습기 찬 丑辰의 土는 기신이다. 따라서 乙卯와 甲寅의 木(희신)운행에 고인은 활발히 성장했다.

　그러나 癸丑의 水土에는 병신과 기신운이므로 기울기 시작하여 壬子의 水운행에 壬丙이 충극하고, 子辰이 水局을 결성해서 水克火로 용신(用神)을 강타하므로 겁식무정(劫食無情)이 되고, 火는 水에 이르러 절지를 만난 통에 갑자기 목매달아 사거(死去)했다.

　이 단원을 정리해 보면 신주가 매우 강한 반면에 설신시키는 식상이 적을 경우 설신시키는 식상운을 만나면 크게 발전하고, 신주를 극하는 운이나 식상을 극하는 운을 만나면 수명이 끝장난다고 할 수 있다.

〖 곡직격(曲直格) 〗

일명 곡직인수격(曲直仁壽格) 또는 인수격이라고도 하는데 木 신주가 木왕절의 寅卯월에 태어나고 원국에 木이 많으며, 金이 없는 사주를 말한다. 이 격은 木을 중심으로 그 오행에 순세하는 水木火는 길신이고, 서로 극하는 金土는 기신이다.

```
겁재 甲(木木)寅 겁재
정재 戊(土土)辰 정재    己 庚 辛 壬 癸 甲 乙
신주 乙(木水)亥 정인    巳 午 未 申 酉 戌 亥
편재 己(土木)卯 비견    27조
```

이 사주는 木왕절의 끝인 辰土월에 태어났지만 寅卯辰의 木方과 亥卯의 木局 그리고 寅亥合木 등이 신주인 乙木에게 합신하여 신주가 지극히 왕성하다. 따라서 극왕의조와 곡직격(曲直格)의 용법에 의하여 사주에서 대세를 움켜쥔 水木이 용신(用神)이고, 그 세력을 거슬리는 土金은 병신이다.

그러므로 14년 생 중 한 명은 庚午의 金火운행에 상처(喪妻)하고, 辛未의 金土까지 입산수도했다. 그러다 壬申의 水金에 申金이 사주의 辰土와 申辰으로 水局을 이루어 용신(用神)운의 10년이 되었다. 그래서 재혼하고 득남했다.

그러나 癸酉의 운행에는 사주와 戊癸로 合火하고, 辰酉가 合金하여 병신운으로 변해버린 바람에 크게 실패하고, 또다시 입산했다. 그 후 甲戌의 木土운행에 아들과 함께 화전(火田)을 일구었고 乙亥의 木水에는 용신(用神)이 한꺼번에 득세하여 수천 평을 보유한 중농(中農)으로 부상했으며, 노익장을 과시하고 있다. 이 사주는 처성인 재성의 土가 戊辰의 土와 己土로 둘이다. 그래서 상처하고 재혼했던 것이다.

정재 戊(土土)辰 정재
겁재 甲(木木)寅 겁재　乙 丙 丁 戊 己 庚 辛
신주 乙(木金)酉 편관　卯 辰 巳 午 未 申 酉
편재 己(土木)卯 비견　28조

　신주 乙木이 木왕절의 甲寅월에 태어나 寅卯辰의 木方이 신주에게 합세하므로 곡직격(曲直格)이다. 따라서 水木火는 길신이고, 土金은 기신이다. 이 경우 酉金이 병신이다. 그래서 28년 생 중 한 명은 乙卯와 丙火운행에 풍부한 집안에서 성장했고, 辰운은 辰酉合金해서 여러 가지로 괴로움을 겪었다. 그 후 巳午未의 火方운행에 병신인 金을 제압하여 상업으로 크게 안정했고, 庚申의 金운행부터는 어려움이 따랐다. 이밖에 61조를 참조한다.

‖ 곤랑도화(滾浪桃花) ‖

도잠의 도화원기(桃花源記)에 무릉도원(武陵桃源)이라는 말이 나온다. 진(晉)나라 무릉에서 사는 한 어부가 어느 날 물길을 따라가다가 복사꽃이 만발한 곳에 이르렀다. 그는 그곳의 선경에 도취되어 그만 맘과 몸을 잃고 말았다. 복사꽃의 유혹에 어부가 넋을 잃은 것이다. 그래서 예로부터 복사꽃은 붉고 화려하여 세상 사람들의 눈을 빼앗으므로 요염한 꽃으로 보았다.

사주에는 子午卯酉가 도화살인데 여기서 말하는 곤랑도화(滾浪桃花)는 그런 子午卯酉가 있는 명조를 말하는 것이 아니고 예를 들어 丙子와 辛卯가 있는 사주로 천간끼리 丙辛이 합하고 있는데 지지끼리는 子卯가 형살이 되어 있는 상태를 말한다. 명리정종 오행 소식부에 "丙子辛卯相逢荒淫滾浪"이란 말이 있는데 丙子와 辛卯가 서로 만나면 음란함이 거칠어 물결이 흐른 것과 같다는 것이다. 그 정도이기 때문에 술과 여색에 빠져 매독이나 성병으로 성능력(性能力)을 상실하기까지 한다는 것이다. 도화살을 일명 바람기라고도 말하는데 곤랑도화(滾浪桃花)가 있으면 거의 평생 아예 바람을 옆구리에 끼고 사는 사람이 될 수도 있는 것이다.

그런데 필자가 조사한 바에 따르면 丙子와 辛卯에 한해서만 그런 게 아니고 그 외에도 천간끼리 합하는데 지지끼리 형살이면 그렇게 된 사례들도 많이 나타난다는 사실이다. 그리고 특히 여명에 子卯로 곤랑도화(滾浪桃花)가 구성된 여자들은 예의가 거의 없는 것을 많이 보았다. 그 이유를 밝혀보니 子卯의 형살은 무례지형(無禮之刑)이기 때문인 것으로 사료된다. 예조들을 보자.

정재 辛(金金)酉 정재
정재 辛(金木)卯 정인　　庚 己 戊 丁 丙 乙 甲
신주 丙(火水)子 편관　　寅 丑 子 亥 戌 酉 申
편재 庚(金木)寅 편인　　29조

신주 丙火가 木왕절의 卯월에 태어나 寅卯의 木方이 木生火로 생신하고, 寅중 丙火에 신주가 통근해서 신강하다. 그러므로 신강의재의 용법에 의해 金이 용신(用神)이고, 土가 희신이며, 火는 병신이고, 木은 구신이며, 水는 약신이다. 따라서 운행은 己丑의 土운과 戊子의 土水운이 길운이고, 丁亥의 火木-寅亥合木, 亥卯로 木局-운은 불길하다.

그런 가운데 이 사주는 재성이자 처(여자)성인 연간의 辛金과도 丙辛이 합신하고, 월간의 辛金과도 합신할 뿐만 아니라 酉중 辛金과도 합신하여 많은 여자들과 합신(多財合身)하면서 子卯로 형살이니 곤랑도화(滾浪桃花)이다. 그러므로 21년 생 중 한 명

은 성병에 걸려 성능력을 상실했는데 제 아무리 변강쇠라도 성
능력이 남아 있을 수 있겠는가. 따라서 이 명기에 거듭난 후인
(後人)들은 여자 보기를 독사 보듯 소스라치게 보아야 할 것이
다.

식신 壬(水水)子 상관
정재 乙(木火)巳 편관　丙 丁 戊 己 庚 辛 壬
신주 庚(金金)申 비견　午 未 申 酉 戌 亥 子
정재 乙(木金)酉 겁재　30조

　신주 庚金이 장생하고 있는 火왕절의 巳월에 태어나 巳중 庚金
에 통근했고, 일록격이며, 억센 양인의 酉시에 태어나 신강하다.
따라서 신강의극의 용법에 의해 火가 용신(用神)이고, 木이 희
신이며, 水는 병신이고, 金은 구신이며, 건토는 약신이고, 습토는
기신이다. 이 경우 제련용인 丁火도 없고, 그것을 생조하는 건조
한 木도 없어 격하된 명기이다.

　그러므로 72년 생 중 한 명은 丙午의 火운은 용신(用神)운이므
로 상고를 졸업한 뒤 戊申운행 중 辛巳년 현재 주점에서 경리로
일하고 있다. 그런데 여자성이자 처성인 乙木이 양쪽에서 신주
와 乙庚으로 합신하고, 월일은 천간끼리 합하는데 지지끼리는
巳申으로 형살이 되어 곤랑도화(滾浪桃花)다. 그래서 그는 壬午
년 현재 미혼이지만 상대했던 여자들은 벌써 열다섯 명가량 되

고, 성병으로 오랫동안 고생하고 있는 중이다. 앞으로 남은 金水운행은 병신과 구신운이기 때문에 제대로 빛 한 번 보기가 힘든 여정이리라.

편인 己(土土)丑 편인
정관 丙(火水)子 식신　丁 戊 己 庚 辛 壬 癸
신주 辛(金木)卯 편재　丑 寅 卯 辰 巳 午 未
비견 辛(金木)卯 편재　31조

　이 여조는 신주 辛金이 水왕절의 子월에 태어나 실령했고, 子丑의 水方이 설신시켜 木들을 생조하니 水木이 강해져 신약하다. 따라서 金水식상요견관⁺이라고 하지만 신약방조(身弱幇助)의 용법에 의해 土金이 용신(用神)이고, 木火는 병신이며, 水는 기신이다. 이 경우 己丑이라는 용신(用神)이 신주와 멀리 떨어져 있는 가운데 일주가 木克土하니 귀기불통(貴氣不通)⁺이고, 운행이 寅卯辰의 木方과 巳午未의 火方, 즉 병신운으로 흘러 불선의 세월이다.

　게다가 丙辛이 합하고 있는데 지지끼리는 子卯로 형살이어서 곤랑도화(滾浪桃花)다. 그뿐 아니라 하나뿐인 남자성인 丙火가 함께 배치된 子자는 도화살이면서 시간의 辛金이라는 그의 여자와도 丙辛으로 합하니 그 남자가 이 여자 저 여자와 합하는 꼴이요, 본인 사주에 子卯들이 모두 도화살이다. 그러므로 49년 생 중 한 여성은 성병에 걸려 허구한 날 술로 세월을 보내고 있다. 그러니 자연히 돈도 모아질 리가 없는 빈털터리이다. 이로 보아 여명도 곤랑도화(滾浪桃花)가 작용한다는 것을 알 수 있다. 2009년 10월 26일 卯시에는 여명을 낳지 말아야 할 것이다.

```
겁재 丙(火金)申 정재
겁재 丙(火金)申 정재    乙 甲 癸 壬 辛 庚 己
신주 丁(火土)丑 식신    未 午 巳 辰 卯 寅 丑
정관 壬(水木)寅 정인    32조
```

이 여명은 신주 丁火가 金왕절의 申월에 태어나 실령했고, 丑土에게 설신되어 신약하다. 그러므로 신약방조(身弱幇助)의 용법에 따라 木火가 용신(用神)이고, 水金은 병신이며, 습기 찬 丑辰의 土는 기신이다. 이 경우 寅申이 두 번이나 충극해서 寅중 丙火와 甲木이 손상된 통에 용신(用神) 무력이다. 그래도 초반에 있는 午未의 火方운은 용신(用神)운이다.

그러므로 56년 생 중 한 여자는 결혼해서 가정궁인 일시에 있는 자녀성의 丑土와 寅중 戊土로 1남1여를 낳았다. 그 후 癸巳의 金−巳丑으로 金局−운인 병신운이 갈아들기가 바쁘게 30살에 이혼하고 다방 레지로 들어가 아무에게나 인심 후하게 옥문을 빌려 주었다. 후하게 인심 쓸 것이 따로 있지. 이 여조는 남자(부군)성인 水가 부군궁인 丑중 癸水는 음착살(陰錯殺)✝이자 백호대살(白虎大殺)이고, 申중 두개의 壬水와 그리고 시간의 壬水들이 신주와 丁壬으로 남몰래 자주 합신-官多合女[+]-한다.

그러나 두 壬水를 간직한 申들은 텅 빈 공망살[+]이자 망신살이고, 시간의 壬水는 역마차를 타고 이 다방 저 다방으로 옮겨 다니면서 만나는 남성들이다. 壬辰의 水土운행도 병신과 기신운이니 포식할 옥문이다.

이 사주는 丁壬이 천간으로 합하고 있으면서 寅申이 충극해서 마치 곤랑도화(滾浪桃花)와 흡사하므로 성병을 조심해야 한다. 그녀는 얼굴이 예뻤으나 중반운이 엉망이어서 미인박명이 되고 말았다. 따라서 이 명조에 다시 중생(重生)한 후인은 앞 주인공을 거울삼아 조심해야 할 것이다. 그 보다는 먼저 이런 사주에 태어나지 않도록 먼저 이승에서 공덕을 지어야 할 일이지만. 이밖에 154조 288조 480조도 참조한다.

‖ 공귀격(拱貴格) ‖

공귀라는 말은 귀한 것을 제공받았다는 뜻인데 그럼 어떤 귀함을 제공받았다는 말인가. 일시(日時)가 지지의 순서상 나란히 있는 경우로 예를 들면 寅일 子시생이라면 지지의 순서가 子丑寅이니까 丑자를 제공받아 그것을 신주의 관성이나 천을귀인이되어 작용한다는 것이다. 그런 것이 구성될 일시를 연해자평 시결에서 다음과 같이 소개하고 있다.

甲甲 寅子 일시	甲庚 申午 일시	甲甲 申戌 일시	乙乙 未酉 일시	戊戊 申午 일시	辛辛 丑卯 일시	壬壬 子寅 일시	壬壬 辰寅 일시

甲寅일 甲子시는 지지의 순서가 子丑寅인데 일시에 丑자를 제공받았다. 그 丑 중에는 辛金이 있는데 그게 甲신주의 정관이자丑자는 甲의 천을귀인이다. 그리고 甲申일과 庚午시는 지지의순서로 午未申인데 未는 甲의 천을귀인이다. 그것을 제공 받아서 공귀격(拱貴格)이라는 것이다.

다음 甲申일과 甲戌시는 지지의 순서가 申酉戌인데 酉중 辛金이 甲신주의 정관이 된다. 또 乙未일과 乙酉시는 지지의 순서로未申酉인데 제공받은 申중 庚金은 乙신주의 정관이고, 戊申일과戊午시는 지지의 순서로 午未申인데 제공받은 未중 乙木은 戊신주의 정관이다. 그리고 辛丑일 辛卯시는 지지의 순서로 丑寅卯인데 제공받은 寅중 丙火는 辛신주의 정관이자 천을귀인이고,壬子일 壬寅시는 子丑寅으로 제공받은 丑중 己土가 壬신주의 정관이며, 壬辰일 壬寅시는 寅卯辰으로 제공받은 卯자는 壬신주의 천을귀인이다.

이렇게 제공받아 귀하게 사용할 수 있다는 자평(淵海子平) 공
귀시결(拱貴詩訣)에는 다음과 같은 단서가 붙어있다. 귀인이 전
실(塡實 :실제로 나타남)되지 않고 일시와 공귀를 형충하지 않
으며, 관성이 나타나 신주를 충극하지 않으면 허리에 금빛으로
된 옷을 걸치고 황제가 주는 양식을 먹는다고-요금의자식황량
(腰金衣紫食皇糧)-했다. 필자가 보기로는 이것도 어디까지나 하
나의 품격을 나타내는 것에 지나지 않고 일단 사주의 짜임새와
쓰임새가 잘되어 있어야 그 효력이 있는 것이지 그렇지 않으면
서 공귀격(拱貴格)만 갖추었다고 무조건 다 대발(大發)한다고는
보기 어렵다고 사료된다. 고서에 나온 예조들을 보기로 하자.

정관 辛(金土)丑 정재
정관 辛(金土)丑 정재　庚 己 戊 丁 丙 乙 甲
신주 甲(木木)寅 비견　子 亥 戌 酉 申 未 午
비견 甲(木水)子 정인　　33조

신주 甲木이 엄동설한의 丑월에 태어나 金까지 보았으니 진태
오리(震兌五理)⁺의 난법에 의해 火가 용신(用神)이고, 水는 병
신이며, 金은 구신이다. 이 경우 용신(用神)인 火는 寅중 丙火로
길신암장(吉神暗藏)격이 되었기 때문에 반가웠으나, 운행이 亥
子의 水方운과 申酉戌의 金方운으로 흘러버려 속 빈 강정 같이

되고 말았다.

그리고 이 사주는 甲寅일생이 子시에 태어나 丑자를 제공받은 공귀격(拱貴格)도 겸했지만 丑자가 실제로 나타나서 파격이 된 바람에 속된 말로 '좋다만' 식이다. 그래서 고인은 뜻은 높았지만 끝내 아무 일도 못해보고 말았다고 한다. 그렇다면 와신상담해봐도 말짱 헛수고인 명조가 아닌가?

상관 丁(火火)巳 식신
식신 丙(火火)午 상관　乙 甲 癸 壬 辛 庚 己
신주 甲(木木)寅 비견　巳 辰 卯 寅 丑 子 亥
비견 甲(木水)子 정인　34조

신주 甲木이 火왕절의 午월에 태어나 연월에 있는 火의 세력에게 木洩火로 설신이 심하다. 그래서 마치 7년 큰 가뭄에 나무가 몹시 시달리는 형상이므로 신약사주다. 그러므로 신약방조(身弱幇助)와 진태오리(震兌五理)⁺의 윤법에 의해서 水가 용신(用神)이 되어 단비가 내리는 형국이다. 水가 용신(用神)이니 건조한 土는 병신이고, 木은 약신이다.

이때 子水라는 단비를 보니 갑자기 이런 시구(詩句)가 떠오른다. 일설의 의하면 고운(孤雲) 최치원(崔致遠)선생이 소년 시절에 중국 당나라에 유학을 가서 과거에 응시했는데 시제(試題)로 일생 중 가장 기쁜 일 네 가지(四喜詩)를 쓰라고 출제되었다는 것이다. 그는 이제 소년에 불과했으므로 일생에 가장 기쁜 일을 체험한 적이 없어서 무척 난처했었는데 어떤 응시자의 붓놀림을 보니 이렇게 적고 있는 듯 했다.

오언율시로 타향견고인. 대한봉감우. 동방화촉야. 금방괘명시라고. 그래서 자기는 두 자씩을 앞에 더 붙여 칠언율시로 아래와 같이 썼다는 전설이다.

千里他鄕見故人 천리 머나먼 타향에서 고향 친구를 만난 기쁨!
七年大旱逢甘雨 칠년 동안 계속된 가뭄 끝에 단비를 만난 기쁨!
無月洞房華燭夜 달 없는 컴컴한 밤에 촛불을 킨 신혼 방을 차린 기쁨!
少年金榜掛名詩 소년으로 장원급제해서 금빛으로 물들인 시제를 걸어놓은 기쁨!

이런 水(甘雨)가 용신(用神)이니 土는 병신이고, 火는 구신이며, 이 사주는 寅자와 子자 사이에 지지의 순서로 丑자를 제공받아 공귀격(拱貴格)을 구성했으므로 신강해지는 운행을 만나면 귀해질 수 있다. 그런데 마침 운행이 寅卯辰의 木方운과 亥子丑의 水方운으로 달려 금상첨화가 아닐 수 없다. 그래서 고인은 아닌게아니라 칠년대한봉감우(七年大旱逢甘雨)처럼 등용문을 壬寅의 水木운행에 열고 연승가도를 달려 장차관급에 이르렀다. 과연 腰金衣紫食皇糧이로다!

‖ 공록격(拱祿格) ‖

일시(日時)의 지지 사이에 지지의 순서로 신주의 건록을 제공받아 끼고 있는 사주를 말한다. 가령 丁巳일 丁未시라면 지지의 순서로 巳午未이니 午자가 그 사이에 끼어 있는데 그것은 丁신주의 건록이다. 그 건록이 귀록(貴祿 : 귀한 건록)이 된다는 것이다. 이 격도 다른 격들처럼 전실(塡實)⁺된 것을 꺼리고 맞아들인 건록을 충극 해버린 오행이 있어도 파격이다.

```
정재  癸(水木)卯 정관
정재  癸(水水)亥 편재    壬 辛 庚 己 戊 丁 丙
신주  戊(土土)辰 비견    戌 酉 申 未 午 巳 辰
비견  戊(土火)午 정인    35조
```

신주 戊土가 水왕절의 亥월에 태어나 실령했고, 亥卯의 木局과 卯辰의 木方이 木克土로 극신하니 신약사주다. 그러므로 신약방조(身弱幇助)의 용법에 의해 火土가 용신(用神)이고, 水木은 병신이다. 이 경우 연월에 재성의 세력이 튼튼하고, 일시는 火土가 결구되어 신주도 짱짱하니 재명유기(財命有氣)⁺격을 이루었다. 게다가 양인의 午火와 살성인 卯木—관성도 신약의 경우는 살성—이 있으므로 위엄이 서려있는 양인가살(羊刃架殺)⁺격도 겸하여 군·경·율의 계통에 출신할 형상이다.

그리고 辰자와 午자 사이에 辰巳午의 순서가 성립되면서 巳火라는 건록을 끌어 와 공록격(拱祿格)도 겸했다. 그러므로 고인은 후반에 戊己의 土를 거느린 巳午未의 火方운에 용신(用神)이 득세하므로 지방 장관급에 이르렀다. 그 다음 乙卯와 甲寅의 木운행에는 午火가 소통시켜 노익장 했다고 전한다. 이외에 147조 192조 388조를 참조한다.

‖ 공망살 쉽게 찾기 ‖

공망(空亡)은 빌 공자에 없어져버릴 망자이니 사주에 어떤 오행이 공망에 해당하면 그에 속한 육친이 비어버렸다는 의미로 통한다. 그러니까 여명에 부군성이 공망살[+]이 놓였다면 타고난 궁합이 부군 덕을 보기가 어렵다고 본다. 그리고 남명에 자녀성이 공망살[+]에 해당하면 역시 자녀 덕 보기가 매우 어렵다고 본다. 그러나 이것도 어디까지나 운행이 좋게 달리면 해당이 안 되고, 불운이 닥치면 그때에 비로소 작용하는 것을 많이 보았다.

그런데 이 공망살[+]을 찾는 법에 甲子순중에는 戊亥가 공망이라고 하여 甲子, 乙丑, 丙寅, 丁卯, 戊辰, 己巳, 庚午, 辛未, 壬申,

癸酉일생에 戌亥가 있으면 공망 이라고 한다. 그렇다면 戊辰일
에 戌亥니 庚午일에 戌亥니 하고 일일이 다 외어야 한다는 이야
기이다. 그러나 그럴 필요가 없다.

　가령 일진(생일 기준)이 戊辰일생이라면 육십갑자 순서로 戊辰
일부터 순행해서 己巳, 庚午, 辛未, 壬申, 癸酉로 짚어 나가다가
癸자와 함께 끝난 다음의 戌亥가 공망 이라는 것을 알면 된다.
다시 壬申일생이라면 그 다음이 육십갑자 순서로 癸酉일이니 癸
자와 함께 끝난 다음이 역시 戌亥이므로 사주에 戌亥가 있으면
역시 공망 이라고 표시하면 된다.

　그럼 다시 예를 들어 보자. 己酉일생이라면 己酉부터 육십갑자
를 순행하여 庚戌, 辛亥, 壬子, 癸丑이니 癸자와 함께 끝난 丑자
다음은 寅卯가 된다. 따라서 己酉일생의 사주에 寅卯가 있으면
그게 바로 공망에 해당된 것이다. 한 번 더 말해 戊戌일생이라
면 戊戌부터 육십갑자를 순행해 己亥, 庚子, 辛丑, 壬寅, 癸卯로
癸자와 함께 배치되어 끝난 卯자 다음에 있는 辰巳가 공망이다.

　다른 것도 그런 방법으로 순행하여 癸자와 함께 배치되어 끝난
다음의 지지가 공망에 해당되는 것이다. 공망 도표를 놓고 여러
번 실행하다 보면 나중에는 저절로 빨리 공망살⁑을 찾아낼 수
있다. 어느 순중이든 癸자와 함께 끝난 지지의 다음 것들이 공
망임을 다음 도표에서 볼 수 있다. 끝 칸에 있는 글자들이 공망

이다. 왼손으로 짚어 나가는 방법이 빠른데 그것은 입묘살 편을 참조하면 쉽다.

甲子	乙丑	丙寅	丁卯	戊辰	己巳	庚午	辛未	壬申	癸酉	戌亥
甲戌	乙亥	丙子	丁丑	戊寅	己卯	庚辰	辛巳	壬午	癸未	申酉
甲申	乙酉	丙戌	丁亥	戊子	己丑	庚寅	辛卯	壬辰	癸巳	午未
甲午	乙未	丙申	丁酉	戊戌	己亥	庚子	辛丑	壬寅	癸卯	辰巳
甲辰	乙巳	丙午	丁未	戊申	己酉	庚戌	辛亥	壬子	癸丑	寅卯
甲寅	乙卯	丙辰	丁巳	戊午	己未	庚申	辛酉	壬戌	癸亥	子丑

식신 壬(水金)申 비견
편재 甲(木土)辰 편인　乙 丙 丁 戊 己 庚 辛
신주 庚(金水)子 상관　巳 午 未 申 酉 戌 亥
편관 丙(火土)戌 편인　36조

　신주 庚金이 土왕절의 辰월에 태어나 득기했고, 두개의 土가 생신하며 申戌의 金方이 신주의 金에게 합세하니 신강하다. 그러므로 신강의극의 용법에 따라 火가 용신(用神)이고, 木이 희신이며, 水는 병신이고, 金은 구신이며, 건조한 未戌의 土는 약신이고, 습기 찬 丑辰의 土는 기신이다. 이 경우 金이 튼튼하기 때문에 풀무용인 丁火가 필요한데 戌중 丁火는 辰戌로 상충된 채 申子辰의 水局에게 강극을 당했으므로 용신(用神)무력이다.

따라서 32년 생 중 한 명은 巳午未의 火方운행에 용신(用神)이 득세하여 부모의 많은 유산으로 풍요롭게 살았다. 그러나 戊申의 土金운이 닥치기 바로 전부터 가산을 탕진하고 처와 이별했다. 게다가 폐결핵까지 겹쳐 사탕(蛇湯)을 장기간 복용하고 보건소의 무료 약을 계속 복용했지만 술(水: 申子辰의 水局)을 워낙 좋아해 고치지 못하고 상부한 후처의 재산에 의지한 채 딸한 명을 생산했다. 그리고 하루가 멀다 하고 가정불화를 일으키며 살았다. 용신(用神)인 火가 土에 설기되고, 金에 병사지를 만났기 때문이다. 그 후 己酉의 土金운행에 火가 습기 찬 己土에게 火洩土로 화몰(火沒)⁺되어 사거(死去)했다.

한편, 부친성인 甲木의 편재와 함께 배치된 모친성인 辰土의 편인이 내 몸의 庚子와 子辰으로 합신해서—재인합신(財印合身)—모가재취(母嫁再娶)⁺였고, 그 甲辰은 백호대살(白虎大殺)과 공망살⁺이 있어서 조실부모했다. 그리고 부친성이 하나인데 모친성인 土가 둘이므로 모외유모(母外有母)⁺했으며, 자기도 처성인 재성이 백호대살(白虎大殺)이자 공망살⁺에 해당하여 재혼한 바람에 부친처럼 처가 둘인 내림⁺의 명기다. 본처에게서 낳은 자식이 한 명 있었는데 丙戌이 입묘살이자 백호대살(白虎大殺)이므로 그 자식이 가끔 한번씩 자기와 동거하고 있는 후처의 집에 나타나 엉망진창을 만들어 놓았다.

상관 癸(水土)丑 정인

상관 癸(水水)亥 식신　甲乙丙丁戊己庚
신주 庚(金水)子 상관　子丑寅卯辰巳午
겁재 辛(金火)巳 편관　37조

 이 여명은 신주 庚金이 水왕절의 亥월에 태어나 亥子丑의 水方
과 두개의 癸水에게 계속 설신이 심하여 신약사주다. 이 경우
아무리 金水식상요견관[＊]이라고 하지만 신약방조(身弱幇助)의 용
법에 의하여 金土가 용신(用神)이고, 火木은 병신이며, 水는 신
주가 꺼리는 기신인데 이 사주는 용신(用神) 중 丑土가 水方에
가담해서 본성인 土의 성질을 상실했기 때문에 용신(用神)은 약
하고, 반대로 기신은 강하여 반갑지 않는 짜임새다.

 게다가 운행마저 중반운(22세-41세)에 병신운인 火木이 20여
년 동안 계속될 뿐만 아니라 부군성인 관성의 巳火는 가정궁인
일시에 있으면서 텅 빈 공망살[＊]에 해당하고, 왕성한 水의 세력
에게 강극까지 당하며 식상견관(食傷見官)[＊]이기 때문에 아이를
낳으면 극부(克夫)하는 형상이다.

 그러므로 13년 생 중 한 여자는 그 부군이 납치된 채 행방불명
되었다. 한편, 자녀성인 식상의 水가 지나치게 왕성한 반면 신약
사주이므로 자기 자녀는 유산하기 쉽고 남이 낳아 놓은 자녀들
과 합신-亥子丑으로 合身-하는 형상이다. 그래서 그녀는 육영
(育英) 사업에 힘썼다. 타고난 궁합이 불미하므로 오히려 그 사
업에 나간 것이 더 현명할 지도 모른다.

〚 공재격(拱財格) 〛

일명 협구격(夾丘格) 또는 협구공재격이라는 이 격도 공귀격
(拱貴格)⁺이나 공록격(拱祿格)⁺처럼 태어난 일시(日時) 사이에
제공받은 글자가 신주에게 재록과 관록으로 작용하는 것을 말한
다. 예를 들어 癸酉일 癸亥시에 태어난 명조라면 지지의 순서가
酉戌亥이니 酉일 亥시에 戌자를 제공받아 癸신주에게 戌중 丁火
는 재성이 되고, 戌중 戊土는 관성이 되어 작용한다는 이론이다.
다음 예조들 보면서 그 구성 요건들과 만나서는 안 되는 것들을
살피기로 하자.

상관 甲(木水)子 비견
비견 癸(水金)酉 편인　甲 乙 丙 丁 戊 己 庚
신주 癸(水金)酉 편인　戌 亥 子 丑 寅 卯 辰
비견 癸(水水)亥 겁재　38조

신주 癸水가 金왕절의 酉월에 태어나 득기(得氣)했고, 두개의
金이 생신하며 많은 水가 신주의 水에게 합세하니 신강하다. 이
사주는 일주와 시주가 지지의 순서로 酉戌亥이기 때문에 戌자를
제공받아 戌중 재성인 丁火가 용신(用神)이 되는 공재격(拱財
格)이다. 따라서 火가 용신(用神)이고, 木이 희신이며, 장성과
귀문관살(鬼門關殺)⁺이 있어 군·경·율의 계통에 출신할 형상

이다.

 그러므로 고인은 乙亥의 木水운행부터 출신의 기틀을 잡고 丙
丁의 火운에 연승가도를 달려 戊寅과 己卯의 土木운에 사령관급
에 이르렀다. 그리고 庚辰운행에 辰戌이 상충하여 제공받았던
戊土가 손상되자 공재격(拱財格)이 무너져 흉했다고 한다.

정재 丙(火土)辰 정관
편인 辛(金木)卯 식신　壬 癸 甲 乙 丙 丁 戊
신주 癸(水金)酉 편인　辰 巳 午 未 申 酉 戌
비견 癸(水水)亥 겁재　39조

 신주 癸水가 木왕절의 卯월에 태어나 水洩木으로 설신(洩身)되
니 신약사주로 출발했다. 그러나 억센 효신(酉金)이 辰酉로 합
金해서 생신하고, 丙辛合水와 癸水 및 亥水가 신주의 水에게 가
세하기 때문에 신강사주로 변했다. 그런 가운데 이 사주는 癸酉
일 癸亥시로 지지의 순서로 酉(戌)亥의 사이에 戌자를 제공받아
戌중 丁火와 戊土를 사용하는 공재격(拱財格)이 되었다. 이 격
은「시결」(詩訣)에서 말하길 "당대의 청귀한 지도적 인물이
다." 고 말했다.

 이 격은 신강해야 하고, 재관(財官-재성과 관성인 火와 土)이
실제로 나타나지-전실(塡實)⁺-않아야 하며 충극을 꺼리고 가

능한 한 공망이 없어야 효력이 크다고 하였다. 그런데 丙火가 전실(塡實)⁺되었다. 그러나 丙辛이 合水되어 신주의 水에게 가세하므로 흉이 변해서 길해졌기 때문에 묘하고, 辰酉와 亥卯가 합하여 卯酉의 충극도 해소되었다. 그래서 고인은 장관급에 이르렀다는 것이다.

이상 두 사주를 보면 모두 신강하다는 것과 또 신주가 癸水라는 것 그리고 모두 酉일 亥시라는 공통점이 있다. 강호 제현(江湖諸賢)들도 그 점을 염두에 두고 癸酉일 亥시생으로 신강하면 이 격으로 한 번 살펴볼 것을 권하다.

〖 과어유정(過於有情) 〗

일명 과어작합(過於作合)이라고도 하는데 이것은 사주 내에서 합이 많은 경우로 천간끼리 또는 지지끼리 합하는 것을 말한다. 예를 들면 방이나 국 또는 간합(干合) 등으로 이것들이 너무 많이 합하면 지나치게 유정(有情)하여 다른 일을 못하는 것이다. 정에 쏠려 큰일을 할 수 없기 때문이다. 그렇다고 충극이 많아 무정하면 좋다는 것이 아니다. 사주의 상황에 따라서 합이 좋을 때도 있고 충극이 좋을 때도 있다. 그러므로 충극과 살성들에 대한 선입견을 가지고 보면 안 되는 것이다.

그런데 여명이 관성들과 합이 많으면 남성들과 지나치게 유정하여 자칫 기생이나 바람난 여자가 될 소지가 많다. 그러면 가정을 지킬 수 없고, 세상을 방황하게 될 소지가 많다. 그래서 과어유정(過於有情)은 문제가 될 수 있으니 사주를 자세히 살펴 그 장단점을 밝혀야 할 것이다.

비견 丁(火土)丑 식신
정인 甲(木土)辰 상관　乙 丙 丁 戊 己 庚 辛
신주 丁(火水)亥 정관　巳 午 未 申 酉 戌 亥
정관 壬(水木)寅 정인　40조

이 여조는 신주 丁火가 土왕절의 辰월에 태어나 습기 찬 丑辰의 土에게 火洩土로 설신되고, 壬亥의 水가 극신하니 신약사주다. 그러므로 신약방조(身弱幇助)의 용법에 의해 火木이 용신(用神)이고, 水金은 병신이며, 건조한 戊戌未土는 약신이고, 습기 찬 己丑辰土는 기신이다. 따라서 전반운인 巳午未의 火方운과 戊土운은 용신(用神)과 약신이 득세하여 37년 생 중 한 여자는 사업하는 부군을 만나 부족함이 없었다.

그런데 이 사주는 부군성인 관성의 水가 丑중 癸水와 辰중 癸水, 그리고 亥중 壬水와 시간(時干)의 壬水, 이렇게 넷이나 있으

면서 두개의 癸水는 백호대살(白虎大殺)이라는 흉살이 있고 두
개의 壬水와는 내 몸의 신주와 丁壬으로 자주 합신한다. 게다가
戊申운행을 만나자 申중 壬水와도 암암리에 또 남몰래 합신한다.
그러니까 주위에 남자들이 많은 형상이다.

한편, 신주와 동기(同氣)이자 여자 친구인 연간의 丁火는 흉한
백호대살(白虎大殺)인데 그것이 丁丑으로 배치된 채 내 몸의 亥
와 亥(子)丑으로 水方을 이루면서 그 친구도 합신한다. 그래서
그녀는 그 여자친구의 소개로 남창(男唱)의 소굴에 빠져 성욕을
만끽하다가 옥문(玉門)이 빠질 지경이었다. 그러다가 그녀는 시
름시름 앓았는데 검진을 해보면 아무런 이상이 없단다.

이 여조는 부군성인 水가 부군궁인 일지에 있으면서 역마살을
끼고 있으므로 사업상 집을 자주 비웠다. 그 바람에 그런 사단
이 생긴 원인이 되기도 했다. 게다가 후반운은 申酉戌의 金方으
로 병신운이 계속된 탓도 가중한다. 그래도 부군성의 亥중 壬水
가 합신하고 있어서—부군이 몰라서 그렇지만—이혼까지는 이르
지 않은 채 뒤늦게 근신했다. 아무튼 해마(海馬)는 그 사실을
기록해 두었다가 환생할 때 응보할 테니까 이 명기에 다시 중생
한 뒷사람들은 여자 친구와 남자들을 조심하지 않으면 안 된다.

비견 丙(火土)戌 식신
정재 辛(金木)卯 정인　　庚 己 戊 丁 丙 乙 甲

신주 丙(火土)戌 식신　寅丑子亥戌酉申
정재 辛(金木)卯 정인　41조

　이 여조는 남자성인 水가 전무하지만 천간끼리 丙辛合水를 거
듭하고, 지지끼리는 卯戌合火를 거듭하여 水火가 전투(克)를 벌
이고, 있으면서 과어유정(過於有情)이다. 그래서 주인공 중 어떤
여성은 결혼도 못해 보고 여러 차례 남성들과 합방을 해보기만
했다. 뿌리가 없는 合水가 亥子丑이라는 水方운행을 걸었기 때
문이다. 146조도 참조한다.

‖ 관다합여(官多合女) ‖

　이 장은 여명에만 해당된다. 여조에 명암(明暗)으로 많은 관성
이 있으면서 신주와 그것들이 합신(合身)하는 것들이다. 명암
중 명(明)은 밖으로 나타난 것을 말하고, 암(暗)은 지지 속에
있는 것인데 부군이나 남자에 속한 많은 관성이 명암으로 있으
면서 그것들이 신주와 분명히 그리고 암암리에 합하고 있는 것
이다. 그래서 관다합여(官多合女)가 되면 본 남편을 두고 곁눈
질을 하는 예가 종종 있기 때문에 부군에게 의처증(疑妻症)†을
일으키게 하여 매 맞고 산 여인이 되거나 경우에 따라서는 이혼

도 불사하며 심하면 동가식서가숙(東家食西家宿)도 한다. 아니
면 뒤 방문을 살며시 열어놓은 독신녀를 자처하기도 한다.

이런 여조는 궁합 볼 때 매우 상세히 살펴야 한다. 그렇지 않
고 서로 눈만 맞는다고 관다합여(官多合女)와 결혼한 남자들은
자칫 뻐꾹새 알을 부화시키는 뱁새가 될 수도 있어 나중에는 가
정에 큰 문제가 발생할지도 모른다.

겁재 丙(火金)申 정재
정인 甲(木火)午 비견   癸 壬 辛 庚 己 戊 丁
신주 丁(火土)未 식신   巳 辰 卯 寅 丑 子 亥
상관 戊(土金)申 정재   42조

이 여조는 신주 丁火가 火왕절의 午월에 태어나 득령했고, 午
未의 火方과 丙火가 신주의 火에게 합세하며 未중 乙木과 甲木
이 생신하니 신강하다. 그러므로 신강의재의 용법에 따라 金이
용신(用神)이고, 습기 찬 丑辰의 土가 희신이며, 火는 병신이고,
木은 구신이다. 이 경우 부군성인 水가 표면에 없어 겉으로는
무부상(無夫像)이고, 중반운행이 구신운인 寅卯의 木方운으로
흘러 불길하다.

한편, 申중 두개의 壬水가 암암리에 부군성 노릇을 하면서 홍
란살을 끼고 신주와 丁壬으로 남몰래 자주 합신하여 관다합여

(官多合女)이다. 그래서 56년 생 중 한 여자는 유부남들과 밀회만 즐길 뿐 노처녀로 늙어 가고 있는 중이다. 아무리 명조가 그렇다고는 하지만 이건 너무 괴상망측한 여자다. 과연 丁未일 답다. 己丑의 습기 찬 운행은 희신운이므로 좀 안정된다.

상관 丙(火金)申 정관
정관 庚(金水)子 편인　己 戊 丁 丙 乙 甲 癸
신주 乙(木水)亥 정인　亥 戌 酉 申 未 午 巳
겁재 甲(木金)申 정관　43조

　이 여조는 진태오리(震兌五理)⁺의 난법에 의해 火가 용신(用神)이고, 木이 희신이며, 水는 병신이고, 金은 구신이며, 건토는 약신이다. 그러므로 56년 생 중 한 여성은 2남2여의 형제자매가 있으며, 부군(甲午, 甲戌, 甲辰, 壬申)과 1남1여를 두고 申酉의 金운행이 불길하여 庚辰년 현재 직장에 나간다. 그런데 운행이 불길하고, 관다합여(官多合女)—두 申중 庚金들과 월간의 庚金이라는 남자성들이 신주와 乙庚으로 합신—이기 때문에 그녀는 내연의 남자(甲辰, 丁卯, 壬午, 乙巳)가 같은 직장 내에 있다. 아무튼 甲午운행에는 상당히 안정을 찾으리라.

편관 乙(木土)未 비견
비견 己(土土)丑 비견　庚 辛 壬 癸 甲 乙 丙
신주 己(土水)亥 정재　寅 卯 辰 巳 午 未 申

이 여조는 신주 己土가 엄동설한의 丑월에 태어나 많은 土들을 만났으며, 甲己合土하니 신주가 약하지 않다. 그래도 동토(凍土)이면서 土화격(化格)＊도 겸했으니 火가 용신(用神)이고, 木은 희신이며, 水는 병신이고, 金은 구신이며, 건토는 약신이다. 이 경우 未중 丁火가 丑未로 충극하면서 손상되어 용신(用神)무력이다. 이때 巳午未의 火方운은 돈이 붙는 용신(用神)운이다.

그러므로 55년 생 중 한 여명은 亥未로 木局을 이루면서 함께 배치된 乙木이라는 남자도 합신하고, 亥중 甲木과도 甲己로 합신하며 또 시간의 甲木과도 도화살인 子와 亥子로 합신하여 관다합여(官多合女)가 되었기 때문에 癸巳운행에 전화방을 통해 10여 명의 남자들과 매춘을 하면서 돈을 받아 물 쓰듯 하고 있다.

그녀는 남편이 눈치를 챈 듯하여 고민 중이나 깊은 맛이 들어버린 성욕 때문에 그만 둘 수도 없어 망설이고, 있었다. 甲乙의 木운행도 남자들이 줄을 섰다. 그러니 어떻게 가정주부라고 할 수 있겠는가. 아예 매춘 자판기로 허가를 내버려 길거리에 설치하는 것이 상책일지도 모르겠다. 2015년 12월 9일 子시에는 딸을 낳든지 말든지 이 정보를 활용하라. 이외에 100조를 참조한다.

〖 관살병용(官殺竝用) 〗

정관과 살성인 편관을 함께 사용한다는 말이다. 계선편(繼善篇)에서는 연월시에 관살이 혼잡함을 대단히 꺼린다고 했는데 여기서는 오히려 관살혼잡(官殺混雜)⁺을 기뻐한다니 이것은 무슨 말인가? 이 말은 다른 명서(命書)에는 없고, 오직 궁통보감(窮通寶鑑) 8월 庚金에만 나온 것으로 다음과 같다.

8월의 庚金은 매우 강하고, 예리하니 丁火와 甲木을 쓰며 丙火가 적어서도 안 된다. 만약 丁甲이 나타나고 또 丙火를 하나 보면 공명을 드날린다. 8월은 酉金으로 庚金의 양인인데 형충되지 않아야 한다. 丙火가 지지에 암장되어 있어도 그 이름을 양인가살(羊刃架殺)⁺−양인가살(羊刃架殺)⁺편 참조−이라 하여 나가면 장군이요 들어오면 재상으로 지조가 높은 충신이다(八月庚金 剛銳未退 用丁甲 丙不可少 若丁甲透 又見一丙 功名顯赫 且見陽刃 無刑沖 丙殺藏支 名爲陽刃架殺 主出將入相 直介忠臣)고 했다.

```
정재  乙(木火)巳 편관
정재  乙(木金)酉 겁재    甲 癸 壬 辛 庚 己 戊
신주  庚(金火)午 정관    申 未 午 巳 辰 卯 寅
정관  丁(火水)亥 식신    45조
```

신주 庚金이 金왕절이자 양인월인 酉월에 태어나 득령했고, 巳酉의 金局이 신주에게 합세하니 신강하다. 따라서 신강의극의 용법에 의해 火가 용신(用神)이고, 木이 희신인데 이 경우 살성인 巳火와 관성인 午火가 다 있어서 관살병용(官殺並用)이요 巳午로 火方을 이루어 丁火가 나타났으니 용신유력(用神有力)이다. 게다가 亥중 甲木에게 뿌리박고 두 乙木이라는 재성이 나타나 이것도 강하고, 신주도 강하니 재명유기(財命有氣)⁺격을 겸했다. 그래서 고인은 火木운행에 부사(副使)를 역임하고 재물도 풍성했다.

정인 己(土水)亥 식신
상관 癸(水金)酉 겁재   壬 辛 庚 己 戊 丁 丙
신주 庚(金火)午 정관   申 未 午 巳 辰 卯 寅
편인 戊(土木)寅 편재   46조

신주 庚金이 金왕절의 酉월에 태어나 득령했고, 두개의 土가 생신하니 신강하다. 그러므로 신강의극의 용법에 따라 火가 용신(用神)이고, 木이 희신이며, 水는 병신이고, 金은 구신이다. 이 경우 寅중 丙火가 살성이고, 午火는 관성이다. 그러면서 위력적인 양인가살(羊刃架殺)⁺까지 이루었으며, 금실(金實)사주가 午중 丁火에 제련된 다음 亥중 壬水에 담금질을 마쳐 맥놀이⁺의 명조다. 게다가 운행이 巳午未의 火方운과 丙丁의 火를 대동한 寅卯의 木方운으로 달려 고인은 장관급에 이르렀다.

정인 己(土水)亥 식신
상관 癸(水金)酉 겁재　壬辛庚己戊丁丙
신주 庚(金金)申 비견　申未午巳辰卯寅
편인 戊(土木)寅 편재　47조

　신주 庚金이 金왕절의 酉월에 태어나 득령했고, 申酉의 金方이
신주의 金에게 합세하니 신강하다. 그러므로 신강의극의 용법에
따라 火가 용신(用神)이고, 木이 희신이며, 水는 병신이고, 金은
구신이다. 이 경우 申酉로 金局을 이룬 바람에 寅申이 충극하는
것을 해소했다. 그래서 寅중 丙火가 길신암장(吉神暗藏)격이고,
寅申의 형살이 있다.

　그리고 酉金은 양인이고, 寅중 丙火는 편관이니 양인가살(羊刃
架殺)⁺이므로 군·경·율의 계통에 출신할 형상이다. 게다가 운
행이 巳午未의 火方운과 丙丁의 火를 거느린 寅卯의 木方으로
달려 고인은 장관급에 이르렀다. 이밖에 75조, 286조 등을 참조
한다.

‖ 관살혼잡(官殺混雜) ‖

관살혼잡(官殺混雜)을 일명 명암부집(明暗夫集)이라고도 말하는데 여기서 말하는 부(夫)는 부군, 즉 남편이란 뜻으로 관성과 편관에 해당하기 때문에 이 용어는 여명에게만 쓰는 말이다. 그런데 그 부군성인 관살이 천간에 분명히(明) 나타나 있고 또 지지에 암장(暗)되어 있으면서 관성들이 여기저기 혼잡되어 있는 것을 명암부집이라고 한다. 이른바 관살혼잡(官殺混雜) 격이다. 삼명통회에서는 이런 여명은 남자가 넘치는 남부(濫夫)라고 표현하고 있다.

여명이 관살혼잡(官殺混雜), 즉 명암부집되어 있으면 타고난 궁합이 여러 명의 남자들과 치다꺼리를 해야 하는 형상이니 백년해로는 어려운 것이다. 따라서 이런 여명이 처음 결혼할 때 어떤 남자 명조와 대조해서 궁합 여부를 따진다는 것은 애당초 잘못된 것이다. 아, 글쎄. 타고난 궁합이 명암부집인데 어느 남자와 궁합을 맞추어 백년해로할 수 있겠는가? 궁합은 어느 상대와 맞추어 보는 것이 아니고 내가 타고날 때 타고난 궁합이 어떻게 되어있는가가 중요한 것이다. 여자뿐 아니라 남자도 그것은 똑같은 이치이다.

관살혼잡(官殺混雜)된 여명은 거관유살(去官留殺)✝이나 거살유관(去殺留官) 아니면 거유서배(去留舒配)✝가 되어야 관살혼잡(官殺混雜)을 피하게 되어 좋은 것이다. 말하자면 명암부집을 피하게 되니까 좋은 것이란 말이다. 그렇지 않고 그대로 보이게 안보이게 남자들이 집합되어 있으면 남편 몰래 통정을 하거나 아니면 몇 년이 멀다하고 이혼을 식은 죽 먹기로 해치운다. 그래서 그 무책임한 행동 때문에 천륜으로 맺어진 자녀들이 어마어마한 상처를 입고 방황하거나 빗나가게 하는 원인을 제공한다. 그리고 부모님은 말할 것도 없고, 주위에 있는 친인척들까지 피곤하게 하는 악덕을 쌓는다. 그 악순환은 억겁을 쉬지 않고 계속될 소지가 다분하다. 그렇기 때문에 이 세상을 함부로 살 수 없는 것이다.

편관 壬(水木)寅 편인
정관 癸(水土)丑 상관　壬 辛 庚 己 戊 丁 丙
신주 丙(火土)辰 식신　子 亥 戌 酉 申 未 午
정재 辛(金木)卯 정인　48조

이 여명은 신주 丙火가 水왕절이자 엄동설한의 태양으로 태어나 실령했고, 두 습토에게 설신이 심하며 丑중 癸水와 辰중 癸水에 뿌리박고 구름과 눈에 속한 壬癸의 水가 천간인 하늘에 떠서 태양을 가리고(克) 있기 때문에 신약하다. 따라서 신약방조(身弱幇助)의 용법에 의해 火木이 용신(用神)이고, 水金은 병신이며, 습토는 화몰(火沒)✝ 시키니 병신이고, 건토는 약신이다. 이 경우 부성(夫星)에 속하는 관성들이 壬水와 丑辰중 두 癸水가 있어 명암부집, 즉 관살혼잡(官殺混雜)이고, 신약여명이다.

게다가 癸丑은 백호대살(白虎大殺)이고, 공망살⁺이며, 辰土는 부
성입묘(夫星入墓)⁺살이요 운행까지 亥子의 水方운과 申酉戌의
金方운으로 흘러버린다.

그러므로 62년 생 중 한 여성은 庚戌의 戌土운행에 약신운이면
서 寅戌로 火局이자 卯戌合火로 용신(用神)운이 되어 속칭 일류
대를 나온 의사와 결혼했다. 그러나 己酉운행에 卯酉가 상충하
자 가정궁인 일시를 건드려 일시형충(日時刑沖)⁺과 비슷한 형상
이 되기 때문에 아들은 남자에게 맡겨버리고 이혼해버렸다. 그
뒤 또 한 남자와 사귀다가 대판 얻어터지고 헤어졌으며, 기껏
한다는 것이 카페를 그것도 주택가에 있어 매상이 안 되는 곳에
서 파리만 날리며 투자액을 거의 날리다시피 하고 있는 중이요
또 한 남자와 40살에 동거하고 있는데 필자에게 찾아와 또 다른
남자 명조를 내놓고 어느 쪽과 궁합이 잘 맞느냐고 묻는 것이다.
이렇게 나오면 상담도 피곤할 정도가 아니다.

사주가 그래서 그런지 말귀도 못 알아듣는다. 자기는 의당 그
렇게 해야한다는 식이다. 지금은 자기 표현시대라나 뭐라나. 그
러면서 자기 할 일 따로 있고 남자는 남자란 것이다. 아니 적자
투성이 카페 운영하기가 버린 의사 남편보다 더 자기가 할 일이
란 말인가. 명암부집이라고 하지만 그건 너무 한다. 아직도 병신
운이 끝나려면 멀었으니 언제까지 남자들을 찾아 헤맬지? 타고
난 궁합 한번 고약하다. 그녀는 모친성이 여러 개 있어 생모와

사별하고, 부친이 외국(寅木은 역마) 여자와 살고 있어 모외유모(母外有母)⁺했다.

편인 癸(水金)酉 편관
정인 壬(水土)戌 정재　　癸甲乙丙丁戊己
신주 乙(木土)丑 편재　　亥子丑寅卯辰巳
식신 丁(火土)丑 편재　　49조

이 여명은 신주 乙木이 火土를 간직한 戌월에 태어나 실령했고, 酉金과 酉丑의 金局에게 극신을 당하니 신약사주다. 이 사주는 金이 하나뿐인 것처럼 보이지만 丑戌중 세 개의 辛金이 있고 酉金 외에도 金局 등 도합 5-6개나 있다. 그 金은 관성으로 부군성에 해당하기 때문에 다부상(多夫像)-明暗夫集-이고, 辛金을 간직한 壬戌과 丁丑은 백호대살(白虎大殺)이며, 공망살⁺이고, 또 辛金을 간직한 丑土들은 입묘살이다.

그러므로 33년 생 중 한 여인은 시골 농부인 외아들과 결혼했으나 자식을 생산하지 못해서 가출한 후 상처한 E시의 시청 직원과 동거했다. 그러나 저녁에 끓여 먹을 북어 패대듯이 패대므로 헤어졌고 주막집 접대부로 있으면서 세 번째 남자를 만났는데 이 자는 포주에게 몸값을 선불해 주고 이 여인을 상대로 음욕을 채우면서 술과 벌어놓은 돈을 뜯어먹고 살았다. 불응하면 멍이 시퍼렇게 복날 개 맞듯 두들겨 맞았으니 이를 어찌하겠는가? 당연히 도망할 수밖에. 그래서 상처한 봉급생활자를 다시 네 번째로 만났다. 이 남자는 이 여인의 기구한 운명을 위로해 줄뿐만 아니라 애정도 베풀었다. 그래서 뒤늦게 안정하는 듯 했지만 그런 복이 그녀에게는 없었던지 삼사 년 만에 그 남자가 폐암으로 사거(死去) 했다.

그러자 다섯 번째로 상처한 시골 중농의 농부와 만나 팔자를 고쳐 보았는데 2년이 좀 지나자 그 남자도 중풍으로 들어 누워 4-5년 동안 대소변을 받아낸 끝에 또 사거(死去)했다. 그 후 또다시 가출해서 또 다른 영감을 만나 나이 육십이 넘어서도 동가식 서가숙(東家食西家宿)으로 방황하고 있는 중이다. 辛巳(69세)년에도 다른 남자와 살고 있다. 속담에 "해변 가에 멸치 한 마리도 임자가 따로 있다"는 데 세상에 이럴 수가 어디에 있다는 말인가? 자녀성인 丁火조차 입묘살이자 백호대살(白虎大殺)이므로 자녀를 한 명도 생산하지 못했고, 자매들도 무관심해서 끝까지 처량한 신세를 면하지 못하고 있다.

왜 그러고 다니느냐고 물어보면 자기도 왜 그런지 모른다며 홍수가 모자랄 지경으로 하염없이 눈물만 흘린다. 전 전생에 얼마나 많은 남자들을 골탕 먹였으면 이런 명기에 태어나 이 앙갚음을 당하고 있을까? 이 사주는 土가 많아서 성욕이 강한 형상이고, 미모였다. 그래서 앞산에 진달래 애 터지게 붉은데 개미들만 들끓을 뿐 꿀벌 한 마리 찾아들지 않는 명기다. 이밖에 91조를 참조한다.

‖ 관인상생(官印相生) ‖

관인상생(官印相生)과 살인상생(殺印相生)⁺은 비슷한 말인데 굳이 구분하자면 전자는 정관이 인성을 생조하고, 다시 인성은 신주를 생조하는 것을 말하며 후자는 편관이 인성을 생조하고, 인성이 신주를 생조하는 것을 말한다. 편관을 칠살(七殺) 또는 살성(殺星)이라고도 말하는 데서 비롯된 것이다. 예조들은 살인상생(殺印相生)⁺격을 참조하거나 본서의 예조들 가운데 관인상생(官印相生), 살인상생(殺印相生)⁺ 이와 같은 표시들이 있는 명조들을 보기로 한다. 그런 것들이 너무나 많아서 생략한 것이다.

‖ 괴강격(魁罡格) ‖

우두머리 괴(魁)자에 별 강(罡 특히 북두칠성)자로 북두칠성을 선인들은 별 점을 치는 점성학(占星學)에서 으뜸으로 쳤다. 그래서 그런지 사주학에서도 육십갑자 중 壬辰, 壬戌, 庚辰, 庚戌을 우두머리로 보았는데 이것들을 매우 강한 것으로 취급했다. 사주에서는 괴강이 많으면서 신강하면 강해질수록 아주 귀격으로 보았다. 일종의 신강사주로 종격에 속한 것이다. 종강격(從强

格)⁺ 또는 종왕격 그리고 종혁격(從革格)⁺처럼 말이다. 반면 괴
강일에 신약사주가 되면 아무 일도 못하는 좋지 않는 격으로 보
았다. 간혹 戊戌도 괴강으로 취급되는 명서(命書)들이 있다.

편인 戊(土金)申 비견
비견 庚(金金)申 비견　辛 壬 癸 甲 乙 丙 丁
신주 庚(金土)辰 편인　酉 戌 亥 子 丑 寅 卯
비견 庚(金土)辰 편인　50조

　신주 庚金이 金왕절의 申월에 태어나 득령했고, 다섯 개의 金
이 합세하며 세 개의 土가 생신하니 매우 강해진 신강사주다.
게다가 申(子)辰이 水局을 결성하면서 자체조화(自體造化)⁺로
子자를 끌고 들어와 정란차격(井欄叉格)⁺이라는 귀격도 형성했
고, 괴강격(魁罡格)도 겸했다. 그 두 개의 격은 무조건 신강사주
가 되어야 하고, 재성(木)과 관성(火)이 없어야 한다.

　그리고 충극하는 寅木과 戌土가 없어야 진격이 되어 대귀해진
다. 이 경우 마침 그 조건에 부합하여 귀격사주가 되었으므로
고인은 亥子丑의 水方운에 대귀했다고 전한다. 그 다음 丙寅과
丁卯의 火木운은 재관운이기 때문에 두 격이 모두 꺼리는 운이
다.

편재 甲(木木)寅 편재

편인 戊(土土)辰 편인　己 庚 辛 壬 癸 甲 乙
신주 庚(金土)辰 편인　巳 午 未 申 酉 戌 亥
비견 庚(金土)辰 편인　51조

　이 사주는 생일과 생시가 괴강이고, 네 개의 土가 신주의 庚金
을 土生金으로 생신하기 때문에 신강사주로서 괴강격(魁罡格)이
다. 이 격은 첫째 신강해야 하고, 둘째도 신강하게 하는 운행을
만나야 대발하며 셋째는 형충이 있거나 재관(木火)운을 만나면
사주가 크게 진노해서 풍파가 심하다. 그런데 이 사주는 마침
형충이 없고, 운행에서 庚辛의 金과 申酉의 金운이 신강하게 하
고 있다. 그러므로 고인은 대귀해서 명진사해(名振四海)한 바
있다. 甲戌운행은 辰戌이 형충하므로 꺼리는 흉운이다.

비견 庚(金土)辰 편인
비견 庚(金土)辰 편인　辛 壬 癸 甲 乙 丙 丁
신주 庚(金土)辰 편인　巳 午 未 申 酉 戌 亥
비견 庚(金土)辰 편인　52조

　이 사주는 천간이 庚金으로만 배치된 천간일기격이고, 지지도
辰土로만 배열된 지지일기격이다. 그리고 土金으로만 구성된 양
신성상격이자 이인동심(二人同心)+격이며, 괴강으로만 구성된
괴강격(魁罡格)이다. 이 경우 운행 중반에 申酉戌의 金方운이
더욱 신강해지도록 하고 있다. 그래서 고인 중 주익공(周益公)

과 진시황제(秦始皇帝)가 이 명기를 거쳐 갔다고 전한다. 진시황제는 불로초를 구하려고 선남선녀를 5백여 명이나 동쪽 나라에 파견했다고 하는데 그는 50살에 사거(死去)했다고 하니 수명은 약초에 있는 것이 아닌가 보다. 丙戌의 火土운행에 火克金하고, 辰戌이 상충했기 때문이라고 사료된다.

〖 귀문관살(鬼門關殺) 〗

 어떤 독자들은 이런 살성을 사주에서 다루면 그것은 한 마디로 원시 사주학이라며 배척하는 경우들을 상당히 보았다. 바꾸어 말하면 현대 사주학에서는 아무 쓸모가 없다는 태도이다. 그래서 아예 그런 살성들은 참고할 필요가 전혀 없다는 것이다. 그런 사람들의 눈으로 보면 이런 살성을 논하는 학자는 케케묵은 짓이라며 이상한 눈초리로 바라보기도 한다.

 물론 그들의 말대로 원시 사주학에 속한 것이다. 그러나 현대 사주학에서도 그것들을 어느 정도 참고하지 않을 수 없는 이유는 그 원시적인 것이 현대에서도 종종 실제화하고 있기 때문이다. 그러므로 필자는 온고이지신(溫故而知新)의 자세로 현대 사주학에 병용하면 실제로 감정할 때 더 실감나게 이런 살성들을 확인할 수 있는 것이다. 그런데 상당수 사람들은 사주학 이론이 너무 난해할 것 같아 학술공부는 포기하고, 아예 살성만으로 영업에 종사하는 경우가 예상 밖으로 대단히 많아 보인다. 그런 사람은 완전히 원시 사주학에만 의존하여 돈벌이를 하고 있는 것이다.

귀문관살(鬼門關殺)은 다음 도표에서 본 바와 같이 구성되는데 이것은 무조건 암기해두는 것이 상책일 것이다. 사주에 子酉 또는 丑午가 서로 가까이 있으면 이 살이 구성된 것으로 보는데 이것이 일시(日時)나 월일(月日) 등에 나란히 있으면 이 살에 해당된다. 이 살은 원시 사주학에서는 본인의 정신이 이상해지거나 신경쇠약 또는 신경과민 등 변태적인 악살(惡殺)이라고 대개 응용했다. 또 경우에 따라서는 어느 육친에 해당되는가에 따라서도 그 해당된 사람 역시 그럴 수 있다는 것이다.

그러나 필자의 견해로는 그런 부정적인 면만 나타나는 것이 아니라 오히려 선견지명(先見之明)으로 작용하는 예들도 많이 보았다. 왜 그렇게 양면성으로 나타나는지 그 원인을 조사해본 결과 사주의 짜임새와 쓰임새가 잘 되어있고 운행이 잘 나가면 그 귀문관살(鬼門關殺)이 선견지명으로 작용하는 빛이 되고, 그렇지 못한 사주에 그 살은 나쁘게 작용하는 이른바 그림자 역할을 한다는 것이다.

그런데 왜 여기에 자기도 모르는 사이에 상대와 눈 흘기며 미워하게 된다는 원진살까지 소개하고 있는가. 그것은 두 살의 구성 조건이 매우 비슷한 것이 많아 외우기에 대단히 편리한 점이 있으므로 시각적으로 빨리 익히기 위해서이다. 유심히 살펴보면 子寅未酉만 약간씩 다를 뿐 다른 것들은 모두 다 같이 구성되므로 암기하기에 시각적으로 편리할 것이다.

	子	丑	寅	卯	辰	巳	午	未	申	酉	戌	亥
귀 문	酉	午	未	申	亥	戌	丑	寅	卯	子	巳	辰
원 진	未	午	酉	申	亥	戌	丑	子	卯	寅	巳	辰

정관 丁(火火)巳 편관
식신 壬(水水)子 상관　辛 庚 己 戊 丁 丙 乙
신주 庚(金土)戌 편인　亥 戌 酉 申 未 午 巳
정관 丁(火水)亥 식신　53조

이 명기에는 대한민국 창설이래 '관운이 가장 억세게 좋은 사나이' 라고 별칭이 붙을 만큼 유명했던 정일권(丁一權) 총리 겸 국회의장이 거쳐간 명기(命器)다. 아닌게 아니라 건국 초기의 이정권(李承晩政權) 때는 삼군(육해공군) 총사령관과 박정권(朴正熙政權) 시절에는 6년 7개월이란 가장 긴 국무총리 그리고 6년여에 걸친 국회의장 그 다음 전정권(全政權) 때는 국정 자문

위원과 노정권(盧泰愚政權) 시절에는 자유연맹 총재 등을 역임
했으니 일평생 관운이 그를 떠나지 않았다.

신주 庚金이 水왕절의 子월에 태어나 亥子의 水方과 壬水에게
金洩水로 설신되니 신약하다. 이 경우 金水식상요견관*이라고
하지만 신약하므로 신약의조와 식상패인(食傷佩印)*의 용법에
의하여 土가 용신(用神)이고, 火는 희신이며, 木은 병신이고, 水
는 구신이며, 金은 약신이다. 이 경우 용신(用神)인 戊土가 신주
바로 밑(곁)에서 억센 괴강과 효신으로써 설신시키는 水(식상)
를 제압하고, 동시에 생신하며-그래서 식상패인(食傷佩印)*-희
신인 丁火의 뿌리도 되었기 때문에 용신유력(用神有力)에 희신
도 유력하고, 부벽살과 巳戌이라는 귀문관살(鬼門關殺)이 있어
서 선견지명의 명조다.

그리고 병신인 木이 나타나지 않아 용신(用神)인 土의 활동에
지장이 없지만 亥중 甲木이 잠복하고 있으므로 木운행을 만나면
불길하다. 사주에 없는 그 木은 재성으로 부친과 재물 그리고
처(여자)에 해당하므로 그 방면에 부실함이 예고되어 그는 두
딸을 낳은 본처와 사별했고, 20세 가량 연하의 여자와 재혼하여
1남1여를 두었으며, 남긴 유산도 별로 없었고 부친 덕도 부족했
다.

운행은 辛亥의 金水가 배치상 金生水하니 水氣가 강해진 병신

운이므로 그는 빈농(貧農)에서 태어나 14세에 만주 간도로 떠나 잡화장사로 학창시절을 보낸 후 庚戌의 金土에 약신과 용신(用神)이 약동하여 만주 군관학교를 졸업하고, 일본 육군 사관학교를 수석으로 마친 다음 己酉와 戊申의 土金운행중 33세(己丑년: 土土연도)에 육군 참모차장이 되었고, 이듬해 삼군 총사령관에 이르렀으며, 46세에 국무총리로 취임해서 丁未의 火土운행 중 53세까지 재임했었다.

그 후 국회의장이 되어 6여 년 간 역임하면서 丙午의 火火운행을 보냈고 乙巳의 木火에는 배치상 木生火니 희신인 火氣가 계속되어 5·6공화국에서도 쉬지 않고 활동했다. 그러다가 甲辰운행 중 甲戌년 乙丑월 甲辰일 寅시에 병신들이 작당해서 난동을 피운 바람에 78세를 일기로 사거(死去)했다.

정인 庚(金金)申 정인
겁재 壬(水火)午 편재   癸 甲 乙 丙 丁 戊 己
신주 癸(水木)卯 식신   未 申 酉 戌 亥 子 丑
정재 丙(火土)辰 정관   54조

신주 癸水가 火왕절의 午월에 태어나 실령했는데 丙火까지 또 나타났고 바로 밑(곁)에 있는 木에게 설신되니 신약사주다. 그러므로 신약방조(身弱幇助)의 용법에 의해 水金이 용신(用神)이고, 土火는 병신이다. 이 경우 壬水가 申辰의 水局에 착근(着根:

뿌리박음)했고, 庚金도 申金에 뿌리박고 있는 가운데 辰土가 土生金으로 생조하여 용신유력(用神有力)이고, 오행이 모두 구비되어 배득중화(配得中和)＋도 되었다.

그리고 용신(用神)인 金은 인성으로써 정치, 학문에 속하며 수옥살과 卯申이라는 귀문관살(鬼門關殺)이 있고 水日이 午月에 태어나 재관쌍미(財官雙美)＋격이며, 운행까지 일생동안 申酉戌의 金方운과 亥子丑의 水方운으로 내달아 용신(用神)이 득세하므로 20년 생 중 한 명은 국회의원(國會議員-일명 民議院)에 이르렀다.

이 외에도 「운명을 팝니다」와 「이야기 사주학」에 소개된 김수환 추기경과 본서 108조를 참조한다. 다음은 정신적인 면에서 이상한 예조들이다.

상관 癸(水土)未 정인
편재 甲(木木)寅 편재　乙 丙 丁 戊 己 庚 辛
신주 庚(金金)申 비견　卯 辰 巳 午 未 申 酉
비견 庚(金土)辰 편인　55조

이 여조는 신주 庚金이 木왕절이 시작된 寅월에 태어나 실령해서 신약사주로 출발했다. 그러나 월지가 신주를 극하는 것이 아니고 그 반대며 일주가 똑같은 金이고, 辰未의 土가 생신하며 시간의 庚金이 신주의 金에게 가세하니 신강사주로 변했다. 그러므로 신강의극의 용법에 따라 火가 용신(用神)이고, 木이 희신이며, 水는 병신이고, 金은 구신이며, 土는 기신이다. 이 경우 寅申이 충극되어 寅중 丙火가 손상된 통에 희신과 용신(用神)무력하므로 호운(好運)을 만나도 그 효력이 미미한 명기다.

그렇게 손상은 되었으나 희신과 용신(用神)이 부모 터인 월주에 있고 초반운에 乙卯의 木운, 즉 희신운이 있어서 명문가(名門家)⁺의 형상이기 때문에 43년 생 중 한 여인은 의사(醫師)의 집안에서 태어났는데 申金이 역마살이고, 일시가 합신하여 방외출생(房外出生)에 해당되므로 어머니가 친정에서 귀가하던 열차 안에서 출생했다. 그렇지만 손상된 터가 부모궁이고, 모친성이 辰土와 未土로 둘인 가운데 부친성인 寅木과 모친성인 未土가 귀문관살(鬼門關殺)이므로 어머니의 춤바람이 급기야 태풍으로 돌변해 버린 바람에 부모가 이혼했다.

그리고 부모궁인 월주는 형제자매궁에도 해당되므로 오빠가 가출했다. 그 후 아버지가 15세 때 고혈압으로 한마디의 유언도 남기지 않고 사거(死去)한 바람에 거리의 떠돌이로 변해서 사창가로 떨어졌다. 이 시기는 습기 찬 辰土에게 화몰(火沒)⁺된 때다. 게다가 丁巳의 火운행에는 인체로는 폐에 속한 金이 강극(强克)을 당하고, 사주와 寅巳申이 삼형살을 결성해서 폐병과 마약중독에 걸렸다.

한편, 부군성인 火도 손상되었고, 未중 丁火는 미약하며 귀문관살(鬼門關殺)이 작용해서 남자들로 말미암아 정신병원에 일년간 입원하기도 했다. 이제 庚申운을 만나면 또 다시 寅申이 재차 충극하므로 예측불허의 시기다. 이 사주는 부모궁이자 형제자매궁인 월주와 내 몸의 일주가 충극하면서 부모와 형제 그리고 내가 다같이 풍비박산이 나버린 기구한 여조다.

편재 戊(土土)戌 편재
상관 丁(火火)巳 식신　丙 乙 甲 癸 壬 辛 庚
신주 甲(木金)申 편관　辰 卯 寅 丑 子 亥 戌
편관 庚(金火)午 상관　56조

이 여조는 신주 甲木이 火왕절의 丁巳월에 태어나 巳午의 火方에게 설신되고 있는데 申戌의 金方과 巳중 庚金이 나타나서 벌목까지 하려고 한다. 그러므로 식상제살(食傷制殺)✝과 쇠왕태극(衰旺太克)✝ 중 극약의설의 용법에 따라 火가 용신(用神)이고, 木이 희신이며, 水는 병신이고, 金은 구신이며, 건조한 土는 약신이고, 습기 찬 丑辰의 土는 화몰(火沒)✝시키니 기신이다.

그래서 58년 생 중 한 여인은 甲乙의 木을 대동한 寅卯辰의 木方운에 지성인(대학)의 교육을 받았다. 그러나 癸丑의 水土는 병신과 기신운이다. 그러므로 그녀는 귀문관살(鬼門關殺)과 巳

申의 형살로 신(神)을 받아 무녀(巫女)가 되었다. 이 경우 내 몸의 甲申 가운데 申자에 옷(衣)을 입히면 신(神)자가 된다. 그리고 무녀의 무(巫)자는 위에 있는 가로 선(一)이 하늘이요, 아래에 있는 선은 땅이며, 가운데 세로로 서있는 선은 하늘과 땅을 이어주고 그 양쪽에 있는 사람 인(人)자들이 너울너울 춤을 추고 있다.

 그래서 그런지 그녀는 무녀로 살아가고 있다. 한편, 일지의 申은 부군성인 관성이고, 申중 壬水는 모친성인 인성인데 그것들이 내 몸과 함께 있어서 세 딸만 둔 친정어머니와 부군과 내가 한집에서 살았다. 그러나 부군성인 金은 戌중 辛金과 庚申의 金으로 둘이나 있는 가운데 가정궁에는 텅 빈 공망살⁺이 차지했고, 홍란살이다. 그리고 癸丑운행은 丑土에 화몰(火沒)⁺되고, 丑戌이 형살을 일으켜 戌중 辛金이 손상된다. 그러자 그녀는 丁丑년에 丑土가 또 그래서 1남1여를 두고 그 부군(癸巳, 甲子, 庚戌, 戊寅)과 이혼했다. 그녀는 병신운에 빚 구덩이 속에 파묻혀 있는 중이다. 후반에 있는 亥子丑의 水方운은 병신운이니 할말이 없다. 이밖에 62조 108조 114조 154조 316조 등등을 참조한다.

〔 귀물제거(鬼物除去) 〕

신주가 어쩔 수 없이 종격-종재격(從財格)⁺ 또는 종살격(從殺格)⁺ 등-이 되어야 할 때 신주를 도울 능력이 없는 인성과 비겁이 있는 사주이다. 이때 인비(印比)가 귀물(鬼物)이다. 그 귀물을 제거시켜야 진종(眞從)이 되어 사주의 품격이 격상된다.

인성과 비겁이 용신(用神)이 될 수 있느냐 아니면 귀물이 되느냐는 사주 상황을 면밀히 살핀 다음에 신중히 결정할 일이다. 그 결정을 하기 위해서는 다음 몇 가지를 참조한다. 첫째, 신주의 강약을 다시 점검해 본다. 둘째 인비로 도우면 자력갱생할 수 있는가 그렇지 못한가를 자세히 관찰한다. 셋째, 인비가 있어도 신주가 도저히 재기불능 할 것 같으면 종격으로 보고 그것을 귀물로 보게 된다.

정재 壬(水水)子 편재
편관 乙(木火)巳 정인   丙 丁 戊 己 庚 辛 壬
신주 己(土水)亥 정재   午 未 申 酉 戌 亥 子
편재 癸(水金)酉 식신   57조

이 사주는 巳火가 신주의 己土를 생신할 수 있느냐 그렇지 못하느냐가 본조를 푸는 관건이다. 왜냐하면 巳火가 사주에서 가장 힘을 많이 발휘하는 월지를 차지하고 있기 때문이다. 그런데 金에게 생조를 받은 水들의 세력이 막강해진 채로 그 巳火를 강극(强克)하고, 巳亥가 충극해서 또 손상되었으며, 巳酉로 金局을 결성하여 본성인 火의 성질을 상실했다.

그러므로 火에 의존할 수 없기 때문에 이 사주는 土從金으로 金을 따라가 金生水해서 水의 세력에게 순종하지 않으면 안 될 종재격(從財格)⁺이 되었다. 따라서 대세를 움켜쥔 金水가 용신(用神)이고, 火土는 병신이므로 고인은 초반에 있는 午未의 火土운행에 신고를 겪다가 戊申의 土金부터 서서히 기틀을 다지고 辛亥의 金水와 壬子의 水운, 이렇게 20년 간 거부가 되었다. 이 경우 巳亥가 상충하여 인성인 巳火라는 귀물을 완전히 제거해 이른바 귀물제거(鬼物除去)가 되었다.

정인 戊(土木)寅 정재
정재 甲(木木)寅 정재　乙 丙 丁 戊 己 庚 辛
신주 辛(金木)卯 편재　卯 辰 巳 午 未 申 酉
편관 丁(火金)酉 비견　58조

신주 辛金이 木왕절의 寅월에 태어나 실령했는데 酉金이 卯酉로 충극을 당했고, 많은 木의 세력 때문에 결손 되어-木多金缺-신주를 도울 수 없으므로 신주가 의지할 곳이 없다. 따라서 사주에서 대세를 장악한 木火의 세력에게 순종하는 종살격(從殺格)⁺이다. 그러므로 木火가 용신(用神)이고, 金水는 병신이다. 이 때 마침 운행 중반에 土를 대동한 巳午未의 火方운이 있어서 고인은 이 기간에 대발해서 부귀를 겸했다. 火方운은 酉金을 공격해 병신을 제거한 공로가 있고 卯酉가 상충하여 酉金이라는 귀물, 즉 비견을 사주에서 제거해 이른바 귀물제거(鬼物除去)이다. 이상을 정리하면 귀물을 만난 명조는 그것을 제거하는 때에 크게 발전한다는 것을 알 수 있다.

‖ 군겁쟁관(群劫爭官) ‖

여기는 여명에게만 해당되는 말로 명리정종(命理正宗) 위경론(渭逕論)에 비겁이 강하고 왕성하면 방에서 늘 성내는 부인이 되어 백년해로가 어렵다(姉妹綱强 乃作 嗔房之婦)고 했다. 여기서 자매(姉妹)란 비겁들이다. 여명에 비겁은 자매이자 사회에서는 같은 성에 속한 다른 여성들이다. 그런 비겁이 사주에 많고 남자(일명 부군)성인 관성이 아주 적으면 그 비겁들이 적은 남자성을 서로 차지하려고 다투는 형상이니 이것을 군겁쟁관(群劫爭官)이라고 한다. 그러면 진방지부(嗔房之婦)가 될 소지가 많아 첩을 보거나 첩살이를 하게 된다.

식신 癸(水土)丑 편인
겁재 庚(金金)申 겁재   辛 壬 癸 甲 乙 丙 丁

신주 辛(金金)酉 비견   酉 戌 亥 子 丑 寅 卯
편관 丁(火金)酉 비견   59조

　이 여조는 신주 辛金이 金왕절의 申월에 태어나 득령했고, 酉
丑의 金局 등 많은 金(비겁)들이 신주의 金에게 합세하기 때문
에 신강하다. 그러므로 신강의극의 용법에 의해 火가 용신(用神)
이고, 木은 희신이며, 水는 병신이고, 金은 구신이며, 土는 기신
이다. 그런데 용신(用神)인 丁火가 뿌리박을 木火를 만나지 못
해서 허탈하고, 게다가 운행도 중반에 亥子丑의 水方(병신)운이
그 火를 극한다.

　따라서 일생이 거의 즐겁지 못한 가운데 허탈해진 丁火는 부군
성인 관성이므로 그 덕을 보기가 몹시 어려운 형상이다. 그리고
비겁(金)이 너무 많아서 그 허탈한 관성(火)을 서로 쟁탈하기
때문에-군겁쟁관(群劫爭官)-이녀동부(二女同夫)⁺의　형상이기
도 하다. 그래서 13년 생 중 한 여자는 그 부군의 잦은 외도로
말미암아 첩을 겪으며 성욕을 굶주린 채 불만의 세월을 살았다.

겁재 己(土土)未 겁재
상관 辛(金土)未 겁재   壬 癸 甲 乙 丙 丁 戊
신주 戊(土火)午 정인   申 酉 戌 亥 子 丑 寅
정인 丁(火火)巳 편인   60조

이 여조는 신주 戊土가 火土가 왕성한 오뉴월의 未월에 태어나 巳午未의 火方과 丁火가 火生土로 생신하고, 土들이 많아 신강하다. 비록 신강하지만 水가 없어 완전히 메마른 흙이기 때문에 나무(木)를 성장시킬 수도 없고, 金을 캐내기도 어려우며 물(水)도 엄청난 량이 아니고서는 소용이 없는 매우 황폐한 신강사주다. 이 경우 성장할 수 없는 木은 관성으로써 부군성인데 표면에는 없으므로 무부상(無夫像)이면서 비겁만 가득 차 이녀동부(二女同夫)✝의 형상이다.

그리하여 고인은 정나미가 뚝 떨어질 만큼 수많은 첩을 겪으며 살았다. 이 사주는 지나치게 메마른 채 신강하기만 하기 때문에 부군에게 순종하지 않고 시부모와도 불화하며 주관이 도를 넘어 고집불통에 자기만이 옳다고 강변하는 형상이다. 마치 두 개의 혀가 날름대는 뱀처럼 혀가 총알보다 바쁜 형국이다. 이밖에 85조 313~316조 376조를 참조한다.

‖ 군겁쟁재(群劫爭財) ‖

여기는 주로 남명(男命)에게 적용하는 용어이다. 남자 명조에 비겁은 형제성이자 사회적으로는 같은 성인 남성들이다. 그리고 재성은 재물성이자 처성이며, 부친성이기도 하다. 그런데 사주에 재성이 매우 적고 비겁들만 들끓으면 적은 재물과 처를 두고 많은 남성들이 서로 차지하려고 다투는 형상이다.

그래서 군겁쟁재(群劫爭財)라고 일컫는데 이렇게 되면 재물 면에서는 친구나 형제 그리고 다른 남자들에게 빼앗길 소지가 많으므로 동업이나 일수놀이 및 합자사업은 금물이다. 왜냐하면 밥 한 그릇이란 재물을 놓고 여러 형제자매들이나 많은 친구 또는 같은 남성들이 서로 먹어 치우려고 다투기 때문이다. 그러므로 그들과 돈 거래를 하지 말라.

그리고 처와도 백년해로가 어려워 의처증(疑妻症)✝이 심할 수 있으며 재혼 내지는 아내를 다른 남성에게 탈취 당할 소지가 있다. 또한 부친이 횡사할 수도 있는 형상이다. 그와 같은 사주가 다시 군겁 운을 만날 때는 그런 피해를 확실하게 본다.

그러므로 이런 형상의 남명은 형제자매들도 될수록 멀리해야 한다. 인륜 도덕적으로는 못할 말이지만 필자의 임상 경험으로는 자기를 볼 때마다 형제자매(비겁)들이 자기 아내를 헐뜯는 이야기를 멈추지 않고 해대는 것이다. 그러면 나중에는 진짜 그런 것 같이 자기도 모르게 인식되어 아내를 잔뜩 의심하게 되고, 그러다 결국에는 이혼도 불사한 경우들을 많이 경험했기 때문이다. 이혼하고 재혼하면 언제 또 떠나버릴지 모르는 여자를 만나 남은 여생은 보나마나 뻔한 고민의 날들이다. 헌 것이 새 것 되는 것 보았는가?

식신 丙(火木)寅 비견
정관 辛(金木)卯 겁재　壬 癸 甲 乙 丙 丁 戊
신주 甲(木木)寅 비견　辰 巳 午 未 申 酉 戌
편재 戊(土土)辰 편재　61조

　신주 甲木이 木왕절의 卯월에 태어나 득령했고, 寅卯辰의 木方을 만나 곡직격(曲直格)⁺이다. 그런데 이 격이 꺼리는 辛金이 있어 파격(破格)이다. 그래도 신주의 木과 같은 세력인 木이 많아 신강하니까 신강의설의 용법에 따라 火가 용신(用神)이고, 水와 金은 병신이다. 이 경우 丙火가 寅중 丙火에 착근하고 분명하게 나타났지만 애석하게도 丙辛이 合水되어 용신반합(用神半合)⁺이자 合水에게 오히려 반극을 당한 바람에 호운을 만나도 그 효력이 희미한–遇而不遇⁺–명기다.

　그리고 처성인 재성을 많은 비겁들이 강극하여 군겁쟁재(群劫爭財)이고, 寅辰이 합신하여 일지편재(日支偏財)⁺와 유사하다. 그러므로 26년 생 중 한 명은 끝내 본처(本妻)와 헤어졌다. 火方운을 본인에게 점검해 보았더니 신통치 못했(단)다. 그러고 보면 신강의재의 용법에 의한 土가 용신(用神)이 아니다.

정인 己(土木)卯 정재
상관 癸(水金)酉 겁재　壬辛庚己戊丁丙
신주 庚(金金)申 비견　申未午巳辰卯寅
정재 乙(木金)酉 겁재　62조

　신주 庚金이 金왕절의 酉월에 태어나 득령했고, 申酉의 金方이
신주의 金에게 합세하며 乙庚合金하니 신강하다. 이렇게 튼튼하
면 풀무용인 丁火가 사주에 있으면서 火운을 만나거나 추수명검
(秋水名劍)✝으로 水가 있으면서 水운을 만나야 황금기를 이룬
다. 이 경우 추수명검(秋水名劍)✝과 신강의설의 용법에 의해 水
가 용신(用神)이므로 水운을 만나면 대발할 수 있는데 엉뚱하게
巳午未의 火방운행과 土운으로 흘러버려 불선의 세월이다.

　게다가 처성인 木을 卯酉로 충극하고, 乙木은 酉金과 나의 金
이 강타하여 처를 복날 개 패 듯한 형상이다. 그래서 39년 생
중 한 명은 아닌게 아니라 군겁쟁재(群劫爭財)답게 그 아내를
여차하면 개 잡듯 패댔다. 귀문관살(鬼門關殺)✝로 제정신이 아
니고 괴걸이나 열사가 되라는 양인살을 폭력에 사용했으며, 金
으로 똘똘 뭉쳐 그 형상을 닮아 단신(短身)이며, 운행은 불길해
정력도 함량미달이었다. 여자를 함부로 다루는 사람은 재물도
궁색하고, 부친의 말씀도 우이독경하기 마련이다. 왜냐하면 재성
은 처성이자 재물성이며, 부친성에 해당되기 때문이다. 이외에
172조 174조 195조 300조 317조 337조　503조 등등을 참조
한다.

‖ 군불가항(君不可抗) ‖

이 용어는 적천수(滴天髓) 군상(君象)편에 나온 말로 여기서 군(君)이란 신주를 말하고, 군주가 있으면 신하가 있게 마련이니 신하는 재성을 뜻한다. 이것은 아까 앞에서 다루었던 군겁쟁재(群劫爭財)⁺와 유사한 형국을 말하는데 비겁들이 많고 재성이 적을 때 어떻게 해야 좋을 것인가를 다루는 단원이다.

그렇게 군겁쟁재(群劫爭財)⁺의 형상이 되었으면 생각하기에 따라서는 재성을 극하는 비겁들을 관살로 극하여야 재성이 보호를 받아 좋아질 것 같지만 그렇게 하면 임금인 신주가 대노하여 큰 화를 자초한다. 그래서 관살로 신주를 대항해서는 불가하다는 것이다. 이럴 때는 식상으로 설신하여 식상생재해야 성공한다. 그래야 서로 순리적으로 생조하여 위(君) 아래(臣)가 편안하게 상응하기 때문이다.

이 말은 임금인 신주에게 대항하는 것은 불가하고 귀하게 되려면 신주의 힘을 설신(損)시켜 밑의 신하를 도와야 이롭게 된다고 요약할 수 있다. (君不可抗也 貴乎損上以益下) 여기서 손상(損上) 중 上은 신주인 임금을 말하고, 손(損)은 설신 시킨다는 뜻이며, 익하(益下)의 下는 재성인 신하를 말하고, 益은 식상으로 도와 이롭게 한다는 의미이다.

비견 甲(木水)子 정인
비견 甲(木土)戌 편재　乙 丙 丁 戊 己 庚 辛
신주 甲(木木)寅 비견　亥 子 丑 寅 卯 辰 巳
겁재 乙(木水)亥 편인　63조

　신주 甲木이 土왕절의 戌월에 태어나 실령했지만 寅亥合木과
甲乙의 木들이 신주의 木에게 가세하고, 亥子의 水가 생신하므
로 신강하다. 따라서 신강의재와 진태오리(震兌五理)✢의 종법에
의해 土가 용신(用神)이고, 火가 희신이다. 이 경우 용신(用神)
인 戌土는 외롭게 하나뿐인데 그것을 극하는 병신인 木은 벌떼
처럼 너무 많아 군겁쟁재(群劫爭財)✢다.

　게다가 식상인 火가 나타나지 않은 가운데 운행에도 火운이 없
으면서 중반에 寅卯辰의 木方운을 만나 또다시 군겁쟁재(群劫爭
財)✢가 심화된다. 그러므로 고인은 고난이 끊일 사이가 없었고
재난이 겹쳐 파가(破家)했다. 그러니까 왜 지저분한 전생의 발
자취를 남겨 이런 명기에 중생했는가?

비견 甲(木土)戌 편재
식신 丙(火木)寅 비견　丁 戊 己 庚 辛 壬 癸
신주 甲(木土)戌 편재　卯 辰 巳 午 未 申 酉
겁재 乙(木水)亥 편인　64조

신주 甲木이 간직된 寅월에 태어나 득령했고, 亥水가 생신하며 寅亥合木을 이루어 乙木과 함께 신주의 木에게 합세하므로 신강하다. 그러므로 신강의설의 용법에 따라 火가 용신(用神)이고, 木은 희신이며, 水는 병신이고, 金은 구신이며, 土는 약신이다. 따라서 고인은 戊辰의 土운부터 발전해 己巳의 土火운행에 용신(用神)과 희신이 득세하므로 등용문을 열고 巳午未의 火方운행에 식상생재가 제대로 이루어져 부귀를 누렸다.

〚 귀기불통(貴氣不通) 〛

여기서 귀기(貴氣)란 꼭 사용해야할 용신(用神)을 말하는데 그것이 신주와 멀리 떨어져 있는 채 중간에 있는 오행에게 극을 당했거나 합거(合去)되어 없는 것과 다름없이 되어버린 것을 말한다. 그러니까 월주나 시주에 용신(用神)이 있으면 신주와 가까이 있으므로 귀기불통(貴氣不通)은 이루어지지 않고 연주에 있는 경우가 많다. 그리고 귀기불통(貴氣不通) 사주가 억지로 그것을 용했는데 그것을 공격하는 운을 만나면 아주 크게 흉해진다.

편인 壬(水金)申 편관

식신 丙(火火)午 상관　丁 戊 己 庚 辛 壬 癸

신주 甲(木火)午 상관　未 申 酉 戌 亥 子 丑

비견 甲(木土)戌 편재　65조

　신주 甲木이 火왕절의 午월에 태어나 午戌의 火局 등 火의 세력에게 설신되면서 나무가 뜨거운 햇살에 크게 시달리고 있는 신약사주다. 그러므로 신약의조와 진태오리(震兌五理)†의 윤법에 따라 水가 용신(用神)이고, 金은 희신이며, 土는 병신이고, 火는 구신이다. 이 경우 壬水가 신주와 멀리 떨어진 채 壬丙이 충극해 귀기불통(貴氣不通)이면서 용신(用神)무력이다. 그렇게 되면 우이불우(遇而不遇)†다. 따라서 고인은 운행에서 申酉戌의 金方운과 亥子丑의 水方운을 만나고서도 부유하지 못하고 일생 가난했다.

정관 癸(水金)酉 정재

식신 戊(土火)午 겁재　丁 丙 乙 甲 癸 壬 辛

신주 丙(火土)辰 식신　巳 辰 卯 寅 丑 子 亥

편인 甲(木火)午 겁재　66조

　신주 丙火가 火왕절의 午월에 태어나 두개의 억센 양인이 신주의 火에게 가세하고, 辰중 乙木에 통근한 甲木이 생신하니 신강하다. 그러므로 신강의극의 용법에 따라 水가 용신(用神)이고,

金이 희신이며, 土는 병신이고, 火는 구신이며, 木은 기신이다. 이 경우 癸水가 酉金에게 생조(生助)를 받고 있어서 용신(用神)이 힘있게 보이나 戊癸로 합해버려 용신반합(用神半合)⁺이고, 신주와 멀리 떨어져 있어—貴氣不通—무정하다. 더구나 운행마저 丁巳의 火운과 寅卯辰의 木方운으로 흘러버려 불길하다.

따라서 고인은 乙卯운행에 처성이자 재성인 酉金을 卯酉로 충극해 재혼도 실패하고, 甲寅의 木운행에는 水가 木에 설기되어 용신(用神)이 더욱 무력해지고 寅午로 火局을 이루어 金을 공격해서 용신(用神)의 근거지를 차단하며 水는 火에 이르러 절지를 만나므로 사거(死去)했다. 여기서 덧붙여 설명하면 辰酉가 合金하려고 다정다감한데 중간에 午火가 酉金을 극하여 이간시키고 있다. 이것을 적천수에서는 원기은중(怨起恩中)이라고 했다. 즉 辰酉合金은 은(恩)에 속하고, 午火는 원수가 일어나는 형상이니 반갑게 되다가 그만 나쁘게 된 것으로 소위 '좋다만 것'이다.

이 장을 정리하면 귀기(貴氣)가 불통하면 뜻은 있어도 성취할 수 없고, 합해서 다정해지려고 하는데 중간에서 이간하는 놈이 있으면 몸이 상하고 재물도 없앤다. 이 밖에 辛酉년 甲午월 戊午일 甲寅시생은 酉金이 용신(用神)으로 귀기불통(貴氣不通)인데 辛卯운행에 卯酉로 충극하자 투신자살 했고, 丁亥년 戊申월 甲戌일 戊辰시생 역시 亥水가 용신(用神)으로 귀기불통(貴氣不通)인데 乙巳운행에 巳亥가 충극하자 익사(溺死)⁺했다. 이밖에 31조 125조 230조 290조를 참조한다.

‖ 금다금혁(金多金革) ‖

이 마당은 金이 많은 반면 다른 오행들이 적은 경우들에 쓰이는 용어들이다. 금다금혁(金多金革)은 신주가 金이고, 사주에 金이 꽉 차면 종혁격(從革格)✝이 된다. 金은 가을철에 온갖 것을 추수하는데 쓰인다. 그러면 대지가 온통 빈터로 변한다. 그래서 마치 어떤 혁신을 가져온 것 같이 되기 때문에 金은 숙살(肅殺)의 기가 있는 것이므로 숙살지기(肅殺之氣)라고도 한다. 그러므로 혁명을 일으킬 때도 총칼이 번쩍거리는 것이니 金이 많으면 혁신의 의미가 있어 종혁격(從革格)✝이 된 것이다. 종혁격(從革格)✝을 참조한다.

다시 金이 많은 경우로 금다목벌(金多木伐)은 사주에 金이 대단히 많은데 木이 매우 적으면 木이 金에게 金克木으로 나무가 벌목(伐木)을 당한다는 말이다. 강한 톱으로 연약한 나무를 잘라버리는 형상이다. 그러면 木에 속한 육친에 이상이 있다. 그리고 금다수고(金多水孤)는 金이 많으면 水가 외롭다는 뜻인데 모왕자고(母旺子孤)✝와 비슷한 것으로 가령 水가 신주일 때 金이 인성인 어머니(母)로서 작용한다. 이때 모친은 그 세력이 왕성한데 그 모친이 金生水로 생산한 아들인 자식(水)은 홀로 외로운 형국이다. 이런 사주의 주인공은 마마보이가 될 소지가 많다. 그러므로 운행에서 水운을 만나야 어머니가 새로 생긴 그 水라는 자식들에게 관심이 분산되어 홀로 있는 신주가 자유로워지므로 활기가 생겨 길해진다. 모왕자고(母旺子孤)⁺ 편을 참조한다.

그리고 금다화식(金多火熄)은 金이 대단히 많은데 火가 매우 미약하면 제련시켜야할 金은 많은 반면 불이 약해 제련은커녕 오히려 불씨가 꺼질 염려가 많은 것이다. 이런 형국의 명조는 火가 더 필요하고 그것을 가열시킬 木이 있어야 한다. 한편, 금다토괴(金多土壞)는 金이 많은데 土가 적으면 좁은 땅(土)에서 많은 金을 土生金으로 생산해내기 위해 흙이 지나치게 붕괴(崩壞)되는 형상이 되기 때문에 土에 속한 육친에 이상이 생길 수 있다. 이상의 金多水孤와 金多金革 그리고 金多土壞와 金多火熄 및 金多木伐의 용어들은 사주 상황을 판독할 때 아주 중요한 것들이다.

‖ 금수식상(金水食傷) ‖

신주가 金으로 水왕절의 亥월이나 子월에 태어난 사주를 金水식상격이라고 한다. 그런데 이렇게 된 사주들은 고서나 보통 명리학자들이 써놓은 책들을 보면 한결같이 관성인 火를 꼭(要) 보아야(見) 한다고 했다. 이른바 금수식상요견관(金水食傷要見官)

이라고 했다. 그 이론만 믿고 필자가 임상실험에 적용했더니 반은 맞고 반은 틀렸다. 왜 그럴까 하고 금수식상(金水食傷)인 사주들을 전부 모아서 비교 검토해 보았더니 금수식상(金水食傷) 격은 무조건 火를 사용할 것이 아니라 신주가 약하지 않을 때만 火를 용신(用神)으로 쓰고 만약 신주가 약할 경우는 인성과 비겁으로 용신(用神)을 정해야 한다는 사실을 알았다. 그 예조로 21조 31조 37조 53조 103조 106조 260조 등등을 참조한다.

▌금실유성(金實有聲)▐

여기서 금실(金實)이란 사주에 金이 대단히 많은 경우를 말한다. 그렇게 金이 튼튼해서 실(實)한 사주는 세 가지 용법이 적용된다. 첫째, 火로 제련시켜 종(鐘)을 만들어 두드린다. 그러면 맥놀이⁺가 은은하게 퍼져 듣는 이의 마음을 편안하게 하는 역할을 하게 된다. 그래서 맥놀이⁺ 격이 된 것이다. 둘째, 물(水)로 숫돌에 갈아 이름난 검(劍)을 만들어 천하를 호령한다. 이것을 추수명검(秋水名劍)⁺이라고 하는데 그 용어 편을 참조한다. 셋째, 종강 내지 종왕으로 세력을 옮겨쥔 대세에 따른다.

이상의 세 가지 법칙에 속한 명조는 세상에 소리를 낼 수 있으니 이것을 금실유성(金實有聲)이라 한다. 반면에 이상의 세 가지 법칙을 적용할 수 없게 된 명조로 용신(用神)을 정할 수 없게 되면 금실무성(金實無聲)이다. 그런 명조는 유야무야(有耶無耶)한 인생살이가 된다.

겁재 辛(金土)丑 정인
식신 壬(水土)辰 편인　辛 庚 己 戊 丁 丙 乙
신주 庚(金火)午 정관　卯 寅 丑 子 亥 戌 酉
상관 癸(水土)未 정인　67조

　신주 庚金이 土왕절의 辰(養金之土)월에 태어나 세 개의 土가 생신하고 연간의 辛金이 신주에게 가세하니 신강하다. 따라서 신강의극의 용법에 의해 火가 용신(用神)이고, 木이 희신이며, 水는 병신이고, 金은 구신이며, 건토는 약신이고, 습토는 기신이다.

　그러므로 61년 생 중 한 명은 寅卯운행에 木生火로 火를 생조하니 금실유성(金實有聲)이 되어 속칭 괜찮은 대학을 졸업했다. 그러나 己丑의 습토운행이 화몰(火沒)⁺시켜 금실무성(金實無聲)⁺이 되었기 때문에 불길하여 사업으로 나갔다가 戊子의 戊土운행에 어렵게 현상유지를 했다. 그 후 子水운행은 병신운이고, 子午가 상충하여 금실유성(金實有聲)을 이룬 午火를 손상시켜 완전히 금실무성(金實無聲)⁺이므로 대패했다. 丁亥와 丙戌의 火木

土운행이 대체로 길운이고, 나머지는 불길하다.

상관 癸(水金)酉 겁재
비견 庚(金金)申 비견　己 戊 丁 丙 乙 甲 癸
신주 庚(金金)申 비견　未 午 巳 辰 卯 寅 丑
비견 庚(金土)辰 편인　68조

　신주 庚金이 金왕절의 申월에 태어나 득령했고, 여섯 개의 金이 단결하여 신주가 태왕한 사주다. 그러므로 쇠왕태극(衰旺太克)✝ 중 극강의설과 추수명검(秋水名劍)✝의 용법에 따라 水가 용신(用神)이고, 金이 희신이며, 土는 병신이고, 火는 구신이며, 木은 용신(用神)을 설기시키니 기신이다. 이 경우 운행이 水金으로 달리지 않고 土火木으로 흘러 고인은 빛을 못보고 말았다. 이른바 금실무성(金實無聲)✝이 되고만 것이다.

‖ 금침수저(金沈水底) ‖

　사주에 金은 매우 적고 水가 대단히 많으면 金이 물밑에 가라앉은 형상이기 때문에 그처럼 이름 붙인 것이다. 그러니까 金이 관성이 되었든 재성이 되었든 상관없이 사주에 水局 등 水가 많

으면 이때는 金生水가 아니고 金洩水로 금침수저(金沈水低)⁺가
된다. 이렇게 되면 그 金이 해당되는 별자리에 문제가 생길 수
밖에 없다. 만약 여명에 金이 부군성인 관성에 해당된 가운데
금침수저(金沈水低)가 되었다면 부군이 익사(溺死)⁺하거나 알코
올 중독 등에 걸려 주당당수가 되기 쉽다.

그러므로 금침수저(金沈水低)일 경우 水운을 만나면 그때는 금
침수저(金沈水低)가 아니라 金이 깊은 물 속으로 유실되어 버리
는 형상이니 세상을 하직할 위험이 있는 것이다. 따라서 금침수
저(金沈水低)의 형상은 水운을 만나서는 안되고, 土로 土克水하
면서 土生金해야 金이 물 속에 가라앉을 염려가 없는 것이다.

비견 甲(木水)子 정인
상관 丁(火土)丑 정재　丙 乙 甲 癸 壬 辛 庚
신주 甲(木土)辰 편재　子 亥 戌 酉 申 未 午
비견 甲(木水)子 정인　69조

이 여조는 신주 甲木이 북풍한설이 몰아치는 丑월에 태어나고
丑중 辛金이 있으므로 진태오리(震兌五理)⁺의 난법과 기후법에
따라 火가 용신(用神)이다. 그런데 태양인 丙火는 없고, 그 여광
(餘光)인 丁火뿐이므로 격하된 명조요, 水는 병신이고, 金은 구
신인데 중반부터 癸酉와 壬申의 水金운이 계속되어 험난한 세월
이다.

게다가 부군성인 金이 표출되지 않아 무부상인데 그나마 丑(백호대살(白虎大殺)과 부성입묘(夫星入墓)⁺중 辛金은 子丑의 水方과 子辰의 水局 속에 가라앉은-金浸水低-형상이다. 그리고 모친성인 子水가 두개나 있으면서 각자 甲木이라는 자녀를 水生木으로 낳아 내 몸의 甲辰과 子辰으로 합신하고, 그것은 재인합신(財印合身)에도 해당하여 모가재취(母嫁再娶)⁺에 모외유모(母外有母)⁺의 형상이다. 그러므로 24년 생 중 한 여인은 그 부군이 익사(溺死)⁺했고, 어머니가 재취였으며, 이복 형제자매도 있었다. 이렇게 타고난 궁합이 불미하면 재혼해도 술(水) 등을 좋아하는 남자를 만나기 쉬워 내 것 주고 뺨맞으니 재고할 필요가 있다.

정재 丁(火土)丑 정관
정인 辛(金水)亥 비견　庚 己 戊 丁 丙 乙 甲
신주 壬(水水)子 겁재　戌 酉 申 未 午 巳 辰
겁재 癸(水木)卯 상관　70조

신주 壬水가 간직된 水왕절의 亥월에 태어나 득령했고, 亥子丑의 水方과 癸水가 신주의 水에게 합세하며 辛金이 생신하니 水의 세력이 범람할 지경으로 왕성한 신강사주다. 그러므로 신강의설의 용법에 의해 木이 용신(用神)이고, 金은 병신이며, 火는 약신이다. 이 경우 亥월생⁺이므로 亥중 甲木과 卯木이 亥卯로

木局을 이루어 용신(用神)은 보강되었다. 그러나 운행에 木운이 없어서 평상조가 되고 말았다. 다만 巳午未의 火方운은 그래도 약신운이기 때문에 안정된 기간이다. 본조는 비겁인 水는 넘치고 모친성인 金은 외로워 금침수저(金沈水低)이고, 모쇠자왕(母衰子旺)✝에 해당하므로 37년 생 중 한 명은 그 어머니가 동생을 낳고 곧 바로 사거(死去)했다. 이외에 170조 241조 등을 참조한다.

〚 급각살(急脚殺) 〛

　주로 두 다리가 잘못되어 절름거리는 경우로 문자를 써서 말하면 건각인(蹇脚人)이라고 말한다. 이 살이 있고 운이 나빠지면 소아마비나 중풍 관절염 또는 실명으로 불편한 신체가 되는 경우가 있다. 그 구성방법은 태어난 월지를 기준 삼아 해당된 글자가 사주에 있으면 급각살(急脚殺)이다. 특히 급각살(急脚殺)과 단교관살이 다 있으면 실명하여 건각인처럼 되는 수도 있다. 이하 예조들 모두 時支에 급각살(急脚殺)이 있다.

	寅卯辰월생	巳午未월생	申酉戌월생	亥子丑월생
급각살	亥子	卯未	寅戌	丑辰

비견 己(土木)卯 편관
편재 癸(水金)酉 식신　壬辛庚己戊丁丙
신주 己(土土)未 비견　申未午巳辰卯寅
정인 丙(火木)寅 정관　71조

　신주 己土가 金왕절의 酉월에 태어나 설신되니 실령했고, 卯未
의 木局과 寅卯의 木方에게 극신을 당하니 신약사주다. 그러므
로 신약의조의 용법에 따라 火가 용신(用神)이고, 木은 희신이
며, 水는 병신이고, 金은 구신이며, 土는 대체로 약신이다. 이 경
우 丙火가 寅중 丙火에 뿌리박고 힘차게 솟아 용신유력(用神有
力)이고, 관성인 木이 인성인 火를 생조해서 火生土로 생신하므
로 관인상생(官印相生)†격을 구성했으며, 인성이 용신(用神)이
니 문예방면에 출신할 형상이다.

　그래서 39년 생 중 한 명은 巳午未의 火方운행에 용신(用神)이
득세하여 교수로 출신(出身)했다. 그 후 戊辰운행의 습기 찬 辰
土운 중 己巳년에 뇌익혈로 한쪽의 손발이 마비되었다. 사주와
辰酉가 合金되어 구신운이고, 合金은 병신인 水를 조장해서 용
신(用神)을 극하며 火는 辰土에 화몰(火沒)†되고 급각살(急脚
殺)이 작용했다. 그러나 丁卯와 丙寅은 길운이니 많이 회복되리
라.

편재 己(土土)丑 편재
편재 己(土火)巳 상관　戊丁丙乙甲癸壬
신주 乙(木火)巳 상관　辰卯寅丑子亥戌
편재 己(土木)卯 비견　72조

　신주 乙木이 火왕절의 巳월에 태어나 두개의 火에게 설신이 심하고, 재성인 土가 많아서 재다신약(財多身弱)‡ 사주다. 따라서 신약방조(身弱幇助)의 용법에 의해 水木이 용신(用神)이고, 土火는 병신이다. 이 경우 생신해줄 水가 없고, 卯木은 火의 세력에게 설기되어 용신(用神)무력인데 반면에 병신은 유력해서 불미하다. 게다가 운행도 초반부터 乙丑까지 40여 년 간 土火로 흘러 불길한 가운데 단교관살과 급각살(急脚殺)조차 있다.

　그래서 49년 생 중 한 명은 어려서 소아마비에 걸리자 그 부친이 재수가 없다며 자기 어머니를 떠나 첩과 살아버렸다. 이 사주는 신약한데 재성이 너무 많아서 감당하기가 어려운 형상이다. 이 때 그 재성은 부친성이자 재물성이고, 처성인데 신약사주가 시상(時上)에 편재마저 있어서 처복에도 문제가 있다. 그러므로 1남1여를 낳고 잘 살던 처(癸巳, 庚申, 己未, 甲子)까지 6여 년만에 떠나버렸다. 그는 木이 용신(用神)이기 때문에 인장(印章)새기는 직업으로 살았고 甲子의 木水운부터는 안정된다.

비견 己(土土)丑 비견

편인 丁(火土)丑 비견　丙乙甲癸壬辛庚
신주 己(土水)亥 정재　子亥戌酉申未午
편관 乙(木土)丑 비견　73조

　신주 己土가 엄동설한의 丑월에 태어나 亥(子)丑의 水方까지 만나서 한토(寒土)다. 이럴 경우는 태양인 丙火가 있어야 한데 그 대신에 丁火가 나타났으나 이것마저 뿌리박을 곳이 없어서 있으나 마나하다. 게다가 운행조차 亥子의 水方운과 申酉戌의 金方운이 水를 생조하니 더욱 차디찬 명조다. 그래서 고인은 어려서부터 피부병(瘡毒)으로 크게 고생하다가 급각살(急脚殺)이 양쪽에 있어서 두 다리를 모두 사용하지 못 한 채 일생을 살았다고 전한다.

비견 庚(金木)寅 편재
편재 甲(木金)申 비견　癸壬辛庚己戊丁
신주 庚(金水)子 상관　未午巳辰卯寅丑
편관 丙(火土)戌 편인　74조

　이 여조는 신주 庚金이 金왕절이 시작된 申월에 태어나 득령했고, 申戌의 金方이 신주의 金에게 합세하니 신강하다. 그러므로 신강의극의 용법에 따라 火가 용신(用神)이고, 木이 희신이며, 水는 병신이고, 金은 구신이며, 습기 찬 辰丑의 土는 화몰(火沒)⁺되니 기신이다. 이 경우 寅申이 상충—愛假憎眞⁺—해서 寅중 丙

火가 손상된 통에 丙火마저 허탈한데 그나마 戌土에 설기되어 용신(用神)입묘이자 용신(用神)무력이므로 우이불우(遇而不遇)⁺다. 그렇게 되어버린 火는 인체 상 눈(眼目)이자 부군성인 관성인데 그것이 가정궁에 있으면서 입묘살이다.

그래서 50년 생 중 한 여인은 그 부군(甲申, 庚午, 辛未, 戌戌)이 무력했고, 한쪽 눈이 애꾸눈처럼 이상했으며, 戌土는 급각살(急脚殺)이기도 하므로 한쪽 다리가 길어 절름발이었다. 그리고 辛巳운행은 사주와 寅巳申이 삼형살을 이루면서 자녀성인 水가 절지이므로 무자(無子)했고, 庚辰의 金운은 재물성인 金을 공격하여 생활이 어려웠다. 이밖에 267조 269조를 참조한다.

〚 기관팔방(氣貫八方) 〛

기(氣)가 사방팔방으로 관통했다는 뜻이다. 그럼 무슨 기가 그렇다는 것인가. 사방은 동서남북을 말하니 사주에 子午卯酉가 다 있다는 말이다. 나침반을 보면 子는 북이고, 午는 남이며, 卯는 동이고, 酉는 서이다. 그러면 子午卯酉에 한해서만 쓰는 말이냐? 그렇지 않고 寅申巳亥나 辰戌丑未가 사주에 다 있으면 역시 기관팔방(氣貫八方)격이 된다.

어느 해이든 寅월은 정월로 맹춘(孟春)이라 하고, 2월인 卯월은 중춘(仲春), 3월인 辰월은 계춘(季春)이며, 4월부터 6월까지는 하절로 4월인 巳월은 맹하(孟夏) 5월인 午월은 중하(仲夏) 6월인 未월은 계하(季夏)이다. 그리고 7월부터 9월까지는 추절(秋節)로 7월인 申월은 맹추(孟秋) 8월인 酉월은 중추(中秋佳節) 9월인 戌월은 계추(季秋)이다. 그리고 10월부터 12월까지는 동절(冬節)로 10월인 亥월은 맹동(孟冬) 11월인 子월은 중동(仲冬) 12월인 丑월은 계동(季冬)이다.

여기서 寅申巳亥는 모두 맹월(孟月)로 나침반 위에서는 사방을 가리킨다. 그래서 사주에 이것들이 모두 있으면 기관팔방(氣貫八方)격 가운데 사맹격(四孟格)이라고 말한다. 그리고 辰戌丑未 역시 사방인데 이것이 다 있는 사주는 사고격(四庫格)이라고 한다. 辰戌丑未는 모두 사계절의 끝으로 고장(庫藏)이니 고(庫)자를 따서 그렇게 명명한 것이다.

그런데 명리정종(命理正宗)에서는 사위순전(四位純全) 격으로 다루고 있다. 사방이 순전하게 있는 사주로 이 기관팔방(氣貫八方)격은 잘 짜인 사주에 운행이 좋으면 지도자로 활약하는 경우가 많고 잘 못 짜이고, 운행이 좋지 못하면 오히려 불행의 대명사처럼 되고 말아버린다. 그럼 여기서 예를 들어보자. 먼저 子午卯酉의 경우부터 보자.

겁재 辛(金木)卯 정재
정관 丁(火金)酉 겁재　丙乙甲癸壬辛庚
신주 庚(金火)午 정관　申未午巳辰卯寅
편관 丙(火水)子 상관　75조

　신주 庚金이 金왕절의 酉월에 태어나 득령했고, 辛金이 나타나
서 신주의 金에게 합세하니 신강하다. 그러므로 신강의극의 용
법에 따라 火가 용신(用神)이고, 木이 희신이며, 水는 병신이고,
金은 구신이다. 이 경우 午火에 뿌리박고 丙丁의 火가 나타나서
酉월 庚金은 관살병용(官殺竝用)⁺이라는 「궁통보감」의 말대로
매우 기쁘게 되었다. 왜냐하면 丙火는 金을 따뜻하게 조후(調候:
기후를 조절)하고, 丁火는 金을 단련시키기 때문이다.

　게다가 子水에게 단련된 金을 담금질까지 마쳐서 맥놀이⁺요,
운행이 평생 巳午未의 火方운과 寅卯辰의 木方운으로 달려 용신
(用神)과 희신이 득세하고, 子午卯酉가 모두 있어서 순전사위
(純全四位)격⁺ 가운데 기관팔방(氣貫八方)격이며, 형충으로 인
해서 군·경·율의 계통에 출신할 형상이다. 따라서 고인은 25
세에 황제로 즉위해서 89세까지 태평성대를 구가했다. 그러니까
풍수와 문명이 달라진 후세에 이 명기에 다시 부활한 후인은 제
왕이 아니더라도 일생동안 큰 위치를 누릴 수 있다. 이 외에도
丙午년 丁酉월 戊子일 乙卯시생 남명 역시 기관팔방(氣貫八方)

격으로 장관급이었다. 이상은 성공한 예들이고, 다음은 그 반대
인 경우를 보기로 하자.

상관 辛(金木)卯 정관
정인 丁(火金)酉 상관　丙 乙 甲 癸 壬 辛 庚
신주 戊(土水)子 정재　申 未 午 巳 辰 卯 寅
비견 戊(土火)午 정인　76조

　이 사주는 지지에 子午卯酉가 모두 있어서 기관팔방(氣貫八方)
격이니 지도자의 명조처럼 보인다. 그럼 사주의 짜임새를 살펴
보자. 신주 戊土가 金왕절의 酉월에 태어나 실령했고, 辛酉의 金
에게 설신되니 신약사주다. 그러므로 신약의조의 용법에 따라
火가 용신(用神)이고, 木이 희신이다. 이 경우 子午와 卯酉가 각
각 상충해서 모두 손상된 채 酉월의 火와 木이 허탈해졌기 때문
에 용신(用神)무력이다.

　그러므로 고인은 巳午未의 火方운과 寅卯辰의 木方운을 만나고
서도 학문을 중단하고, 도화살이 거듭 있어 풍류를 좋아했으며,
경영하는 일이 고르지 못한 채 끝내 발복하지 못했다. 귀격을
구성하고서도 신약사주에 용신(用神)무력이 되어버려 불발했던
아까운 명조다.
　이번에는 辰戌丑未가 다 있으면서 명암의 예를 보자.

상관 戊(土土)辰 상관
정관 壬(水土)戌 상관　癸甲乙丙丁戊己
신주 丁(火土)丑 식신　亥子丑寅卯辰巳
비견 丁(火土)未 식신　77조

　신주 丁火가 土왕절의 戌월에 태어나고 지지에 辰戌丑未가 모두 있어서 사고격(四庫格)이고, 설신이 심해 신약하니 火가 용신(用神)이고, 木이 희신이다. 이 경우 신주와 시간이 戌중 丁火와 未중 丁火에도 통근했다. 그러므로 癸亥운행은 戊癸合火요, 亥未가 木局인데 두개의 丁火가 木生火로 소통시키고 甲子의 木水는 배치상 水生木이니 木운이며, 丙寅과 丁卯의 火木은 木生火니 火가 강해져 土를 생조한다. 그래서 고인은 황제(洪武)에 이르렀다. 이 외에 성공한 사례로 1조와 4조를 참조한다.

정인 戊(土土)辰 정인
상관 壬(水土)戌 정인　癸甲乙丙丁戊己
신주 辛(金土)未 편인　亥子丑寅卯辰巳
편인 己(土土)丑 편인　78조

　이 사주는 지지에 辰戌丑未가 모두 있어서 사고격(四庫格)으로 볼 때 지도자가 될 수 있는 명기 같다. 그러나 신주 辛金이 土왕절의 戌월에 태어나 여섯 개의 土에게 파묻힌−土多金埋−형상이다. 그래서 모왕자고(母旺子孤)⁺의 용법에 따라 金이 용신(用

神)인데 운행에 金운이 없다.

　그리고 자식성이자 관록성인 火가 戌중 丁火는 辰戌이 상충하고, 未중 丁火도 丑未가 상충하여 모두 손상되었기 때문에 그 방면에 하자가 생겼고 처성이자 재물성인 未중 乙木도 상충 때문에 손상되어 그 방면도 이상이 생겼다. 그래서 고인은 극처(剋妻)하고 무자했다. 만일 신주가 土였거나 土화격(化格)*이 되었다면 사고격(四庫格)으로써 火土운행에 그 효력이 매우 크게 나타났을 것이다.

상관 丁(火土)未 정재
정인 癸(水土)丑 정재　壬 辛 庚 己 戊 丁 丙
신주 甲(木土)辰 편재　子 亥 戌 酉 申 未 午
비견 甲(木土)戌 편재　79조

　이 사주는 지지(地支)에 辰戌丑未가 모두 있으므로 사고격(四庫格)에 해당한다. 그러면 제왕의 위치를 순리적으로 얻는다는 홍범(洪範)의 글귀에 부합되어 지도자의 사주 같다. 그러나 甲己合土의 土화격(化格)*이 안되고, 신주 甲木이 재성인 土를 너무나 많이 만나서-(재다신약(財多身弱)*-허허벌판에 서있는 외로운 나무-土多木孤-처럼) 신약사주다.

　시간(時干)의 甲木이 신주를 돕고 싶으나 그것도 뿌리(地支)가 없기 때문에 역부족이다. 그래도 신약의방의 용법에 의해 木이 용신(用神)이고, 水가 희신이며, 金은 병신이고, 土는 구신이다. 그러므로 운행 壬子와 辛亥, 이렇게 亥子의 水운은 희신운이므로 고인은 풍요롭게 성장했다. 그러나 庚戌의 金土는 병신과 구신이 작당해서 난동을 피우므로 큰 고난을 겪었다. 그 기간이 약 30여 년이나 된다.

다음에는 寅申巳亥의 사주로 그 명암(明暗)을 보자.

겁재 壬(水木)寅 상관
식신 乙(木火)巳 정재　丙 丁 戊 己 庚 辛 壬
신주 癸(水水)亥 겁재　午 未 申 酉 戌 亥 子
정인 庚(金金)申 정인　80조

신주 癸水가 火왕절의 巳월에 태어나 실령했고, 乙木과 寅木에게 설신되니 신약사주로 출발했다. 그렇지만 巳중에는 庚金이 장생하고 있는 가운데 庚申의 金이 나타나서 생신하고, 일주가 똑같은 水이며, 壬水가 亥중에 뿌리박고 나와서 신주의 水에게 가세하니 신강사주로 변했다. 그러므로 신강의재의 용법에 의해 火가 용신(用神)이고, 木이 희신이며, 水는 병신이고, 金은 구신이며, 건조한 土는 약신이다. 이 경우 재관쌍미(財官雙美)⁺격을 구성했다.

따라서 고인은 초반에 있는 午未의 火方운에 용신(用神)이 득

세하여 구애 없이 성장했다. 그러나 후반에 있는 申酉戌의 金方
운은 구신운이기 때문에 처자와 헤어지고 재산이 기울러 고생이
막심했다. 무심히 보면 사맹격이기 때문에 지도자 감으로 오판
할 수 있다. 그러나 중반에 용신(用神)운이 없어 그 반대가 되
었다.

정재 壬(水金)申 상관
식신 辛(金水)亥 정재　壬 癸 甲 乙 丙 丁 戊
신주 己(土火)巳 정인　子 丑 寅 卯 辰 巳 午
정인 丙(火木)寅 정관　81조

신주 己土가 水왕절의 亥월에 태어나 실령했고, 연월에서 金
(生)水가 강해져 설신하니 신약사주다. 따라서 신약의조의 용법
에 의해 火가 용신(用神)이고, 木이 희신이며, 水는 병신이고,
金은 구신이다. 이 경우 태양인 丙火가 寅巳중 丙火에 뿌리박고
나타나서 용신유력(用神有力)이고, 관성인 木이 인성인 火를 생
조해서 火生土로 생신하니 관인상생(官印相生)격이다.

그리고 지지에 寅申巳亥가 모두 있어서 사맹격이므로 기(氣)가
사방팔방으로 관통하는-氣貫八方-귀격이다. 그러므로 고인은
중반에 있는 寅卯辰의 木方운행에 그 이름이 방방곡곡으로 전했
다. 그러나 丁巳운행에 巳亥가 상충하자 그 주검이 비참했다.
103조 128조를 참조하면 이와 유사하다.

이 단원을 요약하면 기관팔방(氣貫八方)격이 신강하고, 용신(用神)운을 만나거나 신약해도 약간만 신약하면서 용신(用神)운을 만나면 그 이름이 천하에 진동한다. 그러나 너무 신약하거나 용신(用神)운을 만나지 못하면 아무리 이 격이라도 소용이 없다는 것을 알 수 있다.

〖 기취팔궁(氣聚八宮) 〗

이 용어는 주역의 팔괘에서 따온 말이다. 그 팔괘는 건위천(乾爲天), 태위택(兌爲澤), 이위화(離爲火), 진위뢰(震爲雷), 손위풍(巽爲風), 감위수(坎爲水), 간위산(艮爲山), 곤위지(坤爲地)인데, 예를 들어 사주에서 오행들이 순차적으로 생조하여 水의 세력에게 몰려 있으면 팔괘 중 坎爲水가 되어 기취감궁(氣聚坎宮)이라고 한다. 이 경우 木生火, 火生土, 土生金, 金生水해서 亥子丑이나 申子辰의 水局에 그 기세가 몰린 상태이다.

그와 같은 형식으로 사주에 기가 寅午戌의 火局이나 巳午未의 火方에 모이게 되면 기취이궁(氣聚離宮)이요 金局이나 金方에 집결되면 기취태궁(氣聚兌宮)이다. 또 木方이나 木局에 몰리면

기취진궁(氣聚震宮)이요 戌亥로 모이면 기취건궁(氣聚乾宮), 丑
寅으로 모였다면 기취간궁(氣聚艮宮), 辰巳로 취합했으면 기취
손궁(氣聚巽宮) 未申으로 되었으면 기취곤궁(氣聚坤宮)이다. 이
렇게 해서 주역의 팔괘가 있듯이 기취팔궁(氣聚八宮)이 된다.

정재 丙(火水)子 비견
편인 辛(金土)丑 편관　壬 癸 甲 乙 丙 丁 戊
신주 癸(水水)亥 겁재　寅 卯 辰 巳 午 未 申
식신 乙(木木)卯 식신　82조

이 사주는 천고문장(千古文章) 동파(東坡) 소식(蘇軾)이 거쳐
간 명기다. 신주 癸水가 水왕절의 丑월에 태어나 亥子丑의 水方
과 丙辛合水가 신주의 水에게 합세하니 水의 세력이 매우 충만
한 신강하다. 이른바 기취감궁(氣聚坎宮)이다. 그러므로 신강의
설의 용법의 따라 木이 용신(用神)이고, 金은 병신이며, 火는 약
신이다.

이 경우 乙木이 亥卯의 木局에게 뿌리박고 나타나 水의 세력을
시원하게 뽑아 내주(토수吐秀)고 있다. 이 때 水는 지혜요 용신
(用神)인 木은 천을귀인과 학당(學堂) 등 귀인성(貴人星)이 집
중되어 있고 木局까지 이루어 용신유력(用神有力)이며, 식상이
용신(用神)이므로 문예방면에 나아갈 형상이다. 게다가 전반운
행에 寅卯辰의 木方운을 만나 소동파는 천고의 문장가가 되었다.

이 명기에 다시 중생(重生)한 후인도 창성(創性 :새로움으로)에
힘써서 그런 사람이 되기를 바란다.

비견 庚(金水)子 상관
편재 甲(木金)申 비견　乙 丙 丁 戊 己 庚 辛
신주 庚(金木)寅 편재　酉 戌 亥 子 丑 寅 卯
편관 丙(火土)戌 편인　83조

　신주 庚金이 金왕절의 申월에 태어나 득령해서 신강사주로 출
발했다. 그러나 金은 申子의 水局에 설신되고, 水局은 寅木을 생
조하며 木은 寅戌의 火局을 木生火해서 火局과 丙火에게 사주에
기세가 몰렸다. 그래서 기취이궁이 되어 극신하기 때문에 신약
사주로 변했다. 그러므로 신약의방의 용법에 의해 金이 용신(用
神)이고, 습기 찬 己丑辰土가 희신이며, 火는 병신이고, 木은 구
신이며, 水는 약신이다.

　이 사주는 다음 몇 가지의 기묘한 짜임새로 구성되었다. 첫째,
申子의 水局과 寅戌의 火局이 서로 水克火로 으르렁대는 용호상
박과 같은 水火미제인데 중간에 寅木이 水吸木하고, 木生火하여
소통시켰다. 그래서 水火기제⁺로 미결이 결재가 났다. 둘째, 7월
생 庚金을 丙火가 따뜻하게 했고, 寅(午)戌이 火局을 이루어 풀
무용인 午중 丁火를 자체조화(自體造化)⁺로 끌어와 金을 단련시
켰고 申중 壬水와 申子의 水局에 담금질을 마쳤다 그래서 맥놀

이⁺로 세인의 마음을 달랜다.

 끝으로 甲申과 庚寅은 서로 甲은 건록인 寅木에게, 또 庚은 건
록인 申金에게 바꾸어 녹근(祿根)하고 있는 호환재록(互換財祿)
⁺까지 구성한 특별한 명기다. 따라서 고인은 운행 亥子의 水(약
신)운과 己丑庚의 土金운에 희신과 용신(用神)이 득세하여 공명
(功名)을 크게 떨친 후 寅운에 寅申이 충극하여 흉했다.

└부

〖 내림사주 〗

우리는 아버지와 아들이 술을 잘 마시면 흔히 내림이라고 말한다. 그래서 유전자까지 들먹이며, 유전 때문이라고 곧장 치부해 버린 경우들이 많다. 술뿐이 아니다. 부모가 이혼했는데 자녀들 중에 또 이혼하는 일이 생기면 그것도 내림이라고들 한다. 어떤 경우는 조부 때부터 소실이 있으면서 아버지도 그런 경우가 있고 손자도 그런 전철을 밟을 경우 그것도 유전 또는 내림이라고 한다. 그래서 얼마 전까지만 해도 맞선을 보기 전에 그 집안의 내력을 미리서 세세히 살펴보는 염탐이라는 관습이 보편적이었던 시대가 있었던 것이다. 그러나 지금은 연애라는 것이 보편화되어 그런 전통이 사라진지 오래다. 그런 내력이 있건 없건 자기들만 좋아하면 그것으로 된다는 것이다.

그런데 사주학적인 면에서 보면 이상하게도 그런 것을 증명이라도 하듯이 그러한 사주들이 상당히 많이 나타난다는 사실이다. 가령 어머니가 재취로 시집을 갔으면 그 딸도 역시 재취로 시집을 가는 경우라든가 그런 것들이다.

편인 戊(土金)申 비견
정재 乙(木土)丑 정인   丙 丁 戊 己 庚 辛 壬
신주 庚(金土)戌 편인   寅 卯 辰 巳 午 未 申
정인 己(土木)卯 정재   84조

신주 庚金이 土왕절의 丑월에 태어나 네 개의 土가 생신하고, 申戌의 金方이 신주에게 합세하니 신강하다. 따라서 신강의극의 용법에 의해 火가 용신(用神)이고, 木이 희신이며, 水는 병신이고, 金은 구신이며, 건토는 약신이지만 습토는 기신이다. 이 경우 戌중 丁火가 있으나 丑戌이 형살을 일으켜 손상된 통에 용신(用神)이 유력하지 못한 가운데 卯戌合火되어 약간 나아졌다.

그러므로 68년 생 중 한 명은 卯戌이 합하면서 재인합신(財印合身)하므로 모가재취(母嫁再娶)†의 형상이고, 모친성이 많아 생모가 첩으로 들어와 이 주인공만 낳고 떠나버렸다. 그래도 丙寅과 丁卯는 용신(用神)과 약신운 이므로 부친이 괜찮게 살아 경제적으로는 넉넉했고, 본인도 대학을 졸업했다.

그러나 戊辰의 辰土는 화몰(火沒)†되니 庚辰년 현재 되는 일이 하나도 없고, 辰戌이 상충하자 卯戌合火도 깨져 卯木이라는 처와 딸 한 명을 낳고 이혼했다. 이 사주는 월간에 있는 乙木이 부친성이자 처성에도 해당된 가운데 그 부친이 戊土라는 처와 丑土라는 처를 두게 되어 첩을 얻었고 본인에게도 그 乙木과 또 卯중 乙木과도 乙庚으로 합신하니 처가 둘인 형상이다. 그래서 아버지를 닮아 내림사주이다. 巳午未의 火方 중 午火운에 午戌로 合火되어 약간 나아지지만 丙寅, 丁卯의 火木운에 비길 수 없다.

비견 癸(水土)未 편관
정관 戊(土火)午 편재   己 庚 辛 壬 癸 甲 乙
신주 癸(水水)亥 겁재   未 申 酉 戌 亥 子 丑
비견 癸(水土)丑 편관   85조

이 여조는 신주 癸水가 火왕절의 午월에 태어나 실령했고, 세 개의 土에게 극신을 당하니 신약사주다. 그러므로 신약의방의 용법에 따라 水가 용신(用神)이고, 金이 희신이며, 土는 병신이고, 火는 구신이다. 따라서 申酉의 金方운행은 희신운이니 길운이고, 亥子丑의 水方운은 용신(用神)이 득세하는 전성기다.

이런 배경을 깔고 이 사주는 부군성인 戊土가 세 개의 癸水와 합한다. 그렇게 합한 癸水들은 戊土의 입장에서 보면 처성인 재성이다. 그래서 43년 생 중 한 여인은 그 남편에게 연간의 癸水라는 본처가 있었고 또 다른 시간의 癸水가 있었으며, 이 주인공은 세 째 번 첩이었다. 이 경우 亥丑의 水方과 많은 비겁(水)

들이 戊土를 다투어 가지려고 하기 때문에 군겁쟁관(群劫爭官)ᐩ
이니 이녀동부(二女同夫)ᐩ의 형상이다.

그런데 戊午가 癸未로 배치된 연간의 癸水와 戊癸로 합하면서
午未도 합해 未중 乙木을 癸水가 水生木으로 낳아 戊土의 자녀
가 되었다. 그 乙木(陰干)은 戊土(는 陽干)에게 여식(女息)이다.
음양이 다르기 때문이다. 그러자 戊土는 자식을 얻기 위해 시간
의 癸水와 戊癸로 합신했다. 그러나 그 癸水는 木이 없어 자녀
를 얻지 못했다.

그래서 이 주인공을 셋째로 다시 戊癸로 합신했는데 癸亥로 배
치된 채 亥중 甲木(陽干)을 낳았으니 그 아이는 戊土의 자식이
되었다. 둘다(戊甲) 양간이기 때문이다. 그러니까 일단 남자의
기대에 부응한 셈이다. 그래도 壬戌의 戊土운행은 병신운이므로
아직도 첩으로 별거 중이었다. 그러다 癸亥의 水운이 갈아들어
용신(用神)이 득세하므로 본처를 몰아내고 처로 승격(?)했다.
승격이라고 말한다고 웃지 마시길. 이 여자에게는 개선장군이나
다름이 없으니까.

한편, 午중에 간직된 부친성인 재성의 丁火가 내 몸의 癸亥 가
운데 亥중 壬水와 丁壬으로 합신하고,-천간끼리도 합신-丑중에
간직된 모친성인 인성의 辛金도 내 몸과 亥丑으로 합신하여 모
친도 합신하니 재성과 인성이 합신-財印合身-하므로 모가재취

(母嫁再娶)⁺의 형상이다. 그래서 자기 어머니도 자기 아버지에게 재취로 와서 모녀가 내림⁺이 있는 명기다. 또 亥未로 합신하면서 연간의 癸水(동기간: 신주와 같은 水)가 합신하여 이복 형제자매도 있었다. 그 癸水는 신주와 더불어 부친성인 午火의 자녀들이다. 그러니까 자기 형제자매들에게도 이복이 있었고 자기 자녀들에게도 이복이 있는 내림⁺의 사주다.

이외에 여명들로 甲寅년 丁卯월 乙巳일 辛巳시생은 모가재취(母嫁再娶)⁺였고, 자기도 정을 통한 다른 남자와 도망쳐 또 아이를 낳아서 자기처럼 자기 자녀들도 이복들이 있는 내림이다. 그리고 乙未년 丙戌월 己酉일 丁卯시생도 모가재취(母嫁再娶)⁺요 자기도 이혼하고 나와서 재혼했으니 이 또한 내림이다. 또 丙戌년 甲午월 己巳일 戊辰시생은 모외유모(母外有母)⁺했고, 자기도 후부에게 아이를 낳아주어 자기처럼 자기 아이들이 이복이 있는 내림이다.

다음은 남명들로 庚申년 戊子월 甲子일 戊辰시생은 모가재취(母嫁再娶)⁺에 자기도 재취를 얻어 내림이고, 또 丙子년 丙申월 辛未일 戊子시생은 모외유모(母外有母)⁺했고, 자기도 전처와 후처에게서 득자해서 부자간에 이복이 있는 내림이다. 지면 관계로 일일이 사주들을 자세하게 소개하지 못했으니 본서 예조들 중 '내림⁺' 이렇게 표시된 곳들을 참조한다.

⟦ 녹록종신(碌碌終身) ⟧

여기서 록(碌)이란 구리에 스는 푸른 녹으로 녹록(碌碌)은 용
렬하고, 평범하여 남을 따르는 모양 또는 남을 붙쫓아 다니는
것을 말한다. 따라서 녹록종신(碌碌終身)이란 평생 쓸모없이 세
상을 사는 것을 말한다. 가령 예를 들어 木신주에 寅卯辰의 木
方이나 亥卯未의 木局이 있는데 庚이나 辛이 뿌리 없이 허탈하
게 솟아 있다면 그것들은 관록인 관성으로서 명예성인데 그게
무력하니 명예가 없는 녹록종신(碌碌終身)이 된다. 火신주도 巳
午未나 寅午戌이 있어 火가 득세하고 있는데 뿌리 없는 水가 나
타나면 이 또한 녹록종신(碌碌終身)이 된다. 다른 것도 마찬가
지로 추리하면 된다.

그렇게 녹록종신(碌碌終身)의 형태인 뿌리 없는 관성이 있는
사주는 그런 운을 만나면 더욱 크게 흉하고, 그것을 제거하는
식상운을 만나면 그 때는 할 일 없는 사람에서 분주한 귀명이
된다. 적천수에 어느 하나의 오행이 방국(方局)을 이룬 가운데
뿌리 없는 하나의 관성 있고 그것이 상하좌우로 의지할 데가 없
어 빈 것같이 되어 있으면 이른바 녹록종신(碌碌終身)이다고 했
다. (成局干透一官星 左邊右邊空碌碌)

정관 辛(金火)巳 식신

정관 辛(金木)卯 겁재　庚己戊丁丙乙甲
신주 甲(木木)寅 비견　寅丑子亥戌酉申
상관 丁(火木)卯 겁재　86조

　신주 甲木이 木왕절의 卯월에 태어나 득령했고, 寅卯의 木方이 신주의 木에게 합세하니 신강하다. 그러므로 신강의설의 용법에 따라 火가 용신(用神)이고, 木은 희신이며, 水는 병신이고, 金은 구신─碌碌終身＋─이며, 건조한 戌土는 약신이고, 습기 찬 己丑의 土는 기신이다.

　그래서 41년 생 중 한 명은 己丑의 土운행에 金을 생조하여 고생이 막심했다. 그 기간은 화몰(火沒)＋되고, 金을 생조해서 녹록종신(碌碌終身)에 해당되기 때문이다. 그 다음 丁亥의 火木─寅亥合木─과 丙戌의 火土운행 20여 년에 의식주가 넉넉해졌다. 丙午나 丁巳의 火로 배치된 운행이 없어서 대발하지 못했다. 乙酉운은 양인과 卯酉가 상충하여 전이불항(戰而不降)＋이니 불길하다. 한편, 이 사주는 부친성인 土가 보이지 않는다. 그래서 그런지 그는 숙부에게 양자로 갔다.

정관 庚(金木)寅 겁재
편재 己(土木)卯 비견　庚辛壬癸甲乙丙
신주 乙(木水)亥 정인　辰巳午未申酉戌
편인 癸(水土)未 편재　87조

신주 乙木이 木왕절의 卯월 태어나 득령했고, 亥卯未의 木局과 寅卯의 木方이 신주의 木에게 합세하며 癸亥의 水가 생신하니 木의 세력이 막강한 신강이다. 그래서 용신(用神)을 정해야 하겠는데 庚金은 뿌리박을 지지가 없어서-碌碌終身⁺-의지할 곳이 없으므로 사용할 수가 없다. 그리고 未土는 木局에 가담해서 土의 성질을 상실했는데 그나마 木局에게 오히려 반극(反克)마저 당해 무력하므로 己土조차 허탈해져 그 재성도 의지할 곳이 없으므로 사용이 불가능하다. 그래서 총체적으로 재관무의(財官無依)⁺다.

이 명조는 대세를 움켜쥔 木水가 용신(用神)이 되었기 때문에 金土는 병신이고, 火는 설신되어 그런 대로 괜찮지만 水와 상전(相戰)하므로 신통하지 못하다. 그래서 고인은 변덕이 심하여 친구도 없었고 가업을 탕진했으며, 역학과 풍수 및 지리학 등을 전전하다가 재관무의(自體造化)⁺로 끝내 辛未년에 삭발하고 스님이 되었다. 申酉戌의 金方운은 병신운이니 성불(成佛)할 지 의문이다. 그러니까 녹록종신(碌碌終身)의 사주는 모름지기 상관이 필요하다. 왜냐하면 그 상관으로 뿌리 없는 관살을 극하여 정화시키면 우레처럼 부귀하기 때문이다.

〚 녹원호환(祿元互換) 〛

남명에는 관록을 으뜸으로 보는데 여기서 녹원(祿元)이 바로 그런 의미이고, 그것을 서로 교환해서 가지고 있다는 뜻이다. 삼명통회(三命通會)에 이르기를 녹원호환(祿元互換)에는 다만 다음 네 가지가 있다.

戊申일 乙卯시와 丙子일 癸巳시 그리고 丁酉일 壬寅시와 庚午일 丁亥시에 태어난 사주들이다. 왜 그런 명조들을 녹원호환(祿元互換)이라고 하는가?

예를 들면 신주 戊土의 정관은 시간(時干)의 乙木이고, 시지(時支) 卯木의 정관은 일지의 申中 庚金이다. 이것들이 서로 자리를 바꾸어 있으면서 상호 교환해서 쓸 수 있는 것이다. 이렇게 놓인 명조는 만나서 기쁜 오행(喜五行)과 싫은 오행(忌五行)이 있다. 희오행은 재성인 水로 시간인 乙木이라는 관성을 생조(재생관)하는 자들인데 이 경우 壬癸의 水요, 기오행은 신주를 극하는 편관, 즉 甲木과 시간인 乙木을 극하는 辛金—일주로는 상관이요 시간으로는 편관에 해당—과 일지와 시지를 충하는 寅酉이다. 이것을 도표로 정리하면 다음과 같다.

戊申일	壬癸	喜五行
乙卯시	甲辛寅酉	忌五行
丙子일	庚辛	喜五行
癸巳시	壬己午亥	忌五行
丁酉일	庚辛	喜五行
壬寅시	癸戊卯申	忌五行
庚午일	甲乙	喜五行
丁亥시	丙癸了·巳	忌五行

정재 癸(水水)亥 편재
편재 壬(水土)戌 비견　辛 庚 己 戊 丁 丙 乙
신주 戊(土金)申 식신　酉 申 未 午 巳 辰 卯
정관 乙(木木)卯 정관　88조

　신주 戊土가 土왕절의 戌월에 태어나 득령해서 신강사주로 출발했지만 水木이 상생하여 木克土로 극신하고, 申戌의 金方에 土洩金으로 설신되니 신약사주로 변했다. 따라서 신약의방의 용법에 의해 土가 용신(用神)이고, 火가 희신이며, 木은 병신이고, 水는 구신이며, 金은 약신이다. 그러므로 고인은 土를 거느린 巳午未의 火方운행에 부귀했다.

　이 사주는 희신인 丁火가 戌중에 간직되어 水가 직극(直剋)을 못하는 길신암장(吉神暗藏)이고, 卯時는 신주인 戊土의 관록이요 일지의 申金은 시간인 乙木의 관록인데 서로 바꿔 가지고 있으면서 乙과 申중 庚이 乙庚으로 합하여 상호 자유자재로 작용할 수 있는 호환재록(互換財祿)⁺도 겸했다.

상관 己(土土)未 상관
정재 辛(金土)未 상관　庚 己 戊 丁 丙 乙 甲
신주 丙(火水)子 정관　午 巳 辰 卯 寅 丑 子
정관 癸(水火)巳 겁재　89조

신주 丙火가 세 개의 土에게 설신되고, 金水 때문에 신약사주다. 따라서 신약방조(身弱幇助)의 용법의 의하여 火木이 용신(用神)이고, 水金은 병신이며, 土는 약신이다. 이 사주는 丙子일이 癸巳시에 태어나 녹원호환(祿元互換)이다. 이 격은 신주인 丙火가 時支의 巳중 丙火에 건록(建祿)을, 그리고 시간에 있는 관록성인 癸水는 일지의 子중 癸水에 건록을 만나 서로 교환해서 임의로 작용할 수 있어 기쁘다. 또 庚辛을 만나면 반갑고 壬己午亥를 만나면 꺼리는데 辛金이 있어 반가우나 己土가 있어 약간 흠이지만 辛金이 土吸金으로 흡수해서 소화시키므로 흠을 보완했다. 그러므로 고인은 일생동안 火木土의 운행을 만나 평생 부귀했다.

ㄷ부

〚 대목지토(帶木之土) 〛

木을 대동한 土라는 뜻이다. 여기서 대(帶)란 거느리거나 두르고 있다는 말로 木을 거느린 土라는 말이다. 辰戌丑未는 모두 土인데 그 중에 辰未만 여기(餘氣)로 乙木을 암장하고 있다. 그 辰未 가운데 포태법으로 未는 6월로 木의 입묘(入墓)가 되어 아주 약하지만 辰은 쇠(衰)가 된 가운데 3월의 辰중 乙木은 목왕절의 여기이기 때문에 아직도 木의 기가 약하지 않다.

그런 가운데 지지에 寅이나 卯가 있으면 木方을 이루어 辰土를 木克土하므로 木이 강해진 채 土가 극을 당하여 辰土가 매우 희미해진 것이다. 그리고 甲辰으로 배치되어 있을 때도 마찬가지로 辰중 乙木이 甲木과 합세해 木克土하여 土가 그 성질을 많이 상실한다. 앞에서 未를 말했는데 이것 역시 乙未로 배치되어 있거나 亥卯가 지지에 있으면 木方이 되어 木克土로 오히려 극을 당하기 때문에 이것도 대목지토(帶木之土)와 비슷한 효과를 가져온다.

그렇게 되었을 경우 木이 용신(用神)이라면 더욱 용신유력(用神有力)이 될 것이다. 그러나 반대로 土가 용신(用神)이라면 오히려 용신(用神)무력이 될 것은 뻔하다. 따라서 土가 대목지토(帶木之土)로 변하느냐 아니면 양금지토(養金之土)⁺로 변하느냐를 자세히 가려서 신주의 강약을 판정하고, 용신(用神)의 유력 무력을 판별해야 한다.

편인 戊(土木)寅 편재
편재 甲(木木)寅 편재　乙 丙 丁 戊 己 庚 辛
신주 庚(金土)辰 편인　卯 辰 巳 午 未 申 酉
정관 丁(火土)丑 정인　90조

신주 庚金이 木왕절의 寅월에 태어나 실령했는데 寅辰의 木方－帶木之土⁺－과 세 개의 木 등 이렇게 재성이 많아서 신약하다. 그러므로 신약의조의 용법에 의해 土가 용신(用神)－土가 두개나 있어서 탐재파인(貪財破印)⁺이 안됨－이고, 火는 희신이며, 木은 병신이고, 水는 구신이며, 金은 약신이다. 따라서 고인은 운행 乙卯의 木(병신)운에 크게 흉하여 죽을 뻔했으나 丁火가 木을 흡수해서 소통시키므로 다행이 살아났다. 그 후 丙辰의 火土와 巳午未의 火方운에 희신운을 만나 대발했고, 庚申의 金운 행부터 평길(平吉)했다.

겁재 乙(木金)酉 정관
편관 庚(金土)辰 편재　辛 壬 癸 甲 乙 丙 丁
신주 甲(木水)子 정인　巳 午 未 申 酉 戌 亥
편관 庚(金火)午 상관　91조

　이 여명은 신주 甲木이 乙木을 간직한 辰월에 태어나 통근했지
만 그 辰土는 대목지토(帶木之土)가 庚金과 함께 배치되어 양금
지토(養金之土)⁺로 변해 金을 강하게 생조하고, 더구나 辰酉合
金되어 이 사주는 극신하는 金이 막강하므로 신약하다.

　따라서 신약방조(身弱幇助)와 통관법에 의해 水木이 용신(用
神)이고, 土金은 병신이며, 火는 약신이다. 이 경우 일시형충(日
時刑冲)⁺이고, 신약여명이 관살혼잡(官殺混雜)⁺이다. 그래서 45
년 생 중 한 여성은 23살에 결혼해 형제를 두었으나 27살 辛亥
년에 부군과 사별했다. 癸未운행은 부군궁인 子水와 원진살이고,
土克水해서 용신(用神)이 상한다. 申酉戌의 金方운행도 여전히
불길 하리라.

상관 戊(土土)戌 상관
편인 乙(木土)丑 식신　甲 癸 壬 辛 庚 己 戊
신주 丁(火火)巳 겁재　子 亥 戌 酉 申 未 午
정인 甲(木土)辰 상관　92조

이 여조는 신주 丁火가 동토(凍土)의 丑월에 태어나 실령했고, 많은 土에게 설신이 심하므로 신약하다. 따라서 신약방조(身弱幇助)의 용법에 의해 木火가 용신(用神)이고, 金水는 병신이며, 土는 기신이다. 이 경우 丁巳일이지만 巳丑으로 金局이 되어 巳火가 제정신이 아니다. 그러나 甲木은 대목지토(帶木之土)이므로 그런 대로 무력하지 않다. 하지만 운행이 木火로 달리지 않아서 불미하다.

그래서 58년 생 중 한 여인은 1여를 낳고 돈을 너무 펑펑 써버리므로 고란살로 이혼을 당한 후 辛酉의 金운행에는 甲木을 辛金이 극하고, 巳酉로 金局을 이루어 뇌종양으로 신음 중이었다. 이때 甲辰은 풍습이자 고혈압이고, 또 甲은 혼(魂)에 속하는데 그것이 충격을 받으니 정신에 타격을 입은 것으로 사료된다. 이어 庚申운행도 金이니 넘기기 힘들 것이다.

▎ 도충격(倒冲格) ▎

도충격(倒冲格)은 관성이 없는 사주로 다음 두 가지가 있다.
그 하나는 丙신주가 午라는 글자를 많이 만난 경우로 그 많은 午들이 子라는 글자를 충해서 맞아들이는 것이다. 이것을 충요

(沖邀)라는 용어로 표현하기도 한다. 이렇게 子자(子字)를 충요해서 신주 丙火의 관성으로 사용하는 논리인데 이때 사주에 癸水나 子水가 있으면 이른바 전실(塡實)✝이라고 하여 파격(破格)으로 본다. 운행과 연운에서도 전실(塡實)✝되면 불길하다. 그리고 寅午戌이 모두 있는 丙신주는 申子辰의 水局을 충요해서 그 水局 가운데 子라는 글자를 관성으로 사용한다.

또 하나는 丁신주가 사주에 巳라는 글자를 많이 만난 경우로 그 많은 巳들이 亥라는 글자를 충요해서 亥중 壬水로 신주 丁火의 관성으로 작용하는 논리이다. 이때도 사주에 壬水나 亥水가 있으면 소위 전실(塡實)✝되어 파격이 된다. 운행이나 연운에서도 마찬가지다.

그리고 둘 다 충요해 온 그 것을 합해 들이는 글자가 있으면 더욱 좋아진다. 午의 경우 충요해 온 子를 합해올 수 있는 글자는 亥(子)丑으로 水方이니 亥나 丑이고, 巳의 경우는 충요해 온 亥자(亥字)를 합해올 수 있는 글자는 亥卯未로 木局이니 卯나 未이다.

편재 庚(金木)寅 편인
편관 壬(水火)午 겁재　癸 甲 乙 丙 丁 戊 己
신주 丙(火土)戌 식신　未 申 酉 戌 亥 子 丑
식신 戊(土土)戌 식신　93조

이 사주는 신주 丙火가 지지에 寅午戌이 모두 있으므로 申子辰을 충요(沖遙)해서 맞이하는 도충격(倒沖格)인데 마침 子라는 글자가 없어서 진격이다. 그와 같은 귀격을 형성하고 신주 丙火가 火왕절의 午월에 태어나 득령했으며, 火局이 신주의 火에게 합세하니 신강하다. 그러므로 신강의극의 용법에 따라 水가 용신(用神)이고, 金이 희신이며, 土는 병신이고, 火는 구신이며, 木은 기신이다. 이 경우 운행이 申酉戌의 金方운과 亥子丑의 水方운으로 달려 고인은 고관급에 이르렀다. 戊子운행은 子가 전실(塡實)＊되어 도충격(倒沖格)을 파격 시키고 전이불항(戰而不降)＊이니 불길하다.

편재 辛(金金)酉 편재
편관 癸(水火)巳 겁재　壬 辛 庚 己 戊 丁 丙
신주 丁(火火)巳 겁재　辰 卯 寅 丑 子 亥 戌
편인 乙(木火)巳 겁재　94조

신주 丁火가 火왕절의 巳월에 태어나 득령했고, 일주가 똑같은 火이며, 乙木이 생신하니 신강하다. 따라서 신강의극의 용법에 의해 水가 용신(用神)이고, 金이 희신이며, 건조한 戊土는 병신이고, 火는 구신이며, 木은 약신이다. 이 경우 재성인 巳酉의 金局과 辛金이 관성인 癸水를 생조하여 귀격인 명관과마(明官跨馬)＊격을 형성했다.

그리고 丁일생이 많은 巳자(巳字)가 있어서 亥를 충극하여 맞아들인 도충격(倒沖格)도 겸했다. 게다가 후반 운행에 亥子丑의 水方(용신(用神))운이 자리잡고 득세하므로 고인은 장·차관급에 이르렀다. 亥水운행은 亥水가 전실(塡實)⁺되어 불길하다. 이외에 辛巳년 甲午월 丁未일 乙巳시생 남명은 병권을 장악했다.

겁재 丁(火土)未 상관
겁재 丁(火土)未 상관　丙 乙 甲 癸 壬 辛 庚
신주 丙(火火)午 겁재　午 巳 辰 卯 寅 丑 子
편인 甲(木火)午 겁재　95조

신주 丙火가 火土가 왕성한 未월에 태어나 午未의 火方과 두개의 丁火가 신주의 火에게 합세하고, 未중 乙木과 甲木이 木生火로 생신하니 火의 세력이 자분(自焚)하고 있다. 그래서 재물성이자 처성인 金이 발붙일 곳이 없는데 그나마 사주에 없다.

그러므로 고인은 평생 가난했고, 火의 세력만 넘실대므로 성질만 급해서 인화(引火)의 물질을 짊어지고 다니는 사람 같아 그 행동이 거칠었다. 이 사주는 未자가 있어서 午未로 합하기 때문에 午가 子를 충요해 올 수 없고, 또 子水를 未土가 극하여 충요해올 수 없다. 그로 말미암아 귀격인 도충격(倒沖格)이 파격되어 귀해질 징조가 사라졌다.

겁재 丁(火土)未 상관
비견 丙(火火)午 겁재　乙甲癸壬辛庚己
신주 丙(火火)午 겁재　巳辰卯寅丑子亥
편인 甲(木火)午 겁재　96조

　신주 丙火가 火왕절의 午월에 태어나 득령했는데 午未의 火方
과 더불어 온통 火뿐이다. 그래서 스스로 훨훨 타버린 형상이다.
그 바람에 흙(土)이 바싹 갈라질 정도로 메말랐고 水金은 발붙
일 곳이 없다 이 사주를 슬쩍 보면 염상격(炎上格)⁺ 같으나 巳
가 없어서 흠이고, 명리정종의 저자 장남선생은 이 격으로 잘된
주인공을 본 적이 없다고 하였다. 또 午가 많기 때문에 子를 충
요(沖遙)해 온 도충격(倒沖格) 같다. 그러나 未가 午未로 합하
여 子를 충요해 올 수 없고, 未土가 土克水로 子水를 충요하지
못하게 하니 파격(破格)이다.

　게다가 양인이 거듭 있어서 67년 생 중 한 명은 5세에 소아마
비에 걸린 채 6세 때 실종되었다. 그는 火의 일기(一氣)로만 구
성되어 삼대 독자였다. 그런 그가 행방불명되자 그를 찾아주자
는 캠페인이 전국적으로 벌어졌고, 그의 이름을 넣은 가요가 방
방곡곡을 누볐다. 그랬지만 영영 찾지 못하여 부모의 애간장을
다 녹였다. 이 사주는 도충격(倒沖格)으로 오판하기 쉬운 명조
다.

‖ 등라계갑(藤蘿繫甲) ‖

여기서 등(藤)은 등나무로 乙木을 말하고, 라(蘿)는 넌출 또는 넝쿨이 칭칭 감고 올라가는 것을 말하며 계(繫)는 매달리는 것이고, 甲木은 거목으로 큰 나무를 말한다. 그러니까 한마디로 등나무가 거목을 감고 올라가며 크게 번성하는 형상을 말한다.

궁통보감(窮通寶鑑) 乙木 9월편에는 이렇게 기록되어 있다. 9(戌)월 생 乙木은 뿌리가 마르고 잎이 지니 반드시 癸水로 자양(滋養)해야 한다. 만일 甲申시에 태어나면 이른바 등라계갑(藤蘿繫甲)이라고 한데 그러면 가을이든 겨울이든 괜찮다. (九月乙木 根枯葉落 必賴癸水滋養 如見甲申時 名爲藤蘿繫甲 可秋可冬) 왜 그런가? 申時에는 壬水가 들어 있어 申中 庚金이라는 정관이 壬水를 金生水하고, 水生木하여 신주를 생조하는 관인상생(官印相生)⁺격이 되기 때문이다. 만약 癸水가 있는데 辛金이 있으면 金生水하므로 과거에 합격한다고 했다. 그러나 壬亥라는 水가 있으면 평상인이 된다고 했다.

겁재 甲(木木)寅 겁재
겁재 甲(木土)戌 정재　乙 丙 丁 戊 己 庚 辛
신주 乙(木金)酉 편관　亥 子 丑 寅 卯 辰 巳
상관 丙(火水)子 편인　97조

신주 乙木이 火土가 왕성한 戌월에 태어나 늦가을의 땅이 메마르고 酉戌의 金方이 극신하며 寅戌의 火局과 丙火에게 설신되니 신약사주다. 그러므로 신약방조(身弱幇助)의 용법에 의해 水木이 용신(用神)이고, 土金은 병신이다. 그런데 이 사주는 운행이 일생동안 亥子丑의 水方운과 寅卯辰의 木方운으로 달려 용신(用神)이 득세하기 때문에 매우 반갑다.

그리고 신주 乙木은 등나무로서 거목인 甲木을 타고 올라가는 등라계갑(藤蘿繫甲)의 형상이므로 쭉쭉 뻗어 나가는 기상이고, 子중 癸水가 있는 가운데 酉중 辛金도 있어 金生水한다. 그리고 네 개의 木이 寅戌의 火局을 木生火해서 戌土를 火生土, 土生金, 金生水, 水生木하므로 오행이 생생불식(生生不息)하는 순환상생(循環相生)✝격도 겸했다. 그러므로 고인은 장관급에 이르러 그 이름을 사방에 떨쳤다고 한다.

편인 癸(水水)亥 정인
정인 壬(水土)戌 정재　辛 庚 己 戊 丁 丙 乙
신주 乙(木水)亥 정인　酉 申 未 午 巳 辰 卯
겁재 甲(木金)申 정관　98조

신주 乙木이 土왕절의 戌월에 태어나 실령했지만 네 개의 水가 水生木으로 생신하고, 신주의 乙木은 등나무가 되어 거목인 甲

木을 칭칭 감고 올라가면서 번창하므로—등라계갑(藤蘿繫甲)—신
강하다. 따라서 신강의재와 진태오리(震兌五理)†의 종법에 의해
土가 용신(用神)이고, 火는 희신이며, 水金은 병신이고, 木은 약
신이다.

이 경우 戊土는 너무 많은 水를 억제하여 나무의 뿌리가 썩거
나 얼지 않게 하면서 늦가을의 나무를 흙으로 보토(補土)한다.
학문 용어로 재인불애(財印不碍)† 또는 군뢰신생(君賴臣生)—임
금인 신주가 신하인 戊土에 의해서 생명은 보전함—이라고 한다.
이 사주는 정관인 申金이 인성인 亥水를 생조해서 水生木으로
생신하니 관록에 나아갈 관인상생(官印相生)†격이다. 그리고 亥
자와 申자가 양쪽 끝에서 사주를 감싸고 천관지축(天關地軸)†격
을 이루어 귀명이다. 게다가 중반 운행에 巳午未의 火土운을 40
년 간 만나 용신(用神)과 희신이 득세하자 고인은 크게 부귀했
다.

이 단원은 등나무인 乙木이 9월에 태어나면 癸水를 만나야 귀
하게 되지만 壬癸水를 많이 만나면 오히려 병신이 되므로 火土
가 더욱 귀하게 된다고 요약할 수 있다. 이외에 181조를 참조한
다.

부

〖 매 맞는 아내 〗

세상에는 귀여움을 받고 사는 아내들이 있는가 하면 여기서 보는 여인들은 이 한 세상을 남편에게 북어처럼 두들겨 맞으며 사는 아내들이다. 그 공통점은 일시형충(日時刑沖)✝이거나 관다합여(官多合女)✝이거나 중반운행이 불길하거나 그 외에 살성들이 너무 많거나 그런 여명들이다. 아내가 구타를 당하면 대개 아이들까지 폭행을 당한다고 한다. 그런데 이상하게도 아내를 때리는 남자들은 어려서부터 자기 아버지가 어머니를 예사롭게 구타하는 것을 목격하며 성장한 사람들이 대부분이라는 사실이다.

이 사실은 무서운 내림이다. 한 번 때리면 평생 때리게 되고, 한 번 맞으면 평생 얻어터진다는 사실도 시사하는 바가 크다. 따라서 결혼할 때는 최소한 그런 사실이 내림하고 있는가 한번 정도는 뒷조사를 해볼 필요가 있을 것 같다. 아내 때리는 사람들은 대개 허우대가 그럴 듯 하다는 사실도 기억해두어야 할 것이다.

편재 壬(水木)寅 편관
식신 庚(金土)戌 비견　己戊丁丙乙甲癸
신주 戊(土水)子 정재　酉申未午巳辰卯
비견 戊(土火)午 정인　99조

　이 여명은 신주 戊土가 간직된 土왕절의 戌월에 태어나 득령했
고, 寅午戌의 火局과 양인인 午火가 생신하며 시간에 戊土가 또
나타나서 신주에게 가세하니 신강하다. 따라서 신강의설의 용법
에 의해 金이 용신(用神)이고, 습토가 희신이며, 火는 병신이고,
木은 구신이다. 이 경우 庚金이 戌중 辛金에게 통근했으나 火局
에게 반극을 당해 용신(用神)이 유력하지 못하니 평상조다.

　그러므로 62년 생 중 한 여성은 子午가 일시형충(日時刑沖)✝
이 되면서 부친과 모친이 싸우(克)는 형상이다. 그리하여 언니
만 있는 이 여주인공은 모친이 일찍 아버지를 떠났고 寅戌이 火
局을 이루니 또 다른 대모(代母)가 생겨 모외유모(母外有母)✝했
으며, 이복형제자매들도 있다. 그래서 申酉의 金운행에 고등학교
를 졸업하고, 피아노, 컴퓨터-모두 金에 속함-등을 익혀 그 방
면으로 나갔다.

　그 후 두 아이를 둔 혼혈남자가 운영하는 고아원에서 봉사 활
동을 하다가 그 아이들이 불쌍해 그 남자에게 정을 쏟았다. 그

리고는 혼혈 남아를 한 명 낳았는데 이게 웬 일이냐? 아, 글쎄 그 아이가 자기 아들이 아니라며 어느 놈의 아들이냐고 날마다 이 여인을 개 패듯 두들겨 패서 매 맞는 아내가 되었다. 아무리 일시형충(日時刑沖)✝이고, 남자성인 寅木이 火局에 목분비회(木焚飛灰)✝ 되었다고는 하지만 세상에 이럴 수가 ! 남자들 세계 다 버려놓는 별 희한한 ×도 다 보았다. 배은망덕도 유분수지. 저를 그렇게 도와주었는데… 설령 그 아이가 남의 아이라도 해도 그렇지. 에라 이 나쁜 X아!

  그래서 그녀는 매 맞는 일이 지겨워 가출해 어느 시골 빈 농가 집에서 아이와 살면서 교회에 나가 피아노를 쳐주며 컴퓨터를 교육하기도 했다. 그러다 아이—己卯년 현재 5학년—교육 때문에 다시 어느 도시로 가서 방을 얻어 컴퓨터 일에 종사하고 있다. 그럼 후반운은 어떤가? 미안하지만 전생에 어떤 형태의 발자국을 남겨 놓았기에 木方운은 구신운이므로 필자도 할말을 잃었다. 여고 시절 사귀던 남자 친구는 지금 소령이 되어 있는데… 이게 웬 일이냐?

상관 戊(土金)申 정재
상관 戊(土火)午 비견   丁 丙 乙 甲 癸 壬 辛
신주 丁(火土)丑 식신   巳 辰 卯 寅 丑 子 亥
편재 辛(金水)亥 정관   100조

이 여조는 신주 丁火가 간직된 火왕절의 午월에 태어나 득령해서 신강사주로 출발했다. 그러나 설신시키는 土가 많고 土生金으로 土金이 강해져 신약사주로 변했다. 따라서 신약방조(身弱幇助)의 용법에 의해 木火가 용신(用神)이고, 金水는 병신이며, 습토는 기신이다.

그러므로 68년 생 중 한 여성은 丁巳와 丙火운행에 친정이 괜찮게 살았고 본인도 활발히 발전해 일찍 부군(丙午. 己亥, 癸巳, 丙辰)을 만나 1여1남을 두었다. 그런데 辰土는 화몰(火沒)⁺시키는 운이므로 결혼과 동시에 매 맞는 아내가 되었다. 이 여명은 시모성인 金이 매우 강해진 채 부군성인 水를 부추긴다. 그리고 많은 자녀성인 식상(土)이 水를 극해 식상견관(食傷見官)⁺처럼 되었다.

게다가 乙卯의 습목(濕木) 운행은 火를 제대로 생조하지 못하고 있어 외형상 용신(用神)운에 불과하므로 부군의 습성이 변하지 않아 계속 맞고 살다가 庚辰년 7월에 기어이 이혼하고 말았다. 이 여조는 부군성인 水가 申중 壬水와 亥중 壬水로 둘이면서 신주와 丁壬으로 암암리에 합신하니 관다합여(官多合女)⁺가 되어 재혼할 수밖에 없는데 丑중 癸水도 있으니 그 사이에 또 한 남자를 상대할까 염려된다. 甲寅운행은 寅午로 火局을 이루니 여유가 생길 것이다. 그래서 속으로 이혼하고 재혼하기를 잘했다고 생각할지 모르나 亥子丑의 水方운을 걸어갈 때는 그 생각이 잘못되었음을 실감할 것이다.

식신 丙(火金)申 편관
정재 己(土水)亥 편인　戊 丁 丙 乙 甲 癸 壬
신주 甲(木火)午 상관　戌 酉 申 未 午 巳 辰
편관 庚(金火)午 상관　101조

이 여명은 신주 甲木이 간직된 水왕절의 亥월에 태어나 득기해서 신강사주로 출발했으나 설신 시키는 화세(火勢)가 강하고, 그 火는 午중 己土에 뿌리박고 나온 土를 火生土하여 재성도 강해져 土克水하므로 생신하는 亥水가 약해져 신약사주로 변했다. 따라서 신약방조(身弱幇助)의 용법에 의해 水木이 용신(用神)이고, 土火는 병신이며, 金은 기신이다. 이때 申金과 庚金이 서로 멀리 떨어져 있어 부군성인 관성이 약하고 기신에 속한다.

그러므로 56년 생 중 한 여성은 재인합신(財印合身)-甲己가 합신하면서 인성인 亥水도 합신하므로 모가재취(母嫁再娶)⁺-이기 때문에 첩의 소생으로 태어나 21살 酉金(남자성)운행에 결혼했다. 그러나 丙火운행은 병신이면서 부군성인 金을 식상견관(食傷見官)⁺으로 공격한다. 그래서 30살에 남편이 간암으로 사거(死去)했고, 庚寅년에 재혼해서 삼 형제를 두었는데 甲庚이 충극해서 그런지 부군에게 얻어맞고 사는 매 맞는 아내⁺로 전락했다.

그러다가 乙未운행 중 丁丑년에는 남편이 노름판에서 돈을 몽땅 날렸으며, 戊寅년에는 드디어 장사가 부도를 만나 구속되고 말았다. 그러자 이 여자는 가출해버려 어디론가 잠적했다. 巳午未의 火方운행은 식상견관(食傷見官)⁺이 더욱 강하게 작용하는 불길운이니 후반운이 넘기 힘든 한 많은 아리랑 고개이다. 험난한 고개를 넘자니 속이 아리고 쓰리다고 해서 아리랑 스리랑 고개라는 말이 생겼다고 한다.

〖 맥놀이격 〗

이 격은 신주가 金-대개 庚金-이고, 신강해서 金이 튼튼한 금실(金實)사주이어야 한다. 그리고 그런 금실사주에 제련용인 丁火가 있어 성기(成器)시킨 후 물에 담금질을 해서 단단하게 해야 하므로 水가 있어야 한다. 여기서 庚金은 쇳덩어리이고, 丁火는 풀무이며, 水는 담금질하는 물이다. 그래야 금실무성(金實無聲)⁺이 아닌 금실유성(金實有聲)이 된다.

이 말은 물리학 용어로 종을 치면 거의 동일한 두 개의 음파가 동시에 발생되어 생기는 일종의 간섭현상의 진동수로 예를 들어

에밀레종을 타종하면 그 장중하고 이슬처럼 맑은 소리가 꺼질 듯 줄어들다가 다시 맥박 치듯 여운이 길게 계속된다. 장중하면 맑기가 어렵고 맑으면 장중하기가 어려운데 봉덕사의 종은 그 둘을 겸비했다. 그래서 듣는 이의 마음과 귀를 저절로 열리게 하는 힘을 발휘해 세파에 시달린 세상 사람들의 마음을 달래는 신비함을 지속한다. 그런 격에 속한 사주들은 그런 종처럼 세인들의 마음을 어루만져 주기 때문에 존경을 한 몸에 받아 대성하는 것이다. 그러나 그런 종이 흔하지 않듯 그런 사주도 희소하다.

정재 乙(木火)巳 편관
비견 庚(金土)辰 편인   己 戊 丁 丙 乙 甲 癸
신주 庚(金火)午 정관   卯 寅 丑 子 亥 戌 酉
편관 丙(火水)子 상관   102조

이 명기는 우리 민족의 태양으로 군림하신 충무공(忠武公) 이순신(李舜臣) 성웅(聖雄)께서 거쳐 간 명조다. 공께서 민족의 태양이 될만한 몇 가지 사유는 다음과 같다.

첫째, 공개념(公槪念)이 분명했다. 즉 공인(公人)으로서 처신이 분명하여 공과 사의 분별이 선명했고, 그대로 실천했다. 예를 들면 훈련원에서 봉사라는 미관말직으로 일하고 있을 때 상관인 병부랑(과장급) 서익이 순서를 무시한 채 자기 친지 한 명을 참군(무관 정7품)으로 발탁하려고 공에게 그에 관한 인사 서류를 명령에 가까운 청탁 형식으로 부탁했다. 그러자 주저 없이 "아래 사람이 순서를 무시하고 승진하면 그 자리에 승진해야 할 사람이 못하므로 이것은 옳지 못한 일이고, 또 법을 고칠 수도 없다." 며 단호하게 거절했다.

이 땅의 공인들 가운데 이런 분이 셋만 있었어도 이 나라가 불신풍조로 이 지경은 안 되었을 것이다. 또 병조판서 김귀영이 자기 딸을 공에게 소실로 주어 인척관계를 맺고자 했다. 그러자 "벼슬길에 처음 나온 내가 어찌 권세의 집에 기대어 출세를 도모하겠는가?" 하고 사양해 버렸다. 오늘날 같으면 얼씨구! 이게 무슨 호박이 넝쿨째 굴러 들어온 웬 떡이냐며 만면에 희색이 가득 할 것이다.

둘째, 창성(創性)이 뛰어났다. 바꿔 말하면 창조하려는 성품이 강했다. 인류 최초의 잠수함 격인 거북선을 창조하기까지 그의 정성은 눈물겨울 정도로 감동적이다. 물론 거북선도 온고이지신(溫故而知新)에 의한 창조였으나 그는 일찍이 왜적의 침입을 예견하고, 밤낮 없이 연구를 거듭하여 일본 측의 기록대로 '거북선은 전부 철로 입혀져 우리 포(砲)로는 손상시킬 수 없는' 그런 획기적이며, 창조적인 함선이었다.

셋째, 구원(救援)의 화신(化神)이다. 유성룡은 그의 저서 징비록에서 '성웅은 말과 웃음이 적고 용모가 단정하여 근신하는 선비(지성인) 같았는데 가슴속에는 담기(膽氣)가 서려 있었다.'고 하였다. 그리고 그의 친구 한 명이 꾼 꿈에 '하늘까지 닿은 큰 나무 위에 수백만이나 된 헤아릴 수 없는 많은 사람들이 몸을 의지하고 있었는데, 얼마 후 그 나무가 갑자기 뿌리 채 흔들리어 장차 넘어질 찰나에 어디선가 어떤 사람이 뛰어나와 그 넘어져 가는 나무를 한 몸으로 떠받들어 세우자 자세히 보니 그가 이 순신이었다.'고 했다.

 그뿐 아니라 명나라에서 온 수군 도독 진인은 선조에게 '이순신은 천지를 주무르는 재주와 나라를 바로 잡는 공이 있는 분이다.'(經天緯地之材 補天浴日之功)라고 보고했다. 이로 보아 그는 위급지경에 처한 이 나라와 백성을 구원하기 위해서 이 땅에 온 메시아요 구세주. 공께서 모함에 빠져 한산도를 떠나 압송될 때 온 백성들이 길을 가로막고 에워싼 채 울부짖으며 "대감! 어디로 가시옵니까? 이제 우리는 다 죽었습니다." 하고 외쳤다. 마치 <쿠오 바디스 : Que vadis 주여! 어디로 가시나이까?>와 흡사하다.

 넷째, 생령사상(生靈思想)의 선구자다. 인간이 저 세상인 천국에 가서 안락하는 것보다 더 중요한 것은 삶의 안정 내지는 윤택인데 공께서는 그것을 위해서 살신성인도 마다하지 않았다. 그는 백성을 위해서라면 죽음 자체를 초월했다. 가령 모함 때문에 한양에 끌려왔을 때 한사람이 찾아와서 위로 삼아 '상감이 극도로 진노하고 조정 여론도 엄중하여‥이 일을 어찌하면 좋을지‥' 하고 걱정했다. 그러자 "죽고 사는 것은 천명(天命)이다. 죽게 되면 죽는 것이다."(死生有命 死當死矣)고 말하면서 태연자약 조금도 동요하거나 두려워하는 빛이 없었다.

그럼 그의 최후는 어떠했는가? 1598년-戊戌년 54세-11월 18일 차가운 밤바다! 그 밤도 깊어 자정! 먹구름 떼처럼 몰려든 적들을 바라보며 조용히 갑판에 올라 무릎을 단정히 꿇고 단아한 자세로 향불을 피운 다음 두 손을 경건히 모아 "이 원수만 없앨 수 있다면 지금 당장 죽어도 한이 없겠나이다."(此讐若除 死卽無憾)하고 기원을 마친 후 적과 맞붙었다. 이 마지막 싸움으로 7년 전쟁은 막을 내렸으나 성웅께서는 장렬한 최후가 되고 말았으니 뉘 있어 그 분을 따르랴!

님은 가셨다
님의 사명을 벗어서
이 겨레 어깨마다 멍에 지우고
님의 발자취
소상하게 남겨서
이 민족 발길마다 따르게 하고

님의 정렬로

불기둥을 세워서
마음마다 태양이 되시고

님은 가셨다 파도를 베고.

　필자는 광화문 네거리를 지날 때마다 그의 모습 앞에서 옷깃을
여민 다음 고개 숙여 추모하고 사모한다. 우리는 그가 남긴 난
중일기(亂中日記)를 경전 삼아 읽지 않으면 안 될 것이다. 왜냐
하면 그 속에는 생령사상 뿐 아니라 공개념 및 창성 그리고 구
원의 정신이 가득 담긴 보고(寶庫)이기 때문이다.

　이제 사주로 돌아가 보면 신주 庚金이 土왕절의 辰월에 태어나
土生金으로 생신(生身)하고, 巳중 庚金과 乙庚合金이 신주의 金
에게 가세하므로 신강하다. 그래서 금실(金實)하기 때문에 신강
의극의 용법에 의해 火가 용신(用神)이고, 木이 희신이며, 水는
병신이고, 金은 구신이며, 土는 火를 설기시켜 어둡게 하므로 기
신이다.

　이 사주는 튼튼한 金을 午중 丁火가 제련해서 子辰의 水局에
담금질을 마쳤다. 그래서 보신각의 종(鍾)처럼 맥놀이로 세파에
찌든 사람들의 마음을 달래준다. 게다가 庚日生이 丙火를 보아
사자후(獅子吼)를 토하는 형상이고, 군·경·율의 계통에 출신
할 편관용신(偏官用神)✝이며, 그 巳火가 인성인 辰土를 생조해

서 土生金으로 생신하는 과정을 밟고 있으니까 관록에 출신할 살인상생(殺印相生)⁺격도 겸했다.

한편, 가정궁이자 말년궁인 일시가 子午로 충극하여 일시형충 (日時刑沖)⁺이므로 가정과 유정(有情)하지 못한 형상이다. 고로 본처와 3형제 그리고 후처와 2남1여의 자녀를 두었다. 자녀성인 관성이 巳火와 午火 그리고 丙火와 巳午의 火方 등 火의 세력이 만만치 않으므로 5남1여를 슬하에 두었고 말년에는 거의 바다에 서 파도를 베개삼아 가정과 떨어진 채 고생했다.

그는 28세 壬申년-병신과 구신-무과시험에 응시했으나 申년 과 운행의 寅 그리고 사주의 巳가 寅巳申으로 삼형살이 구성된 바람에 낙마로 왼쪽 다리뼈만 부러지고 불합격의 고배를 마셨다. 그 후 32세 丙子년에 丙火와 운행의 丁火가 용신(用神)에 해당 하여 그 동안 절차탁마(切磋琢磨)했던 무예가 결실을 맺어 급제 했다. 그리고 亥子丑의 水方운인 중반운에는 병신운이므로 백의 종군 및 모함 등 파란만장한 삶을 겪었다. 그러나 공께서는 굳 은 창성으로 항상 의연한 발자취를 남겼다.

마지막 乙亥의 木水운행은 乙木이 희신운이므로 전쟁에서는 단 한번도 패하여 본 적이 없는 백전백승의 기록을 남겼다. 그러다 乙亥의 亥水는 병신운인데 이것이 용신(用神)인 巳와 巳亥로 충 극하여 용신(用神)의 뿌리가 뽑혔고 운명한 戊戌년의 戊이 사주

의 辰과 辰戌로 충극하여 살인살생격이 파괴되면서 화몰(火沒)⁺
되어 백척간두(百尺竿頭)에 처한 나라와 겨레를 건지고 최후를
맞이했다.

끝으로 그의 모친은 공께서 병문안을 오자 나라 일이 더 크니
어서 돌아가라고 재촉하여 몰아 세웠다. 이런 어머니가 이 땅에
둘만 계셔도 이 나라의 풍토가 딴 세상으로 변모해 있을 것이다.
우리 속담에 왕대밭에서 왕대 나온다는 말이 있다. 과연 그 어
머니에 그 아들이 아닐 수 없다. 그 모친은 초계 변씨(卞氏)로
장수했고, 부친인 이정(李貞)은 그렇지 못했는데 모친성인 辰土
는 사주에서 가장 힘을 크게 발휘하는 월지를 차지했고, 부친성
인 乙木은 巳火에게 설기되었기 때문이다. 생년월일과 생시는
충무공 이순신 전기에서 발췌했다.

정관 丁(火火)巳 편관
겁재 辛(金水)亥 식신　庚 己 戊 丁 丙 乙 甲
신주 庚(金金)申 비견　戌 酉 申 未 午 巳 辰
편인 戊(土木)寅 편재　103조

이 명기는 대통령을 17여 년 간이나 역임했던 고 박정희(朴正
熙) 지도자가 거쳐 간 사주로 寅申巳亥가 모두 있어서 그 기세
가 사방팔방으로 진동할 기관팔방(氣貫八方)⁺격 가운데 사맹격
이다.

신주 庚金이 水왕절의 亥월에 태어나 金洩水로 설신되니 신약사주로 출발했지만 일주가 똑같은 金이고,-일록격-巳중 庚金이 장생하고 있는 중 월간에 辛金이 나타나서 신주 金에게 가세하고, 시간에 나온 戊土가 巳火에게 생조를 받아 생신하기 때문에 신강사주로 변하였다. 그러므로 신강의극과 金水식상요견관⁺의 용법에 의하여 火가 용신(用神)이고, 木이 희신이며, 水는 병신이고, 金은 구신이며, 습기 찬 丑辰의 土는 용신(用神)인 火를 어둡게 하므로 기신이며, 건조한 戊未의 土는 약신이다.

이 경우 水왕절에 태어난 신주가 金水냉한(冷寒)인데 용신(用神)으로써 寅중 丙火와 巳중 丙火는 기후를 해결하고, 丁火는 튼튼해진 금실(金實)을 제련하는 도가니가 되었으며, 비록 병신이라고는 하지만 亥중 壬水와 申중 壬水가 단련된 그릇을 담금질로 견고하게 완성하여 맥놀이의 신종(神鐘)을 만들었다. 그리하여 그 여운으로 수심에 가득 찬 세상 사람들의 시름을 달래어 구제한다.

이 사주는 寅巳중 丙火에 뿌리박고 나타난 丁火가 힘차서 용신유력(用神有力)이고, 희신인 木도 寅亥가 合木해서 후원자가 많은 형국이며, 巳申의 형살로 군·경·율의 계통에 출신할 형상이다. 운행은 庚戌부터 己酉와 戊申이 모두 土金으로 약신과 구신이 혼잡된 기간이기 때문에 그는 어려운 환경에서 성장하며 군문(軍門)에 나아가 고생을 겪었고 戊申운에는 申중 壬水가 병신에 가세하여 난동을 피운 바람에 공산주의와 연계된 사건으로 사형 직전까지의 위험에 처했다. 그러나 후반운행이 특별히 좋고 亥水가 申金운을 흡수(金吸水)하고, 水生木, 木生火하여 절처봉생(絶處逢生)⁺했던 것이다.

그 다음 丁未의 火土운행은 용신(用神)과 약신이 동시에 약동하기 때문에 승승장구로 장성급에 육박하고, 丙午의 火火는 용신(用神)이 한꺼번에 득세하자 45세인 1961년 5. 16 혁명으로 정권을 장악했다. 그래서 민족중흥의 명분을 내걸고 분골쇄신, 경제에 총력을 기울려 농업한국에서 <공업한국>을 건설하는데 크게 이바지했다. 그의 그런 업적은 누가 뭐라고 해도 자타가 공인하지 않을 수 없다.

그러나 乙巳의 운행이 갈아들자 巳亥가 다시 충극하여 4충으로 이룩된 기관팔방(氣貫八方)⁺격이 5충으로 늘어나 기관구방격으로 확대한다. 원래 이런 격은 없어서 과욕을 불러일으키므로 혼란에 빠져 유신헌법을 만들었다. 이 법은 그 명분이 경제력을 키우기 위해서는 표현의 자유를 유보(留保)해야 한다는 법리(法理)였다. 유신은 시경(詩經) 대아편 문왕지습에 '주는 비록 오래된 나라라 해도(周雖舊邦), 받자 온 천명은 새로웁거니(其命維新)' 라는 구절에 따온 것으로 대학(大學) 2장에서 인용한 명칭이다. 그 법이 생기자 부마(부산과 마산에서 데모)사태가 터진 통에 그의 부하에게 총격을 당한 채 그 자리에서 곧바로 사거(死去)했다.

과욕으로 말미암아 자기 손으로 꼬아 만든 새끼줄(유신헌법)에 자기 스스로 묶이는 자승자박(自繩自縛)이 되고 말았다. 그 법만 아니었더라면 한반도 역사상 희귀한 영웅으로 영원히 군림했을 터인데 그만 아깝게도 영웅의 문턱에서 넘어지고 마는 오점을 남기고 말았으니 어찌 통탄하지 않으랴! 그래서 용퇴(勇退)의 지혜가 중요한가 보다.

그는 62세로 세상을 떠났는데 그 때는 甲辰운행이 갈아들어 용신(用神)인 火가 습기 찬 辰土에 火洩土로 화몰(火沒)⁺되고, 己未년은 甲己가 合土되며 운명을 마친 甲戌월 丙寅일 戊戌시는 土들에게 용신(用神)이 입묘(入墓)된다. 그리고 己未년 다음은 庚申년으로 金의 연도이기 때문에 金이 木을 극하여 용신(用神)의 보급로인 희신이 제거될 차례다.

이 사주는 처성인 재성이 亥중 甲木과 寅木으로 둘인데 둘 다 巳亥로, 寅申으로 충극하여 모두 손상되었고, 가정궁은 일시형충(日時刑沖)⁺이며, 寅申의 충극은 총탄이나 차 등에게 횡액을 당하는 탕화살이다. 그리하여 첫 결혼은 이혼했고, 두 번째 처는 흉탄에 쓰러졌으며, 본인 역시 비참한 최후를 맞이했다. 그리고 1남3여를 두었으나 자녀궁이자 가정궁이 일시상충이므로 그 자녀들이 오래도록 불발 상태를 계속했다. 아무튼 용퇴만 했더라면…이렇게 된 것도 운명인가?

편재 甲(木水)子 상관
정관 丁(火土)丑 정인　戊 己 庚 辛 壬 癸 甲
신주 庚(金木)寅 편재　寅 卯 辰 巳 午 未 申
편관 丙(火土)戌 편인　104조

　이 사주는 제 15대 대통령을 역임한 김대중(金大中)씨의 명기(命器)이다.

「궁통보감」에 "12월에 태어난 庚신주는 습기 찬 土로 말미암아 더욱 한기가 심해 춥고 얼어붙기 때문에 먼저 태양인 丙火를 취하여 해동(解冬)하고, 용광로(풀무)인 丁火로 단련하여 그릇(成器)을 이루어야 한다. 그러므로 甲木 또한 적을 수가 없다."고 하였다. 또 "丁火와 甲木이 있으면 백수(白手:빈 손)로 성가(成家)하고, 도필(刀筆)로 형통하며 金이 핍절(乏絶:지지에 申酉의 金이 없음)되면 더욱 아름답다"고 적어 놓았다. 이 명기가 이상에서 본대로 그 말에 부합되고 있다.

　신주 庚金이 엄동설한의 丑월에 태어나 丑戌의 土가 土生金으로 생신-火가 있기 때문에 미온지토(微溫之土)＋가 되었음-하고, 丑戌중 辛金에게 착근하여 金이 튼튼한-금실(金實)-신강사주다. 따라서 신강의극의 용법에 의해 火가 용신(用神)이고, 木

이 희신이며, 水는 병신이고, 金은 구신이며, 건조한 未土는 약
신이다. 이 경우 용신(用神)의 후원자인 甲木이 寅木에게 착근
했고, 丁火가 寅戌의 火局에 뿌리박고 나타나 용신유력(用神有
力)이다. 그 뿐만 아니라 子丑의 水方과 寅戌의 火局이 水火로
전투를 벌리고 있어 水火미제인데 중간에서 寅木이 水生木하고,
木生火하므로 水火기제로 소통되었다. 그 寅木은 용신(用神)을
뒷받침하는 희신으로 인덕(人德)이 있다. 그리고 금실을 단련시
켜 子水에게 담금질을 마치어 백놀이를 이루었기 때문에 시름에
잠긴 세상 사람들의 마음을 달래주는 여운을 방방곡곡에 전하고
있는 형상이다.

게다가 일주가 庚寅일이므로 寅中 戊丙甲은 土火木으로 순서
있게 木生火, 火生土해서 土生金으로 생신하기 때문에 죽을 곳
에서도 살아나는 절처봉생(絶處逢生)✝이다. 다만 단교관살이 있
어 다리를 절게 된 형상이다. 그리고 연지의 子자를 기준 삼아
戌자는 뒤에서 따라오며 밀어주고 丑寅은 앞에서 강하게 이끌어
주는 전인후종(前引後從)✝ 내지 전인포승(前引包承)이다. 이렇
게 되면 「삼명통회」에 "포섭과 승계의 의미로 앞에서 포용하고,
뒤에서 계승하기 때문에 그 의지가 원대해서 대성하고 부귀한
다."고 했으며, 「고가」(古歌)에는 "세군(歲君:년주)은 군왕이
요 일시는 군왕을 보필하는 시종(侍從)의 형상인데 귀성(貴星)
이 같이 있으면 관귀(官貴)의 세(勢)가 최영웅(最英雄)이라"고
했다.

아닌게 아니라 김대중(金大中) 제 15대 대통령은, 박정희 정권 때 교통사고로 다리를 절게 되었고, 73년 납치사건 때 수장(水葬)을 당할 뻔했으며, 전두환 정권 때는 사형언도-57세는 壬午 운행으로 壬丙이 충극하고, 丁壬이 합하여 용신반합(用神半合)+ 이자 庚申년은 金金으로 구신 년이고, 火의 병사지-까지 받았으나 부도옹(不倒翁)처럼 절처봉생(絶處逢生)+했다. 그러나 대통령 후보로 13대와 14대 때는 지역논리 때문에 연속으로 낙마했다. 그는 호남출신으로 영남출신과의 대결에서 선거인 수가 얼토당토않게 모자라 연속 고배를 마셨던 것이다. 참고로 14대 때 유권자의 분포를 보면 영남이 약 8백 50만이고, 호남은 그 절반에도 훨씬 못 미친 3백 60만이었다.

한편, 庚일생이 丙火를 보면 그 음성이 사자후-102조 참조-처럼 우렁차서 타인을 압도하는 경향이 있고 丑戌의 형살로 군·경·율의 계통에 출신할 형상이다. 그리고 부친성인 편재는 寅중에 뿌리박고 나온 甲木인데 그 처성인 土가 둘이고, 그 土 는 인성으로서 모친성이므로 모외유모(母外有母)+요 부친성인 寅木과 모친성인 戌土가 寅戌로 내 몸의 庚寅과 합신하여 모가 재취(母嫁再娶)+의 형상이다. 그건 허물이 되지 않는다.

공자는 세 번째 첩의 아들로 태어나 성인이 되었으니까 말이다. 춘원 이광수(생진사초(生秦事楚)+ 편에 있음)도 마찬가지이다.

그리고 일지편재(日支偏財)⁺니 편처와 동거하는 형상이고, 자녀 성인 火를 낳는 木은 처성인데 丁火는 甲木이, 丙火는 寅木이 각각 낳아 편처와 이복 자녀가 있는 형국이다. 그래서 부친과 같은 내림⁺이고, 자녀성인 火가 丁火와 寅중 丙火 그리고 丙戌 의 火로 삼 형제의 아들을 두는 형상이다.

이제 운행과 연결해 보면 초반의 戊寅과 己卯는 土木운으로 배 치상 木克土이니 木(희신)운이 강하기 때문에 그는 해운업과 지 방의 신문사 사장을 지냈고 庚辰의 金土(구신과 기신)운은 불길 하여 국회의원에 당선되었으나 5. 16군사 혁명 때문에 3일의 민의원으로 끝났고 본처까지 상처를 당했다. 다음 辛巳의 金火 운은 배치상 火克金이니 火운이 용신(用神)과 합세하여 제 6대 와 7대 민의원에 당선되었고, 제일 야당 대변인이 되었다. 그리 고 47세에 대통령 후보가 되었으나 48세의 辛亥년은 金水로 구 신과 병신의 연도이고, 지역감정이라는 힘의 논리에 밀려 낙선 했다.

그 후 壬午의 水火운은 壬丙이 충극하고, 丁壬이 합하여 용신 반합(用神半合)⁺이므로 73년 그 유명한 김대중 납치사건이 벌 어져 동해 바다에 수장될 뻔했으며, 庚申년에는 사형선고까지 받았다. 그리고 癸未의 水土운에는 土克水니 未土가 강해진 약 신운 이므로 61세에 귀국해서 64세 丁卯(火木)년에 13대 대통 령 후보로 출마했지만 역시 지역의 열세를 벗어나지 못했다. 그리고 70세 癸酉(水金)년 14대 대선(大選)에서도 낙선했다.

그는 그 동안에 다섯 번 죽을 고비를 넘겼고, 6년을 감옥에서 보냈으며, 수십 년을 망명과 연금, 감시 속에서 살았다. 다음 甲申의 木金운은 甲木의 희신이 사주에 있는 甲寅의 木과 연결되어 있다. 그래서 甲戌의 木土년에 1, 민족통일 2, 아세아 태평양지역 민주화 3, 세계평화 기여라는 목표를 내걸고 아태(亞太)재단의 이사장에 취임했으며, 72세 乙亥(木水)년에 그의 별명이 된 <미스터 지자체>(지방 자치제)에서 신승한 후 새로운 창당(국민회의)에 나섰다.

이어 丁丑년에는 丁火가 용신(用神)운이고, 다음해들은 戊寅과 己卯의 土木년으로 초반운행과 같은 대길운이 계속될 차례이기 때문에 丁丑년에 실시한 제 15대 대통령 선거에서 국회의원 때처럼 삼전사기(三顚四起)로 승리해 당선되었다. 庚辰년은 약간 불길해 한국 역사상 처음으로 노벨 평화상을 수상하고도 총선에서 야대여소(野大與小)가 되었고, 그 바람에 국정이 야당 때문에 강력한 진행을 이루지 못했다. 그리고 자녀궁인 시주에 있는 丙戌은 입묘살이므로 임기 중 두 아들이 비리에 연루되어 감방 신세를 지기도 했다.

그는 취임 전 IMF로 나라가 암흑의 위기에 처했지만 마치 누란지세에 처한 나라를 구했던 충무공처럼 그것을 신속하게 처방해서 경제를 제자리로 올려놓았다. 그리고 재임기간 중 햇볕 정책을 꾸준히 밀고 나가 남북 분단 이래 남쪽 지도자로서는 처음으로 북한을 방문해서 남북긴장을 완화했다. 그뿐 아니라 정보기술(IT) 산업을 국가경제의 근간으로 육성시켜 세계적인 위상을 굳혀놓았다. 박정희 대통령이 한국을 공업입국으로 전환시켰다면 김대중 대통령은 IT입국으로 전환시켰다. 그밖에 월드컵에서 세계 4강과 아시안게임에서 남북이 함께 참가하는 역사를 이루어내기도 했다. 그리고 도필(刀筆)에 걸맞도록 20여권의 저서를 집필했을 뿐 아니라 김대중 도서관이 퇴임 후 설립되었다. 2003년 양력 2월 24일 대통령직을 완수하고 퇴임했다.

그는 자기 생일을 한번도 제대로 일러주지 않았다. 그는 관훈토론에서 "음력으로 23년 12월 3일, 양력으로 24년 1월 6일에 태어났다"고 했지만 만세력을 보면 음력과 양력이 일치하지 않고 3일이나 차이가 나서 어느 날이 정확한 것인지 모르게 했다. 그러나 필자는 신문에서 해마다 그가 생일을 찾는 날짜를 10여년 이상 수집해서 이 사주를 찾은 것이다. 대개 거물 정치인들은 여러 가지 사정상 자기 생일을 정확히 말해주는 일이 드물 것이다.

편관 丁(火木) 卯 편재
겁재 庚(金土) 戌 정인　己 戊 丁 丙 乙 甲 癸
신주 辛(金木) 卯 편재　酉 申 未 午 巳 辰 卯

정인 戊(土水)子 식신   105조

신주 辛金이 火土金을 간직한 戌월에 태어나 戌중 辛金에게 득
기했고, 庚金이 신주 金에게 가세하며 두개의 土가 생신하므로
신강하다. 따라서 신강의극의 용법에 의해 火가 용신(用神)이고,
木이 희신이며, 水는 병신이고, 金은 구신이며, 건조한 未戌의
土는 약신이고, 습기 찬 丑辰의 土는 기신이다. 이 경우 戌중에
간직된 辛丁戊가 모두 천간에 나와서 삼기격이자 천복지재(天覆
地載)＋이고, 卯戌合火가 丁火를 생조하여 용신유력(用神有力)이
며, 그것이 풀무용이 되어 금실(金實)해진 신강사주를 성기(成
器)하고, 子水에 담금질을 끝마쳐 신주가 庚金은 아니지만 맥놀
이격과 비슷하게 되었다.

게다가 운행까지 丙丁의 火를 대동한 巳午未의 火方운이 중반
을 차지하여 금상첨화다. 그리고 子卯의 형살과 장성 및 편관용
신(偏官用神)＋이므로 군·경·율의 계통에 출신할 형상이다. 그
래서 27년 생 중 한 명인 박태준(朴泰俊)씨는 포항 제철소의 회
장으로 오랫동안 재직하면서 그것을 세계적인 기업으로 군림시
킨 철(鐵)의 왕(王)이 되었다. 그 제철소는 농기계와 운송업계
등에 지대한 발전을 가져와 한국을 중공업 국가로 발돋움 시켰
고 수출 주도산업이 되어 부국강병에 이바지했다.

그는 61세 丁卯년에 여당 대표 가운데 한 사람이 되기도 했었

다. 그러나 癸卯운행에는 丁癸가 충극하고, 壬申년은 水金으로
병신과 구신년이 되어 대권 후보의 치열한 모색 전에서 실패하
고, 다음해 癸酉(水金)년에 자의반(自意半) 타의반(他意半)에
의해 해외 방랑길에 올라 4년여 유랑 끝에 丁丑년에 귀국하여
다시 포항 보궐선거에서 국회의원에 당선되었다. 丁丑년의 상반
기는 丁火와 巳午未의 火方월이 용신(用神)운이다.

이 때는 김영삼 정권이 한보 철강의 부도로 부자(父子)가 궁지
에 몰려 완전히 무력해진 채 국정마비 상태였다. 이어 같은 해
양력 12월 18일에 실시한 제 15대 대통령 선거에서 당선자 김
대중씨를 밀어 다시 권력에 핵심에 복귀했다. 壬寅운행에는 사
주와 寅戌이 火局을 이루어 용신(用神)이 보강되고, 寅卯로 木
方을 결성해서 그는 庚辰년 초에 국무총리를 역임했으나 불과
몇 개월도 못하고 구설수로 물러났다.

정재 乙(木木)卯 정재
정관 丁(火水)亥 식신　　丙 乙 甲 癸 壬 辛 庚 己 戊
신주 庚(金金)申 비견　　戌 酉 申 未 午 巳 辰 卯 寅
정관 丁(火土)丑 정인　　106조

이 명기는 현대그룹을 창업해서 한국뿐만 아니라 세계적으로도
그 지명도가 매우 높은 인물(정주영 鄭周永)로써 88올림픽을 유
치한 공로는 그의 금자탑이 아닐 수 없다. 그는 한국경제의 현

대화에 신화 같은 기적을 쌓은 보기 드문 인물로 1995년 7월 12일자 각 신문마다 세계 9위의 재벌로 발표되었다. 그리고 소 떼를 몰고 북한을 방문하여 세계의 화제가 되었고, 그것이 물꼬 가 되어 남북이 점점 화해하는 분위기가 이어지고 있다.

이 사주는 신주 庚金이 水왕절의 亥월에 태어나 金洩水로 설신 되니 시작은 신약사주다. 그러나 일주가 똑같은 金이고,—일록격 —金을 생조하는 丑土가 火의 세력을 火吸土로 흡수하여 土生金 으로 생신하니 신강사주로 변했다. 따라서 신강의극과 金水식상 요견관*의 용법에 의하여 火가 용신(用神)이고, 木이 희신이며, 水는 병신이고, 金은 구신이며, 건조한 土는 약신이고, 습기 찬 土는 기신이다.

이 경우 신주의 金도 튼튼하여 금실(金實)이고, 용신(用神)이 자 용광로인 丁火도 두개나 있으면서 亥卯의 木局과 乙木에게 생조를 받아서 튼튼하므로 金을 그릇으로 만들었고 그것을 亥중 壬水와 申중 壬水에게 담금질까지 마쳐 맥놀이의 명기가 되었다. 그래서 방방곡곡을 울려 그 여운으로 세상 사람들의 근심과 수 심을 달래는 명기다. 게다가 시간의 丁火가 丑土를 火生土, 土生 金, 金生水, 水生木, 木生火하여 오행이 빙빙 돌고 도는 순환상 생(循環相生)*격이고, 오행이 구비된 바람에 배득중화(配得中 和)*도 되었을 뿐 아니라 乙木의 재성이 용신(用神)인 火를 생 조하는 희신으로서 亥卯의 木局(財局)에 단단히 뿌리를 박고 있으므로 재명유기(財命有氣)✝격까지 겸비했다.

그러므로 운행은 丙戌운행에 용신(用神)인 丁火가 戌土에 입묘 (入墓)−火氣가 땅속에 스며들어 어두워진 상태−되어 어둠의 세월이다. 그래서 그는 당시에 소학교−초등학교−를 겨우 나오는 둥 마는 둥 하고 일자리 찾아 헤맸다. 이어 乙酉의 木金운행(16세−25세)은 乙木이 희신운이자 재물운에 해당하여 20세 甲戌 (木火土)년에 쌀(木) 상회에 들어가 24세 戊寅(土木; 약신과 희신운)년에 미곡 도매상을 차렸다. 다음 癸未의 水火土운행(36세 −45세)은 未土가 癸水를 제압하여 병신이 맥을 못쓴 반면에 未土의 용신(用神)과 약신이 발동하자 火가 金을 본격적으로 단련시켜 현대차(金)를 창업했다. 이어서 巳午의 火方운에는 용신 (用神)이 득세한 바람에 제1한강교를 건설하여 장관상을 받고 전국 경제인 이사를 거쳐 그룹 회장에 취임했으며, 시멘트와 중공업으로 금탑 서훈을 받았고 65세에 전국 경제인 연합회 회장에 이르렀다.

그 후 88올림픽을 유치하는데 앞장서 국위를 떨쳤으며, 己卯의 土木운행(76세−85세) 가운데 己土운 중 78세 壬申(水金:병신과 구신)년에 통일 국민당을 창당하여 그 당의 대통령 후보로 14대 대통령 선거에 출마했으나 낙선했다. 己土운행은 기신운이고, 水金년 역시 불길운이다. 아무튼 비록 낙선의 고배를 마셨으나 그 때 보여준 그의 노익장은 젊은이들도 놀라워할 기개를 보여 주었다.

 그 후 86세 庚辰년에는 戊寅운행으로서 土金이 강해지자 경제
개혁이라는 국가 명분으로 자금의 유동성에 걸려 크게 고전하고,
건강도 매우 약해져 병원을 가끔 출입하는 처지를 겪었다. 그러
다 87세 辛巳년 음 2월(辛卯) 27(癸未)일 오후 10(亥)시에 사
거(死去)했다. 戊寅운행 癸巳년을 간신히 신강하도록 하고 있는
일지와 운행 그리고 연도가 寅巳申으로 삼형살을 범했다. 그는
살아생전 왕회장이라는 애칭으로 언론에 매일 오르내렸다. 그는
6남1여 중 장남으로 태어나 8남1여의 자녀를 슬하에 두었는데
아들 중에는 국회의원과 그룹의 유능한 사장들도 많다. 아마 이
시대에 그토록 골고루 다복한 사람은 거의 없다시피 할 것이다.

편인 戊(土土)戌 편인
식신 壬(水土)戌 편인　己 戊 丁 丙 乙 甲 癸
신주 庚(金金)申 비견　未 午 巳 辰 卯 寅 丑
정관 丁(火水)亥 식신　107조

 이 여조는 자유당 시절 후반 이정권(李政權)의 실정을 호되게
질타해서 온 국민으로부터 사랑을 한 몸에 받았던 박순천(朴順
天) 여사가 거쳐 간 명기다. 그의 연설장에는 송곳 하나 꽂을
데가 없도록 인파가 넘쳤다. 그녀는 국회의원(五選)과 그 당시
(60년 대) 제일 야당이었던 신민당 당수를 역임했었다. 지금까
지는 전무후무한 여자 당수였다.

신주 庚金이 辛金을 간직한 土왕절의 戌월에 태어나 세 개의 土가 생신하고, 申戌의 金方이 신주의 金에게 합세하니 金이 튼튼해진 금실(金實) 사주다. 따라서 신강의극의 용법에 의해 火가 용신(用神)이고, 木이 희신이며, 水는 병신이고, 金은 구신이다. 이 경우 亥중 甲木이 길신암장(吉神暗藏)격이고, 그래서 土生金, 金生水, 水生木, 木生火, 火生土로 순환상생(循環相生)⁺격을 구성했다. 그리고 丁火가 戌중 두개의 丁火에 뿌리박고 나타나서 용신유력(用神有力)이며, 그 丁火는 제련용이니 金이 성기(成器)되었다.

그래서 성기된 金을 亥중 壬水에 뿌리박고 나온 壬水에게 담금질을 마쳐 맥놀이가 은은히 퍼진다. 게다가 중·말년에 丙丁을 거느린 巳午未의 火方운과 甲乙을 대동한 寅卯辰의 木方운으로 힘차게 달려 용신(用神)과 희신이 계속 득세하므로 그녀는 서두에서 말한 대로 큰일을 해냈다.

다만 부군성인 火가 亥水라는 절지 위에 놓여 그 부군은 큰 두각을 나타내지 못했다. 그래도 丁火의 입장에서 보면 亥중 甲木은 인성으로서 학문성이기 때문에 그 부군은 교육자였다. 癸丑의 水土운행은 병신이자 화몰(火沒)⁺되어 사거(死去)했다. 이런 여명에 태어난 여아는 '해피 버스데이(happy birthday)'를 마음껏 불러도 좋다.

‖ 명관과마(明官誇馬) ‖

관록을 세상에 훤히 드러내려고 말 위에 올라타고 돌아다닌 것이다. 옛날에는 과거에 장원급제하면 그것이 관록(官)을 누리게 되는 시초가 되므로 그 사실을 밝히기(明) 위해 말(馬) 위에 올라탄(誇) 채 장안을 돌아다녔다. 그리고 그 당시 관직에 있는 고관(官星)들은 말을 타고 조정에 들어가기도 했는데 그 때의 말은 오늘날 관용차와 같은 위력을 지닌 재산(財星)이기도 했다. 사주학 식으로 말하면 재성(馬)이 관성(官)을 생조(財生官)하고 있는 것이다.

이것을 계선편에서는 녹마동향(祿馬同鄕)이라고 하여 관록과 재성이 하나의 주(柱)에 있으면 같은 동향사람을 만난 것처럼 반가우므로 그렇게 표현하기도 한 것이다. 만약 신강한 사주에 관성이 약할 경우 재성이 말이 되어 재생관하면 그 관성인 관록이 재성인 말 위에 올라타 빛이 나는 형상이므로 당연히 관록이 빛나게 된다. 여명의 경우는 관성이 부군성에 해당하기 때문에 그 남편이 관용차인 말의 재성에 생조를 받아 크게 활약할 것이므로 귀부인 노릇을 하게 된다. 위경론(渭經論)에 여명이 명관과마(明官跨馬)이면 그녀의 주인인 부군의 (사)업이 엄청나게 번영한다고 했다. (明官誇馬 夫主增業)

경전에 따라서는 이때 재성을 최관(催官)이라고 표현하기도 하는데 관성이 빛나도록 재촉하는 최(催)자를 쓴 것이다. 또 장지관(壯之官)이란 말로 재성을 표현하기도 하는데 이때 장(壯) 자는 관록을 씩씩하게 빛내게 하는 말이다. 그러나 너무 많은 용어는 사주학을 짜증나게 할 수 있으므로 명관과마(明官跨馬) 격이라고 통칭하는 것이 좋을 것 같다.

여기서 꼭 하나 알아 둘 것이 있다. 사주에 명관과마(明官跨馬) 격이 구성되면 모두 앞에서 말한 대로 될 것인가 하는 문제이다. 그러나 필자의 조사에 의하면 이 격도 오행이 배득중화(配得中和)⁺가 되어 있을 때만 그 효력이 나타났다. 만약 그렇지 못한 경우는 이름만 이 격을 구성해 소용이 없었다. 가령 필자의 저서 「이야기 사주학」 '가을비에 젖은 여인'에 나온 정순이 사주를 보면 丙申년 辛卯월 己亥일 乙亥시생은 여명으로 乙亥시가 명관과마(明官跨馬)격을 구성했지만 水木이 지나치게 많아 오히려 고통스런 관살혼잡(官殺混雜)⁺격으로 더 크게 작용했기 때문에 무용지물이 된 경우이다. 본서 146조와 같은 그런 사례들이 간혹 있으니 혼동하지 않도록 주의해야 할 것이다.

정인 丙(火土)辰 겁재
정재 壬(水土)辰 겁재 癸 甲 乙 丙 丁 戊 己
신주 己(土水)亥 정재 巳 午 未 申 酉 戌 亥
정인 丙(火木)寅 정관 108조

신주 己土가 土왕절의 辰월에 태어나 득령했고, 연지의 辰土도 신주의 土에게 가세하며 곧 있으면 火왕절로 접어드는데 寅중 丙火에 뿌리박고 두개의 丙火가 나타나서 火生土로 생신하니 신강하다. 따라서 신강의극의 용법에 의하여 木이 용신(用神)이고, 水는 희신이며, 金은 병신이고, 土는 구신이며, 火는 약신이다.

이 사주는 용신(用神)인 관성의 寅木이 재성인 亥水에게 생조를 받으면서 寅亥로 合木하니 명관과마(明官跨馬)격과 유사한 형상이다. 그래서 용신(用神)이 보강되어 용신유력(用神有力)이며, 그 木은 관성으로서 丙火의 인성을 木生火하고, 火生土로 생신하므로 관록에 출신할 관인상생(官印相生)⁺격도 구성했다. 또 천간에 나온 丙火는 寅중 丙火에, 壬水는 亥중 壬水에, 그리고 己土는 辰土에 각각 통근하여 천지, 즉 간지가 상부상조하는 천복지재(天覆地載)⁺격도 겸했다.

게다가 용신(用神)인 寅木은 황은대사요, 잘 짜인 명조에는 선견지명으로 작용하는 귀문관살(鬼門關殺)⁺도 있으며, 재관인이 결구되어 삼기격도 이루었다. 그래서 16년 생 중 한 명은 丙申과 丁酉의 火金운행에 신강사주가 土生金, 金生水, 水生木, 木生火, 火生土로 오행이 빙빙 돌아 순환상생(循環相生)⁺격을 이루자 부총리(장모씨)를 지냈다.

정인 辛(金水)亥 비견
편인 庚(金水)子 겁재　己戊丁丙乙甲癸
신주 壬(水水)子 겁재　亥戌酉申未午巳
정재 丁(火土)未 정관　109조

　신주 壬水가 水왕절의 子월에 태어나 득령했고, 亥子의 水方이
신주의 水에게 가세하며 두개의 金이 생신하니 신강하다. 그러
므로 신강의극의 용법에 의하여 土가 용신(用神)이고, 火는 희
신인데 이 사주는 丁未의 火土 시각에 태어나 재성인 丁火가 관
성인 未土을 생조하는 명관과마(明官跨馬)격을 구성했다.

　게다가 亥子와 未자가 양쪽 끝에서 사주를 감싼 채 천하에 그
이름이 진동할 천관지축(天關地軸)⁺격도 겸했고, 子자가 午자를
충래(冲來)시켜 놓자 未자가 午未로 午자를 더욱 확실하게 합래
(合來)하는 비천록마(飛天祿馬)⁺격도 구성했다. 그러니까 丁未
時는 세 개의 귀격을 이루는데 크게 기여한 기통(氣通) 찬 시각
이다. 그래서 11년 생 중 한 명은 생살권에 속한 양인살 등으로
대검차장에 이르렀다. 운행은 乙未의 木火土와 甲午의 木火, 이
렇게 火方운이 황금기다. 용신(用神)이 득세하기 때문이다.

편재 辛(金水)亥 정관
정인 甲(木火)午 비견　乙丙丁戊己庚辛
신주 丁(火木)卯 편인　未申酉戌亥子丑

정관 壬(水木)寅 정인   110조

이 여명은 신주 丁火가 火왕절의 午월에 태어나 득령했고, 寅
卯의 木方과 甲木이 木生火로 생신하니 신강하다. 그러므로 신
강의극의 용법에 의하여 水가 용신(用神)이고, 金이 희신인데
이 사주는 辛金의 재성이 亥중 壬水의 관성을 金生水로 생조하
여 명관과마(明官跨馬) 격이고, 게다가 그 壬水는 나(신주)와 丁
壬으로 합신하여 매우 유정(有情)한 형상이므로 타고난 궁합이
매우 아름답게 되었다. 그런가 하면 운행까지 일생동안 申酉戌
의 金方(희신)운과 亥子丑의 水方(용신)운으로 달리기 때문에
금상첨화다. 그리고 자녀성인 土는 午중 己土와 寅중 戊土인데
寅午로 火局을 이루어 火生土로 土를 생조하니 스스로 왕성해져
타고난 자녀복도 바람직한 형상이다.

다만 모친성인 木이 亥중 甲木과 寅중 甲木으로 많으면서 내
몸의 丁卯와 亥卯로 그리고 寅卯로 합신하여 모외유모(母外有
母)⁺의 형상이다 그래서 11년 생 중 한 여자는 어머니 외에 또
어머니가 있었고 亥子丑의 水方운에 그 부군이 국회의원이 되어
귀부인으로 살았다.

상관 甲(木木)寅 상관
정관 戊(土土)辰 정관　丁 丙 乙 甲 癸 壬 辛
신주 癸(水水)亥 겁재　卯 寅 丑 子 亥 戌 酉

정재 丙(火土)辰 정관 111조

 이 여명은 신주 癸水가 土왕절의 辰월에 태어나 실령했고, 세
개의 土들이 土克水로 극신하니 신주가 위급지경에 몰렸다. 그
러므로 식상제살(食傷制殺)✝의 용법에 의하여 木이 용신(用神)
이고, 水가 희신인데 운행이 寅卯의 木方운과 亥子丑의 水方운
으로 초반부터 60여 년 간 달려 용신(用神)과 희신이 득세한다.
그리고 여명에 관성이 많으면 불미하지만 월지의 辰土는 寅辰의
木方에 가담하여 없어졌고 戊土는 甲木에게 극을 당해서 무력하
며 가정궁인 時支의 辰土만 남았다. 이것을 거유서배(去留舒配)
✝라고 한다. 그래서 걱정이 없어졌는데 재성인 丙火에게 생조를
받아 명관과마(明官跨馬)격을 구성했다.

 그러므로 14년 생 중 한 여자는 그 부군이 장관에 이르러 본인
은 귀부인이 되었다. 또 자녀성인 식상의 木이 寅辰의 木方과
寅亥合木에 뿌리박고 뚜렷하게 나타났으며, 가정궁인 일시와 자
녀궁인 시주에 亥중 甲木과 辰중 乙木이 튼튼하여 자녀들도 번
창했다. 이밖에 94조 155조 185조 191조 289조 450조 등등
을 참조한다.

〖 명문가(名門家) 〗

용신(用神)이 조상 터인 연월에 있고 초반운행에 용신(用神)운을 만난 사주는 대개 경제적으로 풍성한 집에서 성장하거나 부모님들이 상당한 기반을 갖춘 그런 환경에서 성장하고, 본인도 그 시기에 큰 발전을 거듭한다. 예조들은 55조 142조 203조 206조 241조 297조 369조 420조 444조 447조 등등을 참조한다.

‖ 명보(命譜) ‖

어떤 사주든 육십갑자가 반복되기 때문에 60년이나 120년에 다시 똑같은 사주가 구성된다. 그리고 120년을 띄웠다가 다시 주기적 법칙에 의해 그 사주가 몇백 년 몇천 년을 두고 또다시 계속해서 구성된다. 그 원리는 필자의 저서「운명을 팝니다」 '주기적 법칙' 에서 여러 쪽에 걸쳐 상세히 다루었다.

가령 60년 전이나 몇 백 년 전에 구성된 어떤 사주의 주인공이 거부나 권력자로 살았다는 기록을 남겼을 경우, 60년 후나 몇천 년 후에 그와 똑같이 구성된 사주에 태어난 주인공 역시 교묘하게도 그 윤곽을 답습하여 거부나 권력자로 살아가고 있는 것이

다. 그와는 반대로 앞사람이 형편없이 살았다는 기록이 남아 있
으면 그 사주와 똑같은 사주가 구성될 때 태어난 주인공 역시
별 볼 일 없이 살아가고 있는 것이다. 그 예조들은 앞에서 말한
그 책에 자세히 소개했다.

그러니까 오늘 이 시간에 구성되고 있는 사주들도 그 전에 구
성된 일이 있었고 그와 동시에 그 때의 주인공이 어떤 삶을 살
았는가가 기록되어 있다면 그 정보를 이용하여 오늘 이 시간에
태어날 아이에 대한 앞길을 예측할 수 있는 것이다. 지금 구성
되고 있는 사주가 아주 형편없는 사주라면 앞당겨 날 수도 있고
앞 주인공이 매우 그럴 듯한 행적을 남긴 사주라면 그 시간에
태어나도록 할 수도 있다. 말하자면 어떤 사주가 남긴 발자취가
그 사주라는 운명의 족보와 같은 기록인 셈이니 명보(命譜)이다.
그 기록의 정보를 이용할 수 있는 시기가 도래한 것이다.

그래서 필자는 상담했던 사주들을 하나도 빠짐없이 컴퓨터에
입력시켜 놓고 그 내용들을 기록한 뒤 이 사주가 다시 구성되는
때는 언제 언제라고 말미에다 첨부해 놓았다. 가령 예를 들면
본서 31조의 경우 그 내력을 설명했다. 그리고 필자의 컴퓨터에
는 그 내용과 더불어 다음과 같은 말미가 붙어있다. '본조의 주
인공들이 다시 올 시기는 2009년 10월 26일 卯시와 각 己丑
(2189·2249, 2429·2489)년 대설 후 辛卯일 卯시다.' 라고.
그러니까 2009년 그 달 그 날 卯시생 여자는 31조에 쓰여 진

내용과 비슷하게 살아간다는 말이다. 사주마다 일일이 그런 말미가 적혀 있으므로 사주학의 전문 지식이 없거나 주기적인 법칙을 몰라도 언제나 그 정보를 이용할 수 있는 것이다.

어떤 사람은 그렇게 시간을 맞추어 낳는 것은 억지공사요, 천기누설이기 때문에 효과가 없을 것이라고 막연히 생각하기도 한다. 그러나 그 정보를 이용해서 태어난 아이도 그게 제 운명이자 가족 구성원의 분복(分福)이다. 만일 몰랐거나 알아도 이용할 수 없는 조건과 환경에 놓였다면 그 또한 마찬가지다. 지금은 정보 시대니까 자녀의 장래를 위해 그것을 활용하는 것이 유익할 것이다. 득이 될지언정 손해 볼 일은 전혀 없는 것이다.

한 가지 첨부해서 말한다면 천기누설(天氣漏泄)이란 말은 사이비 사주학자들이 쓰는 말이다. 왜냐하면 사주학은 어디까지나 학문으로서 누구든지 열심히 공부하면 선생을 능가하는 학자가 될 수 있는 분야이지 어떤 특별하고 이상한 사람만이 알 수는 비법이 아니기 때문이다. 자기만이 터득한 비법인양 이상한 소리를 하는 것은 있을 수 없는 일이다. 그런 소리를 하는 사람들은 대개 사주학에 대한 깊은 지식을 쌓기가 어려우니까 자기만이 비법을 개발했거나 터득한 것처럼 뽐내려는 심산에서 그런 말을 쓰는 것이다. 아무튼 명보(命譜)를 활용하는 시대가 열렸다는 사실이 중요하다.

〖 명자시(明子時)와 야자시(夜子時) 〗

사주학자들 중에는 명자시(明子時)와 야자시(夜子時)를 운운하는 사람들이 상당수 있는 것으로 보인다. 밤 11시 30분이 지나 12시전까지 사이에 태어난 사람은 명자시네 야자시네를 따져 팔자를 정해야 한다는 것이다. 예를 들면 甲子일 밤 11시 45분에 태어났다면 甲子일 丙子시로 보아야 한다는 것이다. 참으로 희한한 일이 아닐 수 없다.

왜냐하면 그 이유는 이렇다. 오전 11시 30분부터 오후 1시 30분까지가 현(2002년) 실정에 午시로 12시 30분이 정오(正午)이다. 그렇다면 밤에는 12시 30분, 즉 0시 30분이 정자시(正子時)가 아닐 수 없다. 그렇게 되려면 하루 전인 밤 11시 30분부터 날자가 바뀐 것이다. 그러기 때문에 甲子일이라도 밤 11시 30분부터는 乙丑일이 시작된 것이다.

입춘절도 몇 시 몇 분까지 따져 연주를 전년도의 간지로 정할 것이냐 아니면 돌아온 새 연도로 세울 것이냐를 정한다. 아무리 새해가 되었어도 입춘 전이면 전년도 간지를 쓰면서, 밤 11시 30분이 지났는데도 새 일진을 쓰지 않고 왜 야자시네 명자시네를 따지는지 도저히 알 수가 없다. 지구는 일초도 쉬지 않고 자전과 공전을 계속하고 있기 때문에 정오(正午)가 있으면 정자

(正子) 시가 있기 마련이다.

바이블 창세기에는 신이 모든 것을 창조할 때 하루에 대한 기준이 있다. 거기에는 "저녁이 되며 아침이 되니 첫째 날이니라" 그러니까 우리들이 알고 있듯 아침이 되며 저녁이 되니 이게 첫째 날이 아니라 그 반대인 것이다. 그래서 기독교 종파 중 어떤 교회는 안식일을 일요일로 보지 않고 금요일 저녁부터 토요일 저녁까지로 보고 그 때 예배를 보는 것이다. 그들은 일요일에 예배를 보지 않고 일한다. 이 말을 여기서 한 것은 우리도 그렇게 하자는 것이 아니라 유대인들의 견해로는 하루의 계산을 그렇게도 보았다는 것을 말하려 한 것뿐이다.

그처럼 동양에서는 정오가 언제인가를 정확히 계산했으면 정자시도 정확하게 보아야할 것이며, 그 정자시를 중심 삼아 전후 1시간씩을 포섭해 새날을 정해야 하는 것이다. 그러니까 명자시(明子時), 야자시(夜子時)를 억지로 이름지어 혼란스런 학문을 만드는데 시간을 허비할 필요가 없는 것이다. 오늘 밤 11시 30분이 지나기 시작하면 분명히 지구가 자전과 공전을 계속하고 있는 한 새날이 시작된 것이니 일진부터 들어와야 하는 것이다.

입춘절이나 입절(立節)처럼 말이다. 입춘이나 입절에 대해서는 아무 말이 없으면서 왜 새날의 시작에 대해서는 명이네 야이네를 만들어 억지공사를 하는지 도저히 알 수가 없다. 할 일이 따로 있지 이상한 풍조를 만들어 후학들만 혼란스럽게 만드는 것이 아니겠는가. 시간의 정확성을 참고하려면 본서 117조를 상세히 살피기 바란다.

‖ 모가재취(母嫁再娶) ‖

남녀를 막론하고 사주에 재성은 부친성이고, 인성은 모친성인데 그것들이 따로 배치되었거나 함께 배치된 채 신주와 합하여 합신(合身)하는 사주들이 있다. 이것을 재인합신(財印合身)이라고 하는데 그렇게 구성된 명조들은 상당히 많은 경우 그 생모가 재취로 시집을 와서 자기(신주=주인공)를 낳은 통계에 속한다. 그리고 간혹 어떤 사례는 자기를 낳고 생모가 다른 남자를 만나 시집을 가는 경우도 있다. 아무튼 생모가 재취로 왔거나 갔거나 둘 중 하나에 속하는 것이다. 그 재인합신(財印合身)이 조상 터이자 부모 터인 연월과 일주가 합신하는 경우 거의 모가재취(母嫁再娶)하는 것을 많이 보았다.

편관 乙(木土)未 비견
정재 壬(水火)午 편인　辛 庚 己 戊 丁 丙 乙
신주 己(土火)巳 정인　巳 辰 卯 寅 丑 子 亥

편관 乙(木水)亥 정재   112조

신주 己土가 간직된 火왕절의 午月에 태어나 巳午未의 火方이
火生土로 생신하니 신강하다. 따라서 신강의극의 용법에 의해
木이 용신(用神)이고, 水가 희신이며, 金은 병신이고, 土는 구신
이며, 火는 기신이다. 이 경우 亥중 壬水가 월간에 나타나 용신
(用神)인 乙木을 水生木으로 재생관하고, 乙亥 역시 그러하며
亥未로 木局을 이루어 용신유력(用神有力)이다. 이때 재생관하
므로 명관과마(明官跨馬)⁺격을 구성했다.

그러므로 55년 생 중 한 명은 4남3여의 형제자매 중 장남으로
태어나 庚辛의 金운행이 병신운이기 때문에 다 허물어져 가는
초가삼간에서 밥 한 소쿠리를 놓고 서로 먼저 먹으려고 벌떼처
럼 달려들기도 했다. 그래서 고졸인데 그런 가운데서도 웅변 하
나만을 뛰어났다.

그렇게 성장하여 중졸인 아내와 형제만 낳고 상경해 웅변학원
을 운영하던 중 己卯운행에 卯중에는 乙木이라는 용신(用神)이
작용하므로 서울 복판에서 구의원에 두 번이나 당선했다. 그러
더니 급기야 戊寅운행 중 戊寅년에는 寅亥合木해서 용신(用神)
이 더욱 기승을 떨치면서 명관과마(明官跨馬)⁺가 적중하여 한국
최고의 지성들과 당당히 겨루어 구청장에 당선되었다. 그리하여
경천동지(驚天動地)했던 것이다.

그런데 庚辰년 庚辰월은 두 庚金들이 사주에 두 乙木들, 즉 용신(用神)들과 각각 乙庚으로 합해 金으로 변한 병신운이 된다. 그 바람에 그는 대법원에서 벌금형을 받고 느닷없이 직위를 상실하고 말았다. 모 교회 목사가 그 교회에 속하는 신문사 배달 직원들을 회식시키면서 이 주인공을 잠시 불러들였는데 그 회식대가 사건으로 터져 이렇게 되고 말았다. 丁丑의 火土운행은 기신과 구신운이니 앞으로 그런 영광은 기대하기 어려우리라.

한편, 모친성이 둘이나 있고 巳午로 합신하자 같이 배치된 壬水라는 재성도 합해 재인합신(財印合身)이기 때문에 그는 모가 재취(母嫁再娶)였다. 부친의 첫 부인과 둘 째 여자들은 할머니의 등살에 모두 쫓겨 가고 이 어머니도 첫 집에서 쫓겨나 아버지를 만났는데 이복형제는 없었다.

편인 己(土土)未 편인
상관 壬(水金)申 겁재　癸甲乙丙丁戊己
신주 辛(金水)亥 상관　酉戌亥子丑寅卯
정관 丙(火金)申 겁재　113조

이 여조는 신주 辛金이 丙火와 합해 水로 변해서 水化격(化格)
⁺인데 화신(化神)인 水를 생조하는 金왕절의 申월과 時支의 申金에 태어나고 壬亥의 水가 화신에게 가세하므로 약하지 않은

화격(化格)⁺이다. 水화격(化格)⁺은 화신을 극하는 土가 병신인데 己未의 土가 있어서 진격(眞格)이 못되고, 가화격(假化格)이 되었으며, 金水가 길신이고, 火土는 기신이며, 木은 약신이다. 따라서 초반에 있는 癸酉의 水金운행은 길운이기 때문에 79년 생 중 한 여자는 그 부친이 활발할 때 태어났다.

한편, 내 몸의 辛亥는 亥중 甲木이 부친성인 재성인데 인성인 未와 亥(卯)未로 합하여 재성과 인성이 합신─재인합신(財印合身)─한다. 그래서 모가재취(母嫁再娶)의 형상이기 때문에 그녀는 다방 마담인 자기 생모가 자기 아버지와 잠시 만나서 태어났다. 그 후 생모를 떠나 부친 댁에서 이복 오누이와 함께 살았다. 이복 오빠인 두개의 申金(겁재)이 내 몸을 양쪽에서 감싸고 金生水로 亥水를 생조하고, 丙辛이 합신하면서 時支의 申金과 합신하며 초반운행이 길하여 함께 살았다.

그렇지만 甲戌의 土운─甲己合土─부터는 불길운이므로 그녀는 가출하고 말았다. 다음 乙亥의 木水운행은 약신운이므로 활력을 되찾지만 나머지는 火土를 끼고 있어서 진폭이 심하고 고란살까지 있어서 태산준령이다. 어떤 카르마(行蹟)를 지녔기에 이런 명기와 인연 맺어 태어났는고….

겁재 甲(木土)戌 정재
정재 戊(土土)辰 정재　己 庚 辛 壬 癸 甲 乙

신주 乙(木水)亥 정인 巳午未申酉戌亥
식신 丁(火土)丑 편재 114조

신주 乙木이 土왕절의 辰월에 태어나 재성인 네 개의 土를 만 났기 때문에 재다신약(財多身弱)✝ 사주다. 그러므로 신약의방의 용법에 따라 木이 용신(用神)이고, 水가 희신이며, 金은 병신이고, 土는 대체로 구신이며, 火는 약신이다. 그래서 34년 생 중한 명은 巳午未의 火方(약신) 운행에 부모의 음덕으로 내 몸의 亥자가 역마이자 학문성인 인성이기 때문에 해외로 유학했다.

그 후 壬申의 水운행─申辰이 水局을 결성해 희신운─10년에 중소기업의 사장이 되어서 癸酉의 癸水까지 이어졌다. 그러나 酉金운행은 병신운으로서 酉丑의 金局과 辰酉合金 그리고 酉戌이 金方을 이루어 병신이 가중되었다. 게다가 辛酉년은 金金이고, 辛丑월은 金土이며, 丙申일과 丙申시는 申金이 또다시 가중된다. 그러자 부도 때문에 만취 상태로 운전도중 사고를 일으켜 뇌 손상으로 식물인간이 된 채 마침표를 찍었다.

한편, 처성인 재성의 土가 辰戌丑으로 세 개나 있으면서 辰土는 백호대살(白虎大殺)이자 귀문관살(鬼門關殺)✝로서 戌土와 辰戌로 상충한다. 그래서 결혼 전 5년이나 연상인 여자를 짝사랑하다가 한달 정도 정신병원에 입원한 적이 있다. 그뿐 아니라 본처와 이혼 후 재혼했으며, 사업상 다른 여인과도 통정(通情)

했다. 그리고 이 사주는 부모 터의 월간에 있는 부친성인 戊土가 그의 처성인 辰중 癸水 그리고 丑중 癸水와 戊癸로 두 번이나 합하므로 아버지의 처가 둘이 되어 부친도 재혼했다.

그래서 부자(父子)가 내림+이 있고 모외유모(母外有母)+-두개의 癸水는 이 명조의 모친성임-했으며, 부친성인 재성의 丑과 내 몸에 있는 乙亥의 모친성인 亥水가 亥丑으로 합신하여-재인합신(財印合身)-모가재취(母嫁再娶)였다. 또 자녀성은 戊중 辛金을 전처인 戊土가 土生金으로 생산하여 전처와 아들 한 명을 두었고, 후처의 丑土도 丑중 辛金을 생산하여 그녀에게서도 한 명의 아들을 두었다.

편재 辛(金火)巳 겁재
정인 甲(木火)午 비견 癸 壬 辛 庚 己 戊 丁
신주 丁(火金)酉 편재 巳 辰 卯 寅 丑 子 亥
정관 壬(水木)寅 정인 115조

신주 丁火가 간직된 火왕절의 午월에 태어나 득령했고, 巳午의 火方과 寅午의 火局이 신주에게 합세하며 甲寅의 木이 생신하니 신강하다. 따라서 신강의재의 용법에 의해 金이 용신(用神)이고, 습토가 희신이며, 火는 병신이고, 木은 구신이며, 水는 약신이다. 이 경우 酉金에 뿌리박고 辛金이 나타났으나 火方에게 강극을 당하여 용신(用神)이 유력하지 못하다.

그러므로 41년 생 중 한 명은 3남3여의 형제자매가 있는 가운데 丁壬이 합신하자 寅酉도 따라서 합신하므로 재인합신(財印合身)이다. 그리고 巳午가 합하면서 함께 배치된 甲木이라는 인성과 辛金이라는 재성이 합하여 巳酉로 합신하니 그것들도 간접적으로 재인합신(財印合身)이 되기 때문에 모가재취(母嫁再娶)의 형상이다. 그래서 배다른 형제자매가 위로 있고 어머니가 재취로 가 이 주인공을 낳더니 또다시 재혼하여 또 배다른 형제자매가 있다. 그렇게 태어나 壬辰운행에는 辰酉合金하므로 기독교 전도사로 출신해 활발했다. 그러다가 寅卯운행에 교회를 그만두고 직장을 전전했으며, 불교에 약간 입문하기도 했다.

그 후 己丑(희신)운행에는 광복회에서 근무하며 일생 중 가장 안정했지만 가정궁이 寅酉로 원진살을 범하여 오래도록 부인과는 별거하다시피 했고, 戊子운행에는 빚보증으로 월급에 차압이 붙어 퇴직하고, 丙子와 丁丑년에는 형사소송에 걸렸다. 子운행은 용신(用神)인 金이 설기되는 사지(死地)요, 丁亥운행은 火木-寅亥合木-이니 방황의 세월이다. 그래서 그런지 필자를 찾아와 어떤 무당하고 합작해서 역술원을 하려고 한다는 것이다. 자녀는 2남2여를 두었다.

정재 己(土土)丑 정재
정인 癸(水金)酉 정관　甲 乙 丙 丁 戊 己 庚

신주 甲(木水)子 정인　戌亥子丑寅卯辰
겁재 乙(木水)亥 편인　116조

이 여조는 신주 甲木이 金왕절의 酉월에 태어나 극신을 당하니
실령해서 신약사주로 출발했다. 그러나 亥子丑의 水方과 癸水가
생신하고, 乙木이 신주의 木에게 가세하니 신강사주로 변했다.
따라서 신강의재의 용법에 의해 土가 용신(用神)이고, 火가 희
신이며, 水는 병신이고, 金은 기신이며, 木은 길신이다. 이 경우
火도 없고, 건토도 없어 水의 세력 때문에 나무의 뿌리가 썩어
서 부목(腐木)될 염려가 있다.

　그러므로 건조한 未戌의 土로 水를 제압해야 한다. 그런데 그
것은 없고, 습기 찬 己丑의 土만 있어서 오히려 흙탕물 *로 변하
게 했다. 그 丑土는 부친성인데 그것이 나를 낳아준 모친성인
내 몸의 甲子와 子丑으로 합신한다. 그래서 재성과 인성이 합신
―재인합신(財印合身)―하므로　모가재취(母嫁再娶)의　형상이다.
게다가 모친성인 水가 많으면서 이복 형제자매인 乙木과 내 몸
이 亥子로 합신한다.

　그러므로 49년 생 중 한 여자는 부친이 첩과 살아버려 이복 형
제자매가 있게 되었고, 그 바람에 모친이 재가하여 모가재취(母
嫁再娶)했다. 본인은 모친과 같이 있으므로 어머니와 함께 살다
가 의붓아버지를 보게 된 것이다. 그런데 부군성인 酉金이 酉丑

으로 金局을 이루어서 子丑으로 합신하므로 酉金과 金局이 내 몸과 간접적으로 합신한다. 그래서 丑土는 이번에 의붓아버지로 변모해서 어머니인 子水와 합할 뿐 아니라 부군성(金局)으로 둔 갑해서 내 몸과 합신한다.

그래서 의붓아비에게 겁탈을 당했다. 丑土야말로 정말 흙탕물 이다. 그러자 水의 세력으로 말미암아 한강에 투신했다. 그래도 亥중 甲木과 乙木이 있어서 수다목부(水多木浮)⁺가 되지 않고 다리만 다쳐 절름거리는 건각인으로 살아남았다. 운행은 戌土운 이 가장 낮고 다음은 丁丑운이 차선이다. 이밖에 36조 69조 84 조 101조 104조 140조 204조 335조 478조 등등을 참조한다.

‖ 모외유모(母外有母) ‖

신주를 생신하는 인성은 인륜적으로 모친성에 해당된다. 가령 壬水가 신주라면 庚申의 金과 辛酉의 金들이 인성으로서 金生水 ─여기서 가운데 있는 생(生)자는 생산한다는 의미─하니 신주인 水를 생산하는 모친인 것이다. 그런데 사주에 그것들 가운데 정 인(正印)─여기서는 辛金─과 편인(偏印)─여기서는 庚金─이 다 있으면 어머니가 각각 음양으로 있어 둘이 된다. 음은 숨은 어머니이고, 양은 나타난 어머니이니 편모와 생모가 따로 있는 것이다. 어떤 이는 그게 뭐 그리 중요하냐고 반문하는 사람들이 있다. 그러나 어떤 경우는 생시를 확정하는데 매우 긴요하다. 아래에 그 예조들을 들어보자.

편관 戊(土金)申 편인
편재 丙(火土)辰 편관　乙 甲 癸 壬 辛 庚 己
신주 壬(水水)子 겁재　卯 寅 丑 子 亥 戌 酉
정인 辛(金土)丑 정관　117조

이 여조는 2002년 양력 6월 20일 오후 2시 30분경에 전화로 감정한 것이다. 그녀는 새벽 3시 15분에 출생했다고 말했다. 그런데 여러 곳에서 사주를 보면 생시를 壬寅시로 보더라는 것이다. 그래서 필자가 생모 외에 또 다른 어머니가 있느냐고 물었더니 아버지가 집을 나가 다른 여자와 살고 있다는 것이다. 그렇다면 寅시가 아니고 辛丑시가 틀림없는 것이다. 왜냐하면 모친성인 金이 연지의 申중 庚金과 시간(時干)의 辛金으로 둘이면서 부친성인 丙火가 辛金과 丙辛으로 합했는데 많은 水들과 주인공인 신주가 壬丙으로 충극해 무능해진 火가 쫓겨나기 때문에 아버지가 집을 나가버린 것이다.

만약 壬寅시에 태어났다면 신강한 水의 세력이 그 寅木에게 水洩木하고, 그 木은 寅중 丙火에 뿌리박고 나타난 월간의 丙火를

木生火한다. 그러면 그 아버지가 辛金이 없기 때문에 첩이 없어져 집을 나갈 일도 없거니와 오히려 寅卯의 木운행에 부친성인 丙火가 木生火로 생조를 받아 그 아버지가 돈(재성)을 잘 벌어 가정이 화목하고, 본인도 고통은커녕 활발하게 발전해 대학을 졸업했을 것이다. 그러나 그녀는 고졸이고, 그마저 여러 번 가출을 계속하면서 어머니에게 잡혀 억지로 졸업했을 정도이다. 왜 이렇게 생시를 정확하게 따지려고 하는가?

생시가 정확해져야 운행을 정확하게 예측할 수 있다. 그녀가 寅시에 태어났다면 지금 壬子의 水운행도 寅木이 흡수해 아주 어려운 곤경에는 처하지 않았을 것이다. 그러나 그녀는 水운행에 재물성인 丙火를 극해 지금 엄청난 고생과 빚에 쪼들려 정신까지 허물어지는 느낌이라고 호소했다. 辛亥운은 더욱 첩첩산중이다. 왜냐하면 丙辛이 합해 용신반합(用神半合)⁺이나 다름없는 형태가 되고, 亥子丑이 水方을 이루어 더 강하게 丙火를 강타하기 때문이다.

만약 寅시생이라면 寅亥合木되어 도리어 크게 안정할 운이다. 이렇게 생시에 따라 가정환경과 운의 약발이 달라지기 때문에 생시를 명확하게 가리지 않으면 안 되는 것이다. 그리고 한 마디 덧붙이자면 오전 3시 30분까지는 분명히 丑시가 된다는 사실이다. 이밖에 36조 48조 85조 110조 등등을 참조한다.

∥ 모왕자고(母旺子孤) ∥

여기서 말하는 어머니인 모(母)는 정인과 편인, 즉 인성을 말하고, 자식인 자(子)는 그 인성인 어머니가 생산한 신주를 말한다. 따라서 모왕자고(母旺子孤)는 인성인 모친성이 너무나 많은 반면에 자녀에 해당하는 신주는 홀로 외로이 있는 사주를 말한다.

이렇게 짜여진 명조는 나 홀로 그 많은 어머니의 사랑 내지 간섭을 감당하기 힘들기 때문에 나와 같은 형제자매가 더 있어야 어머니의 간섭 및 사랑이 분산되어 내 자력을 발휘할 수 있는 것이다. 그러므로 비겁운을 반긴다. 만약 그렇지 못하면 평생 마마보이가 되어 줏대 없이 어머니의 지시대로만 사는 자가 되고 만다.

아니면 사주에 모친성인 인성을 제압하는 재성이 있으면서 그것이 뿌리를 단단히 박고 있어야 한다. 만약 뿌리 없이 허탈한 재성이 있으면 오히려 모성인 인성만 대노케 하여 없음만 같지 못하다. 운행도 마찬가지이다. 명서에 따라서는 이것을 모자멸자(母慈滅子)라고도 말하는데 그 뜻은 어머니의 자비가 지나쳐 아들이 멸망할 지경이라는 것이다. 현실에도 그런 경우들이 비일비재한 것을 목격하지 않는가.

편관 癸(水木)卯 편인
정인 甲(木木)寅 정인　　癸 壬 辛 庚 己 戊 丁
신주 丁(火木)卯 편인　　丑 子 亥 戌 酉 申 未
정인 甲(木土)辰 상관　118조

　신주 丁火를 생조하는 木의 세력이 너무나 왕성하다. 寅卯辰의
木方과 두개의 甲木이 있기 때문인데 그 木들은 인성이니 모성
(母星)이고, 외로운 丁火는 木이 생산해 놓은 자성(子星)으로서
이 사주는 모왕자고(母旺子孤) 또는 모자멸자 격이다. 그러므로
火가 용신(用神)이기 때문에 水는 병신이고, 金은 구신이다. 따
라서 고인은 亥子丑의 水方운과 申酉戌의 金方운에 처자와 이별
하는 등 역경이 계속 되었다.

　그러다가 뒤늦은 말년에 丁未의 火土와 丙午의 火운행을 만나
서 느닷없이 부자가 된 다음 두 아들까지 낳고 90여세까지 늦복
을 만끽했다. 그러니까 본조와 처음 인연 맺은 사람들은 모두
무위로 끝나고 늦복에 동참된 사람들은 즐거움을 함께 한 유별
난 사주다. 이 경우 신강하다고 신강의극의 용법을 적용하여 水
를 용신(用神)이라고 보면 큰 오류를 범한다.

정관 丙(火土)戌 정인
정인 戊(土土)戌 정인　己 庚 辛 壬 癸 甲 乙

신주 辛(金土)丑 편인　亥子丑寅卯辰巳
정인 戊(土土)戌 정인　119조

　신주 辛金이 土왕절의 戌월에 태어나 여섯 개의 土들에게 생조를 받고 있다. 이 경우 土들은 신주를 土生金으로 낳아 준 모친이고, 辛金은 자식이다. 그런데 모친성인 土들만 왕성하므로 이 사주는 토다금매(土多金埋)+로 모왕자고(母旺子孤) 내지 모자멸자의 용법에 따라 金이 용신(用神)이다. 그러므로 고인은 庚子와 辛丑의 金운행에 행복하게 성장했지만 후반에 있는 寅卯辰의 木方운행은 金의 절지이므로 흉했다. 사주에 木이 있을 경우에 한해서만 木운이 길하다. 木은 土를 제압(克: 파헤쳐)해서 金을 땅 밖으로 나오게 하기 때문이다.

정인 庚(金土)辰 정관
식신 乙(木金)酉 편인　丙丁戊己庚辛壬
신주 癸(水木)卯 식신　戌亥子丑寅卯辰
정인 庚(金金)申 정인　120조

　신주 癸水가 金왕절의 酉월에 태어나 득기했고, 辰酉合金과 申酉의 金方 그리고 乙庚合金과 시간의 庚金이 金生水로 생신하고 있다. 이 경우 卯酉가 충극해서 木이 손상되었기 때문에 木을 용신(用神)으로 사용할 수 없고, 이 사주는 모왕자고(母旺子孤) 내지 모자멸자의 용법과 독수(獨水:신주)가 세 개의 金을 보고

甲木이 없으므로 체전지상(體全之像)⁺이란 별격에 따라 金水에 초점을 맞추어 본다. 따라서 火운만 불길하고, 土金水木은 순리 적으로 생조하여 길운이다. 그리하여 고인(孔祥熙)은 운행 亥子 丑의 水方운에 탄탄대로를 달려 庚寅운행에 장·차관급에 이르 렀다. 이상을 정리해 보면 모왕자고(母旺子孤)격은 비겁운을 만 날 때 크게 번영한다는 것을 알 수 있다.

‖ 모쇠자왕(母衰子旺) ‖

이 말은 여명에게만 해당되는 용어이다. 여기서 어머니인 모 (母)는 신주를 말하고, 자식인 자(子)는 신주가 생산하는 식신 과 상관이다. 이때 식상이 지나치게 많은 반면에 신주는 아주 약하여 설신이 과도한 상태에 이른 여명을 모쇠자왕(母衰子旺) 이라고 한다. 여명에서 식상은 신주가 생산한 것이니 자녀들이 다. 그러니까 모쇠자왕(母衰子旺)은 자녀들이 지나치게 왕성한 데 신주가 매우 허약한 상태이니 이런 여명은 자녀들을 낳을 때 그 무게가 상당히 나가는 아이를 낳기도 하지만 약한 체격으로 많은 아이를 잉태하다보면 낙태하는 수도 많은 것이다.

그러므로 위경론(渭經論)에서는 자녀들인 식상이 왕성한데 신주가 허약하면 아이를 자주 낙태한다—식왕신쇠(食旺身衰) 포태상타(胞胎常墮)—라고 했다. 여기서 말하는 식왕신쇠(명리정종에서 쓰는 용어임)는 모쇠자왕(母衰子旺)(적천수에서 쓰는 용어임)과 같은 의미로 명서(命書)마다 약간씩 표현만 달리하고 있는 것이다. 혹은 식왕신쇠를 신쇠식왕이라고 뒤바꿔서 사용하기도 하고, 모쇠자왕(母衰子旺) 역시 자왕모쇠라고 칭하기도 한데 모두 똑같은 말로 명서의 저자에 따라 나름대로 쓰고 있을 뿐이다. 여기서는 모쇠자왕(母衰子旺)으로 통일해 사용하기로 하자.

그런데 연해자평 자식론에서 여명에게는 상관이 남아요 식신이 여아라고 말하며 효신살이나 인성이 있으면 자녀를 두기가 어렵다(무자 사주 참조)고 했다. 그러나 이 말은 모왕자쇠의 경우로 식상이 약할 때 해당되는 말이지 모쇠자왕(母衰子旺)일 경우는 오히려 효신운이자 인성운을 만나면 자녀를 둘 수가 있는 것이다.

식신 己(土土)丑 식신
식신 己(土火)巳 겁재　庚辛壬癸甲乙丙
신주 丁(火土)丑 식신　午未申酉戌亥子
식신 己(土金)酉 편재　121조

이 여조는 신주 丁火가 火왕절이 시작된 巳월에 태어나 득령해서 신강사주로 출발했다. 그러나 많은 土에게 설신—모쇠자왕(母

衰子旺)-되고, 巳酉丑의 金局(재성) 때문에 신약사주로 변했다.
그러므로 신약의방의 용법에 따라 火가 용신(用神)이고, 木이
희신이며, 水는 병신이고, 金은 구신이다. 이 경우 巳火가 金局
에 가담해버려 용신(用神)무력이고, 중반에 壬申과 癸酉의 水金
운을 만나 설상가상이다. 그래서 고인은 가난했을 뿐만 아니라
신약사주가 많은 식상을 감당할 수가 없어서 무자했으며, 甲戌
운행에 火가 戌土에 용신입묘되어 사거(死去)했다.

정인 丙(火水)子 편재
식신 辛(金土)丑 비견   庚 己 戊 丁 丙 乙 甲
신주 己(土木)卯 편관   子 亥 戌 酉 申 未 午
상관 庚(金火)午 편인   122조

이 여조는 신주 己土가 북풍한설이 몰아친 丑월에 태어나 庚辛
의 金에게 설신되고, 木에게 극신을 당하니 신약사주다. 따라서
신약의조와 기후법의 용법에 의해 火가 용신(用神)이고, 木은
희신이며, 水는 병신이고, 金은 구신이며, 건조한 土는 약신이다.
이 경우 태양인 丙火가 丙辛合水되어 용신반합(用神半合)✝이고,
合水와 子丑의 水方에게 극을 당하여 용신(用神)무력이자 태양
이 눈과 구름에 가리어진 형상이기 때문에 평상조가 되었다.

그러므로 고인은 己亥의 亥水운행에 사주의 부군궁인 卯와 亥
卯로 木局을 이루면서 용신(用神)인 火를 생조하므로 넉넉한 집

으로 시집을 갔다. 그래서 戊戌의 土(약신)운행에 즐거운 세월을 보냈다. 그러나 丁酉운행이 갈아들자 부군성이자 부군궁에 있는 卯자를 卯酉가 상충한 까닭으로 뜻밖에 청상과부가 되었다. 운행 申酉의 金운은 구신운-모쇠자왕(母衰子旺)-이므로 불선의 세월이고, 午未의 火方운은 안정운이다. 한편, 자식궁인 시주에 자식성인 庚金이 있으나 午火라는 절지 위에 놓여 무력하므로 불초자식 한 명을 두었다.

이 장을 요약해 말하면 신주가 약하고, 식상이 매우 강한 여명이 운행에서 다시 또 식상운을 만나면 남편과 자식이 모두 없어지고 제사를 지낼 향불이 단절된다.

〖 戊午일 丁未일 〗

戊午일과 丁未일에 태어난 사주에 水가 부족하거나 없으면 사주가 메말라 건조해진다. 戊午일의 경우 水가 있으면 土가 윤택해져 만물을 성장시킬 수 있는데 그게 없으면 건조한 흙이 될 수밖에 없어 만물을 생산하기 어렵다. 그 水는 신주에게는 재성으로 재물성이자 처성 또는 여자성에 해당되므로 그것이 없어 갈증이 나는 형상이 되기 때문에 戊午일생이 水가 없으면 이상

하게도 여자에 관심이 많아 탐색한다. 그리고 丁未일생도 통계
상 그런 사례들이 많이 나타나고 있다.

겁재 己(土火)巳 편인
정인 丁(火土)丑 겁재　丙 乙 甲 癸 壬 辛 庚
신주 戊(土火)午 정인　子 亥 戌 酉 申 未 午
편재 壬(水水)子 정재　123조

신주 戊土가 土왕절의 丑월에 태어나 세 개의 火가 생신하므로
동토(凍土)가 온토(溫土)로 변하면서 신강하다. 따라서 신강의
재의 용법에 의해 水가 용신(用神)이고, 金이 희신이며, 土는 대
체로 병신이고, 火는 구신이며, 木은 기신이다. 이 경우 子午가
상충해서 水가 손상되었고, 그것을 또 土들이 강극하므로 용신
(用神)무력이다. 이렇게 되면 우이불우(遇而不遇)✝의 명기다. 고
로 29년 생 중 한 명은 子午로 일시형충(日時刑冲)✝이고, 戊午
일✝에 출생했으며,

처성인 子水가 공망살✝이기 때문에 번잡한 여자 관계로 가정이
산란해진 바람에 자살을 기도하고, 음독-탕화살: 寅丑午-하기
도 했다. 그리고 모친성인 火가 둘이나 있으면서 巳火는 己土를
생산(火生土)하고, 午火는 戊土를 생산하여 모외유모(母外有母)
✝하고, 이복 형제자매도 있었다. 고로 후인은 선인의 행적을 참
고할 지어다.

편재 辛(金土)丑 식신
편재 辛(金土)丑 식신　庚 己 戊 丁 丙 乙 甲
신주 丁(火土)未 식신　子 亥 戌 酉 申 未 午
비견 丁(火土)未 식신　124조

　신주 丁火가 土왕절의 丑월에 태어나 네 개의 土에게 火洩土로
설신이 심하기 때문에 신약하다. 그러므로 신약방조(身弱幇助)
의 용법에 의해 木火가 용신(用神)이고, 金水가 병신인데, 丑未
가 각각 상충해서 未중 丁火가 쉴 새 없이 손상 당하고 있다.
그러니까 木이 없어서 그렇지 않아도 용신(用神)이 미약한데 火
마저 계속 충극을 당하여 설상가상이다. 게다가 운행까지 水金
(병신)으로 50여 년 간을 달리니 빛 볼 날이 없는 명조가 되어
버렸다.

　한편, 丁未일생⁺이니 성욕 때문에 여자의 <여>자만 보아도 온
몸이 뒤틀린 통계에 속한 중 그 丁未가 반복적이므로 회전하는
돌림 식이고, 처성인 金이 나란히 나타나서 丁火들과 어깨를 견
준다. 그러므로 61년 생 중 한 명은 제비족-이 여자 저 여자를
꾀어 춤바람이 들게 한 후 간음해서 그것을 미끼로 돈 뜯어 사
는 족속들-으로 여자들을 낚아서 등쳐먹고 동업자(丁火가 둘이
다)에게 돌려 또 뜯어먹고. 요즈음 또또복권이란 것이 생겼다더
니···

상관 戊(土金)申 정재
상관 戊(土火)午 비견　己 庚 辛 壬 癸 甲 乙
신주 丁(火土)未 식신　未 申 酉 戌 亥 子 丑
겁재 丙(火火)午 비견　125조

신강의재의 용법에 의해 金이 용신(用神)이고, 습기 찬 己丑辰 土는 희신이며, 건조한 戊戌未土는 기신이고, 火는 병신이며, 木은 구신이고, 水는 약신이다. 이 경우 용신(用神)이자 처성이면서 재물성인 金은 귀기불통(貴氣不通)＋이면서 홀로 미약한 반면에 병신이자 비겁인 火의 세력은 왕성하여 火克金하므로 군겁쟁재(群劫爭財)＋요, 용신(用神)무력이다. 게다가 丁未일에 태어나 건조하므로 탐색하는 경향이 강한 형상이다. 따라서 08년 생 중 한 명은 본처와 사별하고 세 번이나 재혼했다. 운행은 己未의 土운 10년이 불길하고 庚申과 辛酉의 金운 20년은 그래도 좀 낫지만 壬戌의 土운 10년은 파란곡절이 심한 세월이고, 이후는 불안정하다.

〚 무자팔자(無子八字) 〛

사람들은 자녀를 당연히 가져야 하는 것으로 인식되어 있다.

아마도 종족 번식의 유전성 때문인 것 같다. 그런데 자녀들이 성장하면서 말썽을 심히 피우면 '무자식이 상팔자' 라는 속담이 맞기도 한 것처럼 느껴질 때도 있다. 그렇다고 무자식인 사람들을 살펴보면 꼭 그런 것만도 아닌 것 같다. 그들은 돈벌어 집 장만하고 전답 사서 결국에 어디다 쓸 것인가 하고 생각해보면 인생이 재미가 없다며 허탈해 한다. 있으면 있는 대로 없으면 없는 대로 인간들은 불만이다. 그런 존재들이라서 그런지 자녀를 못 두면 언제쯤 둘 수 있는가를 알고 싶어 하는 사람들도 상당히 많다.

 무자 팔자로 남명은 자녀궁인 일시에 자녀성인 관성이 발붙이지 못하도록 식상이 강하게 자리잡아 식상견관(食傷見官)⁺이 되었을 경우다. 그리고 자식성인 관성이 무력하거나 있어도 충파를 많이 당해 손상되었거나 또는 그것이 텅 비었다는 공망살⁺이 있을 경우와 이미 땅 속에 묻힌 것이나 다름없다는 입묘살에 해당되는 경우들이다. 여명은 자녀궁인 일시에 자녀성인 식상이 발붙이지 못하도록 인성이 강하게 차지하여 식상견인(食傷見印)이 된 경우다. 그리고 식상들이 지나치게 강하고, 매우 신약하거나 공망 또는 입묘 그리고 충파 등이 작용하는 종류들이다.

식신 甲(木土)辰 편관
정관 己(土火)巳 편재 庚 辛 壬 癸 甲 乙 丙
신주 壬(水木)寅 식신 午 未 申 酉 戌 亥 子

겁재 癸(水木)卯 상관 126조

 이 사주는 寅卯辰의 木方과 甲木이 왕성해져 자녀성인 관성의
土를 木克土로 강타하고, 己土와 辰土는 텅 비었다는 공망살⁺이
있으며, 그 중 辰土는 입묘살이다. 그리고 자식 터인 시주에는
寅卯의 木方이 버티고서 土를 발붙이지 못하게 하고 있다. 그렇
게 된 土들은 자녀성이므로 04년 생 중 한 명은 끝내 무자하고
말았다. 이 사주는 木火에게 순종하는 종재격(從財格)⁺이니 金
水는 병신인데 운행이 중반부터 金水로 흘러 불길했다.

편관 甲(木土)辰 비견
비견 戊(土土)辰 비견 己 庚 辛 壬 癸 甲 乙
신주 戊(土金)申 식신 巳 午 未 申 酉 戌 亥
정관 乙(木木)卯 정관 127조

 신주 戊土가 土왕절의 辰월에 태어나 득령했지만 卯辰의 木方
과 甲乙의 木이 뜻밖에 강해져 극신하고, 申金에게 설신되기 때
문에 신약사주로 변했다. 그러므로 신약방조(身弱幇助)의 용법
에 의해 火土가 용신(用神)이고, 水木은 병신이며, 金은 기신이
다. 따라서 운행 초반에 있는 巳午未의 火方운은 길운이고, 壬申
과 癸酉의 水金운인 중반운은 계속 불길하다.

 게다가 자식성인 관성의 木은 그 세력이 중반운에 壬癸의 水에

게 생조를 받아 더욱 기고만장해 지고 있는데 그것을 감당할 수 없는 신약사주다. 그리고 자식 터인 시주에는 텅 빈 공망살$^+$이 도사리고 있다. 그래서 04년 생 중 한 명은 무자했다.

상관 甲(木木)寅 상관
겁재 壬(水金)申 정인 癸 甲 乙 丙 丁 戊 己
신주 癸(水火)巳 정재 酉 戌 亥 子 丑 寅 卯
비견 癸(水水)亥 겁재 128조

신주 癸水가 金왕절의 申월에 태어나 金生水으로 생신하니 득기했고, 壬水와 亥水가 또 신주의 水에게 가세하므로 신강하다. 따라서 신강의극의 용법에 의하여 土가 용신(用神)이고, 火가 희신이며, 木은 병신이고, 水는 구신이다. 그러므로 고인은 亥子丑의 水方운인 중반운에 구신운이 계속되면서 처성이자 처궁인 재성의 巳火를 水克火로 강극하여 세 번이나 극처(剋妻)하고 무자했다.

이 사주는 무심코 보면 寅申巳亥가 모두 있어서 기관팔방(氣貫八方)$^+$격 중 사맹격과 癸巳일이므로 재관쌍미(財官雙美)$^+$격에 천합지(天合地)$^+$를 겸하여 매우 귀해질 명조같이 보인다. 그러나 寅巳申이 삼형살이면서 용신(用神)과 희신인 巳火가 너무나 무력해진 바람에 용신(用神)무력이고, 운행이 불길하여 아까 말한 귀격들이 소용없게 되었다. 게다가 가정궁인 일시가 巳亥로 충극하여 일시형충(日時刑沖)⁺이므로 타고난 궁합이 매우 불미한 명조이기 때문에 세 번이나 처를 극하고, 巳중 戊土가 크게 손상되어 무자했다. 말년의 戊己土에 안정했고, 庚辰운행 중 酉운에 사거(死去)했다.

편인 乙(木土)丑 식신
비견 丁(火水)亥 정관   丙 乙 甲 癸 壬 辛 庚
신주 丁(火土)未 식신   戌 酉 申 未 午 巳 辰
편재 辛(金土)丑 식신   129조

이 명기는 유신정권의 수뇌(首腦)였던 박정희 당시 대통령을 만찬 석상에서 권총으로 즉살(卽殺)시켜 시해한 김재규(金載圭) 중앙정보부장이 담겨진 명조다. 당시는 정보정치 시대였는데 중앙정보부(中央情報部)는 마치 하늘에 떠서 전 지구를 감시 내지 판독하는 인공위성과 같은 부서로 국민 각자의 일거수일투족을 빠짐없이 체크(check)하는 총본산(總本山)이었다. 그 거미줄에 걸려 리스트(一覽表)에 일단 한번 오르면 개미 한 마리도 도저히 빠져나갈 재간(才幹)이 없었다. 그러니까 총리도 감시를 당하는 장중장(長中長)으로 대통령 다음의 막강한 권세를 장악했던 자리다.

신주 丁火가 水왕절이 시작되는 亥월에 태어나 실령했고, 세개의 土에게 설신되니 신약사주다. 따라서 신약방조(身弱幇助)

의 용법에 의해 木火가 용신(用神)이고, 金水는 병신이다. 이 사주는 亥月생[+]이기 때문에 亥중 甲木도 용신(用神)인데 살성인—신약사주는 관성도 살성—亥水가 인성인 甲木을 생조해서 木生火로 생신하니 관록에 출신할 살인상생(殺印相生)[+]격이고, 그것이 亥중에 간직되어 병신인 金이 직극(直剋)을 못하는 길신암장(吉神暗藏)격이며, 亥未의 木局에 뿌리박고 乙木이 나타나서 용신유력(用神有力)이요, 未丑의 형살로 군·경·율의 계통에 나아갈 형국이다. 그리고 이 경우 木은 설신시킨 식상을 제압하므로 식상패인(食傷佩印)[+]의 용법 같은 효력도 겸했다.

운행과 대조해 보면 초반에 있는 申酉戌의 金方운은 대체로 병신운이므로 군인에 출신하여 午未의 火方운에 용신(用神)이 득세하자 승승장구로 중앙정보부장에 이르렀다. 그러다 辛巳의 金—巳丑이 金局을 이룸—운행 중 己未년에 대통령을 즉석에서 사거(死去) 시켰다. 그리고 이듬해 庚申(金金)년 辛巳월 丁酉일 甲辰시에 교수형을 당했다. 辰酉合金 등 병신인 金이 모두 차지했다. —(사형 날자는 金三中 스님이 저술한 「사형수들이 보낸 편지」에서 발췌)— 그는 3남5녀의 형제자매가 있고 자식성인 관성의 水가 많은 土들에게 식상견관(食傷見官)[+]되고, 丑중 癸水는 丑未로 상충하여 손상되었으며, 亥水는 木方에 가담하여 본래 성질인 水의 성질을 상실했기 때문에 딸 한 명이 남고 무자했으며, 중장(中將)으로 제대했다.

그리고 법정에서 "민주발전을 위하여 야수의 심정으로 유신의 가슴을 쏘았다."고 주장했다. 그 이름을 잠깐 살펴보면 재(載) 자는 소리 오행상 병신인 金이고, 수리상(數理上) 성패격(盛敗 格)인 19와 파괴격(破壞格)인 14 그리고 대인격(大人格)이면서 중절격(中絕格)인 27이다.

이 외에도 여명으로 甲子년 己巳월 壬子일 壬寅시생과 丙辰년 庚寅월 癸酉일 乙卯시생 그리고 乙卯년 丙戌월 丙戌일 己丑시생 이 무자했고, 남명으로는 丙午년 丙申월 壬子일 壬寅시생과 甲 寅년 丁卯월 乙卯일 辛巳시생이 무자했다.

〖 목다목인(木多木仁) 〗

이 마당은 木이 많은 반면 다른 오행이 적을 경우에 쓰이는 용 어들이다. 목다목인(木多木仁)은 木이 신주이고, 木이 많은 사주 는 인수격(仁壽格) 또는 곡직인수격이라고도 한다. 곡직격(曲直 格)⁺을 참고한다. 다음 목다화식(木多火熄)은 木이 너무 지나치 게 많으면 오히려 불이 꺼져버린다는 뜻이다. 본서에 나온 예조 들 가운데 '목다화식⁺' 이렇게 표시된 명조들을 참고한다.

그리고 목다토박(木多土薄)은 木이 많은데 土가 너무 적으면 많은 나무(木)들이 비좁은 땅에 빼곡이 들어선 형상이다. 그러면 흙(土)이 박토가 되어 土에 속한 육친에 문제가 발생할 수 있다. 다음 목다금결(木多金缺)은 나무는 거대하게 많은데 金이 너무 약하면 작은 칼로 그 큰 나무를 찍으려다 오히려 칼이 부러져 결손된다. 그리고 목다수갈(木多水渴)은 木이 많은데 水가 적으면 물이 말라 갈증에 걸린 나무처럼 된다. 이상의 木多水渴과 木多金缺 그리고 木多火熄과 木多土薄 및 木多木仁의 용어들은 사주의 상황을 판독할 때 꼭 필요한 것들이다.

〚 목분비회(木焚飛灰) 〛

사주에 木이 적은데 그 木을 설기시키는 火가 많으면 나무가 불에 타서 재로 변해 날아 가버리는 형상이다. 일종의 화다목비(火多木飛)＋와 같은 뜻이다. 만일 신주가 목분비회(木焚飛灰)의 지경에 이르렀다면 차라리 火에 따르는 종아격(從兒格)＋이 되든지 그렇지 않으면 木生火하고, 火生土하여 아우생아(兒又生兒)＋로 종재격(從財格)＋이 되든지 그래야 한다. 그러나 만약 火 때문에 약간 신약할 경우는 식상패인(食傷佩印)＋격에 의해 인성인 水가 필요하다. 다음 단원에 나오는 목화통명(木火通明)＋과는 정반대되는 용어이다.

상관 丙(火火)午 식신
편인 癸(水火)巳 상관　甲 乙 丙 丁 戊 己 庚
신주 乙(木木)卯 비견　午 未 申 酉 戌 亥 子
상관 丙(火土)戌 정재　130조

이 사주는 궁통보감 삼하乙木(三夏乙木) 가운데 4월생 乙木신
주에 소개된 명조로 그 당시 본조의 주인공은 국가의 재벌급이
었다. 그런데 약 3백년 후에 한국에서 이 명기에 거듭난 이병각
－삼성그룹 창업자인 이병철회장의 형님－사장도 재벌급에 육박
했었다. 그러니까 이 명조는 시대 다른 동조이인(同造異人)의
경우다.

신주 乙木이 火왕절의 巳월에 태어나 巳午의 火方과 卯戌合火
그리고 두개의 丙火에게 木洩火로 설신이 심한데 癸水는 뿌리박
을 곳이 없고, 왕성한 火의 세력 때문에 말라버려－적수오건(滴
水熬乾)＋－생신할 수 없으며, 卯木도 合火되어 본성인 木의 성질
을 상실했기 때문에 신주의 木을 도울 수 없다. 그래서 신주가
의지할 곳이 없으므로 木從火－목분비회(木焚飛灰)－로 火를 따
라가 火生土해서 대세를 움켜쥔 火土에게 순종한다. 그리하여
아우생아(兒又生兒)＋식 종재격(從財格)＋이 되었기 때문에 火土
가 용신(用神)이고, 水木은 병신이며, 金은 약신이다.

따라서 丙申과 丁酉의 火金은 용신(用神)과 약신운이므로 사업을 경영하여 戊戌의 土운행 10년에 병신인 癸水를 제압(剋)하면서 용신(用神)이 득세하므로 재벌급에 육박했다. 그 후 己亥의 土水운행은 亥水가 생신하고, 亥卯로 木局을 이루어 신주를 돕고 종재격(從財格)⁺의 본거지와 巳亥로 충극하자 이 격이 와해되며 辛亥년도 그러하고 火는 水에 이르러 절지를 만났다. 그래서 동맥 수혈로 연명하다가 사거(死去)했다.

비견 甲(木木)寅 비견
편관 庚(金火)午 상관　辛 壬 癸 甲 乙 丙 丁
신주 甲(木火)午 상관　未 申 酉 戌 亥 子 丑
비견 甲(木水)子 정인　131조

신주 甲木이 火왕절의 午월에 태어나 두개의 午火에게 木洩火로 설신이 심하여-목분비회(木焚飛灰)-로 마치 오뉴월 땡볕에 시달리는 나무와 같다. 그런데 金이 木을 극하여 벌목하려 든다. 그러므로 진태오리(震兌五理)⁺의 윤법과 식상패인(食傷佩印)⁺의 용법에 의하여 水가 용신(用神)이고, 土가 병신이며, 木이 약신이다.

따라서 고인은 子午로 충극을 당해서 손상된 子水의 용신(用神)을 甲戌운행에 戊土가 다시 극해 버리고 그 戊土의 운행이 사주와 寅午戌로 火局을 완전히 결성하자 신주(나무)가 더욱 뜨겁게 시달리면서 목분비회(木焚飛灰)가 되어버린 가운데 水가 火에서 절지를 만나 사거(死去)했다.

‖ 목화통명(木火通明) ‖

이 말은 바로 앞에서 다룬 목분비회(木焚飛灰)✝와는 정반대로 木신주가 비겁으로 매우 강하고, 토수(吐秀)하는 火가 비교적 적은 형태의 사주이다. 그 경우 火(불)가 木(나무)으로 인해서 강렬하게 타올라 불꽃을 환하게 빛내는 것이니 이것을 목화통명(木火通明)이라고 한다. 이럴 경우는 火운을 만나 더욱 木을 태워 세상을 환하게 밝혀야 하고, 水로 火를 꺼버려 어둡게 하면 불미하다. 따라서 火운을 기뻐하고 水운을 싫어한다.

비견 甲(木水)子 정인
식신 丙(火木)寅 비견   丁 戊 己 庚 辛 壬 癸
신주 甲(木土)戌 편재   卯 辰 巳 午 未 申 酉
겁재 乙(木水)亥 편인   132조

신주 甲木이 간직된 木왕절의 寅월에 태어나 득령—進氣—했고,

寅亥合木과 甲乙이 천간에 나타나서 신주에게 합세하니 신강하다. 따라서 신강의설의 용법에 의해 火가 용신(用神)이고, 木이 희신이며, 水는 병신이고, 金은 구신이며, 건토는 약신이다. 이 경우 丙火가 寅戌의 火局에 뿌리박고 나타나서 매우 용신유력(用神有力)이고, 목화통명(木火通明)이다. 그러므로 24년 생 중 한 명은 卯辰의 木方운행에 법대를 졸업한 다음 등용문을 통과해서 巳午未의 火方운행에 판사를 역임한 후 壬申의 水金운행에 교수로 활동했다.

정재 己(土火)巳 식신
식신 丙(火木)寅 비견　乙 甲 癸 壬 辛 庚 己
신주 甲(木木)寅 비견　丑 子 亥 戌 酉 申 未
겁재 乙(木水)亥 편인　133조

　신주 甲木이 木왕절의 寅월에 태어나 득령했고, 寅亥合木과 乙木이 신주의 木에게 가세하며 水가 생신하니 신강하다. 그러므로 신강의설의 용법에 따라 火가 용신(用神)이고, 木은 희신이며, 水는 병신이고, 金은 구신이며, 건조한 未戌의 土는 약신이다. 이 사주는 나무(신주)가 아직도 추운 寅(正)월에 태어나고 巳중 庚金을 보았으니 진태오리(震兌五理)┼의 공법에 의해서도 火가 용신(用神)이다. 이 경우 태양인 丙火가 寅巳중 세 개의 丙火에 뿌리박고 불끈 솟아올라 金을 공격하여 신주를 보호한다.

그러면서 기후까지 해결하고 목화통명(木火通明)을 이루어 문명의 형상이다. 다만 아깝게도 운행에 火운이 없어 매우 서운하다. 그래도 壬戌운까지는 木土의 희신과 약신운이므로 고인은 크게 재물을 모았다. 그러나 辛酉의 金운행은 구신운이고, 丙辛이 合水하여 병신이자 용신반합(用神半合)†이므로 흉해져 사거(死去)했다.

정관 庚(金土)辰 정재
정재 戊(土木)寅 겁재　　己 庚 辛 壬 癸 甲 乙
신주 乙(木火)巳 상관　　卯 辰 巳 午 未 申 酉
정재 戊(土木)寅 겁재　　134조

신주 乙木이 木왕절이 시작된 寅월에 태어나 寅辰의 木方과 時支의 寅木을 만나 약하지 않다. 그렇지만 아직도 추운 정월생의 乙木이 金까지 보았으니 진태오리(震兌五理)†의 공법에 따라 火가 용신(用神)이고, 木은 희신이며, 水는 병신이고, 金은 구신이다. 이 경우 寅巳중 丙火가 목화통명(木火通明)을 이루어 문명의 형상이고, 상관이 용신(用神)이니 문예방면에 출신할 형상이다. 그래서 40년 생 중 한 명인 정 모씨는 巳午未의 火方운행에 이름난 작곡가가 되었다. 그는 무수한 작곡으로 수많은 가수를 키워냈다.

이 단원을 정리하면 같은 火(식상)를 중요하게 사용하는 사주들이지만 그 직업은 판사, 무용교수, 작곡가 등으로 다양하다. 그 외에도 같은 火로 정치가, 군인. 배우, 미용, 광고업 등에 종사하거나 부자가 되는 것도 보았다. 이로 보아 용신(用神)이 식상이라고 해서 일률적으로 어떤 직업이라고 딱 찍어서 말할 수 없는 것이다. 이것은 아마도 전생에 집중적으로 길들인 습관이 각각 달랐고 그것이 이생에 각각 그대로 이월된 것으로 추리된다. 습관은 체질이 되고, 체질은 운명을 만드니까 말이다.

‖ 미온지토(微溫之土) ‖

丑土는 본래 12월의 언 땅으로 동토(凍土)인데 사주에 火가 있으면 미약하나마 해동(解冬)되어 미온지토(微溫之土)가 된다. 그러면 능히 土生金할 수 있고 金은 다시 金生水할 수 있는 것이다. 그러므로 丑월 생의 경우 火가 있는가를 살펴 그 土가 온토(溫土)로 변했는가를 살펴야 한다.

겁재 甲(木土)戌 정재
식신 丁(火土)丑 편재   戊 己 庚 辛 壬 癸 甲
신주 乙(木木)卯 비견   寅 卯 辰 巳 午 未 申
정인 壬(水火)午 식신   135조

신주 乙木이 북풍한설이 몰아치는 丑월에 태어나 동목(冬木)이 丑戌중 辛金을 보았으니 진태오리(震兌五理)✝의 난법에 따라 火가 용신(用神)이고, 木이 희신이며, 水는 병신이고, 金은 구신이며, 건조한 土는 약신이다. 이때 丑土는 미온지토(微溫之土)가 되었다. 이 경우 기후용인 태양의 丙火가 없어서 서운하지만 丁火가 午戌의 火局에 뿌리박고 나타나서 甲木의 생조를 받고 있기 때문에 그런 대로 용신유력(用神有力)이다. 게다가 운행도 寅卯辰의 木方운과 巳午未의 火方운으로 달려 희신과 용신(用神)이 득세하므로 고인은 큰 인물이 되었다고 한다.

상관 丁(火金)酉 정관
정인 癸(水土)丑 정재　甲 乙 丙 丁 戊 己 庚
신주 甲(木土)辰 편재　寅 卯 辰 巳 午 未 申
정재 己(土火)巳 식신　136조

이 여조는 신주 甲木이 엄동설한의 丑월에 태어나 金을 보았으니 진태오리(震兌五理)✝의 난법에 의해 火가 용신(用神)이고, 木이 희신이며, 水는 병신이고, 金은 구신이며, 건토는 약신이다. 이 경우 丑土가 火로 인해서 미온지토(微溫之土)인데 용신(用神)이 巳火에 뿌리박고 丁火가 솟았으나 巳丑이 金局을 이루어 巳火가 그 본성은 많이 잃고 있으므로 丁火도 그러한데 丁癸가 또 상충하여 용신(用神)이 유력하지는 못하다. 그래도 운행이

木方과 火方으로 달려 그나마 다행이랄까.

  그래서 57년 생 중 한 여인(張氏)은 인기 연예인으로 丁巳운행에 정상을 차지했다. 그래도 木火는 남자성인 金을 공격하여 그녀는 40이 넘어서도 외형상 독신녀이다. 庚申운행이 불미하다. 이상으로 보아 丑월 생이 火를 보면 언 땅이 따뜻해져 만물이 살아나기 시작한다는 것을 알 수 있다.

ㅂ부

〖 방조설상(幇助洩傷) 〗

여기서 말하는 방(幇)은 비겁을 말하고, 조(助)는 인성을 말하며 설(洩)은 식상이고, 상(傷)은 상신(傷身), 즉 극신하는 관성을 뜻한다.

필자는 이것을 신약사주에는 방조(幇助)의 용법을 그리고 신강사주에는 설극(洩克)의 용법으로 적용했다. 그러니까 방조는 신약사주에 한해서만 그리고 설극은 신강사주에 한해서 사용했다. 이것을 일반적으로 4대 용법(四大用法)이라고 하는데 이 외에도 신강사주에는 재성을 용(使用)하는 경우가 적지 않다.

그러므로 신약사주는 신약의방(身弱宜幇)과 신약의조(身弱宜助) 그리고 신약방조(身弱幇助)의 용법을 적용했고, 신강사주에는 신강의설(身强宜洩)과 신강의재(身强宜財) 그리고 신강의극(身强宜克)의 용법을 사용했다. 그리하여 필자는 6대 용법으로 정리했다. 그렇다면 어떤 때에 어떤 용법을 적용했을까? 그것이 역학인들의 공통적인 의문일 것이다.

1) 신약의방은 방신유정(幇身有情)이라고 하는데 재성이 많아 신약할 경우 적용하는 용법이다. 재다신약(財多身弱)✝ 편을 대조해 보면 이해가 빠를 것이다. 이것은 비겁이라는 힘으로 상대방인 재성을 복종시키니 이력복지(以力服之: 비겁이라는 힘으로 상대방인 재성을 복종시킴)에 의한 용법이란 점에서 식상제살(食傷制殺)✝과 유사하다.

편재 辛(金金)酉 편재
비견 丁(火金)酉 편재　丙 乙 甲 癸 壬 辛 庚
신주 丁(火土)丑 식신　申 未 午 巳 辰 卯 寅
비견 丁(火土)未 식신　137조

신주 丁火가 金왕절의 酉월에 태어나 실령했고, 酉丑의 金局과 많은 金, 즉 재성이 강해서 신약하다. 따라서 신약의방의 용법에 의해 火가 용신(用神)이고, 木이 희신이며, 水는 병신이고, 金은 신주지병(身主之病)이다. 이 경우 未중 丁火를 포함해 용신(用神)이 네 개나 있으므로 용신유력(用神有力)이요. 운행이 巳午未의 火方과 寅卯의 木方운으로 달려 21년 생 중 한 명인 한 모씨는 민의원을 4번 역임했다.

정재 辛(金金)酉 정재

편재 庚(金水)子 정관　　己 戊 丁 丙 乙 甲 癸
신주 丙(火火)午 겁재　　亥 戌 酉 申 未 午 巳
정인 乙(木土)未 상관　　138조

　신주 丙火가 水왕절의 子월에 태어나 水克火로 극신하니 실령
했고, 재성인 金이 많아서 신약사주다. 이 사주는 연월이 金水로
결구(結構)되고, 일시는 木火로 결구되었는데 사주에서 가장 힘
을 크게 발휘하는 월령(月令)을 金水가 차지하여 약간 신약하다.
그러므로 신약의방의 용법에 의해 火가 용신(用神)이고, 木이
희신이며, 水金은 병신이며, 건조한 戊戌未의 土는 약신이고, 습
기 찬 丑辰의 土는 기신이다.

　따라서 21년 생 중 한 명은 戊戌의 土(약신)운행과 丁火의 火
운에 의학을 전공하여 의사—酉자와 양인—가 된 후 교수로 진출
하여 巳午未의 火方운행 중 甲午의 木火운에는 일확천금까지 하
였다. 壬辰운은 辰土에 火가 화몰(火沒)⁺되어 종이호랑이처럼
되었을 것이다.

편재 辛(金木)卯 편인
겁재 丙(火金)申 정재　　乙 甲 癸 壬 辛 庚 己
신주 丁(火金)酉 편재　　未 午 巳 辰 卯 寅 丑
겁재 丙(火火)午 비견　　139조

신주 丁火가 金왕절의 申월 태어나 실령했고, 申酉의 金方인 재성 때문에 재다신약(財多身弱)✝ 사주다. 그러므로 신약의방의 용법에 따라 火가 용신(用神)이고, 木이 희신이며, 水는 병신이고, 金은 구신이며, 습기 찬 丑辰의 土는 기신이다. 이 경우 午火에 뿌리박고 두개의 丙火가 나타나서 木에게 생조를 받으니 용신유력(用神有力)이다. 그리고 신주도 약간만 약하기 때문에 재명유기(財命有氣)✝격을 이루었다. 게다가 운행이 巳午未의 火方운과 寅卯辰의 木方운으로 달려 고인은 큰 거부가 되었다.

정재 乙(木土)未 정인
편인 戊(土木)寅 편재　己 庚 辛 壬 癸 甲 乙
신주 庚(金金)申 비견　卯 辰 巳 午 未 申 酉
정관 丁(火水)亥 식신　140조

이 여명은 신주 庚金이 木왕절의 寅월에 태어나 실령했고, 寅亥合木과 亥未의 木局 그리고 乙木 이렇게 재성이 많아서 재다신약(財多身弱)✝ 사주다. 그러므로 신약의방의 용법에 따라 金이 용신(用神)이고, 습기 찬 土가 희신이며, 火는 병신이고, 木은 구신이며, 水는 기신이다. 이 경우 寅申이 상충해서 용신(用神)무력이고, 중반운행이 巳午未의 火方운으로 흘러 병신운이다.

그 火는 부군성이니 55년 생 중 한 여자는 나이 40이 가까워서도 미혼이다. 한편, 모친성인 인성이 戊土와 未土로 둘이고,

재성과 인성으로 배치된 乙未가 신주와 乙庚으로 합해 재인합신(財印合身)이 되어 모외유모(母外有母)✝하고 모가재취(母嫁再娶)✝였다.

이 마당을 정리해 보면 재성이 많아서 신약할 경우 비겁을 그리워하는데 만약 그런 운을 만나면 재물로 크게 성공하고, 그로 인해 명예도 따른다.

2) 신약의조는 주로 관성들이 많아 세차게 극신하는 경우 그것을 중간에서 소통시킬 수 있는 것이 인성이다. 그러니까 관인상생(官印相生)✝격이나 살인상생(殺印相生)✝격이 되는 경우가 많다. 관생인(官生印) 또는 살생인(殺生印)하여 인생신(印生身)하므로 살과 신주를 인성이 중간에서 화해시킨다. 이때는 비겁으로 용법하면 관성들에게 극을 당하여 상처를 당한 채 무력하기 때문에 그것들을 쓸 수가 없다. 그래서 인성으로 화해시키는 것이 상책이다. 이것은 이인화지(以仁化之)의 방법이다.

또 하나 식상이 많아 신약한 경우 그 식상을 제압할 수 있는 것은 인성이기 때문에 이런 경우도 신약의조의 용법이 많다. 식상패인(食傷佩印)✝과 다름없기 때문에 이 경우는 이력복지와 유사하다.

식신 庚(金木)寅 편관

편재 壬(水火)午 정인　癸甲乙丙丁戊己
신주 戊(土木)寅 편관　未申酉戌亥子丑
편관 甲(木木)寅 편관　141조

신주 戊土가 火왕절의 午월에 태어나 득기해서 신강사주로 출발했다. 그러나 네 개의 木에게 극신을 당하니 신약사주로 변했다. 그러므로 신약의조의 용법에 따라 火가 용신(用神)이고, 水는 병신이며, 土는 대체로 약신이다. 이 경우 寅午가 합해서 생신하므로 살인상생(殺印相生)＊격이고, 양인과 살성이 합해서 살인상정(殺刃相停)＊격이란 귀격을 구성했다. 따라서 고인은 丙戌의 火土운행에 용신(用神)과 약신운을 만나 대발해서 장·차관급에 이르렀다. 戊子운은 子午가 상충해서 전이불항(戰而不降)＊이니 불길하다. ■관성이 많아 인성을 쓰는 예조.

식신 辛(金木)卯 편관
정인 丙(火金)申 상관　乙甲癸壬辛庚己
신주 己(土金)酉 식신　未午巳辰卯寅丑
비견 己(土火)巳 정인　142조

신주 己土가 金왕절의 申월에 태어나 申酉의 金方과 辛金에게 설신이 심하므로 신약하다. 따라서 신약의조의 용법과 식상패인(食傷佩印)＊에 의해 火가 용신(用神)이고, 木이 희신이며, 水는 병신이고, 金은 구신이며, 건토는 약신이고, 습토는 기신이다. 이 경우 巳火에 뿌리박고 丙火라는 용신(用神)이 부모 터인 월주에 있다. 그리고 전반운행에 木을 대동한 巳午未의 火方운을 만났으므로 명문가(名門家)✝에서 성장하는 형상이다.

그러므로 51년 생 중 한 명은 부귀가문에서 출생해 학력도 우수했다. 그러나 본조는 巳酉가 金局을 이루어 巳火가 金局에 가담하고, 丙辛合水해서 용신반합(用神半合)✝인 가운데 壬辰같은 水金-辰酉合金-운을 만날 때에는 용신반합(用神半合)✝이 서서히 고개를 쳐들기 때문에 그는 발전이 없이 침체했다. 寅卯의 木方운행은 卯酉로 寅申으로 충 하여 허울뿐이다. ■식상 때문에 인성을 쓰는 예조.

3) 신약방조(身弱幇助)는 물론 신약사주에 한해서 적용하는 원칙은 위에 있는 것들과 똑같지만 이번에는 신약하게 된 주원인이 식상과 재성 그리고 관성들이 많을 때이다. 식상과 재성으로 신약한 경우도 있고 재성과 관성으로 신약하게 된 경우도 있다.

어느 경우든 식상은 설신시켜 신약하게 하니 인성으로 식상을 제압해서 설신을 막는 한편, 생신하는 효과를 얻고 관성들을 소통시키는 작용을 한다. 그러니까 이때 인성은 일석삼조라고나 할까. 그리고 신약하게 만든 원인 가운데 재성도 있으니 이것을 제압하는 데는 비겁이라는 방(幇)이 필요하다. 그래서 방조의 용법이 함께 필요한 것이다.

편재 辛(金木)卯 편인
겁재 丙(火金)申 정재 乙甲癸壬辛庚己
신주 丁(火土)未 식신 未午巳辰卯寅丑
정재 庚(金土)戌 상관 143조

신주 丁火가 金왕절의 申월에 태어나 실령했고, 土金이 왕성해서 신약하다. 따라서 신약방조(身弱幫助)의 용법에 의해 木火가 용신(用神)이고, 金水가 병신이며, 土는 기신이다. 이 경우 丁火(신주)는 未戌의 형살로 튀어나온 丁火에 뿌리박고 있으나 丙火는 丙辛合水해서 제 노릇을 못하고 있다. 그래도 卯未가 木局을 이루어 용신(用神)이 약하지 않은 가운데 운행이 火方과 木方으로 달린다.

그래서 51년 생 중 한 명은 형광등(火)을 제조하는 회사에 부장으로 근무하고 있다. 그는 재성과 인성이 함께 배치된 辛卯로 내 몸이 卯未로 합신하여 재인합신(財印合身)함으로 모가재취(母嫁再娶)*였고, 부인(壬辰, 甲辰, 丙午, 壬辰)과 1여1남을 두었으며, 丙火라는 이복형이 있는데 병사지 위에 있고 丙辛으로 합하여 그 형은 겨우 생활하고 있다. 이 사주는 丁未일이고, 재성이자 처성인 金이 여기저기 있어 여자관계가 매우 복잡하므로 그 부인이 애를 먹고 있다. ■식상과 재성으로 신약된 예조.

편인 辛(金木)卯 식신
정관 戊(土土)戌 정관　丁丙乙甲癸壬辛
신주 癸(水木)卯 식신　酉申未午巳辰卯
비견 癸(水水)亥 겁재　144조

　신주 癸水가 土왕절의 戌월에 태어나 극신을 당하니 실령했고, 亥卯의 木局에게 설신되니 신약사주다. 그러므로 신약방조(身弱幫助)의 용법에 따라 金水가 용신(用神)이고, 火土는 병신이며, 木은 기신이다. 따라서 초반에 있는 申酉의 金운행은 병신을 대동한 용신(用神)이므로 51년 생 중 한 명은 신학(神學)을 전공해서 목사가 되었다. 그러나 중반운이 巳午未의 火方운으로 흘러 거대한 교회를 세우기는 어려우므로 개척교회에서 어려운 활동을 했다.

　한편, 처성인 火가 나타나지 않아서 그 방면에 흠이 있는 명기로 戌중 丁火가 이미 땅속에 묻힌 것과 다름없다는 입묘살이므로 그는 상처했다. 목사가 무슨 죄가 있다고 상처를 당하게 했을까? 신의 시험이라고 자위하자. 그래도 戌중 그 丁火가 火生土로 생산해 놓은 戊土는 나(신주)의 자식인데 그것이 나와 戊癸로 합신한다. 그래서 사거(死去)한 처가 아들을 남겨 나와 함께 살고 있다. 그런가 하면 이 사주는 卯戌이 合火해서 처성을 하나 더 만들어 놓았기 때문에 그는 다른 여인(癸巳, 乙丑, 丙戌, 戊戌)과 재혼했다. ■재성 없이 식상과 관성만으로 신약된 예조.

정관 癸(水火)巳 비견
정인 乙(木土)丑 상관　丙 丁 戊 己 庚 辛 壬
신주 丙(火土)戌 식신　寅 卯 辰 巳 午 未 申
식신 戊(土土)戌 식신　145조

이 여조는 신주 丙火가 丑월에 태어나 세 개의 土에게 설신이
심해서 신약사주다. 그러므로 신약방조(身弱幇助)의 용법에 따
라 火木이 용신(用神)이고, 水金은 병신이며, 土는 또 설신 시키
니 기신이다. 이 경우 巳火가 巳丑의 金局에 가담해서 본성인
火의 성질을 상실했고, 乙木은 뿌리박을 지지가 없어서 용신(用
神)무력이다. 그래도 초반에 있는 丙寅과 丁卯의 火木운행은 용
신(用神)이 모두 함께 득세한다.

그래서 53년 생 중 한 여자는 준교사 시험에 합격해서 戊辰의
土운행에 교사가 되었다. 그러나 土운은 대체로 기신운이고, 자
녀성인 土는 지나치게 왕성한 반면에 부군성인 癸水는 매우 미
약한 가운데 土에게 강극(强克)을 당해서 자녀를 잉태하거나 낳
으면 부군과 헤어지는 식상견관(食傷見官)＊의 형상이다. 그래서
그녀는 동료 유부남 교사의 감언이설에 첫 사랑을 슬그머니 내
주어 처녀로 잉태했다. 그 후 남자는 늑대요 여자는 여우라는
속담에 따라 유부남이란 사실을 알고서 자녀성인 丑戌이 형살이

므로 유산시키고 꼬집힌 첫사랑을 25세 丙辰년에 청산하고 퇴직했다. 용신(用神)인 火가 운행과 연도의 두 辰土에게 화몰(火沒)⁺된 연고다.

이어 戊午년에 午火가 용신(用神)년이므로 목사(辛卯, 戊戌, 癸卯, 癸亥)와 결혼해서 화개(華蓋)⁺인 土가 세 개나 있으므로 종교인이 되었다. 그리고 식신과 상관이 많아서 전처의 자식을 맡았고 육영사업에 들어섰다. 巳午未의 火方운은 용신(用神)운이지만 초반에 木이 함께 배치된 운만은 못하다. ■ 재성 없이 식상과 관성으로 신약한 경우.

4) 신강의설은 신주가 비겁들로 가득 차 있고 재성과 관성이 없거나 있어도 무기력하면 신강을 토수(吐秀: 시원하게 기운을 뿜어냄)해야 한다. 화격(化格)⁺도 지나치게 화신이 강하면 역시 토수하는 운이 좋은 것이다.

```
겁재 甲(木火)午 식신
상관 丙(火木)寅 겁재   乙 甲 癸 壬 辛 庚 己
신주 乙(木木)卯 비견   丑 子 亥 戌 酉 申 未
정관 庚(金土)辰 정재   146조
```

이 여조는 신주 乙木이 木왕절의 寅월에 태어나 득령했고, 寅卯辰의 木方과 甲木이 신주에게 합세하니 신강하다. 따라서 신강의설의 용법과 진태오리(震兌五理)⁺의 공법에 의해 火가 용신(用神)이고, 木이 희신이며, 水는 병신이고, 金은 구신이며, 土는 약신이다. 이 경우 丙火가 寅午의 火局에 뿌리박고 나타나 용신유력(用神有力)인데 아깝게도 운행이 水方과 金方으로 흘러 불선의 세월이다.

이 사주를 보고 명관과마(明官跨馬)⁺격이라고 하여 귀부인 명조라고 보았다가는 큰 오류를 범한다. 왜냐하면 辰이 庚을 생조하니 그 격임에는 틀림없으나 태어난 寅월은 아직도 한기가 남아 있어 나무가 추위로 인해 신록을 구가할 수 없는데 金으로 벌목하는 것은 마땅치 않기 때문이다. 그래서 金이 용신(用神)이 될 수 없다. 오히려 단련을 받기 위해 火의 기세만 소비시키니 태양의 기운만 허비하는 구신이다.

그러므로 54년 생 중 한 여인은 할아버지의 부인들이 7명이나 되었고, 부친이 다섯 살 때 간경화로 사거(死去)하자 어머니가 다섯 번이나 개가를 거듭한 통에 씨 다른 형제자매가 9명이나 되었다. 그녀는 남의 집 양녀로 들어갔으나 10세 때 도주하여 고아원으로 들어갔다가 15세 때 나와 18세에 거리에서 구두 닦는 남자와 만나 1남1여를 낳았다.

그 후 癸亥의 水木-寅亥合木-운행에 나무(장작)와 숯불구이 장사로 돈을 제법 모아 집을 장만했다. 그녀는 그 과정에서 돈을 더 많이 벌기 위해 벌목꾼들과 닭들처럼 순간순간 계간(鷄姦)을 했는데 그 수가 무려 50여명쯤 된다는 것이다. 윗대부터 내려오는 내력 때문이었을까. 乙庚合에 寅卯辰도 합이고, 寅午도 합이며, 癸亥운행도 寅亥合木되어 합이 많으므로 과어유정(過於有情)⁺이고, 안목 있는 가정을 꾸리기 어렵다는 과숙살도 있다. 壬戌운행은 寅午戌이 火局을 이루어 용신(用神)이 득세하니 절정기요 辛酉의 金운행부터는 약자가 강자에게 대들다가 약자인 운이 큰 상처를 받는다.

편관 甲(木火)午 정인
비견 戊(土土)辰 비견   己 庚 辛 壬 癸 甲 乙
신주 戊(土金)申 식신   巳 午 未 申 酉 戌 亥
비견 戊(土火)午 정인   147조

이 사주는 청나라의 제왕인 희제(康熙帝)가 장장 61년 간 재위에 있었던 명기로 그는 재임 중 타이완(臺灣)을 귀속시켰고 청·러시아 조약을 체결했으며, 광동에 공행을 창설하는 등 세계사 속에 큰 행적을 남긴바 있다.

신주 戊土가 土왕절의 辰월에 태어나 득령했고, 辰午 사이에 巳火라는 건록을 끼어와-공록격(拱祿格)⁺-두 午火와 더불어 생신하니 신강하다. 그러므로 신강의설의 용법에 따라 金이 용신(用神)이고, 土는 희신이며, 火는 병신(인데 土가 火吸土로 소통시킴)이고, 木은 구신이며, 水는 약신이다. 따라서 운행은 壬申과 癸酉의 水金운행이 약신과 용신(用神)운이므로 이 기간이 전성기다.

이 사주는 甲木부터 木生火, 火生土, 土生金하고, 金은 申辰의 水局을 金生水, 水生木하므로 순환상생(循環相生)⁺격이면서 원원유장(源遠流長)격을 이루어 음덕이 깊고 두터워 때를 초월해 황성(皇城)으로 말을 달린 형상이다. 게다가 두 午火가 子水를 포섭해 자오쌍포(子午雙包)⁺격을 구성해서, 午를 임금이 출입하는 단문(端門)으로 삼고 申(子)辰이 水局을 이루면서 합해온 子를 제좌(帝座)로 삼는 암요제궐(暗邀帝闕)⁺격도 겸했다.

그러므로 그는 대권을 장악해서 백관을 통솔했다. 그는 乙亥의 木水운행에 사거(死去)했는데 배치상 水生木이니 木의 구신이 강해졌고 金은 亥水에 설기되며 水에 이르러 金은 병사지가 된 것이다. 일설의 의하면 巳시생이라고도 하는데 용신(用神)에는 변함이 없고, 巳申이 형살을 구성해서 이 또한 군·경·율의 계통에서 대발할 시각이니 득남할 때는 참고한다.

5) 신강의재는 신주가 강한데 식상이 적으면 토수하고도 힘이 남아돈다. 이때 재성이 그런 대로 약하지 않으면 그것을 사용한다.

편관 甲(木火)午 정인
편재 壬(水金)申 식신　癸甲乙丙丁戊己
신주 戊(土火)午 정인　酉戌亥子丑寅卯
비견 戊(土火)午 정인　148조

　신주 戊土가 金왕절의 申월에 태어나 설신되니 실령해서 신약
사주로 출발했다. 그러나 억세 양인이자 효신인 세 개의 午火가
생신하니 신강사주로 변했다. 학문 용어로는 진상관(眞傷官)이
가상관(假傷官)으로 변했다고 한다. 아무튼 신강의재의 용법에
따라 水가 용신(用神)이고, 金이 희신이며, 건조한 土는 병신이
고, 火는 구신이며, 木은 약신이다. 그러므로 일생 중 가장 좋은
운은 癸酉의 水金운이기 때문에 54년 생 중 한 명은 풍요로운
집안에서 성장했다.

　그러나 甲戌의 木火土운은 불길해서 역경을 치렀고 亥子丑의
水方운에 발전하고 있는 중이다. 그러나 戊寅운행은 크게 불길
하다. 그리고 모친성인 인성이 많아서 그는 모외유모(母外有母)
*했으며, 그 처(乙未, 戊子, 壬申, 甲辰)와 더불어 딸만 세 명은
두고 무자했다.

정재 乙(木土)未 정인
정인 己(土木)卯 정재　戊丁丙乙甲癸壬
신주 庚(金金)申 비견　寅丑子亥戌酉申

신주 庚金이 木왕절의 卯월에 태어나 실령해서 신약사주로 출발했다. 그러나 월지가 신주를 극하는 것이 아니고 신주가 월지를 제압하면서 일주가 똑같은 金(일록격)이고, 두개의 土가 생신하며 시간의 庚金이 신주의 金에게 가세하니 신강사주로 변했다. 그러므로 신강의재의 용법에 따라 木이 용신(用神)이고, 水가 희신이며, 金은 병신이고, 습기 찬 丑辰의 土는 구신이며, 火는 약신이다.

이 경우 卯未의 木局과 卯辰의 木方에 뿌리박고 乙木이 나타나서 용신유력(用神有力)이고, 재명유기(財命有氣)✝격이니 부명(富名)이다. 게다가 운행까지 乙甲의 木을 거느린 亥子丑의 水方운으로 달려 1895년 2월 18일에 이 명기에 태어난 한 명은 8·15광복 전에 3만석군이었다. 중반에 있는 乙亥의 木水와 甲木운이 황금기다.

그러나 돈이 많으면 뭐 하겠는가? 공덕(空德)을 행하지 않으면 '너 따로 나 따로'이기 때문에 존경해줄 가치가 없는 허상에 불과하다. 그리고 운이 항상 좋은 것이 아니므로 甲戌운행 중辰戌이 상충하면서 戌중 辛金이 충출(冲出)된 가운데 광복된 乙酉년은 金운으로 병신운이 겹친다. 그래서 그는 재산의 반절 이상을 잃었고, 癸酉운행에 사주와 卯酉가 상충하자 木局과 木方

이 와해되면서 용신(用神)인 木을 강타해서 사거(死去)했다.

6) 신강의극은 비겁이 많은 가운데 식상이 없거나 있어도 매우
약하고, 재성도 약할 경우 뿌리가 있는 관성이 있다면 신강을
억제해야 하므로 그럴 때에 적용하는 용법이다.

편관 丙(火金)申 비견
편관 丙(火金)申 비견　丁 戊 己 庚 辛 壬 癸
신주 庚(金金)申 비견　酉 戌 亥 子 丑 寅 卯
상관 癸(水土)未 정인　150조

신주 庚金이 간직된 金왕절의 申월에 태어나 득령했고, 金이
많아 신강하다. 따라서 신강의극의 용법에 의해 火가 용신(用神)
이고, 木이 희신이며, 水는 병신이고, 金은 구신이며, 건토는 약
신이다. 이 경우 未중 丁火가 있으나 木이 없어 그 힘이 부족하
고, 丙火들도 마찬가지다. 그러므로 56년 생 중 한 명은 부친성
인 木이 없고, 金이 많아 발붙일 곳이 없기 때문에 그 아버지는
무위도식했고, 모친(戊辰, 壬戌, 庚子, 辛巳)이 일수—돈 빌려주
고 날마다 일정액 식 거두는데 이 이자가 굉장히 비싸다—업으
로 돈을 벌어 戊戌의 건토 운행에 상고를 졸업하고 세리로 출신
하였다.

그리고는 庚子의 金水, 즉 병신과 구신운을 만난 가운데 壬申

(水金)년에 장모님 49재에 참석하고 돌아오다 교통사고로 두 다리를 절단했다. 아, 그런데 이게 어찌된 일인가? 그렇게 되어버리자 장모님의 딸인 처가 성욕에 불만을 품고 가출하더니 그나마 무슨 양심으로 먼저 이혼 소송을 제기했다. 그러자 4천만을 주고 끝냈는데 그것도 모자라 다시 丙子년에는 8천 만 원을 더 내놓으라고 소송을 또 걸어왔다.

아니, 글쎄 1남1여를 낳고 살던 여인이, 그것도 자기 친정 어머니 일로 사고를 당했는데 아무리 성욕이 불타오른다고는 하지만 세상에 이럴 수가 ! 그는 이런 불상사 외에도 교통사고를 두 번이나 더 당했다. 과연 庚子의 金水운행은 끔찍하다. 그런데 辛丑운행은 더 태산준령이다. 왜냐하면 丑未가 상충하여 未중 丁火마저 손상되니까 말이다. 비가 오기 시작하면 소나비가 온다는 머피의 법칙인가.

겁재 丁(火金)酉 정재
편관 壬(水水)子 정관　辛 庚 己 戊 丁 丙 乙
신주 丙(火木)寅 편인　亥 戌 酉 申 未 午 巳
편재 庚(金木)寅 편인　151조

신주 丙火가 水왕절의 壬子월에 태어나 실령해서 신약사주로 출발했으나 丁壬合木 등 木들이 水吸木으로 흡수해 木生火하므로 신강사주로 변했다. 따라서 신강의극의 용법에 의해 水가 용신(用神)이고, 金이 희신이며, 土는 병신이고, 火는 구신이다. 이 경우 金水가 순생하니 용신유력(用神有力)이고, 전반운에 申酉戌의 金方운을 만나 57년 생 중 한 명은 대학을 졸업하고, 41세에 무궁화 두 개로 경찰 간부이다. 이 사주는 水生木, 木生火하여 관인상생(官印相生)⁺격이므로 관록에 진출했고, 부인(庚子, 戊子, 丙戌, 丙申)과 자매를 두었다. 그리고 부친성인 편재, 즉 庚金이 절지 위에 놓여 8세 때 아버지를 여의었다. 巳午未의 火方운이 불길하다.

〖 배득중화(配得中和) 〗

이 말은 사주에 오행이 골고루 있는 가운데 그 어떤 오행이 너무 강해지려고 하면 그것을 억제(克)하는 오행도 있고, 그 억제하는 오행이 지나치려고 할 경우 다시 그 오행을 억제하는 오행이 있어 서로 생극(生克) 관계가 적당하게 이루어진 명조에게 사용하는 용어이다. 서너 개의 오행만으로도 그렇게 된 명조들도 있다. 그런 명조들은 사회적으로 상당한 지위를 누리는 경우가 많다.

편관 丁(火土)未 편인

정재 甲(木土)辰 정인　乙 丙 丁 戊 己 庚 辛
신주 辛(金水)亥 상관　巳 午 未 申 酉 戌 亥
정재 甲(木火)午 편관　152조

이 여조는 신주 辛金이 土왕절의 辰월에 태어나 土生金으로 생신하니 신강사주로 출발했다. 그렇지만 土生金, 金生水, 水生木, 木生火로 사주에 기세가 木火에 쏠린 채 火克金으로 극신하기 때문에 신약사주로 변했다. 그러므로 신약의조의 용법에 의해 土가 용신(用神)이고, 木은 병신이며, 金은 약신이다. 이 경우 재성인 木이 관성의 火를 생조하기 때문에 귀부인이 될 수 있는 명관과마(明官跨馬)＊격을 이루었고, 게다가 후반운에 土金운행을 30여 년 간 만나서 용신(用神)과 약신이 득세한다.

그러므로 07년 생 중 한 여자는 후반에 있는 土金운행에 국회의원의 부인에 이르렀다. 그리고 세 명의 아들이 번성했는데 자녀성인 식상이 亥중 壬水와 辰중 癸水가 튼튼한 연고다. 이 여조는 고란살과 과숙살이 있어도 후반운이 워낙 좋고 오행이 빙빙 돌고 도는 순환상생(循環相生)＊격과 배득중화(配得中和)가 되어서 그런 살성들이 있으나마나한 명기다.

겁재 庚(金金)申 겁재
정인 戊(土水)子 식신　己 庚 辛 壬 癸 甲 乙
신주 辛(金土)丑 편인　丑 寅 卯 辰 巳 午 未

겁재 庚(金木)寅 정재   153조

 신주 辛金이 水왕절의 子월에 태어나 설신되니 신약사주로 출
발했지만 억센 효신의 丑土와 戊土가 생신하고, 庚申의 金들이
신주의 金에게 가세해 신강사주로 변했다. 따라서 신강의극의
용법에 의해 火가 용신(用神)이고, 木이 희신이며, 水는 병신이
고, 金은 구신이며, 건조한 戊未의 土는 약신이고, 습기 찬 丑辰
의 土는 기신이다. 이 경우 寅중 丙火가 용신(用神)이므로 길신
암장(吉神暗藏)격이고, 金은 (亥)子丑의 水方을 金生水하고, 水
方은 寅木을 水生木하며 木은 木生火로 寅중 丙火를 생조하니
용신유력(用神有力)에 배득중화(配得中和)가 되었다.

 게다가 운행이 일생동안 寅卯辰의 木方운과 巳午未의 火方운으
로 달려 희신과 용신(用神)이 계속 득세한다. 그리고 金水쌍청[†]
의 형상이니까 지혜롭고 학문과 정치에 속한 인성이 신강사주로
변화시킨 공로가 있어 20년 생 중 한 명은 대학교수를 거쳐 장
관(부흥부)-이승만 정권 때 있었던 자리-에 이르렀다.

정인 庚(金金)申 정인
정관 戊(土水)子 비견   己 庚 辛 壬 癸 甲 乙
신주 癸(水木)卯 식신   丑 寅 卯 辰 巳 午 未
정관 戊(土火)午 편재   154조

신주 癸水가 水왕절의 子월에 태어나 득령했고, 庚申의 金이 金生水로 생신하며 申子의 水局이 신주의 水에게 가세하니 수원 (水源)이 마르거나 끊길 염려가 없는 신강사주다. 그러므로 신강의극의 용법에 의해 土가 용신(用神)이고, 火가 희신이며, 木은 병신이고, 水는 구신이며, 金은 약신이다. 이 경우 지지들이 金生水, 水生木, 木生火, 火生土하고 시간의 戊土는 월간의 戊土와 연결되어 土生金하니 순환상생(循環相生)*격을 이루면서 배득중화(配得中和)이자 용신유력(用神有力)이다. 그리고 명관과 마(明官跨馬)*이자 子卯의 형살과 卯申이 귀문관살(鬼門關殺)*이므로 군·경·율의 계통에 출신할 형상이다.

그러므로 이모씨는 寅卯의 木方운에 火를 생조하여 일제의 육사를 나와 30세에 사단장과 31세에 군단장을 맡았다. 그 후 35세(甲午: 木火로 木生火니 火가 강해짐)에 합참의장과 육군 참모총장에 이르렀다. 그리고 壬辰의 水운─사주의 申子와 운행의 辰이 삼합해서 水局─은 병신운이므로 한직(閒職)인 외국대사로 이 기간을 보냈다. 다음 癸巳의 火운─戊癸合火─에 반공연맹 이사장과 입법회의 의원(57세와 61세)을 지냈고 국토 통일원 고문(70세)을 역임했다. 그는 2남4여를 남기고 2002년 양력 1월 13일 밤에 사거(死去)했다. 한편, 본조는 子卯가 지지끼리 형살인데 천간끼리는 戊癸가 합하여 곤랑도화(滾浪桃花)*가 구성된다. 그러면 오행원리 소식부에 방광(膀胱)이나 신장 또는 성병 등에 걸릴 위험이 있으므로 주색잡기를 경계하지 않으면 안 된다고 하였다.

```
편재  庚(金金)申 편재
식신  戊(土水)子 정관    丁 丙 乙 甲 癸 壬 辛
신주  丙(火木)寅 편인    亥 戌 酉 申 未 午 巳
겁재  丁(火金)酉 정재    155조
```

 이 여명은 연월일이 金生水, 水生木, 木生火, 火生土, 土生金해
서 오행이 구비된 채 순환상생(循環相生)⁺격을 묘하게 이루었고
관성인 子水가 인성인 寅木을 생조해서 木生火로 생신하는 관인
상생(官印相生)⁺격을 이루었으며, 재성인 金이 관성인 水를 생
조하여 명관과마(明官跨馬)⁺격과 비슷하다. 그리고 재성과 관성
및 인성이 모두 갖추어져 삼기격도 구성했고, 배득중화(配得中
和)이다. 그러므로 20년 생 중 한 여인은 그 부군이 巳午未의
火方운행에 용신(用神)이 득세하여 모 은행 중역이 되어 귀부인
으로 살았다. 한편, 부군성인 子水가 모친성인 寅木을 생조하고,
木이 다시 생신하므로 부군과 함께 생모님을 모시고 봉양했다.

〖 배록축마(背祿逐馬) 〗

여기서 록(祿)이란 관록으로 정관을 말하는데 그것이 상관(傷官: 관을 손상시킨다는 의미를 지녔음)에게 극을 당하여 손상되거나 절지 위(옆)에 놓여 관록으로서 작용을 못하게 된 것을 배록(背祿)이라고 한다. 그리고 마(馬)는 옛날 관록으로 크게 출세하는 자들이 타고 다니는 말(馬)로 오늘날 관용차라고 할 수 있는데 그 당시로는 매우 큰 재물이자 관록을 자랑하는 것이다. 그것은 사주에서 재물성인 재성을 의미하는데 그것이 비겁에게 극을 당하거나 절지 위(옆)에 있어 축출되는 것을 축마(逐馬)라고 한다. 오늘날도 관용차가 축출되는 경우에 이르면 그것은 관록을 떠나게 되었다는 뜻이다.

그러니까 신강사주에만 해당된 용어로 관성을 사용해야 할 때 관성이 뿌리가 약하거나 없어 그것을 직접 사용할 수 없을 때 그 관성을 생조하는 재성을 쓰는 경우가 있다. 그런 사주는 운행에서 관성이나 재성이 절지를 만나거나 배록하는 식상운 또는 축마하는 비겁운을 만나면 불가하고, 재관운을 만나면 크게 발전하며 식상을 견제(극)하는 인성운을 만날 때는 크게 걱정할 일이 아니다.

만약 재성을 쓰고 있는데 비겁운을 만나 재성이 파극되면 재물이 크게 손상될 뿐만 아니라 그에 따른 관록마저 상실하게 된다. 그러므로 그런 사주는 비겁에 속하는 형제자매들이나 친구 혹은 사회적으로 같은 남자들을 그런 운에서 매우 조심해야 한다. 그들로 인해서 관록이 배록 될 수 있기 때문이다. 게다가 재성이 파극된다는 것은 그것이 재물성이자 처성이므로 역시 처나 재물로 인해 잘 출세하다가도 결국 그 처로 인해서 관록을 빼앗긴 일이 생기는 것이니 배록축마(背祿逐馬) 운에는 처의 행동에 문제가 생길 수 있다. 부인의 로비에 문제가 생겨 들통이 나면 나의 관직에도 불명예가 생긴다는 말이다.

식신 癸(水金)酉 비견
정관 丙(火土)辰 정인   乙 甲 癸 壬 辛 庚 己
신주 辛(金木)卯 편재   卯 寅 丑 子 亥 戌 酉
비견 辛(金木)卯 편재   156조

신주 辛金이 土왕절의 辰월에 태어나서 득기했고, 辰酉合金과 시간의 辛金이 신주의 金에게 가세하니 신강하다. 그러므로 신강의재의 용법에 따라 木이 용신(用神)이고, 水는 희신이며, 金은 병신이고, 土는 대체로 구신이다. 이 경우 용신(用神)이자 재성인 木도 두개나 있고 신강하므로 재명유기(財命有氣)⁺격이자 용신유력(用神有力)이다.

따라서 고인은 寅卯의 木운행부터 활발하고, 亥子丑의 水方운행에 크게 부귀했다. 이후는 庚戌의 金土운행이 병신과 구신운이므로 불길하다. 이 명조는 신강하니 관성인 丙火를 써야겠는데 辰酉合金에게 金生水로 생조를 받은 癸水가 水克火로 관성이

극을 당해 丙火가 배록이 된 것이다. 그래도 木들이 水方운행을
흡수해서 관록을 유지할 수 있었다. 그러나 庚辛의 金운은 비겁
운으로 이번에는 마(馬)에 속한 재성을 극하며 木은 金에서 절
지를 만나 운에서 축마(逐馬)가 구성된다. 그래서 끝장이 난 것
이다. 이런 운은 처나 재물에 비리가 생겨 물러나는 경우가 되
니 그 방면에 주의해야 하는 것이다.

겁재 丙(火水)子 편관
정재 庚(金木)寅 정인   辛 壬 癸 甲 乙 丙 丁
신주 丁(火土)丑 식신   卯 辰 巳 午 未 申 酉
겁재 丙(火火)午 비견   157조

신주 丁火가 木왕절의 寅월에 태어나 득기했고, 寅午의 火局에
뿌리박고 두개의 丙火가 나타나서 신주의 火에게 가세하니 火의
세력이 매우 강해진 신강하다. 따라서 신강의재의 용법에 의해
金이 용신(用神)이고, 습기 찬 丑土가 희신이며, 火는 병신이고,
木은 구신이다. 이 경우 丑중 辛金에게 통근하고, 庚金이 나타나
서 언뜻 보기에는 용신(用神)이 힘있어 보인다. 그러나 寅木이
라는 절지 위(곁)에 놓였고, 왕성한 火의 세력에게 강극을 당하
여 용신(用神)무력이다.

그렇게 무력하게 되어버린 金은 재물성이자 처성인 재성이므로
그 방면에 하자가 발생할 형국이고, 음착살(陰錯殺)⁺과 양차살

(陽差殺)✢ 그리고 丑午의 원진살이 가정궁인 일시를 차지했다. 그래서 고인은 세 번이나 여자와 인연을 바꾸었다. 중반에 있는 巳午未의 火方운행이 金을 연속 강극한 탓도 있다. 이 기간은 火가 훨훨 타올라 균형을 잃고 성급할 때다.

이 사주는 신강하기 때문에 관성인 子水를 사용할 것 같으나 子午충극으로 그 힘이 상실되어 못쓰고 대신 丑土에게 土生金으로 생조를 받은 庚金이라는 재성을 사용한다. 그런데 巳午未의 비겁운에 그 재성을 극하여 축마가 되어버렸다. 그래서 재물성이자 처성이 손상되므로 그 방면에 하자가 크게 발생한 것이다. 이혼도 문제지만 그에 따른 경제적 손실도 막대한 것이다.

〚 벽갑인화(劈甲引火) 〛

여기서 벽(劈)은 쪼갠다는 뜻인데 甲木을 잘게 쪼개서 불을 피운다는 의미로 쓰인 말이다. 그럼 무엇으로 甲木을 잘게 쪼갠다는 것인가? 甲庚은 충극한다. 그러니까 庚金이라는 도끼로 甲木이라는 건목을 극하여 丁火라는 불을 잘 살린다는 것이다.

궁통보감 1월 丁火 신주에 나온 말로 정월은 寅중 甲木이라는 진신이 당권(當權)했는데 사주에 木이 더 있으면 오히려 많은 나무 때문에 불이 꺼질 위험-木多火熄-이 있다. 그러므로 이때 庚金이 나타나 寅중 甲木을 잘게 쪼개어 丁火라는 불을 더욱 잘 피우도록 甲木을 丁火에게 당겨주어야 한다는 것이다. 그렇지만 丁火라는 신주가 壬寅시에 태어나 木화격(化格)+이 되었을 경우는 도리어 庚金은 화격(化格)+을 극하여 파격이 되기 때문에 불가하다고 단서를 붙여 놓았다.

모두 일리가 있어 보인다. 그러나 필자의 경험으로는 벽갑인화(劈甲引火)가 된 사주를 아직까지 제대로 본 일이 거의 없다. 그래서 필자의 저서 「운명을 팝니다」 라는 용어편에 이 용어를 싣지 않았다. 궁통보감의 저자를 과신하고 성급하게 발표했다가 그 이론이 잘 맞지 않을 경우 번복하기가 난처했기 때문이다. 혹자는 운행에서도 庚金을 만나면 벽갑인화(劈甲引火)가 성립된다고 주장하는데 필자의 경험으로는 그런 실례를 아직 보지 못했다. 괜히 그런 주장을 따라 실감할 때 적용해 보았더니 틀린 경우가 비일비재했다. 아무튼 그 궁통보감에 1월생 丁火신주로 나온 사례를 보기로 하자.

편재 辛(金木)卯 편인
정재 庚(金木)寅 정인   辛 壬 癸 甲 乙 丙 丁
신주 丁(火金)酉 편재   卯 辰 巳 午 未 申 酉
편관 癸(水木)卯 편인   158조

그 명서에 나온 이 여명은 재래파인격(財來破印格)이라면서 庚辛의 金이 왕성해져 인성인 木을 극하니 빈천할 형상이다고 간단히 소개하고 있다. 이게 무슨 뜻인지 필자도 파악할 수 없다. 아니, 신주 丁火가 정월, 즉 寅木이 왕성한 때에 태어나고 寅卯라는 木方이 있으면서 庚金이 있으니 벽갑인화(劈甲引火)가 구성되어 丁火에게 불을 더욱 당겨줄 수 있고 운행도 중반에 巳午未의 火方운이 있어 더욱 불이 성할 수 있는데 결론은 빈천할 상이다니. 그리고 재성이 와서 인성을 파했다면 인성이 약해져 신약해졌다는 말이니까 운행에서 木火를 만나면 木火를 보강하여 더욱 발전해야 되지 않겠는가. 그런데 평생 빈천할 상이라니 이게 어찌된 해석인가. 독자들도 한 번 유심히 살펴보고 결론을 맺어 보기 바란다. 그래서 필자는 다음과 같이 풀이했다.

이 여명은 신주 丁火가 木왕절의 寅월에 태어나 寅卯의 木方이 생신하니 신강하다. 따라서 신강의재의 용법에 의해 金이 용신(用神)이고, 土가 희신이며, 火는 병신이고, 木은 구신이며, 水는 약신이다. 이 경우 卯酉가 상충해서 酉金이 손상되었기 때문에 庚辛의 金도 허탈하고 그 통에 癸水마저 무력해졌다. 게다가 운행조차 중반에 巳午未의 火方이 차지하여 金(재성인 재물)을 공격하고, 水(부군성)와 水克火로 싸워 水가 말라버린다. 그러므로 고인은 평생 빈천하게 살았다고… 이렇게 본 필자의 견해를 독자들은 어떻게 생각하는지? 다음 사주를 보자.

정재 庚(金木)寅 정인
상관 戊(土木)寅 정인　己庚辛壬癸甲乙
신주 丁(火火)巳 겁재　卯辰巳午未申酉
편인 乙(木火)巳 겁재　159조

이 명조는 벽갑인화(劈甲引火)가 되었다면 오히려 불을 성하게
도왔으니 더욱 신강해질 수밖에 없다. 그렇다면 庚金은 도리어
좋지 않는 역할을 하고 있는 것이다. 그러나 필자는 다음과 같
이 본다.

신주 丁火가 木왕절의 寅월에 태어나 두 木이 생신하고, 두 巳
火가 신주에게 가세하니 신강하다. 따라서 신강의설의 용법에
의해 土-戊土는 巳火라는 건록에 뿌리박음-가 용신(用神)이고,
木이 병신이며, 金은 약신이다. 이 경우 寅巳 중 戊土가 나타나
서 巳중 庚金에 뿌리박고 나온 연간의 庚金을 土生金한다. 그래
서 고인은 庚辰운행부터 발전하여 辛巳운행에도 여전히 일취월
장했다. 午未운은 불발이고, 乙酉의 金운은 안정이다.

〖 변화상관(變化傷官) 〗

사주 내에 식신과 상관이 있는데 그것들이 어떻게 변모해서 작용하는가를 살핀 것이다. 이것을 정확히 파악하려면 우선 진상관(眞傷官)과 가상관(假傷官)부터 자세히 알아야 한다.

진상관이란 월건(月建)-일명 월령-에 설신시키는 오행이 있는 것을 말한다. 예를 들면 월령이 木신주에 巳午월이거나 火신주에 丑辰월이거나 土신주에 申酉월이거나 金신주에 亥子월 그리고 水신주에 寅卯월이면 우선 진상관이라고 한다. 말하자면 설신되는 월령에 태어난 신주를 가리켜 진상관이라고 한다. 가상관은 신주가 월령에 인성이나 비겁이 있어서 신강사주로 시작하여 끝까지 신강사주로 멈춘 경우 신강의설의 용법을 적용해야 할 때 식상이 용신(用神)이 되는데 이것을 가상관이라 한다.

그럼 여기서 식상이 변했다는 뜻은 무슨 말인가? 식상월에 태어나 설신되니 신약사주로 출발했으나 사주에 신주를 돕는 인성과 비겁이 뜻밖에 많으면 신강사주로 변한다. 그래서 신강의설의 용법을 적용해야 할 경우 월령에 있는 식상이 용신(用神)이 되는 것이다. 이때 그 월령에 있는 식상은 처음에는 진상관이었으나 신강사주로 변했기 때문에 오히려 그 식상을 사용해야 하니 가상관으로 변한 것이다. 이런 경우를 변화상관(變化傷官)이라고 하는 것이다.

여기서 하나 기억해 두어야할 점은 가상관이 되어 그 식상을 용신(用神)으로 사용할 때는 인성운을 만나면 인생에 마침표를 찍는다는 것이다. 이것을 파료상관(破了傷官)이라고 말하는데 그 뜻은 인성운이 들어와 용신(用神)인 식상을 파괴시켜 끝장을 낸다는 말이다. 그와 마찬가지로 진상관 때문에 계속 신약해서 인성을 용신(用神)으로 사용할 경우 다시 식상운을 만나면 더욱 진상관이 되어 이것도 필멸(必滅 또는 盡滅이라고도 함)이다. 그러나 필자의 생각으로는 방금 말한 진상관운보다 용신(用神)이 무력해지면서 극을 당할 때 진멸하는 것이 많다고 본다. 그럼 진상관 사주부터 보자.

식신 戊(土木)寅 편인
상관 己(土土)未 상관 戊 丁 丙 乙 甲 癸 壬
신주 丙(火土)戌 식신 午 巳 辰 卯 寅 丑 子
정인 乙(木土)未 상관 160조

이 여명은 신주 丙火가 土왕절의 未월에 태어나 다섯 개의 土(진상관)-신약사주에는 식신도 상관-에게 설신되니 신약사주다. 그러므로 신약방조(身弱幇助)의 용법에 의해 火木이 용신(用神)이고, 水金은 병신이다. 이 경우 丙火가 寅중 丙火와 未戌중 丁火에 뿌리를 박았고 乙木이 寅木과 未중 두개의 乙木에게 착근해서 용신(用神)이 모두 유력하므로 너무 신약하지 않아서 여명으로는 안성맞춤이다.

게다가 운행도 60년 간 巳午의 火方과 寅卯辰의 木方운으로 달려 고인은 귀부인이 되었다. 癸丑운행은 사주와 丑戌未로 삼형살을 이루고 丑土에 화몰(火沒)[†]-학술 용어로 진상관(眞傷官)이 다시 傷官(식신)운을 만나 盡滅-되어 낙엽 지듯 사거(死去)했다.

식신 辛(金土)丑 비견
정인 丙(火金)申 상관   丁 戊 己 庚 辛 壬 癸
신주 己(土土)丑 비견   酉 戌 亥 子 丑 寅 卯
상관 庚(金火)午 편인   161조

이 여명은 신주 己土가 金왕절이 시작된 申월에 태어나 설신(眞傷官)되고, 丑중 辛金에 뿌리박고 庚辛의 金이 나타나 계속 설신시키므로 신약하다. 따라서 설신시킨 그 金을 제압하고, 생신하는 오행이 필요하니 신약의조와 식상패인(食傷佩印)[†]의 용법에 의해 火가 용신(用神)이고, 木이 희신이며, 水는 병신이고, 金은 구신이다.

그러므로 고인은 金을 대동한-진상관운-亥子丑의 水方운행에 안질과 여러 가지 재앙으로 고생이 많았다. 이 경우 만약 두 火가 아니었다면 진명(盡命)했을 것이다. 그러나 寅卯운행에 질병도 낫고 의식주가 풍족해졌다. 그런 후 甲辰의 辰土운행에 화몰

(火沒)* 되면서 申辰이 水局을 이루어 火를 공격하므로 사거(死去) 했다.

다음은 변화상관(變化傷官)을 보기로 하자.

겁재 戊(土金)申 상관
편인 丁(火火)巳 정인   戊 己 庚 辛 壬 癸 甲
신주 己(土木)卯 편관   午 未 申 酉 戌 亥 子
상관 庚(金火)午 편인   162조

신주 己土가 火왕절이 시작된 巳월에 태어나 세 개의 火가 火生土로 생신하니 신강사주로 출발했다. 그러나 巳중에서 장생하고 있는 庚金이 申金에게 뿌리박고 나타나서 그 세력이 만만치 않는데 이 사주는 火生土하고, 土生金해서 사주에 기세가 金에게 쏠렸으므로 신약사주로 변했다. 이것은 시작이 가상관이었으나 金이 강해져 진상관으로 변한 바람에 신약해진 것이다. 그러므로 신약방조(身弱幫助)의 용법에 의해 火土가 용신(用神)이고, 金水木은 병신이다. 따라서 운행의 초반에 있는 戊午의 土火와 己未의 火土, 이렇게 20여 년은 용신(用神)이 득세한다.

그러므로 08년 생 중 한 명은 부잣집에서 호강스럽게 자랐고 매우 총명하여 유망주로 급부상했다. 그러나 庚申의 金운행 10년은 병신운이다. 그래서 그는 己卯년 12월 30일, 庚辰년 입춘이 지난 3일만에 갑자기 사거(死去)했다. 학술 용어로는 진상관(眞傷官)이 다시 상관운을 만나면 반드시 멸망한다(眞傷官 再行傷官 必滅)는 글귀에 해당된 경우다..

〖 병중무구(病重無救) 〗

여기서 병(病)이란 병신을 말하는데 병신에는 신주지병(身主之病)과 용신지병(用神之病)이 있다. 신주지병이란 신주가 너무나 많은 관성들에게 극신을 당하고 있는 경우로 이때 그 관성들 다시 말해 살성들이 신주에 병신이 된다. 그런 사주는 살인상생(殺印相生)✝하든지 식상제살(食傷制殺)✝의 용법에 많이 적용된다. 용신지병이란 일단 용신(用神)이 정해지면 그 용신(用神)을 극하는 오행이 병신이다. 그런데 사주에 병신만 있고 또 그 세력이 강하면 병이 깊이 든 형상이다. 다시 말해 중병(重病)에 걸린 상태라고 해서 병중(病重)이라는 말을 쓴다. 그렇게 중병에 걸렸는데 그것을 제압하는 오행이 없는 사주는 구원자가 없는 형국이므로 이것을 한마디로 병중무구(病重無救)라고 하는 것이다

·

정인 壬(水水)子 편인

상관 丙(火火)午 식신　丁 戊 己 庚 辛 壬 癸
신주 乙(木水)亥 정인　未 申 酉 戌 亥 子 丑
식신 丁(火水)亥 정인　163조

신주 乙木이 火왕절의 午월에 태어나 木洩火로 설신되니 신약사주로 출발했다. 그러나 네 개의 水와 亥子의 水方이 水生木으로 강력하게 생신하고, 亥중 두 甲木이 신주의 木에게 가세하기 때문에 신강사주로 변했다. 그러므로 신강의설의 용법에 의하여 火가 용신(用神)-진상관이 가상관으로 변함-이고, 水는 병신이며, 金은 구신이고, 건조한 戊戌未土는 약신이다.

이 사주는 용신(用神)인 火보다 병신인 水가 더 강해서-病重-불미한데 子午가 충극하여 용신(用神)이 크게 손상을 당했고, 희신인 土가 없어서-病重無救-병신을 제압하지 못하므로 많이 격하된 명조다. 그래도 초반 운행에 丁未의 火土와 戊申의 戊土가 약신과 용신(用神)운이므로 고인은 넉넉한 집안에서 풍요롭게 장성했다. 그러나 戊申의 申金부터 己酉는 申酉戌로 구신인 金方운이다. 그래서 파종해도 추수가 제대로 안되어 서서히 기울다가 辛亥의 金水운행에 사거(死去)했다.

이른바 가상관이 인성운을 만나 파료식상(破了食傷)⁺이니 마침표이고, 丙辛합으로 용신반합(用神半合)⁺이며, 金은 용신(用神)인 火의 병사지이고, 亥水는 용신(用神)인 火를 극하여 다시 병이 깊었다. 그렇게 구신과 병신이 작당해서 난동을 피운 통에 흉했다. 다시 말해 병중무구(病重無救)가 다시 병신운을 만났기 때문이다.

정관 甲(木土)戌 겁재　壬 癸 甲 乙 丙 丁 戊
식신 辛(金土)未 비견　申 酉 戌 亥 子 丑 寅
신주 己(土金)酉 식신　庚 己 戊 丁 丙 乙 甲
비견 己(土火)巳 정인　午 巳 辰 卯 寅 丑 子164조

　남녀 구분 없이 둘 다 신주 己土가 土왕절의 未월에 태어나 득령했고, 戌土와 시간의 己土가 신주의 土에게 가세하며 巳未의 火方이 생신하니 신강하다. 그러므로 신강의설의 용법에 따라 金이 용신(用神)이고, 습기 찬 丑辰의 土가 희신이며, 火는 병신이고, 木은 구신이며, 水는 약신인데 없기 때문에 병중무구(病重無救)이다. 이 경우 辛金이 巳酉의 金局과 戌중 辛金에 통근하여 용신유력(用神有力)이다. 여기까지는 남녀 모두 공통점이다. 그러나 운행은 정반대이기 때문에 삶의 모양새는 서로 다르기 마련이다.

　먼저 건명(乾命:남자 명조)을 보면 壬申과 癸酉의 水金(약신과 용신) 운행에 고인은 넉넉한 집안에서 조달(早達)하고, 甲戌의 木土(구신과 기신) 운행에 송사의 재난이 있었다. 그 후 亥子丑의 水方(약신)운행에 병신인 火를 제압해서-病重有救-부자가

되었으며, 戊寅운행에는 寅戌이 火局을 결성해서 용신(用神)을 공격하므로-病神加重- 사거(死去)했다.

다음 곤명(坤命:여자 명조)은 부군성인 甲木이 6(未)월에 실시(失時)해서 미약한데 金의 세력에게 강극을 당하여 식상견관(食傷見官)＊이므로 더욱 무력해져 고인은 부군 덕이 부실하였고, 丁卯와 丙寅의 火木운행은 병신과 구신운이 동시에 난동을 부려 내우외환(內憂外患)이-病神加重-극심했다. 그 후 乙丑의 丑土 운행에 안정했다.

비견 戊(土金)申 식신
겁재 己(土土)未 겁재　　庚 辛 壬 癸 甲 乙 丙
신주 戊(土火)午 정인　　申 酉 戌 亥 子 丑 寅
상관 辛(金金)酉 상관　　165조

신주 戊土가 土왕절의 未월에 태어나 득령했고, 월일(月日)이 土火로 단결되어 신강하다. 그러므로 신강의설의 용법에 의해 金이 용신(用神)이고, 火는 병신이며, 水는 약신인데 없어서 병신무구＊이다. 그러므로 고인은 申酉戌의 金方운에 용신(用神)이 득세하여 등용문을 통과하고, 亥子丑의 水方운에 약신운-병신제거-을 만나 부귀했다. 다만 자식성인 관성의 木이 나타나지 않아서 미약한데 未중 乙木은 입묘살이고, 자식궁인 시주에는 金이 도사린 채 木을 극하여 발붙이지 못하게 하므로 무자했다.

〖 부건파처(夫健怕妻) 〗

이 단원에서 말하는 부(夫)는 신주를 말하고, 처(妻)는 재성을 말한다. 신주와 재성은 부부, 즉 부처지간(夫妻之間)인데 신주도 건강하고, 처성인 재성도 튼튼한 사주이다. 그런데 극신하는 관성이 나타나면 신주가 신약해진다. 이때 극신(克身)해서 신약하게 만든 그 관살을 뒤에서 생조하는 재성은 신주의 입장에서 보면 은근히 두려운-두려울 怕-존재이다. 왜냐하면 관살은 자식성이고, 재성은 처성인데 그들이 서로 생조하여 신주인 나를 공격하니 자식들과 처가 똘똘 뭉쳐 나를 박대하는 것이다. 그렇게되면 재성이 매우 두려운 부건파처(夫健怕妻)가 되고, 그래서 공처가(恐妻家)가 될 수 있다.

정재 癸(水水)亥 편재
편관 甲(木水)子 정재　　癸 壬 辛 庚 己 戊 丁
신주 戊(土土)戌 비견　　亥 戌 酉 申 未 午 巳
정재 癸(水土)丑 겁재　　166조

신주 戊土가 水왕절의 子월에 태어나 실령했고, 연월에서 水木이 상생하여 木克土로 극신하니 신약사주다. 이 사주는 재성인 水가 많아서 신약하게 되었기 때문에 신약의방의 용법에 따라 土가 용신(用神)이고, 火가 희신이며, 木은 병신이고, 水는 구신인데 그 세력이 막강해서 부건파처(夫健怕妻)이고, 金은 약신이다. 그리고 재성인 水가 살성인 木을 생조하여 명관과마(明官跨馬)⁺격이고, 丑戌의 형살로 군·경·율의 계통에 출신할 형상이다. 그러므로 고인은 건조한 土를 대동(帶同)한 巳午未의 火方운행에 고관이 되었다.

정재 癸(水水)亥 편재
정재 癸(水水)亥 편재　壬 辛 庚 己 戊 丁 丙
신주 戊(土火)午 정인　戌 酉 申 未 午 巳 辰
편관 甲(木木)寅 편관　167조

신주 戊土가 水왕절이 시작된 亥월에 태어나 실령했고, 연월이 水로 가득 차 10월 생 戊土가 찬 흙이며, 甲寅의 木이 극신하니 신약사주다. 따라서 신약의방의 용법에 의해 土가 용신(用神)이고, 火는 희신이며, 木은 병신—이지만 寅午로 火局을 이루어 火吸木으로 소화함—이고, 水는 구신이 되어 부건파처(夫健怕妻)요 金은 약신이다.

이 경우 午중 己土가 寅午의 火局에 생조를 받아 土克水로 水의 세력을 막고 있으며, 살성인 木이 인성인 火를 생조해서 火生土로 생신하는 살인상생(殺印相生)⁺격이다. 그리고 살성인 寅木과 양인인 午火가 합하여 살인상정(殺刃相停)⁺격도 겸했다. 이 때 약자인 양인이 운행에서 土를 거느린 巳午未의 火方운을

만나자 용신(用神)과 희신 그리고 양인과 장성이 동시에 득세한
다. 그러므로 고인은 이 기간에 대발해서 해군의 총사령관에 이
르렀다.

편인 乙(木水)亥 정관
편재 辛(金火)巳 겁재　庚己戊丁丙乙甲
신주 丁(火火)巳 겁재　辰卯寅丑子亥戌
정재 庚(金土)戌 상관　168조

신주 丁火가 火왕절이 시작된 巳월에 태어나 득령했고, 戌중
丁火에도 통근하여 신강사주로 출발했다. 그러나 이 사주는 재
성인 金이 巳중 庚金과 戌중 辛金에게 뿌리박고 庚辛이 강해져
신약사주로 변했다. 그러므로 신약의방의 용법에 따라 火가 용
신(用神)이고, 木이 희신이며, 水는 병신이고, 金은 구신으로 이
른바 부건파처(夫健怕妻)이다.

이 경우 신약사주지만 火의 세력도 만만치 않고 재성인 金의
세력도 강해서 재명유기(財命有氣)⁺격이다. 그리고 巳亥의 형충
으로 군·경·율의 계통에 출신할 형상이다. 따라서 고인은 전
반에 놓인 寅卯辰의 木方운행에 희신운을 만나 등용문을 활짝
열고 출신하여 丙火운행에 장·차관급에 이르렀다고 한다.

‖ 부성입묘(夫星入墓) ‖

이 단원을 파악하려면 먼저 입묘살부터 알아야 한다. 그러기 위해서 아래 도표를 보기로 하자. 이 표는 12운성에 속한 것으로 포태법(胞胎法) 또는 절태법(絶胎法)이라고도 한다. 도표를 보며 설명을 듣기로 하자.

<12 운성표 (十二運星表)>

12 운성	절 (絶)	태 (胎)	양 (養)	생 (生)	욕 (浴)	대 (帶)	건 (建)	왕 (旺)	쇠 (衰)	병 (病)	사 (死)	묘 (墓)
金	寅	卯	辰	巳	午	未	申	酉	戌	亥	子	丑
木	申	酉	戌	亥	子	丑	寅	卯	辰	巳	午	未
水	巳	午	未	申	酉	戌	亥	子	丑	寅	卯	辰
火土	亥	子	丑	寅	卯	辰	巳	午	未	申	酉	戌

이것을 포태법(胞胎法) 또는 절태법(絶胎法)이라고 말하는데 절(絶)를 포(胞)로 보기도 하기 때문이다. 이 원리를 사람의 경우에 빗대어 보면 '나' 라고 하는 존재는 처음에 없는 것과 같아 절(絶) -혹은 포(胞) -인데 어머니 뱃속에 잉태(胎)되어 자궁 속에서 양성(養)하고 탄생(生)한다. 그리고 목욕(浴)한 다음 크면서 혁대(帶)를 두르고 건장(建)하게 장성해서 한창 왕성(旺)하게 활동한다. 그런 후 점차 쇠약(衰)해지면서 병(病)들어 죽

(死)고 땅 속에 묻(墓)히는 것이다. 그런 과정을 오행에 견주어 설명한 것이다.

가령 金(쇠)의 경우 寅(正)월에는 없는 것 같아 절지(絶地)나 다름없고, 卯(2)월은 약간 대지가 풀리니 지상으로 나올 수 있는 태동기(胎動期)이며, 辰(3)월은 땅이 거의 해동되어 쇠(金)가 땅 위로 나올 수 있는 정도이며, 巳(4)월은 완전히 대지가 풀려 金을 생산할 수 있다. 그래서 巳중에는 庚金이 장생(長生)하고 있다고 본 것이다. 그리고 午(5)월에는 그 金이 더 실하게 나올 수 있고 그런 후 未(6)월에는 연마가 성숙된 채 金이 申(7)월에는 강건해지고 酉(8)월에는 매우 왕성하게 활동한다. 가을인 7, 8월, 즉 申酉월에는 쇠로 된 삽이나 괭이(콤 바이어)가 제 시절을 만난 듯 굉장히 바쁘고 왕성하게 활동하는 것이다.

그리하여 戌(9)월부터는 차츰 활동이 뜸해지고 亥(10)월에는 겨울철로 접어들기 때문에 쇠가 쉬어야 하므로 창고에서 녹이 슬고 子(11)월에는 사람들이 찾지도 않으니 죽은 것과 마찬가지요 丑(12)월은 엄동설한이니 아예 사람들의 관심 밖이 되어 땅 속에 묻힌 것이나 다름없다.

이번에는 金과 서로 대극(對克)되는 木의 경우를 보면 金과 정반대가 된다. 나무는 申(7)월이 되면 앞으로 겨울이 닥치기 때문에 쇠(金)에 의해 벌목(伐木)을 당해 절이 된다. 가을철은 낮으로 초목을 베어 추수하니 절지요 씨앗으로 저장되어 태동하다 가 입동에는 양성—보리는 이때 자란다—하고, 겨울 동안 움트다 가 寅(正)월부터는 대지가 앞으로 해동되기 시작하니 그 뿌리가 건강하게 움직이며, 卯(2)월에는 땅 위로 불끈 솟아 왕성해진 채 辰(3)월에는 극성한 다음 쇠해진다. 그리고 여름인 巳午월에 는 외형상 번성한 것 같지만 장마와 가뭄에 시달려 실은 병들고 사람들의 식용으로 죽어 땅 속에 묻히는 것처럼 끝난다.

 이것을 막힘없이 암기하면 사주학 공부에 가속도가 붙는데 그 것을 외우려면 이렇게 해보는 것이 어떨지 참고하기 바란다.

 그러기 위해서 왼손바닥을 이용해야 한다. 여기서 편의상 그 호칭을 우선 다음과 같이 정해보자. 엄지 다음 손가락을 검지라 고 하고, 가운데 손가락을 중지라고 하며 그 다음을 약지 그리 고 끝 손가락을 끝지라고 칭하자. 엄지를 제외한 각 손가락의 마디는 네 개씩이 있다. 여기서 각 마디 가운데 손바닥 쪽으로 붙은 마디들을 아래 마디라고 하고, 각 손가락 끝의 마디를 위 마디라고 이름 붙이자. 그리고 중지와 약지 중간에 있는 마디들 은 여기서 완전히 제외시켜 버리자. 그러면 검지에 네 마디와 중지에 두 마디 그리고 약지에 두 마디와 끝지에 네 마디만 남 는데 이것들은 모두 12마디가 된다. 확실히 이것을 이해했으면 다음과 같이 정한다.

약지 맨 아래 마디에 子자를 붙이고, 중지 아래 마디에 丑자를 고정시키며 검지 아래 마디에 寅자 그리고 그 중간 첫째 마디에 卯자와 그 중간 둘째 마디에 辰자 그리고 검지 위 끝마디에 巳자를 고정시킨다. 이렇게 지지의 순서를 차근차근 배치시키니 중지 끝 위 마디는 午자가 그리고 약지 위 끝마디는 未자, 끝지 위 마디는 申자 그 다음 위에서 아래 첫 마디에 酉자를, 그 아래 마디에는 戌자가 배치되고, 끝지 맨 아래는 亥자가 자리잡는다.

그러면 다음 약지 맨 끝 아래가 다시 지지의 순서로 처음인 子자로 이어진다. 그것을 완전히 고정시켜 子丑寅卯辰巳午未申酉戌亥를 거듭 해보고 그 자리를 확실히 알아두어야 한다. 이것은 어떤 경우이든 변하지 않으니 완전히 익혀둔다. 그것을 익히는 방법으로 엄지 끝을 이용하여 子자부터 시계방향으로 계속 짚어 나가면서 지지의 순서와 그 자리를 확실하게 익혀둔다. 그러니까 申의 자리는 끝지 맨 위 끝이라는 것을 눈에 익혀두는 것이다. 그와 같이 다른 지지들도 그 고정된 자리를 확실하게 눈으로 익혀둔다.

그런 후 위에서 보았던 포태법을 그 마디에 적용시켜 본다. 金은 寅이 절지라고 했다. 그것을 쉽게 이해하기 위해서는 우선 金은 그 힘이 매우 약한 주머니 칼 정도라고 가정하고, 그와는 정반대로 寅의 자리에는 木이 매우 강성한 거목이거나 매우 많은 나무가 쌓였다고 가정한다. 그렇게 가정한 다음 이렇게 생각하자. 주머니 칼(쇠 金)로 그 거대한 나무나 그 많은 나무를 자르려고 해보자. 그러면 결과가 어떻게 나타나겠는가. 칼은 절단(絶斷)나고 거대한 나무는 오히려 멀쩡하다.

그러므로 金은 寅에서 절이고, 지지의 순서를 따라 卯에서 태요 그런 식으로 계속 짚어나가면 끝지 위 마디에서 申金을 만난다. 그러면 金이 金을 만났으니 당연히 그 기세가 왕성해질 수밖에 없기 때문에 金은 申酉의 자리에서 건장하고 왕성하게 된다고 본 것이고, 丑에 이르면 입묘(入墓)에 다다른 것이다.

왜 이렇게 익히는 것일까? 가령 木이 신주인 여명은 辛金이 부군(남자)성에 해당되는데 여자 사주를 다 뽑아보니 연지나 월지 그리고 일지나 時支에 丑자가 있다고 하면 그것은 부군이 입묘살에 해당되어 그 여명은 사주상 부군이 이미 땅 속에 묻힌 형상이다. 그러면 그 여조는 결혼해서 살다가 부군과 사별하여 상부(喪夫)하거나 생이별하게 되는 것이다. 대개 그럴 확률이 높다는 것이지 꼭 그렇다는 것은 아니다. 그러니까 丑자가 아예 없는 것이 불안을 제거하는 것이다.

따라서 만약 여명으로 부군성이 金에 속할 경우는 적어도 丑시에 태어나는 것을 피하고 볼 일이다. 일진도 그러하니 태어난 날이 그런 것이 안 되도록 해야 할 것이다. 지금은 제왕절개나 유도분만이 성행하고 있으며, 산부인과 의사들도 날자와 생시를 잡아오라고 하는 경우가 흔하므로 얼마든지 피할 수 있다.

이번에는 金과 극하는, 즉 그 반대인 木의 경우를 보자. 여기서는 木을 매우 연약한 나무로 가정하고, 金은 거꾸로 아주 강한 거대한 칼이라고 가정하자. 그런 다음 약한 초목을 거대한 칼이 자리잡은 申金—끝지 맨 위 마디—의 자리에 대들어 보자. 결과는 뻔한 것이다. 칼은 벌쩡하고 나무가 잘려나가 절지에 이른 것이다. 따라서 申金부터 절지로 하고 酉金에다 태, 이렇게 짚어 나가면 亥水라는 물에서 생조(生)하게 되고, 寅木의 자리—검지 맨 아래 자리—에 오면 木이 木을 만났으니 건장해져 卯木에서 왕성해지고 巳午의 더위에 시달리며 未에서 입묘된다.

가령 土가 신주인 여명으로 木이 부군성일 경우 사주에 未土가 있으면 이것도 부성입묘(夫星入墓: 부군성이 입묘)에 해당된다. 그래서 아까 金에서 말한 경우에 속한다. 만약 남명이 그럴 경우는 자식이 없거나 있어도 중도에서 헤어지는 경우가 될 수도 있다.

다음 水는 巳火에서 절지가 되는데 물(水)은 여름철이 시작되는 巳(4)에는 대개 가물 때이고, 비가 설령 좀 온다고 해도 땅속으로 金方 스며들어 온 둥 만 둥 하므로 절지를 만난 것과 유사하고, 水가 왕성한 亥子(10, 11)월에 이르면 제 때를 만났으니 당연히 왕성하고 辰土에서 입묘된다. 반대로 火의 경우도 태양인 火가 비나 구름이 많은 亥월에는 이르면 그 면목이 가려져 절지에 이른 것과 비슷하고, 巳午의 火의 자리에 이르면 당연히 왕성해지며 戌土에서 입묘된다.

土의 경우도 火와 마찬가지로 입동인 겨울철의 亥월에 대지(土)가 얼어붙게 되므로 절지요 巳午월에는 땅이 자기의 기세를 제대로 발휘하기 때문에 건장하고 왕성한 것과 같으며, 戌(9)월에 이르면 흙의 노릇을 끝내(入墓)고 겨울철을 맞이한다. 그래서 火土를 함께 본 것이다. 이 12 운성은 정확하게 익혀 둘 필요가 있다. 혹자는 현대 사주학에서는 이런 것이 소용없다고 하지만 현대 사주학도 원시 사주학을 발판으로 발전하는 것이므로 아무리 현대라고 해도 종합적으로 사주학을 연구해야 제대로 학문을 할 수 있는 것이다.

이상을 부성입묘(夫星入墓)와 관련해 요약해 보면 가령 여명의 신주가 金이라면 火가 관성으로 부군성인데 火土의 칸 맨 끝에 戌土(도표 참조)가 있다. 그것이 입묘살인데 金신주인 여명이 지지에 戌土가 있으면 그것이 부성입묘(夫星入墓)이다. 또 木신주인 여명은 金이 관성으로 부군성인데 金의 칸 마지막에 있는 丑土가 입묘살로 지지에 그것이 있으면 부성입묘(夫星入墓)이다. 다시 火신주의 여명은 水가 부성인데 그 줄 맨 끝에 있는 辰土가 입묘로 지지에 이 자가 있으면 역시 부성입묘(夫星入墓)요

土신주 여명에 木이 관성으로 부성인데 未土가 지지에 있으면 이 또한 부성입묘(夫星入墓)살이다. 水신주의 여명은 土가 관성으로 辰土만 해당되어야 하는데 戌土도 포함된다는 사실을 기억해둘 필요가 있다. 천간에 부성(관성)이 나타나지 않고 지지에만 있어도 해당된다. 이것을 간추리면 다음과 같다.

金신주에 丙戌이나 戌土
木신주에 辛丑이나 丑土
火신주에 壬辰이나 辰土
土신주에 乙未나 未土
水신주에 戊辰, 戊戌이나 辰戌土

이 표를 보면 여명의 지지에 辰戌丑未가 있을 경우 신주와 대조하여 그것들 가운데 부성입묘(夫星入墓)에 해당된 것이 있는가를 살펴야 한다. 해당되면 일단 그 지지 밑에 입(入)자를 써서 표시해 두고 타고난 궁합을 살피는 데 참조해야 한다.

여기서 필자의 경험을 밝히면 부성입묘(夫星入墓)가 있는 여명이라고 모두 다 상부하거나 이혼 또는 안목 있는 가정을 꾸리지 못한다고 해서는 안 된다는 것이다. 왜냐하면 10에 3 또는 4의 여명은 전혀 그것에 구애받지 않는 경우가 있기 때문이다. 그런 예외의 여명은 일생 운이 잘 나가는 경우이다. 그러나 그렇지 못하면서 입묘살이 있으면 10에 6 또는 7의 여명은 서두에서 말한 대로 역시 곤경을 치르는 것을 많이 보았다. 그러니까 궁합을 살필 때는 관성이 여러 개 있는 것도 참고하고, 더불어 입묘살도 보면서 관성이 합신하는 숫자도 함께 보아야 한다. 그것들을 종합해보면 그 여명의 타고난 궁합이 제대로 보일 것이다.

그럼 남명에 입묘살은 어떤 일이 나타날까? 남명에게 관성은 자녀성인데 그것이 입묘에 해당하면 그 방면에 하자가 발생할 수도 있다. 그래서 거느린 자녀들 중에 요사하거나 아니면 무자하는 경우가 생기든지 아니면 자녀들 중에 시원치 않은 사람이 있을 수도 있다.

이 절태법은 용신(用神)이 정해진 뒤 운행에도 적용되는데 가령 火나 土가 용신(用神)일 경우 金운행을 만나면 병사지를 만난 것이다. 그러면 용신(用神)이 무력해진 운이란 것을 알게 된다. 이것을 알면 어떤 사주에든 적용해서 상대에게 불리한 운이란 것을 검증 내지는 미리 말해줄 수 있는 것이다.

정관 辛(金土)丑 정재
상관 丁(火金)酉 정관　戊 己 庚 辛 壬 癸 甲
신주 甲(木土)辰 편재　戌 亥 子 丑 寅 卯 辰
편관 庚(金火)午 상관　169조

이 여조는 신주 甲木이 金왕절의 酉월에 태어나 실령-저후지목교후지목(木橋朽之木): 申酉월 생 木신주을 말함—했고, 火에게 설신되며 金에게 극신을 당하니 신약사주다. 이 경우 土에게 생조를 받은 金의 세력이 막강해져 극신하므로 식상제살(食傷制殺)[†]의 용법에 의해 火가 용신(用神)이고, 木이 희신이며, 土金水는 기신이다.

그러므로 61년 생 중 한 여인은 亥子丑의 水方운에 결혼해서도 생활이 어려웠다. 그리고 자녀성인 火가 두개 있으므로 1남1여를 두었으나 운행도 불길할 뿐 아니라 부군성인 관성이 세 개나 있으면서 辛金 옆에 丑土라는 입묘살이 도사리고 있어서 30살 庚午년에 이혼했다. 이제 辰酉가 合金하기 때문에 재혼하지만 그 金도 기신이고, 운행도 辛丑은 역시 기신운이므로 실망이 크며 가정궁에 있는 庚金은 午火에게 공격을 당할 뿐만 아니라 후반에 있는 寅卯辰의 木方운과 대치하고 있어서 이 또한 시원치 않다. 그래도 후반운은 약간 나은 편이다.

편인 癸(水水)亥 정인
편인 癸(水水)亥 정인　甲乙丙丁戊己庚
신주 乙(木土)未 편재　子丑寅卯辰巳午
식신 丁(火土)丑 편재　170조

이 여조는 신주 乙木이 水왕절의 亥월에 태어나 네 개의 水가 水生木으로 생신하고, 亥(卯)未의 木局이 신주의 木에게 가세하므로 신강하다. 따라서 신강의재의 용법에 의해 土가 용신(用神)이고, 火는 희신이며, 木은 병신이고, 水는 구신이다. 이 경우 추운 입동(亥月)에 태어난 나무는 찬물을 싫어하기 때문에 건조하고, 따뜻한 흙이 용신(用神)이 된다. 이른바 재인불애(財印不碍)⁺이다.

이 사주는 水生木, 木生火, 火生土로 청순하게 사상격(四象格)⁺을 이루었고 木火통명⁺을 이루어 문명의 형상이다. 그러나 가정궁인 일시가 丑未로 상충하여 일시형충(日時刑沖)⁺이고, 부군성인 관성의 金이 표면에 없어 무부상(無夫像)이며, 丑중에 간신히 간직된 辛金은 형출(刑出)되어 범람하는 물 속에 가라앉은 형국-금침수저(金沈水低)⁺-이며, 辛金을 간직한 丑土는 백호대살(白虎大殺)이자 입묘살까지 겹쳤다. 그러므로 23년 생 중 한 여인은 木火통명에 중반 운행이 火土로 달려 교육자였지만 그 부군이 강가에 고기잡이 놀이를 갔다가 익사(溺死)⁺하여 그 시신도 영영 찾지 못하고 말았다. 그리고 乙未일에 태어나 일지편재(日支偏財)⁺이므로 부친도 비명에 사거(死去)했다.

정관 丁(火木)卯 정재
겁재 辛(金水)亥 식신   庚 己 戊 丁 丙 乙 甲
신주 庚(金土)戌 편인   戌 酉 申 未 午 巳 辰
상관 癸(水土)未 정인   171조

신주 庚金이 水왕절의 亥월에 태어나 실령했고, 亥卯未의 木局에 土金水木이 순생하면서 재성이 강해져 신약하다. 그러므로 신약의조의 용법에 의해 土가 용신(用神)이고, 火는 희신이며, 木은 병신이고, 水는 구신이며, 金은 약신이다. 이 경우 未戌의 두 土가 있어서 용신(用神)이 무력하지 않고 운행이 申酉戌의 金方(약신)운과 巳午未의 火方(희신)운으로 달린다.

그래서 27년 생 중 한 명은 未戌의 형살로 경찰에 입신해 경찰서장에 이르렀다. 이 사주는 오행이 구비되어 요지에서만 근무했다. 요령을 부렸을 지도 모르지만 이 명기에 다시 중생한 뒷사람은 그렇게 하지 않아도 필연적으로 고관급에 이른다. 한편, 자식성인 연간의 丁火는 텅 빈 공망살*이고, 未戌중 丁火는 입묘살이자 형살로 형출되어 癸水와 亥水에게 극을 당해서 무자했다.

상관 乙(木金)酉 정인
정재 丁(火水)亥 비견　丙 乙 甲 癸 壬 辛 庚
신주 壬(水土)辰 편관　戌 酉 申 未 午 巳 辰
편인 庚(金水)子 겁재　172조

신주 壬水가 水왕절의 亥월에 태어나 득령했고, 子辰의 水局과 亥子의 水方이 신주의 水에게 합세하며 두개의 金이 생신하니 신강하다. 그러므로 신강의설의 용법에 따라 木이 용신(用神)이고, 金은 병신이며, 火는 약신이다. 이 경우 亥중 甲木과 辰중 乙木에게 뿌리박고 乙木이 나타났으나 酉金이라는 절지 위에 놓였고, 왕성한 찬물에게 젖어 용신(用神)무력이다. 게다가 운행에 건조한 木으로 배치된 운이 없어서 평상조다.

그래서 45년 생 중 한 명은 丙戌의 火土운행에만 괜찮게 살았고, 甲申의 申金운행에는 申子辰이 水局을 이루어 사주에 있는 水의 세력과 합세해서 부친성인 丁火를 강극하므로 부친이 행방불명된 채 10년이 지나도록 소식이 없다. 그 丁火가 亥水라는 역마와 金운의 역마에 극을 당해서 어디론가 자취를 감췄다. 그뿐 아니라 辛酉의 金方운행은 병신운이기 때문에 생활도 곤란했고, 자식성인 辰土가 입묘살이자 水局에 가담해서 42세가 넘도록 딸도 없이 무자했다. 이어 壬午운은 丁壬이 합거되고, 子午가 상충하면서 군겁쟁재(群劫爭財)⁺가 성립하니 불길하다. 이 명기는 사주 자체와 운행이 모두 불미하다.

〖 비천록마(飛天祿馬) 〗

비천록마(飛天祿馬)격은 신주를 중심으로 대별하면 다음 두 가지가 있다. 그 하나는 庚壬신주가 지지에 子자를 많이 만난 경우와 다른 하나는 辛癸 신주가 지지에 亥자를 많이 만난 경우이다. 이것은 3차원 같은 연상(聯想)법에 의한 것이기 때문에 눈에 보인 대로 푸는 일반법과는 약간의 차이가 있다. 그렇다고 어려운 것은 아니다. 그 원리만 알면 된다. 그럼 어떤 원리인가?

예를 들어 壬신주에 子자가 많으면 子午로 충해서 午자를 허공(하늘 天)으로부터 충해서 맞아들여(충요-沖邀) 午중 己土로 壬신주의 정관(관록으로 녹마라고도 함)으로 사용한다. 여기서 맞아들인다는 표현을 명서의 저자는 날아든다는 뜻으로 비(飛)자를 썼다. 그리고 庚신주의 경우 子자들이 충요한 午중 丁火가 하늘로부터 날아들어 신주의 관성으로 쓴(사용)다는 것이다. 역시 辛신주도 마찬가지로 많은 亥자들이 巳亥로 충해서 巳자를 맞아들여 巳중 丙火로 辛신주에 정관으로 (작)용한다는 것이고, 癸신주는 亥자들이 충요한 巳중 戊土가 신주에게 정관으로 작용한다는 것이다.

이때 충요해온 것이 실제로 나타나면 복력이 반감한다고 한다. 그러니까 壬신주에는 午자가 사주에 있거나 신주의 관성으로 삼는 己土가 있으면 비천록마(飛天祿馬) 격으로써 복이 많이 감소해버린다는 뜻이다. 그렇다면 庚신주의 경우 역시 午자가 보이면 안되고, 관성으로 쓰는 丁火도 나타나지 않아야 비천록마(飛天祿馬) 격으로써 제대로 복을 누린다는 이야기가 된다.

같은 논리로 辛신주도 巳자와 丙火가 전실(塡實)⁺되면 복력이 반감되고, 癸신주 또한 巳자와 戊土가 나타나면 역시 반감된다. 일단 보이지 않은 궁금한 상태에 있어야 흥미가 있는 것이지 실제로 나타나버리면 그때는 궁금증이 다 풀려버려 별로 재미가 없다는 논리이다. 마치 처녀가 시집을 가면 그때부터 그 주가가 반감하는 것과 같은 이치라고나 할까 또는 감추어진 보배는 흥미를 돋구지만 실제로 나타나버리면 그때부터 흥미가 반감해버리는 것과 흡사하다고나 할까 그런 것이다.

그런데 亥자가 많이 있는 辛癸가 신주인 경우는 한 가지 더하여 戊자가 사주에 있으면 천라(天羅)가 되어 巳자를 충요할 수 없다는 것이다. 그럼 천라(天羅)는 무슨 말인가? 나침반을 놓고 보면 戊乾亥가 나란히 있고 그 중 건(乾)은 하늘을 의미하므로 戊乾亥는 방향이 하늘인데 마치 둥그렇게 망(羅)을 쳐놓듯 땅을 덮고 있다고 본 것이다. 천라지망(天羅地網)이란 말이 있는데 그것을 줄여 나망(羅網)이라고 한다.

하늘과 땅이 서로 마주보고 마치 그물을 쳐놓은 것 같아서 그 안에 존재하는 자들은 아무도 빠져나갈 수 없으니 나망 또는 천라지망은 그물이나 법망에 걸린 것처럼 어쩔 수 없이 당하는 재앙이란 뜻이다. 그러니까 亥자가 많은데 戊자가 있으면 戊亥가 戊乾亥로 하나의 망(그물)을 이루었기 때문에 亥자가 독립해서 巳자를 충해 올(沖來) 수 없다는 논리다.

이렇게 亥자의 경우 이런 단점이 있지만 사주에 酉자나 丑자가 있으면 더욱 좋아지는 장점도 있다. 왜냐하면 巳酉丑으로 金局을 이루면서 서로 합하는데 亥자가 충해 놓은 巳자를 酉자가 巳酉로 또는 丑자가 巳丑으로 각각 합해오기를 더욱 확고하게 하기 때문이다. 그리고 子자의 경우는 寅자가 있으면 寅午戌로 火局을 이루면서 합하므로 강력하게 충요해 놓은 午자를 寅午로 더욱 확실하게 합해온다. 끝으로 각 신주마다 운행에서나 연운에서 충 해온 글자들이 전실(塡實)⁺되면 그때는 궁금증이 다 풀려 효력이 상실한 것처럼 복력(福力)이 역시 반감해버린다는 사실이다.

비견 壬(水水)子 겁재
비견 壬(水水)子 겁재　癸甲乙丙丁戊己
신주 壬(水水)子 겁재　丑寅卯辰巳午未
비견 壬(水木)寅 식신　173조

본조는 천간이 壬水의 일기(一氣)로만 배치된 천간일기격이자 세 개의 子자가 午자를 강력하게 충해서 맞아들이는 비천록마(飛天祿馬)격을 구성했다. 이 격은 충요해 온 午중 己土를 신주의 관록으로 사용하기 때문에 午자가 실제로 보이-전실(塡實)⁺-면 파격이 되어 흉하다. 그런데 이 사주는 寅시가 午를 寅午(戌)로 火局을 이루면서 합해온다. 그러므로 고인 중 한 사람은 장관급인 상서(尙書)를 역임했고, 시대 다른 한 사람은 정사(正使)를 역임했다고 한다. 戊午운행은 午자가 전실(塡實)⁺되고, 己未운행도 午중 己土 다시 말해 정관이 전실(塡實)⁺되어 불길하다.

비견 壬(水水)子 겁재
비견 壬(水水)子 겁재 癸 甲 乙 丙 丁 戊 己
신주 壬(水水)子 겁재 丑 寅 卯 辰 巳 午 未
편재 丙(火火)午 정재 174조

이 사주는 午자가 전실(塡實)⁺되어 파격이고, 木이 없어 水火가 상극하는 水火미제의 상태요 게다가 많은 비겁들이 하나뿐인 재성을 서로 앞 다투어 가지려고 한다. 그래서 군겁쟁재(群劫爭財)⁺격이므로 고인은 걸인이 되고 말았다.

정인 己(土土)未 정인
편관 丙(火水)子 상관 丁 戊 己 庚 辛 壬 癸
신주 庚(金水)子 상관 丑 寅 卯 辰 巳 午 未
편관 丙(火水)子 상관 175조

이 여명은 신주 庚金이 子월에 태어나 많은 子자를 만나서 비천록마(飛天祿馬)격이다. 이 격은 많은 子자가 강하게 午자를 충해서 맞아들여-충요(沖遙)-신주인 庚金의 관성으로 작용하는

귀격이다. 이 경우 세 개의 子자가 午자를 충요해서 맞아들이고,
있는데 마침 未자가 충요해 놓은 午자를 午未로 합하여 더욱 강
력하게 합요(合遙)하고 있으므로 매우 그 짜임새가 기쁘다.

 다만 보면 꺼리는 丙火 때문에 약간 격하되었으나 金水쌍청†에
도화살이 있어 살결이 곱고 예쁘며 교태 또한 남다른 데가 있다.
그래서 고인은 귀비(貴妃)─귀빈, 귀인과 아울러 삼부인(三夫人)
으로 상국(相國)과 같은 지위─가 되었다.

〚 사상격(四象格) 〛

사주에 오행이 네 개가 있으면서 그것들이 순리적으로 상생하는 것을 말한다. 만약 네 개의 오행이 있어도 여기 저기 산재해 있으면서 서로 상생하지 못하고 충돌하면 사상격(四象格)이라고 말할 수 없다. 그런데 사상격(四象格)과 삼상격(三象格)⁺은 어느 오행으로 기운이 집중되는가에 따라 신주의 강약이 달라지는 경우가 많다.

식신 庚(金水)子 정재
식신 庚(金土)辰 비견　辛 壬 癸 甲 乙 丙 丁
신주 戊(土土)辰 비견　巳 午 未 申 酉 戌 亥
편인 丙(火土)辰 비견　176조

신주 戊土가 土왕절에 태어나 득령(得令)했고, 세 개의 辰土가 신주의 土에게 가세하며 3월의 태양인 丙火가 火生土로 생신하니 신강하다. 그러므로 신강의설의 용법에 의해 金이 용신(用神)

인데 두개의 庚金이 나타나서 세 개의 辰土에게 생조(生助)를 받고 있으므로 용신유력(用神有力)의 형상이다. 용신(用神)이 金이면서 식상(食神과 傷官)일 때 교육이나 연예 또는 군경이나 의예(醫藝)등에 출신하는 통계에 속한다.

그러므로 1900년 생 중 한 명은 의사가 되었다. 그리고 甲申과 乙酉의 金운행에 전성기를 이룬 후 丙戌의 火土에 답보하고 亥子의 水운행에 용신(用神)이 병사지(病死地)에 이르자 흉했다. 본조는 火生土, 土生金, 金生水로 사상격(四象格)을 순수하게 이루어 그 성품이 원만하고 남을 위해 힘을 쏟는 형상이다.

비견 丙(火火)午 겁재
편인 甲(木火)午 겁재　乙 丙 丁 戊 己 庚 辛
신주 丙(火土)戌 식신　未 申 酉 戌 亥 子 丑
겁재 丁(火金)酉 정재　177조

신주 丙火가 火왕절의 午월에 태어나 득령했고, 午戌의 火局과 丙丁의 火가 신주의 火에게 가세하니 신강하다. 그러므로 신강의재의 용법에 의해 金이 용신(用神)인데 酉戌로 金方을 이루어 용신유력(用神有力)이고, 木火土金이 순리적으로 생조해서 사상격(四象格)을 구성했으며, 그러면서 金으로 사주에 기세가 쏠렸다. 그 바람에 재성도 튼튼하고 신강해서 재명유기(財命有氣)⁺격이라는 부격(富格)이 되었고, 火는 병신이며, 木은 구신이고,

水는 기신이다.

 따라서 06년 생 중 한 명은 申酉의 金운행 20년에 용신(用神)
이 득세하자 재계에 입신할 정도로 거부가 되었다. 그 후 戊戌
운행 중 庚寅년에는 사주에 午戌과 寅午戌로 火局을 이루어 병
신운이 강해졌다. 그래서 용신(用神)이 극을 당하자 자금사정
때문에 자살을 기도하기도 했다. 그렇지만 戊(운행)중에는 辛金
이 있어서 다행히 살아났고 己亥의 土水운행에는 己土가 용신
(用神)을 생조하고, 亥水가 병신인 火를 제압(剋)하여 복구한
뒤 庚子운행에 子午가 충극하면서 전이불항(戰而不降)†이므로
67세에 사거(死去)했다.

〚 삼상격(三象格) 〛

 이것은 사주에 세 개의 오행이 있으면서 순리적으로 청순하게
상생하는 격이다. 그러니까 잡된 오행이 없이 청격(淸格)을 이
루면 부귀를 누리게 된다. 이 격도 사주에 기운이 어느 오행으
로 쏠렸는가에 따라서 신주의 강약이 달라지는 경우가 많다.

편재 戊(土木)寅 비견

겁재 乙(木木)卯 겁재　丙丁戊己庚辛壬
신주 甲(木火)午 상관　辰巳午未申酉戌
비견 甲(木土)戌 편재　178조

　신주 甲木이 억센 양인월이자 木왕절의 卯월에 태어나 득령했
고, 寅卯의 木方과 甲乙의 木이 신주의 木에게 합세하니 신강하
다. 그러므로 신강의재의 용법에 따라 土가 용신(用神)이고, 火
는 희신이며, 木은 병신이고, 水는 구신이며, 金은 기신이다. 이
경우 寅午戌이 火局을 이루어 희신이 강해진 채 木火土로 삼상
격(三象格)을 이루면서 용신(用神)인 土를 생조하기 때문에 용
신유력(用神有力)이다. 게다가 운행이 초반부터 약 40년 간 土
를 대동한 巳午未의 火方운으로 달려 희신과 용신(用神)이 동시
에 득세한다. 그래서 고인(청나라 세조)은 대귀했다.

정관 乙(木土)未 겁재
정관 乙(木金)酉 상관　甲癸壬辛庚己戊
신주 戊(土土)戌 비견　申未午巳辰卯寅
비견 戊(土火)午 정인　179조

　신주 戊土가 金왕절의 酉월에 태어나 酉戌의 金方에게 설신되
니 신약하다. 이 사주는 火生土, 土生金하여 사주에 기세가 金에
집결된 삼상격(三象格)이기 때문에 신약하다. 따라서 신약의조
의 용법에 의해 火가 용신(用神)이고, 木이 희신이며, 水는 병신

이고, 金은 구신이며, 土는 약신이다. 이 경우 일주가 억센 괴강일이고, 또 억센 양인인 午가 생신하니 용신유력(用神有力)이다.

그러므로 55년 생 중 한 명은 午未의 火方운행에 괜찮은 대학의 상대를 졸업했다. 그리고는 증권회사에 출신해 근무하다가 辛巳의 金-巳酉로 金局-운행이 들어오기 바로 직전 38세 壬申(水金)년에 고객 돈으로 고소를 당해 사퇴하고 침체 중이다. 그런 중 자기 돈으로 다시 주식 판에 뛰어들어 丙子(96)年에는 폭삭 망해 사면초가에 빠져버렸다.

아니 글쎄 그게 일반인 개미들에게 돈 나눠주려고 생긴 판인 줄 착각했나? 그 판을 만든 세계적인 경제학자 케인즈도 그것으로 결국 망했다던데. 통계상 주식 판에서 돈 딴 일반은 세계적으로 겨우 5%로 미만이란다. 그대가 무슨 운으로 그 속에 포함되겠는가? 그 판은 일반의 피를 핥아먹고 사는 흡혈귀 판이다. 그것 때문에 이혼은 예사이고, 횡령에 강도 아니면 투신자살이 즐비하게 일어난다. 그런 판에 庚辰운행은 깡통 차기 안성맞춤이니 이 명조에 다시 윤회한 후인은 투기를 일체 삼갈지어다.

‖ 삼기득위(三奇得位) ‖

일명 삼반귀물(三般貴物)이라고도 하는데 여기서 말하는 삼반(三般)이나 삼기(三奇)는 세 가지가 기특하게 되어있다는 의미로, 득위(得位)란 그것들이 사주 내에서 모두 힘이 있다는 뜻이다. 그럼 무엇이 기특한 세 가지란 말인가? 정인과 정재 그리고 정관을 말한 것으로 그것들이 모두 튼튼하게 자리 잡고 있는 것이다.

만약 극신하는 관성 때문에 약간만 신약하면 인성이 관성을 흡수해 관인상생(官印相生)⁺해서 신주를 강해지도록 돕고 만약, 신강하고 관성이 약할 경우는 재성으로 관성을 생조-이것을 재자약살(財滋弱殺)⁺이라고도 함-하여 관성을 돕는다. 이것들이 서로 약자를 돕기 때문에 삼반물 또는 삼기득위(三奇得位)라고 하는 것이다.

그렇게 되어 있으면 남명의 경우 고관급(총리급)에 이르고 여명의 경우는 그 부군(良人) 역시 고관급에 이르러 귀부인이 된다. 연해자평 여명결(女命訣)에 삼반물(三般物: 정인 정재 정관을 말함)이 있으면 그 부군이 반드시 왕성해진다(財官印 三般物 女命逢之 必旺夫)고 했다.

그리고 명리정종 위경론에는 삼기가 힘을 얻었으니 그 부군이 만리 땅을 다스리는 영광을 누린다(三奇得位 良人 萬里封侯)고

하였다. 또 남명에 대해서도 계선편에서 말하기를 신강한 남명이 삼기를 만났으면 그 지위가 총리급에 이른다(男命身強 遇三奇 爲一品之貴)고 했다. 요약하면 신주가 너무 약하지 않은 가운데 정인 정재 정관을 튼튼하게 만났으면 남자는 고관급이고, 여자는 귀부인이 된다는 것이다.

정재 庚(金水)子 편관
정재 庚(金土)辰 상관　辛 壬 癸 甲 乙 丙 丁
신주 丁(火土)未 식신　巳 午 未 申 酉 戌 亥
편재 辛(金水)亥 정관　180조

　신주 丁火가 土왕절의 辰월에 태어나 火洩土로 설신되고, 세 개의 金이 金生水해서 강해진 水가 水克火로 극신하니 신약사주다. 그러므로 신약방조(身弱幇助)의 용법에 의해 火木이 용신(用神)이고, 水金은 병신이다. 이 경우 亥중 甲木은 정인인데 亥未라는 木局에 그리고 庚金은 정재인데 土에게 생조를 받으며, 亥중 壬水는 정관인데 子辰의 水局과 亥子의 水方에 각각 튼튼하게 힘을 받고 있어 이른바 삼기득위(三奇得位)다. 그런 가운데 亥중 甲木과 未중 乙木이 亥未로 木局을 결성하여 자체조화(自體造化)⁺로 용신유력(用神有力)일 뿐 아니라 그 木은 木生火, 火生土, 土生金, 金生水, 水生木하여 오행이 빙빙 돌고 도는 순환상생(循環相生)⁺격을 이루었다 따라서 고인은 운행 巳午未의 火方(용신)운에 유망주로 은근히 부상하여 甲申의 甲木에 용신(用神)이 득세하므로 그 이름이 사방에 진동했다. 그러나 乙酉에 乙庚이 合金하여 병신운이고, 卯酉가 충극하자 木局이 와해된 바람에 살신성인하고 천고명고(千古名高)했다.

편재 己(土土)未 편재
정인 壬(水金)申 정관 癸甲乙丙丁戊己
신주 乙(木土)未 편재 酉戌亥子丑寅卯
겁재 甲(木金)申 정관 181조

이 여조는 신주 乙木이 金왕절의 申월에 태어나 두개의 申金에게 金克木으로 극신을 당하기 때문에 신약사주다. 그렇지만 申중 두개의 壬水에 뿌리박고 월간에 나타난 壬水가 생신하고, 신주가 未중 두개의 乙木에 통근했으며, 신주는 등나무가 되어 시간의 거목인 甲木을 칭칭 감고 올라가면서 번창하는 등라계갑(藤蘿繫甲)＊을 이루었으므로 약간만 신약한 사주다. 그러므로 신약방조(身弱幇助)의 용법에 의하여 水木이 용신(用神)이고, 土金은 병신이며, 火는 약신이다.

이 사주는 재성과 관성 그리고 인성이 모두 튼튼해서 삼기격이다.「위경론」(渭經論)에 여명이 삼기격을 형성하면 그 부군(良人)이 만리봉후(萬里封侯)라고 하였다. 게다가 자녀성인 식상의

火도 未중 두개의 丁火가 있어서 약하지 않다. 따라서 고인은
亥子丑의 水方과 寅卯의 木方 운행에 용신(用神)이 득세하여 그
부군이 고관이 된바람에 귀부인에 이르렀다.

‖ 살인상생(殺印相生) ‖

여기서 살(殺)이란 편관을 말한데 그것이 인성과 가까이 배치
되어 있으면 극신하던 살성(일명 七殺이라고도 함)이 인성을 생
조하고, 인성은 신주를 생신하는 과정을 밟고 있는 것을 말한다.
그러면 정관이 인성을 생조해서 생신하는 과정을 밟고 있을 적
에는 어떤 용어를 쓸까. 그것은 관인상생(官印相生)[+]이다.

여기서 주의할 점은 살성이나 정관이 반드시 인성과 가까이 있
거나 함께 배치되어 있어야 한다. 만약 연간에 살성이나 관성이
있는데 월간에 인성이 있지 않고 제살(制殺)하는 식상이 있으면
그때는 살인상생(殺印相生)이나 관인상생(官印相生)[+]이 되지 않
는다. 다음 사주들을 보면 명확하게 알 수 있다.

정인 戊(土火)午 편관
정인 戊(土火)午 편관 己 庚 辛 壬 癸 甲 乙

신주 후(金土)丑 편인 　未 申 酉 戌 亥 子 丑
정재 甲(木火)午 편관　182조

　이 명기는 주먹의 황제로서 일제(日帝)시대 일인(日人)들의 앞
잡이로 날뛰던 깡패들과 그 비호 세력인 일본 경찰들의 간담을
서늘하게 해서 대한 남아들의 선망이 되었던 의장(義將) 김두환
(金斗煥) 선생이 거쳐 간 명조다. 그는 독립군의 용장인 백야
(白冶) 김좌진(金佐鎭)—357조 참조— 장군의 아들이었기 때문
에 <장군의 아들>이라는 애칭이 따라 다녔고 그에 대한 영화가
90년대에도 관람률 상위를 지키고 있다.

　그는 건국이후 66년(49세) 국회의원에 당선되어 의사당에 들
어가 <똥물 세례>를 사정없이 퍼부어 세상을 또 한번 발칵 뒤집
어 놓았던 일화를 남겼다. 그의 눈에 비쳐진 국회란 "생령정
치"의 마당이라고 하기보다는 "병법정치"의 소굴로 보였기 때
문에 선량들이 모여 나라 일을 의논하는 국회(國會)가 아니라
머구리—개구리 꿕(蟈)—들이 물가에 모여 지꺼리는—지꺼릴 회
(譮)—꿕회(蟈譮)로 보였을 것이다. 그렇지 않고서야 어찌 사상
(史上) 전무후무한 그러한 일화를 남겼겠는가?

　하기야 다산 정약용께서 지은 목민심서 권지 四(卷之四)의 제
2조 청심(淸心) 4항을 보면 벼슬들이 얼마나 썩었는가에 대한
비유로, 어떤 백성이 처음 서울(한양)에 왔는데 성균관 앞길에

이르러 무엇 하는 곳이냐고 물었더니 그의 친구가 "이곳은 조정의 낮도적들을 기르는 못자리 판이다."(此是朝廷聚會晝賊長袂之處)고 대답했다.

이 사주는 신주 辛金이 火왕절의 午월에 태어나 실령했고, 세 개의 화세(火勢)가 火克金으로 극신하기 때문에 신약사주다. 그러므로 신약방조(身弱幇助)의 용법에 의하여 金土가 용신(用神)이고, 火木은 병신이며, 水는 구신이다. 이 경우 습기 찬 丑土가 신주의 바로 밑(곁)에 붙어 살성인 火를 火吸土로 흡수해서 생신하므로 관록에 나아갈 살인상생(殺印相生)격을 이루었다.

그리고 세 개의 午火가 임금이 출입하는 단문(端門)이 되어 강력하게 子자를 충요(沖遙)-子午로 충해서 맞아들임-해 오고 있다. 그리하여 子자는 임금이 앉은 제좌(帝座)가 되었는데 그렇게 충해 놓은 子자를 丑자가 다시 子丑으로 합하여 더욱 강하게 맞이하므로 지도자가 출입하는 암요제궐(暗邀帝闕)⁺격이나 도충격(倒沖格)⁺과 유사하다. 그러니까 지금은 대통령이 출입하는 집무실이나 국회가 된다.

운행은 己未가 건조한 土로써 기신운이기 때문에 이 나라를 건지겠다고 만주 벌판을 종횡무진했던 부친의 슬하에서 고생이 막심했다. 그러나 庚申과 辛酉의 金운행 20여 년은 용신(用神)이 득세하므로 군계일학(群鷄一鶴)처럼 이 나라 청년들의 우상이 되었다. 그리고 국회에 들어가 분뇨를 퍼부어 그의 명성이 전국 방방곡곡 사통팔달로 명진사해(名振四海)하였다. 시골 농부들까지 얼마나 통쾌했던지 사랑방마다 그의 이야기로 꽃을 피웠으니 당시의 정치판을 짐작하고도 남을 것이다. 그는 국회 오물 투척 사건 후 고문 후유증으로 고혈압과 합병증으로 고생하다가 아깝게도 癸亥의 水운행 중 54세의 壬子(水水)년에 水火가 전투를 벌리고 子午가 충극하자 金(신주)이 水에 휘말리면서 병사지에 이르고 子자가 전실(塡實)⁺되어 사거(死去)했다.

편인 庚(金土)戌 편관
비견 壬(水火)午 정재   癸 甲 乙 丙 丁 戊 己
신주 壬(水木)寅 식신   未 申 酉 戌 亥 子 丑
정인 辛(金水)亥 비견   183조

 신주 壬水가 火왕절의 午월에 태어나 실령했고, 寅午戌의 火局 때문에 신약사주다. 그러므로 신약의조의 용법에 의해서 金이 용신(用神)이고, 火는 병신이며, 水는 약신인데 이 사주의 운행은 申酉戌의 金方(용신)운과 亥子丑의 水方(희신)운으로 일생을 달리기 때문에 금상첨화다.

 게다가 연지부터 土生金, 金生水, 水生木, 木生火, 火生土해서 오행이 쉬지 않고 연속 빙빙 돌고 도는 순환상생(循環相生)⁺격도 구성했고, 그 과정에서 戌土의 살성이 인성의 庚金을 생조하여 金生水으로 생신하니 군·경·율의 계통에 출신할 살인상생(殺印相生)격도 겸비했으며, "당주(當主)가 부귀한다."는 재관쌍미(財官雙美)⁺격도 구성했다. 그리고 일록귀시(日祿歸時)⁺격이므로 신주가 아주 약하지만은 않다. 따라서 고인은 일생 연승가도를 달려 고관에 이르렀다.

상관 癸(水土)丑 편인
정인 戊(土火)午 편관　丁 丙 乙 甲 癸 壬 辛
신주 辛(金火)巳 정관　巳 辰 卯 寅 丑 子 亥
편인 己(土土)丑 편인　184조

신주 辛金이 火왕절의 午월에 태어나 巳午의 火方이 火克金으로 극신하니 신약사주로 출발했다. 그러나 그 火들이 네 개의 土를 火生土해서 土生金으로 생신하기 때문에 관록에 출신할 살인상생(殺印相生)격을 이루면서 신강사주로 변했다. 그러므로 신강의극의 용법에 의하여 火가 용신(用神)이고, 木은 희신이며, 水는 병신이고, 金은 구신이며, 건조한 土는 약신이고, 습기 찬 土는 기신이다. 한편, 이 사주는 부친성인 재성의 木은 전혀 없고, 반면에 모친성인 인성의 土는 많으면서 丑土마다 辛金을 간직한 채 土生金으로 그 辛金을 낳아서 나(신주)와 동기간이 되었다.

그래서 13년 생 중 한 명은 아버지와 일찍 사별하고, 모친이 재가하자 모외유모(母外有母)⁺했고, 두 명의 이복형제와 여자 동생이 있었으며, 의부 밑에서 성장했다. 그리고 운행 초반의 丁 巳는 火운, 즉 용신(用神)운이다. 그래서 의붓아버지 아래서도 도지사상을 받을 정도로 공부가 뛰어났고 17세에는 의부의 소개 로 외국에 나아가 丙辰의 丙火운에 큰돈을 벌어서 의부의 빚을 갚았으며, 22세 甲戌년에 경찰에 출신했는데 편관용신(偏官用 神)⁺이기 때문에 군·경·율의 계통에 나아갔던 것이다.

그 후 丁丑년에 주임(파출소장)이 되었고, 乙酉년에 실직한 뒤 甲寅의 木운행 중 庚寅과 辛卯년에 큰돈을 거머줬었다. 木운은 희신운이자 재물성인 재성운이다. 그 다음 壬辰년(40세)에 운영 하던 주조장(酒造場)을 정리하여 자선사업에 바치고 癸丑의 水 土운행부터 병신운을 만나 하는 일 없이 壬子의 水운행도 보냈 다. 그는 재물 사용법의 선구자가 되어 남을 섬기는 데로 썼으 니 재생할 때에는 섬김을 받는 자로 태어날 것이다.

〖 살인상정(殺刃相停) 〗

살은 칠살(七殺)이고, 인(刃)은 인성이 아닌 양인(羊刃 또는 陽刃)인데 그것들이 서로 합해서 휴전(정전협정)을 맺고 있는

형상의 사주를 가리켜 살인상정(殺刃相停)이라고 한다. 칠살은
극신하는 무서운 오행인데 신주의 양인은 그것과 합하게 되어
있다. 그러면 칠살이 합에 정신이 팔려 극신을 하지 않게 되어
신주가 불안한 형국에서 벗어난다.

양인은 양간(甲丙戊庚壬)에 따라다닌 것으로 甲木의 양인은 卯
중 乙木으로 신주에게는 겁재인데 이것이 극신하는 칠살, 즉 庚
金과 乙庚으로 합한다. 그러면 庚金이 甲庚으로 충극(沖克: 충하
고 극하는 것)하는데는 정신이 없고, 乙庚으로 합하는 데만 정
신이 팔려 신주인 甲木이 안전한 상태에 놓인다. 다시 丙에 양
인은 午火로 午중 丁火라는 겁재가 극신하는 칠살 壬水와 丁壬
으로 합하니 壬丙이 충극하는 것을 망각한다. 연애에 정신이 팔
리면 싸우는 상대가 있어도 포기하고, 애인에게만 집중되는 사
람들처럼 간지(干支)들도 역시 그런가보다.

명서에는 살인(殺刃)이 나란히 나타나 서로 협정(合)을 맺으면
그 지위가 왕후장상에 이른다-殺刃 雙顯均停 位之王侯-고 하면
서 양인이 세군(歲君)과 합하거나 충하는 것을 싫어한다-羊刃
嫌合沖歲君-고 했다. 그 말은 운행에서도 합하거나 충 하는 것
을 모두 꺼린다는 뜻이다.

편관 壬(水金)申 편재
정재 辛(金水)亥 편관 壬 癸 甲 乙 丙 丁 戊

신주 丙(火火)午 겁재 子丑寅卯辰巳午
편재 庚(金木)寅 편인 185조

신주 丙火가 水왕절이 시작된 亥월생⁺이므로 실령했고, 연월에서 金水가 강해져 극신하니 신약사주다. 이 사주는 亥水가 寅亥 合木에 가담하여 극신이 약화되었으나 庚金 등 재성은 강하므로 실제로는 재성(夫健怕妻)으로 인해서 신약하다. 따라서 신약의 방의 용법에 의해 火가 용신(用神)이고, 木은 희신이며, 水는 병신이고, 金은 구신이며, 습기 찬 丑辰의 土는 기신이다.

이 경우 신주도 木火로 결구되어 약하지만은 않고 살성과 인성이 寅亥로 합하여 생신하니 살인상생(殺印相生)⁺격을 이루었으며, 재성인 金이 살성인 水를 생조하므로 명관과마(明官跨馬)⁺격도 형성했고, 亥중 甲木은 길신암장(吉神暗藏)이다. 그리고 군·경·율의 계통에 나아갈 수옥살과 장성을 겸한 양인인 午중 丁火가 살성인 亥중 壬水와 丁壬으로 합하여 살인상정(殺刃相停)격까지 구성한 채 水와 火가 자웅을 가리려고 서로 정전을 맺어 놓고 있다.

이렇게 살성과 양인이 서로 나타나서 상호 비등하게 균형을 이루어 휴전을 맺으면 그 지위가 왕후에 이른다고 오행원리 소식부에서 말했다. 따라서 이 명기를 거쳐 간 제갈공명은 운행 壬子와 癸丑의 水方운에 병신운을 만나 곤고한 세월 속에 와룡(臥

龍)으로서 산간벽촌에 묻혀 천문서와 지리서를 탐독하고 음양의
진리를 마련했다.

그 후 甲寅의 木운행, 즉 희신운을 만나 삼고초려(三顧草廬)에
의한 유비(劉備)의 군사가 되어 혁혁한 전공을 세우고 그 이름
이 천하와 후세에 진동했다. 그래서 乙卯의 木운행까지 파죽지
세로 승승장구했다. 그 후 丙辰의 辰土에 화몰(火沒)⁺되어 몇
차례의 대전에서 기회를 놓친 채 사거(死去)했다. 辰土운 때문
에 삼국통일을 못 이루고 말았던 것이다.

편관 壬(水木)寅 편인
겁재 丁(火土)未 상관   戊 己 庚 辛 壬 癸 甲
신주 丙(火木)寅 편인   申 酉 戌 亥 子 丑 寅
편관 壬(水土)辰 식신   186조

신주 丙火가 오뉴월의 뜨거운 未월에 태어나 未중 丁火가 양인
이 된 채로 월간에 나타나서 신주의 火에게 가세하고 억센 효신
의 寅木이 木生火로 생신하니 신강하다. 그러므로 신강의극의
용법에 의해 水가 용신(用神)인데 壬水가 辰중 癸水에 뿌리박고
나타나서-이 경우 편관은 묘하게도 식상을 좋아 함. 축수지토
(畜水之土)⁺- 양인인 丁火와 丁壬으로 합하여 위엄이 서린 살
인상정(殺刃相停)격이다.

이 사주는 양인인 火의 세력에 비해서 용신(用神)인 水의 세력이 월등히 약하므로 水金의 운행을 무척 기다리는데 마침 운행이 申酉戌의 金方운과 亥子丑의 水方운으로 60여 년 간 달려 희신과 용신(用神)이 득세한다. 그러므로 고인은 탄탄대로를 달려 장관급 내지 총리급에 이르렀다. 그러니까 출장입상(出將入相) 격이다.

```
식신 丙(火火)午 상관
식신 丙(火金)申 편관    丁 戊 己 庚 辛 壬 癸
신주 甲(木木)寅 비견    酉 戌 亥 子 丑 寅 卯
상관 丁(火木)卯 겁재    187조
```

신주 甲木이 金왕절의 申월에 태어나 실령(樗朽之木)했기 때문에 신약사주로 출발했다. 그러나 火들이 金을 제압하여 극신을 못하게 하고, 寅卯의 木方이 신주의 木에게 합세하니 신강사주로 변했다. 따라서 신강의극의 용법에 의해 金이 용신(用神)이고, 土는 희신이며, 火는 병신이고, 木은 구신이며, 水는 약신이다.

이 경우 용신(用神)인 申중 庚金의 살성과 양인인 卯중 乙木이 乙庚으로 합해 살인상정(殺刃相停) 격을 구성해서 위엄이 서려 있으므로 현양(顯揚)할 수 있는 명기요, 게다가 중반운행 30여 년에 金(용신)을 거느린 亥子丑의 水方(약신)운이 놓여서 고인은 장·차관급에 이르렀다. 그러므로 병법정치(兵法政治)가 아닌 생령정치(生靈政治)를 구사하면 천고명고(千古名高)할 수 있는 명기(命器)이다.

정인 甲(木水)子 정관
정재 辛(金土)未 상관　庚己戊丁丙乙甲
신주 丙(火火)午 겁재　午巳辰卯寅丑子
편관 壬(水土)辰 식신　188조

이 여조는 신주 丙火가 아직도 무더위가 기승을 부리는 6(未)월에 태어나 火가 약하지 않고 辰자와 午자 사이에 巳火를 맞이해서 巳午未의 火方을 이루어 신주의 火에게 가세하니 신강하다. 따라서 신강의극의 용법에 의해 水가 용신(用神)이고, 金이 희신이며, 건조한 未戌의 土는 병신이고, 火는 구신이며, 木은 약신이다. 이 경우 壬水가 子辰의 水局에 뿌리박고 나타나서 재성인 辛金에게 생조를 받아 명관과마(明官跨馬)✝격을 이루었다.

그리고 양인인 午중 丁火와 壬水가 丁壬으로 합하여 살인상정(殺刃相停)격도 구성했으며, 편관용신(偏官用神)✝이자 부군성이므로 그 부군이 억센 지위에 나아갈 형국이다. 그러므로 24년생 중 한 여자는 그 부군이 장관(법무부)에 이르는 바람에 귀부인이 되었다.

〚 상관상진(傷官傷盡) 〛

상관이 극을 당해서 크게 손상된 채 기진맥진하게 되었다는 말이다. 그럼 어떤 때에 상관이 손상되었다는 말인가?

두 가지가 있는데 그 하나는 신강사주에 관성이 매우 약한 경우 상관을 상진 시켜야 한다. 그렇게 해야 할 이유는 다음과 같다. 상관(傷官)은 말 그대로 관을 손상시킨다는 뜻이다. 관은 법을 다루는 관청인데 신주가 상관을 밀어(生)주어 관을 손상시키면 관청에 항거하는 형상이다. 그렇게 되면 일개 국민(民)인 신주가 어찌 온전하겠는가. 그러니까 상관이 관성을 손상시킨 사주는 항상 신주가 불안하기 때문에 초조한 형상이 된다. 그러므로 그런 불안을 제거하려면 관성을 극하는 상관을 인성으로 강하게 극하여 상진 시켜버려야 한다. 그래야 불안과 초조에서 벗어날 수 있는 것이다.

다음 하나는 상관들 때문에 신약할 경우인데-眞傷官- 이때도 상관을 인성으로 상진 시키면서 생신-식상패인(食傷佩印)⁺-해야 신주가 약함을 면할 수 있다. 그렇게 되면 상관상진(傷官傷盡)이 되고, 운행에서도 그래야 길하게 된다. 그러므로 정진편(定眞篇)에서 말하기를 인수가 상관을 상진시키면 그 귀함을 이루 말로 다할 수 없다(傷官若見印星 貴不可言)고 했다.

이 상을 보고 상관은 모조리 상진 시켜야한다고 말해서는 안된다. 상관을 상진 시키면 크게 불길한 경우도 있다. 가령 신주가 매우 강하여 식상에게 설신해야 할 경우 그 식상은 매우 귀중한 존재가 된다. 이것을 가상관(假傷官)이라고 한데 그것을 인성으로 상진 시켜버리면 설신할 출구가 꽉 막혀버려 크게 불길한 것이다. 이런 경우 고서(古書)에서 말하기를 식상이 명랑해서 장수할 형상인데 인성운을 만나면 단명한다(食傷明朗 壽元長 繼母運之 不可當)고 했다. 여기서 계모(繼母)란 편인으로 인성을 말한다.

그리고 신주가 막강하여 설신하고도 재성까지 쓰는 경우 식상은 재성을 생조하여-食傷生財格-막대한 재물을 얻을 수 있는데 만약 인성이 식상을 상진 시켜버리면 식상생재가 되지 않아 재물이 크게 손상되어 버린다. 그래서 고가(古歌)에서 말하기를 신강하고 식상생재격이면 복록이 가지런하다(食神生旺 喜生財日主剛强 福祿齊)고 했다. 또 하나 관성이 많아 신약사주가 되었을 경우 상관으로 관성을 억제해야(食傷制殺格)할 때 그 식상을 상진 시켜버리면 크게 위험해진 것이다. 그리고 종아격(從兒格)⁺도 상관을 상진시키면 매우 불길한 것이다.

이 상을 정리하면 신강의설 사주와 식상생재격 그리고 식상제살(食傷制殺)⁺격 내지 종아격(從兒格)⁺은 상관을 상진 시키면 절대 불가하다. 따라서 덮어놓고 무조건 상관을 상진 시켜야 한

다고 주장하면 사주학자에서 사주쟁이로 전락하고 만다는 것을
명심해야 한다.

상관 辛(金金)酉 상관
정인 丁(火金)酉 상관　丙 乙 甲 癸 壬 辛 庚
신주 戊(土木)寅 편관　申 未 午 巳 辰 卯 寅
상관 辛(金金)酉 상관　189조

　신주 戊土가 金왕절의 酉월에 태어나 실령했고, 다섯 개의 金
에게 계속 土洩金으로 설신됨이 심하여 신약사주다. 그러므로
신약의조와 식상패인(食傷佩印)⁺의 용법에 의해 火가 용신(用
神)이고, 木이 희신이며, 水는 병신이고, 金은 구신이며, 습기 찬
辰土는 기신이다. 이 경우 丁火가 寅중 丙火에 뿌리박고 나타나
용신(用神)이 무력하지 않지만 木火의 세력이 너무 약한 것이
흠이다.

　따라서 고인은 巳午未의 火方운행에 상관을 상진 시키면서 용
신(用神)이 득세한 바람에 대발하여 크게 귀해졌으나, 壬辰에
丁壬이 합하여 용신반합(用神半合)⁺이고, 辰酉合金이 용신(用
神)의 보급소인 木을 극하여 차단시키며 火가 辰土에 화몰(火
沒)⁺되자 별안간 크게 쇠락(衰落)했다.

정인 丙(火金)申 상관

편재 癸(水火)巳 정인　甲 乙 丙 丁 戊 己 庚
신주 己(土金)酉 식신　午 未 申 酉 戌 亥 子
상관 庚(金火)午 편인　190조

　신주 己土가 火왕절의 巳월에 태어나 득령했고, 巳午의 火方과
丙火가 생신하니 신강하다. 따라서 신강의재의 용법에 의해 水
가 용신(用神)이고, 金이 희신이며, 건조한 戊戌未土는 병신이
고, 火는 구신이다. 이 경우 희신인 申酉의 金方이 癸水를 생조
하고 있어서 용신유력(用神有力)이다. 그러므로 고인은 申酉의
金方운행에 재물성인 용신(用神)이 득세하여 재물이 크게 번창
했다. 그러나 戊戌의 土운은 戊癸가 합하여 용신반합(用神半合)
❖이고, 병신운이며, 午戌이 火局을 이루어 상관을 상진 시키자
식상생재가 안되고, 水가 절지에 이르렀기 때문에 단풍도 들기
전에 사거(死去)했다.

‖ 상하정협(上下情協) ‖

　이 단원에서 말하는 상(上)은 천간을 말하고, 하(下)는 지지를
말하는 것으로써 그것들이 서로 상생하기도 하고, 서로 견제도
적당히 잘하여 균형을 이루면 유정(有情)할 뿐만 아니라 협동

(協同)이 잘되었다고 하여 상하정협(上下情協)이라고 한다. 이 말은 적천수에 나온 것으로 상하가 귀한 것은 유정하고 화합(上下貴乎 情協)하기 때문이다. 그렇다면 어떤 형국이 정답게 협동하고 있단 말인가? 그것을 제대로 파악하려면 우선 그 반대인 불화(不和)의 형상부터 보면서 비교하면 빠르리라. 그럼 불화의 종류를 구분해 보기로 하자.

1) 신강해서 관성을 사용할 때 관성이 매우 쇠약한데 그것을 극하는 식상이 매우 강한 형상에 재성이 없거나 아주 미약한 경우.
2) 관성이 매우 강해서 신약할 때 인성을 사용해야겠는데 재성이 방국(方局)을 이루어 인성을 제압하면서 관성을 생조한 경우.
3) 살인상생(殺印相生)⁺에 인성이 중요한데 그 인성을 극하는 재성을 많은 식상이 생조하여 인성이 무력해진 경우.
4) 신강의극에 관성이 약한데 그 관성을 생조하는 재성을 많은 비겁들이 극하는 경우.
5) 비겁이 많고 재성이 약한데 그 재성을 생조하는 식상이 없거나 미약할 경우. 또는 비겁을 제압하는 관성이 미약한 경우.
6) 신강의설에 인성이 방국을 이루어 식상을 제압하고 있는 경우.

그렇다면 유정(有情 혹은 情協)의 경우는 어떤가? 앞에 나열된 것들을 거꾸로 보면 된다.

1) 관성이 매우 쇠약한데 그것을 극하는 식상이 매우 강할 때

재성이 방국을 이루어 관성을 생조하는 경우.

2) 관성이 매우 강한데 그것을 생조하는 재성도 강할 때 비겁이 방국을 이루어 재성을 극하는 경우.

3) 살인상생(殺印相生)⁺에 재성이 강할 때 비겁들이 재성을 극하여 인성이 보호될 경우.

4) 신강하고 관성이 쇠약한데 재성을 생조하는 식상이 있는 경우.

5) 군겁쟁재(群劫爭財)⁺에 식상이 재성을 생조하거나 힘있는 관성들이 비겁을 제압할 경우.

6) 신강의설에 식상운이 신주와 다정하게 화합할 경우.

이상을 정리하면 위아래가 서로 다정하게 협동하면 공경(公卿)의 지위에 이르고 서로 불화하면 어려움이 가중된다. (上下情協 位列公卿 上下不協 難重又困)

상관 己(土火)巳 비견
정관 癸(水金)酉 정재   壬 辛 庚 己 戊 丁 丙
신주 丙(火木)寅 편인   申 未 午 巳 辰 卯 寅
편재 庚(金木)寅 편인   191조

신주 丙火가 金왕절의 酉월에 태어나-일락서산(日落西山)⁺-실령했고, 己土에게 생조를 받은 巳酉의 金局과 庚金-재다신약(財多身弱)⁺-이 癸水를 생조해서 극신하니 신약사주다. 그러므로 신약방조(身弱幇助)의 용법에 따라 火木이 용신(用神)이고,

水金은 병신이며, 건조한 土는 약신이다. 이 경우 재성인 酉金이 정관인 癸水를 생조하고 있어서 명관과마(明官跨馬)⁺격을 이루 었고 또 마침 운행도 巳午未의 火方운과 寅卯辰의 木方운으로 달려 용신(用神)이 득세한다. 따라서 고인은 평생 명리(名利)를 겸했다.

이 명조는 명관과마(明官跨馬)⁺인데 己土가 癸水를 극하고 있다. 이때 그 己土는 巳酉의 金局에게 설기가 심하여 癸水를 극할 능력이 없으므로 관성이 보호되어 명실공히 명관과마(明官跨馬)⁺에 손상이 없게 된 것이다. 그리고 생신하는 木도 두 개나 있어 신주가 아주 약하지 않은 편이고, 木生火로 다정하여 상하 정협(上下情協)이 된 것이다.

정관 癸(水水)亥 편관
정관 癸(水水)亥 편관　壬 辛 庚 己 戊 丁 丙
신주 丙(火土)辰 식신　戊 酉 申 未 午 巳 辰
편인 甲(木火)午 겁재　192조

신주 丙火가 水왕절이 시작된 亥월에 태어나 실령했고, 연월을 水의 세력이 모두 차지한 채 떼지어 극신한다. 따라서 水가 병신이 되었기 때문에 식상제살(食傷制殺)⁺의 용법에 의해 土가 용신(用神)이고, 火는 희신이며, 金水는 병신이다. 이 사주는 지지의 순서가 辰(巳)午로 巳火를 맞아들여 신주의 건록─공록격

(拱祿格)[＋]-이 되고, 午火와 더불어 辰土를 건조시킨다.

그러므로 고인은 申酉戌의 金方운행에 궁핍을 면하지 못하다가 己未의 土운에 발전의 기틀을 다지고 戊午의 土火에 일확천금을 해서 엄청난 거부로 등장했다. 그러니까 대기만성(大器晩成)이다. 이 사주는 살성인 水가 극성을 떨고 있는데 亥중 甲木이 나타나 살인상생(殺印相生)[＋]하고, 木生火, 火生土하여 辰土를 건조시켰다. 그리하여 살성을 제압할 수 있기 때문에 상하좌우로 생극하여 이른바 정협이 된 것이다. 그래도 운행이 좋아야 정협의 가치가 발휘되는 것은 더 말할 것도 없다.

겁재 甲(木木)寅 겁재
정관 庚(金火)午 식신   辛 壬 癸 甲 乙 丙 丁
신주 乙(木木)卯 비견   未 申 酉 戌 亥 子 丑
상관 丙(火水)子 편인   193조

신주 乙木이 火왕절의 午월에 태어나 설신되니 출발은 신약사주지만 寅卯의 木方과 甲木이 신주의 木에게 합세하고, 子水가 水生木으로 생신하니 신강사주로 변하였다. 그러므로 신강의설의 용법에 의하여 火가 용신(用神)-진상관이 가상관으로 변화상관(變化傷官)[＋]-이고, 水는 병신이며, 金은 구신이고, 건조한 戊未의 土는 약신이다. 그런데 운행은 甲戌의 木土운 10여 년만 길운이다. 그래서 고인은 포부가 남달리 컸지만 달성을 못하

고 말았다. 말년의 子丑운행은 병신운이자 용신(用神)인 火가
丑土에 火洩土로 설기되어 화몰(火沒)⁺되기 때문이다.

이 명조는 신강하기 때문에 신강의극의 용법에 의해 庚金을 사
용하려고 보니 土가 전무하고, 金이 다른 곳에 없으면서 庚午로
배치되어 午火에게 강극을 당하고 있다. 그래서 무력하므로 불
화의 형상이 되어 용신(用神)으로 정하지 못한 것이다. 만약 庚
金이 용신(用神)이 되었다면 申酉戌의 金方운행부터 발전하여
亥子丑의 水方(약신)운행에 명예를 빛냈을 것이다. 불화협의 예
조이다.

〚 쌍둥이 사주 〛

옛날 명서(命書)에는 쌍둥이 사주들에 대한 예조들이 없어 그
방면에 대한 연구 자료가 거의 없다. 그래서 쌍둥이 사주에 대
한 명확한 감정 방법이 미진한 상태인데 간혹 학계에서 이런 사
주에 대해 합사주(合四柱)로 보는 견해가 발표되고 있는 현실이
다. 그래서 필자도 그 견해에 따라 쌍둥이 사주들을 검토해보니
일리가 있어 보인다. 일란성 쌍둥이들은 자궁 속에서 서로 맞대
고 합해 있어 그렇게 본다는 것이다. 그래서 여기서도 그런 시

각으로 합사주를 만들어 취급해 보았다. 아무튼 강호 제현들의
지도 편달을 간절히 바라마지 않는다.

　합사주를 만드는 예를 들자면 아래의 경우 연간의 戊와 천간이
합하는 것은 癸-戊癸合-이고, 연지의 戌과 지지가 합하는 것은
卯-卯戌合-이다. 그런 식으로 월간과 일간 그리고 시간도 천간
끼리 합하는 오행을 동생 사주에 차례대로 쓰고 지지도 역시 합
하는 지지끼리 찾아내 차례대로 쓴다. 그 다음 운행은 양남음여
(陽男陰女)는 월주를 기준으로 순행하고, 양여음남(陽女陰男)은
역행으로 보통의 경우처럼 쓴다. 그리고 운행 수는 언니나 형의
숫자를 동생 운행에게 그대로 적는다.

식신 戊(土土)戌 식신　　05 15 25 35 45 55 65
정인 乙(木木)卯 정인　　丙 丁 戊 己 庚 辛 壬
신주 丙(火金)申 편재　　辰 巳 午 未 申 酉 戌
정관 癸(水火)巳 비견　　194조 형

식신 癸(水木)卯 편재　　05 15 25 35 45 55 65
겁재 庚(金土)戌 정인　　己 戊 丁 丙 乙 甲 癸
신주 辛(金火)巳 정관　　酉 申 未 午 巳 辰 卯
정관 丙(火金)申 겁재　　195조 아우

　여기 있는 사주는 남자 쌍둥이 명기들로 둘 다 28세 乙丑년에

결혼해서 형은 제주도로 신혼여행을 갔다가 교통사고-巳申의 역마·지살 형살-로 즉사했고, 동생은 부산으로 갔다 돌아오자 마자 신부가 이혼을 요구했다.

먼저 형 사주부터 보면 신주 丙火가 木왕절의 卯월에 태어나 득기했고, 卯戌合火와 일록귀시(日祿歸時)⁺격이니 신강하다. 그 러므로 신강의극의 용법에 따라 水가 용신(用神)이고, 金이 희 신이며, 土는 병신이고, 火는 구신이다. 이 경우 巳申이 형살이 므로 申중 壬水가 손상되어 癸水도 허탈해졌기 때문에 용신(用 神)무력이다. 게다가 운행이 58년생의 경우 25세부터 戊午의 土火로 병신과 구신운이고, 戊癸合火로 용신반합(用神半合)⁺이 며, 水는 火에 이르러 절지다. 乙丑년은 처궁이자 처성인 金을 생조해서 결혼했으나 운행이 크게 흉했다.

다음 동생의 사주는 신주 辛金이 태어난 戌중 辛金에 통근했고, 巳중 庚金과 庚申의 金이 신주의 金에게 합세하니 신강하다. 그 러므로 신강의극의 용법에 따라 火가 용신(用神)이고, 木이 희 신인데 형살 때문에 용신(用神)이 유력하지 못하다. 그리고 乙 丑년은 처궁인 일지와 巳丑이 합해서 결혼했다. 그래도 25세부 터 巳午未의 火方운이 용신(用神)운이다.

한편, 이 사주는 재성인 卯木이 너무 외로워 군겁쟁재(群劫爭 財)⁺격이고, 卯木이 合火에 가담해서 본성인 木의 성질을 상실했을 뿐만 아니라 庚金과 乙庚으로 합하려고 하므로 콩 밭에 정신이 쏠린 꼴이다. 게다가 가정궁은 텅 빈 공망살*을 끼고 그나마 일시형충(日時刑冲)*이다. 비록 그렇다고 해도 자녀성인 火가 있고 火운이 계속되므로 부인이 있을 명조다.

상관 丁(火金)酉 정관   04 14 24 34 44 54 64
정재 己(土金)酉 정관   戊 丁 丙 乙 甲 癸 壬
신주 甲(木火)午 상관   申 未 午 巳 辰 卯 寅
상관 丁(火木)卯 겁재   196조 형

정재 壬(水土)辰 겁재   04 14 24 34 44 54 64
정관 甲(木土)辰 겁재   乙 丙 丁 戊 己 庚 辛
신주 己(土土)未 비견   巳 午 未 申 酉 戌 亥
정재 壬(水土)戌 겁재   197조 아우

여기는 남자 쌍둥이 사주로 동생은 25살 때 선천성 심장기형에 의한 심실 결손으로 사거(死去)했고, 형은 생존하고 있다. 먼저 형의 사주를 보면 신주 甲木이 金왕절의 酉월에 태어나 두개의 酉金에게 벌목 당할 위급지경에 처했다. 그러므로 식상제살(食傷制殺)*의 용법에 따라 火가 용신(用神)이고, 木이 희신이며, 水는 병신이고, 金은 구신이다. 이 때 운행이 巳午未의 火方운과 寅卯辰의 木方운으로 달려 기쁘다.

다음 동생의 사주는 신주 己土가 네 개의 土를 만나서 신강하다. 그러므로 신강의극의 용법에 따라 木이 용신(用神)이고, 水가 희신이며, 金은 병신이고, 土는 대체로 구신이다. 이 경우 辰戌이 상충하고, 未戌이 형살이므로 土들이 난동을 부려 辰중 癸水와 乙木이 모두 손상된 통에 壬水와 甲木이 허탈해졌다. 그리고 운행 전반운행에 巳午未의 火方운이 신강사주를 생조해서 더욱 신강해지고, 水는 火운 때문에 말라버려 木을 생조하지 못하며 木(간담)은 火(심장)에 설기(洩氣)되어 타버렸다. 그래서 1981년 음력 1월 2일 밤 11시 30분경에 사거(死去)했다.

정관 甲(木金)申 상관   08 18 28 38 48 58 68
식신 辛(金土)未 비견   壬 癸 甲 乙 丙 丁 戊
신주 己(土木)卯 편관   申 酉 戌 亥 子 丑 寅
정재 壬(水金)申 상관   198조 형

정재 己(土火)巳 식신   08 18 28 38 48 58 68
식신 丙(火火)午 상관   乙 甲 癸 壬 辛 庚 己
신주 甲(木土)戌 편재   巳 辰 卯 寅 丑 子 亥
상관 丁(火火)巳 식신   199조 아우

이 남자 쌍둥이의 형은 신주 己土가 간직된 土왕절의 未월에 태어나 득령해서 신강사주로 출발했다. 그러나 설신시키는 金이 많고 卯未의 木局에 극신을 당하니 신약사주로 변했다. 따라서 신약방조(身弱幇助)의 용법에 의해 火土가 용신(用神)이고, 水木이 병신이며, 金은 기신이다. 이 경우 火가 표면에 없고, 未중 丁火만 있어 용신(用神)이 강하지 못하다. 게다가 운행에 火土나 土火로 배치된 것이 없이 金水로 흐른다. 그래서 형인 이 주인공 중 한 명은 평생 회사원으로 넉넉하지 못하게 살아오고 있는 중이다.

동생은 신주 甲木이 火왕절의 午월에 태어나 水木이 다른 곳에 전혀 없으므로 의지할 곳이 없다. 그래서 종아격(從兒格)⁺ 내지 극약의설⁺의 용법에 의해 火가 용신(用神)이고, 水는 병신이며, 土는 약신이고, 金은 木을 제거해 더욱 확실하게 종격을 만드는 길신이다. 그러므로 동생은 壬寅운행 寅午戌로 火局을 이루자 사업으로 크게 성공해 약 백억 원을 거머쥐었다. 그리고 辛丑의 金土운행에도 그 여세가 미치고 있는데 庚子운행에는 子午가 상충하면서 생신하므로 종격을 방해하여 불길하리라.

편재 壬(水火)午 정인　02 12 22 32 42 52 62
비견 戊(土金)申 식신　丁 丙 乙 甲 癸 壬 辛
신주 戊(土土)戌 비견　未 午 巳 辰 卯 寅 丑
겁재 己(土土)未 겁재　200조 언니

편재 丁(火土)未 편관　02 12 22 32 42 52 62
비견 癸(水火)巳 정재　甲 乙 丙 丁 戊 己 庚

신주 癸(水木)卯 식신　午 未 申 酉 戌 亥 子
상관 甲(木火)午 편재　201조 동생

여기는 여자 쌍둥이의 명기로 언니는 생존하고 있으나 동생은
중반운에 사거(死去)했다. 언니의 경우는 신주 戊土가 金왕절이
시작된 申월에 태어나 土洩金으로 설신되니 신약사주로 출발했
다. 그러나 신주와 같은 土가 많고 午戌의 火局이 火生土로 생
신하니 신강사주로 변했다. 이른바 진상관이 변화상관(變化傷官)
⁺되어 가상관이 되었다. 따라서 신강의재의 용법에 따라 水가
용신(用神)이고, 金이 희신이며, 土는 병신이고, 火는 구신이며,
木은 약신이다.

이 경우 申金과 戌중 辛金이 申戌로 金方을 이루어 申중 壬水
에 뿌리박고 나타난 연간의 壬水가 그런 대로 약하지 않아 용신
(用神)이 무력하지 않다. 그러나 운행에 水金이나 金水로 배치
된 운이 없어서 평상조다. 그중 寅卯辰의 木方운은 약신운이자
부군운이므로 42년 생 중 한 명인 언니는 식당업(水業:용신)으
로 그럭저럭 살아가고 있다.

다음 동생은 신주 癸水가 火왕절이 시작된 巳월에 태어나 巳午
未의 火方, 즉 재성 때문에 재다신약(財多身弱)⁺ 사주다. 그러므
로 신약의방의 용법에 의해 水가 용신(用神)이고, 巳중에서 장
생하고 있는 庚金이 희신이며, 土는 병신이고, 火는 구신이다.

이 경우 희신인 庚金이 巳午未의 火方에게 강극을 당하여 癸水
를 생조하기 힘들므로 용신(用神)무력이다. 운행은 오직 申酉운
만 약간 길할 뿐이다.

 그래서 동생은 酉金운행에 巳酉가 金局을 이루어 어렵게 주택
을 장만했다. 그러나 戊戌의 土운행은 완전히 병신운이고, 게다
가 戊癸合火로 용신반합(用神半合)⁺이면서 卯戌合火로 모두 구
신운으로 변해서 병신과 구신이 동시에 난동을 피운다. 그래서
壬戌년에 사거(死去)했다. 그녀는 자녀성인 식상이 세 개로─未
중 乙木은 합─2남1여를 두었다. 언니의 사주에 동기간이 土가
많아서 2남6여의 형제자매들이 있었고 둘 다 초반운이 불길해
어려운 환경에서 성장했다.

〘 생진사초(生秦事楚) 〙

 진나라에서 태어나 초나라에서 산다 또는 섬긴다는 뜻인데 이
렇게 된 인생살이는 그 곡절이 심할 것이 뻔하다. 아니 원래 인
생이란 그런 것인지도 모를 일이다. 하지만 그렇지 않는 인생들
도 많은데 적은 숫자가 그러하다면 그것은 아마도 그렇지 않는
자들보다 그 삶이 한층 고단할 것은 틀림없다.

사주에서도 생진사초(生秦事楚)하는 예가 종종 있는데 그것은 많은 재성들이 신주, 즉 일주와 합하는 것으로 이것을 재다합신 (財多合身)이라고 한다. 본래 재성은 부친성으로, 그것들이 많다면 아버지와 같은 형제들이나 아버지와 같은 남성들이 많은 가운데 그들과 합신하므로 백·숙부나 의붓아버지와 동거하게 되는 형상이다. 그러기 때문에 낳아준 부모 따로 있고 성장하는 부모가 따로 있게 된다. 그래서 혹은 고아원 신세를 지는 경우도 있다.

정재 乙(木木)卯 정재
편재 甲(木金)申 비견   癸 壬 辛 庚 己 戊 丁 丙
신주 庚(金木)寅 편재   未 午 巳 辰 卯 寅 丑 子
정관 丁(火水)亥 식신   202조

이 명기는 저자의 부친께서 담겨진 명조다. 성명은 영광(靈光) 정가(丁家)에 복(福)자, 수(洙)자요 3.4조의 가사(歌辭) 문학의 효시인 상춘곡(常春曲)의 저자 불우헌 정극인(丁克仁)과 목민심서 등 오 백 여권의 저서를 남기신 다산 정약용(丁若鏞)의 방손 (傍孫)으로 정가 가문의 풍수에 인연되어 순환상생(循環相生)⁺ 의 원리로 이 세상에 오셨다.

이 명기는 신주 庚金이 金왕절의 申월에 태어나 득령해서 신강사주로 출발했다. 그러나 寅亥合木과 寅卯의 木方 그리고 그 木에 뿌리박고 나타난 甲乙의 木때문에-재다신약(財多身弱)†-신약사주로 변했다. 따라서 신약의방의 용법에 의하여 金이 용신(用神)이고, 습기 찬 己丑辰土가 희신이며, 건조한 土는 기신이고, 火는 병신이며, 木은 구신이고, 水는 기신이다.

한편, 본조는 월주의 甲申과 일주의 庚寅이 호환재록(互換財祿)†격을 구성하고 있어서 부자와 장수하는 사주다. 좀더 자세히 말하면 월간인 甲木의 건록은 일지에 있고 신주인 庚金의 건록은 월지에 있으므로 서로 교환하여 때(용신과 희신)를 만나면 자유자재로 사용해서 부자가 되는 격국이다. 그런데 이 사주는 희신인 土(己丑辰)가 없다. 그 土는 인성으로써 어머님에 속하므로 운행의 癸未가 닥치기도 전에 모친을 여의었고 癸未의 水土(기신)운에 亥卯未가 木局을 결성하여 구신운이 강화되자 丁卯(火木:13세)년에 부친까지 잃어 조실부모했다. 이 사주는 亥中 甲木(재성)과 寅亥가 합하고, 寅卯가 합하여 재다합신(財多合身)이기 때문에 생진사초(生秦事楚)에 해당된다.

그리고 나(신주인 金)와 같은 申金은 형제성으로서 형님과 단두 형제뿐이었고 두 분이 공사판을 전전하기 시작하여 壬午(水火:병신)운까지 25년 간 험난한 세상을 살았던 것이다. 그 동안에 지물포(紙物舖)에서 주산(당시의 계산기)을 고도로 익히고 한자(漢字)까지 숙달하여 학교 문 앞에는 한발자국도 가보신 적이 없었지만 70이 넘어서도 신문을 보셨다.

그 다음 辛巳의 金火운행이 들어오자 미곡(쌀)업에 뛰어들어 辛金의 용신(用神) 덕분에 큰 재물을 모았다가 巳火(병신)에 6.25동란으로 모두 날리고 寅巳申의 삼형살로 처-노복순(盧福順) 저자의 생모-와 사별했다. 이 사주는 일지편재(日支偏財)* 로 본처와 백년해로하기가 어려운 형국이다. 다시 庚辰의 金土 와 己卯의 己土, 이렇게 15년은 용신(用神)과 희신이 득세하여 경영하던 미곡과 자전거(당시로는 90년대의 자동차와 맞먹었다) 수리 점포로 호황을 누려 군내(郡內)에서는 모모라고 칭할 만큼 큰 부자가 되었다.

그 동안에 5남3여를 슬하에 두셨고 장남인 필자는 그 바람에 당시로는 희귀했던 학사 과정을 끝내게 되었다. 이 사주는 자녀 성인 火가 하나뿐이지만 寅중 丙火와 寅亥合木 등 많은 木들이 강력하게 火를 생조한 가운데 중반운행에 때를 만나 신약을 보 강하므로 자녀가 많았다. 그리고 탕화살(寅丑午)로 얼굴에 홍역 (천연두) 자국이 있었으며, 콧대의 준령이 수려하고, 수염이 유 난히도 길면서 아름다워 사람들의 시선을 집중함과 동시에 그들 과 교우가 깊으셨다.

그러나 己卯의 卯木(구신)운이 들어오자 뜻하지 않았던 대 홍 수로 한 때 지기-약 2천 평- 논(畓)이 모래 산과 새파란 웅덩이로 변모해버려 어마어마한 천재지변을 겪고 경제적으로 큰 타격을 받았으며, 戊寅(土木:기신과 구신)운에는 寅申이 충하고 극하여 신병 때문에 고생이 심했고, 한 명의 아들을 교통사고로 갑자기 잃은 고통도 당했다. 일지의 寅중 丙火는 자식성이자 역마와 지살인데 戊寅운행에 다시 충극하여 그런 불상사를 보았다.

이어 丁丑의 火土운행을 만나자 배치상 火生土로 丑土의 기세가 더욱 강해져 희신운의 10년이 계속된 바람에 세상을 떠나고 싶다던 말씀이 생기를 되찾아 "이제는 좀더 살고 싶다"고 할 정도로 살맛을 얻으시고 농사에 전념하여 주위 사람들에게 <농학박사>라는 별칭을 얻고 모종을 서로 다투어 예약하는 바람에 바쁘셨다. 그리고 丙子의 火水운을 만나서는 丙火가 신주의 庚金과 申金을 극하여 노쇠에 따른 질병으로 활동이 둔화되었다. 그러다 子운에 용신(用神)인 金이 병사지에 들어 己卯년 음력 2월 27일 새벽 한 시경 84세를 일기로 영면하셨다.
이제 시경(詩經)에 있는 다음의 시로 자식의 마음을 아버님께 전해 본다.

<선들바람(凱風)>

남쪽에서 불어오는 선들바람   개풍자남(凱風自南)
대추나무 새싹을 어루만지네   취피극심(吹彼棘心)
대추나무 그 싹은 아직 어리매   극심요요(棘心夭夭)

어버이 수고는 말할 수 없네　　　모씨구로(母氏劬勞)
남쪽에서 불어오는 선들바람　　　개풍자남(愷風自南)
대추나무 줄기를 어루만지네　　　취피극신(吹彼棘薪)
어버이의 사랑은 한량없어도　　　모씨성선(母氏聖善)
우리는 좋은 아들 못되었다네　　　아무영인(我無令人)

준에는 한천이란 샘이 있어서　　　원유한천(爰有寒泉)
마을사람들 이 물 마시고 사네　　　재준지하(在浚之下)
품안에 칠 형제 두시고서도　　　　유자칠인(有子七人)
어버이 언제나 고생 하셨네　　　　모씨노고(母氏勞苦)

꾀꼴꾀꼴 꾀꼬리 봄이 오면　　　　현환황조(睍睆黃鳥)
고운 소리 듣는 이 즐겁게 하네　　재호기음(載好其音)
무릎 밑에 칠 형제 두시고서도　　유자칠인(有子七人)
어버이 즐거이 못해 드렸네　　　　막위모심(莫慰母心)

겁재 辛(金木)卯 정재
편인 戊(土土)戌 편인　丁 丙 乙 甲 癸 壬 辛
신주 庚(金火)午 정관　酉 申 未 午 巳 辰 卯
편인 戊(土木)寅 편재　203조

　이 사주는 전라북도 고창군 안면 봉암리 인촌(仁村) 마을에서
이 나라 언론 창달의 선구자였던 김성수(金性洙) 선생께서

1891년 9월 9일-당시의 운행수는 1-에 태어나 거쳐간 명기다. 우선 사주의 형상부터 살펴보면 부친이자 그 부친의 형제에 속한 재성의 木이 寅木과 卯木으로 둘이다. 그런 木들이 내 몸의 庚午와 寅午戌로 합하면서 寅木이 합신하고 卯戌로 합해서 卯木도 寅卯로 연결된 채 간접적으로 합신한다.

이렇게 많은 재성이 합신하면 생진사초(生秦事楚)의 형상이다. 그래서 인촌께서는 백부와 생부(生父)로 부친이 형제분이었는데 백부가 자식이 없었으므로 3세 때 양자로 입양되었다. 그리고 寅午로 합신하여 일지편재(日支偏財)⁺와 유사하고, 두 木은 재물성과 처성이므로 부인도 둘을 겪는 형상이기 때문에 그는 상처하고 재혼했다. 그 중 첫 부인인 卯木이 卯戌로 합해서 자체조화(自體造化)⁺로 火를 木生火로 생산한다. 그 火는 卯木이 낳은 자녀로써 나(신주)의 자녀인 관성이다.

그러니까 卯木에게서 2남1여를 얻었다. 그리고 寅木은 후처로써 寅午戌로 많은 火局을 생산하기 때문에 재혼한 부인이 5남2여를 낳았다. 한편, 그는 위로 세 명의 형들이 있었고 남동생이 한 명 있었는데 세 명의 형들이 사거(死去)해버린 통에 장남이 되면서 나와 동기간인 辛金의 동생과 형제만 남았다.

이제 사주의 짜임새를 살펴보면 신주 庚金이 辛金을 간직한 戌월에 태어나 연간의 辛金이 신주의 金에게 가세하니 신강사주로 출발했다. 그러나 寅午戌의 火局에게 극신을 당하고 재성인 木이 강해서 재다신약(財多身弱)⁺ 사주로 변했다. 그러므로 신약의조의 용법에 따라 土가 용신(用神)이고, 木은 병신이며, 金은 약신이다. 이 경우 戌중 戊土가 두개나 나타나서 용신유력(用神有力)이다. 하지만 그 土는 건조하므로 생신이 시원하게 안 되어 약간 흠이다. 그래도 운행에 습기 찬 辰土운이 있다. 이 사주는 용신(用神)이 조상 터이자 부모 터인 연월에 있고 초반운행에 申酉의 金이 약신이므로 명문가(名門家)⁺에서 그는 태어났다.

그의 조부는 1천2백 석 지기의 거부였고, 양부(백부)와 생부가 그것을 고스란히 물려받아 한 해에도 2만석을 추수하는 집안이었으며, 두 부친이 한 터에서 대가를 이루고 살았다. 그러면서 어려운 사람들에게 식사와 잠자리를 무료로 제공했다. 그 바람에 하루에도 1백 명의 밥을 지어낼 정도로 식객이 많았고, 어려운 학생들에게는 학자금을 한 뭉치씩 성큼 내주었으며, 독립운동가 들이 오면 아예 금고문을 활짝 열어 놓은 채 가져갈 만큼 가져가도록 밖으로 나가 버렸다. 이만한 적선지가(積善之家)니 필유여경(必有餘慶)은 당연지사가 아니겠는가?

그런 유산으로 인촌은 25세 때 중앙학교를 설립해서 당시 문맹속의 어둔 세상을 헤맨 민족을 계몽했고, 이어 동아일보를 세워언론 창달의 선구자가 되었다. 그래서 민족 운동가였고, 오늘날

고려대학교의 전신인 보성전문학교도 육성했다. 이 기간은 巳午未의 火方운인데 세 개의 土가 흡수해서 소화시켜 준다. 그래도 사주의 화세(火勢)와 합세해서 신주를 공격하므로 어려운 시기다. 그런 때에 유산을 일제에게 빼앗기지 않고 그 대신 민족의 장래를 위해서 전부 소모한 일은 역시 왕대밭에서 왕대 나온다는 속담처럼 선견지명이 아닐 수 없다.

그 후 壬辰의 水土운행은 壬이 극신하는 火를 억제하고, 辰土가 火의 세력을 흡수해서 제대로 생신하니 시원한 용신(用神)운이다. 그러므로 55세 乙酉(乙庚合金)년에 8·15 광복과 동시에 한국 민주당을 창당하고, 60세에 제 2대 부통령이 되었다. 그러다 辛卯운행이 갈아들자 乙未년에 사주와 운행이 寅卯로 木方을 이루고, 사주와 연도가 卯未로 木局을 이루어 병신이 강성해진 채 용신(用神)인 土를 木克土로 강극하므로 사거(死去)했다.

식신 壬(水土)辰 편인
식신 壬(水木)寅 편재　癸甲乙丙丁戊己
신주 庚(金木)寅 편재　卯辰巳午未申酉
편관 丙(火土)戌 편인　204조

이 사주는 신문학(新文學)의 개척자요, 사회개혁의 선각자였던 춘원(春園) 이광수(李光洙) 선생께서 평안북도 정주에서 태어나 거쳐 간 명기다. 그는 34년간에 걸쳐 소설, 수필, 논문, 평론 등

60여 편을 발표했다. 대표작으로는 「이순신」「흙」「유정」
「개척자」「선도자」「사랑」「재생」「마의태자」「원효대
사」「이차돈의 사(死)」「그 여자의 일생」 등등이 있고 아명
(兒名)은 보경(寶鏡)이었으며, 필명(筆名)으로는 장백산인, 외
배, 올보리 등이 있다.

이 사주는 내 몸의 庚寅과 재성인 寅木이 寅寅으로 합신하고,
辰중 재성인 乙木과도 寅辰으로 木方을 이루면서 합신한다. 그
래서 많은 재성이 합신하므로 생진사초(生秦事楚)의 형상이기
때문에 그는 11세 때 부모님과 일시에 사별하고, 이 집 저 집으
로 전전긍긍했다. 그리고 부친성인 재성과 모친성인 인성이 寅
辰으로 합신하고, 寅戌로 합신해서—재인합신(財印合身)—모가재
취(母嫁再娶)＋의 형국이므로 그의 생모는 부친의 세 번째 재취
였다. 그러니까 모친성인 土가 寅중 戊土와 더불어 여기저기 있
기 때문에 모외유모(母外有母)＋한 것이다.

그런가 하면 丙戌시는 戌중 辛金이 동기간으로써 여동생이고,
戌중 丁火는 관성으로써 자녀성이다. 그것이 이미 땅속 깊이 묻
혀버렸다는 입묘살에 해당한다. 그래서 조실부모하고, 떠돌이 신
세였던 어린 시절에 그 누이동생이 굶주림으로 사거(死去)했고,
36세 丁卯(火木)년에 관성의 연도를 만나 장남을 두었으나 甲戌
년에 재차 戊土라는 입묘운을 만나 그 아들이 사거(死去)했다.
한편, 폐에 해당하는 金이 신주인데 중반운행에 巳午未의 火方

운에게 공격을 당하여 그는 폐질환 등으로 산사(山寺)에서 장기
간 요양을 하기도 했다.

이 사주는 신주 庚金이 木왕절의 寅월에 태어나 실령했고, 재
성이 木方을 이루어 재다신약(財多身弱)⁺ 사주다. 따라서 신약
의조의 용법에 의해 土가 용신(用神)이고, 木이 병신이며, 水는
구신이고, 金은 약신이다. 이 경우 辰戌의 土가 용신(用神)이자
인성이니 문예방면에 출신할 형상이다. 그러므로 그는 초반에
구신과 병신인 癸卯의 水木운을 만나 천애의 고아로 전락했고,
甲木의 병신운에 사방은 헤맸으며, 辰土운행에 용신(用神)이 득
세하여 일진회 유학생으로 뽑혀 명치학원 중학부를 졸업하고,
오산(五山:고향)에서 교편을 잡았다.

그 뒤 巳午未의 火方운은 문성(文星)인 인성을 생조하므로 무
수한 작품을 발표했으나 신병으로 고생이 많았다. 그리고 寅중
두개의 丙火는 자녀성이므로 1남1여를 둔 채 戊申운행 중 庚寅
년에 6·25동란으로 납북되어 생사가 불분명하다. 申운행은 사
주와 寅申이 충극하면서 역마·지살이 크게 작용한다. 그래서
木의 세력과 金운이 크게 상전(相戰(하므로 그는 아마 그 기간
에 사거(死去)했으리라. 이 사주는 그의 저서「인생의 향기」를
참고로 했다. 이밖에 11조를 참조한다.

▐ 쇠왕태극(衰旺太克) ▌

이 단원은 적천수에 나온 이론인데 그것을 제대로 이해하기 위해 다음과 같이 분류해서 설명해 본다.

태약(太弱) 신약이 지나치게 쇠약해진 경우.

극약(極弱) 신약이 지나칠 정도가 아니라 극도로 쇠약해진 경우

태강(太强) 신강이 지나치게 강해진 경우.

극강(極强) 신강이 지나칠 정도가 아니라 극도로 강해진 경우.

보통 신약할 경우는 방조의 용법을 쓴데 태약, 극약할 경우는 그 방법에 의하지 않는다. 그와 마찬가지로 보통 신강할 경우 의설이나 의재 또는 의극의 용법을 쓰지만 태강, 극강할 경우는 그런 용법을 쓰지 않고 다음 아래에 있는 도표에 의해 용신(用神)을 정하는 이치가 있다.

오행	구분	木신주	火신주	土신주	金신주	水신주
특별법	太弱태약	宜金	宜水	宜木	宜火	宜土
	極弱극약	宜火	宜土	宜金	宜水	宜木
	太强태강	宜火	宜水	宜木	宜火	宜土
	極强극강	宜水	宜土	宜金	宜水	宜木

이것을 요약하면 태약할 경우는 아예 강극(强克)해서 종살하고 극약할 경우는 아예 설신시켜 종아(從兒)하며, 태강할 경우는

의설(宜洩)하고, 극강할 경우는 아예 더욱 의조(宜助)해서 종강(從强)시키는 것이다. 한 마디로 태약의극(太弱宜克)하고, 극약의설(極弱宜洩)하며 태강의설(太强宜洩)하고, 극강의조(極强宜助)한다.

이것을 다시 더 첨가해 설명해 본다면 위의 도표를 참조하며 다음과 같이 이해하여 본다.

태약은 인비가 있어도 식상이나 재관이 강해져 약해진 경우 약할 바에는 아예 관성으로 극해 더욱 약해지게 하는 의극의 용법을 적용한다.

극약은 인비가 없거나 있어도 그것들이 설기되거나 함께 배치된 밑에 있는 지지에 극을 당해 무력한 경우로 도저히 신주가 자립할 수 없으니 그럴 바에는 아예 의설하는 것이 더욱 효과적이기 때문에 의설하는 용법을 적용하는 것이다.

태강은 인비(印比) 외에 다른 오행이 있으면서도 인성과 비겁으로 대단히 강해진 경우로 의설의 용법이 적용된다.

극강은 인비(印比) 중 비겁이 더 많아 강해진 경우로 강할 바에는 아예 더욱 강하게 인성으로 의조해서 종강시킨다. 일종에 종강격(從强格)✝과 같은 것이다.

이상을 살펴보면 종격과 유사한 경우가 많다. 태약할 경우는 종살격(從殺格)✝과 유사하고, 극약할 경우는 종아격(從兒格)✝과 비슷하며 극강할 경우는 종왕격 내지 종강격(從强格)⁺과 유사하다. 다만 태강할 경우는 신강의설과 같은 용법을 쓰고 있다.

겁재 乙(木土)丑 정재   205조
비견 甲(木金)申 편관   癸 壬 辛 庚 己 戊 丁
신주 甲(木金)申 편관   未 午 巳 辰 卯 寅 丑
정관 辛(金土)未 정재   木이 태약한 경우

 신주 甲木이 金왕절의 申월에 태어나서 실령-樗朽之木-했고, 연월의 甲乙도 신주와 마찬가지로 뿌리박을 지지가 없기 때문에 신주를 도와줄 수 없다. 따라서 신주가 의지할 곳이 없으므로 이 명기는 사주에서 대세를 움켜쥐고 쥐락펴락하는 土(生)金에 순종하지 않으면 안될 종살격(從殺格)⁺이다. 태약의극의 용법에 의해서도 金이 용신(用神)이다. 그러므로 고인은 巳午未의 火方(병신) 운행에 고난과 역경을 치렀다.

 그러나 辛巳의 金-巳丑의 金局-운행과 庚辰의 金土운행에 일약 대부(大富)로 급부상했다. 그 후 卯木운에 신주의 木을 도와 종살격(從殺格)⁺을 방해하므로 재물이 크게 손상되었고, 寅木운에는 용신(用神)인 申과 寅申이 충극하고, 金은 木에 이르러 절지를 만났기 때문에 단풍이 졌다.

편재 己(土火)巳 상관   206조

편재 己(土火)巳 상관　戊丁丙乙甲癸壬
신주 乙(木金)酉 편관　辰卯寅丑子亥戌
상관 丙(火土)戌 정재　木이 극약한 경우

　신주 乙木이 火왕절의 巳월에 태어나 세 개의 火에게 설신되며 酉戌의 金方에게 극신을 당하고 있다. 그런데 생신해 줄 水도 없거니와 木도 없어서 신주가 의지할 곳이 없으므로 지극히 쇠약하다. 따라서 극약의설의 용법에 의해 火가 용신(用神)이고, 水는 병신이며, 건조한 土는 약신이고, 습기 찬 辰丑의 土는 기신이다. 이 경우 용신(用神)인 火가 조상이자 부모 터인 연월에 있고 초반운행에 戊辰의 土와 丁火를 만나서 명문가(名門家)✝에서 성장하는 형상이다.

　그러므로 고인은 넉넉한 집에서 풍요롭게 성장했고, 卯木운에 卯酉가 상충하자 크게 흔들렸으며, 丙火에 다시 재기했다. 그러다 寅운에 처성인 戌土를 극하여 극처했고, 亥子丑의 水方운에 용신(用神)이 丑土에 화몰(火沒)✝되어 파산하다시피 했으며, 亥운에 巳亥가 상충한 바람에 사거(死去)했다.

비견 甲(木土)辰 편재　　207조
상관 丁(火木)卯 겁재　戊己庚辛壬癸甲
신주 甲(木水)子 정인　辰巳午未申酉戌
편재 戊(土土)辰 편재　木이 태강한 경우

신주 甲木이 木왕절의 卯월에 태어나 득령했고, 卯辰의 木方과 연간의 甲木이 신주의 木에게 가세하며 子辰의 水局이 水生木으로 생신하니 태강사주다. 그러므로 태강의설의 용법에 의해 火가 용신(用神)이고, 水는 병신이며, 金은 구신이다. 따라서 전반에 있는 巳午未의 火方운에 용신(用神)이 득세하므로 고인은 명리(名利)를 겸했다. 그러나 辛金과 申金은 구신운 이므로 부부가 이별하고 모함을 받았다.

그 후 壬申의 水金운행에 또 후처와 이별했고, 癸酉에는 丁癸가 충극하여 용신(用神)이 손상되고, 卯酉도 충극하여 희신도 손상되므로 크게 흉했다. 이 사주는 처성인 재성의 辰土가 둘 다 흉살인 백호대살(白虎大殺)이고, 후반운이 매우 불길하여 처를 교체해 봤으나 그게 그것이었다.

정인 癸(水木)卯 겁재　208조
겁재 乙(木木)卯 겁재　甲癸壬辛庚己戊
신주 甲(木木)寅 비견　寅丑子亥戌酉申
겁재 乙(木水)亥 편인　木이 극강한 경우

신주 甲木이 木왕절의 卯월에 태어나 寅亥合木 등 木이 가득 찼고 癸亥의 水가 水生木으로 생신하니 木이 지극히 왕성한 사주다. 그러므로 극강의조의 용법에 의해 水가 용신(用神)이고,

土金은 대세를 장악한 水木을 거역하기 때문에 병신이다. 따라서 고인은 전반에 있는 亥子丑의 水方운에 용신(用神)이 득세하여 거부가 되었다. 그 후 庚戌의 金土부터는 병신운이 계속된 바람에 기울러 결국은 파산하고 말았다. 이 사주는 용신(用神)이 조상 터인 연월에 있고 전반운이 대길하여 명문가(名門家)[+]에서 태어나 유산이 많은 형상이다. 그러나 후반운이 계속 불길하여 일장춘몽이다. 효자봉친(孝子奉親)[+] 편을 참조해 본다.

편재 辛(金火)巳 겁재   209조
비견 丁(火金)酉 편재   丙 乙 甲 癸 壬 辛 庚
신주 丁(火金)酉 편재   申 未 午 巳 辰 卯 寅
식신 己(土金)酉 편재   火가 태약한 경우

신주 丁火(陰干)가 의지할 곳이 없으므로 태약의극의 용법에 의해 水가 용신(用神)이고, 金이 희신이면서 종재격(從財格)[+]도 겸했다. 그러므로 고인은 木을 대동한 午未의 火方운행에 어렵게 살더니 癸巳에 巳酉로 金局을 이루고 壬辰에 辰酉合金해서 거액을 움켜줬었다. 寅卯의 木운행은 불길한데 庚辛의 金이 있어 반길반흉의 운이다.

정재 辛(金水)亥 편관   210조
편관 壬(水土)辰 식신   辛 庚 己 戊 丁 丙 乙
신주 丙(火金)申 편재   卯 寅 丑 子 亥 戌 酉

상관 己(土水)亥 편관 火가 극약한 경우

신주 丙火가 土왕절의 辰월에 태어나 火洩土로 설신되고, 申辰
의 水局과 두개의 亥水, 그리고 壬水에게 水克火로 극신을 당한
다. 그런데 신주를 도와줄 木火가 전무하기 때문에 신주는 지극
히 쇠약하다. 그러므로 극약의설의 용법에 의하여 土가 용신(用
神)이고, 木은 병신이며, 火도 기신이다. 따라서 고인은 辛卯와
庚寅에 寅卯의 木운이 병신운이므로 신고를 겪다가 己丑의 土운
과 戊子의 戊土에 용신(用神)이 득세하여 경영하던 사업이 크게
발전했다.

정인 乙(木土)丑 상관   211조
편관 壬(水火)午 겁재   辛 庚 己 戊 丁 丙 乙
신주 丙(火土)戌 식신   巳 辰 卯 寅 丑 子 亥
편인 甲(木火)午 겁재   火가 태강할 경우

신주 丙火가 오뉴월 염천지절(炎天之節)인 午월에 태어나 득령
했고, 午戌의 火局과 억센 양인인 午火가 신주의 火에게 가세하
며 甲乙의 木이 생신하니 신주가 지극히 왕성한 신강사주다. 따
라서 태강의설의 용법에 의해 습기 찬 丑辰의 土가 용신(用神)
이고, 木은 병신이다. 이 사주는 火의 세력이 막강해서 한 방울
의 壬水가 말라버렸기(滴水熬乾) 때문에 水가 용신(用神)이 될
수 없다.

그러므로 金水는 오히려 기신이다. 그래서 고인은 辛巳의 金-巳丑이 金局-운행과 庚辰의 金土운에 고전하다가 戊己의 土운에 서서히 발전하여 丁丑의 火土운행에 배치상 丑土가 강해진 용신(用神)운이므로 대발했다. 그 후 丙子에 子午가 상충하여 전이불항(戰而不降)✝이므로 크게 흉했다.

식신 戊(土木)寅 편인　212조
겁재 丁(火火)巳 비견　戊 己 庚 辛 壬 癸 甲
신주 丙(火木)寅 편인　午 未 申 酉 戌 亥 子
편인 甲(木火)午 겁재　火가 극강한 경우

신주 丙火가 火왕절의 巳월에 태어나 득령했고, 세 개의 木이 생신하며 巳午의 火方과 寅午의 火局이 신주의 火에게 합세하니 火의 세력이 지극히 강해진 신강하다. 그러므로 극강의조의 용법에 의해 木火가 용신(用神)이고, 金水는 병신이다. 따라서 고인은 운행 초반에 午未의 火方운을 만났고, 연월에 용신(用神)인 火가 자리 잡고 있어서 명문가(名門家)✝의 형상이므로 여유 있는 집안에서 학문을 열심히 닦아 박학다식했다. 그러나 庚申의 金운이 들어오자 병신운이므로 풍류와 주색에 빠져 辛酉의 金운행에 방탕해서 패가망신했다.

편재 壬(水土)辰 비견　213조

상관 辛(金水)亥 편재   壬癸甲乙丙丁戊
신주 戊(土水)子 정재   子丑寅卯辰巳午
정재 癸(水土)丑 겁재   土가 태약한 경우

　신주 戊土가 水왕절의 亥월에 태어나 실령했고, 丑중 辛金에 뿌리박고 나타난 辛金에게 설신되며 亥子丑의 水方 때문에 재다신약(財多身弱)⁺ 사주다. 이 사주는 신주가 지극히 약하므로 태약의극의 용법에 따라 木이 용신(用神)이고, 金이 병신이며, 습기 찬 丑辰의 土는 구신이다. 이 경우 亥중 甲木이 길신암장(吉神暗藏)이고, 중반 운행에 甲寅과 乙卯의 木운이 20여 년 간 득세한다.

　그러므로 고인은 이 기간에 전성기를 이루어 명리(名利)가 쌍전(雙全)했다. 그러나 丙辰의 火土운행은 태약한 신주를 어설프게 돕겠다고 나서고 辰土는 구신운이며, 혈액에 해당하는 水局을 흙탕물⁺로 만들어 처자와 분쟁했을 뿐 아니라 혈질병인 중풍으로 사거(死去)했다.

정재 癸(水金)酉 상관   214조
편관 甲(木水)子 정재   癸壬辛庚己戊丁
신주 戊(土水)子 정재   亥戌酉申未午巳
편재 壬(水水)子 정재   土가 극약한 경우

신주 戊土가 水왕절의 子월에 태어나 실령했는데 이 사주는 金水가 대세를 움켜쥐고 쥐락펴락하는 종재격(從財格)⁺이기 때문에 金水가 용신(用神)이고, 火土는 병신이다. 이 사주는 극약의 설의 용법에 의해서도 金이 용신(用神)이다. 그러므로 고인은 申酉戌의 金方운에 용신(用神)이 득세하여 거부가 되었다. 그러나 己未의 土운행부터 병신운행을 만나 기울기 시작해서 戊午의 土火와 丁巳의 火운행에 거듭 고역을 치르다가 공수래 공수거(空手來空手去)했다.

비견 戊(土土)辰 비견   215조
비견 戊(土火)午 정인   己 庚 辛 壬 癸 甲 乙
신주 戊(土金)申 식신   未 申 酉 戌 亥 子 丑
겁재 己(土土)未 겁재   土가 태강한 경우

신주 戊土가 火왕절의 午월에 태어나 득기했고, 많은 土가 신주의 土와 합세하므로 신주가 몹시 태강(太强)하다. 따라서 태강의설의 용법에 의해 金이 용신(用神)이고, 습기 찬 丑辰의 土가 희신이며, 건조한 未戌의 土는 기신이고, 火는 병신이며, 木은 구신이고, 水는 약신이다. 그러므로 고인은 庚申의 金운행에 등용문을 열고 辛酉의 金운행도 용신(用神)이 득세하여 승승장구로 고관에 이르렀다.

그러나 壬戌의 水土에는 배치상 土克水니 수기(水氣)는 약화되

고, 戊土가 강해진 기신운으로 辰戌이 상충하고, 未戌이 형살을
이루어 삼형살과 유사하며, 午戌로 火局을 이루어 金을 공격한
다. 그런 가운데 丙午년은 火가 가중된 병신년이다. 그래서 그는
그만 아깝게 사거(死去)하고 말았다.

```
겁재 戊(土土)戌 겁재   216조
정인 丙(火土)辰 겁재   丁 戊 己 庚 辛 壬 癸
신주 己(土火)巳 정인   巳 午 未 申 酉 戌 亥
비견 己(土火)巳 정인   土가 극강한 경우
```

신주 己土가 土왕절의 辰월에 태어나 득령했고, 이 사주는 火
土로만 구성되어 신주가 지극히 극강하다. 그러므로 극강의조의
용법에 따라 火가 용신(用神)이고, 水는 병신이며, 金은 구신이
다. 이 경우 용신(用神)이 조상 터인 연월에 있고 전반운행에
巳午未의 火方인 용신(用神)운을 만나 명문가(名門家)† 답게 고
인은 풍요로운 집안에서 출생했다.

그래서 戊己의 土를 거느린 火方운에 등용문을 열고 떠오르는
혜성처럼 유망주로 승승장구했다. 그러나 庚申의 金운부터는 구
신운을 만나 가산이 점점 쇠퇴하더니 壬戌운에 壬丙이 상충하자
용신(用神)이 손상되어 크게 흉했다.

```
편인 己(土木)卯 편재   217조
```

겁재 庚(金火)午 편관　己戊丁丙乙甲癸
신주 辛(金木)卯 편재　巳辰卯寅丑子亥
정재 甲(木火)午 편관　金이 태약한 경우

　신주 辛金이 火왕절의 午월에 태어나 실령했고, 두개의 火에게 극신을 당하며 木이 火를 생조해서 이 사주는 木火의 세력만 왕성하고, 두개의 金이 발붙일 곳이 없으며 己土마저 火의 세력에게 말라버려 생신할 수 없다. 그래서 신주가 庚金과 己土를 보고도 지극히 쇠약하므로 태약의극의 용법에 의해 火가 용신(用神)이고, 木은 희신이며, 水는 병신이고, 金은 구신이며, 습기 찬 土는 기신이다. 따라서 고인은 중반에 있는 丁卯와 丙寅의 火木운행에 용신(用神)과 희신이 동시에 득세하여 부귀가 진동했고, 乙丑의 습기 찬 丑土운에 화몰(火沒)⁺되어 파직 당했다. 己土가 용신(用神)이었다면 정반대로 丑土운에 대성했을 것이다.

정인 己(土水)亥 식신　218조
정관 丁(火木)卯 정재　丙乙甲癸壬辛庚
신주 庚(金木)寅 편재　寅丑子亥戌酉申
편관 丙(火水)子 상관　金이 극약한 경우

　신주 庚金이 木왕절의 卯월에 태어나 실령했는데 생신하고, 신주를 도와줄 金土가 지지에 없다. 연간에 己土가 있으나 뿌리가 없어서 무능하기 때문에 생신해 주기 어렵다. 그래서 己土를 두고 신주가 지극히 쇠약한 상태에 빠졌다. 그러므로 극약의설의 용법에 따라 水가 용신(用神)이고, 土는 병신이며, 木은 약신이다. 따라서 고인은 乙丑운행에 丑土가 병신운이므로 가산이 크게 기울어 역경을 치렀다. 그러나 甲子의 木水운과 癸亥의 水木 -寅亥合木-운은 약신이자 용신(用神)운이므로 재물과 명예가 풍성했다. 그 후 壬戌의 戌土에 병신운을 만나 파직 당했다.

```
식신 壬(水金)申 비견   219조
정인 己(土金)酉 겁재   庚辛壬癸甲乙丙
신주 庚(金水)子 상관   戌亥子丑寅卯辰
비견 庚(金土)辰 편인   金이 극왕한 경우
```

신주 庚金이 억센 양인월이자 金왕절의 酉월에 태어나 득령했고, 申酉의 金方과 辰酉合金 그리고 시간의 庚金이 신주의 金에게 합세하며 土가 생신하니 金이 지극히 태강해졌다. 따라서 태강의설의 용법에 의해 水가 용신(用神)이고, 金이 희신이며, 건조한 土는 병신이고, 火는 구신이며, 木은 기신이다.

이 사주는 木火없이 신강하므로 추수명검(秋水名劍)✝의 용법에 의해 水가 용신(用神)이다. 그리고 정란차격(井欄叉格)✝과 유사하다. 그러므로 고인은 전반운에 있는 亥子丑의 水方운행과 이 정란차격(井欄叉格)✝이 좋아한다는 木운에 득세하여 그 이름이 진동했다.

비견 庚(金金)申 비견   220조
정재 乙(木金)酉 겁재   丙 丁 戊 己 庚 辛 壬
신주 庚(金土)戌 편인   戌 亥 子 丑 寅 卯 辰
비견 庚(金土)辰 편인   金이 극강한 경우

  신주 庚金이 金왕절의 酉월에 태어나 申酉戌의 金方을 만났고,
乙庚이 合金하며 土가 생금(生金)하므로 극강의조 내지 종혁격
(從革格)⁺이다. 이 격은 金으로 똘똘 뭉쳐 대세를 거머쥐고 있
으므로 그 세력에 순응하는 土金水는 길신이고, 거역하는 火木
은 기신이다. 따라서 고인은 군·경·율—종혁격(從革格)⁺이므로
—에 출신하여 亥子丑의 水方운행에 전성기를 이루다가 寅卯의
木方운에 寅申과 卯酉가 충극하여 역세 하므로 흉하였다. 말하
자면 계란(木)으로 바위(金)를 쳤기(克) 때문에 木方운에 불길
했던 것이다.

편재 丙(火土)辰 편관   221조
상관 乙(木土)未 정관   丙 丁 戊 己 庚 辛 壬
신주 壬(水火)午 정재   申 酉 戌 亥 子 丑 寅
겁재 癸(水木)卯 상관   水가 태약한 경우

  신주 壬水가 土왕절의 未월에 태어나 극신을 당하므로 실령했
는데 신주를 도와줄 金水중 金은 전혀 없고, 癸水를 간직한 辰

土는 火의 세력으로 말라버려 무력해졌기 때문에 신주를 도와줄
수 없다. 그래서 신주가 의지할 곳이 없으므로 이 사주는 水從
木으로 木을 따라가 木生火하고, 火生土하여 사주에서 전권을
장악한 火土에게 순종하는 종살격(從殺格)＋이 되었고, 태약의극
의 용법도 적용된다.

그러므로 土火가 용신(用神)이고, 金水는 병신이다. 따라서 고
인은 戊戌과 己土의 土운행에 명성을 날렸다. 그러나 亥子丑의
水方운행과 庚辛의 金운에는 어설프게 신주를 도우면서 종살격
(從殺格)＋을 방해하므로 지난날을 그리워했을 것이다.

겁재 癸(水木)卯 상관　222조
편관 戊(土火)午 정재　丁 丙 乙 甲 癸 壬 辛
신주 壬(水木)寅 식신　巳 辰 卯 寅 丑 子 亥
편재 丙(火火)午 정재　水가 극약한 경우

신주 壬水가 火왕절의 午월에 태어나 실령했는데 생신(生身)해
줄 金은 전무하고, 癸水가 있지만 그것도 戊癸로 合火해서 있으
나 마나하기 때문에 신주가 의지할 곳이 없다. 그러므로 본조는
신주가 水從木으로 木을 따라가서 木生火로 火에 순종하는 종재
격(從財格)＋이 되었고, 극약의설의 용법이 적용된다. 고로 대세
를 거머쥔 火를 중심 삼아 순세(順勢)하는 木火土는 길신이고,
역세(逆勢)하는 金水는 기신이다. 따라서 고인은 丙丁의 火를

대동한 寅卯辰의 木方운에 순세해서 크게 부귀했고, 癸丑부터
亥子丑의 水方운에 고전했다.

비견 壬(水木)寅 식신　223조
정인 辛(金水)亥 비견　壬 癸 甲 乙 丙 丁 戊
신주 壬(水水)子 겁재　子 丑 寅 卯 辰 巳 午
정인 辛(金土)丑 정관　水가 태강한 경우

　신주 壬水가 水왕절의 亥월에 태어나 득령했고, 亥子丑의 水方
과 연간의 壬水가 신주의 水에게 합세하며 두개의 辛金이 金生
水로 생신하기 때문에 水의 세력이 지극히 강성하다. 그러므로
태강의설의 용법에 의해 木이 용신(用神)인데 寅亥가 合木하여
용신(用神)이 보강되었으므로 용신유력(用神有力)의 형상이고,
水는 희신이며, 火土는 기신이다.

　이 경우 용신(用神)이 식상이므로 문예방면인 문장가나 예체능
계 또는 교육 등의 계통에 출신할 형상이다. 그래서 길운을 만
나면 속칭 '똑 소리다 난다.' 그러므로 고인은 소년 시절부터
신동이라는 별칭으로 부상하여 중반의 木운 20여 년에 용신(用
神)이 득세하자 그 이름을 크게 날렸다. 그 후 丙辰의 火土(기
신)운부터 기신운이다.

겁재 癸(水水)亥 비견　224조

겁재 癸(水水)亥 비견 壬 辛 庚 己 戊 丁 丙
신주 壬(水水)子 겁재 戌 酉 申 未 午 巳 辰
편인 庚(金水)子 겁재 水가 극강한 경우

신주 壬水가 간직된 水왕절인 亥월에 태어나 사주가 온통 水로 가득 찼다. 그래서 태평양이나 오대양과 같은 바다와 같으므로 나무(木)는 표류하고, 흙(土)은 씻겨버리며 불(火)은 흔적조차 남을 수 없다. 그러기 때문에 사주에서 대세를 장악하고 쥐락펴락하는 金水가 극강의조와 윤하격(潤下格)╀의 용법에 의해 용신(用神)이고, 木火土는 병신이다.

그러므로 고인은 壬戌의 戊土 운행에 신고를 겪다가 辛酉와 庚申의 金운행 20년 간에 그 이름이 방방곡곡에 울릴 정도로 대발했다. 그러나 己未의 土(병신)운부터 가산이 기울기 시작하여 戊午의 火土운에는 지극히 가난해진 끝에 사거(死去)했다. 戊土가 수세(水勢)와 상극하고 午火가 金을 공격하면서 子午로 충극한 탓이다.

이 단원을 적천수에 있는 말로 요약하면 극강한 사주는 의극하면 불가하고, 극약한 사주는 의조하면 불가하다는 것이다. (極之強者 不可損 極之弱者 不可益) 여기서 손(損)은 손상, 즉 극(克)한다는 의미이고, 익(益)은 도운(助)다는 것을 말한다.

〖 수기유행(秀氣流行) 〗

수기(秀氣)란 기세가 빼어났다는 뜻이고, 유행이란 그렇게 빼어난 기운이 멈추지 않고 다른 것을 또 생조한다는 말이다. 그러니까 빼어난 기(氣)란 지지에 뿌리박고 천간에 분명히 나타난 것인데 그것이 자기에서 멈추지 않고 다른 오행까지 생조하는 것이다.

순환상생(循環相生)⁺은 오행이 빙빙 돌고 도는 것을 말하고, 천복지재(天覆地載)⁺격은 천간에 나타난 오행들이 각각 지지에 뿌리를 박고 있는 것이지만 여기서 말하는 수기유행(秀氣流行)은 그렇게 빙빙 도는 것이나 각각 지지에 뿌리박고 있는 것을 말하지 않고 지지에다 어떤 오행이 튼튼하게 뿌리박고 나타나서 -이것을 수기(秀氣)라고 말함-다른 오행을 하나나 둘 정도 생조해 가는 과정을 이루고 있는 것이다.

```
편재 己(土木)卯 비견
비견 乙(木水)亥 정인   甲 癸 壬 辛 庚 己 戊
신주 乙(木土)未 편재   戌 酉 申 未 午 巳 辰
상관 丙(火土)戌 정재   225조
```

신주 乙木이 水왕절의 亥월에 태어나 득기했고, 亥卯未의 木局

이 신주의 木에게 합세하니 신강하다. 그러므로 신강의재의 용법에 따라 土가 용신(用神)이고, 火는 희신이며, 木은 병신이고, 水는 구신이며, 金은 한신이다. 이때 木은 亥卯未라는 木局에 뿌리박고 나타나 수기(秀氣)가 되었고, 그 木은 木生火로 火를 생조하면서 다시 그 丙火는 土들을 생조하므로 수기가 유행하고 있는 것이다.

이 경우 丙火가 未戌중 丁火에 통근하고 나타나서 두개의 土를 생조하고 있으므로 용신유력(用神有力)이며, 木火통명⁺으로 문명의 형상이다. 따라서 고인은 癸酉와 壬申의 水金운행에 고생이 많았다. 그러나 巳午未의 火方운행에 희신운을 만나 청귀(士林에서)하고 노익장을 과시했다.

편재 丙(火水)子 겁재
비견 壬(水土)辰 편관　癸 甲 乙 丙 丁 戊 己
신주 壬(水金)申 편인　巳 午 未 申 酉 戌 亥
상관 乙(木火)巳 편재　226조

신주 壬水가 태어난 월령의 辰중 癸水에게 통근했고, 申子辰의 水局과 월간의 壬水가 신주의 水에게 합세하니 신강하다. 따라서 신강의재의 용법에 따라 火가 용신(用神)이고, 木은 희신이며, 水는 병신이고, 金은 구신이며, 건조한 未戌의 土는 약신이다. 이때 水局에 뿌리박고 나타난 壬水는 수기(秀氣)이고, 그것이 乙木을 생하여 급신이지(及身而止:374조 참조)가 되지 않았고, 그 木은 다시 火를 생조하여 이른바 수기유행(秀氣流行)이다.

이 경우 희신인 木(상관)이 辰중 乙木에 통근하고 시간에 나타나서 용신(用神)이자 재성인 火를 생조하고-식상생재격-丙火가 巳중 丙火에 뿌리박고 나와서 용신유력(用神有力)이다. 그러므로 고인은 巳午未의 火方운행에 일취월장하고, 丙丁의 火운에 그 여세를 이어가다 戊戌의 土(약신)운행에 병신인 水를 제압하여 큰 부자로 군림했다.

▒ 수다목부(水多木浮) ▒

사주에 水가 지나치게 많은데 木이 적은 것을 말한다. 그러면 나무가 홍수에 떠내려 가버린 형상이므로 木에 해당된 육친이 피해를 보는 경우가 많다. 한편, 수다화멸(水多火滅)은 水가 매우 많은데 火가 약하면 火가 소멸된다. 그 火에 해당된 육친에 문제가 생긴다. 가령 재물에 해당되면 그 방면이 부실해진다. 그리고 수다토류(水多土流)는 홍수가 날 지경으로 水가 많은데 土가 너무 적으면 그 흙이 유실되듯이 그 방면에 해당된 육친이 부실하게 된다.

또 수다금침(水多金沈)은 금침수저(金沈水低)⁺와 같은 말로 적
은 金이 많은 물 속에 가라앉아 버린 형상이므로 그 金에 해당
한 육친이 부실하게 된다. 그리고 수다수윤(水多水潤)은 水일생
이 사주에 水가 꽉 차 있으면 윤하격(潤下格)⁺이다. 윤하격(潤
下格)⁺을 참조한다. 이상 水多木浮와 水多火滅 그리고 水多金沈
(金沈水低) 그리고 水多土流 및 水多水潤(潤下格)의 용어들은
사주 상황을 판독할 때 긴히 쓰인다.

‖ 수대근심(樹大根深) ‖

큰 나무를 수대(樹大)라 하고, 그 큰 나무는 뿌리가 깊이 박히
므로 근심(根深)이라 한다. 그러면 그 반대로 작은 나무는 뭐라
할까? 수대의 반대이니 수소(樹小)이고, 수소는 뿌리가 얕게 박
혀있으니 근천(根淺)이다. 그러니까 수대근심(樹大根深)은 뿌리
가 깊이 내린 큰 나무요 수소근천(樹小根淺)은 뿌리가 얕은 나
무이다. 용비어천가에 뿌리깊은 나무는 바람에 흔들리지 않는다
-블휘 깊은 남간 바람에 아니 밀새-고 했다. 이로 보아 나무는
그 뿌리가 깊이 박혀야 억센 바람에도 그 뿌리가 뽑히지 않을

것은 당연하다.

그럼 사주로는 어떤 것이 수대근심(樹大根深)의 형상인가? 신주가 木이면서 지지에 木方이 있으면 그 뿌리가 깊이 박혀있는 것이니까 이때를 그렇게 말한다. 그러면 수소근천은 어떤 형국인가? 寅월에 태어난 木신주로 다른 곳에 木이 없는 형상인데 寅월은 아직 늦추위가 맹위를 떨칠 때이므로 나무가 아직 그 뿌리가 활발할 수 없다. 그래서 고서에서는 수소근천을 어릴 눈자를 써서 눈목근천(嫩木根淺)이라고 표현하기도 한다.

그 외에도 온산송백(溫山松柏)이란 말이 있는데 寅월 木신주가 다른 곳에 木이 있는 경우로, 나침반을 보면 寅자는 艮寅으로 배치되어 주역상 간위산(艮爲山)에 해당하므로 산(山)이란 말이 붙고 寅중에는 丙火라는 태양이 있으니 따뜻할 온(溫)자를 써서 그렇게 명명한 것이다. 온산송백을 높을 교(喬)자에 나무 송(松)자를 사용하여 교송(喬松)이라고도 표현한다.

그리고 저후지목(樗朽之木)이란 말도 있는데 저(樗)자는 낙엽이나 가랑잎 나무이고, 후(朽)자는 썩을 후자로 저후(樗朽)는 낙엽이 져서 썩을 나무의 형상이 되기 때문에 金왕절(申酉월생)에 태어난 木신주를 말한다. 사실 가을 나무는 그렇게 되지 않겠는가. 이상을 정리하면 다음과 같다.

수대근심(樹大根深) : 木신주가 지지에 木方을 만난 것.
수소근천(樹小根淺) : 木신주가 寅월생으로 다른 곳에 木이 없는 것.
온산송백(溫山松柏) : 木신주가 寅월생으로 다른 곳에 木이 있는 것.
저후지목(樗朽之木) : 木신주가 金왕절인 申酉월에 태어난 것

편재 戊(土土)戌 편재
비견 甲(木木)寅 비견   戊 己 庚 辛 壬 癸 甲
신주 甲(木土)辰 편재   午 未 申 酉 戌 亥 子
편관 庚(金火)午 상관   227조

 이 사주는 1898년 서울에서 태어나 초대 내무부 장관과 여당
인 공화당 의장을 두 번이나 역임했던 동산(東山) 윤치영(尹致
暎)씨가 거쳐간 명기다. 신주 甲木이 木왕절의 寅월에 태어나
득령했고, 월일이 寅辰의 木方과 木으로 단결되어 신강하다. 이
경우 寅午戌의 火局이 있으므로 정월에 태어난 나무가 기후는
해결되었으니 진태오리(震兌五理)†의 난법을 적용할 필요가 없
다.

 이 사주는 木신주가 寅월에 태어나 처음에는 수소근천(樹小根
淺)이었으나 월간에 甲木이 있고 寅辰으로 木方을 결성해 수대
근심(樹大根深)으로 전환되었고, 寅중 丙火와 火局이 있어 온산
송백(溫山松柏)도 되었다. 그러므로 신강의극의 용법에 따라 金
이 용신(用神)이고, 土가 희신이며, 火는 병신이고, 木은 병신이

며, 水는 약신이다. 이 때 庚金이 戌중 辛金에 뿌리박고 나와서 辰土에게 생조를 받고 있으므로 용신유력(用神有力)이면서 시상 일위귀격(時上一位貴格)⁺이다.

따라서 그는 편관이 용신(用神)이므로 와세다 대학 법학부에서 유학 중 1919년 <2·8독립선언>에 참여했고, 30대에 미국으로 건너가 대학원을 나왔다. 그 후 광복까지 독립운동을 하다가 해방과 동시에 귀국해서 48년 제헌국회의 부의장과 초대 내무부장관을 역임했다. 그래서 정부의 기틀을 다진 데 기여했고, 이어 당의장을 거쳐 70세에도 전국구 민의원 등 5선을 지냈으며, 자녀성인 金은 戌중 辛金과 庚金으로 1여1남을 남겼다. 그는 "내 옷과 넥타이는 내가 고르는 것이 취미중 하나"라고 할 만큼 삶을 즐기면서 매주 운동을 했고, 99세까지 장수하다 1996년(양) 2월 9일 사거(死去)했다. 庚申과 辛酉의 金方운에 활발했다.

```
상관 丁(火土)未 편재
정재 戊(土金)申 정관   丁 丙 乙 甲 癸 壬 辛
신주 乙(木木)卯 비견   未 午 巳 辰 卯 寅 丑
정재 戊(土木)寅 겁재   228조
```

신주 乙木이 金왕절의 申월에 태어나 실령해서 저후지목(樗朽之木)인데 卯未의 木局과 寅卯의 木方이 있으면서 일주가 간여지동이기 때문에 수대근심(樹大根深)으로 변한 것 같이 보인다.

그러나 申월에는 아직 土의 기운이 강할 때인데 申중 戊土가 두 개나 나타났으며, 未土가 있어서 재다신약(財多身弱)⁺ 사주가 되었다. 그러므로 신약방조(身弱幇助)의 용법에 의해 水木이 용신(用神)이고, 土金은 병신이며, 火는 약신이다. 이 때 마침 운행이 水를 거느리고 寅卯의 木方운으로 달려 고인은 장·차관급에 이르렀다.

〖 수일여명(水日女命) 〗

여자 사주(女命)로 신주가 壬水이거나 癸水일 경우 상당수 많은 여성들이 연하의 남자나 또는 나이 차이가 아주 많은-노랑(老郞)-남자를 배필로 만나서 사는 통계에 속한다.

정재 丙(火土)辰 정관
식신 乙(木土)未 편관　甲 癸 壬 辛 庚 己 戊
신주 癸(水土)丑 편관　午 巳 辰 卯 寅 丑 子
겁재 壬(水水)子 비견　229조

이 여조는 신주 癸水가 土왕절의 未월에 태어나 실령했는데 丑辰의 土가 또 土克水로 극신하니 신약사주다. 그러므로 신약방조(身弱幫助)의 용법에 의하여 水金이 용신(用神)이고, 土火는 병신이며, 木은 약신이다. 그런데 운행에 申酉戌의 金方(용신)운이 없어서 쨍하고 해뜰 날이 별로 없는 평상조다.

한편, 부군성인 관성의 土가 셋이나 있고 부군덕이 불미해진다는 백호대살(白虎大殺)의 일주에 출생했으며, 과숙살까지 있는가 하면 노랑(老郞: 흰머리 남편)이나 연하의 낭군을 섬긴다는 수일여명(水日女命)이다. 따라서 16년 생 중 한 여인은 상부(喪夫)하고 15년이나 연상인 남자와 살았다.

겁재 壬(水土)戌 정관
편인 辛(金水)亥 겁재　庚 己 戊 丁 丙 乙 甲
신주 癸(水火)巳 정재　戌 酉 申 未 午 巳 辰
비견 癸(水土)丑 편관　230조

이 여조는 신주 癸水가 水왕절이 시작된 亥월에 태어나서 득령했고, 壬癸의 水가 신주의 水에게 가세하며 巳(酉)丑의 金方과 辛金이 金生水로 생신하니 신강하다. 따라서 신강의극의 용법에 의해 건조한 戌土가 용신(用神)이고, 火는 희신이며, 木은 병신이고, 水는 구신이며, 金은 약신이다. 이 경우 희신인 巳火는 亥水와 충극하고, 巳丑의 金局에 가담하여 무력하므로 土를 생조하지 못하며, 戌土는 신주와 너무 멀리 떨어진 채 귀기불통(貴氣不通)†이면서 홀로 외로워 용신(用神)무력이다.

그렇게 되어버린 그 土는 부군성인데 그 곳에는 흉한 백호대살 (白虎大殺)이 붙어 있고 음착살(陰錯殺)*이 있으며, 수일여명 (水日女命)이고, 또 하나의 부군성인 丑土가 내 몸의 癸巳와 巳 丑으로 합신하고 있다. 그러니까 이 여조는 남자성이 두개가 있 는 것이다. 그래서 22년 생 중 한 여인은 첫 남자와 이별한 뒤 15세나 연상인 부군과 재혼해서 살았다.

‖ 수화기제(水火旣濟) ‖

수화미제와 수화기제(水火旣濟)라는 용어는 주역의 64괘에서 따온 말이다. 어떤 것을 주역에 물었을 때 수화미제(水火未濟) 가 나왔을 경우 그 괘를 읽어보면 모든 일이 미결 상태이기 때 문에 좋지 않는 형편에 처했다는 것을 암시하고 있다. 그처럼 사주에서도 水火가 소통되지 못하고 서로 으르렁거리는 상태에 있으면 불미한 명조로 본다.

그러나 그런 상태에서 木이 있으면 水生木하고, 木生火해서 水 火를 소통시킨다. 이때 木은 水火가 결제되게끔 해서 수화미제 가 수화기제(水火旣濟)로 변하게 한다. 이렇게 되면 불미했던 명조가 승격되어 아름다워진다. 이것을 다른 용어로는 막혔던 도랑물이 시원하게 뚫려 통하게 했다고 해서 구통수화(溝通水火) 또는 수화구통(水火溝通)이라고 말하는 명서도 있다.

비견 壬(水火)午 정재
비견 壬(水木)寅 식신 癸 甲 乙 丙 丁 戊 己
신주 壬(水木)寅 식신 卯 辰 巳 午 未 申 酉
비견 壬(水木)寅 식신 231조

신주 壬水와 같은 水가 천간에 네 개나 있어서 천간일기격이지만 지지에 뿌리박을 金水가 없고, 세 개의 木에게 설기만 되어 신주가 의지할 곳이 없다. 그러므로 水從木으로 木을 따라가 木生火로 寅午의 火局에 순종하는 종재격(從財格)⁺이 되었다. 따라서 木火가 용신(用神)이고, 金水는 병신이며, 건조한 土는 길신이다.

이 경우 水木火가 순리적으로 청순하게 생조하는 삼상격(三象格)⁺이고, 水火상전에 木이 구통수화 또는 수화기제(水火既濟)를 이루고 있으며, 운행이 卯辰의 木方운과 巳午未의 火方운으로 달려 고인은 장군에 이르렀다. 이 사주는 火가 염열(炎熱)하므로 군·경·율의 계통에 나아갈 형상이다. 戊申운은 寅申이 충극할 뿐 아니라 병신운이므로 사거(死去)했다.

비견 丙(火土)辰 식신
비견 丙(火金)申 편재 丁 戊 己 庚 辛 壬 癸
신주 丙(火金)申 편재 酉 戌 亥 子 丑 寅 卯
편관 壬(水土)辰 식신 232조

 신주 丙火가 金왕절의 申월에 태어나 실령했고, 또 일지에 申
金이 있으며, 두개의 辰土에게 火洩土로 설신되니 신약사주다.
그래서 종격⁺이 될 듯하지만 이 사주는 丙火가 세 개나 있어서
그것이 안 된다. 그렇다고 신주가 강하지도 못하고, 생신하는 木
이 없는 가운데 申辰의 水局과 壬水,

 이렇게 水의 세력과 水克火로 상극만 하고 있는 水火미제요,
운행도 계속 庚辛의 金과 亥子丑의 水方으로 달려 불미하다. 그
러므로 고인은 丁火와 戊戌의 土(약신)운에 박학다식했으나 포
부를 펴지 못하고 말았다. 사주에 木이 없어 구통수화(溝通水火)
가 되지 못하고 수화불통(水火不通)이기 때문이다.

상관 癸(水火)巳 편관
편인 戊(土火)午 정관 丁 丙 乙 甲 癸 壬 辛
신주 庚(金土)戌 편인 巳 辰 卯 寅 丑 子 亥
상관 癸(水土)未 정인 233조

 신주 庚金이 火왕절의 午월에 태어나 巳午未의 火方과 午戌의

火局에게 극신을 당하니 신약사주로 출발했다. 그러나 巳午未에는 모두 土가 있으면서 戊土가 나타나-두 개의 水가 있어 건토가 습토로 변화-火를 흡수해서 土生金하므로 신강사주로 변했다. 따라서 신강의극의 용법에 의해 火가 용신(用神)이고, 木이 희신이며, 水는 병신이고, 金은 구신이다. 이때 사주에 木이 없어 이른바 구통수화가 되지 않고 수화불통이다.

 그러므로 53년 생 중 한 명은 甲乙의 木을 거느린 寅卯의 木方 운행에 구통수화가 제대로 이루어져 삼대 도시에 살면서 대학교 앞에 당구장과 레스토랑을 운영해 엄청난 돈을 벌었다. 그래서 더 확장하기로 작정하고 은행에서 돈을 빌려 큰 부지를 구입해 빌딩을 짓고 있었다. 그러나 癸丑운행은 구통수화(溝通水火)가 끝나고 불통수화(不通水火)로 변하면서 병신운이다. 그래서 느닷없이 부도가 터지고 수습할 수 없어 시궁창에 빠져버렸다. 사주에 木이 있었다면 水운도 무섭지 않은데 그게 없어서 그만 엄청난 재앙을 당한 것이다.

▌ 순전사위(純全四位) ▌

기관팔방(氣貫八方)✝을 참조한다.

∥ 순환상생(循環相生) ∥

사주에 오행이 모두 있으면서 그것들이 서로 상생을 멈추지 않고 계속하는 형상을 말한다. 그래서 그치지 않는다는 의미로 생생불이(生生不已) 또는 거슬리는 일이 없다고 해서 생의불패(生意不悖)라고 명명하기도 한다. 또 그 근원이 유구하고, 그 흐름이 장구하다는 의미로 원원유장(源遠流長)이란 말도 쓰고 있다.

이렇게 된 사주는 부귀가 무궁하다고 고서에서 말하고 있는데 간혹 용신(用神)운을 만나지 못해서 부귀는 못해도 장수하는 것은 많이 보았다. 순환상생(循環相生)격은 병신이나 구신운을 만나도 사주에 있는 어떤 오행이 그것을 받아 돌리기 때문에 큰 곡절이 적어 그렇게 장수하는 것이 아닌가 사료된다. 육체와 정신은 파란을 자주 겪으면 충격을 받기 마련이다. 그래서 순환상생(循環相生)격이 아닌 사주의 주인공은 그런 일을 많이 겪으면 아무래도 정신과 육체의 건강에너지가 많이 손상되므로 장수하기가 어렵게 될 것이다.

그러나 순환상생(循環相生)격은 웬만한 운행도 큰 충격 없이 소화해내기 때문에 정신과 육체에 타격이 적어 수명이 긴 것 같다. 그리고 순수하게 생이불패가 되니까 공명이 순수하게 나타나 그 이름이 천추(千秋)에 빛날 수 있다. 이 단원은 시종득소(始終得所)✝ 편과 유사하니 그곳도 참조해 본다.

정재 庚(金火)午 비견
정관 壬(水火)午 비견　癸甲乙丙丁戊己
신주 丁(火水)亥 정관　未申酉戌亥子丑
상관 戊(土金)申 정재　234조

　이 사주는 부귀할 수 있는 징조를 몇 가지 구성하고 있다. 그
하나는 壬午월 丁亥일에 출생하여 월간의 壬水는 일지의 亥水에,
신주의 丁火는 월지의 午火에 각각 건록을 가지고 있어서 호환
재록(互換財祿)＊을 형성했다. 또 하나는 庚金이 申金에, 戊土는
두개의 午火에 각각 뿌리를 박고 있어서 천간의 오행들이 모두
지지에 통근했기 때문에 천복지재(天覆地載)＊격도 이루었다. 나
머지 하나는 火生土, 土生金, 金生水하여 亥중 甲木을 水生木,
木生火하므로 순환상생(循環相生)격까지 구성했다.

　이런 배경을 토대로 신주 丁火가 火왕절의 午월에 태어나 득령
했으므로 신강하다. 고로 신강의극의 용법에 따라 水가 용신(用
神)이고, 金은 희신이며, 건조한 土는 병신이고, 火는 구신이다.
이 때 마침 운행이 申酉戌의 金方운과 亥子丑의 水方운으로 달
려 평생 희신과 용신(用神)이 득세한다. 그러므로 고인은 대부
했고, 장수했다. 丁亥일생은 천합지(天合地)＊다.

정재 辛(金土)未 상관

상관 己(土水)亥 편관 戊丁丙乙甲癸壬
신주 丙(火土)辰 식신 戌酉申未午巳辰
상관 己(土水)亥 편관 235조

　신주 丙火가 水왕절이 시작된 亥월에 태어나 실령했고, 네 개
의 土에게 설신되니 신약사주다. 그러므로 신약방조(身弱幇助)
의 용법에 따라 火木이 용신(用神)이고, 水金은 병신이며, 건조
한 未戌의 土는 약신이고, 습기 찬 丑辰의 土는 기신이다. 이 경
우 亥월생ﾟ이기 때문에 亥중 두개의 甲木이 길신암장(吉神暗藏)
격이면서 亥未로 木局을 이루어 용신유력(用神有力)이다.

　그리고 살성인 亥水가 인성인 亥중 甲木을 생조해서 木生火로
생신하니 살인상생(殺印相生)ﾟ격을 구성했으며, 亥水가 木局을
水生木하고, 木生火, 火生土, 土生金, 金生水해서 오행이 빙빙 돌
고 도는 순환상생(循環相生)격도 겸했다. 게다가 운행에서 乙未
와 甲午에 木火가 득세하여 때를 만났다. 그래서 고인은 사상적
지도자로 이 기간에 그 성명이 방방곡곡에 진동했다.

〚 시상일위귀격(時上一位貴格) 〛

　이 격은 연해자평과 명리정종에 나온 것으로 일명 시상편관격

(時上偏官格)이라고도 말한다. 시주(時柱)에 편관이 있는 것인데 주로 시간(時干)에 편관이 나온 경우가 많고 시지(時支)에도 간혹 편관이 있는 경우도 있으나 이것은 흔하지 않다.

그런데 시상에 하나의 편관이 있는 경우 그것이 매우 귀한 존재가 되어 그 주인공은 세상에서 역시 귀한 사람이 된다는 것이다. 그렇다면 시상에 편관이 하나 있는 사주는 모두 귀격인가 그게 의문이 아닐 수 없다. 그렇게 되려면 대개 다음과 같은 조건에 부합해야 한다.

첫째, 편관을 살성이라도 하는데 그것을 감당하려면 우선 신주가 강해야 할 것은 두말할 나위도 없다. 그러니까 시상일위귀격(時上一位貴格)이 되려면 신주가 비겁월이나 인성월에 태어난 오행으로서 시상에 편관이 놓인 경우 이 격에 해당될 확률이 높다.

둘째, 시상에 편관이 있는데 신약할 경우는 그것을 감당할 수 없으니 중간에 인성이 있어 관생인(官生印), 인생신(印生身)해야 한다. 이것을 이인화지(以仁化之)라고 한다. 그러나 인성이 없어 이인화지가 안될 경우는 식상으로 제살(食傷制殺)하는 이력복지(以力服之)의 방법을 쓴다. 통명부(通明賦)에 나온 말로 이력복지보다는 이인화지가 더 낫다고 했다. 이력복지는 힘으로 제압하는 것이고, 이인화지는 인성이라는 인자(仁慈)한 모친성으로 살성을 신주에게 순화(純化)시킨 것이다.

정인 壬(水火)午 식신
편인 癸(水木)卯 비견　甲 乙 丙 丁 戊 己 庚
신주 乙(木水)亥 정인　辰 巳 午 未 申 酉 戌
편관 辛(金火)巳 상관　236조

신주 乙木이 간직된 木왕절의 卯월에 태어나 득령했고, 水들이
생신하니 신강하다. 따라서 신강의재의 용법에 의해 土가 용신
(用神)이고, 火는 희신이며, 木은 병신이고, 水는 구신이며, 金은
약신이다. 이 경우 水木이 강하여 巳午의 火方에 설신하고도 여
력이 있으며, 흙이 부족하므로 강한 나무가 뿌리를 내려야 하고,
火金을 소통시키기 위해서도 土가 필요하기 때문에 午중 己土와
巳중 戊土가 매우 필요하다.

이때 巳亥가 충하려고 하는 찰나 亥卯로 木局을 이루어 木局이
巳火를 木生火하고, 火는 土를 생조하니 길신암장들이 튼튼해졌
다. 그리하여 土生金하므로 火金의 전투도 해결된 것이다. 그래
서 시상일위귀격(時上一位貴格)이자 巳亥 형충으로 군경율(軍警
律)에 출신한 형상이다.

그러므로 42년 생 중 한 명은 甲辰과 乙木운행이 병신운이므로
가정형편이 매우 곤란해서 겨우 고졸이다. 그 후 巳火부터 길운
이므로 부두 노동자로 입신해 丙午와 丁未운행에 항만 노조 조

합장으로 크게 활약했다. 그러다가 戊土운행 중 戊辰(47세)년에 국회의원에 당선된 다음 申金운행 壬子년에 낙선했고, 己土운행 중 丙子년(55세)에 재선되었으며, 酉金운행은 巳酉합금한 중 庚辰년에 총선연대의 낙선운동 때문에 여당이면서 낙선의 고배를 마셨다. 그는 변호사를 활용하여 총선연대와 법정 싸움을 벌이려고 문의해왔지만 申金운행과 庚辰년 그리고 辛巳년이 모두 불리하기 때문에 말렸다. 그랬더니 아닌게아니라 조용하게 지내고 있다. 庚戌의 戊土운행이 다시 길운이데 酉金과 庚金이라는 기간이 너무 길어 큰 효과가 나타날지 의문이다.

편재 乙(木土)丑 편인
편재 乙(木金)酉 비견 甲 癸 壬 辛 庚 己 戊
신주 辛(金火)巳 정관 申 未 午 巳 辰 卯 寅
정재 甲(木火)午 편관 237조

 신주 辛金이 金왕절의 酉월에 태어나 득령했고, 巳酉丑의 金方이 신주의 金에게 합세하니 신강하다. 따라서 신강의극의 용법에 의해 火가 용신(用神)이고, 木은 희신이며, 水는 병신이고, 金은 구신이며, 건조한 未戌의 土는 약신이고, 습기 찬 丑辰의 土는 기신이다. 이 사주는 세 개의 재성이 巳午의 火方을 생조하여 용신(用神)이 무력하지 않은 채 명관과마(明官跨馬)⁺격을 이루었다.

그리고 시상일위귀격(時上一位貴格)이며, 辛巳일에 출생하여 천합지(天合地)⁺다. 게다가 운행에서 巳午未의 火方운을 만나 용신(用神)이 득세한 가운데 壬午운행 중 甲午(木火)년에 고인은 명진사해(名振四海)하고 평생 부귀했다. 다만 庚辰의 金土운행은 구신과 기신운이기 때문에 불길하다.

편인 壬(水火)午 상관
편관 庚(金土)戌 편재　辛 壬 癸 甲 乙 丙 丁
신주 甲(木火)午 상관　亥 子 丑 寅 卯 辰 巳
편관 庚(金火)午 상관　238조

　신주 甲木이 土왕절의 戌월에 태어나 실령했고, 午戌의 火局에 설신되며 두개의 金에게 극신을 당하니 신약사주다. 그러므로 신약방조(身弱幫助)의 용법에 따라 水木이 용신(用神)이다. 그리고 이 사주는 세 개의 午火가 子水를 강력하게 충요(沖遙)해서 끌고 들어온 도인격(倒印格)—일종의 도충격(倒沖格)⁺과 유사—으로서 水가 용신(用神)이다.

　이 경우 午는 제왕이 출입하는 단문(端門)이고, 충요해 온 子는 제좌(帝座)이기 때문에 중앙정부에 출입하는 子午쌍포격⁺과 흡사하고, 시상일위귀격(時上一位貴格)이다. 게다가 운행이 亥子丑의 水方운—살인상생(殺印相生)⁺격이 구성되는 운으로 以仁化之—과 寅卯辰의 木方운으로 달려 용신(用神)이 일생동안 득세한다. 그러므로 고인은 총리급에 이르렀다. 이외에 227조 261조 485조 등등을 참조한다.

∥시상편재격(時上偏財格)∥

이 격도 시상일위귀격(時上一位貴格)⁺처럼 시주에 편재가 하나만 있는 경우인데 간혹 다른 곳이 있어도 이 격으로 보는 경우가 있다. 원래 정재와 편재를 통틀어 재성이라고 하는데 정재는 정식으로 꼬박꼬박 착실하고, 정직하게 돈을 모으는 성질이 있는 반면에 인색하여 구두쇠 같은 면모도 있다. 그런가하면 편재는 횡재로 돈을 모으는 성질이 있기 때문에 비리와 부정이 있을 수 있고 반면에 호탕하고, 친절한 맛이 있어 희사하는 면모도 있다. 정재든 편재든 모두가 양면성을 띠고 있는 것이다.

이 격은 신강하고, 시상에 편재가 있으면 어떤 상황이든 상관않고 큰돈을 벌기 위해 친절과 호탕함을 부려 기어이 성취하고야 만다. 그러나 신약한데 시상편재(時上偏財)가 강하다면 보고도 못 먹는 떡이 아니라 오히려 빈곤과 질병으로 일생을 험난하게 보낸다. 그리고 이 격을 구성하고 관록에서 빛나는 경우도 많은데 정치란 돈을 밑바탕으로 삼기 때문이다. 예조들을 보기로 하자.

정관 己(土金)酉 정인
편재 丙(火水)子 겁재　乙 甲 癸 壬 辛 庚 己
신주 壬(水木)寅 식신　亥 戌 酉 申 未 午 巳
상관 乙(木火)巳 편재　239조

　신주 壬水가 본격적으로 水가 왕성한 子월에 태어나 득령했고,
酉金과 巳酉의 金局이 생신하니 신강하다. 그러므로 신강의재의
용법에 의해 火가 용신(用神)이고, 木이 희신이며, 水는 병신이
고, 金은 구신이며, 건조한 土는 약신이고, 습기 찬 辰土는 기신
이다. 이 경우 시상편재(時上偏財) 격이고, 용신유력(用神有力)이
다.

　따라서 고인은 癸酉와 壬申의 水金운행, 이렇게 20년에 병신과
구신운을 만나 부모와 부인에게 흉함이 있었고, 辛未의 未土부
터 재기하여 己巳까지 30여 년 간 큰 부자가 되었으며, 노익장
을 과시했다. 그러나 戊辰의 辰土에 화몰(火沒)⁺되어 낙엽 따라
가버렸다. 이 사주는 己土부터 土生金, 金生水, 水生木, 木生火하
여 순환상생(循環相生)⁺격이다.

편관 癸(水木)卯 편인
상관 戊(土火)午 비견　丁 丙 乙 甲 癸 壬 辛

신주 丁(火土)丑 식신   巳辰卯寅丑子亥
편재 辛(金土)丑 식신   240조

  신주 丁火가 火왕절의 午월에 태어나 득령했고, 卯木이 생신하
여 신강사주로 출발했다. 그렇지만 木生火, 火生土, 土生金으로
사주에 기세가 金에 쏠린 바람에 약간 신약사주로 변했다. 따라
서 신약방조(身弱幇助)의 용법에 의해 木火가 용신(用神)이고,
金水는 병신이기 때문에 고인은 운행의 전반에 있는 寅卯辰의
木方운에 크게 부귀했다. 이 사주는 신주가 크게 약하지 않으면
서 시상편재(時上偏財)도 튼튼해서 재명유기(財命有氣)*격을 구
성했다. 그런 중에 길운을 일찍 만나 대발했다. 그러나 후반운은
水가 계속되어 불미한 가운데 壬子의 水운행에 子午가 충극하자
흉했다.

식신 壬(水火)午 정관
식신 壬(水木)寅 편재   癸甲乙丙丁戊己
신주 庚(金水)子 상관   卯辰巳午未申酉
편재 甲(木金)申 비견   241조

  이 사주는 양력으로 1942년 2월 16일인데 김정일 북한 지도
자가 이 명기에 담겨져 현재 귀명으로 살아가고 있다. 이 날은
북한 주민에게 경사스러운 경축일이다. 그런데 지금으로부터 약
9백년 전에 엮어진 「연해자평」의 시상편재(時上偏財)격편에 이

와 똑같은 명기가 소개되어 있다. 그 당시 고씨(高氏)라는 성을 가진 사람이 이 사주로 시랑(侍郞)이란 벼슬을 누렸다고 적혀 있다.

시랑이라는 관직은 진나라와 한나라 때 궁중의 수호를 맡은 벼슬이었으나 당나라(618~907) 때는 중서(中書)와 문하(門下)의 두 성(省)에 장관(長官)이었고 그 후로는 육부(六部)의 차관으로서 지금으로 말하면 장·차관급이다. 그러니까 이 명기는 시대 다른 동조이인(同造異人)으로써 귀격이고, 그 주인공들은 인공위성이 있건 없건 시공(時空)을 초월하여 귀명으로 살아간다는 사실이 입증된 것이다.

그럼 김정일이가 어떻게 申시에 태어났는가를 알 수 있느냐고 의문을 제기할 사람들이 있을 것이다. 그가 午시에 태어났는지 아니면 子시에 출생했는지 가서 물어 본 이가 없으니 당연한 의문이 아닐 수 없다. 그래서 다음 두 가지 사실을 가지고 입증해 보이겠다.

그 하나는 申시가 역마·지살이란 사실이다. 역마나 지살은 외국 또는 이방과 여행 그리고 차나 교통 등의 뜻을 상징한다. 그것이 시주에 있고 내 몸의 일주와 합신(合身)하면 방외출생(房外出生)이라는 통계에 해당한다. 이 사주도 역마·지살인 申시가 내 몸의 庚子와 申子(辰)로 합하면서 역마가 합신한다. 그는 그의 아버지인 김일성 북한 주석이 1942년 당시 광복군으로서 소련으로 망명하여 군영을 전전하고 있을 때 군대 막사(幕舍)에서 출생했던 것이다. 이 사실은 북한에서 월남한 망명인 가운데 북한 방송 작가도 입증해준 적이 있다.

나머지 하나로써 申은 金으로 신주의 金과 같은 동기(同氣)다. 그러면 동기간은 인륜상 형제자매다. 이 경우 신주도 양(陽)이고, 申金도 양이기 때문에 같은 동기간으로서 남동생에 속한다. 그것이 申子辰의 水局에 가담해버려 본성인 金의 성질을 상실했다. 그래서 그의 남동생 한 명이 김일성이 집무하는 연못(水局)에 빠져 죽었다. 학문 용어로 금침수저(金浸水低)⁺가 된 것이다.

그리고 합(여자, 딸)이 되어 친 여동생(김경희)이 한 명 있다. 또 시주와 일주는 가정궁으로 시간의 甲木은 재성으로서 본처에 속하는데 그것이 申金이라는 절지 위(곁)에 놓여 무력하기 때문에 갑자기 횡사하거나 이별하는 형상이다. 그는 성애란이라는 본처와 이혼 상태다. 이렇게 생시(生時)를 찾는 방법은 여러 가지 정황을 점거해서 알아낼 수 있는 것이다.

이제 사주 자체로 돌아가 보자. 신주 庚金이 木왕절이 시작된 寅월에 태어나 실령했다. 그리고 寅午의 火局에게 극신을 당하고, 申子의 水局과 두개의 壬水에게 설신이 심하므로 신약하다. 이 경우 水局과 火局이 水火미제인데 寅木이 중간에 있어 水生

木, 木生火하므로 수화기제(水火旣濟)┿가 되었다. 비록 그렇다고 해도 申金이 水局에 가담해 그 본성을 상실했으므로 신주가 의지할 곳이 없으니 이 사주는 金洩水하고, 水生木, 木生火해서 木火에게 순종하는 종살격(從殺格)┿으로 火가 용신(用神)이고, 木이 희신이며, 水는 병신이고, 金은 구신이며, 건토는 약신이다.

운행과 이것을 대조해 보면 壬寅의 水木은 병신과 용신(用神)인데 배치상 水生木하니 木의 용신(用神)이 강해진 기간이다. 그래서 그는 癸水운에 속하는 己丑(土土)년 8세 때 모친과 사별했다. 午중 己土가 모친성인데 내 몸의 庚子와 子午로 충거(沖去)된 가운데 午火가 습기 찬 己丑의 土에게 화몰(火沒)┿되어 사별하게 된 것이다. 그래도 卯木의 용신(用神)이 초반운이고, 용신(用神)이 사주의 연월에 있어 명문가(名門家)┿의 형상이므로 김일성을 부친으로 인연 삼아 태어났다.

이어 甲辰의 木-帶木之土-운은 용신(用神)운이므로 23세에 종합대학 정치 경제학부를 졸업하고, 곧바로 당 조직 지도부 지도원으로 활동했다. 다음 乙巳의 木火운은 용신(用神)이 모두 득세하므로 30세에 당선전 선동부 부부장겸 문화예술부 부부장이 되어 '친애하는 지도자 동지'라는 호칭을 받아 급부상했다. 이 때에 그는 문화·예술을 통해 부자(父子)의 이미지를 제고하는데 총력을 기울려 <주체사상>을 극대화시켰다.

그리고 34세에는 '70일 전투'로 경제적 지도력까지 인정받고 35세에 '삼대혁명 붉은 기 쟁취운동'을 주도했다. 그래서 자기 아버지를 지존(至尊)의 위치에 군림시킨 상부상조가 극에 달했다. 乙木운행은 재성으로서 부친성의 기간이다. 다음 丙午의 火운은 용신(用神)의 기간이다. 따라서 당내 핵심 권력기구인 당 정치국 상무위원 및 비서 · 군사위원이 되어 후계체제를 공식화했고, 40세에 '친애하는 지도자 김정일 동지'로 호칭 받았다.

이어 丁未의 火土는 巳午未의 火方과 未중 丁火, 乙木, 건조한 未土가 있는 가운데 土가 병신인 水를 제거한다. 그러니 행운의 극치를 이룬다. 그리하여 49세에 국방위원회 제 1부원장으로 승승장구해서 군사적 지위를 공고히 다지고 50세에 인민군 최고 사령관에 추대되어 사실상 통치권을 이양 받아 51세에 '원수'라는 칭호와 52세에 국방위원장을 맡아 실권을 장악했다.

그런 가운데 53세 甲戌년 辛未월에 그 부친인 김일성이 사거(死去)했다. 부친궁인 월지에 있는 寅木과 午와 그리고 戌년이 火局을 이룬 바람에 木이 타버려—木焚飛灰—자취를 감춘 것이다. 그렇지만 火局은 그에게 최고의 행운이다. 그러므로 자연스럽게 대통을 이어 받아 북한의 최고 지도자가 되었다.

그러나 이제는 내려갈 차례다. 戊申의 土金운행은 용신(用神)인 火가 土에게 설기(洩氣)되고, 土는 다시 배치상 土洩金으로 병신인 金에 설기된다. 그래서 그 申金은 종살격(從殺格)[+]의 본 거지인 寅木과 寅申으로 충극해서 손상시켜 버린다. 그리고 火 는 金에 이르러 병사지(病死地: 절태법)다.

그러기 때문에 앞서 징조가 불길해져 몇 년 간의 홍수와 가뭄 이 이어지고 동독과 소련이 공산국가를 포기해서 고립무원의 지 경에 처했다. 운이 기울어 가고 있기 때문이다. 그래도 丁丑년 庚戌월에 사주와 丑戌未가 형충해서 丁火가 충출되므로 공산당 서기에 승진했다. 그러나 황금기가 모두 지나갔고 이제 남은 己 酉운행은 매우 불길할 것이다.

「연해자평」에는 시상편재(時上偏財)격으로 소개되어 있다. 이 경우 木을 용신(用神)으로 보면 火운은 약신운에 불과하고, 木 이 火局에 타버린다. 그리고 일록귀시(日祿歸時)[+]격이라고 주장 하면 申金이 용신(用神)이니까 火운에는 큰 화를 면하지 못한다. 한편, 사주에 고신살이 있고 처성인 木이 둘인 까닭에 본처와 헤어지고 재혼했으며, 식상인 水가 왕성하므로 문예방면인 문화 예술과 욕설 폭언 및 폭탄주를 즐기고 성격이 활달한 경향을 보 인 것이다. 그렇지만 金水木火가 순리적으로 상생하는 사상격 (四象格)[+]이니 폭력적이라고 만은 할 수 없다. 혹 운행의 감정 을 세밀하게 배우고자 하는 사람이 있을까 보아 장황하게 설명 해 본 것이다.

비견 丁(火土)丑 식신
식신 己(土金)酉 편재   戊 丁 丙 乙 甲 癸 壬
신주 丁(火土)丑 식신   申 未 午 巳 辰 卯 寅
편재 辛(金水)亥 정관   242조

신주 丁火가 金왕절의 酉월에 태어나 실령했는데 연간의 丁火
도 뿌리박을 지지가 없다. 따라서 본조는 火從土로 土를 따라가
土生金하여 金에 순종하는 아우생아(兒又生兒)*식 종재격(從財
格)*이 되었다. 그러므로 金이 용신(用神)이고, 火는 병신이며,
木은 구신이다. 이 경우 시상편재(時上偏財) 격이기는 하다.

그런데 이 사주는 운행이 평생 巳午未의 火方운과 寅卯辰의 木
方운으로 달린다. 이것은 병신과 구신운의 연속이다. 그래서 고
인은 초반의 戊申운행에만 용신(用神)운을 만나 풍족한 집안에
서 성장한 뒤 불운이 계속되어 가난하고 파가(破家)했다.

〖 시종득소(始終得所) 〗

적천수에 나온 말로 시작하는 데서 끝남을 얻은 것인데 가령
연간(年干)에서 월간(月干)을 생조하고, 월간은 다시 일간(日干)

을, 일간은 시간(時干)을 생조하여 생시로 빙빙 돌아 다시 연간
으로 이어지는 것이다. 그밖에 연간은 아까 앞에서 말한 대로
시간으로 상생하고, 연지는 월지를 월지는 일지를 일지는 다시
시지를 생조해가는 천지동류(天地同流)의 형식도 있다.

이렇게 쉬지 않고 연속적으로 상생하면서 그 오행들이 서로 돕
고 어긋남이 없으면 일생 부귀는 말할 것도 없고, 노익장까지
겸하여 행복한 삶을 영위한다고 고서들은 말하고 있다. 순환상
생(循環相生)⁺격과 유사하다.

편관 辛(金土)丑 편재
편인 癸(水火)巳 상관 壬 辛 庚 己 戊 丁 丙
신주 乙(木金)酉 편관 辰 卯 寅 丑 子 亥 戌
식신 丁(火土)丑 편재   243조

신주 乙木이 火왕절의 巳월에 태어나 木洩火로 설신되고, 巳酉
丑의 金局과 辛金이 金克木으로 극신하기 때문에 신주가 지극히
쇠약한 사주다. 그러므로 쇠왕태극(衰旺太克)⁺ 중 태약의극의
용법에 의해 金이 용신(用神)이고, 土는 희신이며, 水는 약신이
다. 이 경우 癸水는 절지 위에 놓여 무력하므로 사용할 수가 없
고, 巳酉丑의 金局과 辛金이 전권을 장악해서 종살격(從殺格)⁺
과 유사하다.

한편, 연간의 辛金에서 출발하여 癸水를 金生水, 水生木, 木生火, 火生土, 土生金하여 오행이 빙빙 돌고 도는 순환상생(循環相生)†격을 구성하고 있다. 따라서 01년 생 중 한 명은 己丑의 土와 戊土가 土生金으로 용신(用神)을 보조하고, 亥子의 水方이 병신인 火를 제압하여 일약 재벌급에 육박했다. 그러다 丙戌의 丙火(병신)운에 재물의 손실이 컸고 戌운에 다시 戌중 辛金(용신)이 득세하므로 복구했다. 그 후 乙酉의 운행에 乙木이 신주를 보조하며 병신인 火를 생조하므로 낙엽 따라 가버렸다.

정관 甲(木水)子 편재
정인 丙(火木)寅 정관　丁 戊 己 庚 辛 壬 癸
신주 己(土火)巳 정인　卯 辰 巳 午 未 申 酉
식신 辛(金土)未 비견　244조

이 사주는 연지의 子水부터 水生木, 木生火, 火生土, 土生金해서 오행이 빙빙 돌고 도는 순환상생(循環相生)†격을 이루어 웬만한 운행도 무리 없이 소화해 낼 수 있다. 그리고 오행이 모두 있어서 자연히 배득중화(配得中和)†도 갖추어졌고 천복지재(天覆地載)†격도 구성하면서 관록이자 자녀성인 관성도 착근했다. 그러므로 고인은 영의정에 올랐고 자녀들이 모두 크게 발전했으며, 부부가 백여 세까지 장수하면서 오복을 누렸다.

정관 戊(土土)戌 정관

정인 庚(金金)申 정인   癸甲乙丙丁戊己
신주 癸(水水)亥 겁재   亥子丑寅卯辰巳
식신 乙(木木)卯 식신   245조

신주 癸水가 金왕절의 申월에 태어나 득기했고, 일주가 똑같은
水이므로 신약하지 않다. 게다가 천간에 나온 오행들이 각각 지
지에 뿌리박고 있어서 천복지재(天覆地載)⁺격이고, 그 과정에서
관인상생(官印相生)⁺격도 겸했기 때문에 관록에 출신할 형상이
다. 어디 그뿐인가? 위와 아래가 土生金, 金生水, 水生木하고, 卯
戌이 合火해서 火生土하니 순환상생(循環相生)⁺격을 이루었으므
로 웬만한 운도 무리 없이 소화해 낸다. 그러므로 고인은 하급
관리로 출신해서 장관급에 올라 평생 부귀했으며, 13명의 아들
이 크게 번창했고, 90이 넘도록 노익장해서 자연사 할 때까지
오복과 천수를 누렸다.

〖 식상견관(食傷見官) 〗

식신과 상관을 통틀어 식상이라고 하는데 그 식상은 여명에게
자녀성이다. 그리고 관성은 편관과 정관을 통틀어 말한 것으로
여명에게는 부군 내지 남자성이다. 그런데 식상이 관성을 보면

식상견관(食傷見官)한다. 그런 여명은 대개 자녀를 낳을수록 남편, 즉 부군과 자기도 모르는 사이에 은연중 멀어(克)져 부부 사이가 소원해진다. 그러다가 심하면 이혼도 불사하는 것이다. 그리고 여명이 식상의 월령에 태어난 경우도 식상월여(食傷月女)가 되어 부부 사이에 식상견관(食傷見官) 같은 불미한 일이 생기는 것을 많이 보았다.

한편, 남성에게 식상은 언어에 속하고, 관성은 윗분이나 명예 또는 자녀성에 속하는데 식상이 관성을 보면 윗사람을 비방하거나 자녀들을 함부로 대하는 경향이 있고 자녀가 횡액을 당하는 −자녀횡액 단원 참조−경우도 있다. 그래서 평생 직업(官)도 시원치 않고 정치하는 사람들을 입버릇처럼 공격하며 집안에서 아이들과 화합하기가 어려워 원만한 삶을 영위하기가 어려운 것이다.

그러므로 식상견관(食傷見官)의 명조에는 그 둘을 소통시키는 재성이 있어야 식상생재(食傷生財), 재생관(財生官)해서 식상견관(食傷見官)이 해소된다. 그래도 재성이 무정한 경우는 역시 식상견관(食傷見官)을 면하지 못하는 경우들이 많다. 그래서 잡론구결(雜論口訣)에 상관견관(傷官見官) 위화백단(爲禍百端)이라고 했다. 바꿔 말해 상관이 관성을 보면 그 화가 백 가지나 된다는 것이다.

식신 庚(金水)子 정재
편관 甲(木金)申 식신　癸 壬 辛 庚 己 戊 丁
신주 戊(土土)辰 비견　未 午 巳 辰 卯 寅 丑
편관 甲(木木)寅 편관　246조

이 여명은 신주 戊土가 金왕절의 申월에 태어나 실령했고, 申
子辰의 水局, 즉 재성 때문에 신약하다. 따라서 신약방조(身弱幫
助)의 용법에 의해 土火가 용신(用神)이고, 木水는 병신이며, 金
은 설신시키니 기신이다. 그러므로 60년 생 중 한 여성은 巳午
未의 火方운행에 활발하게 성장해서 결혼해 1남1여를 두었다.

그런데 火가 없으므로 용신(用神)무력인 가운데 식상견관(食傷
見官)이면서 월간의 甲木이 申金이라는 절지 위에 놓였고, 庚辰
의 金운행은 다시 그 甲木이라는 부군성을 공격한다. 그리하여
그녀는 己卯년에 부군(丙申, 辛丑, 辛巳 미상)이 집을 나간 뒤
아이들까지 데려간 다음 정신위자료까지 이 여인에게 청구해 소
송을 걸었다. 다음해는 다시 庚辰년이니 운행과 겸해 木을 극하
므로 이혼할 것은 확실해졌다.

그리고 甲寅이 戊辰인 내 몸과 寅辰으로 木方을 이루면서 합신
하니 다른 남자와 동거할 것이다. 그러나 후반운행이 역시 불길
할 뿐이다. 그런데 공교롭게도 딸(丁卯, 甲辰, 癸巳, 壬戌－無金)
과 아들(辛未, 甲午, 乙卯, 庚辰－無水)의 명조에 모친성이 없다.

정인 乙(木土)丑 상관
식신 戊(土水)子 정관　己庚辛壬癸甲乙丙
신주 丙(火土)戌 식신　丑寅卯辰巳午未申
편관 壬(水土)辰 식신　247조

　이 여조는 신주 丙火가 水왕절의 子월에 태어나 실령했고, 土
들에게 설신이 심한데 생신해줄 木이 없고,-乙木은 自坐殺地-
戌중 丁火는 辰戌이 상충하면서 손상되었기 때문에 신주를 도울
능력이 없다. 그래서 土에게 순종하는 종아격(從兒格)＋이므로
土가 용신(用神)이고, 金이 희신이며, 木火는 병신이다. 이 경우
金이 없어 식상견관(食傷見官)이다.

　그러므로 25년 생 중 한 여성은 己丑운행 때 일본에서 성장하
며 교육도 받아 辛卯운행에 귀국해서 군청에 다니는 부군을 만
나 2남1여를 두었다. 그러다 卯운행 중 32살에 느닷없이 부군
이 사거(死去)해 청상과부가 되었다. 일시형충(日時刑冲)＋이고,
子卯가 형살이며, 壬辰은 입묘살이고, 金이 없어 土水의 상전을
소통시키지 못하니 식상견관(食傷見官)이다. 그 후 壬辰운행에
잡일로 癸水운행까지 상당히 돈을 벌어 두 아들에게 약 6천 만
원씩 분배해주었다.

　그러면서 巳午未火方운행은 홀로 고생했고, 76살 庚辰년 현재

혼자 방을 얻어 살아가고 있는 중이다. 그녀는 자매만 있는 맏이로 태어나 戌중 丁火가 손상된 통에 동생과 일찍 사별했다. 그리고 자녀들이 어렵게 살고 있어 도움을 제대로 받지 못한 노년을 보내고 있다. 그녀는 필자에게 자주 들러 이것이 인생이라면서 허탈해했다. 그 분을 보면 이런 글귀가 떠오른다. 움 틔워 푸른 잎 드리우고/ 꽃마다 풋 열매 잔뜩 움켜쥔 채/ 울긋불긋 물들이며, 한껏 뽐내더니/ 이제 다 놓아버리고 홀로 서있는 나목(裸木)

〖 식상제살(食傷制殺) 〗

사주 상황이 신주가 다른 육신(六神)들 보다는 특히 많은 관성들에 의해서 신약해졌을 경우 이 논리가 적용된다. 관성이 많으면 극신하게 되어 신약해지는 것은 당연한 이치이다. 이때 관성은 신약에 살성이 된다. 극신하는 살성들을 신주가 가장 두려워한데 그로 인해 신주가 위급한 지경에 처한 형국이 된다. 그리하여 사면초가에 놓이면 무엇보다도 신주부터 구해내고 볼 일이다. 다음 일은 차선책에 불과한 것이다. 목숨이 없고,서야 무엇을 더 논하겠는가?

이때 식상은 신주가 생조해 주는 오행으로 신주로부터 전권(生助)을 부여받는 셈이다. 전쟁터로 말하면 신주는 임금이고, 살성들은 적장들이며, 식상은 임금이 신임(生助)한 장수이다. 만약 무수한 적장들에 의해 임금이 쫓길 대로 쫓겨 경각간에 생사가 왔다갔다해야 할 처지에 놓였다면 적들을 물리치도록 한 장수에게 전권을 주어 위기를 모면해야 한다는 논리로 식상제살(食傷制殺)이 성립된 것이다. 그래서 일명 일장당관(一將當關)⁺격이라도 할 때가 있다. 한 장수가 관문을 담당하고 있다는 뜻이다.

편관 辛(金金)酉 편관
식신 丁(火金)酉 편관　丙 乙 甲 癸 壬 辛 庚
신주 乙(木木)卯 비견　申 未 午 巳 辰 卯 寅
비견 乙(木金)酉 편관　248조

신주 乙木이 金왕절의 酉월에 태어나 실령했는데 네 개의 金들이 떼 지어 金克木으로 신주를 벌목(伐木)하려고 몰려드니 신주가 당장 위급지경에 처했다. 그래서 마치 형양 땅 영양성에서 진을 치고 있던 한나라의 유방이 초패왕의 항우와 그의 적장들인 종이매, 항백에게 대패하여 쫓기다가 가슴에 화살까지 맞아 목숨이 경각간에 달린 형세와 흡사하다.

그러니까 신주인 乙木이 유방이라면 金의 세력들은 항우와 그의 적장들이다. 이 때 木生火로 신주가 신임하고 있는 丁火는 대원수 한신과 같은 존재가 되어 火克金으로 적장들인 金을 쫓아내(克)고 신주인 유방을 구해내는 형상이다. 丁火인 한신(韓信)은 제나라를 토벌하고, 그 나라 왕으로 있다가 유방이 다급해졌다는 소식을 듣고 초패왕과 그의 적장들을 물리치기 위해 대군을 이끌고 성고까지 육박해서 초군(楚軍)의 양도(糧道)를 차단시켜 보급로를 끊어 버렸다.

 이런 급보를 전해들은 초패왕은 유방을 金方 결단 내렸던 계획을 포기하고 후일로 미룬 바람에 유방은 풍전등화의 위기에서 벗어났다. 그러니까 유방(乙木)은 한신(丁火)에 의해서 극적으로 살아난 것이다. 이것을 학술 용어로 일장당관(一將當關)⁺격 또는 식상제살(食傷制殺)격이라고 말하는데 丁火는 식상 중 식신이 한 장수(一將)로써 살성인 金을 제압하고, 신주를 보위하는 역할을 톡톡히 해낸 것이다.

 따라서 火가 용신(用神)이고, 木이 희신이며, 水는 병신이고, 金은 신주의 병신이며, 건조한 未戌의 土는 약신이고, 습기 찬 丑辰의 土는 기신이다. 그러므로 운행은 乙未와 甲午의 木火土 운이 황금기요 癸巳의 水金-巳酉로 金局-운은 丁癸가 상충하고, 火는 金에 이르러 병사지를 만났으며, 壬辰운은 丁壬이 합하여 용신반합(用神半合)⁺이니 丁火가 토사구팽을 당했다. 한신이 이 명기를 거쳐 갔는데 그는 金왕절인 가을에 사거(死去)했다. 이 사주는 卯酉로 충살-형살과 유사-이고, 장성이 많으며, 일장당관(一將當關)⁺격이므로 군·경·율의 계통에 나아갈 형상이다.

「사기」(史記)에 실린 '월왕 구천 세가'(越王句踐世家)를 보면 중국 춘추 전국시대에 월나라 임금 구천을 도와 오(吳)나라를 멸망시키고 구천을 패자로 만드는 데 큰 공을 세웠던 범려(范蠡)가 관직을 모두 내던지고 제나라로 간 뒤 함께 공을 세웠던 대부 문종(文種)에게 다음과 같은 서신을 보냈다.

"나는 새가 다 잡히면 좋은 활은 활집에 감추어지고-비조진(蜚鳥盡) 양궁장(良弓藏)-교활한 토끼가 죽으면 주인을 위해 달리던 사냥개는 삶아져 먹힌다오-교토사(狡兎死) 주구팽(走狗烹)- 구천은 목이 길고 입이 까마귀처럼 뾰족하여 사나운 인상이니 어려움은 같이 할 수 있지만 즐거움은 함께 나눌 수 없는 인물인데 어찌 그 곁을 떠나지 않으시오?"
이 편지를 받고 문종은 칭병(稱病)한 다음 조정에 나가지 않았다. 그런데 어떤 이가 문종이 장차 난을 일으키려 한다고 참소했다. 그러자 문종은 마침내 자살해 버렸다.

또「사기」 '회음후 열전'(淮陰侯列傳)에는 한나라 고조 유방(劉邦)이 무사들을 시켜서 한신을 포박하자 이렇게 말했다.
"과연 사람들의 말대로 교활한 토끼가 죽으면 유능한 사냥개는 삶아 먹히고-과약인언(果若人言) 교토사(狡兎死) 양구팽(良狗

烹), 적국이 멸망하고 나면 모사는 죽게 된다고 하더니, 이제 천하가 평정되었으니 쓸모없어진 내가 정말 팽형을 당하는 구나"(적국파(敵國破) 모신망(謀臣亡) 천하이정(天下已定) 아고당팽(我固當烹)

정관 庚(金金)申 정관
편재 己(土木)卯 비견 庚 辛 壬 癸 甲 乙 丙
신주 乙(木金)酉 편관 辰 巳 午 未 申 酉 戌
식신 丁(火土)丑 편재 249조

신주 乙木이 木왕절의 卯월에 태어나 득령해서 신강사주로 출발했으나 酉丑의 金局과 庚申의 金이 金克木으로 강하게 극신하니 신주가 굉장히 위축되어 신약사주로 변했다. 이 경우는 金이 무서운 존재이므로 식상제살(食傷制殺)의 용법에 의해 火가 용신(用神)이고, 木이 희신이며, 水는 병신이고, 金은 신주지병이다.

그러므로 20년 생 중 한 명은 庚辰과 辛巳-巳酉丑合金-의 金운행에 어려운 집안에서 성장하고, 壬午의 午火운행에 용신(用神)이 득세하여 성가(成家)하고, 未土운행까지 괜찮았다. 그러나 乙酉의 金-乙庚合金-운행에는 매우 어려운 지경에 처했다.

식신 辛(金金)酉 식신

편관 乙(木土)未 비견　甲癸壬辛庚己戊
신주 己(土木)卯 편관　午巳辰卯寅丑子
편인 丁(火木)卯 편관　250조

　신주 己土가 간직된 土왕절의 未월에 태어나 득령해서 신강사
주로 출발했으나 이 사주는 卯未가 木局을 이루고 乙木도 나타
나 木克土로 강하게 극신하므로 신약사주로 변했다. 이 경우 木
때문에 신약해졌기 때문에 식상제살(食傷制殺)의 용법에 의해
金이 용신(用神)이고, 습토는 희신이며, 火는 병신이고, 木은 신
주지병이며, 水는 약신이다. 이 경우 귀기불통(貴氣不通)⁺이다.
그러므로 21년 생 중 한 명은 癸巳-巳酉金局-와 壬辰-水金 辰
酉合金-에 가정을 이룬 다음 辛卯의 卯木운에 卯酉가 상충하여
실패했다. 그러다 庚金운행에 다시 복구했으며, 己丑운행부터 크
게 안정되었다. 이밖에 22조 56조 111조 276조 342조 399조
446조 462조 등등을 참조한다.

[식상패인(食傷佩印)]

　이 마당은 신주가 신약하게 된 원인 중 설신시키는 식상이 많
은 경우에 해당된다. 그러면서도 생신하는 인성이 있으면서 그

또한 뿌리가 있거나 그 세력을 어느 정도 이루고 있어야 한다. 만약 식상만 가득 차고 인성이 없거나 비겁도 미약하면 식상패인(食傷佩印)이 되지 않고 종아격(從兒格)+이 되는 경우가 있다. 그러니까 설신시키는 식상을 제압하고, 생신할 수 있는 능력을 어느 정도 인성이 확보하고 있어야 이 식상패인(食傷佩印)격이 성립되는 것이다. 특히 식상월에 태어난 신주를 유심히 살펴볼 필요가 있다. 예조들을 보기로 하자.

식신 辛(金火)巳 정인
편인 丁(火金)酉 식신　丙 乙 甲 癸 壬 辛 庚
신주 己(土木)卯 편관　申 未 午 巳 辰 卯 寅
상관 庚(金火)午 편인　251조

　신주 己土가 金왕절의 酉월에 태어나 실령했고, 庚辛의 金에게 설신되어 신약사주다. 따라서 신약의조와 식상패인(食傷佩印)의 용법에 따라 火가 용신(用神)이고, 木이 희신이며, 水는 병신이고, 金은 구신이며, 건조한 未土는 약신이고, 습기 찬 辰土는 기신이다. 이 경우 火는 설신시킨 金을 제압하는 한편, 생신하여 양수겸장을 단 한 수로 해결한다. 그래서 용신(用神)인데 희신이자 살성인 木이 인성인 火를 생조해서 火生土로 생신하니 살인상생(殺印相生)+격을 이루면서 용신유력(用神有力)이다.

　그래서 41년 생 중 한 명은 巳午未의 火方운에 용신(用神)이 득세하자 승승장구로 준장(One Star)에 이르렀다. 이 사주는 장성과 수옥살이 있다. 壬辰운행은 丁壬이 합해서 용신반합(用神半合)†이고, 辰土에 화몰(火沒)†되어 퇴직했다.

편인 丙(火土)戌 비견
정인 丁(火金)酉 상관　戊己庚辛壬癸甲
신주 戊(土金)申 식신　戌亥子丑寅卯辰
정재 癸(水土)丑 겁재　252조

신주 戊土가 金왕절의 酉월에 태어나 실령했고, 申酉戌의 金方과 酉丑의 金局에게 설신이 심하여 신약하다. 따라서 신약방조(身弱幇助)와 식상패인(食傷佩印)의 용법에 의해 火土가 용신(用神)이고, 水木은 병신이며, 金은 기신이다. 이 경우 木이 없어 火가 생조를 받지 못하여 용신(用神)무력이다.

그러므로 46년 생 중 한 명은 시골에서 태어나 亥子丑의 水方운행에 요리 기술자로 살아왔고 부인(甲午, 甲戌, 辛丑, 丙申)과 독자를 두었다. 壬寅운행에는 그래도 火를 생조하여 음식 집을 자영해 보았는데 寅申이 충극하여 진전이 없는 가운데 癸水운행庚辰년에는 종업원이 가불을 몽땅해서 도망쳐버린 통에 큰 손해를 보고 치워버린 다음 경비실로 취업했다. 그러니까 일생에 되는 일이 없어 지금도 전셋집을 면하지 못하고 있는 중이다.

한편, 이 사주는 식상이 왕성하여 구변이 능란한 형상이므로 일종의 식상견관(食傷見官)⁺과 유사하여 매일 신문과 방송을 보고 정치자(政治者)들의 비리를 꼬치꼬치 따지며 비판하기를 너무 좋아해 주위로부터 아주 지나치게 잘난 사람으로 통했다. 그래서 필자가 본인에게 "이 세상을 살아가려면 내 일도 바쁜데 남 비판이나 일삼으며 내 일은 뒷전으로 제쳐놓으면 언제 내 일이 성취되겠느냐?"고 말해주었다. 그랬더니 그는 크게 공감하였다. 나중에 소식을 들으니 그 뒤로는 일제 그런 일이 없어졌다고 한다. 비판을 하는 자는 언젠가는 비판을 받는다고 했지 않는가. 그게 균형을 이루기 위한 업보의 법칙이니까.

편인 丁(火水)亥 정재
상관 庚(金土)戌 겁재 己 戊 丁 丙 乙 甲 癸
신주 己(土火)巳 정인 酉 申 未 午 巳 辰 卯
상관 庚(金火)午 정인 253조

신주 己土가 火土金을 간직한 戌월에 태어나 세 개의 火가 생신하니 신강사주로 출발했다. 그러나 戌중 辛金과 巳중 庚金에 뿌리박고 나타난 두개의 庚金이 金왕절의 戌월에 매우 강해졌다. 그러자 火는 土를 土는 金을 생조해서 사주의 기세가 金에 쏠린 바람에 약간 약해진 신약사주로 변했다.

그러므로 신약의조와 식상패인(食傷佩印)의 용법에 따라 火가 용신(用神)이고, 木이 희신이며, 水는 병신이고, 金은 구신이며, 건조한 未戌의 土는 약신이고, 습기 찬 丑辰의 土는 기신이다. 이 때 중반에 巳午未의 火方운행이 오래 지속되어 매우 반갑다. 그래서 1887년 생 중 장개석씨는 중국 국민당에 출신해서 38세에 국공합작(國共合作)으로 기반을 굳혔다. 그 후 乙巳운행에 巳중 庚金이 구신운이고, 巳亥가 상충하자 모택동에 의한 공산당의 대장정(大長征)을 만났다.

이어 甲辰의 甲木(희신)운행에 62세로 총통에 이르렀으나 辰土의 습기 찬 운행에 화몰(火沒)⁺되어 대만으로 퇴각했다. 이 사주는 후원자인 木이 없어서 공산당과의 대세 겨루기에서 밀려났고 그래도 寅卯辰의 木方운이 계속되어 대만 경제를 세계적인 수준급에 육박시켰다. 이밖에 53조 129조 131조 142조 189조 등등을 참조한다.

〖 신강여명(身强女命) 〗

신주가 강해진 여자 사주(女命)로 그런 여명은 자녀성인 식상이 없거나 아주 미미해도 자녀를 많이 두는 경우들을 보았다. 따라서 식상이 보이지 않는다고 무자팔자(無子八字)⁺라고 단언

해서는 안 된다.

정인 戊(土土)辰 정인
비견 辛(金金)酉 비견　庚 己 戊 丁 丙 乙 甲
신주 辛(金土)未 편인　申 未 午 巳 辰 卯 寅
정인 戊(土土)戌 정인　254조

　이 여명은 신주 辛金이 간직된 金왕절의 酉월에 태어나 득령했
고, 土들이 생신하니 신강하다. 따라서 신강의극의 용법에 의해
火가 용신(用神)이고, 木이 희신이며, 水는 병신이고, 金은 구신
이며, 습토는 기신이다. 이 경우 未戌중 두 개의 丁火가 있고 전
반운행에 巳午未의 火方운을 만났다. 그것은 부군성인 火운이니
28년 생 중 한 여인은 그 기간에 그 부군이 크게 번성하여 가정
이 전성기를 이루었다. 그녀는 신강여명(身强女命)이기 때문에
3남3여를 생산했다. 식상은 辰중 癸水뿐인데 말이다.

편관 戊(土土)辰 편관
정인 辛(金金)酉 정인　庚 己 戊 丁 丙 乙 甲 癸
신주 壬(水金)申 편인　申 未 午 巳 辰 卯 寅 丑
편재 丙(火火)午 정재　255조

　이 여조는 신주 壬水가 金왕절의 酉월에 태어나 득기(秋水通
源)했고, 억센 효신과 더불어 申酉의 金方이 생신하니 금수쌍청

을 이루면서 신강하다. 따라서 신강의재의 용법에 의해 火가 용신(用神)이고, 木이 희신이며, 水는 병신이고, 金은 구신이며, 건조한 未戌의 土는 약신이고, 습기 찬 丑辰의 土는 기신이다. 이 경우 木이 없어 水火미제이기 때문에 명조가 격하되었고, 그로 인해 소통되지 않아서 성격이 원만하지 못한 채 매사가 자기 위주다. 그리고 부군성은 午중 己土와 戊辰의 土로 둘인데 戊辰은 辰酉가 合金되어 辰土가 본성인 土의 성질을 상실하자 戊土까지 무력해졌고 그것은 또 입묘살과 백호대살(白虎大殺)이고, 수일여명(水日女命)이다.

그래서 28년 생 중 한 여인은 13살의 연상에게 재취로 결혼해서 살았고 미모였으며, 신강여명(身强女命)이기 때문에 4남2여를 두었다. 식상은 辰중 乙木뿐인데 말이다. 운행은 庚申의 金운이 구신에 해당하여 어려운 집에서 성장했고, 巳午未의 火方운에는 부군 댁이 번성하기 시작해서 丁巳의 火운 10여 년에 용신(用神)이 득세하자 재물이 전성기를 이루어 흥미진진(興味津津)했다 그리고 辰土운행에 화몰(火沒)되어 가산이 매우 어려워졌으며, 木方운에는 약간 회복중이다. 癸丑운행은 화몰(火沒)되니 흉하리라.

정관 己(土火)巳 편재
정재 丁(火土)丑 정관 戊 己 庚 辛 壬 癸 甲
신주 壬(水金)申 편인 寅 卯 辰 巳 午 未 申
정인 辛(金水)亥 비견 256조

이 여명은 신주 壬水가 水土왕절의 丑월에 태어나 丑중 癸水에 통근했고, 억센 효신(申金)과 辛金이 생신하며 亥丑의 水方이 신주에게 합세하니 신강하다. 따라서 신강의재의 용법에 의해 火가 용신(用神)이고, 木은 희신이며, 水는 병신이고, 金은 구신이며, 土는 약신이다. 이 경우 丁火가 巳火에 뿌리를 박으려고 했는데 巳丑으로 金局을 결성해 용신(用神)이 유력하지 못하다. 그래도 丁壬이 합신하여 용신(用神)과 유정하고, 寅卯辰의 木方 운과 巳午未의 火方운으로 달린다.

그래서 29년 생 한 여자는 그 부군이 공무원으로 근무하다가 壬水운행에 퇴직했고, 午未운행에는 재물이 그런대로 괜찮았다. 그러다 申酉의 金方운행부터 여러 가지로 불편한 일만 생기고 있는 중이다. 그녀는 언니와 단 둘로 친정의 대가 끊겨 90여세가 된 노모가 의지할 곳이 마땅치 않았다. 자녀는 3남2여를 두었는데 자녀성은 亥중 甲木뿐인데 신강여명(身强女命)이기 때문이다.

〖 신불가과(臣不可過) 〗

여기서 쓰는 용어부터 우선 확실히 파악해 두어야 이 마당의 이해가 정확해질 것이다. 신(臣)은 신하(臣下)를 말하는데 이 신하를 지나치게 극-過克-하는 것은 불가하다는 말이다. 그럼 신하가 있으니 임금인 군주도 있을 것이다. 이 장에서 말하는 군주는 신하를 다스리는 의미가 있으니 사주학적으로 말하면 극신(克身)하는 관성(官星)이 군주, 즉 임금이고, 극신을 당하는 신주(身主)가 신하가 된다. 그러니까 신불가과(臣不可過)는 미약한 관성이 매우 강한 신주를 극하는 것은 불가하다는 말이 되는 것이다. 그럼 어떤 상황에서 그렇다는 말인가.

신주가 비겁 월에 태어나고 사주에 역시 비겁이 대다수를 차지하면서 인성이 약간 섞여 있는 상황인데 관성이 대단히 미약하게 자리 잡고 있는 경우이다. 이렇게 짜인 명조는 임금인 관성은 허우대에 불과하고, 신하인 신주가 실권을 거머쥔 채 나랏일을 좌지우지하고 있는 형상이다. 짜임새가 이런 명조는 관성운을 만나면 허우대뿐인 임금이 왕권을 되찾으려는 국면이 벌어지게 되고, 그런 상황이 벌어지면 군신 간에 불화가 조성된 것이다.

이것은 상(上:임금)과 하(下:신하)가 불안해진 상태에 빠진 것으로써, 결국에는 신하의 세력에 의해 임금과 신하가 둘 다 큰 혼란이 일어나는 것이다. 그러니까 관운을 만나면 큰 재앙이 벌어져 악운에 처하게 되는 것이다. 미약한 재성운을 만나도 역시 허수아비인 임금, 즉 관성을 도우려다 이 또한 악한 상태에 이르게 되는 것이다. 그러므로 비겁으로 가득 찬 사주에 관성이 미약할 경우 재성과 관성운을 만나면 상하가 불안 상태에 이르러 매우 악한 운이 되는 것이다.

따라서 그렇게 짜인 명조는 재관(財官)운은 대단히 위험하고, 다른 운은 서로 다정해져 길운이 된다. 가령 인성운을 만나면 관생인(官生印)해서 인생신(印生身)하므로 임금과 신하가 순리적으로 다정하게 지내서 괜찮다. 그리고 식상운을 만나면 신하인 신주가 시원하게 기운을 토해—吐秀—내므로 신하 마음대로 정사가 이루어져 괜찮다. 이하 예조들에서 보기로 하자.

비견 戊(土火)午 정인
비견 戊(土火)午 정인　己 庚 辛 壬 癸 甲 乙
신주 戊(土火)午 정인　未 申 酉 戌 亥 子 丑
편관 甲(木木)寅 편관　257조

신주 戊土가 火왕절의 午월에 태어나 火生土로만 되어 있으니 신강하다. 이때 寅木이 寅午의 火局에 가담하여 본성인 木의 성질을 지키지 못하고 水가 없으므로 생조를 받지 못한 채 木洩火로 설기되어 무력하기 때문에 사용(용신)할 수가 없다. 오히려 火局을 이루어 생신하므로 신주만 지극히 태왕하게 했다. 따라서 극강의설의 용법에 의하여 土金이 길신이고, 水木은 기신이다.

이 사주는 寅木이 살성이고, 午火는 양인인데 寅午로 합하여 살인상정(殺刃相停)⁺이고, 양인이 거듭거듭 있으므로 군·경·율의 계통에 나아갈 형상이다. 그러므로 고인은 전반의 土金운행에 크게 발전하고 癸亥의 水운행에 水火와 土水가 상극하자 사거(死去)했다. 水운행은 재성운으로 허울뿐인 관성(군왕)을 생조하여 극신하니 신불가과(臣不可過)가 되었기 때문에 끝난 것이다.

정인 癸(水木)卯 겁재
겁재 乙(木木)卯 겁재   甲 癸 壬 辛 庚 己 戊
신주 甲(木木)寅 비견   寅 丑 子 亥 戌 酉 申
정관 辛(金土)未 정재   258조

신주 甲木이 木왕절의 卯월에 태어나 득령했고, 卯未의 木局이 신주의 木에게 합세하니 신강하다. 이 사주는 未土가 木으로 변했고, 辛金은 뿌리박을 지지가 없어서 둘 다 (사)용할 수가 없다. 그러므로 사주에서 전권을 장악한 水木이 용신(用神)이기 때문에 亥子丑의 水方운에 고인은 명리가 왕성하다가 庚戌의 金(임금)과 土운행에 신불가과(臣不可過)로 낙직(落職)하고 말았다.

편재 戊(土木)寅 비견

비견 甲(木木)寅 비견　乙 丙 丁 戊 己 庚 辛
신주 甲(木木)寅 비견　卯 辰 巳 午 未 申 酉
편관 庚(金火)午 상관　259조

　신주 甲木이 木왕절이 시작된 寅월에 태어나 득령했고, 木이
많아서 신강하다. 그러므로 신강의설과 庚金이 있으니 진태오리
(震兌五理)[＋]의 공법에 의해 火가 용신(用神)이고, 水는 병신이
며, 金은 구신이고, 土는 약신이다. 이 경우 태양인 丙火를 간직
한 寅木이 寅午로 火局을 이루어 용신유력(用神有力)이고, 목화
통명(木火通明)[＋]을 이루었다. 그뿐 아니라 운행까지 丙丁의 火
운과 巳午未의 火方운으로 달려 용신(用神)이 득세하므로 고인
은 부귀를 누렸다. 庚申의 金운행은 사주의 강자와 甲庚 그리고
寅申이 충극하여-臣不可過[＋]- 약자인 金(허우대뿐인 임금)이
발본색원을 당하니 흉하다.

〖 신왕적살(身旺敵殺) 〗

　이 마당에서 말하는 신왕(身旺)이란 신주가 왕성(旺盛)하다는
말로 다시 말해 신강사주(身强四柱)를 뜻하고 적살(敵殺)이란
살성, 즉 관성을 대적할 수 있다는 의미이다. 그러니까 한마디로

신강해야 살성을 감당할 수 있는 것으로 신강의극(身强宜克)의 용법이 적용된다는 말이다.

신약사주는 관성을 감당하기가 어려우므로 이때는 살성으로 변해 귀신같은 존재로 변한다. 그래서 살귀(殺鬼)라고도 한다. 그와는 반대로 신강사주에는 살성(殺鬼)도 명예로운 관성으로 작용할 수 있다. 그것을 가살위권(假殺爲權: 살성이 정관 노릇을 함)이라고 한다. 계선편(繼善篇)에 쇠즉변관위귀(衰則變官爲鬼)요, 왕즉화귀위관(旺則化鬼爲官)이란 말이 바로 그런 의미이다.

그럼 신강하면 신주가 어느 정도 강해야하며 관성은 어느 정도 상태에 놓여있는가가 문제일 것이다. 우리는 신불가과(臣不可過)⁺에서 보았듯이 신주가 많은 비겁과 약간의 인성으로 매우 극강(極强)하고, 관성이 아주 미약할 경우는 신강의극하면 오히려 큰 재앙이 닥친다고 배웠다. 이로 보아 신강해도 극강할 경우는 신왕적살(身旺敵殺)해서는 안 된다는 것을 알 수 있는 것이다. 그러므로 이 단원에서 말하는 신강이나 신왕은 비겁, 식상, 재성 등이 골고루 섞여 있으면서 신강하고, 관성도 뿌리가 있거나 도움을 받을 수 있어 힘이 약간이라도 있어야 한다.

편관 丙(火木)寅 편재
비견 庚(金水)子 상관　辛 壬 癸 甲 乙 丙 丁
신주 庚(金土)辰 편인　丑 寅 卯 辰 巳 午 未

편재 甲(木金)申 비견 260조

신주 庚金이 水왕절의 子월에 태어나 설신되니 신약사주로 출발했다. 그렇지만 억센 괴강일에 출생했고, 庚申 金이 가세하므로 신강사주로 변했다. 따라서 신강의극과 金水식상요견관⁺의 용법에 의해 火가 용신(用神)이고, 木이 희신이며, 水은 병신이고, 金은 구신이며, 건조한 土는 약신이다. 이 경우 土生金, 金生水, 水生木, 木生火로 사주의 기세가 木火에 쏠려 용신유력(用神有力)이면서 편관이 용신(用神) 노릇을 하므로 가살위권(假殺爲權)이다.

그리고 운행도 寅卯辰의 木方운과 巳午未의 火方운—신왕적살(身旺敵殺)의 기간—으로 일생을 달려 26년 생 중 한 명은 만석군의 아들로 태어나서 용신(用神)인 火方운에 전성기를 만나 크게 부귀했다. 풀무용인 丁火가 없어 완전하게 성기(成器)가 안되므로 아주 귀하지는 못했다.

비견 丙(火木)寅 편인
편인 甲(木火)午 겁재 乙 丙 丁 戊 己 庚 辛
신주 丙(火金)申 편재 未 申 酉 戌 亥 子 丑
편관 壬(水土)辰 식신 261조

신주 丙火가 火왕절의 午월에 태어나 득령했고, 寅午의 火局과 연간의 丙火가 신주의 火에게 가세하며 甲寅의 木이 생신하니 신강하다. 그러므로 신강의극의 용법에 따라 水가 용신(用神)이고, 金이 희신이며, 건조한 土는 병신이고, 火는 구신이다. 이 경우 壬水가 辰중 癸水에 통근(通根)하고,-축수지토(畜水之土)⁺ 편관은 묘하게도 식신을 좋아함-申중 壬水와 申辰이 水局을 이루어 자체조화(自體造化)⁺로 水가 단단히 뿌리박고 나타나서 용신유력(用神有力)이면서 가살위권(假殺爲權)이고, 연지부터 木生火, 火生土, 土生金, 金生水, 水生木하므로 순환상생(循環相生)⁺격을 이루면서 배득중화(配得中和)⁺된 명기다.

 그리고 살인상생(殺印相生)⁺격이며, 편관용신(偏官用神)⁺이므로 군·경·율의 계통에 나아갈 형상이다. 게다가 살성인 壬水가 양인인 午중 丁火가 丁壬으로 합하여 살인상정(殺刃相停)⁺격과 시상일위귀격(時上一位貴格)⁺까지 겸했고, 운행까지 평생 申酉戌의 金方운과 亥子丑의 水方운으로 달려 희신과 용신(用神)이 득세한다. 그러므로 고인은 크게 부귀하고, 그 이름이 혁혁(赫赫)했다.

겁재 丁(火木)卯 정인
정인 乙(木火)巳 비견　丙 丁 戊 己 庚 辛 壬
신주 丙(火火)午 겁재　午 未 申 酉 戌 亥 子
편관 壬(水土)辰 식신　262조

이 여조는 신주 丙火가 간직된 火왕절의 巳월에 태어나 득령했고, 巳午의 火方과 丁火가 신주에게 합세하며 乙卯의 木이 火로 인해 건조해져 생신하니 신강하다. 따라서 신강의극의 용법에 의해 水가 용신(用神)이고, 金이 희신이며, 건토는 병신이고, 火는 구신이며, 木은 기신이다. 이 경우 壬水가 습토인 辰중 癸水에게 뿌리박고-축수지토(畜水之土)＋ 편관은 묘하게도 식신을 좋아함-나타나서 용신(用神)이자 가살위권(假殺爲權)이면서 부군성이 그런 대로 힘 있고 巳중 庚金이 희신이다. 그러므로 27년 생 중 한 여자는 의사를 부군으로 만나 申酉戌의 金方운행에 자녀들이 번성했고, 재물도 상당히 획득했다.

〖 실명(失明) 사주 〗

눈의 기능을 상실한 장님 사주들을 보자. 火는 안목(眼目)이고, 木은 간담인데 그것들에 이상이 있는 경우가 많다. 그리고 목다화식(木多火熄)이나 火가 자분(自噴)하는 형상도 있다. 이 단원에는 한의사 또는 사주학자들의 연구를 위하여 필자가 수집한 실명 사주들을 많이 소개했다. 여러 분들의 발표가 활발하게 이루어진다면 더 정확한 통계가 이루어질 것이다.

첫째, 戊일생으로 寅午戌의 火局이 강하고, 水가 약한 사주들을
보자.

식신 庚(金土)戌 비견
편재 壬(水火)午 정인　癸甲乙丙丁戊己
신주 戊(土木)寅 편관　未申酉戌亥子丑
정인 丁(火火)巳 편인　263조

신주 戊土가 억센 양인월이자 火왕절인 午월에 태어나 寅午戌
의 火局과 巳午의 火方 그리고 丁火가 火生土로 생신하여 신강
사주이지만 화세(火勢) 때문에 땅이 마를 대로 말라버렸다. 그
렇게 강렬한 화세로 말미암아 壬水는 적수오건(滴水熬乾)＋이고,
庚金 역시 녹아 없어졌으니 金生水를 할 수 없게 되었다. 그러
니 木이 어떻게 성장하겠는가?

그래서 70년 생 중 한 명은 戊土라는 형 한 명과 午중 己土라
는 누나 이렇게 3남매의 형제자매가 있고 부친인 壬水는 일찍
사거(死去)했으며, 두 살 때 우연히 귀가 들리지 않더니 12살
때는 두 눈마저 실명하고 말았다. 그 후 甲申의 申金운행 중 21
살(庚午)에 선생을 만나 손바닥에 글씨를 써가며 공부를 시작해
25살 甲戌년 음력 4(庚午)월 28(甲子)일 중학 검정고시에 합격
해 신문 지상에 대서특필되었다. 그게 그럴 수밖에 없는 것이
보도 듣지도 못한 처지로 손바닥 공부를 해서 그런 영광을 쟁취

했으니 그럴 만도 하다.

 이 사주는 억지로 金水가 용신(用神)이니 乙酉운행은 巳酉로 金局이고, 乙庚合金해서 金운이므로 용신(用神)운을 만나 그렇게 된 것이다. 그러나 丙戌의 火土운행은 丙火가 庚金을 그리고 戌土가 壬水를 火克金, 土克水하므로 상당히 어려운 기간이다. 이 운행은 申酉의 金운이 제일 나아 보인다.

편관 甲(木木)寅 편관
식신 庚(金火)午 정인　辛 壬 癸 甲 乙 丙 丁
신주 戊(土土)戌 비견　未 申 酉 戌 亥 子 丑
편재 壬(水水)子 정재　264조

 신주 戊土가 火왕절의 午월에 태어나 寅午戌의 火局이 火生土로 생신하니 신강하다. 그래서 신강의극의 용법을 적용하려고 木을 보니까 甲木의 착근지(着根地)인 寅木이 火局에 가담하여 본성인 木의 성질을 상실한 바람에 (사)용할 수가 없다. 그 다음 차선책으로 신강의설의 용법에 의하여 金을 용신(用神)으로 정하려고 보니 火왕절의 金은 무력한데 뿌리박을 곳이 없어서 이것도 쓸(사용) 수가 없다.

 그래도 어쩔 수 없이 金水를 용신(用神)으로 사용할 수밖에 다른 방법이 없는데 水마저 戊戌의 土에게 土克水로 제압을 당해

버려 용신(用神)무력이다. 게다가 이 사주는 戊日에 寅午戌의 火局이 있고 水가 미약한 가운데 용신(用神)까지 무력하여 고인은 실명한 채 장님으로 살았다. 午중 丁火는 심장인데 火가 너무 강하여 심장이 과열되고, 水는 말아버렸다.

정재 癸(水金)酉 상관
비견 戊(土火)午 정인　丁丙乙甲癸壬辛
신주 戊(土木)寅 편관　巳辰卯寅丑子亥
정재 癸(水土)丑 겁재　265조

　신주 戊土가 火왕절의 午월에 태어나 寅午의 火局을 만났고, 戊癸가 각각 合火되어 이 사주는 火의 세력 때문에 바짝 마른 흙이 되었다. 게다가 양인살이 가중되어 水가 말라버렸고 운행조차 초중반에 불길한 丁丙의 火운과 寅卯辰의 木方운이 火를 생조 하므로「삼명통회」의 양인론(兩刃論)에 소개된 고인은 실명해서 장님이 되었다고 한다. 그러므로 이 명기에 다시 부활한 후인은 시력 보호에 힘써야 할 것이다.

　둘째, 火가 없거나 있어도 火洩土되고, 土金水들이 강한 사주들.

식신 庚(金水)子 정재
편관 甲(木金)申 식신　乙丙丁戊己庚辛

신주 戊(土土)戌 비견　酉戌亥子丑寅卯
편재 壬(水土)戌 비견　266조

　신주 戊土가 간직된 申월에 태어나 아직도 7월은 火의 기세가 강하게 남아 있는 중에 억센 괴강일에 태어나고 戌시생이므로 신강할 것 같지만 土金水로 기세가 金水에 쏠려 신약하다. 따라서 신약방조(身弱幇助)의 용법에 의해 火土가 용신(用神)이고, 水木은 병신이며, 金은 기신이다. 이 경우 火가 나타나지 않아 입추에 땅이 햇볕이 없어 허전한 흙이다.

　그러므로 60년 생 중 한 명은 乙酉운행에 시골 벽촌에서 태어나 어렵게 성장하며 丙戌의 火土와 丁火에 대학을 졸업했다. 그러다 亥水운행은 병신운 이므로 교통사고로 실명했고, 戊子의 戊土운행에 1남1여를 두고 안마사로 동업을 해서 그런 대로 괜찮았는데 子水운행과 己土운행 중 庚辰년과 辛巳년 초에는 매우 부진해서 고생중이다. 남아 있는 운행에 火土가 없어 시원치 않으리라.

식신 辛(金土)丑 비견
비견 己(土水)亥 정재　戊丁丙乙甲癸壬
신주 己(土土)未 비견　戌酉申未午巳辰
정관 甲(木土)戌 겁재　267조

본조의 주인공 가운데 01년 생 중 한 명은 장님이었고 자식 한 명이 목매달아 죽는 쓰라린 고통을 겪으며 살았다. 오고파 온 '내'가 아닌데 그 많은 명기 중 왜 하필이면 이 명조(命造)에 태어나서 그처럼 살게 되었을까? 뭔가 그 까닭이 있을 것이다. 원죄 때문일까? 우연일까? 아니면 전생의 전력 때문일까? 원죄나 우연이라면 왜 이 명기의 주인공에게만 험난한 운명의 멍에가 씌워졌을까?

신주 己土가 水왕절의 亥월에 태어나 亥丑의 水方이 亥未의 木方과 甲木을 생조해서 극신케 하고, 丑戌중 辛金이 나타나 설신시키기 때문에 신약사주다. 그러므로 신약방조(身弱幇助)의 용법에 의해 火土가 용신(用神)이다. 그 중 火는 한기(寒氣)가 스며든 10월 생 己土에게는 기후를 해결하므로 매우 귀중하다. 그런데 태양의 丙火가 없어서 격하된 명기요.

戌未중 두개의 丁火마저 형살이자 丑未로 형충되어 형출된 채 亥丑의 水方에게 水克火로 극을 당하여 크게 손상되었다 그렇게 되어버린 火는 인체로는 눈에 속하고, 급각살(急脚殺)＋과 단교관살이 있다. 그러므로 실명해서 비록 절름발이는 아니라고 해도 지팡이에 의지하고 살았다. 그리고 未중에 간직된 乙木은 자녀성인 관성인데 丑未로 형충되어 손상되었을 뿐만 아니라 未는 이미 땅 속에 묻힌 것과 다름 아닌 입묘살이다. 그래서 자식 한 명이 흉사했다. 본조는 戌亥의 천문성이 있어서 그는 침술. 안마로 생활을 유지했고, 운행 乙未와 甲午의 火方운에는 평안했다.

식신 癸(水水)亥 상관
편관 丁(火火)巳 정관   丙 乙 甲 癸 壬 辛 庚
신주 辛(金土)丑 편인   辰 卯 寅 丑 子 亥 戌
겁재 庚(金木)寅 정재   268조

 신주 辛金이 火왕절의 巳월에 태어나 극신을 당하니 신약사주
로 출발했다. 그렇지만 巳중에는 庚金이 장생하고 있는데 거기
에 뿌리박고 庚金이 나타나서 巳(酉)丑의 金局과 함께 신주의
金에게 가세하고, 억센 효신(梟神)인 丑土가 생신하기 때문에
신강사주로 변했다. 따라서 신강의극의 용법에 의해 火가 용신
(用神)이고, 木이 희신이며, 水는 병신이고, 金은 구신이다. 이
경우 丁巳의 火가 용신(用神)인데 丁火의 뿌리인 巳火가 金局에
가담하여 火의 성질을 상실할 염려가 있다.

 그런 중에 巳亥가 충극하여 또 다시 손상되었기 때문에 무력하
다. 그러자 丁火마저 허탈해졌는데 또 丁癸가 충극하여 크게 손
상되었다. 그렇게 무력해진 火(丁巳)는 인체로는 눈(目)에 해당
하므로 23년 생 중 한 명은 실명한 장님이었고 寅巳의 형살이
金신주를 공격하여 치질에 걸리기도 했다. 이 사주는 용신(用神)
무력이므로 호운(好運)을 만나도 우이불우(遇而不遇)＊다.

겁재 己(土火)巳 편인
정관 乙(木水)亥 편재　甲癸壬辛庚己戊
신주 戊(土土)辰 비견　戌酉申未午巳辰
정재 癸(水土)丑 겁재　269조

　신주 戊土가 水왕절의 亥월에 태어나 실령했고, 亥월생⁺이니
장생하고 있는 甲木과 乙木이 극신하므로 신약사주다. 따라서
신약의조의 용법에 의해 火가 용신(用神)이고, 水는 병신이며,
건조한 未戌의 土는 약신이고, 습기 찬 丑辰의 土는 기신이다.
이 경우 巳亥가 상충해서 용신(用神)무력이므로 호운을 만나도
만난 것 같지가 않은 명조다. 이 때 무력해진 火는 인체상 눈
(眼目)에 해당하고 급각살(急脚殺)⁺이 있다. 그러므로 29년 생
중 한 명은 실명한 채 지팡이에 의지해서 어두운 세상을 살았다.
그러니까 이 명기에 거듭난 후인은 Happy birthday만 부를 일
이 아니라 시력 보호에 각별히 힘써야 한다.

편재 丙(火水)子 겁재
편재 丙(火金)申 편인　丁戊己庚辛壬癸
신주 壬(水金)申 편인　酉戌亥子丑寅卯
편관 戊(土金)申 편인　270조

　신주 壬水가 간직된 金왕절의 申월에 태어나 득기했고, 세 개
의 金이 생신하며 申子의 水局이 신주의 水에게 합세하니 水의

세력이 범람하는 신강하다. 이 때 戊土는 뿌리박을 未戌의 土나 생조를 받을 火가 지지에 없어 무력하므로 사용할 수가 없다. 이 경우 두개의 火는 인체상 두 눈에 해당한데 넘치는 水의 세력에게 강극을 당해서 36년 생 중 한 명은 실명한 채 밝은 세상을 어둡게 살고 말았다.

정재 丙(火土)戌 정관
겁재 壬(水土)辰 정관　癸甲乙丙丁戊己
신주 癸(水土)丑 편관　巳午未申酉戌亥
식신 乙(木木)卯 식신　271조

　丙火는 안목(眼目)인데 많은 土에게 화몰(火沒)⁺되고 있다. 신약사주로 전반에 巳午未의 火方운행은 구신운이니 46년 생 중 한 명(春川人)은 실명했고, 申酉의 金운행은 약간 안정하는 기간이다. 戊戌은 불미하다.

편관 己(土水)亥 겁재
정재 丙(火水)子 비견　乙甲癸壬辛庚己
신주 癸(水金)酉 편인　亥戌酉申未午巳
정재 丙(火土)辰 정관　272조

　신주 癸水가 간직된 水왕절의 子월에 태어나 득령했고, 亥子의 水方과 子辰의 水局이 신주에게 합세하며 辰酉合金이 생신하니 신강하다. 따라서 신강의재의 용법에 의해 火가 용신(用神)이고, 木이 희신이며, 水는 병신이고, 金은 구신이며, 건토는 약신이다. 이 경우 木이 없어 水火미제다.

 그러므로 59년 생 중 한 명은 乙亥의 水木운행은 습기 찬 木운 이므로 넉넉하지 못한 환경에서 성장하고, 甲戌운행에 土克水하 므로 강력한 수세(水勢)가 대노하여 두 丙火를 水克火로 강극해 서 시력에 속한 火가 손상당해 고등학교 때부터 시력이 급격히 격감하더니 실명했다. 그리고 水를 대동한 申酉의 金운행에는 안마 시술소를 운영하고 있다. 甲寅이나 丙寅 같은 木이 없어 기대하기 어려우리라.
 기타의 경우들을 보기로 하자.

비견 壬(水木)寅 식신
편재 丙(火火)午 정재　乙 甲 癸 壬 辛 庚 己
신주 壬(水木)寅 식신　巳 辰 卯 寅 丑 子 亥
편인 庚(金水)子 겁재　273조

 이 여명은 신주 壬水가 火왕절의 午월에 태어나 실령했고, 木 火가 왕성해져 신약하다. 따라서 신약방조(身弱幇助)의 용법에 의해 金水가 용신(用神)이고, 火木은 병신이며, 土는 대체로 기 신이다. 이 경우 용신(用神)이 유력하지 못한 가운데 초반과 중 반운행이 木火이다.

그러므로 62년 생 중 한 여성은 乙巳운행 중 16살에 모친과 사별하고, 甲辰운에 고졸로 콘택트렌즈 부작용 때문에 실명했다. 水일생이 火가 많으면 실명하는 통계에 속한 가운데 불운이 연속된 탓으로 사료된다. 그녀는 壬午년 현재 형제를 두었으며, 안마사를 겸한 여관업을 하고 있는데 壬癸의 水운에는 그런 대로 괜찮았지만 壬午년은 고전 중이다. 金을 거느린 亥子丑의 水方 운행에 안정적이리라.

식신 甲(木木)寅 식신
정재 丁(火木)卯 상관　戊 己 庚 辛 壬 癸 甲
신주 壬(水金)申 편인　辰 巳 午 未 申 酉 戌
편관 戊(土金)申 편인　274조

신주 壬水가 木왕절의 卯월에 태어나 실령했고, 金生水, 水生木, 木生火로 사주에 기세가 木火에 몰려 신약하다. 따라서 신약방조(身弱幇助)의 용법에 의해 金水가 용신(用神)이고, 火土는 병신이며, 木은 기신이다. 그러므로 74년 생 중 한 명은 己巳운행에 寅巳申으로 삼형살이 되어 실명했고, 壬午년 현재 안마사로 활동하며 세 명이 합자를 하고 있는데 계속 꼬이고, 있는 중이다. 壬申과 癸酉 운행에 상당히 안정할 것이고, 金水에 속한 직업이 좋을 것이다.

이 외에도 간단히 소개해 보면 아래와 같다. 연월일시 순으로 써놓은 사주이고, 모두 건명이다.

乙巳, 戊子, 丙戌, 辛卯 05년 생 실명

丁巳, 乙巳, 丙辰, 辛卯 17년 생 실명하고, 庚子운에 역학으로 명성.

丙寅, 戊戌, 甲戌, 丁卯 26년 생 실명하고, 상처한 후 癸丑운에 사거(死去).

丁卯, 壬寅, 丙申, 壬辰 27년 생 실명하고, 익사(溺死)⁺

庚寅, 丙戌, 庚辰, 丁亥 50년 생 노동 중 戊辰년 한쪽 눈 실명.

丙辰, 庚寅, 丙午, 壬辰 고인으로 조실부모하고, 말년에 실명

丙寅, 庚寅, 丙午, 乙未 고인으로 실명

丁卯, 癸卯, 甲子, 乙亥 고인으로 실명

〖 아능생모(兒能生母) 〗

여기서 말하는 아(兒)는 신주가 생조하는 식신과 상관을 말하고, 모(母)는 식상의 입장에서 보면 자기를 생조 내지 생산해주는 신주가 어머니이다. 아능생모(兒能生母)란 식상이 신주를 능히 살아나게 한다는 뜻이 된다. 그래서 아능생모(兒能生母)는 아능구모(兒能救母)라는 말로 통하기도 한다. 어떻게 그럴 수 있는가?

가령 水왕절에 태어난 木이 극신하는 金을 보았다면 그 金은 겨울철의 나무가 싫어하는 水를 金生水로 더욱 차게 하면서 극신한다. 이럴 때는 식상인 火로 火克金해서 극신을 막고 水를 따뜻하게 해서 온수(溫水)로 水生木하게 한다. 그래서 능히 火가 어머니인 木을 돕는 역할을 감당한 것이다.

어떻게 보면 식상제살(食傷制殺)⁺격같이 보일지 모르지만 아능생모(兒能生母)는 식상으로 제살과 동시에 기후까지 해결하는 일석이조의 역할을 하고, 식상제살(食傷制殺)⁺격은 단지 제살 하나의 역할만 하는 차이가 있다. 예조들을 보자.

비견 甲(木金)申 편관
식신 丙(火木)寅 비견　丁 戊 己 庚 辛 壬 癸
신주 甲(木金)申 편관　卯 辰 巳 午 未 申 酉
편관 庚(金火)午 상관　275조

신주 甲木이 木왕절이 시작된 寅월에 태어나 득령했으나 정월 은 아직도 꽃샘추위가 기승을 부리므로 한목(寒木)인데 더구나 벌목하려는 金까지 보았다. 그러므로 진태오리(震兌五理)⁺의 공 법과 기후법 그리고 식상제살(食傷制殺)⁺의 용법에 따라 火가 용신(用神)이고, 木이 희신이며, 水는 병신이고, 金은 구신이며, 건조한 土는 약신이다. 이 때 火는 아능생모(兒能生母)이다.

이 경우 寅午의 탄탄한 火局에 丙火가 뿌리를 박고 나와서 용 신유력(用神有力)이다. 그리고 용신(用神)이 연월에 있으면서 초반운행에 火운을 놓아 명문가(名門家)⁺의 형상이다. 게다가 중반운에 巳午未의 火方운을 만나 고인은 풍족한 집안에서 성장 하고, 지방장관이 되었다. 壬申운행은 壬丙과 寅申이 충극해서 용신(用神)의 보급로가 상처받으니 불길하다.

겁재 甲(木金)申 정관

상관 丙(火水)子 편인   丁戊己庚辛壬癸
신주 乙(木金)酉 편관   丑寅卯辰巳午未
상관 丙(火土)戌 정재   276조

신주 乙木이 水왕절의 子월에 태어나 생신을 받고 있지만 申酉
戌의 金方이 극신하니 진태오리(震兌五理)*의 난법과 식상제살
(食傷制殺)*의 용법에 따라 火가 용신(用神)이고, 木은 희신이
며, 水는 병신이고, 金은 구신이다. 이 경우 두개의 丙火가 戌중
丁火에 통근했고, 金生水, 水生木, 木生火, 火生土, 土生金해서
오행이 구비된 명기다. 그러므로 고인은 후반에 있는 巳午未의
火方운행에 용신(用神)이 득세하여 아능생모(兒能生母)하므로
큰 부자가 되었다.

‖ 아우생아(兒又生兒) ‖

이 용어 중 앞에 있는 아(兒)는 신주가 생산해놓은 식신과 상
관을 말하고, 나중에 아(兒)는 그 식상이 다시 생조하는 것으로
신주의 입장에서 보면 재성들이다. 적천수 순국편에는 아우득아
(兒又得兒)라고 하는 용어를 쓰고 있는데 이 역시 식상이 재성
을 얻어 식상생재(食傷生財)하는 것을 말한다. 이 단원은 신주

가 도저히 독립적으로 자립할 수 없을 경우에 식상에 따라가는 종아격(從兒格)✝을 이루고 그 종아(從兒)에서 더 나아가 종재(從財)까지 이르는 형태이다. 종재격(從財格)✝과 비슷한 것인데 종재격(從財格)✝ 가운데는 식상 없이 종재격(從財格)✝이 되는 것과 이처럼 아우생아(兒又生兒)식으로 종재격(從財格)✝이 되는 경우도 있다.

상관 己(土土)未 상관
겁재 丁(火土)丑 상관　丙 乙 甲 癸 壬 辛 庚
신주 丙(火土)戌 식신　子 亥 戌 酉 申 未 午
식신 戊(土土)戌 식신　277조

신주 丙火가 土왕절의 丑월에 태어나 火洩土로 설신되고 있는데 생신해 줄 木이 없고, 丁火도 신주처럼 여섯 개의 土들에게 계속 설기만 되어 신주를 도와줄 능력이 없다. 그래서 신주가 의지할 곳이 없으므로 火從土로 土를 따라가 土生金하는 아우생아(兒又生兒)격이 되었다. 그러니까 土金水는 길신이고, 木火는 병신이기 때문에 고인은 중반에 있는 申酉戌의 金方운행에 용신(用神)이 득세하여 대발하고, 辛未와 庚金에 고관이 되었다.

이 사주는 未戌이 양쪽 끝에서 사주를 감싸고 있는 천관지축(天關地軸)✝격이자 丑戌未의 형살이 있어서 군·경·율의 계통에 나아갈 형상이다.

상관 己(土土)未 상관
정재 辛(金土)未 상관　庚 己 戊 丁 丙 乙 甲
신주 丙(火土)戌 식신　午 巳 辰 卯 寅 丑 子
식신 戌(土土)戌 식신　278조

　신주 丙火가 土왕절인 未월에 태어나 여섯 개의 土에게 설신이
심한데 생신해 줄 木이 없으므로 신주인 火는 火從土로 土를 따
라가 土生金해서 金까지 따라가는 아우생아(兒又生兒)격이 되었
다. 그래서 金이 용신(用神)인데 이 사주는 戌중 辛金에게 월간
의 辛金이 통근했으나 습기 찬 丑辰의 土를 만나지 못해서 火洩
土가 시원하게 이루어지지 않았을 뿐만 아니라 未와 戌중 네 개
의 丁火가 金을 공격하여 용신(用神)무력의 형상이다. 바로 앞
에 있는 명조는 丑土가 시원하게 설신시켜 종격이 잘 이루어졌
지만 본조는 습토가 없어서 종격이 시원하게 이루어지지 않으므
로 두 명조에 차이가 있다.

　그러므로 약 3백 년 전 중국 명나라 때 쓰여 진 적천수라는 경
전에 의하면 그 당시 주인공은 인품이 출중했으나 끝내 불발하
고, 가난을 면하지 못했다고 한다. 그런데 3백년이 지난 19년
생 중 한 명도 보통고시에 합격했으나 한 교원으로 일생을 마치
고 말았다. 그러니까 이 명기에 담겨진 동조이인(同造異人)은
대발하지 못하고, 그저 보통 사람으로 살아간다는 공통점을 가

졌다. 이것이 이 사주의 윤곽이자 대강(大綱)으로써 이른바 명보(命譜)⁺라는 것이다.

편재 丁(火木)卯 식신
겁재 壬(水木)寅 상관　辛 庚 己 戊 丁 丙 乙
신주 癸(水木)卯 식신　丑 子 亥 戌 酉 申 未
정재 丙(火土)辰 정관　279조

　신주 癸水가 木왕절이 시작된 寅월에 태어나 실령했는데 壬水와 더불어 뿌리박을 곳(地支)이 없다. 그래서 신주가 의지할 곳이 없기 때문에 水從木으로 木을 따라가 木生火로 火에게 순종하는 아우생아(兒又生兒)식 종재격(從財格)⁺이 된 사주다. 이 경우 寅卯辰의 木方이 대세를 장악하고 있으므로 木에 초점을 맞춰 운행을 풀어야 한다.

　그러므로 전반에 있는 亥子丑의 水方운은 木을 생조하여 고인은 등용문을 열고 출신하여 일취월장했다. 그러나 申酉의 金方운은 병신운으로써 卯酉와 寅申이 충극하여 약자가 강자에게 대드는 꼴이므로 파란만장했다.

　아래 예조는 아우생아(兒又生兒)식 종재격(從財格)⁺이 아니고 처우생아(妻又生兒)식 종살격(從殺格)⁺이다. 이런 용어도 있다는 것을 참고하기 위해 여기에 소개한 예조로 여기서 처(妻)는

재성을 말하고, 그 재성이 재생관(財生官)으로 관성을 또(又)
낳았다는 뜻이다.

정재 壬(水水)子 편재
식신 辛(金水)亥 정재   壬 癸 甲 乙 丙 丁 戊
신주 己(土水)亥 정재   子 丑 寅 卯 辰 巳 午
편관 乙(木水)亥 정재   280조

 신주 己土가 水왕절의 亥월에 태어나 실령했는데 도움을 받을
火土가 전혀 없기 때문에 의지할 곳이 없다. 그러므로 土從金으
로 金을 따라가 金生水, 水生木하여 사주에서 대세를 장악한 水
木에게 순종하는 종살격(從殺格)✝이 되었다. 따라서 水木이 용
신(用神)이고, 火土는 병신이다. 여기서 보듯이 재성들이 다시
재생관하여 亥중 甲木과 乙木인 관성을 생조하므로 처우생아식
종살격(從殺格)✝이 된 것이다.

 그러니까 壬子와 癸丑의 水운행 그리고 甲寅과 乙卯의 木운행,
이렇게 40여 년은 용신(用神)이 득세하는 길운이다. 그래서 고
인은 외국까지 발을 넓혀 큰 재물을 계속 모았다. 그러나 丙辰
의 火土부터는 水의 세력과 상극하여 일패도지(一敗塗地) 하고,
계속 고전했다.

〖 양간부잡(兩干不雜) 〗

어떤 고서에는 이 양간부잡(兩干不雜)격을 매우 호명으로 취급하고 있는가 하면 삼명통회라는 명서는 아주 비관적으로 보았다. 그런데 거기에 소개된 사주들이 자세한 풀이가 없이 결과만 말하고 있어 후학들이 확신을 갖기에 어려운 격이다. 필자의 견해로는 양간부잡(兩干不雜)격도 일반 사주처럼 강약을 따져 용신(用神)을 정한 뒤에 운행과 대조하는 것이 순리적이라고 사료된다. 일단 소개해 본다.

비견 甲(木土)辰 편재
비견 甲(木土)戌 편재　乙 丙 丁 戊 己 庚 辛
신주 甲(木土)辰 편재　亥 子 丑 寅 卯 辰 巳
비견 甲(木土)戌 편재　281조

이 사주는 천간(天干)이 모두 木으로만 배치된 천간일기격이고, 지지는 土로만 나열된 양간부잡(兩干不雜)격으로 木과 土가 1대 1로 각각 견제하고 있다. 이 경우 木과 土의 두 세력을 교량(較量)해 볼 때 木이 약간 약하여 신약사주가 되었다. 고로 신약방조(身弱幇助)의 용법에 의해 水木이 용신(用神)인데, 운행이 亥子丑의 水方운과 寅卯辰의 木方운으로 일생을 달린다. 그러므로 고인은 평생 부귀하고 장수했다고 한다.

비견 辛(金木)卯 편재
겁재 庚(金木)寅 정재　己 戊 丁 丙 乙 甲 癸
신주 辛(金木)卯 편재　丑 子 亥 戌 酉 申 未
겁재 庚(金木)寅 정재　282조

　신주 辛金이 木왕절의 寅월에 태어나 지지가 전부 木, 즉 재성
이니 재다신약(財多身弱)†이다. 따라서 신약의방의 용법에 의해
金이 용신(用神)이고, 습토가 희신이며, 火는 병신이고, 木은 구
신이며, 水는 기신이다. 이 경우 양간부잡(兩干不雜) 격 같이 보
이고, 천간이 모두 金이지만 지지에 土金이 없어 용신(用神)이
유력하지 못하다.

　그러므로 51년 생 중 한 명은 비겁이 많아 이복형들을 포함해
남자들만 9형제가 있고 己丑운행은 그런 대로 괜찮은 환경에서
성장한 다음 부인(甲午, 丙寅, 癸巳, 丙辰)과 형제만 두고서 亥
子의 水木-寅亥合木-운행에 고생이 많았다. 그러다 丙戌의 戊
土운행 중 戊寅년 세차 업으로 자리를 잡더니 乙酉운행 중 癸未
년 현재 기사식당으로 매우 안정적이다. 申金운행까지 계속 안
정하고 나머지는 불미하다.

비견 乙(木土)未 편재
식신 丁(火水)亥 정인　丙 乙 甲 癸 壬 辛 庚

신주 乙(木土)未 편재   戌 酉 申 未 午 巳 辰
식신 丁(火水)亥 정인   283조

  이 사주는 乙未와 丁亥로만 반복된 양간부잡(兩干不雜)격처럼
보여 귀격 같다. 그럼 어떤가? 신주 乙木이 水왕절의 亥월에 태
어나 亥未의 木局이 신주의 木에게 합세하고, 두개의 水가 생신
하니 신강하다. 따라서 신강의설의 용법에 의해 火가 용신(用神)
이고, 木이 희신이며, 水는 병신이고, 金은 구신이다. 이 경우 추
운 입동(亥月)에 태어난 나무(신주)로 신강해졌기 때문에 태양
인 丙火가 나타나야 제격이다. 그런데 그 여광(餘光)인 丁火가
나타나서 습기 찬 木(입동)으로 말미암아 불이 꺼질-木多火熄-
형국이다. 그래서 용신(用神)무력이고, 전반운행에 申酉戌의 金
方운이 구신운이므로 火의 병사지가 계속된다.

  그래서 55년 생 중 한 명은 가정 형편은 괜찮았으나 학교를 가
라고 하면 풀 망태(짐승을 먹이는 풀을 베어서 담은 망)나 지게
(짐을 얹어 등에 지고 나르는 도구)를 만들어 달라면서 학교에
취미가 없어 초등학교만 겨우 나왔다. 그는 성격이 너무 단순했
고, 성질이 과격했으며, 말술을 마셨고 행동이 거칠어 부모 형제
의 근심거리였다. 그러다 乙酉의 구신운행 중 23살 戊午년 乙丑
월 壬寅일 새벽 상경 도중 술에 만취된 채 열차에서 떨어져 그
자리에서 사거(死去)했다. 무력한 火가 그나마 金에 이르러 병
사지요, 酉金이 극신해 보지만 약자가 강자인 木의 세력에게 오

히려 결손-木多金缺-을 당해버린 통에 설자리를 잃었기 때문이
다.

그는 관성의 酉金운에 유복자인 아들을 한 명 남겼다. 그리고
모친성인 水가 신주를 사이에 두고 양쪽에 있으면서 월지의 亥
水는 연간의 乙木을 水生木으로 생산하고, 時支의 亥水는 나를
생산하므로 모외유모(母外有母)⁺했고, 이복 형제자매도 있었다.
한편, 재성인 土와 인성인 水가 亥未로 합신하여 모가재취(母嫁
再娶)⁺였다.

‖ 양금지토(養金之土) ‖

여기서는 辰土에 대하여 말하는 것으로 어떤 때는 대목지토(帶
木之土)⁺가 되기도 하고, 어떤 때는 축수지토(畜水之土)⁺가 되
기도 하며 여기서 말하는 양금지토(養金之土)가 되기도 한다.
그것은 사주의 짜임새에 따라 세 중 하나의 용어가 적용되는데
대목지토(帶木之土)⁺의 경우는 그 마당에서 설명했다. 그래도
다시 한번 말하면 甲辰으로 배치되어 있을 경우는 辰중 乙木이
3월-木왕절의 끝-의 여기로 강하게 작용하기 때문에 함께 배
치된 甲木이 강하게 작용한다는 것이었다.

그럼 양금지토(養金之土)가 되는 경우는 어떤가? 庚辰으로 배치되어 있는 경우라면 辰土는 습토이기 때문에 土生金이 잘 되어 金을 양성하므로 그렇게 말한다. 또 포태법으로 말해도 庚金은 辰에서 양(養)에 해당된다. 여기서 하나 더불어 첨가하면 辛金의 경우도 丑土에게 포태법으로 양에 해당되기 때문에 丑土 역시 양금지토(養金之土)가 된다. 그러므로 庚辛에게 辰과 丑은 모두 양금지토(養金之土)가 된다.

가령 庚金이나 辛金이 신주인데 극신하는 火가 많은 사주일 경우 辰이나 丑이 있으면 火吸土, 土生金해서 火의 기운을 습토인 辰丑이 화흡토(火吸土)로 흡수해 土生金으로 생신하는 관인상생(官印相生)⁺격 내지 살인상생(殺印相生)⁺격이 된다. 그러나 재성인 木이 아주 많은 사주일 경우는 탐재파인(貪財破印)⁺이 되어 양금지토(養金之土)의 노릇을 하기가 어렵다. 그러므로 사주 상황에 따라 양금지토(養金之土)로서 土를 사용할 수 있는가 그렇지 못한가를 잘 분별해야 한다. 참고로 첨언하면 未土와 戌土는 모두 丁火를 간직하여 火克金하므로 양금지토(養金之土)가 될 수 없다.

편관 丁(火火)巳 정관
정관 丙(火火)午 편관   乙 甲 癸 壬 辛 庚 己
신주 辛(金土)丑 편인   巳 辰 卯 寅 丑 子 亥

정재 甲(木火)午 편관 284조

　신주 辛金이 火왕절의 午月에 태어나 다섯 개의 火에게 극신
(火克金)을 당하기 때문에 신약사주다. 그러므로 신약방조(身弱
幫助)의 용법에 의하여 土金이 용신(用神)이고, 火木은 병신이
다. 따라서 17년 생 중 한 명은 辛丑의 土金운행에 용신(用神)
이 득세하자 부동산(土가 용신)으로 거부가 되었다. 그 여력으
로 庚子와 己亥의 金水土운까지 안일하게 지냈다. 丑土가 양금
지토(養金之土)인 것이다.

상관 癸(水金)酉 겁재
정인 己(土土)未 정인　戊丁丙乙甲癸壬
신주 庚(金土)辰 편인　午巳辰卯寅丑子
식신 壬(水火)午 정관　285조

　신주 庚金이 土왕절의 未月에 태어나 세 개의 土가 생신하고,
辰酉合金이 신주의 金에게 합세하니 신강하다. 그러므로 신강의
극의 용법에 따라 火가 용신(用神)이고, 木이 희신이며, 水는 병
신이고, 金은 구신이다. 이 경우 午未가 火方을 이루어 용신유력
(用神有力)이고, 운행이 巳午의 火方과 寅卯辰의 木方운으로 달
려 용신(用神)과 희신이 득세한다.

　따라서 33년 생 중 한 명은 풍족한 가정에서 성장하고, 학업도

우수했으며, 관성인 火가 인성인 土를 생조해서 土生金으로 생신하므로 관인상생(官印相生)⁺격을 구성해 甲寅운행까지 승승장구로 고관이 되었다. 이어 癸丑의 水金-酉丑이 金局-운에 병신과 구신운을 만나 퇴직했고, 이후는 불길하다. 이 경우는 辰土가 양금지토(養金之土)로 관인상생(官印相生)⁺격을 이루었다.

〖 양인가살(羊刃架殺) 〗

양인가살(羊刃架殺)은 살인상정(殺刃相停)⁺과 유사한데 그 차이점은 전자의 경우 양인과 살성이 합하지 않은 상태로 있지만 후자는 양인과 살성이 합하고 있다. 이것이 있는 사주는 살인상정(殺刃相停)⁺격이나 식상제살(食傷制殺)⁺격처럼 위엄을 풍기고 짜임새가 좋은 명기에 있으면 크게 위력을 발휘한다.

식신 壬(水木)寅 편재
정인 己(土金)酉 양인　庚 辛 壬 癸 甲 乙 丙
신주 庚(金火)午 정관　戌 亥 子 丑 寅 卯 辰
편관 丙(火土)戌 편인　286조

신주 庚金이 金왕절의 酉월에 태어나 득령해서 신강사주로 출발했다. 그렇지만 寅午戌의 火局과 丙火가 극신하기 때문에 신약사주로 변했다. 그러므로 신약의방의 용법에 의해 金이 용신(用神)이고, 습기 찬 己丑辰土가 희신이며, 火는 병신이고, 木은 구신이며, 水는 약신이다. 이 사주는 용신(用神)인 酉金이 양인이고, 丙火는 살성으로서 궁통보감에 "8월생 庚金 신주가 그 둘을 모두 만나면 관살병용(官殺竝用)†이자 양인가살(羊刃架殺)이라고 하여 양인이 형충되지 않을 경우 나가면 장군이요 들어오면 장관이고, 지조 굳은 충신이다"고 말한 글에 해당한다.

또 적천수 지위편에 "병권을 잡아 부리는 사람은 양인과 살성이 맑고 그 기세가 특이하다"고 말했다. 필자의 경험으로는 이렇게 신주가 庚金이고, 丙火가 나타난 경우는 그 음성이 사자후 같아서 군·경·율의 계통에 출신하는 사례를 많이 보았다. 따라서 고인은 金水를 대동한 亥子丑의 水方(약신)운에 승승장구로 병권(兵權)을 장악했다. 그 후 甲寅의 木운행은 구신운이니 불길운이 계속된다. 酉金이 양인이고, 丙火가 살성인데 합하지 않고 양인가살(羊刃架殺)이다.

편관 丙(火水)子 상관
정관 丁(火金)酉 양인　戊 己 庚 辛 壬 癸 甲
신주 庚(金水)子 상관　戌 亥 子 丑 寅 卯 辰
편관 丙(火水)子 상관　287조

신주 庚金이 子자를 세 개나 만나서 子자가 午자를 충요(沖遙)

해 온 비천록마(飛天祿馬)✛격이고, 丁酉로 관성과 양인이 가교 (架橋)를 이룬 양인가살(羊刃架殺)격―酉金이 양인이고, 丙火는 살성―이다. 두 격 가운데 전자는 귀격이고, 후자는 군·경·율 의 계통에 출신할 격이다. 이 경우 전자는 관성(丁火)이 실제로 나타나는 것―전실(塡實)✛―을 꺼리는데 후자는 오히려 그 丁火 가 있어야 이 격이 성립한다.

이 때 火는 냉한(冷寒)한 金水를 온금(溫金)과 온수(溫水)로 변화시켜 준 공로가 있고 충요해 온 午자는 황은대사다. 그러므 로 고인은 壬寅운행에 丁壬이 合木되면서 비천록마(飛天祿馬)✛ 격이 꺼리는 丁火를 제거하자 午자가 비로소 제 노릇을 하므로 장관급 내지 총리급에 이르렀다.

비견 丙(火水)子 정관
정재 辛(金木)卯 정인 壬 癸 甲 乙 丙 丁 戊
신주 丙(火火)午 겁재 辰 巳 午 未 申 酉 戌
정재 辛(金木)卯 정인 288조

신주 丙火가 木왕절의 卯월에 태어나 득기했고, 일주가 똑같은 火로 억센 양인이며, 연간에 丙火가 또 있어 신강하다. 따라서 신강의재의 용법에 의해 金이 용신(用神)이고, 습토가 희신이며, 火는 병신이고, 木은 구신이며, 水는 약신이다. 이 경우 子午가 양인가살(羊刃架殺)이고, 형살이 있다. 그것을 구성해 놓고 운행 이 좋게 돌아가면 위엄을 떨치는 인물이 된다.

그러나 이 운행은 巳午未의 火方운으로 흘러 金水를 공격하여 불선의 세월인데 게다가 丙辛이 천간끼리 합하고, 그 아래는 子卯로 형살을 범해 곤랑도화(滾浪桃花)⁺가 구성되었다. 그러므로 36년 생 중 한 명은 신주와 양쪽에 있는 여성인 辛金이 합신하여 이 여자 저 여자들과 놀아나다가 재산을 몽땅 탕진하고, 39살 壬子년에 子午가 또 상충하여 전이불항(戰而不降)⁺이므로 자살하고 말았다.

〚 양차살(陽差殺)과 음착살(陰錯殺) 〛

음착살(陰錯殺)과 양차살(陽差殺)의 날(日辰)에 태어난 주인공들은 외갓집이 쇠락(衰落)하거나 외삼촌이 없든지 또는 그쪽이 잘 안되든지 하는 통계에 속한다. 그리고 여자는 부군 댁도 풀리지 않는다는 설도 있다. 그 살을 도표로 보면 다음과 같다.

음착살	丁 丑	丁 未	辛 酉	辛 卯	癸 巳	癸 亥
양차살	丙 午	丙 子	戊 寅	戊 申	壬 辰	壬 戌

예를 들면 丁丑일이나 丁未일에 태어난 사람은 통계상 서두에 말한 대로 되는 경우가 흔하다는 것인데 필자의 경험으로 상당히 많은 임상에서 맞는 것을 보았다. 그렇다고 다 그런 것은 아니고 통계가 그렇다는 것이니 학자들은 한번 확인해보기 바란다. 천간은 같은데 지지가 서로 충하는 날들이다.

﹝ 암요제궐(暗邀帝闕) ﹞

암요(暗邀)란 암암리에 맞이한다는 뜻이고, 제궐(帝闕)이란 임금이 정사를 보는 대궐이다. 그러니까 암암리에 궁궐을 맞이했다는 말이다. 그럼 이것이 사주에서는 어떻게 구성되는가. 가령 연지(年支)가 子년 생이라면 그 子는 임금이 남쪽을 향해 앉은 북쪽 자리로서 제좌(帝座)인데 그 자리에 앉아 정사를 보려면 먼저 그 대칭이 되는 남쪽 문으로 들어가야 하기 때문에 午라는 단문(端門)이 필요하다.

여기서 말하는 단문은 대궐의 정문(正門)을 말한다. 그렇다면 사주에 午자가 있어야 할 것 아닌가하고 생각될지도 모른다. 그러나 그런 것이 아니라 그것을 암암리에 맞이한다고 했으니 午자가 실제로 사주에 있는 것이 아니고 寅戌이라는 火局이 있으면 寅(午)戌로 火局을 이루면서 午자를 암암리에 맞이한다는 뜻이다. 그래서 子년 생, 즉 제좌의 단문으로서 午자가 은연중 생겨나는 것이다.

다른 예를 하나 더 든다면 寅년생은 그 대칭이 되는 申자가 단문이 되는데 사주에 子辰이 있으면 申子辰이라는 水局을 이루면서 申자를 저절로 맞이해 단문으로 사용한다는 것이다. 지지에 충들이 있는데 그것의 충들은 모두 대칭이 되니 예를 들면 丑년생은 未가 단문이다. 그러니까 丑년 생 사주에 亥卯가 있으면 亥卯未로 木局을 이루면서 丑이 충해 대칭인 未를 암요해와 단문으로 사용한다.

卯년생은 그 대칭이 酉자이니 사주에 巳丑이 있으면 巳酉丑으로 金局을 이루면서 酉자를 암암리에 맞이해 단문으로 쓰는 것이요, 辰년생은 戌자가 그 대칭인데 寅午가 사주에 있으면 寅午戌로 戌자를 암암리에 맞이해 단문으로 사용한다. 거꾸로 午년생이라면 사주에 申辰이 있을 경우 申子辰으로 子자를 은연중 맞이해 단문으로 사용하는 것이다. 다른 연지들도 역시 같은 원리가 적용된다.

그럼 암요제궐(暗邀帝闕)이 된 사주는 모두 궁궐에 출입할 명조라는 말인가. 그렇지 않고 격국과 용신(用神)이 잘 짜여져 있는 가운데 암요제궐(暗邀帝闕)격을 이루고 있으면 더욱 귀격이 되는 것이고, 만일 그렇지 못한데 이 격이 있으면 다른 격들처럼 있으나마나한 것이다. 여기서 주의할 점은 그렇게 암암리에 맞이한 것이 공망살⁺에 걸려서는 안 된다는 것이다. 공망살⁺은 일진을 기준으로 산출해서 정한다. 예조들을 보면서 살펴보자.

식신 己(土土)未 식신
편관 癸(水金)酉 편재　壬 辛 庚 己 戊 丁 丙
신주 丁(火火)巳 겁재　申 未 午 巳 辰 卯 寅
비견 丙(火火)午 겁재　289조

이 명기는 중화민국의 초대 대총통을 지낸 원세개(袁世凱)가 거쳐간 명조로 그는 壬午군란(壬午軍亂) 때 조선에 파견되어 내정과 외교를 간섭한 적이 있던 사람이다. 이홍장이 죽은 다음 혁명이 일어나자 선통제(宣統帝)의 퇴위를 강요하는 한편, 손문(孫文)의 양해 하에 초대 대총통에 되었으며, 그 후 황제 즉위를 선포하여 83일간 황제 행세를 하다가 제 3세력의 혁명에 부닥쳐 고민 끝에 민사(悶死)했다.

신주 丁火가 金왕절의 酉월에 태어나 실령해서 신약사주로 출발했으나 巳午未의 火方이 신주의 火에게 가세하니 신강사주로 변했다. 따라서 신강의재의 용법에 의하여 金이 용신(用神)이고, 土는 희신이며, 火는 병신이고, 木은 구신이며, 水는 약신이다. 이 경우 용신(用神)이자 재성인 酉金이 관성인 癸를 생조하여 명관과마(明官跨馬)⁺격을 구성했다.

그리고 연지의 未土가 충해 놓은 丑土를 巳酉가 巳酉丑으로 합
하면서 강하게 맞아 들여 암요제궐(暗邀帝闕)격도 겸했기 때문
에 몸이 궁궐에 출입하는 형국이다. 이 경우 丑土가 공망살⁺이
다. 그리하여 그는 戊辰의 土운행에 辰酉가 合金하자 대권을 장
악했다 그러나 丁卯에 卯酉가 충극한 통에 金局이 와해되어 丁
巳년에 민사했다. 이외에 147조 182조 309조 513조 등등을
참조한다.

‖ 애가증진(愛假憎眞) ‖

여기서는 먼저 가(假)와 진(眞)이란 것이 무엇인가부터 알아야
한다. 우리는 가신난진(假神亂眞)⁺이라는 단원에서 가신이 진신
을 어지럽힌다는 것을 배웠다. 거기서도 취급되었지만 여기서
말하는 가와 진도 그와 똑같은 의미로 가신(假神)과 진신(眞神)
은 월령을 기준으로 하여 정해진다. 다시 한번 말하면 월지의
정기(正氣)가 진신(眞神)이고,－月令得時秉令－ 월령을 얻지 못
한 것이 가신(假神)－月令失時退氣－이다. 참고로 원문의 득시
내지 실시에서 시(時)란 생시를 말하는 것이 아니고 시절인 월

지를 말한다.

 그럼 애가증진(愛假憎眞)이란 무슨 뜻인가. 가령 어떤 사주에 월령의 정기가 아닌 가신이 긴요하게 사용할 용신(用神)인데 진신이 그 가신인 용신(用神)을 충극한다면 이야말로 아무리 진신이라고 해도 미워해야 할 존재인 것이다. 그러므로 가신을 사랑하고, 진신을 미워하는 것은 당연한 일이기 때문에 그런 명조에 애가증진(愛假憎眞)이라는 용어를 사용하는 것이다. 그러니까 가신난진(假神亂眞)⁺과는 반대적인 용어이다. 이 용어들은 적천수에 나온 것들이다.

정인 庚(金土)戌 정관
정관 戊(土木)寅 상관　己 庚 辛 壬 癸 甲 乙
신주 癸(水土)未 편관　卯 辰 巳 午 未 申 酉
비견 癸(水土)丑 편관　290조

 신주 癸水가 木왕절의 寅월에 태어나 설신되어 실령했고, 많은 土들에게 극신을 당하니 신약하다. 따라서 신약의조의 용법에 의해 金이 용신(用神)이고, 습토가 희신이며, 火는 병신이고, 木은 구신이며, 水는 약신이다. 이 경우 土生金하고, 金生水하므로 庚金이 용신(用神)으로서 무력하지 않다. 그러나 신주와 멀리 떨어져 있어 귀기불통(貴氣不通)⁺과 흡사하다.

이때 寅중 甲木은 진신이고, 庚金은 가신인데 이 사주는 가신이 용신(用神)이 되었으니 그 가신을 사랑하고, 설신시키는 진신, 즉 木은 미워하는 것이다. 이를 애가증진(愛假憎眞)이라고 한다. 그러므로 고인은 庚辰운행에 삼형살로 군경율(軍警律)의 계통에 출신하여 午未의 火方운행에 진전 없이 이곳저곳으로 전전하다가 甲申의 申金운행에 군공(軍功)을 세워 크게 성공했고, 乙酉에 한층 더 위세가 드날렸다.

상관 乙(木金)酉 정인
편관 戊(土木)寅 식신　丁 丙 乙 甲 癸 壬 辛
신주 壬(水火)午 정재　丑 子 亥 戌 酉 申 未
편인 庚(金土)戌 편관　291조

신주 壬水가 木왕절이 시작된 寅월에 태어나 실령했고, 寅午戌의 火局에게 생조를 받은 土가 극신하니 신약하다. 그러므로 신약의조의 용법에 따라 金이 용신(用神)이고, 土가 희신이며, 火는 병신이고, 木은 구신이며, 水는 약신이다. 이 경우 寅木부터 木生火, 火生土, 土生金, 金生水, 水生木하므로 순환상생(循環相生)⁺격을 이루었고 살성인 土가 인성인 金을 생조해서 土生金으로 생신하니 살인상생(殺印相生)⁺격도 구성했다. 이때 가신인 金이 용신(用神)이고, 진신인 寅木은 구신이므로 당연히 애가증진(愛假憎眞)의 형상이다.

그리고 戊戌의 土가 金을 도우니 용신유력(用神有力)이며, 壬午일에 출생해서 천합지(天合地)⁺이자 재관쌍미(財官雙美)⁺격이고, 운행까지 亥子丑의 水方운과 申酉戌의 金方운으로 달려 금상첨화다. 그래서 고인은 水方운에 등용문을 열고 癸酉와 壬申의 水金(약신과 용신(用神))운에 지방장관급에 이르렀다. 이 사주는 병신인 火局이 강해서 대귀가 어렵지만 그는 덕과 온화로서 만인의 추앙을 받았다고 전한다.

‖ 염상격(炎上格) ‖

이 격은 신주가 丙丁의 火로 巳午未의 火方이나 寅午戌의 火局이 가득 차고 水가 없는 경우이다. 그러면 문명의 형상이 되고, 木운행으로 달리는 것을 가장 좋아하며 火土운도 길하다. 그렇게 되면 나라의 중신이 된다고 했다. 그러나 水金운을 매우 꺼린다. 이상은 시결(詩訣)에서 말하고 있는데 명리정종의 저자 장남 선생은 종혁격(從革格)⁺의 말미에서 염상격(炎上格)으로 호명(好命)을 보지 못했다고 자기 경험을 말했다.

이렇게 엇갈리는 견해들을 말하고 있는데 이 격에 대한 확신을 굳히기 위해서는 현대 사주학자들의 활발한 발표가 뒤따라야 할 것이다. 필자는 이 격에 대한 경험이 없기 때문에 고전(古典)에 실려 있는 명조만 여기에 소개하겠다.

정인 乙(木土)未 상관
정재 辛(金火)巳 비견　庚 己 戊 丁 丙 乙 甲
신주 丙(火火)午 겁재　辰 卯 寅 丑 子 亥 戌
편인 甲(木火)午 겁재　292조

신주 丙火가 火왕절의 巳월에 태어나 득령했고, 巳午未의 火方이 신주의 火에게 합세하며 두개의 木이 생신하니 火의 세력이 충천하는 염상격(炎上格)이다. 이 경우 辛金은 火의 세력으로 인해 녹아버렸고 水가 없어서 염상격(炎上格)이 분노하지 않으니 순수하게 세상을 훤히 밝혀주고 있는 문명의 형상이다.

그러니까 이 격은 일종의 종왕격 내지 종강격(從强格)⁺이므로 사주에서 대세를 거머쥔 木火를 중심 삼아 그 세력에 순응하는 木火土는 길신이고, 거역하는 水金은 기신이다. 그러므로 고인은 寅卯辰의 木方운에 일취월장해서 丁丑의 火土운행에 고관급이 되었다. 그러나 丙子의 子水운은 양인과 子午로 충극해서 전이불항(戰而不降)⁺이니 불길하다고 했다. 출처 연해자평과 명리종정 염상격(炎上格). 궁통보감 4月 丙火편

비견 丁(火木)卯 편인

비견 丁(火土)未 식신　丙乙甲癸壬辛庚
신주 丁(火土)未 식신　午巳辰卯寅丑子
겁재 丙(火火)午 비견　293조

신주 丁火가 아직도 화기(火氣)가 강한 오뉴월의 未月에 태어
나 득령했고, 午未의 火方과 많은 火들이 신주의 火에게 합세하
며 卯未의 木局이 생신하니 火의 세력이 염열(炎熱)하는 염상격
(炎上格)이다. 따라서 木火가 용신(用神)이고, 金水는 병신이다.
이 경우 운행이 50여세까지 巳午의 火方과 寅卯辰의 木方운으로
달려 용신(用神)이 득세하므로 고인은 영관급(領官級)에 이르렀
다. 출처는 궁통보감 6월 丁火편 이 외에도 적천수 성정편에는
丁卯, 丙午, 丙午, 庚寅으로 木方운행에 성공하다가 亥子丑의 水
方운행에 역경을 치렀다고 했다. 그리고 삼명통회 조상편(照象
編)에는 甲戌, 丙寅, 丙午, 庚寅으로 재상을 역임했다고 소개되
었다. 도충격(倒冲格)⁺을 참조해 본다.

‖ 원신투출(元神透出) ‖

여기서 말하는 원신(元神)이란 진신(眞神)과는 약간의 차이가
있다. 진신은 월지를 기준으로 해서 그 월령의 정기(正氣)만을

가리켜 쓰는 말이지만 이 장에서 말하는 원신이란 월령에 국한 되지 않고 지지(地支)에 암장된 오행들이 천간에 나타난 것을 뜻한다. 투출(透出)이라는 말은 한문 용어이고, 순우리말로는 천 간에 '나타났다' 는 뜻이다.

필자는 현대인들을 위하여 투출이라는 용어를 잘 쓰지 않고 거 의 '나타났다' 는 표현을 사용하고 있다. 그러니까 필자의 저서 에 나타났다는 말이 없으면 투출이 안된 것이고, 나타났다는 용 어가 쓰인 사주들은 투출되었다는 뜻과 동일하다고 보아야한다. 용신(用神)이든 병신이든 지지에 뿌리박고 천간에 나타났으면 원신이 투출한 것이다. 옛 명서에 자주 나온 용어이기 때문에 여기서 설명해 둔 것이다.

‖ 용신(用神) ‖

그 사주에서 긴요하게 사용(使用)할 신(神: 오행)이다. 오행에 는 가령 土나 그리고 木 등이 있는데 그것을 옛 사람들은 신 (神)으로 보고 토신(土神) 또는 목신(木神)이라고 하기도 했다. 그러니까 사주에서 가장 필요하게 사용할 오행이 용신(用神)인 것이다. 속담에 돈만 있으면 귀신도 부린(사용한)다ㅡ유전용신

(有錢用神)-는 말이 있다. 그러니까 사주에서 용신(用神)은 방금 말한 속담의 돈과 같은 존재이니 매우 긴요한 것임을 알 수 있다. 그래서 그런지 어느 사주이든 용신(用神)만 찾았다하면 그 사주는 거의 다 본 것이나 마찬가지라는 단언까지 나올 정도이다. 그도 그럴 것이 용신(用神)이 가령 火라면 운행에서 火운을 만날 때 그 사주의 주인공에게는 일생의 황금기가 되기 때문이다.

그런데 문제는 그 용신(用神)을 찾아내기가 엄청나게 어렵다는 것이다. 사주마다 용신(用神)이 다른데 그 짜임새와 각 오행이 서로 밀고 당기는 세력 판도 그리고 기후 등 검토해야 할 항목이 하도 많아서 여간해서는 그 사주의 용신(用神)을 바로 찾아낼 수 없는 것이다. 그것을 공부하는데 들어가는 시간 투자가 이만저만한 것이 아니다. 그 계통을 공부하는 상당히 많은 사람들이 필자를 방문해서 만나보면 어떤 경우는 독학을 15년가량 하고서도 오리무중인 상태에 있는 것을 보기도 했다. 그런 말을 하면 어떤 이는 여자이거나 학식이 없는 남자이거나 그럭저럭 세월만 넘긴 그런 사람이었을 거라고 치부해 버릴지도 모른다.

그러나 그는 중령으로 퇴역했고, 현역 시절에는 교수도 했으며, 그가 메모한 사주 이론 노트는 상상을 넘는 분량이었다. 그만큼 용신(用神) 찾기가 어렵다는 증거이다. 본서는 그런 어려움을 해결하기 위한 일종의 리포트(보고서 또는 논문)이다. 그런데 시중에는 돈을 노리고 용신(用神)을 빨리 터득하게 해주겠다는 별별 감언이설이 난무 중이다. 그래서 오죽했으면 옛 글에 공부하고 싶은 사람의 심중을 잘 표현한 이런 말이 있다. "바른 스승을 만나기가 하늘에 별 따기이다" 바른 책을 만나기도 그럴 것이다.

‖ 용신(用神)의 힘 차이 ‖

사주에서 용신(用神)을 찾아냈어도 그 세력을 일단 점검할 필요가 있다. 왜냐하면 용신(用神)이 있어도 너무 그것이 무력하면 운행에서 용신(用神)운을 만나도 만난 것 같지가 않기 때문이다. 그 말은 용신(用神)운을 만나도 황금기는커녕 별로 약발이 나타나지 않고 그럭저럭 지나가 버리고 마는 것이다.

반면에 용신(用神)이 유력한 가운데 용신(用神)운을 만나면 그야말로 황금기가 된다. 다른 말로 전성기가 되는 것인데 그때 주인공은 큰 발전을 거듭해 예상외의 성과를 거두게 되는 것이다. 따라서 용신(用神)을 찾았다면 반드시 한 단계 더 검토할 것이 있는데 그것은 그 용신(用神)이 유력한가 무력한가를 따져 보아야 하는 것이다.

용신유력(用神有力)은 일단 기대가 걸린 사주인데 아무리 용신유력(用神有力) 사주라도 용신(用神)운을 만나지 못해버리면 이 또한 전성기가 없는 주인공이 되고 만다. 이럴 때 아깝다는 말을 쓰게 되는 것이다. 그럼 여기서 용신(用神)의 힘에 대한 미세한 차이점을 가진 명조들을 소개해 보자.

겁재 庚(金金)申 겁재
상관 壬(水火)午 편관   癸 甲 乙 丙 丁 戊 己
신주 辛(金金)酉 비견   未 申 酉 戌 亥 子 丑
식신 癸(水火)巳 정관   294조

겁재 庚(金金)申 겁재
상관 壬(水火)午 편관   癸 甲 乙 丙 丁 戊 己
신주 辛(金金)酉 비견   未 申 酉 戌 亥 子 丑
정재 甲(木火)午 편관   295조

두 명조 모두 신주 辛金이 火왕절의 午월에 태어나 극신을 당하기 때문에 신약사주로 출발했다. 그렇지만 火를 제압하는 水가 있어서 극신이 강하지 못한 가운데 申酉의 金方과 庚金이 신주의 金에게 합세하므로 둘 다 신강사주로 변했다. 따라서 신강의극의 용법에 의해 火가 용신(用神)이고, 木이 희신이며, 水는 병신이고, 金은 구신이며, 土는 약신이다.

그런데 巳시생은 용신(用神)인 火중 巳火가 巳酉(丑)의 金局에 가담하여 더욱 신강해진 대신 용신(用神)은 午火 혼자 외롭게 남았다. 그래서 용신(用神)은 약해진 반면에 癸水가 더 있어 병신은 매우 강하고, 희신인 木이 없는 반면 구신인 金은 아주 막강하다. 그러나 午시생은 희신인 甲木이 壬水의 생조를 받아서 木生火하므로 水火를 소통시켜 水火기제⁺이고, 그러면서 火의 힘이 강해져 용신(用神)이 더 유력해졌고 그 과정에서 명관과마(明官跨馬)⁺격이 구성되었다.

그러므로 巳시생중 한 고인은 申金과 乙酉의 金운-乙庚合金-이렇게 15년 동안에 집안이 휘청거렸고 丙戌의 火土운과 丁火운에 용신(用神)과 약신이 득세하여 재기했다가 亥水운에 巳亥가 충극해서 간신히 이루고 있는 巳午의 火方을 그나마 무너뜨린 한편, 水克火로 용신(用神)을 강극하여 크게 흉했다. 그러나 午시생은 金운행에도 용신(用神)이 유력하여 큰 재앙이 없었고 火土운에는 巳시생보다 더욱 승승장구해서 평생 부귀를 누렸다. 그러니까 巳시생보다. 午시생이 격상(格上)된 명기다.

편인 丁(火土)丑 비견
겁재 戊(土金)申 상관   丁 丙 乙 甲 癸 壬 辛
신주 己(土土)丑 비견   未 午 巳 辰 卯 寅 丑
비견 己(土火)巳 정인   296조

이 사주의 주인공 가운데 한 분이 필자를 찾아왔다. 그는 자기가 午시생이라고 지금(庚辰년 현재 64세)까지 알고 있었다. 그러면서 역학을 약 15년가량 공부해오고 있는 중이란다. 이 아래 있는 午시생 사주가 필자의 저서 「운명을 팝니다」에 실려 있는 것을 보고 왜 자기는 그 사주와 이렇게 다르냐는 것이다.

그래서 필자가 여러 가지로 점검을 하다가 혹시 모외유모(母外有母)⁺했느냐고 물었다. 그랬더니 그렇다고 대답하는 것이 아닌가. 그래서 내가 말했다. 선생님은 午시생이 아니고 巳시생이라고 일러주었다. 왜 그러냐는 것이다. 그래서 모친성인 火가 丁火는 丑土를 火生土로 생산하고, 巳火는 己土라는 주인공을 역시 火生土로 생산했기 때문이라고 설명해주었다. 그러자 그는 아버지에게 첩의 딸이 한 명 있다는 것이다. 그렇다면 분명히 午시가 아니고 巳시라는 것이 증명된 것이다. 그는 놀란 기색을 감추지 못하더니 15년 간 공부를 했어도 생시를 바로 찾아내는 안목을 기르지 못했다며 야릇한 표정을 지었다.

신주 己土가 金왕절의 申월에 태어나 설신되니 실령했고, 巳丑의 金局과 丑중에 辛金들이 들어 있어 계속 설신되니 신약하다. 따라서 신약방조(身弱幇助)의 용법에 의해 火土가 용신(用神)이고, 水木은 병신이며, 金은 기신이다.

그러므로 그 분은 巳午未의 火方운행에 자기를 낳고 집안이 일어난다는 말을 수없이 들었을 정도로 부모 집이 흥성했다. 그리고 군인으로 들어가 癸水운행 48세에 중령으로 제대했다. 그 후로 그는 일자리가 시원치 않아 방금 말한 대로 15년여 사주공부를 해왔던 것이다. 그리고는 水木운행에 돈도 벌지 못할 뿐만 아니라 제대할 때 일시불로 퇴직금을 받아 부인 명의로 집을 사버려 용돈이 궁할 지경이었다.

게다가 부인(庚辰, 乙酉, 癸亥, 己未)까지 이 주인공을 괄시하므로 살맛이 나질 않을 정도이다. 부인 사주가 자녀와 합해 부군성을 공격하고 있기 때문이다. 그러면서 또 한 가지 염려된 것이 있어 그 분이 물었다. 자기 부인이 혹시 자기와 헤어지고 다른 남자와 늦게나마 사는 것이 아니냐고 한다. 그래서 부인사주를 점검해보니 辰土가 거관유살(去官留殺)⁺이 되어 그럴 염려가 없다고 말해주었다. 그러자 그게 무슨 뜻이냐고 하다. 그는 아주 오래 오래된 치부책에다 사주학에 대한 자료들을 몽땅 적어 갖고 다닌 데도 그게 무슨 말이냐는 것이다.

그 후 그 분은 필자에게 몇 개월 간 공부를 열심히 했다. 그리고는 몇 달 후 무심코 하는 말이 "이제 이것(사주학)은 한을 풀었다"는 것이다. 그러면서 신중하고도 점잖게 미소 지었다. 그는 3형제만 두었는데 장남을 제외한 나머지는 쌍둥이다.

편인 丁(火土)丑 비견   위와 동년월일
겁재 戊(土金)申 상관   丁丙乙甲癸壬辛
신주 己(土土)丑 비견   未午巳辰卯寅丑
상관 庚(金火)午 편인   297조

　신주 己土가 金왕절의 申월에 태어나 실령했고, 庚申의 金과
丑중 두개의 辛金에게 土洩金으로 설신되어 신약사주다. 이 사
주는 土들이 적지 않기 때문에 얼핏 보면 신약하지 않을 것 같
다. 그러나 火生土하고 土生金해서 사주의 기세가 金에 쏠렸고
사주에서 가장 힘을 크게 발휘하는 월지를 申金이 차지한 채 庚
金까지 나타났으므로 金의 세력이 강해져 약간 신약하다.

　따라서 신약의조의 용법에 의하여 火가 용신(用神)이고, 木은
희신이며, 水는 병신이고, 金은 구신이며, 건조한 戊戌未土는 약
신이고, 습기 찬 己丑辰土는 기신이다. 이 경우 용신(用神)인 丁
火가 午중 丁火에 뿌리박고 나타나서 용신유력(用神有力)의 형
상이고, 정치계통에 출신할 인성이 용신(用神)이다. 다만 희신인
木이 없어서 후원자가 시원치 않은 것이 옥의 티다. 그래도 운
행이 일생동안 巳午未의 火(용신)운과 寅卯辰의 木(희신)운으로
달려 금상첨화다. 게다가 용신(用神)인 丁火가 연월주에 있고
전반운행에 용신운을 만나 명문가(名門家)✝에서 성장하는 형상
이다.

그래서 37년 생 중 한 명은 좋은 집안에서 태어나 명문대를 졸업한 후 8.9.10대의 국회의원에 당선되었다. 그 다음 甲辰의 기신인 辰土운행에 용신(用神)인 火가 火洩土로 설기되면서 화몰(火沒)⁺된 바람에 정치인 규제법에 묶여 11대(45세)에는 나가지 못했다. 그리고 辛酉년은 火의 병사지다. 이어 癸卯의 水木운행은 배치상 水生木이니 卯木이 강해진 희신운이다. 그래서 12.13.14대에 진출했다. 그러나 壬寅운행은 용신(用神)과 丁壬이 합하여 용신반합(用神半合)⁺이고, 사주의 申과 운행이 寅申으로 충극하여 15대와 16대에는 낙선했다. 나머지 辛丑의 金土는 구신과 기신 운행이기 때문에 불길하다. 그는 그 후로 정치의 한량이 되었다.

정리. 巳시생은 巳丑으로 합해서 金局이 되기 때문에 巳火가 그 본성인 火를 많이 상실했다. 그러자 丁火마저 뿌리의 지원이 불확실해져 용신(用神)이 약해졌다. 그에 비해 午시생은 金局에 가담하지 않으므로 제 본성을 확실하게 지키고 있기 때문에 丁火가 巳시생보다 훨씬 안정적인 힘을 발휘할 수 있다. 그래서 巳시생 보다는 午시생이 같은 용신(用神)으로서 丁火가 더욱 힘이 있다. 이렇게 한 두 시간 차이로 똑같은 용신(用神)이지만 그 힘에 큰 차이를 보이고, 있다.

그래서 용신(用神)의 유력과 무력에 인생살이의 내용에 차이가 생기고 또 유력이든 무력이든 거기에도 각각 조금씩의 차이고,

있듯이 그 주인공들의 삶 역시 그런 차이가 따르기 마련이다. 이상의 사례들로 보면 생시가 얼마나 중요한가를 크게 감지할 수 있는 것이다.

▌용신반합(用神半合)▐

명서에는 용신기반(用神羈絆)이라는 말을 썼다. 여기서 기(羈)는 자유를 속박하는 기, 굴레 기, 말이나 소의 얼굴을 묶는 줄을 의미하고, 반(絆)은 줄 반, 말의 발을 잡아매는 줄, 사물을 얽매는 줄, 얽어매다의 뜻을 말한다. 사주학적으로 말하면 용신(用神)이 어떤 것과 묶여 제 노릇을 못하게 되었다는 것이다.

그럼 어떤 것과 묶였다는 것인가. 가령 용신(用神)이 丙火일 경우 옆에 辛자가 있으면 丙辛이 합해서 合水가 되어버린다. 그렇게 되면 태양이 필요한 사주는 오히려 合水라는 비와 구름에 가려져 태양의 노릇을 제대로 할 수 없게 되어버린다. 그뿐 아니라 合水에게 水克火로 도리어 극을 당해 丙火의 노릇을 할 수 없게 된다. 이 경우 합해서 나쁘게 된 것이다.

그러므로 사주에는 합이 좋다, 극이 나쁘다는 선입관을 가지고 있으면 안 되는 것이다. 그런 점에서는 모든 살성들도 마찬가지이다. 그래서 필자는 용신(用神)기반을 그것들이 합해서 제 노릇을 못하기 때문에 용신반합(用神半合)이라는 말로 대체했다. 용신반합(用神半合)이 되어버리면 이 또한 용신(用神)운을 만나도 그 효력이 크게 지속되지 않거나 잠깐 반짝하고 마는 것을 많이 보았다. 그러므로 용신(用神)을 찾아냈어도 그게 반합이 되었는가 아니면 제 노릇을 유지하고 있는가를 점검할 필요가 있다.

정관 庚(金水)子 편인
편재 己(土土)丑 편재   庚 辛 壬 癸 甲 乙 丙
신주 乙(木火)巳 상관   寅 卯 辰 巳 午 未 申
정관 庚(金土)辰 정재   298조

신주 乙木이 엄동설한의 丑(12)월에 태어나 나무(木:신주)의 생기가 위축되어 있는데 金까지 나타나서 극신하니 진태오리(震兌五理)⁺의 난법(暖法)에 의해 火가 용신(用神)이고, 木은 희신이며, 水는 병신이고, 金은 구신이다. 적천수 한난론(寒暖論)에 "천도에 한난이 있어 만물이 발육하니 사주를 얻음에 지나친 것은 불가하다"고 했다.

그리고 명리정종에도 乙木 丑월생은 "火를 가장 기뻐한다"고 하였고, 궁통보감 12월 乙木의 신주는 한기를 없애는 丙火가 한

곡회춘지격(寒谷回春之格)이라고 했다. 그러나 본조는 용신(用神)인 巳火는 매우 약한 중 병신인 水는 土生金, 金生水로 강해진 채 水克火하므로 용신(用神)무력의 형상이다. 게다가 巳丑으로 金局을 결성해서 본성인 火의 성질을 상실한 채 용신반합(用神半合)이 되어버린 통에 고인은 운행에서 평생 길운을 만나고서도 빈곤을 면하지 못해서 곳간에 찬바람만 불었다.

편관 辛(金土)丑 편재
상관 丙(火金)申 정관　乙 甲 癸 壬 辛 庚 己
신주 乙(木金)酉 편관　未 午 巳 辰 卯 寅 丑
비견 乙(木土)未 편재　299조

신주 乙木이 金왕절인 申월에 태어나 극신을 당하고 있는데 土金이 상생하여 계속 강하게 극신하므로 신주가 위급지경에 처했다. 따라서 식상제살(食傷制殺)⁺의 용법에 의해 火가 용신(用神)이고, 木이 희신이며, 水는 병신이고, 金은 구신이며, 습토는 기신이고, 건토는 약신이다. 이 경우 丙辛合水해서 용신반합(用神半合)이다. 그래도 초반에 甲乙의 木을 대동한 巳午未의 火方운행을 만났다.

그러므로 61년 생은 국립대 사대를 졸업하고 중학교 교사가 되었다. 그런데 壬辰운행은 병신운이고, 처성인 未土가 공망살⁺이므로 그의 부인(辛丑, 辛丑, 辛亥, 戊戌)은 교사로서 약간 정신이 이상해져 능력도 없이 1억7천 만 원 짜리 집을 사겠다고 2천5백만원을 계약금으로 지불해버려 결국 계약금을 포기하고 큰 손해를 보았다.

월급장이 돈으로 적은 액수가 아니지만 그와 유사한 일을 부인이 자주 벌려 경제적으로 큰 타격을 입고 있는 중인데 庚辰년에는 다소나마 그 부인이 호전되고 있다. 寅卯운행이 좀 낫지만 운행은 甲午가 가장 좋다. 이 사주는 처성이 두 개가 있고 공망살[＋]이 있어 재혼할 염려가 다분하다. 그리고 동생(乙未)이 백호대살(白虎大殺)이므로 고졸 후 그저 그렇다.

편인 辛(金土)丑 편관
정재 丙(火金)申 정인   乙 甲 癸 壬 辛 庚 己
신주 癸(水火)巳 정재   未 午 巳 辰 卯 寅 丑
정인 庚(金金)申 정인   300조

신주 癸水가 金왕절의 申월에 태어나 네 개의 金이 金生水로 생신하니 신강하다. 그러므로 신강의재의 용법에 의해 火가 용신(用神)이고, 木이 희신이며, 습기 찬 辰土는 화몰(火沒)[＋]시키므로 흉신이다. 이 경우 용신(用神)인 丙火가 巳火에 뿌리박고 나와서 용신(用神)이 유력하게 보인다. 그러나 巳火의 뿌리가 巳申合水하고, 巳丑으로 金局을 결성하기 때문에 본성(本性)인 火의 성질을 많이 상실했다. 그 바람에 丙火까지 허탈한데 그나마 丙辛이 合水해서 용신반합(用神半合)이 되었으므로 속칭 '좋다만' 용신(用神)무력의 형상이다.

그래도 용신(用神)이 부모 터인 월간에 있고 초반에 午未의 火方(용신)운을 만나 명문가(名門家)⁺의 출신다운 형상이다 그러므로 고인은 금이야 옥이야로 성장하고 유산도 많은 알부자였다. 그러나 癸巳운행이 갈아들자 癸水가 용신(用神)인 火를 극하면서 군겁쟁재(群劫爭財)⁺의 운이 가중되어 재산을 크게 날린 뒤 壬辰의 水土에는 火가 辰土에 화몰(火沒)⁺되어 걸식을 할 정도로 거지가 되었다.

비견 辛(金土)丑 편인
정관 丙(火金)申 겁재　丁 戊 己 庚 辛 壬 癸
신주 辛(金土)丑 편인　酉 戌 亥 子 丑 寅 卯
정인 戊(土水)子 식신　301조

이 여조는 신주 辛金이 金왕절의 申월에 태어나 득령했고, 土들이 생신하므로 신강하다. 따라서 신강의극의 용법에 의해 火가 용신(用神)이고, 木이 희신이며, 水는 병신이고, 金은 구신이며, 건토는 약신이다. 이 경우 丙火가 두 辛金과 합할 수 없으므로 용신반합(用神半合)은 아니지만 희신(후원자로 人德)인 木이 없어 용신(用神)무력이고, 그렇게 된 火는 부군성이니 그 방면이 허술한 형상이다. 그러면서 木이 없어 식상견관(食傷見官)⁺

460 [사주학]

이니 정해진 아이들을 다 낳으면 부군과 소원해지는 형국이다.

그러므로 61년 생 중 한 여자는 丁火와 戊戌의 火土운행이 괜찮아 친정이 양호한 편이다. 그 후 부군(丙申, 甲午, 丁未, 乙巳)을 만나 1남1여를 두었는데 亥子丑의 水方운행이 강하게 식상견관(食傷見官)⁺으로 작용한다. 그래서 그녀는 庚辰년에 부군과 별거를 고려 중이었는데, 상가를 가지고 있는 친정으로 아이들과 함께 내려가려고 했다.

그럼 필자는 어떤 처방을 건네주었을까? 부적을 팔아먹었을까? 아니면 운명대로 살라고 했을까? 나는 그녀에게 말했다. 지금부터 내가 말한 것은 만장의 부적과 필적할 만한 것이니 잘 듣고 실행해보라고 부탁하고 이렇게 말했다.

"이 사주는 아이들을 낳을수록 나쁜 운을 만날 때 부군과 사이가 멀어지는 형국인데 지금이 바로 그럴 땝니다. 그러나 후반(壬寅과 癸卯의 水木운행은 木生火로)에 부군을 생조하는 운이고, 그때 부군이 성공하니까 지금 박대하지 말고 더욱 보필해야 합니다. 만일 그렇게 하지 않으면 부부의 인연이 바뀔 가능성이 많고 그렇게 되면 좋은 운을 만나서도 첫 부군을 제대로 보필하지 못했던 자책감이 항상 마음속을 떠나지 않는 고통에 시달려야 합니다." 그녀는 아무 말 없이 돌아갔다.

비견 辛(金土)丑 편인
편인 己(土水)亥 상관　戊 丁 丙 乙 甲 癸 壬
신주 辛(金金)酉 비견　戌 酉 申 未 午 巳 辰
식신 癸(水火)巳 정관　302조

신주 辛金이 水왕절이 시작된 亥월에 태어나 金洩水로 설신되니 신약사주로 출발했다. 그렇지만 己丑의 土가 土生金으로 생신하고, 巳酉丑의 金局과 연간의 辛金이 신주의 金에게 합세하기 때문에 신강사주로 변했다. 따라서 신강의극의 용법에 의해 火가 용신(用神)이고, 木이 희신인데 火가 金局에 가담하여 본성인 火의 성질을 상실한 채 용신반합(用神半合)이다. 그러니까 관록이자 자녀성인 관성의 火가 의지할 곳이 없게 되었고, 처성이자 재물성인 재성의 木도 왕성한 金의 세력 때문에 발붙일 곳(地支)이 없다.

그래서 재관무의(自體造化)†의 명기니 처와 재물 그리고 명예와 자식이 나와 무관한 형상이다. 그래서 고인은 스님으로 출신했다. 일체유심조(一切唯心造)라. 모든 것은 마음이 만들어낸다. 부귀도 영화도 구름처럼 떠나면 더 괴롭고 허무할 테니 어쩌면 산문(山門)이 세간(世間)보다 오히려 더 나을 지도 모른다.

이 단원에서 보면 다 같이 용신반합(用神半合)이 되었으니까 모두 그 주인공들의 삶에 차이가 없어야 할 것 같이 생각될지 모른다. 그런데도 각각 그 삶에 차이점이 있다. 왜 그럴까? 항상 필자가 중요하게 말하는 것은 월령이다. 乙巳일생은 엄동설한의 丑월에 일지의 巳火라는 태양이 얼마나 힘을 발휘하고 있는가를 상상해야 한다. 두 말할 것도 없이 매우 약한데 그나마 월간에 丙火가 나타난 것도 아니고 겨우 일지에 암장된 채 金局에 가담하여 용신반합(用神半合)이면서 그 존재가 너무 희미하다. 그래서 木火운에도 그 힘을 발휘할 수 없게 된 것이다.

다음 乙酉일생은 이제 막 입추가 시작된 丙火로서의 태양은 아직도 그 열기가 대단할 때인데 木에게 생조를 받고 있어서 용신반합(用神半合)이지만 그런 대로 그 힘이 약하지 않다. 그런 중에 木火운을 만났기 때문에 교사로 생활하고 있는 것이다. 그리고 乙酉일생과 같은 연월에 태어난 癸巳일생은 木이 없는 가운데 수화미제로서 丙火가 癸水에게 직극(直克)을 당하고 있어 水운을 만나 용신반합(用神半合)이 더 심하게 되어 대패했다.

그 다음 辛丑일 여명도 위와 같이 같은 연월에 태어난 가운데 이것도 木이 없어 용신반합(用神半合)된 丙火가 木이 있는 乙酉일생 보다 힘이 부족하게 되었다. 게다가 중년에 金水라는 병신운을 만나 같은 용신반합(用神半合)이라도 그 삶에 격차가 생긴 것이다. 그리고 辛酉일생의 경우 亥월은 입동인데 그때의 丙火는 입추에 태어난 명조보다도 더 위축된 태양으로서 그나마 천간에 나타난 것이 아니고 지지에 암장되어 더욱 무력하기 때문에 木火운행에도 스님의 길을 걸었다.

이상에서 보면 용신반합(用神半合)이라도 그 용신(用神)의 힘에 차이가 각각 다르기 때문에 용신(用神)운행에서도 그 약발이 각각 다를 수밖에 없고, 병신운행에서의 강약도 각각 차이가 생길 수밖에 없다. 그러니까 용신반합(用神半合)이라고 무턱대고 모조리 똑같은 삶을 살 것이라고 단정하면 오류를 범한다. 따라서 용신반합(用神半合)이라도 월령을 중심으로 그게 어떤 힘을 지니고 있는가를 파악해야 한다. 그래야 감정할 때 적절한 상담이 이루어지는 것이다.

‖ 우이불우(遇而不遇) ‖

이 말은 좋은 운을 만나고서도 만난 것 같지가 않다는 말이다. 왜 그런 현상이 되고 마는가? 그것은 용신(用神)이 무력한 사주와 용신반합(用神半合)⁺이 된 명조들로 용신(用神)운을 만나도 크게 성공하지 못하고 유야무야하게 지내버리기 때문이다. 참으로 아까운 명조들이라고나 할까.

∥ 운행(運行) ∥

명서에는 간혹 대운(大運)이라는 말을 썼는데 필자는 그게 잘못된 용어인 것 같아 운행이라는 말을 쓴다. 사주 아래 운을 적는데 그것은 어디까지나 월주를 기준으로 해서 쓴다. 그 월주는 월령으로서 어느 방향의 계절로 가고 있는가를 말하는 것이다. 그 계절은 3개월씩으로 겨울철로 가느냐 아니면 여름철로 가느냐를 나타내는 것이다.

지구가 공전하면서 어느 철로 접어들기 시작하면 그 계절이 땅의 기후를 석 달 동안 강력하게 지배하게 된다. 지구의 공전에 따른 계절의 운행은 아무도 되돌릴 수 없기 때문에 옛 학자들은 연지나 일지 또는 시지를 기준 삼지 않고 월령을 기준으로 삼아 운행을 적어나갔던 것이다. 그만큼 운행은 막강한 힘을 가지고 있으므로 그 용어를 그대로 사용해야 한다. 대운이란 말을 쓰면 방문객은 '큰 운' 또는 '매우 좋은 운' 으로 아전인수(我田引水)해서 듣는 혼란을 일으킨다. 그래서 동문서답이 잠시 동안 계속된다. 그 폐단을 막고 월령의 중요성을 인식하기 위해서도 운행이라는 용어를 사용해야 옳다고 본다.

‖ 육갑추건(六甲趨乾) ‖

甲일생이 亥자가 많으면 이 격으로 나침반을 보면 戌乾亥가 있는데 건(乾)은 하늘이고, 亥는 천문(天門)이 된다. 그래서 亥자가 많은 甲일생은 이렇게 이름을 부치었는데 亥중에는 신주인 甲木이 장생하고 있다. 고서 가운데 연해자평에는 예조가 하나밖에 없고, 명리정종에는 자평서에 나온 예조의 생시를 바꾸어 소개했을 뿐이다. 그런데 필자는 지금까지 상담을 해오면서 이런 격들―육을서귀(六乙鼠貴)✝, 육음조양(六陰朝陽)✝, 육갑추건(六甲趨乾) 등등―을 별로 직접 만나지 못했다. 그래서 이런 격들에 대한 구체적인 이론을 더 제시하지 못하고 있는 중이다. 따라서 강호 제현의 활발한 발표가 있었으면 한다.

편재 戊(土土)辰 편재
정인 癸(水水)亥 편인 甲 乙 丙 丁 戊 己 庚
신주 甲(木水)子 정인 子 丑 寅 卯 辰 巳 午
겁재 乙(木水)亥 편인 303조

신주 甲木이 水왕절의 亥월에 태어나 네 개의 水가 생신하고, 亥월생✝이므로 亥중 甲木이 장생하고 있으며, 土가 水를 억제(克)하여 水가 많아도 木이 떠내려―水多木浮―갈 염려가 없으면서 신강하다. 그러므로 신강의설과 기후법의 용법에 따라 火가 용신(用神)이고, 木은 희신이며, 水는 병신이고, 金은 구신이며, 土는 대체로 약신이다. 이 경우 戊癸가 合火해서 자체조화(自體造化)[*]로 용신(用神)을 창출했다. 게다가 운행도 木火土로 일생을 달려 고인은 고관급에 이르렀다고 한다. 그런데 이 사주가 자평서에는 乙丑시생으로 되어 있다. 그러나 굳이 육갑추건(六甲趨乾)격이라면 亥자가 더 있는 것이 제격일 것 같다.

‖ 육음조양(六陰朝陽) ‖

이 격은 신주가 辛金으로 子시생에 한해서 성립하는 격이다. 庚辛 중 辛金은 음(陰)이고, 辛金과 함께 구성된 간지는 辛丑, 辛卯, 辛巳, 辛未, 辛酉, 辛亥로 여섯 개다. 그러므로 육음(六陰)이라는 명칭이 앞에 붙었다. 그리고 子는 지지의 음양 순서상 양(陽)이면서 子시는 아침(朝)을 맞이할 하루 중 시작의 시각으로서 아침이 지나면 태양(丙火)이 솟아오른다. 그래서 육음조양(六陰朝陽)격이라고 명명했는데 子중 癸水가 戊土를 간직한 巳자를—戊癸합으로— 움직여와서 巳중 丙火로 신주 辛金의 관성을 삼는다는 논리이다.

따라서 火가 사주에 나타나지 않아야 한데 나타나면 전실(塡

實)⁺이라고 하여 불미하게 본다. 그러니까 丙丁의 火가 없어야
하고 巳午도 없어야 한다. 巳자는 전실(塡實)⁺이 되고, 午자는
巳자를 움직여오는 子를 子午로 충거(冲去)시켜 움직여오지 못
하게 하기 때문이다. 그러므로 辛巳일은 巳자가 있어 이 격이
애당초 성립되지 않는다는 설이 있고 辛卯일도 子卯가 형살이
되어 子자가 巳자를 움직여 올 수 없기 때문에 이것도 이 격이
성립되기 어렵다는 말이 있다. 그러나 예조들을 보면 巳火도 子
卯도 있는 경우들이 있다. 그렇지만 한결같이 모두 신강하다. 그
래야 丙火라는 관성을 움직여 쓸 수가 있을 것이다.

이 격이 구성되면 자고천에 "庚辛을 만나기를 기뻐하니 성군
아래서 고관대작이 될 것이다. 寅卯(재성)를 만나면 귀명이고,
丙丁의 관성을 만나면 빈명(貧命)이며, 水方운을 꺼린다. 중화되
고, 순수하면 귀명이니 공경(公卿)의 대신이 될 것이다." 라고
말했다.

편재 乙(木木)卯 편재
식신 癸(水土)未 편인　壬 辛 庚 己 戊 丁 丙
신주 辛(金金)酉 비견　午 巳 辰 卯 寅 丑 子
정인 戊(土水)子 식신　304조

신주 辛金이 火土가 왕성한 未월에 태어나 곧 있으면 金왕절로
접어들고 시간에 나온 戊土가 未중 丁火와 己土에 통근(通根)하

여-水가 있음-土生金으로 생신하며 일주가 똑같은 金이니 신강하다. 따라서 신강의극의 용법에 의하여 未중 丁火가 용신(用神)인데 未土가 보호하고 있으므로 水가 직극(直剋)을 못하여 길신암장(吉神暗藏) 격이고, 木이 희신이며, 水는 병신이고, 金은 구신이다. 그리고 이 사주는 辛酉일로 戊子시에 태어나 丙丁의 火가 표면에 나타나지 않았으므로 육음조양(六陰朝陽) 격이기도 하다.

또 未중 丁火는 未土를 火生土하고, 酉金을 土生金하며 金生水, 水生木, 木生火하여 오행이 빙빙 돌고 도는 순환상생(循環相生) ﹡격도 겸했기 때문에 운행에 너무 얽매일 필요가 없는 명기다. 그리고 신강사주에 乙木의 재성도 卯未의 木局에 뿌리박고 나와서 튼튼하므로 재명유기(財命有氣)﹡격도 겸비했다. 그러므로 고인은 크게 부귀했던 것이다.

정인 戊(土土)辰 정인
겁재 庚(金金)申 겁재　辛 壬 癸 甲 乙 丙 丁
신주 辛(金木)卯 편재　酉 戌 亥 子 丑 寅 卯
정인 戊(土水)子 식신　305조

신주 辛金이 金왕절의 申월에 태어나 득령했고, 세 개의 土가 생신하니 신강하다. 그러므로 신강의재의 용법에 따라 木이 용신(用神)이고, 水가 희신이며, 金은 병신이고, 土는 대체로 구신이며, 火는 약신이다. 이 경우 申子辰의 水局이 卯辰의 木方을 생조하므로 용신(用神)이 무력하지 않다. 그리고 중반운행에 癸亥의 水木(亥卯의 木局)운과 甲子의 木水운을 만나 용신(用神)과 희신이 득세하고 있다. 게다가 辛일생이 子시에 출생하고, 丑午와 丙丁이 없으므로 육음조양(六陰朝陽)격에 입격했고, 子卯의 형살로 관록에 나아갈 형상이다. 그러므로 고인은 중반운에 대발해서 고관에 이르렀다.

이 외에 총리급으로 戊辰년 辛酉월 辛丑일 戊子시생과 乙酉년 辛巳월 辛未일 戊子일생이 있고 고관급으로 丁丑년 癸丑월 辛卯일 戊子시생과 戊辰년 辛酉월 辛酉일 戊子시생 그리고 己未년 辛未월 辛未시 戊子시생이 있으며, 소귀(小貴)급으로는 戊戌년 壬戌월 辛酉일 戊子시생이 있다.

‖ 육을서귀(六乙鼠貴) ‖

이 격은 乙일 子시생에 한해서 쓰는 용어로 乙木과 배합된 간지는 乙丑, 乙卯, 乙巳, 乙未, 乙酉, 乙亥 이렇게 여섯이고, 子시의 子자는 따로 쥐를 말한데 서(鼠)자는 쥐 서이기 때문에 그렇게 명명한 것이다. 이 격도 子중 癸水가 戊土-戊癸合-를 간직한 巳자을 움직여온다. 그런데 거기서 끝나지 않고 한 번 더 나아가 이번에는 움직여온 巳자가 巳申으로 합하면서 申자를 끌어와 신주 乙木의 관성으로 쓴다는 이론이다.

이것도 庚辛의 金이 전실(塡實)⁺되면 파격(破格)이고, 午자가 있으면 子午가 충극해서 子자가 巳자를 움직여올 수 없고, 그래서 巳申의 합도 되지 않는다는 것이다. 그리고 육음조양(六陰朝陽)⁺격처럼 子卯로 형살이 있어도 안되며 乙丑일과 乙巳일 그리고 乙酉일은 관성이 있어 성립되지 않는다고 하였다. 자고천(鷓鴣天)이라는 고서에 "육을일(六乙日) 丙子시는 고관이 되어 그 이름을 나타내는데 午자가 있으면 흉하고, 酉丑과 庚辛을 꺼리며…대궐에 출세할 것이다"고 하였다. 그런데 명리정종에는 예조가 전혀 없고, 연해자평에는 다음 두 개가 소개되어 있다. 여기서 보기로 하자. 그 공통점은 모두 신강하다는 것과 목화통명(木火通明)⁺이 된다는 것이다.

겁재 甲(木木)寅 겁재
정재 戊(土土)辰 정재　己 庚 辛 壬 癸 甲 乙
신주 乙(木水)亥 정인　巳 午 未 申 酉 戌 亥
상관 丙(火水)子 편인　306조

신주 乙木이 寅辰의 木方과 寅亥合木 그리고 甲木에게 통근(通根)했고, 亥子의 水方과 子辰의 水局이 水生木으로 생신하기 때문에 신강하다. 이 사주는 乙日 子시생이 金(관성)을 보지 않고 또 午申酉丑이 없으며, 亥子가 많으면 귀기(貴氣)가 차아(嵯峨)-산처럼 우뚝 솟음-와 같아서 대관(大官)이나 재상이 된다는 육을서귀(六乙鼠貴)격의 시결에 부합된다.

물론 신강사주가 되어야 한데 마침 본조는 신강하고, 火가 戊辰의 재성을 생조하여 재명유기(財命有氣)⁺격인 부명이다. 다만 운행에서 申酉의 金이 있기 때문에 꺼리지만 壬申과 癸酉의 水金으로 배치되어 金生水하고, 水生木해서 생신하기 때문에 오히려 이 기간에 고인은 부귀를 겸전(兼全)했다고 한다. 출처 연해자평 육을서귀(六乙鼠貴)격. 궁통보감 3월 乙木.

정재 戊(土水)子 편인
편인 癸(水水)亥 정인 甲 乙 丙 丁 戊 己 庚
신주 乙(木土)未 편재 子 丑 寅 卯 辰 巳 午
상관 丙(火水)子 편인 307조

신주 乙木이 水왕절의 亥월에 태어나 네 개의 水가 생신하고, 亥未의 木局이 신주의 木에게 합세하니 신강하다. 따라서 신강의설의 용법에 의해 火가 용신(用神)이고, 木이 희신이며, 水는 병신이고, 金은 구신이며, 건조한 土는 약신이다. 이 경우 태양인 丙火가 未중 丁火에 통근하고 불끈 솟구쳐 입동(亥月)에 태어난 나무(신주)의 기후를 해결하면서 목화통명(木火通明)⁺을 이루어 문명의 형상이다. 그래서 용신유력(用神有力)이고, 乙木일이 丙子시에 출생하고, 午火와 丑土 및 金이 없으므로 육을서귀(六乙鼠貴)격이라는 귀격도 구성했다. 게다가 운행도 丙丁을 거느린 寅卯辰의 木方운과 巳午未의 火方운으로 달려 고인은 장·차관급에 이르렀다.

▌ 육임추간(六壬趨艮) ▐

이 격은 신주가 壬水이고, 사주에 寅자가 많은 것이다. 나침반의 방위에는 丑艮寅이 나란히 있다. 그 가운데 艮자를 따서 이렇게 이름을 붙인 것이다. 어떤 고서에는 寅시생으로 寅자가 많은 경우라고 말하기도 했다. 이것은 사주에 寅자가 많으면 亥자를 寅亥로 합해와서 亥자가 신주 壬水의 건록이 되기 때문에 옛 학자 중에는 합록격(合祿格)✝이라고 부른 이도 있었다.

또 이 격은 많은 寅중 그 정기인 甲木이 己土를 甲己합으로 합래(合來)시켜 신주인 壬水의 정관으로 삼고, 또 寅중 丙火가 辛金을 丙辛으로 합래시켜 신주인 壬水의 인성으로 삼아 신주를 돕는다는 것이다. 그러나 寅자를 충하는 申자가 없어야 亥자를 합해오므로 申자가 있으면 파격이고, 亥자가 전실(塡實)✝되어서도 안 된다는 것이다.

그런데 아까 앞에서 말한 己土를 관성으로 작용하려면 신강해
야 할 것인데 寅자가 많으면 설신이 심하여 신강하기가 매우 어
렵다. 연해자평에 소개된 하나뿐인 예조를 명리정종에서도 그대
로 인용했는데 그 사주는 본서 8조로 신강할 수가 없다. 그런데
도 귀명이라고 해설해놓고 있다. 필자의 견해로는 종격으로 볼
것을 그런 거창한 이름을 지어 붙인 것이 아닌가 여겨진다. 다
른 명서(命書)에 있는 예조를 보자.

비견 壬(水木)寅 식신
비견 壬(水水)子 겁재   癸 甲 乙 丙 丁 戊 己
신주 壬(水木)寅 식신   丑 寅 卯 辰 巳 午 未
비견 壬(水木)寅 식신   308조

신주 壬水가 水의 근원이 마르지 않는 水왕절의 子월에 태어나
득령했고, 천간에 壬水들이 신주에게 가세하니 신강하다. 따라서
신강의재의 용법에 의해 寅중 丙火가 용신(用神)이고, 木은 희
신인데 이 사주의 운행은 寅卯辰의 木方운과 巳午未의 火方운으
로 달려 일생 동안 희신과 용신(用神)이 득세한다.

게다가 水木火가 청순하게 순리적으로 순생하는 삼상격(三象
格)⁺이고, 용신(用神)인 丙火가 寅중에 간직되어 水가 직극(直

剋)을 못하는 길신암장(吉神暗藏) 격이다. 그리고 육임추간(六壬趨艮) 격도 구성했기 때문에 고인은 장·차관급에 이르렀다. 궁통보감 11월 壬水론에서

정인 辛(金金)酉 정인
정재 丁(火金)酉 정인　丙 乙 甲 癸 壬 辛 庚
신주 壬(水土)辰 편관　申 未 午 巳 辰 卯 寅
비견 壬(水木)寅 식신　309조

이 사주는 신주 壬水가 寅시에 출생하여 육임추간(六壬趨艮) 격을 구성했는데 亥자가 전실(塡實)⁺되지 않았고 합해 오는 亥자를 충해서 내쫓는 巳자도 없으므로 진격(眞格)이다. 그리고 연지의 酉자를 기준으로 삼아 제좌(帝座)가 되었고, 寅(卯)辰이 木方을 이루면서 卯자를 맞아 들여 임금이 출입하는 단문이 되었으므로 중앙정부(제궐)에 드나드는 암요제궐(暗邀帝闕)⁺격을 구성했다.

이런 바탕을 깔고 신주 壬水가 金왕절의 酉월에 태어나 득기했고, 辰酉合金과 세 개의 金이 金生水로 생신하니 신강하다. 따라서 신강의재의 용법에 의해 火가 용신(用神)이고, 木이 희신이며, 水는 병신이고, 金은 구신이다. 이 경우 丁火가 寅중 丙火에 뿌리박고 나와 寅辰의 木方에게 木生火로 생조를 받고 있으므로 희신과 용신유력(用神有力)이다. 그러므로 고인은 巳午未의 火

方운행에 일취월장을 거듭하여 고관급에 이르렀다. 궁통보감 8
월 壬水론에서

‖ 윤하격(潤下格) ‖

　시결(詩訣)에 신주가 水(壬癸)이고, 水왕절(亥子월)에 태어나
사주에 亥子丑의 水方이나 申子辰의 水局이 있으면 이를 윤하격
(潤下格)이라고 한다. 그러나 土(관성)가 없어야 하며 운에서도
土운이나 설신시키는 木운을 꺼리고 金水운을 좋아한다고 했다.
그러면 평보(平步)로 출세하여 장관급에 이른다는 것이다. 그런
데 필자의 견해로는 金水로만 되어 있다면 그것은 종강격(從强
格)⁺ 내지 종왕격 또는 이인동심(二人同心)⁺격이나 효자봉친
(孝子奉親)⁺격과 유사하므로 굳이 윤하격(潤下格)이라고 이름
붙이지 않아도 金水가 용신(用神)이 되어 木火土는 기신이 됨이
당연하다고 여겨진다. 예조에서 한 가지 주의할 점은 사주에 木
이 있을 경우는 木운에도 괜찮다는 것이다.

편인 庚(金水)子 겁재
편인 庚(金土)辰 편관　辛 壬 癸 甲 乙 丙 丁
신주 壬(水金)申 편인　巳 午 未 申 酉 戌 亥

정인 辛(金水)亥 비견 310조

신주 壬水가 土왕절의 辰월에 태어나 土克水로 극신(克身)을
당하지만 그 土는 申子辰의 水局에 가담해서 본성인 土의 성질
을 상실한 채 오히려 水局으로 변해 신주의 水에게 합류한다.
게다가 亥水에 일록귀시(日祿歸時)⁺하고, 네 개의 金이 생신하
니 水의 세력이 망망대해와 같은 오대양을 이루어 무역 등으로
지구를 살찌게 하는 윤하격(潤下格)이 되었다.

따라서 사주에서 대세를 장악한 金水(쌍청)가 용신(用神)이고,
火土는 병신이다. 이 경우 아까 말했던 辰土는 관성이니 명예성
이자 자식성인데 水局으로 변화되어 의지할 곳이 없고, 가정궁
인 亥水는 공망살⁺이다. 그래서 고인은 甲申과 乙酉의 金운행에
용신(用神)이 득세하여 진리를 깨달아 견성(見性)하고, 자기가
속한 종교계에서 일가견(一家見)을 이루어 천고명고(千古名高)
하였다. 아제 아제 바라아제 바라승아제 보리스바하. 이 사주는
시결의 말대로 고관대작으로 출세하지 않고 고승이 되었다.

겁재 壬(水水)子 비견
편인 辛(金水)亥 겁재   壬 癸 甲 乙 丙 丁 戊
신주 癸(水土)丑 편관   子 丑 寅 卯 辰 巳 午
겁재 壬(水水)子 비견 311조

신주 癸水가 水왕절의 亥월에 태어나 득령했고, 亥子丑의 水方과 壬水가 신주의 水에게 합세하며 辛金이 金生水로 생신하니 水의 세력이 막강하다. 이렇게 金水가 대세를 거머쥐고 있으므로 그게 용신(用神)이고, 木은 亥중 甲木이 있으면서 水生木으로 순세하기 때문에 길신이며, 火土는 병신이 된 윤하격(潤下格)의 진격(眞格)이다.

그러므로 고인은 壬子와 癸水 운행에 용신(用神)이 득세하여 넉넉한 집안에서 풍요롭게 성장하고, 甲寅의 木운에 순세하므로 등용문을 열어 乙卯의 木운행까지 발전했다. 그 후 丙辰의 火土부터 역세(逆勢) 운을 만나 침체했다.

비견 癸(水金)酉 편인
상관 甲(木水)子 비견　癸 壬 辛 庚 己 戊 丁
신주 癸(水水)亥 겁재　亥 戌 酉 申 未 午 巳
편인 辛(金金)酉 편인　312조

신주 癸水가 水왕절의 子월에 태어나 亥子의 水方과 연간의 癸水를 만났고, 세 개의 金이 생신하니 水의 세력이 오대양처럼 넘실거린다. 이 정도면 나무(甲木)는 수다목부(水多木浮)⁺이니 용신(用神)으로 사용할 수 없고, 사주에서 대세를 거머쥐고 쥐락펴락하는 金水가 용신(用神)이다. 그러니까 윤하격(潤下格) 내지 종왕격 혹은 종강격(從强格)⁺과 비슷하고, 대세와 충돌하는 土火는 병신이다.

이 경우 용신(用神)이 조상 터인 연월에 있고 전반운행이 용신 (用神)인 金水로 달려 고인은 풍성한 집안에서-명문가(名門家) ✝-성장하고 유산도 많았다. 그러나 후반에 있는 己未의 土운행 부터 병신운을 계속 만나 크게 곤욕을 치렀다.

‖ 의처증(疑妻症) ‖

이 증세에 걸린 주인공은 그 부인을 여차하면 때리는 병적인 행동을 나타낸다. 그런 사주들을 살펴보면 처성에 해당하는 재 성이 지나치게 많은데 다시 재성운을 만나거나 아니면 그와는 정반대로 재성이 아주 빈약하고 신주가 막강한데 다시 신강운을 만나거나 할 때에 그런 일이 많이 벌어지는 것을 보았다. 그리 고 아버지가 어머니를 때리며 사는 가정에서 성장하는 사람들도 자기 아버지처럼 자기 아내를 구타하는 내림도 적지 않다.

재다신약(財多身弱)✝과 군겁쟁재(群劫爭財)✝ 사주들이 의처증 (疑妻症)에 걸릴 확률이 높은 가운데 운행이 불미하면 거의 그 런 증세가 확실하게 나타난다. 재다신약(財多身弱)✝ 편과 군겁 쟁재(群劫爭財)✝ 편을 참조한다.

▒ 이녀동부(二女同夫) ▒

이 말은 한 남자에 두 명의 여자가 붙어서 사는 경우이다. 혹은 한 남자에 둘 이상의 여자들이 달라붙어 사는 경우도 포함된다. 그런 사주들은 거의 군겁쟁관(群劫爭官)✚의 여조들이다. 군겁쟁관(群劫爭官)✚이라는 말은 비겁(劫)의 무리(群)들이 하나의 관성-여명에는 남자성-을 서로 차지하려고 다투는 형상이다. 본서 군겁쟁관(群劫爭官)✚ 편을 참조한다.

정인 辛(金木)卯 상관
정관 己(土水)亥 비견　庚辛壬癸甲乙丙
신주 壬(水水)子 겁재　子丑寅卯辰巳午
정인 辛(金水)亥 비견　313조

이 여명은 신주 壬水가 간직된 水왕절의 亥월에 태어나 득령했고, 亥子의 水方이 신주에게 합세하며 두 辛金이 생신하니 신강하다. 이 경우 金水가 막강하게 대세를 움켜쥐고 있으므로 쇠왕태극(衰旺太克)✚ 중 극왕의조의 용법에 의해 金이 용신(用神)이고, 火는 병신이며, 木은 구신이고, 水는 약신이다.

그러므로 51년 생 중 한 여인은 庚辛의 金水운행에 부잣집에서 여대를 활발하게 졸업했다. 그러나 寅卯의 木方운행은 구신운인

가운데 억센 양인살이 있고 부군성인 己土는 습토로 흙탕물†이 되었으므로 첫 결혼에 실패하고, 군겁쟁관(群劫爭官)† 때문에 이녀동부(二女同夫)로 첩 생활을 하면서 딸을 낳았다. 중반과 후반운이 매우 불선(不善)하므로 다시 헤어진 뒤 혼자 살고 있다.

겁재 辛(金木)卯 정재
겁재 辛(金土)丑 정인   壬 癸 甲 乙 丙 丁 戊
신주 庚(金土)辰 편인   寅 卯 辰 巳 午 未 申
겁재 辛(金火)巳 편관   314조

이 여명은 신주 庚金이 土왕절의 丑월에 태어나 土生金으로 생신하고 있는데 巳丑이 金局을 이루어 신주에게 합세하고 土金으로만 가득 찬 명조이다. 이 경우 소한(丑월)의 卯木은 무력해 사용할 수 없고, 巳火는 金局에 가담해서 그 성질을 상실한 채 土에게 설기가 심하여 이것도 쓸 수가 없다. 따라서 종왕격 내지 종강격(從强格)†이니 金土가 용신(用神)이고, 火木은 병신인데 일생이 木火운으로만 흘러버린다. 그래서 51년 생 중 한 여성은 혼례도 가져보지 못하고, 여러 남자들과 통정하다가 끝내는 홍등가(紅燈街)†에 입신해 불결하게 살고있다. 이 사주는 군겁쟁관(群劫爭官)†이니 이녀동부(二女同夫)의 형상이다.

편인 乙(木土)未 식신

정관 壬(水火)午 비견　　癸甲乙丙丁戊己
신주 丁(火木)卯 편인　　未申酉戌亥子丑
비견 丁(火土)未 식신　　315조

　이 여명은 신주 丁火가 간직된 火왕절의 午월에 태어나 득령했
고, 午未의 火方과 시간(時干)의 丁火가 신주에게 합세하니 신
강하다. 따라서 신강의극의 용법에 의해 水-여명은 대개 부군성
을 위주로 하기 때문에-가 용신(用神)이고, 金이 희신이며, 土
는 병신이고, 火는 구신이며, 木은 기신이다. 이 경우 壬水가 허
탈하지만 그래도 55년 생 중 한 여성은 申酉의 金方운행에 그런
대로 괜찮은 환경에서 성장하고, 부군(己丑, 辛未, 甲寅, 己巳)과
1남2여를 두었다. 그러다 丙戌의 火土운행에 부군성인 壬水를
극해 남편 사업이 침체되더니 丁亥의 火木-亥卯未로 木局-운행
에도 고전을 치르고 있다.

　한편, 이 사주는 부군성인 壬水가 자기인 신주와도 丁壬으로
합할 뿐 아니라 같은 여성인 시간의 丁火와도 丁壬이 합한다.
그래서 부군이 다른 여성과도 내통하는 형상이고, 火가 많아 군
겁쟁관(群劫爭官)＊이니 이녀동부(二女同夫)의 형상이기도 하다.
그래서 부군이 딴 여자(甲午, 壬申, 甲辰, 壬申)와도 살림을 차
려서 살고 있는 중이다. 그녀는 형제자매성인 火가 많아 6남매
가 있다. 남자 명조를 보면 거 참 ! 끼리끼리(氣理氣理)다.

비견 己(土水)亥 정재
비견 己(土火)巳 정인　庚辛壬癸甲乙丙
신주 己(土土)丑 비견　午未申酉戌亥子
겁재 戊(土土)辰 겁재　316조

이 여명은 신주 己土와 같은 土들이 꽉 찼다. 반면에 부군성인
木은 표면에 나타나지 않고 亥중 甲木이 있으나 군겁쟁관(群劫
爭官)⁺이니 이녀동부(二女同夫)의 형상이다. 그 亥중에 숨어있
는 甲木이 나와 甲己로 합신하니 59년 생 중 한 여자는 아버지
뻘인 늙은 사장과 동거에 들어갔다. 그 甲木은 연월에 있는 己
土들과도 甲己로 합하여 그 사장에게는 여러 명의 여자가 있었
다. 그러나 가정궁인 일시에 辰중 乙木이 있으니 그 늙은 사장
을 떠날 징조다. 그 辰土는 변태성인 귀문관살(鬼門關殺)⁺이기
때문이다.

신주 己土가 火왕절의 巳월에 태어나 득기했고, 신주와 같은
土가 많아서 신강하다. 그러므로 신강의재의 용법에 따라 水가
용신(用神)이고, 金이 희신이며, 土는 병신이고, 火는 구신이다.
이 경우 巳亥가 상충해서 亥水가 손상을 당해 용신(用神)이 유
력하지 못하니까 壬申운행에 재물성인 水를 찾아 亥중 甲木을
쫓아간 것이다. 자본주의 국가는 돈이 남편이고, 효자효녀이며,
며느리이자 시어머니요 부모이며, 조부모란다. 甲戌운에는 甲木
과 土가 대결하고, 戌土가 亥水를 강타해서 괴로운 시기다.

⟦ 이인동심(二人同心) ⟧

여기서 말하는 이인(二人)이란 두 오행을 말하고, 그것들이 서로 상생하는 것을 동심(同心)이라고 한다. 다시 말해서 水木이나 木火 또는 火土나 土金 그리고 金水로만 되어 있는 사주로 두 오행이 서로 사이좋게 상생하고 있는 것을 말한다. 그러니까 水土나 木金 또는 火水로 된 사주는 서로 극하니 이것은 동심이 될 수 없는 것이다.

하나 더 알아 둘 것은 두 오행 이외에 다른 오행-이것을 잡물이라고 함-이 한 두 개 있어도 그것들이 합해서 세력을 이룬 두 오행에 가담했거나 통근할 수 없어 무력하거나 혹은 함께 배치된 지지가 절지이거나 할 경우에도 유야무야한 오행으로 보고 이인동심(二人同心)격으로 취급한다. 이인동심(二人同心)격을 양신성상격(兩神成相格)이라고도 하는데 종강 내지 종왕되는 경우도 있고 극강의설하는 경우 등 다양하다.

편인 壬(水木)寅 비견
정인 癸(水木)卯 겁재　甲 乙 丙 丁 戊 己 庚
신주 甲(木木)寅 비견　辰 巳 午 未 申 酉 戌
편재 戊(土土)辰 편재　317조

신주 甲木이 억센 양인월이자 木왕절인 卯월에 태어나 득령했고, 寅卯辰의 木方이 신주에게 합세하며 두 개의 水가 생신하니 신주가 매우 강하다. 이때 辰土는 木方에 가담해 오히려 그 木方에게 木克土로 반극을 당해 무력해졌기 때문에 戊土마저 유야무야(有耶無耶)하다. 그래서 이 명조는 水木으로만 구성된 이인동심(二人同心)격이자 양신성상격이기도 하다. 그래서 사주에서 대세를 거머쥔 水木이 용신(用神)이고, 火金土는 병신이다. 그리고 모왕자고(母旺子孤)*와는 반대로 모쇠자왕(母衰子旺)*의 형상이다.

그러므로 62년 생 중 한 명은 甲辰(帶木之土)과 乙 이렇게 木운에 부친이 교육자로 괜찮은 환경에서 성장했다. 그러나 巳午未의 火方운행은 모쇠자왕(母衰子旺)*인 모쇠(母衰)와 水克火로 다툰다. 그리하여 17세 때 戊午년 모친과 사별했고, 20세 辛酉년에는 부친과도 사별했다.

그 후 부인을 만나 딸 한 명을 두었는데 이 사주는 군겁쟁재(群劫爭財)*이니 그 부인이 남아 있을 수가 없으므로 헤어지고 24살 때 사고를 쳐 39세 현재까지 계속 교도소 생활을 하고 있는 중이다. 나머지 申酉戌의 金方운행도 木의 세력과 상극하니 필자의 가슴이 정말 답답할 뿐이다. 이런 사주가 회전하고 있다는 사실과 윤회하는 우리들이라는 사실을 염두에 둔다면 현재 생활을 가다듬을 필요가 있다.

식신 癸(水金)酉 비견
겁재 庚(金金)申 겁재　己戊丁丙乙甲癸
신주 辛(金金)酉 비견　未午巳辰卯寅丑
식신 癸(水火)巳 정관　318조

　신주 辛金이 金왕절의 申월에 태어나 득령했고, 월일이 金으로
결구(結構)되었다. 이때 巳火는 巳酉의 金局에 가담하여 제 본
성을 잃었다. 때문에 용신(用神)으로 사용할 수 없으니 종혁격
(從革格)인데 巳火 때문에 가종격이다. 이때 운행이 火木으로
흘러버린다. 그래서 고인은 아무 일도 못해보고 말았다. 이인동
심(二人同心)격이나 양신성상격으로 보아도 金水운만 길운이고,
火土운은 불길하다.

　그런데 이상하게도 이 사주의 주인공 중 한 명이 庚辰년 양력
8월에 필자에게 역학을 배우겠다고 실제로 나타났다. 그의 증언
에 따르면 18세에 아버지와 사별하고, 19세에 결혼한 지 보름
만에 모친과 사별했으며, 20대는 장질부사와 늑막염으로 사경을
헤매기도 했단다. 그리고 24살 때 숙부에게 재산관리를 맡겼더
니 완전히 망해 다 없어져 빈털터리로 전락했다는 것이다.

　그렇게 되자 丁巳운에는 집을 비우고 방황했으며, 乙卯와 丙辰
운행에는 부인(辛未, 壬辰, 丁巳, 乙巳)이 벌어놓은 돈을 가지고

사업한답시고 다 없애버린 다음 癸丑의 水운행은 그래도 이인동심(二人同心)격이라서 세 아들들(삼 형제만 둠)이 준 용돈으로 문화센터에서 역학을 배우다 답답해 庚辰년 필자에게 찾아왔던 것이다. 그는 천식으로 매우 고생 중이었는데 결국 그것 때문에 역학 공부도 중도하차하고 말았다. 필자의 감정을 받고 그의 한마디. "허, 거 참 ! 사주 도망은 못한다더니…"

정관 辛(金木)卯 겁재
편관 庚(金木)寅 비견 己 戊 丁 丙 乙 甲 癸
신주 甲(木土)辰 편재 丑 子 亥 戌 酉 申 未
식신 丙(火木)寅 비견 319조

신주 甲木이 木왕절의 寅월에 태어나 득령했고, 寅卯辰의 木方이 신주의 木에게 합세하니 신강하다. 따라서 신강의설의 용법에 의해 火가 용신(用神)이고, 木이 희신이며, 水는 병신이고, 金은 구신이다. 이 경우 시간의 丙火가 寅중 두개의 丙火에 뿌리박고 나타나서 용신유력(用神有力)이자 木火통명⁺을 이루어 문명의 형상이다.

이 사주는 庚辛의 金들이 寅월에 실령해서 무력할 뿐만 아니라 모두 자좌절지(自坐絶地)⁺이기 때문에 있으나마나(有耶無耶)하고, 木火로만 구성된 이인동심(二人同心)격이다. 따라서 고인은 己丑의 土운행에 역경을 치르다가 丁亥의 火木-寅亥合木-과 丙

戌의 火-寅戌이 火局-운, 20여 년에 연승가도를 달려 대발했다. 그리고 乙酉의 金-乙庚合金-운에 불길했다.

비견 甲(木火)午 상관
상관 丁(火木)卯 겁재 戊己庚辛壬癸甲
신주 甲(木火)午 상관 辰巳午未申酉戌
상관 丁(火木)卯 겁재 320조

신주 甲木이 억센 양인월이자 木왕절의 卯월에 태어나 득령했고, 네 개의 木이 단결해서 신강하다. 그러므로 신강의설의 용법에 따라 火가 용신(用神)이고, 水는 병신이며, 金은 구신이다. 이 경우 火가 두개의 午火에 뿌리박고 나와 용신유력(用神有力)이다. 이 사주는 木火로만 구성된 양신성상격이니 그 세력과 충극하는 金水는 병신이다. 그러므로 고인은 巳午未의 火方운행에 재물과 명예가 높았다. 그러나 후반에 있는 申酉戌의 金方운은 병신운이므로 계속해서 큰 곤경을 치렀다. 그러니까 선영후쇠(先榮後衰)의 명기다.

〖 익사(溺死) 사주 〗

바다 또는 강 및 저수지 등 물에 빠져 죽은 경우들이다. 필자가 지금까지 수집한 익사(溺死)한 명조들을 여기에 소개해 본다. 그리고 익사(溺死)한 명조가 본인이 아니고 부군 또는 형제일 경우도 함께 소개해 보았다. 먼저 본인이 익사(溺死)한 그 공통점을 보면 다음과 같다.

첫째 木신주로 水가 왕성해서 수다목부(水多木浮)⁺의 형상이고, 혹 金이 있거나 없는 경우이다. 둘째 土신주로 金水木이 강하고 신약한 경우이다. 셋째 기타의 경우로 익사(溺死)한 사주들을 여기에 소개한데 강호 제현의 연구에 재료로 제공한다. 거의 모두 水가 말썽이다.

첫째의 경우 예조들.

정관 辛(金土)丑 정재
편관 庚(金水)子 정인   己 戊 丁 丙 乙 甲 癸
신주 甲(木金)申 편관   亥 戌 酉 申 未 午 巳
겁재 乙(木土)丑 정재   321조

신주 甲木이 水가 왕성한 子월에 태어나 子丑의 水方과 申子의 水局을 만나 수다목부(水多木浮)⁺인데 己亥운행에 亥子丑이 다 모여 水局을 이루자 고인은 익사(溺死)했다. ■甲木신주에 水가 왕성하고 金이 있다.

겁재 乙(木火)巳 식신
편재 戊(土水)子 정인　丁 丙 乙 甲 癸 壬 辛
신주 甲(木土)辰 편재　亥 戌 酉 申 未 午 巳
편인 壬(水金)申 편관　322조

　진태오리(震兌五理)⁺의 난법에 의해 火가 용신(用神)인데 申子辰의 水局과 壬水가 강해져 병신은 왕성한 반면 용신(用神)인 火는 외로워 불미한 짜임새인데 중반에 甲申운행을 만나자 申중 壬水가 水의 세력에게 가세하여 수다목부(水多木浮)⁺이자 용신(用神)을 강타하고, 火는 水에 이르러 절지를 만났으므로 고인은 익사(溺死)하고 말았다. ■甲木신주에 水가 왕성하고 金이 있다.

편인 壬(水水)子 정인
편인 壬(水水)子 정인　癸 甲 乙 丙 丁 戊 己
신주 甲(木金)申 편관　丑 寅 卯 辰 巳 午 未
정재 己(土火)巳 식신　323조

　신주 甲木이 水왕절의 子월에 태어나 많은 水들 때문에 수다목부(水多木浮)⁺의 형상이다. 그래서 진태오리(震兌五理)⁺의 난법에 의해 火가 용신(用神)이고, 木이 희신이며, 水는 병신이고, 金은 구신이며, 건토는 약신이다. 이 경우 巳申이 合水하면서 형살이고, 甲己도 合土되어 용신(用神)무력이다. 그러므로 72년

490 [사주학]

생 중 한 명은 壬申(21세)년 해군에 입대하여 여름에 익사(溺死)했다. ■甲木신주에 水가 왕성하고 金이 있다.

정인 壬(水土)辰 정재
편관 辛(金水)亥 정인　壬 癸 甲 乙 丙 丁 戊
신주 乙(木水)亥 정인　子 丑 寅 卯 辰 巳 午
상관 丙(火水)子 편인　324조

　신주 乙木이 水왕절의 亥월†에 태어나 亥子의 水方과 子辰의 水局 그리고 壬水와 丙辛合水 등 물이 범람하고 있다. 그래서 52년 생 중 한 명은 壬子운행에 어린 나이로 익사(溺死)했다. ■乙木이 신주이고, 수다목부(水多木浮)†에 辛金이 있다.

　둘째의 경우 예조들

식신 辛(金金)酉 식신
편재 癸(水火)巳 정인　壬 辛 庚 己 戊 丁 丙
신주 己(土水)亥 정재　辰 卯 寅 丑 子 亥 戌
정관 甲(木土)戌 겁재　325조

　강변위약 사주이니 土火가 용신(用神)이고, 木水는 병신인데 병신들이 강하다. 그러므로 21년 생 중 한 명은 庚寅의 金木운행 중 수리조합(水利組合)에서 공사를 하다가 흉사했다. ■土일

金水木이 왕성.

정재 壬(水金)申 상관
정재 壬(水木)寅 정관　癸甲乙丙丁戊己
신주 己(土土)未 비견　卯辰巳午未申酉
정재 壬(水金)申 상관　326조

土일생이 金水木이 강해 신약하므로 土火가 용신(用神)이고, 木水는 병신이다. 그래서 32년 생 중 한 명은 위병으로 오래 신음하다가 비관한 나머지 익사(溺死)하고 말았다. 이 명기는 인체상 위장에 해당하는 土를 木이 강극해서 위장병으로 고생했다. ▪土일 金水木이 왕성.

편재 癸(水土)未 비견
정인 丙(火土)辰 겁재　乙甲癸壬辛庚己
신주 己(土金)酉 식신　卯寅丑子亥戌酉
편관 乙(木水)亥 정재　327조

43년 생 중 한 명은 甲寅의 木(병신)운행 가운데 己亥년 가을에 익사(溺死)했다. ▪土일 金水木이 왕성.

기타의 경우

비견 庚(金土)戌 편인
편재 甲(木金)申 비견　乙 丙 丁 戊 己 庚 辛
신주 庚(金木)寅 편재　酉 戌 亥 子 丑 寅 卯
편재 甲(木金)申 비견　328조

　신주 庚金이 金왕절의 申월에 태어나 득령했고, 시지(時支)의
申金과 申戌의 金方, 그리고 연간의 庚金이 신주의 金에게 가세
하니 신강하다. 그러므로 신강의극의 용법에 의하여 火가 용신
(用神)이고, 木이 희신이며, 水는 병신이고, 金은 구신이다. 이
경우 용신(用神)이 간직된 寅중 丙火는 寅木이 申金과 거듭 충
극되어 크게 손상되었고, 戌중 丁火는 未土가 없어서 형출(刑出)
되지 못했으므로 용신(用神)무력의 형상이다.

　게다가 운행의 초반에 乙酉의 金운행-乙庚合金-은 구신운의
10년이고, 辛酉년은 金金으로 구신이 가중된다. 그래서 70년 생
중 한 명은 서쪽(金)에 있는 외가에 놀러 갔다가 익사(溺死)했
다. 그리고 이 사주는 부친성인 寅木의 재성과 모친성인 戌土의
인성이 寅戌로 합신하여-재인합신(財印合身)-모가재취(母嫁再
娶)＊-였다.

정재 壬(水火)午 편인
비견 己(土金)酉 식신　庚 辛 壬 癸 甲 乙 丙
신주 己(土火)巳 정인　戌 亥 子 丑 寅 卯 辰

　신주 己土가 金왕절의 酉월에 태어나 申酉의 金方에 설신되고, 金方이 水를 생조해서 재성이 강해졌기 때문에 신약사주다. 그러므로 신약의조의 용법에 따라 火가 용신(用神)이고, 木은 희신이며, 水는 병신이고, 金은 구신이다. 이 경우 巳火가 巳酉의 金局에 가담하고, 巳申이 合水되어 午火만 혼자 남으니 용신(用神)무력이다. 더구나 운행에서 辛亥의 金水를 만났다.

　이것은 구신과 병신이 난동을 피우고 巳亥가 상충해서 巳午의 火方을 와해시키며 외로운 午火를 강극한다. 이렇게 水(물)로 말미암아 용신(用神)이 난타를 당했기 때문에 고인은 익사(溺死)했다. ■용신(用神) 火를 金水가 水운과 함께 水克火

　이 외에 丁亥년 戊申월 甲戌일 戊辰시생 남명은 47년 생으로 모외유모(母外有母)＊했고, 乙巳운행 중 乙卯년에 귀기불통(貴氣不通)＊인 亥水를 巳亥로 충극해서 익사(溺死)했고, 또 辛酉년 甲午월 戊午일 甲寅시생 역시 귀기불통(貴氣不通)＊인 酉金을 辛卯운행에 卯酉로 충극하여 투신자살했다. 그리고 戊子년 壬戌월 壬申일 乙巳시생 남명은 48년 생으로 乙丑운행 중 丁巳년에 익사(溺死)했다.

　■이하는 해당된 육친이 익사(溺死)한 경우들이다.

겁재 庚(金水)子 식신
상관 壬(水火)午 편관　辛 庚 己 戊 丁 丙 乙
신주 辛(金火)巳 정관　巳 辰 卯 寅 丑 子 亥
정관 丙(火金)申 겁재　330조

이 여조는 신주 辛金이 火가 왕성한 午월에 태어나 巳午의 火
方과 丙火에게 극신을 당해서 신약사주다. 따라서 식상제살(食
傷制殺)⁺의 용법에 의해 水이가 용신(用神)이고, 金이 희신이며,
土는 병신이고, 火는 구신이며, 木은 기신이다.

이 경우 그 왕성한 火의 세력을 흡수해서 생신할 습기 찬 土가
없기 때문에 불미한 사주로써 운행마저 巳火와 寅卯辰의 木方으
로 오래 달려 세월이 아름다울 수 없다. 그래서 60년 생 중 한
여자는 가정궁이 일시형충(日時刑沖)⁺이고, 세 개의 남자성인
火가 子午상충이요, 巳申合水에 형살이며, 木이 없어 식상견관
(食傷見官)⁺이자 가정궁에 텅 빈 공망살⁺이 도사리고 있어 그
부군이 익사(溺死)했다.

그 후 자녀성인 水(壬子)가 둘이므로 1남1여를 데리고 음식점
종업원으로 일하던 중 유부남과 내통했다. 申중 壬水도 자녀성
이지만 형살이 되어 낙태할 형상이다. 이 명기는 水火와 火金이
서로 싸우고 있는데 木과 土가 없어서 소통이 안 된다. 그리고

남자성이 많으면서 손상되었기 때문에 편고된 사주다. ■丙辛合
水. 巳申合水. 子午충극. 水가 말썽.

정재 癸(水水)亥 편재
정관 乙(木木)卯 정관　丙 丁 戊 己 庚 辛 壬
신주 戊(土水)子 정재　辰 巳 午 未 申 酉 戌
정재 癸(水水)亥 편재　331조

　이 여조는 종살격(從殺格)⁺이니 水木이 용신(用神)이고, 火土
는 병신인데 운행이 중반에 火土가 흘러 불미하다. 그리고 다섯
개의 水와 亥子의 水方으로 인해서 수다토류(水多土流)이고, 수
다목부(水多木浮)⁺도 겸했다. 그러므로 23년 생 중 한 여인은
그 부군(木)이 술(水)에 취해 익사(溺死)했고, 자기(土)는 작부
(酌婦)가 되어 버렸다. 그러니까 水때문에 둘 다 망해버린 것인
데 亥중에는 남자성인 甲木들이 아직도 남아 있으면서 신주와
천간끼리 戊癸로 합신하자 亥중 甲木들도 내 몸의 戊子와 亥子
로 합신하여 술과 남자들이 나를 항상 감싸고 떠나지 않는다.
■부군성인 木이 수다목부(水多木浮)⁺ 형상. 水가 말썽.

비견 癸(水水)亥 겁재
정인 庚(金金)申 정인　辛 壬 癸 甲 乙 丙 丁
신주 癸(水土)未 편관　酉 戌 亥 子 丑 寅 卯
상관 甲(木木)寅 상관　332조

이 여명은 신주 癸水가 金왕절의 申월에 태어나 득기했고, 연월에서 金水가 왕성하여 신주의 水를 도우므로 금수쌍청⁺이자 신강하다. 따라서 신강의극의 용법에 의해 土가 용신(用神)이고, 火는 희신이며, 木은 병신이고, 水는 구신이다. 이 경우 金生水, 水生木으로 사주의 기세가 木에 집중되었는데 寅亥合木까지 있어 木의 세력이 매우 강해진 채 용신(用神)이자 부군성인 외로운 未土를 木克土로 강극하고 있다. 더구나 운행에서 甲子의 木水운을 만났다.

그러므로 23년 생 중 한 여인은 그 기간 중 乙未년에 부군이 어업을 하다가 익사(溺死)했다. 운행과 연도에서 병신인 木이 난동을 부린 탓이다. 이 사주는 자녀인 상관을 다 낳으면 그 상관(木)이 土를 극하는 식상견관(食傷見官)⁺의 형상이다. 그래서 2남1여─亥중 甲木과 甲寅의 木 그리고 亥未의 合─을 두었는데 장남(亥중 甲木)은 庚申의 金에 극을 당해 마작과 당구 등으로 어렵게 살고 있으며, 자녀궁인 시주에 있는 甲寅의 木은 튼튼하여 차남은 큰 회사의 간부급이다.

그녀는 금수쌍청으로 노년에도 미모였고, 2004년 현재 82세로 생존하고 계신데 항상 두고 하는 말씀이 "속고 사는 것이 인생이라예"라고 한다. 푸쉬킨은 '삶이 그대를 속일지라도 노여워하거나 슬퍼하지 말라'고 했고, 「누구를 위해 종을 울리는

가?」의 주인공 스칼렛은 '내일은 내일의 태양이 뜨니까' 산다고 했던가. ■부군성인 未土가 왕성한 金水에게 수다토류(水多土流). 水가 말썽.

이 외에 戊子년 己未월 壬戌일 癸卯시생 여명은 필자의 저서 「이야기 사주학」 '남자라면 지긋지긋해요' 편에 상술되어 있다.

〚 일락서산(日落西山) 〛

신주가 태양에 속한 丙火인데 그것이 방향으로 서쪽인 金왕절의 申酉월에 태어난 것을 말한다. 원래 태양은 巳午未의 火方월에 득세하고, 가을철인 申월로 접어들면 그 기세가 서서히 꺾이는 것이다. 그리고 서쪽인 金은 태양이 지는 황혼녘으로 역시 하루 중에서도 가장 그 힘이 없는 상태가 된다. 그래서 일락서산(日落西山)이라는 말을 사용하는데 여기서 일(日)이란 태양을 말한 것이다.

적천수에 양간은 조금만 도움을 받을 수 있으면 다른 세력에 따라가지 않고─陽干從氣不從勢─음간은 형세가 불리하면 다른 세력에 따라간다-陰干從勢不情義-고 했다. 丙火는 양간 중에서도 군화(君火)로서 가장 으뜸이지만 辛자를 보면 애인이 생긴 것이고, 또 습토들을 보면 자식을 사랑하는 마음 때문에 가장 약해진다. 그래서 일락서산(日落西山)이 되고, 도움을 받을만한 자가 없이 丙辛이 합하거나 土들이 많으면 아무리 양간이라도 다른 세력에 종(從)하는 예가 드물지 않은 것이다. 그러므로 사주 상황을 면밀히 검토하여 종(從格)하느냐 아니면 독립할 수 있느냐를 판정해야 하는 것이다.

겁재 丁(火火)巳 비견
식신 戊(土金)申 편재   丁 丙 乙 甲 癸 壬 辛
신주 丙(火土)戌 식신   未 午 巳 辰 卯 寅 丑
정재 辛(金木)卯 정인   333조

신주 丙火가 金왕절의 申월에 태어나 일락서산(日落西山)이니 실령했고, 申중 戊土가 나타나서 설신시키므로 신약하다. 따라서 신약방조(身弱幇助)의 용법에 의해 木火가 용신(用神)이고, 金水는 병신이며, 건토는 약신이다. 이 경우 신약하지만 신주도 卯戌合火와 丁巳의 火가 있어서 약간만 약한 가운데 고인(尹發榮)은 巳午未의 火方운행부터 발전해 巳申의 형살로 寅卯辰의 木方운행에 판서를 역임했다.

편관 壬(水水)子 정관

식신 戊(土金)申 편재   己 庚 辛 壬 癸 甲 乙
신주 丙(火木)寅 편인   酉 戌 亥 子 丑 寅 卯
편재 庚(金木)寅 편인   334조

　신주 丙火가 金왕절의 申월에 태어나 일락서산(日落西山)이니
실령했고, 申子의 水局과 壬水가 庚申의 생조를 받아 극신하므
로 신약하다. 따라서 신약방조(身弱幇助)의 용법에 의해 火木이
용신(用神)이고, 水金은 병신이다. 이때 운행이 초반부터 60여
세까지 金水라는 병신운으로만 달린다. 그래서 12년 생 중 한
명은 일정한 직업 없이 허송세월 하다가 甲寅의 木운행에야 비
로소 자녀들의 도움으로 안일해졌다.

［ 일록귀시(日祿歸時) ］

　예를 들어 甲木 신주가 寅시에 태어나면 일록귀시(日祿歸時)했
다고 한다. 그리고 乙木 신주가 卯시에 태어나도 그런 용어를
쓰기도 한다. 丙戊의 록(祿)은 巳이니까 丙火 신주나 戊土 신주
가 巳시에 태어나도 일록귀시(日祿歸時)라고 한다. 만약 그 록
이 월지에 있으면 건록격(建祿格)이고, 일지에 있으면 일록격
(日祿格)인데 연지에 있으면 그냥 그 밑에 건록이라고 표시한다.

그런 록이 있으면 신주가 힘을 얻게 되는데 그 중에서도 건록격이 가장 힘을 크게 받고 그 다음이 일록격이며, 차선이 일록귀시(日祿歸時)이고, 연지가 가장 약하다. 신약할 경우는 록이 귀중하지만 태강할 적에는 록도 귀찮은 경우가 많다.

〖 일시형충(日時刑沖) 〗

태어난 일진과 생시는 사주에서 가정궁으로 본다. 왜냐하면 신주는 나이고, 일지는 배우자궁이며, 시주는 자녀궁으로 일시에 나와 배우자 그리고 자녀들이 모여 있기 때문이다. 그런데 일지(日支)와 시지(時支)가 서로 충하거나 형살이 되면 이것을 일시형충(日時刑沖)이라고 통틀어 말하고, 그렇게 되면 가정이 불안정한 상태와 유사하게 된다고 본다.

특히 여명이 일시형충(日時刑沖)이면서 운행이 조금이라도 불리해지면 가정이 파괴되어 이혼하거나 생이별하는 경우가 많다. 그러나 여명이라도 사주의 짜임새가 잘되어 있고 운행이 연속 좋게 달리면 비록 일시형충(日時刑沖)이고, 입묘살이나 과숙살이 있어도 가정이 잘 못된 경우는 드물다.

그리고 남명의 경우는 일시형충(日時刑沖)이 있어도 아주 불길한 사주가 아닌 이상은 가정이 여명처럼 파괴되는 경우는 드물지만 그렇지 못할 때는 역시 여명처럼 가정에 흠이 생긴다. 남명의 경우 사주와 운행이 그런 대로 괜찮으면서 일시형충(日時刑沖)이 있는 경우는 군인이나 경찰 또는 법률을 다루는 일이 상당히 많다. 본서 다른 단원에서 다룬 예조들의 설명 중 일시형충(日時刑沖)이라는 것들이 많이 나오므로 그런 사주들을 참고하고 여기서는 간단히 몇 조만 보기로 하자.

편관 乙(木土)未 비견
정인 丙(火土)戌 겁재　丁 戊 己 庚 辛 壬 癸
신주 己(土金)酉 식신　亥 子 丑 寅 卯 辰 巳
편인 丁(火木)卯 편관　335조

이 여조는 卯酉가 일시형충(日時刑沖)이기 때문에 타고난 가정궁이 산란한 형상이고, 게다가 부군성인 木은 乙未가 백호대살(白虎大殺)이자 입묘살이며, 卯木은 충극을 당해 손상된 채 텅 빈 공망살⁺마저 범했다. 그래서 55년 생 중 한 여자는 이혼하고 두 번 이나 다시 가정을 차렸다가 치워버린 후 네 번째 재가하기 위해서 필자를 찾아와 자기 사주를 통채로 변조해서 상대방에게 말해 주었다며 상대방 명조를 내놓고 궁합을 보아달라고 했다.

그래서 궁합은 맞추어 볼 수 있는 것이 아니니 이번에 재가하면 다시는 변덕을 부리지 말고 업보를 녹인다는 자세로 무조건 남은 여생을 그 남자에게 헌신하라고 당부했다. 서두에서 본대로 타고난 궁합이 엉망이었기 때문이다. 이 사주는 신주 己土가 土왕절의 戌월에 태어나 득령했고, 丙丁의 火가 생신하므로 신강하다. 따라서 신강의설의 용법에 의해 金이 용신(用神)이고, 火는 병신이며, 木은 구신이고, 水는 기신이다. 이 경우 운행에 金方운이 없어 무정세월이다.

한편, 부친성이자 재물성인 水가 없고, 모친성인 火는 나(신주)를 사이에 두고 양쪽에 있어서 자기 아버지가 여러 명의 재취들과 이합(離合)이 심했으며, 그 통에 자기 어머니도 모가재취(母嫁再娶)＊였고, 자기도 그러하니 내림＊이요, 이복 형제자매가 많았다. 이 사주는 水가 없는 바람에 부친 덕도 없었고 재물을 찾아 헤매는 형국이므로 행여나 돈 많은 남자가 걸려들지 않을까 하고 요행수를 바라는 형상이다.

정관 壬(水木)寅 정인
비견 丁(火土)未 식신　丙 乙 甲 癸 壬 辛 庚
신주 丁(火火)巳 겁재　午 巳 辰 卯 寅 丑 子
정관 壬(水木)寅 정인　336조

이 여조는 신주 丁火가 간직된 土왕절의 未월에 태어나 巳未의

火方과 월간의 丁火가 신주에게 합세하고, 木이 생신하니 신강하다. 따라서 신강의재의 용법에 의해 金이 용신(用神)이고, 습토가 희신이며, 火는 병신이고, 木은 기신이며, 水는 약신이다. 이 경우 巳중 庚金이 寅巳로 형충되어 손상되었고, 그 통에 일시형충(日時刑沖)까지 범했다. 그래서 용신(用神)무력이고, 운행마저 火木으로 초중년을 보내게 되었으니 불선의 세월이 아닐 수 없다.

그러므로 62년 중 한 여성은 여섯 자매만 있는 집안에서 차녀로 태어나 부친(金)이 무능했으므로 고등학교도 중퇴했다. 그리고 壬戌(21살)년에 연간에 있는 壬水라는 부군성과 결혼했는데 그 壬水라는 부군성이 壬寅으로 배치되어 寅木이 역마살이므로 국제결혼-미국인-을 했다. 결혼 당시 그 부군은 가난해서 자기가 많이 도와주었는데 남편이 컴퓨터 사업에 출신해 사업을 열심히 했다.

그런데 이 여조는 金이 없이 식상월여(食傷月女)에다가 식상견관(食傷見官)⁺되어 아이를 낳으면 부군과 거리가 멀어지는 형상이고, 그 연간에 있는 壬水는 나(신주 丁火)와 같은 여성인 월간의 丁火와 丁壬으로 합하여 나갔다. 그러므로 그녀는 괜히 부군과 심하게 다투기 시작 결국 고란살과 일시형충(日時刑沖)으로 甲戌(33살)년에 이혼했다.

그 후 그 남자는 그 사업으로 엄청나게 성공하여 아들(丙寅, 辛卯, 丁卯, 辛亥)과 함께 잘 사고 있다. 그 아이 아빠는 어마어마한 돈을 벌어 재벌에 육박하고 있는데 이 여인은 돈(재물)에 속한 金이 무력하니 그것을 감당할 수가 없어 나와 버린 것이다. 그리고 중년에 있는 木方운도 연속 불길하여 한국 주둔 직업군인인 미국 병사와 재혼했는데 그 남자는 얼마 전에 본처와 이혼한 사람으로 경제력이 신통치 못하다고 한다.

첫 부군에게 낳아준 아이는 초반운이 좋고 그 사주가 모외유모(母外有母)⁺의 명조이다. 그래서 이 여주인공이 그렇게 된 것인데 왜 그런 사주를 가진 아이를 낳아 식상견관(食傷見官)⁺이 현실화되었을까? 반드시 그만한 까닭이 있어서 그렇게 되었을 것이다. 우주의 질서에는 우연이란 없다. 로스앤젤레스 타임스의 과학 컬럼니스트 K C 콜이 쓴 「우주의 구멍」이란 책을 보면 아인슈타인의 상대성이론을 물리학자 에딩턴은 "물리학의 상대성이론은 모든 것을 관계로 환원시켜 놓았다."고 말했다.

즉 우주의 모든 것은 본질적으로 관계의 패턴이란 것이다. 관계의 패턴이란 이 경우 고란살과 일시형충(日時刑冲) 그리고 식상견관(食傷見官)⁺ 등등에 운행까지 불리한 명조에 태어나야할 발자취가 있었기 때문이다.

비견 壬(水木)寅 식신

정관 己(土金)酉 정인　庚 辛 壬 癸 甲 乙 丙
신주 壬(水水)子 겁재　戌 亥 子 丑 寅 卯 辰
편재 丙(火火)午 정재　337조

신주 壬水가 金왕절의 酉월에 태어나 득기-進氣-했고, 간여지
동이므로 신강하다. 따라서 신강의재의 용법에 의해 火가 용신
(用神)이고, 木이 희신이며, 水는 병신이고, 金은 구신이며, 건토
는 약신이고, 습토는 기신이다. 이 경우 寅午로 火局을 이루려고
하는데 子午가 충극하여 그 합심이 약해졌다. 그리고 운행이 약
50세까지 金水로 병신운이다.

그래서 62년 생 중 한 명은 亥子丑의 水方운행에 형과 장사를
하다가 부도가 나버렸고 子午酉는 도화살이면서 운행이 불길하
니 제비족으로 변신했다. 일시형충(日時刑沖)에 水方운행은 군
겁쟁재(群劫爭財)⁺가 강력하게 작용하므로 일정한 여자와 살 수
없다. 丙午는 재물성이자 여자성이니 그는 강력한 섹스로 여자
들에게 호감을 사 돈을 펑펑 받아 쓰고 있다. 50이 넘으면 속을
좀 차릴 수 있는데 문제는 癸丑운이다. 왜냐하면 화몰(火沒)⁺되
기 때문이다.

겁재 壬(水木)寅 상관
편관 己(土金)酉 편인　庚 辛 壬 癸 甲 乙 丙
신주 癸(水金)酉 편인　戌 亥 子 丑 寅 卯 辰

식신 乙(木木)卯 식신　338조

신주 癸水가 金왕절의 酉월에 태어나 수원(水源)이 마련되어
득기했고, 두 酉金이 생신하며 壬水가 신주에게 가세하니 신강
하다. 따라서 신강의설의 용법에 의해 木이 용신(用神)이고, 金
이 병신이며, 土는 구신이고, 火는 약신이다. 이 경우 卯酉가 상
충하여 木(용신)이 손상된 가운데 일시형충(日時刑沖)이며, 전
반 운행에 亥子丑의 水方운을 만나 또 신강하도록 부채질한다.

그래도 木을 생조하니 62년 생 중 한 명은 영상 매체 프로그램
(예체능으로 식상이 용신) PD 생활을 辛巳(40세)년 현재 하고
있다. 그리고 미혼인데 辛巳년에는 잘 나가던 애인이 변심해 떠
나버렸다. 寅중 丙火가 처성인데 寅巳가 형살이고, 운행이 아직
불길하며 일시형충(日時刑沖)이니 잘 되지 않는 것이다. 寅卯辰
의 木方운행에는 예능계에서 상당히 재미있는 세월이다.

‖ 일장당관(一將當關) ‖

이 말은 궁통보감 정월 壬水에 나온 것으로 "혹 지지에 많은
戊土를 보고 甲木이 나타났으면 그 이름을 일장당관(一將當關)

이라 하여 많은 무리들이 자복(自伏)하니 이렇게 되면 그 주인 공의 뜻이 커서 작은 일에 구애받지 않고 백관에 올라선다(或支 見多戊 又有甲出干 名一將當關 群邪自伏 主光明磊落 名重百寮) 고 했다." 참고. 뇌락(磊落)이란 뜻이 커서 작은 일에 구애받지 않은 모양 또는 과실이 주렁주렁 많이 열린 모양. 군사(群邪)란 사특한 자들이 떼지어 몰려든 상태.

그리고 9월 壬水에서도 같은 용어가 나온다. 9월은 土왕절인데 신주 壬水가 土를 많이 보면 강하게 극신을 당하니 이때에도 甲木이 나타나서 그 土들을 木克土로 제압해야 하기 때문에 그런 용어를 쓰고 있다. 이때 극신하는 무리들을 압도하려면 그 오행도 뿌리가 있어서 튼튼해야 하고 그게 사주라는 관중(關中)에 있어야 하니 천간에 나타나야 한다는 말이다.

이 단원을 쉽게 이해하려면 삼국지에 나온 장비를 연상하면 될 것이다. 장비는 군주인 유비가 당양(當陽)에서 조조의 십만 대군에게 쫓겨 경각간에 목숨이 위태로워졌을 때 관문인 장판교에 나타나서 대갈 일성(一聲)에 적장 수십 명을 제압하고 유비를 건져냈다. 이 경우 유비는 신주이고, 장비는 하나의 장수로서 식상이며, 떼 지어 몰려든 적들은 극신하려는 살성들이다. 식상제살(食傷制殺)⁺ 편을 참조한다.

정인 辛(金土)표 정관

편관 戊(土土)戌 편관　丁 丙 乙 甲 癸 壬 辛
신주 壬(水土)戌 편관　酉 申 未 午 巳 辰 卯
식신 甲(木土)辰 편관　339조

　신주 壬水가 土왕절의 戌월에 태어나 다섯 개의 土들이 떼 몰려들어 土克水로 극신함이 지나치다. 그러므로 식상제살(食傷制殺)⁺의 용법에 의해 木을 용신(用神)으로 삼아 土를 木克土로 제압하여 우선 신주부터 위급지경에서 구출한다. 이때 甲木은 대목지토(帶木之土)⁺로 뿌리가 있으면서 마치 장비 혼자 장판교에 버티고 섰다가 대갈일성에 적장들을 혼비백산케 한 것과 유사하다. 이 경우 식신은 묘하게도 편관을 좋아한다.

　그래서 일장당관(一將當關)격이 되었기 때문에 木이 용신(用神)이고, 水가 희신이므로 고인은 癸水와 壬辰의 水土 운행에 그 공로가 혁혁하고 대성했다. 그 후 辛卯의 辛金운행에는 사주의 辛金(병신)과 합세해서 甲木을 金克木으로 벌목(伐木)했기 때문에 흉했다.

편인 庚(金火)午 정재
정관 己(土土)丑 정관　庚 辛 壬 癸 甲 乙 丙
신주 壬(水土)辰 편관　寅 卯 辰 巳 午 未 申
식신 甲(木土)辰 편관　340조

신주 壬水가 土왕절의 丑월에 태어나 네 개의 土에게 극신을 당하니 신주가 위급지경에 처했다. 그러므로 식상제살(食傷制殺)†의 용법에 따라 木이 용신(用神)이고, 水는 희신이며, 金은 병신이고, 土는 신주의 병신이며, 火는 기신이다. 이 경우 甲木은 대목지토(帶木之土)†로서 辰중 두개의 乙木에게 뿌리박고 나타나서 일장당관(一將當關) 격이다.

이때 식신은 묘하게도 편관을 좋아한다. 따라서 고인은 寅卯의 木方운행에 용신(用神)이 득세하여 그 이름이 진동했다. 그러나 壬辰의 水土운행에 辰土가 병신인 庚金을 생조해서 木을 극하고 그런 가운데 丙午(火火)년에 병신인 土를 생조해서 난동을 부리므로 사거(死去)했다.

정재 丁(火土)丑 정관
편인 庚(金土)戌 편관　己 戊 丁 丙 乙 甲 癸
신주 壬(水土)辰 편관　酉 申 未 午 巳 辰 卯
식신 甲(木土)辰 편관　341조

신주 壬水가 土왕절의 戌월에 태어나 실령했는데 네 개의 土들이 떼몰려 土克水로 극신하기 때문에 신약사주다. 그러므로 식상제살(食傷制殺)†의 용법에 의해 木이 용신(用神)이고, 水는 희신이며, 金은 병신이고, 土는 구신이며, 火는 약신이다. 이 경우 용신(用神)인 甲木은 대목지토(帶木之土)†로서 辰중 두개의

乙木에게 통근해서 일장당관(一將當關)격처럼 보이므로 나가면 장군이요, 들어오면 장관 격 같다.

그러나 네 개의 土들에게 土生金으로 생조 받은 병신인 庚金이 막강한 힘으로 甲庚이 충극한다. 그래서 용신(用神)이 크게 손상되어 용신(用神) 무력이고, 운행마저 木水가 60여세까지 없다. 따라서 평상조다. 운행 초반에 己酉와 戊申의 土金운 20년은 구신과 병신운이므로 어려운 집안에서 37년 생 중 한 명은 대학에 진학하지 못했다. 이로 보아 金이 용신(用神)이 되는 살인상생(殺印相生)＋격이 아니다.

그 후 중반에 있는 巳午未의 火방운은 병신인 金을 제압하는 약신운이므로 조그만 가게(떡, 고추 등 방앗간)를 자영했다. 그리고 자녀성인 관성의 土들이 丑戌과 辰戌이 상충하면서 모두 손상(딸)된 통에 딸만 네 명은 두었고 무자했다. 본조는 土들이 모두 백호대살(白虎大殺)과 입묘살을 끼고 있기 때문에 무자했던 것이다. 그 부인(甲申, 丙子, 庚午, 戊寅)의 자녀성인 식상도 공망살＋이다. 그러니까 운명은 운명끼리 인연된 것이다.

정인 己(土土)丑 정인
편관 丙(火木)寅 편재　乙 甲 癸 壬 辛 庚 己
신주 庚(金火)午 정관　丑 子 亥 戌 酉 申 未
정관 丁(火水)亥 식신　342조

이 사주는 충남 홍성군 갈산면 행산리에서 태어난 독립군 김좌진(金佐鎭) 장군께서 담겨진 명기이다. 그는 만주 벌판에서 용두산과 해란강을 말달리며 일본에 빼앗긴 조국을 찾겠노라고 종횡무진했다. 장군은 무장독립군 북로군정서 총사령관이었던 1920년 10월 독립군을 공격하기 위해 만주로 출병한 일본군 3천여 명을 청산리로 유인, 병력의 열세에도 불구하고 절묘한 전략 전술로 일본군을 섬멸했다. 이 청산리대첩은 일제의 압제에 시달리던 한민족에게 엄청난 자부심을 안겨 주었다. 그래서 그와 그런 사람들을 기리는 다음과 같은 가곡(歌曲)이 일세를 풍미하고 있다.

〈선구자〉

일송정 푸른솔은 늙어늙어 갔어도
한줄기 해란강은 천년두고 흐른다.
지난날 강가에서 말달리던 선구자
지금은 어느곳에 거친꿈이 깊었나.

용두산 저녁종이 비암산에 울릴때
사나이 굳은마음 깊이새겨 두었네.
조국을 찾겠노라 맹세하던 선구자
지금은 어느곳에 거친꿈이 깊었나.

신주 庚金이 木왕절의 寅월 태어나 실령했는데 寅午의 火局과 丙丁의 火가 신주를 둘러쌓고 극신한다. 그래서 신주가 사면초가의 위급한 지경에 처했다. 따라서 식상제살(食傷制殺)⁺의 용법에 의해 水가 용신(用神)이고, 金이 희신이며, 건조한 未戌의 土는 병신이고, 火는 신주의 병신이다. 이 경우 亥水가 일장당관(一將當關) 격이고, 운행이 亥子丑의 水方운으로 달려 용신(用神)이 득세한다.

그러므로 김 장군께서는 15세에 가노(家奴)를 과감하게 해방시킨 다음 나라를 잃고 참혹하게 살아가고 있는 백성을 건지겠다며 20세에 사재를 털어 학교를 설립했다. 그리고 도산 안창호 선생과 더불어 오성학교에서 학생을 가르친 다음 독립군에 뛰어들었다. 그리하여 37세에 신민부(新民府)의 군사집행 위원장이 되었고, 41세에 한족(韓族) 연합회 주석에 이르렀다. 그러나 壬戌의 戌土는 병신운이고, 庚午년은 사주와 운행 및 연도가 寅午戌로 火局을 완전히 구성해서 병신이 난동을 부리고 水는 火에 이르러 절지다. 그래서 암살을 당했다.

그 뒤 1962년에 건국 공로훈장 중장(重障)이 수여되었다. 그리고 1983년 5월 31일 그의 동상건립 위원회가 좌대를 포함해 11·8m 높이의 동상을 홍성읍 고암리 오거리에 위풍당당한 모습으로 세웠다. 그 비문에는 장군의 우국시 '단장지통(斷腸之

痛)'이 새겨져 있다. '적막한 달밤 칼 머리에 바람은 찬데/ 칼 끝의 찬 서리는 고국 생각을 돋우는구나/ 삼천리 금수강산에 왜 놈이 웬 일인고/ 더러운 세상 한칼로 쓸어버릴 길 없나.' 이 글을 정상배와 정치꾼들이 어떻게 읽어 내려가고 있을까? 아마도 뒤집어서 거꾸로 읽을지도 모른다. 한편, 자식성인 火가 지지에 튼튼히 뿌리박고 나타나서 그 아들 김두환(金斗煥)－본서 182조도 호걸이었다.

〖 일지편재(日支偏財) 〗

남명(男命)으로 일지(日支)에 편재가 있는 사주를 말한다. 가령 庚寅일생이라든가 丙申일생일 경우 처궁인 일지가 편재로서 일지편재(日支偏財)이다. 그런 남명들은 통계상 첫 부인과 백년해로를 못하고 재혼한 여자와 일생을 마치는 경우가 많다. 그러니까 본처, 즉 정처(正妻)와는 생이별하고 재혼한 편처(偏妻)와 일생을 동고동락하는 경우에 처할 수 있다. 그리고 일지편재(日支偏財)는 처(여자)나 부친과도 불미한 관계가 이루어진 사례가 적지 않다. 따라서 제왕절개로 날자를 잡을 때는 일지편재(日支偏財) 일을 상세히 살펴야 할 것이다.

그리고 일지에 편재가 없이 시주(時柱)에 편재가 있으면서 일주(日柱)와 합하면 편재까지 합신하므로 이것도 일지편재(日支偏財)와 유사한 현상들이 벌어지는 경우가 있다. 따라서 궁합을 볼 때는 상대방인 여명을 대조할 필요도 없이 첫 결혼이면 그것은 믿을 수 없고, 재혼이면 안심할 수 있다. 甲辰일 乙未일생도 일지편재(日支偏財)인데 부인이나 부친 그리고 재물 등에 하자가 발생하는 수가 있다.

비견 甲(木水)子 정인
편인 壬(水金)申 편관   癸 甲 乙 丙 丁 戊 己
신주 甲(木土)戌 편재   酉 戌 亥 子 丑 寅 卯
겁재 乙(木土)丑 정재   343조

신주 甲木이 金왕절이 시작된 申월에 태어나 실령했고, 丑戌이 형충해 형출(刑出)된 辛金과 申戌의 金方에게 극신을 당하니 신약사주다. 따라서 신약의조의 용법에 의해 水가 용신(用神)이고, 土는 병신이며, 木은 약신이다. 이 경우 인성이 용신(用神)이므로 문예방면에 출신할 형상이고, 중반 운행에 亥子의 水方운을 만나 24년 생 중 한 명은 극장을 경영했다.

한편, 처성이 丑戌로 둘이고, 그것들이 형살로 다투는 형상이며, 일지편재(日支偏財)요 일시형충(日時刑沖)⁺이다. 그리고 戌土라는 처성도 戌중 辛金이라는 아이를 낳고, 丑土라는 처성도

丑중 辛金이라는 아이를 낳아 나(신주)의 자식인 관성이 되었다. 그런데 그것들이 형살이므로 극장주인은 처첩들의 송사 때문에 밤낮으로 쉴새 없이 고통을 겪으며 골치 아픈 말년을 보냈다. 丁丑의 火土운행은 병신과 구신운이므로 그럴 수밖에.

편인 甲(木土)戌 식신
상관 己(土火)巳 비견　庚辛壬癸甲乙丙
신주 丙(火金)申 편재　午未申酉戌亥子
편인 甲(木火)午 겁재　344조

신주 丙火가 火왕절이 시작된 巳月에 태어나 득령(得令)했고, 巳午의 火方과 午戌의 火局이 신주(火)와 합세하며 두 甲木이 木生火로 생신하니 신강하다. 그러므로 신강의재의 용법에 의해 金이 용신(用神)인데 木(生)火가 많아서 왕성해진 火의 세력이 火克金으로 용신(用神)을 연속 공격하고, 巳申이 형살이기 때문에 용신(用神)무력이다. 金이 용신(用神)이니 습기 찬 丑辰의 土와 己土가 희신이고, 건조한 未戌의 土는 기신이며, 火는 병신이고, 木은 구신이며, 水는 약신이다. 따라서 운행은 癸酉와 壬申의 水金운만 조금 길할 뿐이고, 나머지는 불길한 운이다.

이 사주에서 용신(用神)인 金은 부친성이자 처성이며, 재물성인데 火의 세력에 의해 너무나 많이 공격을 받고 있기 때문에 그 방면에 하자가 발생할 형상이다. 그래서 36년 생 중 한 명은 그 부친이 네 번이나 부인을 바꾸었고 본명의 모친은 4살 때 별세해서 모외유모(母外有母)ᐩ했고, 午未의 火方(병신)운행에 어렵게 성장했다. 그 후 운행 癸酉 중 35세 戊申년에 처성인 申酉의 金이 겹쳐 15세나 연하인 부인과 겨우 결혼해서 아들만 3형제를 두었다.

그리고 일지에 역마 지살이 있어서 해외에 취업해 월급을 꼬박꼬박 모두 송금했는데 귀국해서 보니 그 부인(己丑, 丙子, 己卯, 甲戌)이 잔뜩 바람이 들어서 송금해 준 돈만 가지고 사라진 것이 아니고 전세방을 사글세(월세) 방으로 돌려 세 아들을 그곳에 방치해 놓고 전세금까지 송두리째 빼서 어디론가 사라져 버렸다. 이때가 甲戌로 木土(구신과 기신)운행이다.

그렇게 되고 말았으니 자연히 재물까지 빈털터리의 신세가 되었고, 세 아이들은 초등학교도 중퇴한 채 라면도 제 때에 못 먹어 굶주리고 있었는데 본인도 어찌할 바를 모르고 망연자실한 채 빈 하늘만 멍하니 지켜볼 뿐이었다. 몇 년이 지난 뒤 그 부인의 행방을 알게 되었는데 그 부인은 제비족들에게 돌려가면서 짓밟혀 창부처럼 되어버렸다.

그래도 그런 생활이 좋다하고 제 정신이 아니었으므로 데리고 들어올 수도 없었다. 본인의 말에 의하면 자기 아버지처럼 전철을 밟지 않으려고 부인을 애지중지하면서 섬기고 받들다시피 했는데 이 지경이 되고 말았다며 푸념처럼 혼잣말을 했다. 이렇게 부친과 처와 재물이 산산조각 난 까닭은 용신(用神)인 申金이 화세(火勢)에 의하여 많이 손상되었을 뿐만 아니라 巳申으로 형살이 이루어진 탓이다.

운행 乙亥의 木水도 乙木은 구신이고, 亥水는 용신(用神)인 金의 병사지요 巳亥가 충극하며 金이 水에 金洩水로 설기되어 불길하다. 이 사주는 일지편재(日支偏財)로 처궁에 하자가 발생할 명조요, 자식성인 水가 申중 壬水 하나뿐이지만 水金운은 배치상 金生水니 癸水가 강해져 3형제를 둔 것이다.

비견 庚(金土)辰 편인
비견 庚(金土)辰 편인　辛 壬 癸 甲 乙 丙 丁
신주 庚(金木)寅 편재　巳 午 未 申 酉 戌 亥
비견 庚(金土)辰 편인　345조

신주 庚金이 억센 괴강을 많이 만나 몹시 강해진 신강사주다. 따라서 신강의극의 용법에 의해 火가 용신(用神)이고, 木이 희신이며, 水는 병신이고, 金은 구신이다. 이 경우 寅중 丙火가 표면으로 나타나지 않아서 용신(用神)무력이고, 재성인 寅木을 많은 비겁들이 차지하려고 다투는 군겁쟁재(群劫爭財)*격이니 속성속패의 형상이며, 일지편재(日支偏財)다. 그래서 재관무의(自體造化)*격과 유사하고 재성과 인성이 합신하니 모가재취(母嫁再娶)*의 형상이다.

그러므로 40년 생 중 한 명은 초반에 있는 巳午未의 火方운에 용신(用神)운을 만나 부친이 의사였던 집안에서 성장하던 중 모친이 춤바람이 나서 가출해버린 통에 모외유모(母外有母)⁺했고, 그러자 본인도 집을 나와 연상의 여인과 결혼했다. 그 후 癸未의 水土운행에 배치상 土克水니 癸水는 약화되고, 未중 丁火와 乙木이 힘을 발휘해서 많은 재산을 모았다.

그러나 壬子(水水)년과 癸丑(水土)년에 교통사고를 일으켜 상처(喪妻)했고, 재산을 모두 날렸다. 甲木운행의 丁巳년에는 행정고시에 합격했으나 사주에 火가 허약해서 공직과는 거리가 멀었으며, 재혼 후 교통사고—일지 역마차를 甲申운행이 寅申으로 충극함—을 당하고 역학인이 되었다.

상관 丙(火火)午 식신
편인 癸(水火)巳 상관　壬 辛 庚 己 戊 丁 丙
신주 乙(木土)未 편재　辰 卯 寅 丑 子 亥 戌
정인 壬(水火)午 식신　346조

이 여조는 부친덕을 보기 어려운 乙未일에 태어났고 모친성인 인성이 癸水와 壬水로 둘이나 있어서 모외유모(母外有母)⁺의 형상이다. 부친성인 未土는 흉살인 백호대살(白虎大殺)인데 癸巳로 배치된 巳와 巳未로 火方을 이루면서 癸水와도 합하고, 壬午로 배치된 午와 午未로 합하여 壬水와도 합한다. 그러니까 未土

가 두 여자(어머니)와 합한 것이다.

그러므로 66년 생 중 한 여자는 그 아버지가 이 딸을 낳은 후 다른 여인과 살고 있다. 그러자 그녀의 모친은 이 외동딸 하나에게 모든 기대를 걸고 살아 왔다. 그런데 고등학교를 졸업한 다음 가출해버려 모친의 애간장을 다 녹였을 뿐만 아니라 허무한 여생을 살아가도록 했다. 그대가 이 경우에 처했다면 어떻겠는가?

신주 乙木이 火가 왕성한 巳월에 태어나 巳午未의 火方과 丙午의 火를 만났다. 그런데 생신해 줄 壬癸의 水가 뿌리박을 곳이 없어서 무력하기 때문에 있으나 마나하므로 본조는 木從火로 火를 따라가 火生土해서 아우생아(兒又生兒)⁺식으로 土에 순종하는 종재격(從財格)⁺이 되었다. 그래서 土火가 용신(用神)이고, 木水는 병신인데 운행이 평생 木水로만 달리니 설상가상의 인생길이다. 이외에도 61조 104조 202조 355조 358조 475조 등 등을 참조한다.

▏ 임기용배(壬騎龍背) ▏

태어난 일진이 壬辰일이고, 사주에 辰자나 寅자 가운데 어느 하나가 많이 있으면서 신주를 극하는 戊土와 형충이 없으면 이 격의 진격(眞格)으로서 귀명이다. 여기서 기(騎)자는 말 등에 올라 탄 기사(騎士)이고, 용(龍)자는 띠로 辰자이며, 배(背)자는 배신할 배자가 아닌 등 배자이다. 그러니까 이것을 한 마디로 묶으면 신주 壬水가 용의 등에 올라 탄 기사가 된 것이다.

이 격은 「고부」(古賦)에 이르기를 "辰자가 많으면 도략(韜略)의 영웅이 되어 성왕을 보필하고, 寅자가 많이 있으면 도주(陶朱)처럼 거부가 된다."고 하였다. 도략은 「육도삼략」의 준말로 치국(治國)의 전략에 관한 책이고, 도주는 월나라의 왕 구천의 신하였던 범여의 별칭으로 19년 간 세 차례에 걸쳐 천금을 벌어 거부가 된 사람이다.

```
비견 壬(水木)寅 식신
비견 壬(水木)寅 식신   癸 甲 乙 丙 丁 戊 己
신주 壬(水土)辰 편관   卯 辰 巳 午 未 申 酉
비견 壬(水木)寅 식신   347조
```

신주 壬水가 천간을 모두 차지하여 천간일기격이고, 지지에 용(띠)을 뜻하는 辰자와 함께 寅자를 많이 만나서 임기용배(壬騎龍背)격인데 이 격이 꺼리는 관성의 戊土가 없으므로 진격(眞格)이다. 이 경우 辰자 보다 寅자가 더 많기 때문에 귀보다는 부에 쏠린 명기요, 寅중에는 세 개의 丙火가 재성으로서 재물성인데 水木火가 순생하면서 청순하게 삼상격(三象格)$^+$을 이루었다. 따라서 그 세력에 순응하는 水木火는 길신이고, 土金은 병신이다. 그러므로 고인은 卯辰의 木方부터 巳午未의 火方운에 연속 거부가 되었다. 그 후 戊申운행에 寅申이 충극하여 크게 손재(損財)하고 불길했다.

비견 壬(水木)寅 식신
식신 甲(木土)辰 편관　乙 丙 丁 戊 己 庚 辛
신주 壬(水木)寅 식신　巳 午 未 申 酉 戌 亥
비견 壬(水木)寅 식신　348조

　신주 壬水가 辰자 보다 寅자를 많이 만나서 임기용배(壬騎龍背)격 가운데 부명(富命)이다. 다만 시결(詩訣)에서 말한 "壬寅일은 壬辰일에 비하여 임기용배(壬騎龍背)격으로서 미흡하다"는 말에 의해 거부에는 미치지 못한 일부(一富)의 명조다. 그리고 이 사주는 寅중 丙火로 말미암아 水生木, 木生火, 火生土해서 水木火土가 청순하게 순생하는 사상격(四象格)$^+$이다. 그리하여 대세를 움켜쥔 水木火가 용신(用神)이고, 그 세력을 거슬리는 土金은 병신이다. 따라서 전반 운행에 巳午未의 火方운을 만나 고인은 큰 부자가 되었다. 그러나 후반의 申酉戌은 金方(병신)운이므로 불길했다고 한다.

정재 丁(火水)亥 비견

비견 壬(水木)寅 식신　辛 庚 己 戊 丁 丙 乙
신주 壬(水土)辰 편관　丑 子 亥 戌 酉 申 未
식신 甲(木土)辰 편관　349조

　신주 壬水가 壬辰일에 태어나고 辰자가 두개나 있으며, 寅자가 있으므로 임기용배(壬騎龍背)격인데 戊土와 형충이 없으므로 이 격의 진격이다. 그리고 신주가 亥水와 辰중 두개의 癸水 또 월간의 壬水에게 협력을 받아 신약하지 않다. 그래도 寅亥合木과 丁壬合木 그리고 甲木등 木에게 설신되기 때문에 약간 신약하다. 따라서 신약방조(身弱幇助)의 용법에 따라 水金이 용신(用神)인데 마침 운행이 亥子丑의 水方운과 申酉戌의 金方운으로 평생을 달려 용신(用神)이 득세한다. 그러므로 고인은 승승장구하고 고관급에 이르렀다고 한다.

비견 壬(水土)辰 편관
식신 甲(木土)辰 편관　乙 丙 丁 戊 己 庚 辛
신주 壬(水土)辰 편관　巳 午 未 申 酉 戌 亥
비견 壬(水木)寅 식신　350조

　신주 壬水가 辰자를 많이 만났고, 사주에 형충이 없어서 임기용배(壬騎龍背)격의 진격이 되었기 때문에 부명(富命)이라기보다는 귀명에 속한다. 이 경우 신주가 辰중 세 개의 癸水에 통근했고, 천간에 세 개의 壬水가 있어서 신주가 약한 편은 아니다.

그래도 土에게 극신을 당하고, 木에게 설신되니 약간 신약하다. 그러므로 申酉戌의 金方운행에 생신하여 고인은 고관급에 이르렀다고 한다.

ㅈ부

〖 자녀횡액 〗

자녀가 불구자 또는 신체이상이 되거나 그리고 자녀가 중도에
서 사거(死去)하게 되는 경우로 남명과 여명을 살펴보면 다음과
같다. 먼저 남자의 사주들을 보면 여러 가지 복합적인 원인을
지니고 있지만 특이한 사실은 식상견관(食傷見官)＊이 강하게 이
루어진다는 공통점을 가졌다. 남명은 관성이 자녀성인데 그것을
강타하는 식상이 사주에 강한 세력을 구축한 채 식상이 관성을
강하게 극하는 형국들이다. 특히 식상이 가정궁인 일시를 많이
차지하고 있어도 자녀에 문제가 발생한다.

그리고 여명은 식상견인(食傷見印)인데 그것은 식상은 약한 반
면에 인성이 아주 많아 식상을 강타하기 때문이다. 특히 인성이
가정궁인 일시를 많이 차지하고 있어도 남명처럼 자녀에 문제가
발생한다. 그리고 다른 통계로는 乙신주로 丙戌이 월이나 시에
있는 경우이다. 丙火는 자녀성인데 戌土는 丙火가 이미 땅 속에
묻힌 것이나 다름없다는 입묘살이자 흉살인 백호대살(白虎大殺)

이다.

겁재 癸(水土)丑 정관
상관 乙(木木)卯 상관　甲癸壬辛庚己戊
신주 壬(水水)子 겁재　寅丑子亥戌酉申
정관 己(土金)酉 정인　351조

겁재 癸(水土)丑 정관
식신 甲(木水)子 겁재　癸壬辛庚己戊丁
신주 壬(水土)辰 편관　亥戌酉申未午巳
겁재 癸(水木)卯 상관　352조

　이상 두 사주 모두 壬신주가 식상견관(食傷見官)⁺을 강하게 구
성해서 먼저 사주는 그 아들 한 명이 벙어리였고, 뒤 사주는 아
들과 딸이 모두 벙어리였으며, 부친과 자기가 모두 첩을 얻은
내림⁺이다. 두 사주 공통점은 壬水가 신주이고, 식상인 木이 강
해져 관성인 土를 木克土로 강타하고 있는 식상견관(食傷見官)⁺
이다. 壬子일 생은 신강의설로 木이 용신(用神)이고, 金이 병신
이다. 庚戌운행에 구속당한 바 있다. 壬辰일 생은 신약방조(身弱
幫助)의 용법에 의해 金水가 용신(用神)이므로 申酉의 金운행에
양조장으로 큰돈을 벌었으나 火土운행에 한량이 되었고, 부친처
럼 소실을 보았다.

식신 己(土土)未 식신
비견 丁(火土)丑 식신　丙 乙 甲 癸 壬 辛 庚
신주 丁(火水)亥 정관　子 亥 戌 酉 申 未 午
편인 乙(木火)巳 겁재　353조

이 사주는 많은 土들이 水를 강극하여 이른바 식상견관(食傷見
官)⁺이므로 19년 생 중 한 명은 그 아들이 불구였다. 신약방조
(身弱幇助)의 용법에 의해 木火가 용신(用神)이므로 甲乙의 木
운행에 괜찮게 살다가 壬癸의 金水운행에 고전을 면하지 못했다.

상관 辛(金火)巳 편인
식신 庚(金木)寅 편관　己 戊 丁 丙 乙 甲 癸
신주 戊(土金)申 식신　丑 子 亥 戌 酉 申 未
상관 辛(金金)酉 상관　354조

이 사주는 金들이 가정궁을 차지한 채 자녀성인 木을 강타하고
있어서 식상견관(食傷見官)⁺이므로 41년 생 중 한 명은 그 아
들이 대학 재학 중 등산하다가 乙酉운행에 또 식상견관(食傷見
官)⁺되어 실종되고 말았다. 신약의조와 기후법 그리고 식상제살
(食傷制殺)⁺의 용법에 의해 火가 용신(用神)이고, 木이 희신이
며, 水는 병신이고, 金은 구신이며, 건土는 약신이다 그러므로
丁亥의 火木-寅亥合木-과 丙戌의 火-寅戌로 火局-운행에 일
반 주택을 장만했다. 그러나 乙酉운행부터 불길한 가운데 丁丑

년에 상처했다.

식신 壬(水土)辰 편인
식신 壬(水水)子 상관　癸 甲 乙 丙 丁 戊 己
신주 庚(金木)寅 편재　丑 寅 卯 辰 巳 午 未
편관 丙(火水)子 상관　355조

이 사주는 자녀성인 관성의 丙火가 子辰의 水局 등 많은 水의 세력에게 水克火로 강극－식상견관(食傷見官)＊－을 당해서 그 방면에 하자가 발생하는 형상이다. 그러므로 그는 본처에게서 낳은 두 딸이 하나는 장님이었고 다른 하나는 다리를 절단해서 둘 다 불구자였다. 그러자 일지편재(日支偏財)＊로 소실에게서 득자했다. 신약방조(身弱幫助)의 용법에 의해 土金이 용신(用神)이고, 木火는 병신이며, 水는 기신이다. 그러므로 辰土와 丁巳운행에 광산업을 일확천금해서 면장도 역임했다.

편관 丙(火金)申 비견
겁재 辛(金土)丑 정인　壬 癸 甲 乙 丙 丁 戊
신주 庚(金土)辰 편인　寅 卯 辰 巳 午 未 申
정인 己(土木)卯 정재　356조

이 사주는 이승만 정권의 자유당 시절에 억지로 3·15부정 선거를 통해서 잠시 부통령에 당선되었다가 국민들의 거센 저항 때문에 자기 장남에 의해서 온 가족 4명이 자살했던 이기붕씨가 거쳐간 명기다.

신주 庚金이 土왕절의 丑월에 태어나 태양인 丙火가 조후하므로 丑土가 해동되어 생신하고 土金이 많으니 매우 신강하다. 따라서 신강의극의 용법에 의해 火가 용신(用神)이고, 木이 희신이며, 水는 병신이고, 金은 구신이며, 土는 대체로 기신이다. 이 경우 제련용인 丁火도 있어야 하는데 그게 없고, 丙火는 나타났지만 그나마 丙辛合으로 용신반합(用神半合)⁺이므로 격하(格下)되고, 건목인 甲寅은 없는 대신에 습기 찬 卯木이 있어 대기는 못되나 卯木이 卯辰으로 木方을 이루며 卯중 乙木이 신주로 합신하니 처성(卯木)의 내조가 있는 형상이다.

그러므로 그는 평생 병치레로 골골했고, 자기는 뒷전으로 물러나 있으면서 두 아들 중 장남을 무자(無子)인 이승만 대통령에게 양자로 입양시켜 그 후광에 따른 부인의 도모(圖謀)와 아부파 그리고 해바라기파 등에 의해서 허수아비 권력자였다.

그래도 운행이 寅卯辰의 木方운과 巳午未의 火方운으로 달려 그 정도였던 것이다. 그러나 戊申의 土金운행은 火가 土에 화몰(火沒)⁺되고, 申金에 이르러 병사지이며, 65세 庚子년 庚辰월은 金水로 병신운이고, 사주와 申辰이 水局을 결성해서 火를 강타－식상견관(食傷見官)⁺－하며 유하살이 작용한다. 그래서 크게 흉했던 것이다. 이때 자녀성인 火가 미약한 가운데 金운에 병사지를 만나 자살 사건이 벌어졌다.

성명학으로 보면 이기붕(李起鵬)의 기붕은 전설상의 큰 새(大鵬)가 일어나 날아간다는 뜻이고, 이(리)는 소리 오행상 火요, 기(起)는 木이며, 붕(鵬)은 水로써 아래로부터 水生木, 木生火해서 木火가 강해진다. 그것은 사주가 요구하는 희신과 용신(用神)이다. 그래서 사주와 성명이 딱 맞아떨어지긴 했다.

식신 甲(木水)子 겁재
정재 丁(火木)卯 상관   戊 己 庚 辛 壬 癸 甲
신주 壬(水水)子 겁재   辰 巳 午 未 申 酉 戌
식신 甲(木土)辰 편관   357조

자녀성인 관성의 辰土가 子辰의 水局에 가담하여 본성인 土의 성질을 상실한 채 水局(물)에게 씻긴 형상이고, 그 辰土가 甲辰으로 배치되어 辰중 乙木 -帶木之土-과 더불어 甲木에게 木克土로 강극을 당하여 견딜 수 없는 土가 되었으며, -식상견관(食傷見官)⁺- 그곳에는 흉살인 백호대살(白虎大殺)이 도사렸다. 그러므로 24년 생 중 한 명은 그 아들이 익사(溺死)⁺했다. 木화격(化格)⁺인데 운행에 木水나 水木운이 없어 평상조이다.

편관 丙(火水)子 상관

편관 丙(火金)申 비견   丁 戊 己 庚 辛 壬 癸
신주 庚(金木)寅 편재   酉 戌 亥 子 丑 寅 卯
비견 庚(金土)辰 편인   358조

　신강의극의 용법에 의해 火가 용신(用神)인데 제련용인 丁火가 없어 격하된 명기이고, 두 丙火는 申子의 水局 위(곁)에 놓여 무력하다. 그 두 丙火는 자녀성이기 때문에 36년 생 중 한 명은 두 아들이 庚子의 金水운행에 식상견관(食傷見官)＊이 강하게 이루어져 모두 익사(溺死)＊했다. 중반에 있는 亥子丑의 水方운행은 병신운이다. 그리고 일지편재(日支偏財)＊이며, 처성인 재성의 寅木이 申(인체상 폐)과 寅申으로 충극을 당해 처가 폐병으로 오래 신음했다. 그러자 辛丑의 金土(구신과 기신)운행에 유부녀와 통정하다가 간통죄로 감옥살이도 했다. 그 후 壬寅의 木운에 겨우 안정했다.

　이번에는 여명으로서 자녀들이 횡액을 당하는 경우들을 보기로 하자. 서두에서도 말했지만 乙일 여명으로 월이나 생시에 丙戌이 있는 경우와 식상견인은 다음과 같다.

겁재 甲(木木)寅 겁재
정인 壬(水金)申 정관   辛 庚 己 戊 丁 丙 乙
신주 乙(木水)亥 정인   未 午 巳 辰 卯 寅 丑
상관 丙(火土)戌 정재   359조

정관 庚(金土)辰 정재
상관 丙(火土)戌 정재　乙甲癸壬辛庚己
신주 乙(木火)巳 상관　酉申未午巳辰卯
정인 壬(水火)午 식신　360조

甲寅생 여명은 아들이 추락사했고, 庚辰생 여명은 아들이 불구였는데 둘 다 乙일 丙戌이 있다. 甲寅생은 신강의설로 火가 용신(用神)이므로 일생 생활은 무난했고, 庚辰생은 종재격(從財格)⁺이므로 土가 용신(用神)이고, 火가 희신이다. 그래서 巳午未의 火方운행에 돈을 벌었지만 壬午운행에 관성을 강극하자 고란살이 작용해 상부했다. 본서 385조도 乙일 丙戌시 생으로 많은 자녀를 잃었다.

겁재 甲(木土)辰 정재
비견 乙(木水)亥 정인　甲癸壬辛庚己戊
신주 乙(木水)亥 정인　戌酉申未午巳辰
식신 丁(火土)丑 편재　361조

이 여명은 많은 水들이 火를 강타하는 식상견인(食傷見印)을 강하게 만났기 때문에 04년 생 중 한 여자는 딸 한 명이 소아마비였고, 또 한 명은 시력(視力)이 크게 약했다. 火는 눈(眼目)에 속하는데 水의 세력에게 강극을 당했기 때문이다. 신강의설과 진태오리(震兌五理)⁺의 난법에 의해 火가 용신(用神)인데 丙火

가 없고, 운행도 전반이 불길하다.

편재 甲(木木)寅 편재
편재 甲(木土)戌 편인 癸 壬 辛 庚 己 戊 丁
신주 庚(金土)戌 편인 酉 申 未 午 巳 辰 卯
정관 丁(火土)丑 정인 362조

이 여명은 丑중 癸水가 자녀성인데 丑戌로 형살이 되면서 손상
된 채 많은 土들에게 강타를 당해 식상견인(食傷見印)이다. 그
래서 고인은 아들 한 명이 납치 당해 사거(死去)했고, 딸 한 명
은 가출하여 실종되었다. 신강의극의 용법에 의해 火가 용신(用
神)이고, 木이 희신이므로 巳午未의 火方운행이 길운이다.

정재 甲(木金)申 겁재
편관 丁(火土)丑 편인 丙 乙 甲 癸 壬 辛 庚
신주 辛(金土)丑 편인 子 亥 戌 酉 申 未 午
편인 己(土土)丑 편인 363조

이 여조는 신강하므로 火가 용신(用神)인데 자좌설기(自坐洩
氣)로 무력하고, 더구나 운행조차 계속 습기가 가득 찬 亥子의
水方운과 申酉의 金方운으로 흘러 설상가상이다. 그래서 44년
생 중 한 여인은 그 부군이 평생 놀고 먹어 형편이 빠듯했고,
식당을 하면서 겨우 의식주를 해결했다. 한편, 신강여명(身强女
命)[※]이기 때문에 6남3여를 낳았는데 자녀성인 水가 표면에 나

타나지 않았고 土들이 판세를 좌지우지하면서 水를 극-식상견
인-하므로 6남이 모두 사거(死去)했다.

정인 庚(金木)寅 상관
식신 乙(木金)酉 편인　甲 癸 壬 辛 庚 己 戊
신주 癸(水水)亥 겁재　申 未 午 巳 辰 卯 寅
편재 丁(火火)巳 정재　364조

　이 여명은 신강의재로 火가 용신(用神)인데 巳亥와 丁癸가 각
각 충극되어 용신(用神)무력이고, 일시형충(日時刑冲)⁺이다. 그
러면서 巳중 戊土라는 남자성과 亥중 甲木이라는 자녀성도 손상
되었고, 자녀성인 木이 乙木은 乙庚合金되어 버렸으며, 寅木은
金(인성)에게 갇혀버린 채 식상견인⁺이다. 그래서 50년 생 중
한 여인은 1여1남을 두었는데 壬午운행에 교통사고로 둘 다 사
거(死去)했다. 그러자 부군이 자식을 보겠다고 첩을 보았기 때
문에 자청해서 이혼하고, 辛巳와 庚辰의 金운행은 고단하게 살
았다.

〖 자오쌍포(子午雙包) 〗

이것은 지지에 子午가 있는 것으로 그 구성은 두개의 子자가

있으면서 午자가 하나 있는 예와 두개의 午자가 있으면서 子자
가 하나 있는 예 그리고 두개의 午와 두개의 子가 있는 예 등이
다. 子는 임금님이 정사를 보기 위한 제좌(帝座)가 되고, 午는
그 제좌에 앉기 위해 임금님이 출입하는 단문(端門)이 되기 때
문에 사주에 子午쌍포격을 이루면 그 주인공이 궁궐에 출입하게
된다는 것이다. 예조를 보자.

식신 庚(金水)子 정재
비견 戊(土水)子 정재　己 庚 辛 壬 癸 甲 乙
신주 戊(土火)午 정인　丑 寅 卯 辰 巳 午 未
비견 戊(土火)午 정인　365조

신주 戊土가 추운 水왕절의 子월에 태어나 실령(失令)했기 때
문에 신약하다. 그러므로 신약의조의 용법에 의해 火를 용신(用
神)으로 삼아 火生土로 생신해서 차디찬 땅(土)을 따뜻하게 한
다. 그래서 火가 용신(用神)이니 木은 희신인데 본조는 운행이
寅卯辰의 木方운과 巳午未의 火方운으로 달려 평생 길운이 연속
된다. 게다가 자오쌍포(子午雙包)격이므로 궁궐(중앙정부)에 출
입하는 귀명이다. 그리고 군·경·율의 계통에 나아갈 수옥살과
장성이 있으며, 木方운행에 水生木, 木生火로 水火미제(未濟)가
水火기제(既濟)⁺로 결제가 이루어졌다. 그래서 철기(鐵驥) 이범
석(李範石) 장군이 국무총리를 수행했다.

비견 甲(木火)午 상관
편인 壬(水金)申 편관   癸甲乙丙丁戊己
신주 甲(木水)子 정인   酉戌亥子丑寅卯
편관 庚(金火)午 상관   366조

신주 甲木이 金왕절의 申월에 태어나 실령해서 신약사주로 출발했다. 그러나 申子가 水局을 이루어 생신하니 신약사주를 면했고, 그 과정에서 살성인 金이 인성인 水를 생조해서 水生木으로 생신하기 때문에 관록에 출신할 살인상생(殺印相生)⁺격을 이루었다. 그리고 水局을 이룬 바람에 子午의 충극을 면했으며, 午火가 金을 견제해서 배득중화(配得中和)⁺다. 게다가 두개의 午火가 임금이 출입하는 단문(端門)이 된 채 제좌(帝座)인 子水를 가운데 끼고 있어서 자오쌍포(子午雙包)격도 구성했다. 그러므로 고인은 丙丁과 戊寅의 木土운행에 사주에서 부족한 木火土를 보충하여 장·차관급에 이르렀다.

▨ 자요사격(子遙巳格) ▨

甲子일 甲子시에 태어나고 신강하면서 사주에 庚申과 辛酉가 없고, 午丑도 없으면 金운행에 대성한다는 이론이다. 甲子일 甲

子시생은 子중 癸水가 합하는 것은 戊土인데 戊土를 암장한 지지는 巳자로 그것을 암암리 맞아들여 자요사격(子遙巳格)이 된다. 그런데 거기서 끝나지 않고 巳중에는 또 丙火가 있어서 그 丙火가 합하는 것은 辛金－丙辛合－이다. 그 辛金은 정기가 酉金이니 이것이 甲木신주에 정관으로 작용한다는 것이다. 이 격은 사주에 辛酉가 전실(塡實)＋이 되어서는 안되고, 庚申은 甲木을 甲庚으로 충극하니 역시 보아서는 안되며 丑자는 子丑으로 합하니 子자가 巳자를 암요할 수 없으며, 午자 역시 子午가 충극하므로 이것도 子자가 巳자를 암요해 올 수 없기 때문에 사주에 없어야 자요사격(子遙巳格)의 진격이 된다는 이론이다.

자고천(鷓鴣天)에 甲木이 子의 자리에 있으며, 월시에 또 子자가 있으면 자요사격(子遙巳格)으로 재복이 부유하고, 관록으로도 귀해져 백의(白衣)로 출세하는데 庚申辛酉丑午가 절사(絶死)하는 운에 부귀영화를 누린다고 했다. 이상은 옛 명서에 있는 이론인데 필자는 아직 발이 넓지를 못해서 그런지 이 격의 주인공들을 만나지 못했다. 아무튼 원시 사주학을 무시할 수 없으니 고서에 나온 예조들을 여기에 소개해 보면 다음과 같다.

식신 丙(火木)寅 비견
편인 壬(水土)辰 편재　癸 甲 乙 丙 丁 戊 己
신주 甲(木水)子 정인　巳 午 未 申 酉 戌 亥
비견 甲(木水)子 정인　367조

신주 甲木이 乙木을 간직한 辰월에-帶木之土-태어나 통근했고, 寅辰의 木方과 시간의 甲木이 신주의 木에게 합세하며 세개의 水가 생신하니 신강하다. 그리고 甲子일 甲子시에 출생하여 자요사격(子遙巳格)이다. 이 격은 庚申과 辛酉의 金 그리고 丑午가 사주에 전실(塡實)⁺된 것을 가장 두려워하고 金이 용신(用神)이다. 그런데 마침 그것들이 없어 진격(眞格)이 되었다.

그리고 운행에서 申酉戌의 金方운을 30년 간 만나 고인은 그 기간에 일취월장을 거듭해서 지방 장관급에 이르렀다. 이 격은 金운을 꺼린다는 이론이 있지만 이 사주는 신강하므로 金方(살성)운이 인성인 水를 통하여 살인상생(殺印相生)⁺격을 이루면서 귀해졌다고 한다.

정재 己(土水)亥 편인
겁재 乙(木水)亥 편인　甲 癸 壬 辛 庚 己 戊
신주 甲(木水)子 정인　戌 酉 申 未 午 巳 辰
비견 甲(木水)子 정인　368조

이 사주는 명리정종에서 자요사격(子遙巳格)으로 다루면서 소개된 명조로 金운행에 水가 소통시켜 관인상생(官印相生)⁺이 되므로 고인은 申酉와 庚辛의 金운행에 승상의 지위까지 올랐다고 설명해 놓았다. 그런데 연해자평에서는 己亥년이 아니고 己巳년으로 바꾸어 자요사격(子遙巳格)으로 다루면서 역시 거기서도 金운행에 관인상생(官印相生)⁺격이 되어 승상이 되었다고 했다. 그러나 궁통보감에서는 연해자평처럼 己巳년으로 다루고 여기서는 巳중 丙火와 戊土로 용신(用神)을 삼아 巳午未의 火方운행에 승상이 되었다고 했다. 필자의 견해로는 명리정종과 궁통보감의 해설이 맞는 것으로 사료된다.

 끝으로 필자의 경험을 말해보면 甲木신주가 인성으로 강해지면 甲子시생이라도 金이나 丑午가 없지만 대개 火운에 성공하거나 안일한 것을 많이 보았고 亥子월생으로 신강해도 역시 火운이 좋은 것을 많이 보았다. 아마도 기후가 우선인 것으로 사료된다. 그리고 甲子일 甲子시로 사주에 金이 있어도 火운에 안일한 것을 많이 보았다.

상관 丁(火木)卯 겁재
상관 丁(火土)未 정재　丙 乙 甲 癸 壬 辛 庚
신주 甲(木水)子 정인　午 巳 辰 卯 寅 丑 子
비견 甲(木水)子 정인　369조

 이 사주는 甲子일 甲子시이고, 卯未의 木局이 있으니 신강의설의 용법에 따라 火가 용신(用神)이고, 木이 희신이며, 水는 병신이고, 金은 구신이며, 건조한 未戌의 土는 약신이고, 습기 찬 丑辰의 土는 기신이다. 이 경우 용신(用神)이 조상 터이자 부모 터인 연월에 있고 초반운행에 용신(用神)운을 만나 명문가(名門家)⁺에서 성장하는 형국이다.

그래서 27년 생 중 한 명은 그 부모가 무에서 유를 확실하게 창조할 때 태어나 유산이 작지 않았다. 그 후 寅卯辰의 木方운행에는 잠시 군청에 근무하다 병역미필로 퇴직 당했고, 자기는 살림을 더 넓히지 못했으나 워낙 유산이 많아 농사(한때는 과수원도 운영: 木氣가 강한 운행)를 지으며 중농으로 살았다. 木方은 희신운이지만 용신(用神)인 火가 많은 木때문에 꺼질 지경-木多火熄-이므로 발전하지 못했던 것이다.

이어 辛丑의 金土운행은 구신과 기신운이기 때문에 3남3여의 자녀들이 한결같이 부진하여 가을 서리에 낙엽 지듯 재산을 흩날렸고 몇 차례의 농약중독으로 庚子의 金水운에는 움직이는 식물인간이 되어 주위를 안타깝게 하였다. 그래도 본인은 그 사실을 깨닫지 못했다.

그는 3남1여-신주 木은 나요 卯木과 未중 乙木 그리고 시간의 甲木-중 장남으로 태어나 병역을 기피하려고 생모도 모르게 자녀가 없는 종씨 집으로 양자를 가서 문서상 모외유모(母外有母)⁺했다. 모친성인 인성이 둘이 있기 때문이고, 처성인 未와 내 몸의 子는 원진살이며, 일시에 도화살이 거듭 있어 첫 부인과는 생산 없이 이혼했을 뿐만 아니라 다음의 처와도 언쟁으로 평생을 살았다.

그런데 이상하게도 그는 사사건건 생모와 의견이 대립했을 뿐 아니라 약간 하극상의 면모를 많이 띄었다. 그래서 그런지 자기도 자기 처에게 말끝마다 말꼬리를 낚아채어 빈정거림을 당하는 하극상을 맛보았고 또 그것을 보고 성장해서 그런지 자녀들에게도 대우를 받지 못하면서 말년을 쓸쓸하게 보내다가 마지막 남은 집마저 경매에 넘어가 남의 집에서 庚辰년 戊子월 庚子일 申시에 지켜보는 사람이 한 명도 없이 사거(死去)했다. 게다가 산까지 다 팔아서 결국은 공동묘지로 갔다.

필자가 주위에 있는 사례를 많이 수집해 본 결과 하극상의 성미를 부린 자는 대개 말년이 불우했고, 아무리 가난하고 못 배웠어도 부모님을 공경한 사람은 자기 대에서 설령 발복하지 않아도 자기 자녀 중에서 성공하여 말년이 넉넉해진 사례를 많이 목격했다. 물론 이 통계는 사주학과 별개로 관찰해 본 것이다.

편관 庚(金土)戌 편재
편재 戊(土水)子 정인　己 庚 辛 壬 癸 甲 乙
신주 甲(木水)子 정인　丑 寅 卯 辰 巳 午 未
비견 甲(木水)子 정인　370조

신주 甲木이 水왕절의 子월에 태어나 세 개의 水가 생신하여 신강하다고는 하지만 대설(子월)의 나무는 찬물을 싫어하므로 건토로 水를 걸러(克)내어 나무의 뿌리를 얼지 않게 해야한다. 그리고 火로 조후(調候)해야 하므로 土火木이 길신이고, 水金은 기신이다. 그리하여 10년 생 중 한 명은 戌과 子는 수옥살이고, 운행이 길신인 寅卯辰의 木方운과 巳午未의 火方운행으로 달려 총경(대령이나 서기관급으로 4급)을 역임했다.

‖ 자좌살지(自坐殺地) ‖

 가령 乙丑으로 배치된 간지가 사주에 있다고 하면 이것을 자좌살지(自坐殺地)라고 일컫는데 그 이유는 다음과 같다. 지지인 丑중에는 辛金이 간직되어 있는데 그 辛金이 乙木을 金克木하고, 乙辛이 충극하므로 함께 배치된 乙木이 힘을 쓸 수가 없다. 그러니까 乙木이 자리(坐)하고 있는 丑土가 살지(殺地)라는 것이다. 자좌살지(自坐殺地)가 되면 그 乙木의 역할에 변화가 생긴데 그것은 사주마다 그 짜임새가 어떤 형태로 자좌살지(自坐殺地)가 되어 있는가에 따라 해석이 약간씩 달라진다. 본서의 예조들 가운데 이 단원의 용어가 간혹 나올 때 거기서 짜임새에 따라 설명하고 있다.

〖 자좌절지(自坐絶地) 〗

　예를 들어 사주에 庚寅으로 배치된 간지가 있을 경우 이것은 절태법 (일명 포태법)으로 金이 寅에서 절지가 되기 때문에 이런 용어를 쓴다. 癸巳도 역시 癸水가 巳火에서 절지이고, 甲申도 甲木이 申金이라는 곳에서 절지이므로 그렇게 배치된 간지가 있으면 그 천간이 자좌절지(自坐絶地)에 임했다고 본다. 그리고 丙子도 丙火는 子월에 절지나 다름없기 때문에 丙火가 子水라는 절지 위에 놓였다고 말한다. 그리고 庚午 역시 午火에게 직극을 당한 형상이므로 명서에 따라서는 자좌절지(自坐絶地)로 말한다.

　그래서 庚午일 같은 경우는 午중 己土가 午중 丁火를 흡수해 생신한다고 해서 절처봉생(絶處逢生)⁺이라는 말을 사용하기도 한다. 이렇게 자좌절지(自坐絶地)가 되면 천간에 있는 것들이 제대로 힘을 발휘할 수 없기 때문에 그 오행이 어느 만큼의 세력을 확보하고 있는가 그 강약을 파악하는데 도움이 된다. 운행에도 자좌절지(自坐絶地)로 배치되어 있으면 천간이 약하게 작용한다.

〖 자체조화(自體造化) 〗

이것을 고서에서는 유정견합(有情牽合)이라고 했다. 정이 생겨 끌어 합했다는 뜻인데 무엇이 어떻게 정이 생겨서 끌어와 합했다는 것인가? 가령 신주와 멀리 떨어진 연지에 酉金이 있어 용신(用神)이나 희신이 되었는데 거리 상 너무 멀어 신주의 입장에서는 애타게 되어 있는 상태일 경우 일지에 巳火가 있다면 원래는 火克金으로 그 酉金을 더 멀리 쫓아낼 것 같지만 사실은 巳酉丑으로 합해 먼데 있는 酉金을 일주 가까이 끌어온다. 이것을 유정견합이라고 한다. 그러니까 귀기불통(貴氣不通)⁺의 상태를 면한 것이다.

다른 방법이 있는데 이것은 유정견합과 비슷한 형태로 해우상봉(邂逅相逢)이다. 남북 이산가족끼리 만날 때 상봉했다느니 해우했다느니 할 때 쓰는 말인데, 이것은 가령 火가 긴히 필요한 명조로서 그 火가 없을 경우 그 火를 극하는 癸水가 있으면서 戊土가 있으면 戊癸合火되어 자체조화(自體造化)로 없었던 火를 창출해내는 것이다. 이때 필요한 火에게 癸水는 꺼리는 오행인데 그것이 戊土를 상봉(해우)해서 꺼리는 오행(忌神)이 반가운 오행(喜神)으로 변한 것이다. 그러니 얼마나 다행스런 상봉인가.

마지막으로 또 다른 방법이 있는데 이것은 여중유매(如中有媒)로서, 가령 희신－또는 용신(用神)－이 庚金일 때 그것이 연간에 있다면 월간에 乙木이 있을 경우 乙庚合金해서 월간의 乙木이 신주와 연간의 사이에 끼어 중매로 신주인 水를 생조하는 역할을 하는 것이다. 이때 乙木은 용신(用神)을 극하는 병신도 아니고 合金하니 구신-기신-도 아니기 때문에 흔히 말하는 한신(閑神)인 것이다.

이상과 같은 세 가지로 사주에 도움이 되는 경우들을 필자는 복잡하게 여려 용어로 쓰는 것보다 모두 통틀어 한마디로 자체조화(自體造化)라는 말로 표현하고 있다. 그러니까 필자의 저서에서 쓰이는 자체조화(自體造化)라는 말에는 유정견합과 해우상봉 그리고 여중유매의 뜻이 모두 포함되었다고 보아야 할 것이다.

```
정인  丁(火金)酉 상관
편관  甲(木土)辰 비견   癸 壬 辛 庚 己 戊 丁
신주  戊(土土)戌 비견   卯 寅 丑 子 亥 戌 酉
비견  戊(土火)午 정인   371조
```

신주 戊土가 土왕절의 辰월에 태어나 득령했고, 일주가 똑같은 土이며, 午戌의 火局이 생신하니 신강하다. 그러므로 신강의설의 용법에 따라 金이 용신(用神)이고, 火가 병신이며, 木은 구신이고, 水는 약신이다. 이 경우 辰酉가 合金하고, 酉戌이 金方을 이루면서 멀리 있던 酉金을 자체조화(自體造化)로 내 몸으로 끌고 들어와 용신무정이 용신유정으로 변했다.

그래서 고인은 초반에 있는 寅卯의 木方운은 구신운이므로 시도했던 일이 번번이 무위로 끝났다. 그러나 辛丑의 金土운부터 亥子丑의 水方운과 申酉戌의 金方운에 희신과 용신(用神)이 득세하여 장관급에 이르렀다.

비견 丁(火金)酉 편재
편인 乙(木火)巳 겁재　甲癸壬辛庚己戊
신주 丁(火土)丑 식신　辰卯寅丑子亥戌
겁재 丙(火火)午 비견　372조

신주 丁火가 火왕절의 巳월에 태어나 득령했고, 巳午의 火方과 丙丁의 火가 신주의 火에게 합세하니 신강하다. 그러므로 신강의재의 용법에 따라 金이 용신(用神)이고, 土는 희신이며, 火는 병신이고, 木은 구신이다. 이 경우 巳酉丑이 金局을 이루어 자체조화(自體造化)로 용신유력(用神有力)이자 재성이 튼튼해졌으므로 재명유기(財命有氣)＋격이다. 그리고 木生火, 火生土, 土生金해서 사상격(四象格)＋이며, 게다가 중반에서 庚辛의 金을 거느린 亥子丑의 水方운을 만나 고인은 장원 급제하고, 재물과 관록이 쌍전(雙全)했다.

〖 재관무의(財官無依) 〗

이것은 재성과 관성이 사주에서 의지할 곳이 없는 형상을 말한다. 남명에게 있어 재성은 재물이자 여자 또는 처에 해당되고, 관성은 명예와 자녀에 해당되는데 그것이 자기가 태어난 사주에서 의지할 수 없는 형상이 되었다면 자녀와 명예 그리고 재물과 처와의 인연이 멀다는 형국이다. 그런 짜임새의 남명은 종교에 귀의하는 경우가 많다. 만일 그렇지 않고 세상에서 버티면 재물과 가정을 파괴하는 일이 빈번해 번뇌의 삶을 사는 경우가 많다.

편인 丙(火火)午 정인
편관 甲(木火)午 정인　乙 丙 丁 戊 己 庚 辛
신주 戊(土土)戌 비견　未 申 酉 戌 亥 子 丑
편관 甲(木木)寅 편관　373조

신주 戊土가 火왕절의 午월에 태어나 寅午戌의 火局과 丙午의 火가 득세하므로 흙(신주)이 바싹 마른 신강사주다. 이 경우 관성인 木은 寅木이 火局에 가담하여 본성인 木의 성질을 상실한 채 목분비회(木焚飛灰)＋다. 그래서 두개의 甲木도 재가 되어 날아가 버리고 재성인 水는 전무하기 때문에 재관무의(自體造化)의 명기다.

게다가 학문이나 종교에 해당하는 화개(華蓋)⁺가 있으므로 66
년 생 중 한 명은 맏형이면서 3형제가 모두 스님으로 출신(出
身)했다. 이 사주는 형제성인 土가 午중 두개의 己土와 신주의
戊土, 이렇게 셋이 있어서 3형제였는데, 그 土들이 형의 명기로
보아 모두 재관무의(自體造化)가 된 내림⁺의 명기다. 참으로 그
인연이 기묘하고 신묘할 따름이다. 사리자야 ! 색즉시공(色卽是
空)이고, 공즉시색(空卽是色)이며, 생즉시사(生卽是死)이고, 사
즉시생(死卽是生)이라. 양쪽을 다 여의면 중도(中道), 즉 불도
(佛道)라는데….

편관 乙(木火)巳 정인
정재 壬(水火)午 편인　辛 庚 己 戊 丁 丙 乙
신주 己(土土)丑 비견　巳 辰 卯 寅 丑 子 亥
편관 乙(木土)丑 비견　374조

신주 己土가 火왕절의 午월에 태어나 巳午의 火方이 생신하고,
두개의 丑土가 신주의 土에게 가세하니 신강하다. 그런데 관성
인 木이 뿌리박을 곳이 없고, 재성인 水도 마찬가지이므로 재관
무의(自體造化)요, 壬水는 공망살⁺이며, 학문 및 종교에 해당하
는 화개(華蓋)⁺가 거듭 있다. 그리고 金이 나타나지 않아서 신
주에 사주의 기운이 몰린 채 급신이지(及身而止)가 되고 말았다.
그러므로 고인은 산문(山門)에 출신하여 대사(大師)가 되었다.
그래서 亥子丑의 水方운에 메마른 흙을 윤택케 하자 말년에 불

경의 종소리를 힘차게 두드려 중생의 마음을 어루만졌다.

 그러므로 수보리야, 뭇 보살과 마하살은 반드시 이와 같이 밝고 깨끗한 마음을 내어야 한다. 마땅히 색에 머물러 그 마음을 내지 말 것이며, 당연히 성향미촉법에도 머물러 그 마음을 내지 말지어다. 응당 머무는 곳이 없는 그 마음을 낼지어다. (是故須菩提 諸菩薩摩訶薩應如是生淸淨心 不應住色生心 不應住聲香味觸法生心 應无所住而生其心) 육조 혜능(慧能)이 출가하게 된 금강경(金剛經)의 법어이다.

 하기야 지구와는 달리 금성이나 목성의 일년이 각각 다르므로 장소에 따라 시간도 다르기 마련이어서 원래 시공이 없으니 머무를 곳이 없는 마음임에 틀림없다. 그런데도 우리는 시간과 장소가 항상 고정되어 있는 것처럼 착각해서 현상에 집착하며 살아간다.

편인 戊(土水)子 상관
편관 丙(火土)辰 편인 乙 甲 癸 壬 辛 庚 己
신주 庚(金土)辰 편인 卯 寅 丑 子 亥 戌 酉
편재 甲(木金)申 비견 375조

 이 여조는 신주 庚金이 土왕절의 辰월에 태어나 득기했고, 세 개의 土와 억센 괴강이 생신하며 時支의 申金이 신주의 金에게 가세하니 신강하다. 그런데 부군성인 관성의 丙火가 뿌리박을 지지가 없고, 재성인 甲木도 자좌살지(自坐殺地)⁺이기 때문에 재성과 관성이 의지할 곳이 없는 재관무의(自體造化)격이다. 게다가 화개성⁺인 辰土가 거듭 있고 가정궁에 텅 빈 공망살⁺이 있다.

그래서 48년 생 중 한 여인은 甲寅운행에 寅申이 충극해서 번민하다가 승도(僧徒)로 출신했다. 그래도 신강의설의 용법에 따라 水가 용신(用神)이고, 중반운행에 亥子丑의 水方운을 만나 <아제 아제 바라아제 바라승아제 보리사바하> (가자 가자 저 언덕 진리의 세계로)로 성불할 수 있다. 水方운행은 용신(用神)운이지만 남자성인 火를 꺼버린다.

편재 庚(金火)午 겁재
편관 壬(水火)午 겁재　辛 庚 己 戊 丁 乙
신주 丙(火火)午 겁재　巳 辰 卯 寅 丑 子 亥
정관 癸(水火)巳 비견　376조

이 여조는 신주 丙火가 火왕절의 午월에 태어나 득령했고, 지지에서 巳午의 火方이 신주의 火에게 합세하므로 火의 세력이 충천하는 신강사주다. 그 바람에 두개의 부군성인 水는 발붙일 곳이 없어 말라버렸고 재물성인 金도 녹아버렸다. 그래서 金水로 용신(用神)을 정하기가 매우 어려운 형상이다. 이 경우 관성

은 있으나 마나하고, 비겁인 火는 충천하여 군겁쟁관(群劫爭官)
✝이므로 이녀동부(二女同夫)✝의 형국이니 타고난 궁합이 엉망
이다.

그러므로 30년 생 중 한 여인은 딸 한 명은 낳고 남편이 나가
서 첩하고 살아 이녀동부(二女同夫)✝가 되었다. 그 후 십 여 년
동안 폐병과 심장병 때문에 고생했고, 부친은 다섯 살 때 사거
(死去)했다. 폐와 부친에 속한 庚金(재성)이 녹았기 때문이다.
이어 충천하는 火는 빨간 불이 너울너울 춤추는 형상이기 때문
에 무당이 되었고, 사십 오 세에 가정궁에 있는 癸水(부군성)로
말미암아 십칠 년이나 연하이자 무당 뒷바라지하는 남자의 첩이
되어 또 딸을 낳았다.

癸水는 연하의 남자요 그 곁에 있는 巳중 戊土는 내(丙火)가
생산한 자식이자 癸水의 자녀(관성)다. 이렇게 용신(用神)을 정
하기가 난처한데 寅卯辰의 木方운행과 丁丙의 火가 계속 火를
부추겨 金水가 맥을 못쓰자 험난한 인생 역정을 밟은 것이다.

이밖에 「이야기 사주학」 150쪽과 153쪽에 자세히 설명된 김수
환 추기경과 탄허 대종사의 명조들도 재관무의(自體造化) 격들이
니 참조해본다.

〖 재관쌍미(財官雙美) 〗

재성과 관성이 한 곳에 다 모여있다는 뜻이다. 가령 壬午일과 癸巳일의 경우를 보면 다음과 같다. 壬午로 배치된 가운데 午중에는 丁火와 己土가 있는데 壬水의 입장에서 보면 丁火는 정재이고, 己土는 정관이다. 이것은 壬午일에 재성과 관성이 다 모여있는 것이다. 이 壬午일은 또 그 속에 있는 재성, 즉 丁火와 壬水가 丁壬으로 합한다고 해서 천합지(天合地)⁺라고도 한다.

그리고 癸巳일은 巳중에 戊土와 巳火가 있는데 土는 정관이고, 火는 정재로 한 곳에 다 모여 있는 것이고, 이것도 戊癸로 합하여 천합지(天合地)⁺라고 한다. 이렇게 천합지(天合地)⁺가 되면 그 합한 것을 신주가 다른 것에 양보하지 않고 자기가 취하고 있다고 해서 壬午일은 재성, 즉 재물을 타인에게 빼앗기지 않는다고 하며, 癸巳일은 관성, 즉 관록을 역시 타인에게 빼앗기지 않는다고 한다. 그래서 천합지(天合地)⁺라고 한다.

보서(補書)에서는 이것을 녹마동향(祿馬同鄉)이라고도 말했는데 여기서 녹(祿)은 관성, 즉 관록을 말하고, 마(馬)는 재성을 말한다. 재관쌍미(財官雙美)이든 녹마동행이든 이것도 어디까지나 사주가 잘 짜이고, 쓰임새가 잘 된 사주에 한해서 그런 말이 통하지 그렇지 못했을 경우는 보고도 못 먹는 떡이다.

그리고 또 하나 덧붙여 말하면 壬일 午월생과 癸일 巳월생도 역시 재관쌍미(財官雙美)격으로 고서에서는 많이 다루고 있다. 그런데 이 재관을 한 쌍으로 아름답게 쓸려면 이 또한 물론 신강해야한다는 사실이다. 그렇게 되려면 壬癸水라는 신주가 金水월에 태어나는 것이 신강하기 쉽다. 그러나 만약 巳午월에 태어났어도 金水가 많으면 巳午월의 재성과 관성도 사용할 수 있다. 하지만 巳午월에 출생했으면 신약하게 될 공산이 크므로 재관을 한 쌍으로 사용하기가 어려울 때가 많은 것이다. 아무튼 사주 상황에 따라 재관쌍미(財官雙美)가 작동할 수 있는지 없는지를 판별해야 한다.

상관 甲(木金)申 정인
비견 癸(水金)酉 편인　甲 乙 丙 丁 戊 己 庚
신주 癸(水火)巳 정재　戌 亥 子 丑 寅 卯 辰
상관 甲(木木)寅 상관　377조

신주 癸水가 金왕절의 酉월에 태어나 득기했고, 申酉의 金方이 생신하며 월간에 癸水가 신주의 水를 도우니 신강하다. 그러므로 신강의극의 용법에 따라 土가 용신(用神)이고, 火가 희신이며, 木은 병신이고, 水는 구신이다. 이 경우 癸巳일생이므로 재관쌍미(財官雙美)격이다. 따라서 고인은 거부가 되었는데 병신인 식상(木)이 있어서 명예는 없었다고 한다.

상관 乙(木金)酉 정인
비견 壬(水火)午 정재　辛 庚 己 戊 丁 丙 乙
신주 壬(水火)午 정재　巳 辰 卯 寅 丑 子 亥
겁재 癸(水木)卯 상관　378조

　신주 壬水가 火왕절의 午월에 태어나 실령했고, 또 午火가 일
지에 있으며, 두개의 木에게 설신되니 신약사주다. 이 경우 재성
과 식상으로 신약해졌기 때문에 水로 火를 그리고 金으로 木을
각각 제압해야 한다. 그러므로 신약방조(身弱幇助)의 용법에 따
라 水金이 용신(用神)이고, 土火는 병신이며, 木은 기신이다. 이
사주는 午월 壬일 생이면서 壬午일에 태어나 재관쌍미(財官雙
美)내지 녹마동향이다.

　따라서 고인은 辛巳의 金-巳酉로 金局-운행과 庚辰의 金土운
행에 탄탄대로를 달렸으나, 戊寅운행에 寅午로 火局을 이루어
金을 공격하고 水를 마르게 하므로 처와 재물에 관련되어 옥중
-수옥살-에서 사거(死去)했다. 火局운행은 재성운으로써 병신
이니 처와 재물로 관재를 당했다.

편인 辛(金金)酉 편인
편관 己(土水)亥 겁재　戊 丁 丙 乙 甲 癸 壬
신주 癸(水火)巳 정재　戌 酉 申 未 午 巳 辰

정인 庚(金金)申 정인 379조

신주 癸水가 水왕절의 亥월에 태어나 득령했고, 네 개의 金이
金生水로 생신하니 신강하다. 그러므로 신강의재의 용법에 의해
火가 용신(用神)이고, 木이 희신이며, 水는 병신이고, 金이 구신
이며, 건조한 未戌의 土는 약신이고, 습기 찬 丑辰의 土는 기신
이다. 이 사주는 癸水가 巳일에 출생하여 재관쌍미(財官雙美) 격
인데 이 격이 좋아하는 동절(冬節)의 亥월에 태어나고 신강사주
이기 때문에 안성맞춤이며, 癸巳일은 천합지(天合地)다. 따라서
21년 생 중 한 명은 甲乙의 희신을 대동한 巳午未의 火方(용신)
운행에 국내 굴지의 관광회사—역마와 지살이 충극—를 거느린
거부가 되었다.

‖ 재관합신(財官合身) ‖

재성과 관성이 일주와 합하는 것을 말한다. 이런 명조는 재정
(財政)을 담당하는 관리직에 종사하는 예가 많다. 물론 용신(用
神)도 힘이 있고 초반운이나 중반운도 그런 대로 괜찮아야 한다.
그러면 재정관리로 금융계나 무역에 관련된 일을 하게 되는 경
우가 많은 것이다. 한편, 남명이 재관합신(財官合身)하면 결혼

전에 동거녀와 아이를 생산하는 통계도 있다고 한다. 이른바 총 각득자(總角得子)이다.

편재 癸(水水)亥 정재
편재 癸(水水)亥 정재　壬辛庚己戊丁丙
신주 己(土水)亥 정재　戌酉申未午巳辰
정인 丙(火木)寅 정관　380조

신주 己土가 水왕절의 亥月⁺에 태어나 실령했고, 亥중 甲木과 寅亥合木 등이 木克土로 극신하니 신약사주다. 따라서 신약의조 의 용법에 의해 火가 용신(用神)이고, 木이 희신이며, 水는 병신 이고, 金은 구신이며, 土는 약신이다. 이 경우 丙寅時에 출생하 여 寅중 丙火에 뿌리박고 태양인 丙火가 불끈 솟아올라 입동에 태어난 흙을 따뜻하게 데워주기 때문에 기통찬 생시이다.

그리고 희신과 용신유력(用神有力)이며, 관성인 木이 인성인 火를 생조하고, 火生土로 생신하니 관인상생(官印相生)⁺격이다. 그리고 재물성인 水가 寅亥로 합하여 재성과 관성이 합신해 용 신(用神)을 도우면서 水生木, 木生火, 火生土로 사상격(四象格)⁺ 을 청순하게 이루었다.

그러므로 23년 생 중 한 명은 금융계─재관합신(財官合身)─로 나아가 후반에 있는 巳午未의 火方운행에 고관차를 타는 고위급에 이르렀고 애처가였다. 한편, 표면에 없으나 형제성인 寅중 戊土가 범람하는 水의 세력에게 휩쓸렸고 木의 세력에게 강극을 당해서 형제가 물에 실종된 채 익사(溺死)[+]했다. 그리고 寅亥가 합신하자 모친성인 丙火도 합신하므로 모친을 모시고 살았는데 水의 세력에게 강극 당했기 때문에 질병이 많으셨다.

정인 壬(水金)申 정관
편인 癸(水木)卯 비견   甲 乙 丙 丁 戊 己 庚
신주 乙(木土)未 편재   辰 巳 午 未 申 酉 戌
편관 辛(金火)巳 상관   381조

신주 乙木이 간직된 木왕절의 卯월에 태어나 득령해서 신강사주로 출발했으나 巳未의 火方에 설신되고, 金에게 극신을 당하니 신약사주로 변했다. 따라서 신약방조(身弱幇助)의 용법에 의해 水木이 용신(用神)이고, 金土는 병신이며, 火는 설신시키니 기신이다.

그러므로 32년 생 중 한 명은 甲辰운행에 집안이 번창해서 금이야 옥이야 성장했다. 그러나 乙巳의 巳火운행에 水가 절지에 이르러 모친과 사별하고, 己丑년에는 부친이나 애인에게 이상이 생기는 乙未일이 丑未로 상충해 부친이 사업에 대패했다. 그리고 丙午의 火운에 재관합신(財官合身)-巳未합신으로 未土 재성과 辛金이 합신-하여 은행에 취업해 재성인 未를 생조하여 결혼했다. 그러나 庚子년에는 이혼했다. 후반에 있는 金운행도 불길하다.

정관 戊(土土)戌 정관
식신 乙(木土)丑 편관　丙 丁 戊 己 庚 辛 壬
신주 癸(水火)巳 정재　寅 卯 辰 巳 午 未 申
편인 辛(金金)酉 편인　382조

　신주 癸水가 土왕절의 丑월에 태어나 많은 土들에게 극신을 당해 신약하다. 따라서 신약방조(身弱幇助)의 용법에 의해 水金이 용신(用神)이고, 土火는 병신이며, 木은 기신이다. 이 경우 巳酉丑이 金局을 이루어 용신유력(用神有力)인데 전반의 운행이 火土이다.

　그러므로 58년 생 중 한 명은 巳丑으로 합하면서 재관합신(財官合身)이므로 25살에 은행으로 들어가 壬午(45세)년 현재 평사원으로 근무중이다. 그는 아무리 노력해도 진급이 안되어 지금 다른 공부를 하고 있다고 한다. 庚辛의 金운행이 좀 나으나 午火가 있어 아주 좋아질 수는 없을 것이고, 말년은 안정적이리라. 현재 딸만 둘을 두었다.

　이 외에 甲申년 辛未월 丙申일 戊子시생과 戊子년 甲子월 戊子일 丙辰시생들 남명은 재관합신(財官合身)으로 총각득자했다.

〖 재다신약(財多身弱) 〗

사주에 재성이 많으면 필연적으로 신약하게 된다. 비유가 어떨지 모르겠으나 가령 남명의 경우 재성은 여자, 즉 처성이기도 한데 주위에 여자들이 많으면 아무래도 몸이 약해질 수밖에 없다. 옛날 군왕들이 많은 궁녀들을 거느리다가 몸이 약해진 바람에 수명이 거의 짧았던 것을 상기하면 이 용어를 이해하기 쉬울 것이다. 그리고 재성은 재물에도 해당되는데 신체가 약한 사람은 활동이 약할 수밖에 없으므로 재물을 벌어들이기가 어렵기 때문에 이것도 재다신약(財多身弱)과 마찬가지이다. 따라서 재다신약(財多身弱) 사주가 다시 재운을 만나면 몸이 더욱 약해져서 치료를 받기 위해 돈을 더 써야하는 것처럼 돈을 벌어들이기는커녕 오히려 재물을 잃게 된다.

그러므로 재다신약(財多身弱) 사주는 무엇보다 먼저 몸이 강해져야 하기 때문에 신주와 같은 오행, 즉 비겁이 필요하다. 그래서 이런 사주는 인성으로 용신(用神)을 삼지 않고 비겁부터 사용한다. 그래서 비겁운을 만나면 마치 몸이 튼튼해진 것 같아 재물을 벌어들일 수 있는 것이다. 이것을 어떤 명서에서는 득비이재(得比理財)라는 용어를 쓰고 있다. 이것은 비겁(比)을 얻어(得) 재성(財)을 다스린다(理)는 뜻이다. 여기서 비겁은 형제자매나 사회적으로 친구들에 속하므로 사업을 할 때는 그런 사람들과 동업을 하거나 합자를 하면 좋은 결과를 얻을 수 있다. 다시 말해 재다신약(財多身弱) 사주에 한해서 그렇다는 말이다. 그러나 군겁쟁재(群劫爭財)⁺는 재다신약(財多身弱)과 정반대이기 때문에 그런 사람들과 동업이나 합자해서 사업을 했다가는 크게 손해만 볼뿐이다.

그러므로 재다신약(財多身弱) 사주는 비겁이 용신(用神)이고, 인성은 그 비겁을 뒷받침하는 희신이 되는 것이다. 왜 인성을 용신(用神)으로 먼저 사용하지 않는가? 그것은 탐재파인(貪財破印)⁺이 되기 때문이다. 탐재파인(貪財破印)⁺에 대해서는 그 단원을 참고한다.

식신 壬(水木)寅 편재
편재 甲(木土)辰 편인　乙 丙 丁 戊 己 庚 辛
신주 庚(金木)寅 편재　巳 午 未 申 酉 戌 亥
편인 戊(土木)寅 편재　383조

신주 庚金이 土(養金之土이자 帶木之土)왕절의 辰월에 태어나 생신하니 득기했는데 뜻밖에 재성인 木이 매우 강해 재다신약 (財多身弱)하다. 따라서 신약의방의 용법에 의해 金이 용신(用神)이고, 습토가 희신이며, 火는 병신이고, 木은 구신이며, 水는 약신이다. 이 경우 辰土가 대목지토(帶木之土)⁺도 되면서 寅辰의 木方에 가담해 木方에게 오히려 역극(逆克)을 당하므로 戊土

마저 허탈해졌기 때문에 평상조이다.

그러므로 62년 생 중 한 명은 부친이 월남해서 巳午未의 火方 운행에 어렵게 살았고 본인도 재수를 반복한 나머지 겨우 전문 대를 나왔다. 그리고 부인(丙午, 辛丑, 丁丑, 辛亥)과의 사이에 2남1여를 두었으며, 그냥 놀 수가 없어서 이것저것 해보다가 결국에는 己卯(38세)년 현재 빚더미에 올라앉고 말았다.

그 과정에서 부인과 이혼했다가 몇 개월 뒤 다시 합쳤는데 문서상은 계속 이혼 상태이다. 그러나 申金운행부터 서서히 안정을 회복하고, 己酉에 辰酉合金하니 평상조로서 약간 안정되리라. 용신(用神)운인데 왜 약간만 안정된다고 말하는가. 그것은 용신(用神)이 무력하기 때문이다. 용신(用神)이 강해야 용신(用神)운을 만날 때 매우 크게 발전한다고 말할 수 있다.

편인 壬(水木)寅 비견
정인 癸(水土)丑 정재　甲 乙 丙 丁 戊 己 庚
신주 甲(木土)戌 편재　寅 卯 辰 巳 午 未 申
편재 戊(土土)辰 편재　384조

신주 甲木이 土왕절의 丑월에 태어나 네 개의 土, 즉 재성들이 많아 재다신약(財多身弱)이다. 따라서 신약의방의 용법에 의해 木이 용신(用神)이고, 水가 희신이며, 土는 신주지병(身主之病)

이고, 火는 구신이며, 金은 용신지병이다. 이때 재다신약(財多身弱)을 기후격으로 보면 큰 오류를 범한다.

 그러므로 63년 생 중 한 명은 寅卯운행에 부친이 해양양식업으로 괜찮게 살았으나 丙辰의 火土운부터는 되는 일이 전혀 없고, 丁巳운행에는 土(재성으로 재물)를 조장하여 사업이 거덜 났으며, 그나마 辰戌로 일시형충(日時刑冲)[*]이기 때문에 庚辰년 현재 미혼이다. 그는 너무 어렵게 되어 매제 집에 의탁해 있는 중인데 나머지 운행도 연속 불길하다.

정관 庚(金土)戌 정재
식신 丁(火水)亥 정인　丙 乙 甲 癸 壬 辛 庚
신주 乙(木土)未 편재　戌 酉 申 未 午 巳 辰
상관 丙(火土)戌 정재　385조

 이 여조는 신주 乙木이 水왕절의 亥월에 태어나 水生木으로 생신하니 신강사주로 출발했으나 뜻밖에 火土가 왕성해져 土들이 강해진 바람에 재다신약(財多身弱)으로 변했다. 이렇게 재성인 土들 때문에 신약해졌으니 그것들을 먼저 제압해야 하므로 신약의방의 용법에 의해 木이 용신(用神)이고, 水가 희신이며, 金은 병신이고, 土는 신주의 병이며, 火는 한신이다.

 이 경우 운행에 水木이나 木水가 없어서 고단한 인생길이요.

未戌이 일시형충(日時刑冲)✝이고, 신약사주로 자녀성인 火가 강하면서 또 중반에 巳午未의 火方운을 만나 그 자녀들을 거느리기가 어려운 형국이다. 그러므로 10년 생 중 한 여인은 17세에 결혼해 2남5의 자녀를 두었는데 그 가운데 다섯 명이나 실패- 乙일 丙戌-했고, 丙申년 47세 때는 상부까지 했다. 이렇게 木신주가 재성이 강할 경우는 기후법으로 용신(用神)을 삼지 않는다.

편재 戊(土土)辰 편재
편재 戊(土火)午 상관　己 庚 辛 壬 癸 甲 乙
신주 甲(木木)寅 비견　未 申 酉 戌 亥 子 丑
편재 戊(土土)辰 편재　　386조

신주 甲木이 설신되는 火왕절의 午월에 태어나 실령했고, 寅午의 火局이 많은 土들을 火生土하므로 재다신약(財多身弱)이다. 이 경우 癸水라는 물을 간직한 辰土와 寅辰이 木方을 이루니 종격은 안되고, 신약의방의 용법에 의해 木이 용신(用神)이고, 水가 희신이며, 金은 병신이고, 土는 대체로 구신이며, 火는 기신이다. 운행이 처음부터 壬戌까지 계속 불리하다.

그러므로 88년 생 중 한 명은 육 삭 동이에 체중 미달로 태어났다. 그런데 그는 엄마 뱃속에 있을 때 어머니의 어린 조카가 오랜만에 만나자 반가워 품으로 달려든 바람에 잉태된 배를 머리로 들이받아 그때 뱃속에서 충격을 받고 세상에 나오지 않으면 안될 운명에 처했다. 그래서 병원의 진찰실에서 진찰 중 지금 낳아야겠다는 말을 듣고 얼른 분만실로 옮기려고 바삐 가던 중 세상에 나와 버려 또 복도에 머리를 박고 태어났다.

그 바람에 뇌성마비가 되어 壬午(14세)년 현재 사지가 마비된 채 대소변을 받아내는 삶을 살고 있는 중이다. 그런 중에서도 말의 표현은 아주 서툴지만 알아듣기는 제대로 다 알아들어 표정의 변화는 보통 사람과 하등의 차이도 없다는 것이다. 庚申운행에 寅申이 충극하면 용신(用神)인 寅木이 상해서 대단히 위험할 것으로 여겨진다. 위로 형이 있었지만 교통사고로 즉사했다. 辰중 乙木들이 백호대살(白虎大殺)이다.

그리고 辛酉의 金운행도 버티기 어려우리라. 이 사주도 木신주로 재다신약(財多身弱)하기 때문에 기후법에 의하지 않았다. 본조를 비롯하여 바로 위 사주를 보면 木신주가 재다신약(財多身弱)할 경우는 진태오리(震兌五理)⁺의 난법이나 윤법을 사용하지 않는 것이다.

사주학의 단점 가운데 하나는 이런 사주가 뇌성마비에 걸린다는 것을 알아낼 수 없다는 것이다. 다시 말해 어떤 특이한 질병에 걸린다는 것을 꼭 집어낼 수 없다는 말이다. 물론 약간은 현재 알아보는 통계가 전혀 없는 것은 아니지만 그것은 극히 적은 범위뿐이다. 만약 현대 사주학이 더 발전하면 어떨지 모르겠다.

이로 보아 사주학은 앞으로도 연구할 분야가 많다고 보아야 할 것이다. 이 외에 본서 139조도 참고해 본다.

〖 재명유기(財命有氣) 〗

재성과 신명(身命), 즉 신주가 모두 기운이 있다는 말이다. 다시 말해 신주도 튼튼하고, 재성도 짱짱한 경우에 한해서 쓰는 말이다. 그렇게 짜인 명조는 대개 거부나 재벌이 되기가 쉬운데 그것도 운행이 잘 맞아 떨어져야 하는 것이고, 그렇지 못할 경우는 허울만 그런 격에 불과한 것이다.

그럼 맞아떨어질 수 있는 운행은 어떤 것인가. 재성과 신주가 다같이 강하지만 그런 중에도 어느 한쪽이 약간 강하고, 반면에 다른 한쪽이 약간 약하게 되어 있기 마련이다. 그러니까 신주가 약간 약하면 신주를 돕는 운행에 강했던 재성과 균형이 이루어져 대성공을 거두고, 만약 신주에 비해서 재성이 약간 약할 경우는 그 약한 재성을 돕는 운행을 만날 때 역시 크게 성공하는 것이다.

정인 丙(火金)申 상관

정재 壬(水土)辰 겁재 癸甲乙丙丁戊己
신주 己(土土)未 비견 巳午未申酉戌亥
겁재 戊(土土)辰 겁재 387조

  신주 己土가 土왕절의 辰월에 태어나 득령했고, 火生土로 土가
많아 신강하다. 따라서 신강의재의 용법에 의해 水가 용신(用神)
이고, 金이 희신이며, 土는 병신이고, 火는 구신이며, 木은 약신
이다. 이 경우 壬水가 申辰의 水局에 뿌리박고 나타나 용신유력
(用神有力)이다.

  그러므로 56년 생 중 한 명은 巳午未의 火方운행에 3남매 가
운데 독자로 태어나 양친을 일찍 잃고 고생하며 성장했다. 그
후 부인(丙申, 庚子, 乙丑, 丙戌)과 형제를 두고 申酉의 金方운
행에 식상생재가 잘 이루어져 국내 굴지의 조선소에서 기술을
익혀 독립해 납품 업으로 庚辰년 선박회사를 가져 현재 약 50억
재산가이다. 金方운행은 재명유기(財命有氣) 격이 강하게 작용했
다.

편재 辛(金土)丑 식신
비견 丁(火金)酉 편재 丙乙甲癸壬辛庚
신주 丁(火火)巳 겁재 申未午巳辰卯寅
비견 丁(火土)未 식신 388조

신주 丁火가 金왕절의 酉월에 태어나 실령했고, 丑土에게 火洩土로 설신되며 巳酉丑의 金局인 재성이 강해서 재다신약(財多身弱)＊ 사주다. 그러므로 신약의방의 용법에 의해 火가 용신(用神)인데 본조는 일시에서 巳午未의 火方이 이루어져 午火의 건록을 협록(夾祿)－공록격(拱祿格)＊－했다.

따라서 火의 세력도 만만치 않으므로 용신(用神)이자 신명(身命)인 신주와 재성이 재명유기(財命有氣)격을 형성해서 부격(富格)이다. 게다가 火가 용신(用神)이니 木은 희신인데 운행이 평생 巳午未의 火方운과 寅卯辰의 木方운으로 달려 고인은 일확천금하고 거부가 되었다. 본조는 협록된 午火는 황은대사다. 재물 사용법만 잘 터득하면 아름다운 명기다.

정관 乙(木火)巳 편인
정재 癸(水土)未 겁재　壬 辛 庚 己 戊 丁 丙
신주 戊(土水)子 정재　午 巳 辰 卯 寅 丑 子
정재 癸(水土)丑 겁재　389조

신주 戊土가 土왕절의 未월에 태어나 득령했고, 巳未의 火方이 생신하며 丑土가 신주의 土에게 가세하므로 신강하다. 따라서 신강의재의 용법에 의해 水가 용신(用神)이고, 金이 희신이며, 土는 병신이고, 火는 구신이며, 木은 기신이다. 이 경우 癸水가 子水와 丑중 癸水에 뿌리박고 둘이나 나타났는데 巳丑이 자체조화(自體造化)⁺로 희신인 金局을 결성해서 金生水하므로 용신유력(用神有力)이다.

그렇게 유력해진 水는 재물성인 재성으로서 튼튼하고, 신주도 강하기 때문에 재명유기(財命有氣)격이 이루어진 부격이다. 그러므로 고인은 辛巳의 金운행부터 재물을 모으더니 庚辰의 金土운행 10년에 일약 큰 부자로 등장했다. 그러나 戊己의 土(병신)와 寅卯의 木(기신)운에 재물이 추풍낙엽처럼 흩날려 빈손이 된 채 甲辰년에 빈손으로 왔다가 빈손으로 갔다. 이 외에 35조 45조 106조 139조 156조 304조 등등을 참조한다.

〖 재인불애(財印不碍) 〗

연해자평 시로 된 비결-詩訣-에 이런 말이 나온다. 木이 水를 많이 만나면 수다목부(水多木浮)⁺할 염려가 있는데 木이 뿌리가 없이 金운을 걸으면 金生水로 水가 더 강해져 완전히 말 그대로 수다목부(水多木浮)⁺가 될 위험이 있다. 이때 운행에서 만약 재성운인 土를 만나면 土克水로 水를 제압해 木이 물 위에 떠내려 가지 않으니 흉이 오히려 길로 변해 매우 귀해질 수 있다고 했다. 목봉임계수표류(木逢壬癸水漂流) 신주무근강도추(身主無根

岡度秋）　세운약봉재왕운(歲運若逢財旺運)　반흉위길우왕후(反凶 爲吉遇王侯)

　여기서 귀하게 될 수 있는 土는 신주의 입장에서 보면 재성이 고, 水들은 인성이다. 원래 재성과 인성은 서로 土克水로 상극하 기 때문에 대적의 관계에 있지만 서두와 같은 경우는 상극이 되 기보다는 도리어 재성이 더 반가운 존재가 된다. 그래서 재인불 애(財印不碍), 즉 재성과 인성이 서로 구애받지 않는다는 것이 니 이것은 서로 상극하는 것이 오히려 신주의 입장에서 보면 조 화로운 것이다. 탐재파인(貪財破印)＊ 편과 비교해 보면 더욱 분 명하게 이해할 것이다.

편재　己(土水)亥 정인
비견　乙(木水)亥 정인　甲癸壬辛庚己戊
신주　乙(木土)丑 편재　戌酉申未午巳辰
상관　丙(火土)戌 정재　390조

　신주 乙木이 水왕절의 亥월생＊이고, 亥중 두 개의 甲木과 월간 의 乙木이 신주의 木에게 합세하니 木이 떠내려갈 염려가 없는 신강사주다. 그러므로 신강의재의 용법에 따라 土가 용신(用神) 이고, 火가 희신이며, 木은 병신이고, 水는 구신이다. 일종에 재 인불애(財印不碍)의 용법이다. 따라서 고인은 전반에 있는 壬癸 의 水운에 고생이 많았으나 巳午未의 火方운에 희신운을 만나 일취월장했다.

그리하여 己巳와 戊辰의 火土운에 만석(萬石)을 쌓아 둘 곳이 없을 정도로 거부가 되었다. 말년의 火土운은 용신(用神)과 희신운이자 입동에 태어난 나무(신주)를 火가 따뜻하게 기후하고, 土가 찬물을 여과(剋)시켜 나무의 뿌리를 보호해 주므로 금옥이 만당했던 것이다.

이렇게 재성을 사용하여 水들을 제압하는 경우를 군뢰신생(君賴臣生)이라고 말한다. 여기서 군(君)은 임금으로 신주이고, 신하는 재성인데 신주가 신하인 재성을 사용하여 살(生)아 난다는 뜻이다. 말하자면 인성이 너무 많은 사주는 그 인성을 극하는 재성을 사용하여 신주가 살아가는 것이다. 이밖에 98조 170조 477조 등을 참조한다.

〖 재자약살(財滋弱殺) 〗

이 용어는 신강사주에 한해서 쓰는 말로 신주가 강하면 대개 관성으로 용신(用神)을 삼는데 만약 관성이 약하면 그것을 재성으로 생조해야 관성이 더욱 힘을 얻어 그 힘이 강해진다. 그래야 관성으로서 권위를 자랑할 수 있다. 그러므로 신약사주에는 재자약살(財滋弱殺)이라는 용어를 사용하지 않는다. 가령 木신주가 매우 강해서 관성인 金을 사용할 때 金이 약하면 재성인 土로 그 약한 金을 土生金해야 金으로서 확실하게 작용하는 것이다. 일종의 명관과마(明官跨馬)✝와 유사하니 그 단원을 다시 점검해 보면 더욱 잘 이해될 것이다.

```
비견  乙(木木)卯 비견
편재  己(土木)卯 비견   庚辛壬癸甲乙丙
신주  乙(木木)卯 비견   辰巳午未申酉戌
정관  庚(金土)辰 정재   391조
```

이 여조는 신주 乙木이 木왕절의 卯월에 태어나 다섯 개의 木들이 신주의 木에게 합세하므로 신강하다. 따라서 신강의극의 용법에 의하여 金이 용신(用神)이고, 土가 희신이며, 火는 병신이고, 木은 구신이며, 水는 약신이다. 이 경우 용신(用神)인 庚金의 관성을 희신인 辰土가 土生金으로 생조하여 명관과마(明官跨馬)✝격-재자약살(財滋弱殺)-을 구성했다.

게다가 그것이 내 몸과 乙庚으로 합신하여 타고난 궁합이 원만하고, 가정궁인 일시가 천간끼리도 합하고, 지지끼리도 卯辰으로 합하여 천지덕합(天地德合)✝이므로 흡족한 형상이다. 그뿐 아니라 운행도 申酉戌의 金方운을 만나 고인은 그 부군이 영달하고, 큰 부자에 많은 자녀와 화합하면서 행복하게 일생을 살았다.

정인 己(土金)酉 겁재
편관 丙(火木)寅 편재　乙 甲 癸 壬 辛 庚 己
신주 庚(金金)申 비견　丑 子 亥 戌 酉 申 未
비견 庚(金土)辰 편인　392조

　신주 庚金이 木왕절의 寅월에 태어나 실령해서 신약사주로 출발했다. 그렇지만 申酉의 金方과 시간(時干)의 庚金이 신주의 金에게 가세하고, 己土와 辰土가 土生金으로 생신하니 신강사주로 변했다. 그러므로 신강의극의 용법에 의해 火가 용신(用神)이고, 木이 희신인데 寅木의 재성이 丙火의 관성을 생조해서 명관과마(明官跨馬)†격－재자약살(財滋弱殺)－을 구성했다. 그리하여 고관 대작의 사주처럼 보인다.

　그러나 寅申이 충극하자 寅木이 흔들려 丙火를 제대로 생조할 수가 없다. 게다가 운행조차 亥子丑의 水方운과 申酉戌의 金方운으로 흘러버려 안타깝게 되었다. 병신운과 구신운이 계속되기 때문이다. 따라서 고인은 지혜가 출중하고, 공부를 많이 하여 칠보성문(七步成文)－일곱 걸음에 시를 완성－했다. 그러나 말단직에서 종사했고, 辛酉의 金운행에 丙辛合水로 용신반합(用神半合)†이 되어 그나마 파직 당했으며, 庚申운행에 寅申이 재차 충극하면서 용신(用神)인 火가 金에 이르러 병사지를 만나 낙엽 따라 가버렸다.

‖ 적수오건(滴水熬乾) ‖

이것은 水火를 상대적으로 보고 지지와 천간이 거의 火의 세력으로 가득 차 있으면서 뿌리 없는 水가 한 두 개 있으면 그 水는 달달 볶아져서 말라버리기 때문에 사용할 수가 없다는 말이다. 가령 寅午戌의 火局이나 巳午未의 火方이 지지를 거의 다 차지하고 있으면 申子辰의 水局이나 亥子丑의 水方이 없게 되니 당연히 천간에 한 두 개의 水는 말라버릴 것이 뻔한 것이다.

솥뚜껑이나 후라이팬을 뜨겁게 달구어 놓고 그 위에 한 두 방울의 물을 얹으면 그 물이 볶아져 사방으로 튀어버리고 없어진다. 그러니 그 물을 어디에다 쓰겠는가. 그래서 물방울 적(滴)자와 볶을 오(熬)자 그리고 마를 건(乾)자를 써서 적수오건(滴水熬乾)이라고 한다. 만약 지지에 丑辰 등의 습토가 있으면 火의 기가 스며들므로 이때는 적수오건(滴水熬乾)이 되지 않는다.

비견 丙(火木)寅 편인
편인 甲(木火)午 겁재   乙 丙 丁 戊 己 庚 辛
신주 丙(火火)午 겁재   未 申 酉 戌 亥 子 丑
정관 癸(水火)巳 비견   393조

본조는 염상격(炎上格)⁺의 극치를 이루어 木火가 용신(用神)

이다. 이 경우 癸水는 한 방울의 물이 적수오건(滴水熬乾)이다. 오히려 충천하는 火의 불꽃만 격노케 하고 있으므로 水는 병신이고, 金은 구신이다. 이 경우 운행이 평생 金水운으로 내달아 고인은 金운에 실패와 고난의 세월을 보냈고 亥子의 水운에 또 火를 격노케 하고, 子午로 충극하면서 전이불항(戰而不降)✢이므로 사거(死去) 했다.

편재 壬(水火)午 정인
편인 丙(火火)午 정인　乙 甲 癸 壬 辛 庚 己
신주 戊(土火)午 정인　巳 辰 卯 寅 丑 子 亥
편관 甲(木木)寅 편관　394조

이 여명은 신주 戊土가 양인월인 火왕절의 午월에 태어나 寅午의 火局과 丙火가 생신하니 태강하다. 이 경우 木은 부군성인데 寅이 火局에 가담한 채 타버려 재로 변—木焚飛灰✢—했고, 재물성인 壬水는 적수오건(滴水熬乾)되어 水生木을 할 수 없게 되었다. 그러니 어떻게 부군 덕을 보겠으며 넉넉한 재물을 지닐 수 있겠는가?

그러므로 42년 생 중 한 여성은 辰土운행에 火洩土되므로 활발한 기간이 되어 일찍 부군을 만나 1남1여를 두었다. 그러나 부군이 워낙 무능해 싸우기를 거듭하다가 이혼했는데 나중에 그 부군이 다시 들어와서 살다가 38세 때 병사하고 말았다. 辛丑운

행은 좀 낫고 庚子운행은 子午로 충극하여 전이불항(戰而不降)⁺
이면서 火의 세력과 싸움질이니 신간 편할 날이 드물 것이다.
이밖에 130조 263조 416조 등을 참조한다.

‖ 제거기병(除去其病) ‖

사주에는 병신이 세 가지가 있는데 그것을 아래에서 자세히 나
누어 보기로 하고, 그 병신을 제거(除去)하면 그것이 제거기병
(除去其病)이다.

1) 신주지병(身主之病)

가령 金신주에 土가 많으면 토다금매(土多金埋)⁺가 되어 金
이 땅 속에 묻혀버린 채 金의 노릇을 제대로 할 수가 없는데
이때 木이 木克土로 土를 파 헤치(克)면 흙 속에서 金이 더
나올 수 있어 토다금매(土多金埋)⁺를 면할 수 있다. 이때 土
는 金을 土生金하지만 오히려 토다금매(土多金埋)⁺가 되게
하는 신주의 병신이다.

또 木신주에 水가 많으면 수다목부(水多木浮)⁺가 되어 木이
물 위에 떠버리게 하는 신주의 병신이 된다. 이럴 때 건토가
있어서 土克水해 주면 수다목부(水多木浮)⁺를 면하게 된다.

다시 火신주에 土가 많으면 토다화몰(土多火沒)되어 火가 그 빛을 잃어버리므로 土가 신주의 병신이니 木이 있어 木克土 하고, 木生火로 생신하여야 한다.

2) 용신지병(用神之病)

이것은 신주와 상관없이 일반적으로 용신(用神)이 정해지면 그 용신(用神)을 제압하는 오행이 병신이다.

3) 운행지병(運行之病)

이것은 신주지병이든 용신지병이든 용신(用神)이 한번 정해 진 뒤에 운행에서 병신운을 만나는 것을 말한다.

우리는 용신(用神)을 찾으려고 온갖 궁리를 다한다. 그러나 용신(用神)을 좀더 용이하게 찾으려면 먼저 용신(用神)을 찾 기 전에 그 사주의 병신부터 찾는 안목을 길러야 한다. 왜냐 하면 병신 때문에 신주가 병들었으니까 그 처방을 내리려면 어떤 것이 필요한가를 자연히 알게 되어 용신(用神)을 한결 쉽게 찾아낼 수 있기 때문이다.

많은 역학도들이 용신(用神) 찾기에 골몰하고 있지만 신주 를 골병들게 한 것이 어떤 것인가를 찾지 않고 있기 때문에 처방이 잘 안 내려지고 있는 것이다. 의사가 환자를 구하려 면 무엇 보다 먼저 병든 이유를 찾아야 그에 따른 처방전을 쓸 수 있는 것처럼 사주 역시 그런 안목이 요구된다. 그러므로 최소한 우리는 신주지병과 용신지병이 있다는 것쯤은 알고 사주를 대하는 자세가 필요한 것이다.

이상에서 병의 종류를 보았는데 그럼 병든 사주는 영영 못쓰는 것인가? 오언독보(五言獨步)에 병이 있어야 오히려 귀하게 되고, 병이 없으면 도리어 기특하지 못하다(四柱 有病方爲貴 無病不是奇)고 했다. 이것을 우리 건강에 비유하면 병이 들어 시들시들하고 있는데 약으로 건강을 되찾으면 크게 활동하여 매우 유쾌해지는 것이다. 그러므로 사주도 병이 잔뜩 들어 있지만 운행에서 제거기병(除去其病)하는 운을 만나면 완쾌되어 큰 성공을 거둘 수 있으므로 기특하다고 한 것이다.

편관 辛(金火)巳 상관
편관 辛(金土)丑 편재　　庚 己 戊 丁 丙 乙 甲
신주 乙(木金)酉 편관　　子 亥 戌 酉 申 未 午
정관 庚(金土)辰 정재　　395조

본조는 乙庚이 合金해서 金으로 변한 金화격(化格)⁺이고, 巳酉丑의 金局과 辰酉合金 그리고 두개의 辛金 등이 화신(化神)인 金에게 합세한다. 金화격(化格)⁺은 화신인 金이 풍성해야 미명(美命)이고, 화신을 극하는 火가 병신이며, 木은 구신이고, 水는 火를 제압하니 길신이다. 이 경우 巳火가 병신이지만 金局에 가담해서 그 역할을 포기했기 때문에 반갑다. 그리고 운행이 申酉

戌의 金方운으로 달려 화신을 도우므로 고인은 두개의 인성과 화개(華蓋)가 있기 때문에 학문 계통에서 고귀했다.

이 사주는 金이 많아 신주지병처럼 되었는데 묘하게도 金화격(化格)이 되어 신주지병이 오히려 은신으로 변했다. 그래서 巳火가 병신이 된 것으로 水方운행에 병신을 水克火로 제거하고 – 除去其病 – 金운행에 金화격(化格)이 더 창성(昌盛)하여 귀하게 되었다. 그러나 午未의 木火운행은 金화격(化格)을 공격하여 불길한 것이다.

편관 己(土土)丑 편관
정인 庚(金火)午 편재   己 戊 丁 丙 乙 甲 癸
신주 癸(水火)巳 정재   巳 辰 卯 寅 丑 子 亥
정재 丙(火土)辰 정관   396조

신주 癸水가 火왕절의 午월 태어나 실령했고, 재성인 火의 세력이 강해서 재다신약(財多身弱) 사주다. 이렇게 재성이 많아서 신약한 사주는 비겁인 水가 용신(用神)이 되어서 火를 제압해야 한다. 인성인 金은 탐재파인(貪財破印)이므로 힘이 없기 때문에 용신(用神)으로 사용하기가 어렵다. 그런데 이 사주는 丑辰중 癸水가 있으나 火의 세력에게 생조를 받은 土들이 득세하여 水가 그 힘을 발휘하기가 매우 어렵다.

그래도 불가불 水가 용신(用神)이고, 金이 희신이며, 土는 대체로 병신이고, 火는 구신이며, 木은 기신이다. 이 경우 용신(用神)무력이고, 운행에도 水金운이 없어서 엎친 데 덮친 격이다. 그래서 고인은 戊辰의 土운행 중 辛亥년에 巳亥가 충극해서 신병을 비관하다가 자살하고 말았다. 이 경우 사주에 가득 찬 火土가 신주지병인데 초반에 다시 火土운을 만나 병신이 가중되어 크게 흉했던 것이다. 水金운을 만났다면 제거기병(除去其病)이 되어 발전했을 것이다.

편인 庚(金火)午 정재
정관 己(土木)卯 상관　　庚 辛 壬 癸 甲 乙 丙
신주 壬(水金)申 편인　　辰 巳 午 未 申 酉 戌
정관 己(土金)酉 정인　　397조

신주 壬水가 木왕절의 卯월에 태어나 실령-眞傷官-해서 신약사주로 출발했으나 申酉의 金方과 庚金이 설신시키는 木을 억제하면서 생신하므로 신강사주로 변했다. 따라서 신강의극의 용법에 의해 午중에 뿌리박고 나타난 己土가 용신(用神)이고, 火는 희신이며, 木은 병신이고, 水는 구신이며, 金은 기신이다.

그러므로 고인은 巳午未의 火方운행에 모든 일이 순조롭게 돌아가다가 甲乙의 木을 대동한 申酉의 金方운행에 막힘이 많았다. 甲乙의 木은 용신지병으로 木克土하고, 金方운은 土를 설기 시켰기 때문이다.

정인 辛(金土)未 정관
정인 辛(金木)卯 상관　庚 己 戊 丁 丙 乙 甲
신주 壬(水土)辰 편관　寅 丑 子 亥 戌 酉 申
정관 己(土金)酉 정인　398조

신주 壬水가 木왕절의 卯월에 태어나 설신되니 신약사주로 출
발했다. 그러나 辰中 癸水에 신주가 통근했고, 辰酉合金과 두개
의 辛金이 생신하므로 신강사주로 변했다. 그러므로 신강의극의
용법에 따라 土가 용신(用神)이고, 火는 희신이며, 木은 병신이
고, 水는 구신이다. 따라서 고인은 己丑의 土운행과 戊子의 土水
운에 발전하다가 丁亥운행에 신주와 丁壬合木하고, 또 사주와
亥卯未로 木局을 이루어 용신(用神)의 근거지인 未土를 강극하
므로 사거(死去)했다. 이때가 운행지병인 것이다.

편관 戊(土土)辰 편관
편관 戊(土火)午 정재　己 庚 辛 壬 癸 甲 乙
신주 壬(水土)辰 편관　未 申 酉 戌 亥 子 丑
식신 甲(木土)辰 편관　399조

이 사주는 적천수 관살편에 나온 명조로 신주 壬水가 火土를
많이 만나 신약하다. 축수지토(畜水之土)⁺인 辰土 중 癸水들이

있어 종격은 안되고, 극신하는 土들이 신주지병이므로 그것들을
제압하는 甲木이 용신(用神)으로 식상제살(食傷制殺)⁺이자 일장
당관(一將當關)⁺이다. 그러니까 土가 신주지병이므로 甲木은 신
주지약(身主之藥)인 셈인데 辰土들은 대목지토(帶木之土)⁺이자
축수양목(蓄水養木)⁺이다.

고로 申酉戌의 金方운행은 병신운이기 때문에 전전긍긍하는 세
월이요 水木운을 길운이다. 따라서 고인은 癸亥의 水운행과 甲
子의 木水운행에 연승하여 고관급에 이르렀다. 이때 甲子운행은
용신(用神)운이면서 木克土로 제거기병(除去其病)했던 것이다.

상관 壬(水土)辰 정인
편관 丁(火土)未 편인　戊 己 庚 辛 壬 癸 甲
신주 辛(金土)丑 편인　申 酉 戌 亥 子 丑 寅
상관 壬(水土)辰 정인　400조

신주 辛金이 未월에 간직된 丁火가 나타나서 극신하니 신약사
주로 출발했다. 그러나 습기 찬 세 개의 土가 火를 흡수해서 생
신하니 신강사주로 변했다. 따라서 신강의극의 용법에 의해 火
가 용신(用神)이고, 木이 희신이며, 水는 병신이고, 金은 구신이
며, 土는 약신이다. 이때 丁火가 용신(用神)이니 水들은 용신지
병이고, 土들은 용신지약이 된다.

이 경우 丑未가 상충해서 未중 丁火가 손상된 통에 월간에 나온 丁火마저 허탈해졌는데, 그나마 丑辰중 세 개의 癸水에 뿌리박고 나타난 두개의 壬水에게 강극을 당하여 용신(用神)무력이다. 게다가 운행조차 申酉戌의 金方운과 亥子丑의 水方운으로 흘러 고인은 전쟁터에 노역자로 끌려나가 辛亥의 金水운행에 구신과 병신운을 동시에 만나 사거(死去)했다. 金水운행은 운행지병이다.

〖 제살태과(制殺太過) 〗

신주가 강해서 관성을 사용할 수 있는데 식상이 지나치게 관성을 극하는 것을 말한다. 그럴 경우 식상견관(食傷見官)⁺인데 두 가지로 그 해법을 찾아야 한다. 그 하나는 앞에서 본 재자약살(財滋弱殺)⁺, 즉 재성으로 약한 살성을 생조하는 것이고, 다른 하나는 인성으로 식상을 제압하여 관성을 구하는 것이다. 만약 제살태과(制殺太過)가 되어 있는 중 다시 운행에서 또다시 제살하면 진법무민(盡法無民)⁺─ 진법무민 단원 참조─이 되어 위험하다.

편관 壬(水土)辰 식신

비견 丙(火火)午 겁재　丁戊己庚辛壬癸
신주 丙(火火)午 겁재　未申酉戌亥子丑
편관 壬(水土)辰 식신　401조

신주 丙火가 火왕절의 午월에 태어나 득령했고, 월일이 火로 단결되어 신강하다. 따라서 신강의극의 용법에 의해 水가 용신 (用神)이고, 金이 희신이며, 건조한 未戌의 土가 병신이고, 火는 구신이다. 이 경우 火生土로 土가 강해져 土克水하니 제살태과 (制殺太過)이지만 두개의 壬水가 辰-축수지토(畜水之土)⁺-중 癸水에 뿌리박고 나타나서 용신유력(用神有力)이다. 이 경우 편 관은 묘하게도 식신을 좋아한다. 그리고 午중 丁火와 각각 丁壬 으로 합하니 살인상정(殺刃相停)⁺격이다. 게다가 장성이 있어서 군·경·율의 계통에 출신할 형상이다.

그러므로 고인은 戊申과 己酉의 土金운행에 배치상 土生金이니 申酉의 金이 강해진 희신운이므로 용신(用神)이 힘을 받아 군 (軍)에서 승승장구하고, 庚戌의 庚金까지 대발했다. 그러나 戊土 운행 중 戊辰년에 사주와 辰戌이 각각 상충해서 辰중 癸水가 손 상된 통에 용신(用神)인 壬水조차 허탈해져 모든 것이 수포로 돌아갔다. 土운에서 다시 제살태과(制殺太過)가 가중되었기 때 문이다.

상관 壬(水土)辰 정인

겁재 庚(金土)戌 정인　辛 壬 癸 甲 乙 丙 丁
신주 辛(金水)亥 상관　亥 子 丑 寅 卯 辰 巳
식신 癸(水火)巳 정관　402조

　신주 辛金이 간직된 土왕절의 戌월에 태어나 득기했고, 巳중
庚金에 뿌리박고 나타난 월간의 庚金이 신주에게 가세하니 신강
하다. 따라서 신강의극의 용법에 의해 火가 용신(用神)이고, 木
이 희신이며, 水는 병신이고, 金은 구신이며, 건토는 약신이다.
이 경우 많은 水들이 약한 火를 水克火해서 제살태과(制殺太過)
이고, 戌중 丁火가 辰戌로 상충했으며, 巳亥도 상충되어 모두 손
상된 가운데 木이 없어 용신(用神)이 유력하지 못하다.

　그래서 52년 생 중 한 명은 신주와 같은 金이 많아 3남2여의
형제자매가 있고 결혼해 두 아이를 두었다. 그러다 일시형충(日
時刑冲)⁺으로 39세 때 이혼했다. 그래도 甲寅운행은 희신운이므
로 전자 오르간, 오락실 등의 부품 가공업으로 많은 재물을 모
았다. 그러나 乙卯의 습기 찬 木운행은 木生火가 제대로 안되어
고전 중이고, 아이들은 전처에게 맡겨두고 다른 여인들과 동거
를 반복하고 있다. 이 운행은 甲寅이 전성기요. 丙辰은 丙辛合水
하고, 辰戌이 다시 충해 불길하다.

상관 癸(水火)巳 편관
정재 乙(木木)卯 정재　甲 癸 壬 辛 庚 己 戊

신주 庚(金金)申 비견 寅丑子亥戌酉申
비견 庚(金土)辰 편인 403조

신주 庚金이 木왕절의 卯월에 태어나 실령해서 신약사주로 출발했다. 그러나 월령인 木이 신주를 극하는 것이 아니고 신주인 金이 木을 제어하면서 일주가 똑같은 金이고, 巳중 庚金과 시간의 庚金이 신주의 金에게 가세하며 土가 생신하니 신강사주로 변했다. 따라서 신강의극의 용법에 의해 火가 용신(用神)이고, 木이 희신이며, 水는 병신이고, 金은 구신이다. 이때 병신인 水가 申辰의 水局과 癸水로 뭉쳐 관성이자 용신(用神)인 巳火를 지나치게 제압하니 제살태과(制殺太過)이다.

이 경우 金을 단련시켜 그릇을 만들려면 丁火가 제격인데 그 대신 巳火가 있어서 흠이요, 火를 제대로 생조하려면 건조한 甲寅의 木이 있어야 한데 그 대신 습기 찬 乙卯의 木이 있어서 이 또한 하자이다. 게다가 운행에 金을 대동한 亥子丑의 水方운이 구신과 병신운이므로 험난한 인생살이를 예고하고 있다. 그래서 53년 생 중 한 명은 甲寅의 木운행에 희신운을 만나 학업이 매우 우수했다. 그러나 癸丑의 水운행이 갈아들자 공부에 취미를 잃고 잘못된 친구들과 어울렸다.

이어 壬子의 水(병신)운행 중 庚申(金金:구신)년 26살 때 사주와 운행과 연도가 申子辰으로 水局을 이루어 용신(用神)인 火를 강극-제살태과(制殺太過)-한다. 그러자 수옥살로 인해서 범행을 저질렀다. 그리하여 다음해 辛酉년에 巳酉가 金局을 구성해 용신반합(用神半合)⁺이므로 구속되었고, 이어 癸亥년 29살 때 巳亥가 충극해서 용신(用神)이 완전히 충거 된 통에 사형장의 이슬로 사라졌다. 이 때에 진법무민(盡法無民)⁺이 되었던 것이다.

‖ 전이불항(戰而不降) ‖

싸움에서 죽었으면 죽었지 절대로 항복하지 않는다는 말이다. 그럼 무엇이 그렇게 된다는 말인가? 여기서 싸움을 뜻하는 것은 살성을 말하고, 그 살성과의 싸움판을 벌인 것은 신주인데 신주가 억센 양인살을 대동하고 있을 때에 살성과의 싸움에서 절대로 항복하지 않는다는 것이다. 그러면 어떻게 된다는 말인가. 항복을 못하면 주검밖에 더 있겠는가.

그래서 취성자(醉醒子)에 말하기를 살성이 왕성할 경우 다시 또 살성운을 만나면 창업이나 공을 세운 곳에서 주검을 면하지 못하고, 양인이 많을 경우 다시 또 양인운을 만나면 명예를 세운 곳에 이르러 끝내 주검을 면하지 못한다고 했다. (殺旺復行

殺旺之鄕 立業建功處 不免死於刃制之下 刃多再行之地 進祿得財
處 必然終於藥石之間)

상관 丁(火木)卯 겁재
정재 己(土金)酉 정관　戊 丁 丙 乙 甲 癸 壬
신주 甲(木土)辰 편재　申 未 午 巳 辰 卯 寅
상관 丁(火木)卯 겁재　404조

　이 사주는 월령이 金왕절이고, 木生火, 火生土, 土生金으로 사
주의 기세가 辰酉合金에 쏠렸기 때문에 金의 세력이 매우 강해
진 채 신주 甲木을 극신한다. 그러므로 식상제살(食傷制殺)﹢의
용법에 따라 火가 용신(用神)인데 두개의 丁火가 호위병처럼 신
주를 가운데 두고 감싸고 있다.

　그리고 양인이자 장성이 있고 수옥살이 있으며, 양인가살(羊刃
架殺)﹢을 이루면서 식상제살(食傷制殺)﹢격이므로 군경율(軍警
律)의 계통에 출신할 형상이며, 양인의 卯가 거듭 있어 관살인
酉에게 항복하지 않는 전이불항(戰而不降)이다. 따라서 운행은
丁未의 火土운과 丙午의 火운이 대길하므로 항우(項羽)는 파죽
지세로 방방곡곡을 누비고 다니면서 유방과 천하를 다투었다.

　그러다 乙巳운이 갈아들자 巳가 사주의 酉와 巳酉로 金局을 이
루어 양인인 卯木을 극해 전이불항(戰而不降)이고, 己亥년은 金

으로 변해 火氣가 약해진 운행의 巳를 그나마 巳亥로 충극하여
완전히 火가 꺼져버렸다. 그래서 장량과 한신의 계략에 휘말려
오강에서 애마인 오추마를 버리고 자결했다. "내 힘은 태산을
뽑을 듯 하고, 기운은 천하를 휩쓸었도다.(力拔山兮氣蓋世) 슬프
다! 시운이 불리하구나 오추마는 아직 살아 있지만 달리지 않는
구나.(時不利兮騅不逝) 천리마가 달리지 않으니 어찌할거나.(騅
不逝兮可奈何) 우미인이여, 우미인이여 나는 장차 어찌할거나.
(虞兮虞兮奈若何)"

편재 庚(金土)戌 식신
편재 庚(金土)辰 식신　辛 壬 癸 甲 乙 丙 丁
신주 丙(火火)午 겁재　巳 午 未 申 酉 戌 亥
편관 壬(水土)辰 식신　405조

　신주 丙火가 土왕절의 辰월에 태어나 설신되고, 火土金水로 순
세해서 金水가 강해졌으므로 신약하다. 따라서 신약방조(身弱幇
助)의 용법에 의해 火木이 용신(用神)이고, 水金은 병신이며, 土
는 기신이다. 이 경우 午戌로 火局을 이루지만 木이 없어 용신
(用神)이 유력하지 못하다.

　그러므로 운행은 巳午의 火方운 중 午火운이 가장 활발할 때이
다. 그리고 申酉의 金方운행은 불길하여 10년 생 중 한 명은 고
혈압과 두통 그리고 몸이 붓는 병으로 오래 고생했다. 그 뿐 아
니라 여러 여자들과 사기 행각을 벌이고, 교도소도 몇 번 드나

든 다음 戊子운행에 子午로 전이불항(戰而不降)이기 때문에 사거(死去)했다. 눈감으면서 자기 행적을 뒤돌아볼 때 어떤 느낌이었을까?

비견 戊(土火)午 정인
정인 丁(火火)巳 편인 丙 乙 甲 癸 壬 辛 庚
신주 戊(土火)午 정인 辰 卯 寅 丑 子 亥 戌
비견 戊(土火)午 정인 406조

이 여조는 신주 戊土가 간직된 火왕절의 巳월에 태어나 득기했고, 巳午의 火 등 많은 火가 생신하며 土들이 신주에게 가세하니 신강하다. 이 사주는 火土로만 구성된 이인동심(二人同心)＊격─또는 양신성상격─이자 종왕격 내지 종강격(從强格)＊이므로 사주에서 세력을 장악한 火土가 용신(用神)이고, 火土의 세력과 대결하는 水는 병신이다.

그러므로 18년 생 중 한 여성은 甲寅의 木火운행─寅午로 火局─에 결혼해 1남1여를 생산했다. 그리고는 癸水운행에 丁癸가 상충하자 상부하더니 壬子운행에는 양인인 午들과 子午로 상충하여 싸움판을 벌이다가 전이불항(戰而不降)이므로 사거(死去)하고 말았다

편관 庚(金金)申 편관

정재 己(土土)丑 정재　戊丁丙乙甲癸壬
신주 甲(木金)申 편관　子亥戌酉申未午
상관 丁(火木)卯 겁재　407조

이 여조는 신주 甲木이 엄동설한의 丑월에 태어나 실령했고, 土生金이 극신하니 신약하다. 이렇게 土金 때문에 신약해졌으니까 그것들을 제압할 오행이 필요하다. 따라서 신약방조(身弱幇助)의 용법에 의해 木火가 용신(用神)이고, 土金은 병신이며, 水는 기신이다.

그러므로 20년 생 중 한 여성은 丁亥의 火木－亥卯로 木局－운행에 활발했고, 丙戌의 火土운행에 결혼해 乙木운행까지 번창했다. 그러나 乙酉의 酉운행은 용신(用神)이자 양인살인 卯와 卯酉로 충해 전이불항(戰而不降)이므로 壬寅년에 사거(死去)했다. 이밖에 86조 141조 177조 211조 288조 292조 394조 등을 참조한다.

‖ 전인후종(前引後從) ‖

앞에서 끌어주고 뒤에서 따라온다는 뜻이다. 그럼 무엇이 앞에서 끌어주며 뒤에서 따라온다는 것인가. 태어난 연도의 간지나 연지를 기준으로 삼아 전후가 정해진데 전 삼위와 후 삼위로 한정해서 말한다. 가령 甲子년에 태어났다면 甲子부터 순행으로 乙丑, 丙寅 이렇게 삼위(三位)까지가 전인(前引)이고, 이번에는 역행으로 癸亥, 壬戌이 후 삼위가 되는 것이다. 그러니까 甲子년생이 사주에 丙寅이 있고 壬戌이 있으면 전 삼위와 후 삼위가 모두 있어 전인후종(前引後從)격이 구성되는 것이다.

그런데 꼭 간지가 다 있어야하는 것은 아니고 子년생이 寅자와 戌자만 있어도 역시 이 격이 성립된다. 다만 전인은 멀고 후종은 가까울수록 더 효과적이다. 왜냐하면 저~ 앞에서 선배나 스승이 끌어당기고 곧바로 뒤에서 후배나 친구들이 밀어주면 더욱 힘차게 번성할 수 있기 때문이다. 예를 들면 甲子생의 경우 寅은 丑보다 더 앞에서 끌어당기고 亥자는 바로 뒤에서 밀어주는 것이다.

이것을 삼명통회에서는 전후포승(前後包承)이라고도 말하고 있는데 이때 포(包)는 앞을 포섭하고, 승(承)은 뒤를 승계 시킨다는 말로 이것도 역시 전포후승(前包後承)이 되니 전인후종(前引後從)과 유사한 말이다. 그런데 그렇게 되었어도 그것들이 형충이나 공망이 되면 그 효력이 떨어지고 합이 되거나 천을귀인 등이 되면 더욱 효과적이다.

겁재 己(土金)酉 상관
정재 癸(水金)酉 상관　壬辛庚己戊丁丙
신주 戊(土金)申 식신　申未午巳辰卯寅
편재 壬(水水)子 정재　408조

　신주 戊土가 金왕절의 酉월에 태어나 土洩金으로 설신되고 있
다. 그런데 신주를 도와줄 火土가 없다. 그렇기 때문에 신주는
土從金으로 金을 따라가 金生水로 水에 순종하지 않으면 안 된
다. 따라서 종재격(從財格)＊이므로 金水가 용신(用神)이고, 그
세력을 거역하는 火土는 병신이다.

　한편, 이 사주는 연지의 酉를 기준으로 삼아 申은 뒤에서 밀어
주고 子는 앞에서 끌어 주므로 전인후종(前引後從)도 겸했다.
게다가 용신(用神)인 水가 申子의 水局에 뿌리박고 壬癸가 둘이
나 나타나서 용신유력(用神有力)이다. 그리하여 고인은 초반운
행부터 戊辰－巳酉로 金局이고, 辰酉合金하는 기간－까지 오래도
록 부귀하고, 丁卯와 丙寅의 火木에는 병신이 강해져 불길했다.

상관 辛(金水)亥 편재
식신 庚(金水)子 정재　己戊丁丙乙甲癸
신주 戊(土土)戌 비견　亥戌酉申未午巳
비견 戊(土火)午 정인　409조

이 사주는 귀해질 징조를 두 가지 갖고 있다. 그 하나는 연지의 亥자를 기준(歲君)으로 해서 子자가 앞에서 이끌어 주고 戌자가 뒤에서 따라주며 밀어주는 전인후종(前引後從) 격을 구성했다. 그러면 그 뜻이 원대하여 크게 부귀한다(引遠從近 其志遠大 大成富貴)고 했다. 그리고 나머지 하나는 戌亥가 천문인데 중간에 제좌(帝座)인 子자를 끼고 있어서 중앙정부에 출신하여 그이름을 후세에 드리운다(出入闕門 名垂千古)는 회동제궐(會同帝闕)＋격도 형성했다.

이런 배경을 깔고 신주 戊土가 추운 子월에 태어나 냉토(冷土)가 되었다. 그리고 연월은 金水로 결구된 채 火生土, 土生金, 金生水으로 사주의 기세가 金水에 쏠렸기 때문에 신약사주다. 그러므로 신약방조(身弱幫助)의 용법에 의하여 火土가 용신(用神)이고, 水金은 병신이며, 木은 水局과 火局을 소통시키므로 길신이다. 따라서 고인은 운행 戊戌의 土운부터 일찍 발전하여 丙丁의 火운에 서서히 일진(一進)을 거듭하고, 乙未와 甲午의 木火土에 크게 부귀했다.

비견 癸(水水)亥 겁재
겁재 壬(水土)戌 정관　辛 庚 己 戊 丁 丙 乙
신주 癸(水土)未 편관　酉 申 未 午 巳 辰 卯
겁재 壬(水水)子 비견　410조

신주 癸水가 土왕절의 戌월에 태어나 두개의 土에게 土克水로 극신을 당하니 신약사주로 출발했다. 그렇지만 戌월이 지나면 곧 水왕절로 넘어가고 亥子의 水方과 壬癸의 水가 신주의 水에게 가세하면서 子시생이기 때문에 신강사주로 변했다. 따라서 신강의극의 용법에 의해 土가 용신(用神)이고, 火는 희신이며, 木은 병신이고, 水는 구신이며, 金은 약신이다.

이 사주는 未戌의 형살로 군·경·율의 계통에 나아갈 형상이고, 연지의 亥자를 기준으로 삼아 子자는 앞에서 끌어주고 戌자는 뒤에서 따라오면서 밀어주는 전인후종(前引後從)격이다. 그러므로 고인은 중반에 있는 巳午未의 火土 운행에 용신(用神)과 희신이 득세하여 장관급에 이르렀다.

편재 乙(木水)亥 상관
정관 丙(火土)戌 정인   乙 甲 癸 壬 辛 庚 己
신주 辛(金土)丑 편인   酉 申 未 午 巳 辰 卯
정인 戊(土水)子 식신   411조

신주 辛金이 土金을 간직한 戌월에 태어나 세 개의 土가 생신하니 신강하다. 그러므로 신강의극의 용법에 따라 火가 용신(用神)이고, 木이 희신이며, 水는 병신이고, 金은 구신이며, 土는 대체로 기신이다. 이 경우 丙火가 戌중 丁火에 착근하고, 乙木에게 생조를 받으니 희신과 용신유력(用神有力)이고, 丑戌의 형살로 군·경·율의 계통에 출신할 형상이다.

그리고 연지의 亥자를 기준 삼아 子丑은 앞에서 이끌어 주고 戌자는 뒤에서 따라오며 밀어주는 전인후종(前引後從)격을 이루 었으며, 戌亥子丑이 연달아 있으므로 지지연여(地支連茹)⁺의 형 상이다. 게다가 운행 중반에 巳午未의 火方운, 즉 용신(用神)운 이 득세하므로 고인은 고관에 이르렀다.

편재 甲(木金)申 비견
편재 甲(木土)戌 편인　乙 丙 丁 戊 己 庚 辛
신주 庚(金土)辰 편인　亥 子 丑 寅 卯 辰 巳
식신 壬(水火)午 정관　412조

신주 庚金이 辛金을 간직한 戌월에 태어나 申戌의 金方이 신주 의 金에게 합세하고, 辰土가 생신하니 신강하다. 그러므로 신강 의극의 용법에 따라 火가 용신(用神)이고, 木이 희신이며, 水는 병신이고, 金은 구신이다. 이 경우 午戌의 火局이 甲木의 생조를 받아 용신유력(用神有力)이다.

그리고 火局이 金을 단련시켜 壬水에게 담금질을 마쳤으므로 맥놀이⁺의 형상이며, 오행이 구비된 배득중화(配得中和)⁺격이 다. 그래서 고인은 丁火운행에 출신해서 寅卯의 木方운에 고관 이 되었다. 이 경우 연지의 申을 기준으로 戌은 전 삼위이고, 午

는 후 삼위가 되어 전포후승(前包後承)이다. 이 외에도 104조 481조 498조 등을 참조한다.

〖 전실(塡實) 〗

실제로 나타났다는 말이다. 가령 도충격(倒冲格)⁺ 같으면 癸일 이 사주에 亥자가 많아서 巳자를 충요(冲邀: 충동질해서 끌어와 맞아드림)해 오는 격인데 사주에서나 아니면 운에서 巳를 만나 면 이것이 실제로 나타나 버려 불길해진다. 원래 암암리에 충요 해 온 것은 숨겨 있어야 보물찾기처럼 재미가 있다. 그러나 찾 아 버리면 끝장이 난 것과 비슷한 것이다. 비천록마(飛天祿馬)⁺ 격 같은 것도 같은 원리이다.

〖 절처봉생(絶處逢生) 〗

이 말은 죽음의 자리에 처했어도 기어이 살아난다는 뜻이다. 일주(日柱) 가운데 신주(身主)가 지지에게 극을 당하거나 절지 인 경우들이 있다. 가령 甲申일의 경우 일지인 申金이 甲木을 극할 뿐 아니라 木은 金에서 절지이다. 그래서 신주가 매우 무력해지는데 申중에는 壬水가 암장되어 있어서 金生水, 水生木으로 신주를 생조해 준다. 이것은 甲木이 일지 申金이라는 절지에 놓여있지만 壬水가 소통시켜 절처봉생(絶處逢生)이 된다.

 그런 것이 육십 갑자 중 여러 개 있지만 절처봉생(絶處逢生)이 되는 것은 다음 다섯 일주이다. 庚午일, 癸丑일, 戊寅일, 庚寅일, 甲申일이다. 庚午일은 午火에게 극을 당해 무력하지만 午중 己土가 소통시킨다. 癸丑일은 丑중 辛金이 그리고 戊寅일은 寅중 丙火가, 庚寅일은 寅중 戊土가 소통시켜 절처봉생(絶處逢生)이 된다. 그러면 죽을 자리에 이르렀다가도 다시 소생하는 경우가 비일비재하다. 103조 104조 등을 참조한다.

〖 정란차격(井欄叉格) 〗

 이 격을 이루고서 운이 제대로 가면 자고천(鷓鴣天)이라는 옛 글에 삼신산의 신선이나 도인 아니면 중앙정부의 고관대작이 될 것 이다 라고 했다. 이 격은 庚일생으로 일지에 申子辰이어야 한다. 그러니까 庚申일이거나 庚辰일 또는 庚子일로 사주에 申子辰이 다 있어야 한다. 그리고 庚이 세 개가 있으면 이 격으로서 효력이 더욱 크게 작용한다고 했지만 꼭 세 개가 모두 있어야 하는 것은 아니다.

다만 사주에 丙丁의 火와 巳火가 없어야 한다. 그 까닭은 申子辰이라는 水局이 寅申, 子午, 辰戌로 충해서 寅午戌이라는 火局을 충요(沖邀)해와 丙丁의 火를 庚일의 관성으로 쓰기 때문이다. 그러기 때문에 운행에서도 丙丁의 火나 신약하게 하는 水를 만나는 것을 꺼리고 월령을 충극하는 것도 싫어하며 金운이나 木운을 좋아한다고 했다.

한편, 丙子시생은 편관격으로 그리고 甲申시생은 일록귀시(日祿歸時)†격으로 보아야 하고, 정란차격(井欄叉格)으로는 보지 않는다고 했다. 그런데 이 격으로 잘 짜여지다가 아까 앞에서 보아서는 안 되는 것들을 보게되면 파격(破格)이 되어 오히려 크게 불길하다고 했다. 고서에 나온 예조들과 기타들을 비교하면서 보기로 하자.

비견 庚(金水)子 상관
비견 庚(金土)辰 편인　辛 壬 癸 甲 乙 丙 丁
신주 庚(金金)申 비견　巳 午 未 申 酉 戌 亥
정관 丁(火土)丑 정인　413조

신주 庚金이 申子辰을 지지(地支)에서 모두 만나 귀명이 될 정란차격(井欄叉格)이다. 이 격은 丙午와 巳가 없어야 진격(眞格)인데 다행이 그것들이 없다. 하지만 丁火가 나타났으므로 약간의 흠을 면할 길이 없다. 비록 그 丁火가 뿌리박을 지지가 없고, 丑土에게 火洩土로 자좌설기(自座洩氣)되어 무력할 대로 무력해지긴 했으나 그 흔적이 남아 있으므로 사주의 격이 좀 격하되었다.

그래도 丑辰의 土가 土生金으로 생신하고, 庚金이 합세하여 이 격이 기뻐하는 신강사주가 되었기 때문에 고인은 운행의 甲申과 乙酉(乙庚合金)에 대발해서 차관급에 이르렀다. 丁火만 없었다면 더욱 고귀했을 것이다. 이날 庚辰시생은 대귀했고, 午시생은 파격이 되어 평상인으로 살았다고 명서(命書)들에 실려있다.

상관 癸(水木)卯 정재
비견 庚(金金)申 비견　己 戊 丁 丙 乙 甲 癸
신주 庚(金水)子 상관　未 午 巳 辰 卯 寅 丑
편관 丙(火水)子 상관　414조

상관 癸(水木)卯 정재
비견 庚(金金)申 비견　己 戊 丁 丙 乙 甲 癸
신주 庚(金水)子 상관　未 午 巳 辰 卯 寅 丑
비견 庚(金土)辰 편인　415조

두 사주를 대조하면서 설명하기 쉽게 하자면 먼저 辰시생부터 보아야 하겠다. 신주 庚金이 지지에서 申子辰을 모두 만났기 때문에 정란차격(井欄叉格)이라는 귀격이다. 이 격은 신약하게 만드는 水(설신)운과 火(극신)운을 꺼리고 木운과 신강하게 하는 土金운을 좋아한다. 그래서 고인은 巳午未의 火方운에 고전하다가 寅卯辰의 木方운에 장·차관급이 되었다.

다음 子시는 辰자가 없고, 丙火가 시간에 나타난 바람에 아깝게도 정란차격(井欄叉格)이 파격(破格)되고 말았다. 그러면서 두개의 子水에게 설신이 심하므로 신약사주다. 따라서 신약의방의 용법에 의해 金이 용신(用神)이고, 火가 병신이다. 그러므로 63년 생 중 한 명은 丁巳의 火운행에 집 짓다가 교통사고로 32살 甲戌년 丙寅월 庚寅일에 별안간 사거(死去)했다. 이 기간은 火운행이 병신운이고, 寅월과 寅일은 운행의 巳와 사주의 申이 寅巳申으로 삼형살이 구성된다. 그 때문에 사거(死去)하자 그 모친이 피를 토하고, 식음을 전폐한 채 애간장을 녹이면서 오래도록 통곡했다.

필자 근처에 살고 있는 그 누나의 말에 의하면 풍채가 준수하고 별말이 없어도 많은 사람들이 매우 잘 따랐다고 한다. 그러니 그 어머니가 어찌 통곡하지 않으랴! 사실 참으로 아까운 일이 아닐 수 없다. 왜냐하면 辰시에 출생했을 경우 그 가문의 중시조(中始祖) 감이 되었기 때문이다. 제왕절개로 분만할 때는 참고해 볼 일이다

〖 종강격(從强格) 〗

모든 사주는 두 가지로 우선 대별할 수 있다. 하나는 일반격이고, 나머지 하나는 종격이다. 어떤 사주든 그 두 범주를 벗어날 수 없다. 그러니까 사주를 볼 때는 그것이 일반격이냐 아니면 종격이냐부터 구분해야 한다. 일반격은 신약사주인가 신강사주인가를 따져야 한다. 그리고 종격의 경우도 두 가지로 분류해서 본다.

그 하나는 인성이나 비겁들에 의해서 강해질 대로 강해진 종강격(從强格)이나 종왕격 또는 이인동심(二人同心)⁺격이나 곡직격(曲直格)⁺, 염상격(炎上格)⁺, 가색격(稼穡格)⁺, 종혁격(從革格)⁺, 윤하격(潤下格)⁺인가를 살핀다. 나머지 하나는 신주가 도저히 무력해서 다른 세력에 따라가지 않으면 안될 처지에 놓인 종아격(從兒格)⁺, 종재격(從財格)⁺, 종살격(從殺格)⁺인가를 살핀다. 그렇게 대별부터 해놓고 보아야 그 사주읽기가 빨라질 것이다.

여기서 말하는 종강격(從强格)은 신주를 생조하는 인성들이 많은데 그 인성을 억제할 오행이 부족하여 끝까지 극강하게 된 사주들이다. 그리고 종격 중 종왕격은 비겁들이 꽉 들어찬 사주로 극강된 사주들이다. 그래서 사주의 기세가 신주에게 집중되었다는 표현으로 권재일인(權在一人)이라고 한다. 그렇게 구성된 사주들은 그 오행들이 용신(用神)이 되고, 그 세력들과 대결하는 오행은 기신(忌神)이다. 대개 종강격(從强格)과 종왕격은 함께 구성되는 경우가 많다. 따라서 필자는 두 격을 하나로 보는 경향이 있다.

편인 丙(火土)戌 비견
식신 庚(金木)寅 편관   辛 壬 癸 甲 乙 丙 丁
신주 戊(土火)午 정인   卯 辰 巳 午 未 申 酉
편재 壬(水土)戌 비견   416조

신주 戊土를 극신하는 寅월에 태어나 실령해서 신약사주로 출발했다. 그러나 寅午戌이 火局을 이루어 생신하고 두개의 戊土가 신주의 土에게 가세하니 신강사주로 변했다. 이른바 신주에게 기세가 집중된 권재일인이다. 이 경우 庚金은 寅木이라는 절지 위에 놓인 채 왕성한 火의 세력에게 녹아버렸고 壬水는 한 방울의 물이 말라버려(滴水熬乾) 이것도 있으나 마나하다. 그러므로 金水를 용신(用神)으로 사용할 수가 없다.

이 사주는 火生土로 기세가 신주에게 집결되었다. 따라서 火土로만 왕성한 종강격(從强格) 내지 종왕격이기 때문에 火土가 용신(用神)이고, 金水는 오히려 병신이다. 그리고 살성인 木이 인성인 火를 생조해서 火生土로 생신하니 살인상생(殺印相生)⁺격이자 살성과 양인이 寅午로 합해서 위엄이 서린 살인상정(殺刃相停)⁺격도 겸했으며, 火土가 왕성해서 용신유력(用神有力)이다. 운행은 辛卯와 壬辰이 불길해서 고인은 군·경·율의 계통에 나아가 巳午未의 火方운행에 용신(用神)이 득세하자 장성급에 이르렀다. 丙申운은 寅申이 충극하면서 두 격이 모두 해체되기 때문에 불길하다.

편인 戊(土金)申 비견
식신 壬(水土)戌 편인   癸 甲 乙 丙 丁 戊 己
신주 庚(金金)申 비견   亥 子 丑 寅 卯 辰 巳
정재 乙(木金)酉 겁재   417조

신주 庚金이 乙木과 합하여 金으로 변한 金화격(化格)⁺인데 申酉戌의 金方이 화신(化神)의 합금에게 가세하고 화신을 극하는 火가 나타나지 않아서 진격(眞格)이다. 이 사주는 화신인 金이 풍성하기-권재일인-때문에 金의 세력을 설기 시키는 水가 용신(用神)이다. 이것을 사주학 용어로 화위설수(化爲洩秀)⁺라고 한다.

그러므로 土가 병신인데, 戊土(眞神)가 사주에서 가장 힘을 크게 발휘하는 월지의 戌土에 뿌리박고 나와서 꺼림칙하다. 따라서 癸亥의 水운 10년은 용신(用神)이 득세하므로 고인은 넉넉한 집안에서 활발하게 성장하여 甲子의 木水운에도 甲木이 병신인

土를 제압-진신제거 또는 제거기병(除去其病)＋ 혹은 귀물제거 (鬼物除去)＋-하고 子水가 용신(用神)운이 되어 승승장구 했으며, 乙丑에는 乙庚合金과 酉丑의 金局이 용신(用神)을 생조해서 하는 일마다 만사 형통했다. 그러나 丙寅의 火木운행이 갈아들자 寅申이 충극하여 화신의 金을 격동케 하고, 寅戌로 火局을 결성해서 金을 또다시 공격하므로 별안간 화재(火災)를 만나 하루아침에 전 재산을 잃고 끝내 자살하고 말았다. 이밖에 7조. 292조. 312조. 314조. 406조. 456조 등을 참조한다.

〖 종아격(從兒格) 〗

이 격은 신주가 의지할 오행이 없거나 있어도 무력해서 사용할 수 없는 가운데 식상이 가득 찬 사주들이다. 식상은 신주가 생하는 것이고, 이때 생(生)은 생산한다는 의미가 있으니 신주가 생산하는 것은 인륜 상 자녀, 즉 아(兒)이다. 그래서 그 아, 즉 식상에게 순종한다는 뜻으로 종아격(從兒格)이라고 한다. 이 격은 식상을 중심으로 식상운을 좋아하고 만일 재성이 있을 경우는 식상생재로 재성운도 반긴다.

그러니까 신주가 무력해서 종격이 된 종아격(從兒格)이나 종재격(從財格)✝ 그리고 종살격(從殺格)✝ 등은 비겁과 인성운을 꺼린다. 왜냐하면 나(신주)를 포기하고 다른 세력에게 따라나설 바에는 아예 끝까지 따라가서 번성해야 하기 때문이다. 그런 종격들이 인성이나 비겁 운을 만나면 끝까지 따라가지 않고 중도에서 포기하고 제 길을 찾아가려는 것과 흡사해진다. 신주 자체가 워낙 무력한데 운에서 비겁이나 인성이 미약하게 신주를 돕겠다고 나서 보았자 아무 소용이 없다. 오히려 전권을 거머쥔 그 세력과 대결만 벌이게 되어 크게 요동하므로 매우 불길한 것이다.

다음 예조들을 보면 종아격(從兒格)들인데 비겁운은 그런 대로 성공하고 있으나 인성운들을 만나면 한결같이 모두 불길하다는 것을 알 수 있다. 그로 보아 비겁운은 비록 종격이라도 종아를 생조하기 때문에 발전하지만 인성운은 종아와 대결을 벌이므로 매우 불길해서 실패하는 것이다.

비견 癸(水土)未 편관
상관 甲(木木)寅 상관   癸 壬 辛 庚 己 戊 丁
신주 癸(水土)丑 편관   丑 子 亥 戌 酉 申 未
정관 戊(土火)午 편재   418조

신주 癸水가 木왕절의 寅월에 태어나 水洩木으로 설신되고 있다. 이때 생신할 金이 전무하고, 연간에 있는 癸水마저 지지에

金水가 없어 이것도 무력하니 신주를 도와줄 수 없다. 그래서 신주가 매우 쇠약하므로 쇠왕태극(衰旺太克)＊의 극약의설과 종아격(從兒格)의 용법에 의해 木이 용신(用神)이고, 水는 희신이며, 金은 병신이고, 土는 구신이다. 이 경우 甲寅으로 배치되어 용신(用神)은 무력하지 않다.

그러므로 43년 생 중 한 명은 亥子丑의 水方운행에 대학을 순조롭게 나와 내무부 토건업 사무관으로 출신해 공업입국이 한창일 때 辛亥운행에 그 명성이 자자했다. 그러나 庚戌의 金土운행은 병신과 구신운이므로 어떤 사건에 연루되어 퇴직한 다음 申酉戌의 金方운행에 지루하게 놀고 있다. 자녀는 외아들만 두고 있다. 戊申의 申金운행은 寅申이 충극해 용신(用神)이 손상되니 불미하다.

겁재 戊(土金)申 상관
식신 辛(金金)酉 식신　庚 己 戊 丁 丙 乙 甲
신주 己(土金)酉 식신　申 未 午 巳 辰 卯 寅
편관 乙(木土)丑 비견　419조

이 여조는 신주 己土가 金왕절의 酉월에 태어나 설신되고 있는데 생신할 火가 전혀 없고, 丑土는 金局에 가담해서 본성을 상실했으며, 戊土 역신 申金에 설기되어 무능하므로 신주가 의지할 곳이 없다. 따라서 종아격(從兒格)이니 金이 용신(用神)이고,

습토가 희신이며, 火는 병신이고, 木은 구신이며, 水는 약신이다. 이 경우 乙木이 차라리 나타나지 않았더라면 오히려 더 나을 것인데 시간에 투출(透出: 나타남)되어 식상견관(食傷見官)＊만 구성되고, 그것은 자좌살지(自坐殺地)＊에 앉아 무능하다. 그게 남자성인데 말이다.

그러므로 68년 생 중 한 여성은 庚申의 金운행에 전문대 유아교육과를 졸업했으나 巳午未의 火方운행은 종격을 방해하는 인성운이므로 병신운이기 때문에 행자승으로 출가했다가 戊午운행에는 속세로 환속해서 놀고 있다. 그 정도에서 그친 것이 아니고 정신까지 혼미해졌으며, 건강도 매우 불미한 상태이다. 앞길을 묻기에 종교에 계속 귀의하라고 했다. 왜냐하면 金水운이 없고, 火木운, 즉 병신과 구신운만 남아 있으며, 남자성인 乙木은 매우 손상되었기 때문이다.

상관 壬(水水)子 식신
상관 壬(水水)子 식신　癸 甲 乙 丙 丁 戊 己
신주 辛(金金)酉 비견　丑 寅 卯 辰 巳 午 未
식신 癸(水水)亥 상관　420조

신주 辛金이 水왕절의 子월에 태어나 亥子의 水方 등 水의 세력이 매우 강하여 종아격(從兒格)이 되었다. 그러므로 사주에서 세력을 거머쥔 水가 용신(用神)이고, 金은 희신이며, 土는 병신이고, 火는 구신이다. 이 경우 용신(用神)이 부모 터이자 조상 터인 연월에 자리잡고 운행의 초반에 癸丑의 水운을 만나 명문가(名門家)*에서 성장하는 형국이다.

그러므로 12년 생 중 한 명은 부호의 집에서 태어나 寅卯의 木 (약신)운행까지 水洩木으로 순생해서 그런 대로 괜찮게 살았다. 그러나 丙辰의 火土운행은 병신인데 戊戌(土土)년은 또 병신이 가중된다. 그래서 사거(死去)하고 말았다.

상관 丁(火木)卯 겁재
식신 丙(火火)午 상관　乙 甲 癸 壬 辛 庚 己
신주 甲(木火)午 상관　巳 辰 卯 寅 丑 子 亥
정재 己(土火)巳 식신　421조

신주 甲木이 火왕절의 午월에 태어나 火의 세력이 충천하고 있는데 생신해 줄 水가 없고, 卯木 역시 巳午의 火方에 木洩火로 설기되어 甲木을 도울 수 없다. 그러므로 의지할 곳이 없는 신주는 木從火로 火를 따라가 그것에 순종하는 종아격(從兒格)이다. 따라서 木火가 용신(用神)이고, 金水는 병신이다. 이 사주는 甲己合土가 巳시에 출생하여 탈애진(脫埃塵)*이고, 木火통명*을 이루어 문명의 형상이다.

그리고 운행이 약 50년 간 寅卯辰의 木方운으로 달려 27년 생 중 한 명은 교수가 되었고, 책도 저술했다. 그리고 甲己가 합신하고, 巳午가 합신하자 천지덕합(天地德合)＊을 구성하면서 처성인 己土와 장모성인 식신이 합신하여－재식합신(財食合身)－장모님을 봉양했다. 庚子운행은 인성운이기 때문에 매우 불길하리라.

〖 종재격(從財格) 〗

이 격은 신주가 도저히 의지할만한 오행이 없고, 재성들이 사주에서 세력을 움켜잡고 있으면 그 세력에 순종하는 명조이다. 가령 水가 신주인데 金水가 없거나 있어도 너무 무력해서 신주가 의지할 수 없고, 식상인 木이 있거나 없으면서 火가 전권을 잡고 있으면 그 火라는 재성들에게 순종해야 한다. 그렇게 된 사주는 재성이 지지에 많고 그 재성이 천간에 한 두 개 나올수록 종재격(從財格)으로서 진격이 되어 호명이 된다. 물론 운행에도 식상과 재성운을 만나면 크게 발전한다.

정재 丁(火火)巳 편재
편재 丙(火火)午 정재　　乙 甲 癸 壬 辛 庚 己
신주 壬(水木)寅 식신　　巳 辰 卯 寅 丑 子 亥
편인 庚(金土)戌 편관　　422조

신주 壬水가 火왕절의 午월에 태어나 실령했는데 寅午戌의 火局과 巳午의 火方 그리고 丙丁의 火가 사주의 전권을 장악해서 庚金과 신주가 뿌리내릴 곳이 없다. 따라서 水從木으로 木을 따라가 木生火로 木火土에 순종해야 하는 이른바 아우생아(兒又生兒)⁺식 종재격(從財格)이 되었다. 「적천수」에 "한번 문을 나와 한 아이ー식상ー를 보니 그 아이가 기(氣)를 이루고 있음에 그 아이가 또 다시 한 아이ー재성ー를 얻고 있으면 부귀는 필연적이다"고 말한 글에 해당된 명기다. 火는 木土를 소통시키기 때문에 용신(用神)이고, 木은 희신이다.

그러므로 17년 생 중 한 명은 甲辰운행에 辰戌이 상충하자 戌 중 丁火가 뛰쳐나와 소년으로 고시에 합격하고, 寅卯운행에 명리(名利)가 득세했다. 그러다가 亥子丑의 水金운행에는 영영 가라앉고 말았다. 종격에는 신주를 도운 운이 불길하기 때문이다.

상관 庚(金金)申 상관
겁재 戊(土水)子 편재 　己 庚 辛 壬 癸 甲 乙
신주 己(土金)酉 식신 　丑 寅 卯 辰 巳 午 未
정관 甲(木水)子 편재 　423조

신주 己土가 水왕절의 子월에 태어나 실령했고, 金에게 설신이 심한데 신주를 도와줄 火는 전무하고, 戊土 역시 뿌리가 없어 무력하므로 믿을 수 없다. 그래서 사주에서 대세를 거머쥔 金水가 용신(用神)인 종재격(從財格)이므로 火土는 병신이다. 그러므로 20년 생 중 한 명은 壬辰과 癸巳의 水金—申子辰으로 水局, 巳酉로 金局—에 돈을 제법 모았다.

그런데 그런 돈이 벌리자 처성인 子水가 양쪽에 있으므로 양다리 궁합이 되어 그는 두 집 살림을 벌렸다. 그러나 甲午의 木火 운행은 사주와 子午로 상충하고, 火克金해서 金水와 전투를 벌이므로 두 집 살림이 지겨울 정도로 코를 찌르는 냄새가 진동했다.

상관 乙(木火)巳 편재
비견 壬(水火)午 정재 癸 甲 乙 丙 丁 戊 己
신주 壬(水木)寅 식신 未 申 酉 戌 亥 子 丑
편재 丙(火火)午 정재 424조

이 여조는 신주 壬水가 火왕절의 午월에 태어나 실령했는데 생신해 줄 金은 전혀 없고, 두개의 壬水도 의지할 곳(地支)이 없다. 그러므로 水從木으로 木을 따라가 木生火해서 火에 순종하는 종재격(從財格)이 되었다. 따라서 火를 중심 삼아 그 세력에 순응하는 木火土가 길신이고, 金水는 기신이다.

그러므로 65년 생 중 한 여자는 未土와 甲木운행에 대학을 무난히 졸업했다. 그러나 申酉의 金(기신)운에는 막히는 일이 많아 답답했고, 丙戌의 火土운 10년은 길운이다. 그렇지만 亥子丑의 水方운인 후반운은 대체로 불길하다.

그런데 이 사주는 수일여명(水日女命)의 종재격(從財格)이라서 성질이 괄괄한 시부모를 모시고 사는 통계에 속하면서 부자가 되는 사주라고 말하자 지금 그렇지 않아도 시부모님을 모시고 사는데 어찌나 성질이 급해서 보는 쪽쪽 간섭이 심한 통에 고단하다면서 "아이그, 그렇게 사는 것 싫어요. 그런 부자나 돈도 싫고 ⋯ 우리는 장남도 아닌데 ⋯." 하며 매우 못마땅한 표정이다. 그 말을 듣고 보니 늙어갈 걱정이 태산같다.

편재 丁(火土)未 편관
비견 癸(水木)卯 식신　甲 乙 丙 丁 戊 己 庚
신주 癸(水火)巳 정재　辰 巳 午 未 申 酉 戌
정관 戊(土火)午 편재　425조

이 여명은 신주 癸水가 木왕절의 卯월에 태어나 卯未의 木局에 水洩木으로 설신되고 있다. 그런데 생신해 줄 金이 없을 뿐만 아니라 亥子의 水도 없어서 신주가 의지할 뿌리가 없다. 월간의 癸水도 마찬가지니 신주를 도울 수가 없다. 따라서 水從木으로 木을 따라가 木生火하고, 火生土해서 火土에게 순종하는 종재격(從財格)이 되었다.

그래서 수일여명(水日女命)⁺이 종재격(從財格)이 되었으니 성질이 괄괄한 시부모를 모시고 살아야 하며 그래야 부자가 될 사주라고 말했더니 지금 그렇지 않아도 성급한 시부모님을 모시고 산다면서 그게 당연한 것 아니냐는 표정을 지었다. 그리고 자녀성인 식상의 木은 卯木과 未중 乙木 그리고 卯未의 木局으로 2남1여를 두었다. 운행을 보면 초반은 巳午未의 火方운이 연속되어 용신(用神)이 득세한다.

그래서 67년 생 중 한 여자는 건설회사를 경영하는 집안에 출가하여 그 경영권을 물려받은 남편의 아내로서 29살에 이미 사모님이 되었다. 약 45세까지 火土운이 계속되어 대길하고, 그 이후는 申酉戌의 金方운이 있어서 전반의 火土운만은 못하고, 酉金운은 불길하다.

〚 종살격(從殺格) 〛

이 격도 종재격(從財格)⁺처럼 신주와 같은 오행이 지지와 천간이 없거나 있어도 지나치게 무력해서 의지할 수 없는 가운데 재성이나 관살이 사주를 다 차지한 경우 그 세력에 순종하는 것을 말한다. 이런 종살격(從殺格)은 최종자로 그 격 이름이 결정되지만 재성을 중심으로 사주를 읽는다. 왜냐하면 재성으로 인해서 종살격(從殺格)이 더욱 강해지기 때문이다. 그렇게 되면 크게 발전을 거듭한다. 본서 10조 58조 205조 221조 428조 444조 451조 등등을 참조한다.

〖 종지진가(從之眞假) 〗

종격에는 진격과 가격이 있다는 말이다. 다시 말해 진종격(眞從格)과 가종격(假從格)으로 분류할 수 있다. 진종격은 신주가 완전히 의지할 곳이 없는 상태로 종격이 된 것이고, 가종격은 신주가 한 두 개의 인성이나 비겁을 두고서도 그것에게 의지할 수 없어 불가불 종격이 된 것이다.

후자는 인성이나 비겁을 두고도 종격이 되기 때문에 진종이 되지 않고 가종이 된 것이다. 종할 바에는 깨끗이 따라가는 진종이 되어야 한다. 그렇지만 그렇지 못하고 가종이 되는 예도 많은데 이런 가종격은 운행에서 인성이나 비겁을 완전히 제거할 때 진종과 같은 효력이 나타나서 매우 반가운 것이다.

그러므로 적천수에 진짜로 종격이 되는 사주가 몇이나 되더냐 가종에서도 발복하는 예가 많다(眞從之象有幾人 假從亦可發其身)고 했는데 이것은 가종이 운행에서 진종으로 변했을 때 크게 부귀하는 사람을 많이 보았다는 것이다. 이렇게 운에서 진종으로 변하게 했을 경우를 가행진운(假行眞運)이란 말로 표현하기도 한다. 이런 진종이 이루어진 형태는 다음과 같다.

비겁이 있는데도 불구하고 끝내 종재하면서 가종재인 경우. 이때는 관성운을 만나 비겁을 제거-제거기병(除去其病)⁺-할 때 진종이 되어 귀발한다. 또 식상운을 만나면 비겁을 설기시켜 식상생재하기 때문에 그 때도 발신한다. 다음 인성이 있는데도 불구하고 끝내 종재하면서 가종재인 경우. 이때는 재운을 다시 만나서 탐재파인(貪財破印)⁺을 완전히 이룰 때 귀발한다. 재극인(財克印)이 되어 진종이 되기 때문이다.

```
정재 戊(土土)戌 정재
상관 丙(火土)辰 정재   丁 戊 己 庚 辛 壬 癸
신주 乙(木土)未 편재   巳 午 未 申 酉 戌 亥
상관 丙(火土)戌 정재   426조
```

신주 乙木이 土왕절의 辰월에 태어나 재성인 土를 다섯 개나 만났다. 이 때 생신해 줄 水가 없고, 木도 없어서 신주가 의지할 곳이 없다. 그러므로 木從火로 火를 따라가 火生土로 대세를 옮켜쥔 土에게 손종하는 종재격(從財格)⁺이 되었다. 따라서 土를 중심 삼아 그 세력에 순응하는 火土金은 길신이고, 거역하는 水木은 병신이다. 이 경우 용신유력(用神有力)이고, 종재격(從財格)⁺으로서 진격이며, 운행이 평생 土金으로 달려 고인은 己未의 土운행에 등용문을 열고 申酉戌의 金方운에 병신인 木을 제압해서 부귀를 만끽했다.

편재 丙(火木)寅 식신
편인 庚(金木)寅 식신　辛 壬 癸 甲 乙 丙 丁
신주 壬(水火)午 정재　卯 辰 巳 午 未 申 酉
상관 乙(木火)巳 편재　427조

신주 壬水가 木왕절의 寅월에 태어나 실령했는데 庚金이 뿌리 박을 곳이 없어서 생신해 줄 수 없고, 壬水 또한 그러하므로 신주가 의지할 데가 없다. 그러므로 이 사주는 신주가 水從木으로 木을 따라가 木生火해서 대세를 움켜쥔 木火의 세력에게 순종하는 종재격(從財格)⁺이 되었기 때문에 木火가 용신(用神)이고, 金水는 병신이다.

이 경우 庚金이 절지 위에 있어서 무력하다고는 하지만 그래도 종격에는 없는 것만 못하여 가종격의 형태를 띠었다. 그러나 寅午의 火局에 착근하고, 丙火와 乙木이 천간에 분명히 나타나서 용신유력(用神有力)이다. 게다가 운행까지 卯辰의 木方운과 巳

午未의 火方운으로 계속 달려 용신(用神)이 득세한다. 火方운행은 가종이 되는 金을 완전히 제거하여 진종이 되게 했다. 그러므로 고인은 연승가도를 달려 장관급에 이르렀다.

편관 辛(金火)巳 상관
편관 辛(金土)丑 편재　庚 己 戊 丁 丙 乙 甲
신주 乙(木金)酉 편관　子 亥 戌 酉 申 未 午
비견 乙(木金)酉 편관　428조

　이 명조는 신주 乙木이 뿌리박을 곳이 없으므로 巳酉丑의 金局과 두개의 辛金 등 대세를 거머쥔 金의 세력에게 순종하는 종살격(從殺格)✝이 되었다. 따라서 金이 용신(用神)이고, 土는 희신이며, 火는 병신이고, 木은 구신이다. 그러므로 고인은 申酉戌의 金方운행에 시간의 乙木을 제거하여 가종격을 진종격으로 변화시켰고 장성이 있으므로 군·경·율의 계통에서 고관이 되었고, 乙未에 木火土가 강해지면서 다시 가종격이 되어 사거(死去)했다.

정관 乙(木木)卯 정관
겁재 己(土木)卯 정관　戊 丁 丙 乙 甲 癸 壬
신주 戊(土土)辰 비견　寅 丑 子 亥 戌 酉 申
정재 癸(水水)亥 편재　429조

신주 戊土가 木왕절의 卯월에 태어나 卯辰의 木方과 亥卯의 木局 그리고 乙木에게 木克土로 극신을 당하고 있다. 그래서 己土와 辰土에게 힘을 얻을까 하고 기대를 걸어 본다. 그러나 乙木을 거느린 辰土는 卯辰의 木方에 가담하여 오히려 반극을 당하므로 힘이 없고, 己土 역시 바로 옆(밑)에 있는 卯木에게 木克土로 극을 당하여 무력해진 가운데 지지에 뿌리박을 곳이 없다.

따라서 둘 다 신주를 도와줄 능력이 없으므로 신주는 사주에서 전권을 장악한 水木의 세력에게 순종하는 종살격(從殺格)⁺이 되었다. 그러므로 水木이 용신(用神)이고, 火土金은 기신이다. 따라서 고인은 乙亥와 甲木운행에 용신(用神)이 득세하여 연승가도를 달려 고관급에 이르렀다. 己土를 제거해서 진종이 되었기 때문이다.

‖ 종혁격(從革格) ‖

신주가 金이고, 申酉戌의 金왕절에 태어나 사주에 巳酉丑의 金局이나 申酉戌의 金方이 있으며, 거의 전체가 金으로 구성된 사주를 말한다. 그런 종혁격(從革格)은 金이 사주를 다 차지했기 때문에 土金운은 길하고, 火운은 꺼리며 水운은 순리적으로 생조하여 그런 대로 괜찮다.

겁재 辛(金金)酉 겁재
편인 戊(土土)戌 편인　丁 丙 乙 甲 癸 壬 辛
신주 庚(金金)申 비견　酉 申 未 午 巳 辰 卯
겁재 辛(金火)巳 편관　430조

겁재 辛(金金)酉 겁재
편인 戊(土土)戌 편인　丁 丙 乙 甲 癸 壬 辛
신주 庚(金金)申 비견　酉 申 未 午 巳 辰 卯
편재 甲(木金)申 비견　431조

　둘 다 신주 庚金이 土왕절의 戌월에 태어나 申酉戌의 金方을
만났기 때문에 종혁격(從革格)이다. 이 격은 金으로 왕성할 바
에는 끝까지 金이 더욱 강성해져야 아름다운 진격(眞格)이 된다.
따라서 대세를 움켜쥔 金의 세력을 거역하는 火가 병신이고, 木
이 구신이며, 水는 설기시키니 기신이고, 습기 찬 丑辰의 土는
희신이며, 건조한 未戌의 土는 기신이다.

　그런데 巳시생은 戌중 丁火가 있으면서 巳火가 가세하여 병신
이 암암리에 꿈틀거리고 있는 반면에 申시생은 병신이 많이 약
화되었다. 그리고 甲木이 있지만 다른 곳에 水木이 없으므로 뿌
리박을 곳이 없다. 게다가 강성해진 金의 세력에게 강극을 당해

서 있으나 마나하므로 巳시생 보다 훨씬 격상된 진격이다.

그러므로 운행의 중반에 있는 巳午未의 火方(병신)운은 둘 다
불길 하지만 巳시생이 더 불길하고, 申시생은 약간만 불길하게
작용한다. 따라서 巳시생인 고인은 巳申의 형살로 군·경·율의
계통인 무관이 되어 시비곡직(是非曲直)을 가리는 위치에 이르
렀고, 申시생은 장차관급에 이르렀다.

겁재 辛(金金)酉 겁재
편관 丙(火金)申 비견　丁 戊 己 庚 辛 壬 癸
신주 庚(金金)申 비견　酉 戌 亥 子 丑 寅 卯
비견 庚(金土)辰 편인　432조

이 여조는 신주 庚金이 간직된 金왕절의 申월에 태어나 득령했
고, 사주에 金이 많아 종혁격(從革格)이다. 이 격은 金이 용신
(用神)이니 火가 병신인데 丙辛合水해서 병신이 사라졌다. 종혁
격(從革格)은 金이 왕성할수록 호명(好命)이기 때문에 土가 희
신이며, 水는 金이 설기되어 약해지므로 기신이다.

그러므로 21년 생 중 한 여성은 戊戌과 己土의 희신운행에 부
유한 집안에서 유학까지 다녀와 결혼하여 庚辛의 金운행에 네
아들이 번창함과 동시에 가정과 본인이 눈부시게 창성했다. 그
러다 辛丑의 丑운은 金이 입묘된 중 壬子년에 申子辰이 水局을

이루어 설기가 심하므로 별안간 사거(死去)했다. 壬寅의 水木운 행은 아주 나쁜 운이다.

〖 지지연여(地支連茹) 〗

연지를 기준으로 월일시에 지지가 순서대로 짜인 것이다. 가령 子년 丑월 寅일 卯시 같으면 지지가 순서대로 연월일시에 놓인 것이다. 또 중간에 한 자씩을 띄워 子년 寅월 辰일 午시 같은 것도 포함된다. 한 번 더 예를 들면 午년 未월 申일 酉시라든가 午년 申월 戌일 子시라든가 하는 예이다.

이것은 지지가 사주에서는 뿌리인데 그것들이 차례차례 뻗어 연결된 상태로 그렇게 되면 뿌리, 즉 그 기반이 튼튼하여 번성 한다는 것이다. 그래서 일명 지지영연격(地支榮連格)이라고 부 른다. 그렇다면 이 지지영연격만 되어 있어도 무조건 크게 번성 하는 것인가. 그렇지 않고 사주가 잘 짜이고, 용신(用神)이 유력 하면서 이 격이 첨가되었을 경우 그 사주의 품격이 한층 높아지 는 것이다.

비견 庚(金水)子 상관

편인 戊(土木)寅 편재　己 庚 辛 壬 癸 甲 乙
신주 庚(金土)辰 편인　卯 辰 巳 午 未 申 酉
식신 壬(水火)午 정관　433조

　신주 庚金이 木왕절의 寅월에 태어나 실령했고, 寅午의 火局이
극신하며 子辰의 水局과 壬水에 설신되니 신약사주다. 그러므로
신약방조(身弱幫助)의 용법에 의해 土金이 길신이고, 木火는 기
신이다. 따라서 운행은 庚辰의 金土와 辛金이 길운이고, 申金과
乙酉의 金운, 이렇게 15년이 뒤늦게 대길해서 고인은 늦게 대발
했다.

　본조는 연지의 子에서 時支의 午에 이르기까지 子丑寅卯辰巳午
로 丑卯巳를 연이어 끼고 있는 지지연여(地支連茹)격이다. 그래
서 사주팔자가 사주 11자로, 비유컨대 일반 창고보다 3평이 더
넓어진 명기로 그만큼 더 커진 큰 사주다. 이를테면 끼고 들어
온 丑土는 土生金으로 생신하여 신약을 보강하기 때문에 반가운
것이다. 이 격이 순수하게 이루어지면 평생 즐거움이 있고 부귀
가 쌍전한다고 했는데 본조가 이 글에 해당하고 늦게 金(乙酉)
운행을 만나 고인은 대기만성했다.

편재 辛(金水)亥 정관
상관 戊(土土)戌 상관　丁 丙 乙 甲 癸 壬 辛
신주 丁(火金)酉 편재　酉 申 未 午 巳 辰 卯

상관 戊(土金)申 정재 434조

이 사주는 명나라 무제(武帝)가 거쳐간 명기로 창성(創性)과 풍수가 어울리면 고귀해질 명조다. 왜 그럴까? 이 명기는 세 가지 귀해질 징조를 품고 있는 사주다.

그 하나는 월지(月支)의 戊중에 간직된 丁辛戊가 천간에 모두 나와서 천지, 즉 간지가 서로 상부상조하는 천복지재(天覆地載) ⁺격이자 삼기격이 되었다. 또 하나는 천관인 戊亥와 지축인 未申이 양쪽 끝에서 사주를 감싸고 있어서 이름을 천하에 떨칠 천관지축(天關地軸)⁺격도 겸했다. 그리고 나머지 하나는 지지에 申酉戊亥가 순서대로 빠짐없이 연결되어 평생 즐겁고 부귀쌍전한다는 지지연여(地支連茹)격도 첨가했다.

이렇게 세 가지 귀해질 징조의 배경을 깔고 신주 丁火가 土왕절의 戊월에 태어나 火洩土로 설신되어 신약사주가 되었기 때문에 신약방조(身弱幫助)의 용법에 의하여 木火-戊중 丁火에 신주가 통근-가 용신(用神)인데 운행에서 乙未의 木火土와 甲午의 木火 그리고 癸巳의 火-戊癸合火-운, 이렇게 30년 간이나 용신(用神)운을 만났다. 따라서 이 명기에 거듭 부활한 후인은 시경(詩經) 위풍편 기오(淇奧)에 있는 말대로 절차탁마(切磋琢磨)만 잘되면 만인이 존경할 인물이 될 수 있다.

〖 진가상관(眞假傷官) 〗

진상관(眞傷官)과 가상관(假傷官)을 말한 것으로 진상관은 월령이 상관인 사주들이고, 가상관은 월령이 인성이나 비견으로 신주를 돕는 가운데 신강해져 상관이 용신(用神)이 되는 것을 말한다. 가령 寅卯월에 壬癸가 신주이거나 巳午월에 甲乙이 신주 또는 申酉월에 戊己가 신주이거나 亥子월에 庚辛이 신주들로 이것들은 모두 신주가 설신되는 식상월에 태어나서 진상관이 된다. 그러나 亥子월생 木신주가 신강하면 火로 용신(用神)을 삼은 경우가 있는데 이것이 가상관이 되는 것 등이다. 변화상관(變化傷官)†편과 대조하면 이해가 빠를 것이다.

편관 癸(水木)卯 정인
편인 甲(木木)寅 편인　癸 壬 辛 庚 己 戊 丁
신주 丙(火火)午 겁재　丑 子 亥 戌 酉 申 未
식신 戊(土土)戌 식신　435조

신주 丙火가 木왕절의 寅월에 태어나 寅卯의 木方이 木生火로 생신하고, 寅午戌의 火局이 신주의 火에게 합세하므로 火의 세력이 매우 왕성한 신강사주다. 그러므로 신강의설의 용법에 의해 土가 용신(用神)-가상관-인데 이런 짜임새는 습기 찬 丑辰의 土가 있어야 왕성해진 火의 세력을 시원하게 토수(吐秀)할 수 있다.

그러나 건조한 戊戌의 土뿐이지만 불가불 용신(用神)이고, 木은 병신이며, 水는 구신이다. 따라서 辛亥운행은 구신인 亥水가 병신인 寅과 寅亥로 合木하고, 亥卯로 木局을 결성하여 병신이 강화되었다. 그 바람에 고인은 사거(死去)—甲戌년—했다. 가상관을 인성인 木이 파극(破克)시켜 사거(死去)한 것인데 이것을 파료상관(破了傷官)이라고 한다. 토수, 즉 설신을 못하게 막기(克) 때문이다. 그러니까 가상관이 파료상관되면 위험한 것이다.

```
정관 辛(金土)丑 정재
정관 辛(金木)卯 겁재   庚己戊丁丙乙甲
신주 甲(木木)寅 비견   寅丑子亥戌酉申
상관 丁(火木)卯 겁재   436조
```

신주 甲木이 억센 양인월이자 木왕절에 태어나 득령했고, 寅卯의 木方이 신주에게 합세하니 신강하다. 따라서 신강의설의 용법에 의해 火가 용신(用神)이고, 水가 병신이며, 金이 구신이고, 건토는 약신이다. 이 경우 丁火는 가상관이다. 그러므로 61년생 중 한 명은 戊子운행에 병신인 子水가 丁火는 극하여 파료상관이 되므로 고생이 막심했다. 그 후 丁火운행은 용신(用神)운이자 가상관이 토수하므로 약간 재물이 생기더니 亥水운행 중 庚辰년에 실패했다. 水金이 강해졌기 때문이고, 丙戌운행에는 상당히 안정적일 것이다. 申酉의 金운행은 불안한 세월이 되리라.

그는 부인(丁未, 戊申, 甲子, 甲子)과 1여1남을 두었다.

〖 진기왕래(眞氣往來) 〗

적천수에 나온 말로 이것은 주로 일시(日時)를 위주로 본다. 그러나 일주와 월주 또는 일주와 연주로 볼 때도 있는데 일주와 시주가 더 효과적이다. 그럼 무엇이 일시에서 진기가 왕래한다는 말인가. 우선 아래 도표를 보면서 설명해 보자.

甲辛寅未	甲乙申丑	乙庚卯辰	乙辛巳巳	丙乙申酉	丙丁申酉	丁辛巳亥	戊壬午子	己乙巳亥	庚己寅卯	辛癸巳巳	壬丁申未	癸丁亥巳

甲寅일과 辛未시의 경우 甲木은 시지(時支)의 未중 己土와 甲己로 합해 己土의 입장에서 보면 甲木은 관성으로 작용하고, 일지의 寅중 丙火는 시간의 辛金과 丙辛으로 합해 丙火가 辛金의 관성으로 작용한다. 이것을 합해서 서로 진기가 왕래한 것으로 적천수 저자는 말하고 있다. 같은 원리로 甲申일과 乙丑시의 경우 甲은 丑중 己土와 乙은 申중 庚金과 각각 합하여 이것 역시 진기가 왕래한다. 또 乙卯일와 庚辰시는 乙庚이 그리고 庚金은 卯중 乙木과 이렇게 각각 합하면서 진기가 왕래한다고 보는 것

이다.

다음 乙巳일과 辛巳시는 乙이 巳중 庚金과 그리고 辛金이 巳중 丙火와 각각 합하여 이것 역시 진기왕래(眞氣往來)이다. 다시 丙申일과 乙酉시는 丙火가 酉중 辛金과 乙木은 申중 庚金과 乙庚으로 각각 합하면서 진기왕래(眞氣往來)요. 丙申일과 丁酉시도 丙火가 酉중 辛金과 그리고 丁火가 申중 壬水를 각각 관성으로 삼으면서 합해 진기왕래(眞氣往來)이다. 다른 것도 이와 같은 원리로 본다. 이 원리도 어디까지나 사주의 짜임새와 쓰임새에 따라 그 효과의 여부가 다르다.

비견 乙(木水)亥 정인
정재 戊(土木)寅 겁재　己 庚 辛 壬 癸 甲 乙
신주 乙(木木)卯 비견　卯 辰 巳 午 未 申 酉
정관 庚(金土)辰 정재　437조

이 여명은 신주 乙木이 木왕절이 시작된 寅월에 태어나 寅卯辰의 木方과 寅亥合木 그리고 연간의 乙木이 합세하니 신강하다. 그러므로 신강의설과 기후법의 용법에 따라 火가 용신(用神)이고, 木이 희신이며, 水는 병신이고, 金은 구신이며, 土는 약신이다. 이 경우 辰土와 寅중 戊土에 뿌리박고 나타난 월간의 戊土가 부군성이자 관성인 庚金을 생조하므로 명관과마(明官跨馬)✝격이면서 용신유력(用神有力)이다. 그리고 일주와 시주가 乙庚으로 그리고 卯辰으로 합하여 천지덕합(天地德合)✝이고, 진기왕

래(眞氣往來)이다. 따라서 고인은 그 부군이 장관에 이르러 귀
부인이 되었다.

비견 己(土土)丑 비견
상관 庚(金火)午 편인   己戊丁丙乙甲癸
신주 己(土火)巳 정인   巳辰卯寅丑子亥
편관 乙(木水)亥 정재   438조

신주 己土가 간직된 火왕절의 午월에 태어나 득령했고, 巳午의
火方이 생신하며 己丑의 土가 신주에게 합세하니 신강하다. 따
라서 신강의극의 용법에 의해 木이 용신(用神)이고, 水가 희신
이며, 金은 병신이고, 土는 구신이며, 火는 기신이다. 이 경우 재
성인 亥水가 편관인 乙木을 생조하여 명관과마(明官跨馬)⁺격이
다. 그리고 己巳일과 乙亥시로 신주 己土는 亥중 甲木과 또 시
주 乙木은 일지 巳중 庚金과 각각 甲己로, 乙庚으로 합하여 진
기왕래(眞氣往來)이다. 그러므로 고인은 寅卯의 木운행에 발전
하고 甲子와 癸亥에 노익장했다.

〖 진법무민(盡法無民) 〗

계선편에 칠살(일명 편관)은 제(克)하여 항복을 받는 것이 기

쓰지만 너무 지나치게 제하면 오히려 마땅치 않다고 했다(七殺 喜制伏 不宜太過)고 했다. 원래 관살은 법을 다루는 관청이고, 신주는 백성인데 백성을 관리하는 관살이 지나치게 제극을 받으면 신주인 백성마저 마땅치 않게 되는 것이다.

 여기서 관살을 제극하는 것은 식상인데 예를 들어 관성을 용신 (用神)으로 사용할 경우 식상운을 만나면 제살태과(制殺太過)⁺ 내지 진법무민(盡法無民)이 되어 큰 재앙이 생긴다. 다시 말해 운에서 진법무민(盡法無民)이 되면 관성이 크게 손상되므로 그에 해당하는 육친, 즉 자식이나 삭탈관직 또는 비명횡사 등의 재앙이 생길 수 있다. 식상견관(食傷見官)⁺인 사주로서 관살이 용신(用神)인 경우에도 식상운을 만나면 진법무민(盡法無民)이 될 수 있다. 이 단원은 과어제살과 제살태과(制殺太過)⁺의 마당을 참조하면 한층 더 이해가 빠를 것이다.

정관 丁(火土)丑 정인
식신 壬(水木)寅 편재　辛 庚 己 戊 丁 丙 乙
신주 庚(金水)子 상관　丑 子 亥 戌 酉 申 未
정재 乙(木金)酉 겁재　439조

 신주 庚金이 木왕절의 寅월에 태어나 실령해서 신약사주로 출발했다. 그러나 乙庚이 합金하고 억센 양인인 酉金이 신주의 金에게 가세하며 丑土가 생신하니 신강사주로 변했다. 따라서 신강의극의 용법에 의해 火가 용신(用神)이고, 木이 희신이며, 水는 병신이고, 金은 구신이며, 건조한 戊戌未土는 약신이다. 한편, 이 사주는 丁壬이 合木하고 寅木과 乙木이 있어서 재성인 木의 세력도 약하지 않고 신강하므로 재명유기(財命有氣)╈격을 이루었다.

그러므로 「연해자평」 상해정진론과 「명리정종」 편관격에 소개된 고인은 초반에 있는 子丑의 水方운에는 병신운이므로 매사에 침체가 많았다. 그러나 己亥에 이르러 寅亥가 合木하자 융성해지더니 戊戌의 土(약신)운에 대부(大富)했고, 丁火까지 이어진 다음 酉金의 구신운에 흉해졌다.

이 사주를 보면 火, 즉 관성이 용신(用神)인데 子丑의 水方과 壬水가 水克火로 제살태과(制殺太過)╈이다. 그런 가운데 酉金운행에 金生水로 그水의 세력을 사주(使嗾)하여 정관인 丁火를 강극하므로 진법무민(盡法無民)이 되었기 때문에 크게 흉했던 것이다.

편재 癸(水火)巳 정인
비견 己(土土)未 비견 庚 辛 壬 癸 甲 乙 丙
신주 己(土水)亥 정재 申 酉 戌 亥 子 丑 寅
비견 己(土火)巳 정인 440조

이 여조는 신주 己土가 土왕절의 未월에 태어나 득령했고, 巳未의 火方이 생신하니 신강하다. 그러므로 신강의극의 용법에 따라 木이 용신(用神)이고, 水가 희신이며, 金은 병신이고, 土는 대체로 구신이다. 이 경우 亥중 甲木과 未중 乙木이 亥未로 木局을 이루려는 찰나 巳亥가 두 번이나 충극을 가해서 木局을 이루지 못하므로 용신(用神)무력이다. 게다가 초반운행에 庚申과 辛酉의 金운행이 병신운이므로 고인은 요절하고 말았다.

이 사주는 용신(用神)인 木이 사주에서 巳亥 충극으로 巳중 庚金들이 金克木하여 과어제살인데 초반운에 다시 金운을 만나 진법무민(盡法無民)이 가중되어 크게 흉했던 것이다. 이밖에 403조 등을 참조한다.

‖ 진태오리(震兌五理) ‖

진태란 주역의 괘상에서 따온 말로 木을 진괘(震掛)라고 하며 金을 태괘(兌掛)라고 한다. 木신주가 金을 본 경우 다음 다섯 가지 이치(五理)로 용신(用神)을 정하는 것을 말한다.

첫째, 1(寅)월에 태어난 木신주가 金을 보았으면 우선 벌목(伐

木) 당할 것이 무엇 보다 두렵다. 이 때는 火를 용신(用神)으로 삼아 金을 공격(攻擊: 克)해서 木을 보호한다. 이것을 공법(攻法)이라고 한다.

둘째, 2(卯)월 생 木신주는 木이 왕성하고 金이 약할 때이므로 나무를 대들보로 다듬기 위해서는 土로 金을 생조해서 성공시킨 성법(成法)을 쓴다.

셋째, 여름철의 木신주는 건조하기 쉽기 때문에 水로 윤택하게 하는 윤법(潤法)을 사용한다.

넷째, 가을의 木신주는 나무의 뿌리에 흙을 북돋우어 보호해야 하므로 土(흙)에 따르는 종법(從法)을 쓴다.

다섯째, 겨울의 木신주는 火로 따뜻하게 해서 온난하게 해야 하므로 난법(暖法)을 사용한다. 이렇게 공성윤종난(攻成潤從暖)의 다섯 가지를 진태오리(震兌五理)라고 한다.

상관 丙(火水)子 편인
정관 庚(金木)寅 겁재　辛 壬 癸 甲 乙 丙 丁
신주 乙(木金)酉 편관　卯 辰 巳 午 未 申 酉
상관 丙(火水)子 편인　441조

신주 乙木이 木왕절의 寅월에 태어나 득령했으나 정월은 아직도 늦추위가 맹위를 떨칠 때인데 金水가 왕성하므로 더욱 냉목(冷木)이 되었다. 따라서 진태오리(震兌五理)의 공법에 의해 火가 용신(用神)이고, 木이 희신이며, 水는 병신이고, 金은 구신이며, 건토는 약신이다. 이 경우 寅중에 뿌리박고 두 개의 丙火가 나타나 용신유력(用神有力)이며, 그 木火가 조상터에 있고 辛卯로-寅卯의 木方-운행이 일찍 들어 있다.

 그래서 36년 생 중 한 명은 부모의 유산을 독차지-동생에게는 한 푼도 안줌-해 甲午의 木火운행에 임대업과 고리대금업으로 큰돈을 모았다. 그래서 乙未의 木火土운행에도 그 여세가 이어지더니 申金운행에 寅申이 상충하여 丙火의 본거지가 없어지자 58세 癸酉(水金)년에 목욕 중 심장마비로 사거(死去)했다. 그러자 주위 사람들이 오히려 '경사 났다'고 할 정도로 비웃었다. 얼마나 인색하게 수전노 노릇을 했으면 그런 말이 나왔을까? 결국은 한 푼도 지니지 못하고 갈 것을. 마지막 입고 가는 수의에는 주머니가 없다는 사실을 몰랐을까? 베니스의 상인에 나오는 샤일록을 닮았나?

정관 庚(金水)子 편인
편관 辛(金火)巳 상관   壬 癸 甲 乙 丙 丁 戊
신주 乙(木火)巳 상관   午 未 申 酉 戌 亥 子
상관 丙(火水)子 편인   442조

 신주 乙木이 火왕절의 巳월에 태어나 두개의 巳火와 그것에 뿌리박고 나타난 丙火에게 木洩火로 설신되고, 두개의 金이 극신까지 하므로 진태오리(震兌五理)의 운법에 의해 水가 용신(用

神)이 되어 더위(火)에 시달린 나무(신주)를 水生木으로 생신하여 그 생의(生意)를 북돋운다. 그래야 신록의 윤기를 발산할 수 있기 때문이다. 따라서 水가 용신(用神)이니 金은 희신이고, 건조한 戊戌未土는 병신이며, 火는 구신이고, 木은 약신이다. 고로 甲申과 乙酉의 金운행 20년은 희신운에 해당하여 길운이다

그런데 60년 생 중 한 명이 35세 때 그의 부인이 방문하여 우리 주인은 무엇을 해야 돈을 벌 수 있겠느냐고 물었다. 그래서 "물장사 …. 예를 들면 생수(生水) 사업 같은 것이 잘 맞는데 …" 하고 서두를 꺼내자 그 말을 낚아채고 "예, 그래요. 선생님 지금 생수업을 하고 있어요. 그런데 돈은 잘 벌리지 않고 바쁘기만 정신없이 바쁠 뿐인데요. 왜 그렇지요?" 하기에 "아주 잘 시작했습니다.

이 사주는 巳중에 있는 戊土는 땅이고, 火는 전기(電氣)이며, 그 위에 쇠파이프인 辛金을 박아서 물(水)을 끌어 올려 나(신주 木)를 생존케 하므로 생 수업이 적격인데 올해는 甲戌의 木土로 土가 물길을 막고 木이 물을 나눠먹기 때문에 바쁘기만 할 뿐 소득이 시원치 않습니다. 그러나 46살 안에 큰돈을 모을 수 있으니 애로가 다소 있다고 해도 심기를 굳건히 세워 막 밀어붙여 보세요." 하고 말해 주었다. 그러자 고맙단다.

"그런데 子水가 둘이니 어머니가 둘 아닙니까?" 하고 묻자 "예,

맞아요. 사주에 그런 것도 나온가요?" 하고 되묻는다. 그래서 "보이니까 확인하는 것 이지요 그리고 자녀성인 金이 巳중에서 장생하고 있는 庚金에게 뿌리박고 분명하게 둘이 나타났으므로 둘을 두었습니까?" 하고 묻자 "예, 맞아요. 아들만 둘을 두었어요 참 신기한데 ··· 그것도 팔자인가 봐요" 하고 말한다.

"47살쯤부터 丙戌의 火土(구신과 병신)운이 닥치면 고전할 것이므로 그 안에 미리서 공덕(空德) 좀 부지런히 쌓아 두어야 하겠습니다. 예를 들면 어쩔 수 없이 소년소녀 가장 노릇을 하거나 노약자에게 ···" 그러자 "예, 알겠습니다. 그렇게 해보도록 말씀드릴게요. 언제부터 해야죠?" 하고 묻는다. "언제라뇨, 지금부터 틈틈이 실천하는 행동의 기도를 하세요. 그러면 말년에 크게 안정하리다."

그런데 戊寅년에 같은 60년 생으로 동조이인(同造異人)을 감정했다. 그는 강씨로 모외유모(母外有母) † 했고, 午未의 火土운행에 어려운 가정에서 성장해 식품회사에서 근무하다가 40살인 乙酉운행에는 폐수처리(水業)라는 개인사업을 괜찮게 운영하고 있었다. 그리고 부인(壬寅, 己酉, 丙寅, 戊戌)과의 사이에 2남1여를 두었다. 생수 업이나 폐수처리 업이나 같은 수업(水業)이다. 그리고 딸이 한 명 더 있다는 것이 다를 뿐이다.

편인 壬(水水)子 정인

식신 丙(火火)午 상관　丁 戊 己 庚 辛 壬 癸
신주 甲(木金)申 편관　未 申 酉 戌 亥 子 丑
식신 丙(火木)寅 비견　443조

　신주 甲木이 火(무더위)가 왕성한 午월에 태어나 木洩火로 설
신되고, 金을 보았기 때문에 진태오리(震兌五理)의 윤법에 의하
여 水를 용신(用神)으로 삼아 땡볕 더위에 시달리고 있는 木(신
주)을 생조하여 신록(新綠)을 구가하게 한다. 그래서 水가 용신
(用神)이고, 金은 희신이며, 건조한 戊戌未土는 병신이고, 火는
구신이며, 木은 약신이다.

　그런데 子午와 寅申이 각각 상충해서 얼듯 보기에 불미한 명조
처럼 보인다. 그러나 寅午가 合火하고, 申子가 合水하여 충극을
해소했고, 申子의 合水는 멀리 있는 용신(用神)의 水를 내 몸에
합신해 오므로 자체조화(自體造化)⁺로 용신(用神)과 매우 유정
(有情)해진 묘명(妙命)이다. 게다가 운행까지 申酉戌의 金方(희
신)운과 亥子丑의 水方(용신)운으로 평생을 달린다. 그러므로
12년 생 중 한 명은 의학박사에 교수로 일생을 살았다.

정관 辛(金土)丑 정재
편재 戊(土土)戌 편재　丁 丙 乙 甲 癸 壬 辛
신주 甲(木金)申 편관　酉 申 未 午 巳 辰 卯
겁재 乙(木土)丑 정재　444조

신주 甲木이 土왕절의 戌월에 태어나 실령했는데 주위가 온통 土(生)金 뿐이고, 지지에 水木이 없기 때문에 신주가 의지 할 곳이 없다. 그러므로 사주에서 대세를 움켜쥔 土金에게 순종하지 않으면 안될 종살격(從殺格)✝이다. 본조는 진태오리(震兌五理)의 종법에 의해도 土金이 용신(用神)인데 그것이 조상 터인 연월에 있고 申酉의 金운이 초반운행에 있어서 명문가(名門家)✝의 출신 형식이다.

한편, 군·경·율의 계통에 출신할 부벽과 丑戌의 형살이 있으면서 종살격(從殺格)✝이고, 초반운행에 용신(用神)이 득세하여 61년 생 중 한 명은 일류 명문대를 나와 등용문을 열고 31살에 검사가 되었으며, 癸巳운행에 巳丑으로 金局을 이루어 장차관급은 무난할 명기다. 그리고 가정궁인 일시에 처성인 재성과 자녀성인 관성이 용신(用神)이 된 채 자리잡고 그 세력이 튼튼해서 처덕에 자녀까지 번창할 형국이다. 이외에 63조와 98조를 참고한다.

편재 己(土金)酉 편관
상관 丙(火水)子 편인　乙 甲 癸 壬 辛 庚 己
신주 乙(木金)酉 편관　亥 戌 酉 申 未 午 巳
정재 戊(土木)寅 겁재　445조

신주 乙木이 水왕절의 子월에 태어나 金을 보았으니 진태오리(震兌五理)의 난법에 의해서 火가 용신(用神)이고, 건목이 희신이며, 水는 병신이고, 金은 구신이며, 건토는 약신이다. 이 경우 대설(子월)의 초목(신주 乙木)이 태양인 丙火를 만나 반갑고 그게 寅중 丙火에 뿌리를 박아서 용신(用神)과 희신이 튼튼하다. 그 丙火는 문예방면에 속한 식상이다.

그러므로 69년 생 중 한 명은 甲乙의 木方과 寅戌로 火局을 이루는 甲戌운행에 보통 대학을 졸업하고 탤런트로 출신하여 壬午(34세)년에 午火년이 寅午戌로 火局을 제대로 이룬 바람에 스케줄에 쫓길 정도로 정신이 없다. 그리고 같은 탤런트인 부인(庚申, 戊寅, 庚申, 庚辰)과 癸未년에 결혼할 예정이다. 자녀는 둘 정도이고, 壬申운행은 寅申이 충극하여 용신(用神)의 배후지가 크게 흔들리므로 상당히 고전할 것이며, 未午운행에 약간 회복되리라.

겁재 甲(木土)戌 정재
식신 丁(火土)丑 편재　戊 己 庚 辛 壬 癸 甲
신주 乙(木金)酉 편관　寅 卯 辰 巳 午 未 申
편관 辛(金火)巳 상관　446조

신주 乙木이 엄동설한의 丑월에 태어나 金을 보았으니 진태오리(震兌五理)의 난법과 기후법 그리고 식상제살(食傷制殺)[+]의 용법에 따라 火가 용신(用神)이고, 木은 희신이며, 水는 병신이고, 金은 구신이다. 이 경우 巳중 태양인 丙火가 기후를 해결하고, 丁火가 戌중 丁火에 착근한 채 甲木에게 생조를 받고 있으므로 용신유력(用神有力)이다. 게다가 운행까지 寅卯辰의 木方운과 巳午未의 火方운으로 달려 희신과 용신(用神)이 일생동안 득세한다.

그러므로 34년 생 중 이모씨는 丑戌의 형살로 일류 법대를 나와 서울지검의 부장검사를 거쳐 15대를 포함해서 4번이나 국회의원에 당선되었고, 내무장관을 역임했으며, 국회부의장에 취임했다. 그리고 자녀성인 金은 자식궁에 있는 辛金과 巳酉丑의 金局(합)으로 1남2여를 두었다.

ㅊ부

〚 천관지축(天關地軸) 〛

나침반을 보면 戌乾亥는 서북의 경계가 되고, 未坤申은 남서의 경계가 된다. 그리하여 戌과 亥 사이에 건(乾)은 하늘이 되고, 未와 申 사이에 곤(坤)은 땅이 되어 건곤(乾坤)이라고 하니 이것은 하늘과 땅으로 건(乾)은 천관(天關)으로 하늘의 관문이 되고, 곤(坤)은 지축(地軸)으로 땅의 축이 된다. 그래서 어떤 사주의 지지에 戌亥와 未申이 있으면 천관지축(天關地軸) 격이 구성된다. 그런데 그것들이 다 있어야 구성되는가 하면 그렇지 않고서도 되는 경우들이 있다.

가령 戌亥가 있고 未나 申 중 하나만 있어도 구성되며, 未申이 있고 戌이나 亥중 하나만 있어도 역시 된다. 그리고 未戌중 하나와 戌亥중 하나만 만나도 이 격이 성립된다. 이 격이 있으면 그 이름이 천지에 진동한다고 한다. 그렇다고 이 격이 구성된 사주는 다 좋으냐 하면 그렇지 않고 이것도 사주의 짜임새와 쓰임새가 잘 구성된 가운데 이 격이 있으면 사주의 품격이 한층 더 격상된다는 뜻이다.

```
편재 庚(金土)戌 식신
겁재 丁(火水)亥 편관    戊 己 庚 辛 壬 癸 甲
신주 丙(火金)申 편재    子 丑 寅 卯 辰 巳 午
식신 戊(土水)子 정관    447조
```

신주 丙火가 水왕절의 亥월에 태어나 실령했고, 亥子의 水方과 申子의 水局에게 극신을 강하게 당하고 있다. 이렇게 넘쳐나는 水를 신주와 소통시킬 木이 없어서 신주가 고립무원이요. 火土金水가 순생하여 金水로 기세가 몰렸다. 그래서 불가불 水의 세력에게 순종하는 종살격(從殺格)⁺이 되었으니 水가 용신(用神)이고, 金이 희신이며, 土는 병신이고, 火는 구신이며, 木은 약신이다.

그러므로 10년 생 중 한 명―韓氏―은 용신(用神)인 金水가 조상의 터인 연월에 있고 초반운행에 子丑의 水方운행을 만나 명문가(名門家)⁺에서 성장하고, 庚辛의 金운행에 국회에 진출해 壬辰의 水운행에 국회부의장에 이르렀다. 그러다 壬辰운행의 辰土운에 水가 입묘된 가운데 辛丑년에 군사 혁명을 만나 영어의 몸이 되기도 했다. 辛丑년은 子丑이 합하여 용신반합(用神半合)⁺이 된다. 그래도 사주와 다행히 亥子丑이 완전히 결합해 水方

을 구성하므로 용케도 풀려났다. 이 사주는 戌亥가 천관이요 未申은 지축인데 申자가 있어 천관지축(天關地軸)격을 구성해 위인의 형상이다. 그는 癸巳운행에 巳亥가 상충하여 水方이 와해되므로 영영 재기하지 못하고 사거(死去)했다.

상관 辛(金水)亥 편재
식신 庚(金水)子 정재　辛 壬 癸 甲 乙 丙 丁
신주 戌(土土)戌 비견　丑 寅 卯 辰 巳 午 未
겁재 己(土土)未 겁재　448조

이 여조는 신주 戌土가 水왕절의 子월에 태어나 실령했고, 土生金, 金生水로 金水에 기세가 몰려 신약하다. 그러므로 신약의 조의 용법에 의하여 火가 용신(用神)이고, 木이 희신인데 火는 戌중 丁火와 未중 丁火에, 그리고 木은 亥중 甲木과 未중 乙木에 간직된 채 亥未로 木局을 결성하면서 용신(用神)과 희신이 길신암장(吉神暗藏)격이고, 천관인 亥와 지축인 未가 양쪽 끝에서 사주를 에워싼 천관지축(天關地軸)격도 겸했다. 게다가 운행도 寅卯辰의 木方(희신)운과 巳午未의 火方(용신)운으로 평생을 달린다. 따라서 고인은 부군이 木方운에 등용문을 열고 출신하여 고관에 이르는 바람에 귀부인이 되었다.

정인 甲(木木)寅 정인
겁재 丙(火水)子 편관　丁 戌 己 庚 辛 壬 癸

신주 丁(火水)亥 정관 丑 寅 卯 辰 巳 午 未
상관 戊(土金)申 정재 449조

신주 丁火가 水왕절의 子월에 태어나 실령했고, 亥子의 水方과
申子의 水局에게 극신을 당하며 木火土金水로 기세가 金水에 쏠
려 신약하다. 따라서 신약방조(身弱幇助)의 용법에 의해 火木이
용신(用神)이고, 水金은 병신이며, 건토는 약신이다. 이 경우 寅
亥合木이 있고 사주가 순환상생(循環相生)⁺격을 구성했으며, 亥
申이 천관지축(天關地軸)격을 이루었다.

그래서 고인(白氏)은 寅卯의 木운행에 일본 규슈(九州)대 법문
학부를 졸업하고, 33살 丙戌년에 법학교수로 들어갔다. 그리고
1960-庚子47세-년 참의원에 당선된 후 5.16 군사혁명 후에는
공화당 정책의장과 당의장을 역임하며 63(癸卯)년-50세-부터
내리 4선 민의원이었다. 국회의장을 여러 번 역임했던 박준규씨
가 그의 매부였고, 癸水운행 중 1978(戊午-65세)년에 낙선 한
뒤로는 정계에서 완전히 은퇴했다. 자녀는 3남1여를 두었으며,
그 가운데는 대학장도 있다. 그리고 2001년 양력 1월 15일 88
세를 일기로 사거(死去)했다.

비견 甲(木火)午 상관
정관 辛(金土)未 정재 壬 癸 甲 乙 丙 丁 戊
신주 甲(木土)戌 편재 申 酉 戌 亥 子 丑 寅

겁재 乙(木水)亥 편인 450조

이 사주는 제 4대 대통령 선거에 출마했다가 유세를 위해 호남선 열차에 탑승 중 이리에서 별안간 뇌일혈로 쓰러져 사거(死去)한 해공(海公) 신익희(申翼熙) 선생께서 담겨졌던 명기다. 그 당시 "못 살겠다 갈아보자"는 구호를 내걸고 전국 방방곡곡을 누빌 때 송곳 하나 꽂을 데가 없을 정도로 인파가 운집했다.

그렇게 국민의 기대가 컸었는데 갑자기 서거하자 허탈해진 국민들은 허전하고 울적한 마음을 달랠 길이 없었다. 그런 가운데 「비 내리는 호남선」이라는 노래가 삽시간에 전국 구석구석을 파고들어 애달프고 구슬픈 가락으로 온 국민의 가슴을 적시었다. 그 가사가 30~40년이 지난 1995년도에 조사한 '흘러간 옛 노래'의 순서에서 1위를 기록했다. 그 노랫말을 여기에 소개해서 당시의 세태(世態)를 남겨둘까 한다.

<비 내리는 호남선>

목이메인 이별가를 불러야 옳으냐
돌아서서 피눈물을 흘려야 옳으냐
사랑이란 이런 가요 비 내리는 호남선에
헤~어진 그 인사가 야속도 하더란다.

다시못올 그날자를 믿어야 옳으냐
속은줄을 알면서도 속아야 옳으냐
죄도많은 청춘이냐 비내리는 호남선에
떠나가는 열차마다 원수와도 같더란다.

이제 사주로 돌아가자. 신주 甲木이 아직도 火의 세력을 간직한 未月에 태어나 午未의 火方과 午戌의 火局에게 木洩火로 설신되고, 메마른 땅위에 서있는 나무(신주)가 金까지 보았다. 그러므로 진태오리(震兌五理)⁺의 윤법에 따라 水가 용신(用神)이고, 金이 희신이며, 건조한 未戌의 土는 병신이고, 火는 구신이며, 木은 약신이다.

이 경우 재성인 土가 관성인 金을 생조하고 있어서 명관과마(明官跨馬)⁺격을 이루었고 未戌의 형살로 군·경·율의 계통에 출신할 형상이다. 게다가 戌亥와 未가 있어서 천관지축(天關地軸)격도 구성했기 때문에 그 이름이 천하에 진동할 형국이며, 초반 운행에 壬申과 癸酉의 水金운을 만나 용신(用神)과 희신이 동시에 득세하므로 활발한 기간이다.

이어 甲戌의 木土운은 약신과 병신운인데 배치상 木克土니 병신인 土는 약해졌다. 그래서 26살에 3·1운동에 가담했고, 임시정부로 건너가 외무 및 내무부장을 역임하면서 丙子운행까지 독립운동에 몸 바쳐 일했다. 다음 丁丑의 火土운행은 배치상 火生

土니 丑土가 강해진 채 사주와 亥(子)丑으로 水方을 이루어 원수 같은 병신운이 은인 같은 용신(用神)운으로 둔갑한 10년이 되었다. 따라서 8·15광복과 동시에 귀국해서 유석 조병옥 박사와 함께 민주당을 창당해 제 2대 국회의장과 당수를 역임했다. 그 후 戊寅의 土木운행은 戊土가 亥水를 극하는 병신운이고, 사주와 寅戌이 火局을 결성해서 구신으로 변해 병신과 구신이 동시에 난동을 피우면서 사주와 운행이 寅亥로 합해서 용신반합(用神半合)⁺이다.

이 때 용신(用神)인 亥水는 인체상 혈로인데 土에게 강극을 당해서 막히고 水는 火에 이르러 절지를 만났다. 그리고 출마했던 62세는 丙申년으로 일년중 상반기는 구신인 丙火운이다. 그래서 그 해 양력 5월 5일 호남선 열차에서 뇌일혈로 갑자기 서거했다.

〖 천지덕합(天地德合) 〗

삼명통회에 나온 말로 천간(天干)끼리 합하고 있는데 그 합한 천간들의 지지들도 자기들끼리 합하고 있는 것을 말한다. 가령 甲子일에 己丑시라면 천간에서는 甲己가 합하고, 그 천간이 있는 지지들은 子丑으로 합하는 예들을 천지덕합(天地德合)이라고 한다. 이것이 구성되면 천지가 서로 덮어주고 실어주어 서로 단결이 잘 되기 때문에 그런 사주의 주인공들도 세상에서 그런 삶을 살게 된다고 한다. 이것 역시 짜임새와 쓰임새가 일단은 잘된 경우에 한해서 그런 효과가 있다.

 이 천지덕합(天地德合)의 구성은 연월일시(年月日時)가 다 된 경우 또 연월(年月)로 된 것과 연일(年日) 및 연시(年時)로 된 것들이 있고 월일(月日)로 또 월시(月時)로 그리고 일시(日時)로 된 것 경우들이 있다. 그런데 그 중에서도 연월일시와 일시로 구성된 것이 더 효과적이다. 그렇게 구성되는 간지들을 보면 다음 도표와 같다.

甲己 子丑	甲己 巳申	乙庚 酉辰	丙辛 戌卯	丁壬 亥寅	戊癸 寅亥	戊癸 戌卯	己甲 卯戌	己甲 丑子	庚乙 辰酉	辛丙 巳申	壬丁 午未	癸戊 未午

비견 乙(木土)丑 편재
비견 乙(木金)酉 편관 丙丁戊己庚辛壬
신주 乙(木金)酉 편관 戌亥子丑寅卯辰
정관 庚(金土)辰 정재   451조

 이 여조는 신주 乙木이 金왕절인 酉월에 태어나 실령했는데 연월의 乙木들도 뿌리박을 곳(地支)이 없어 무력하기 때문에 신주를 도와줄 수 없고, 생신해 줄 水도 없다. 그래서 신주가 의지할 곳이 없으므로 이 사주는 대세를 장악해버린 金의 세력에게 순종하는 종살격(從殺格)⁺이 되었다. 그리고 다른 측면으로 보면 연월의 두 乙木이 그 곁(밑)에 있는 酉丑의 金局에게 극을 당하여 무력해졌기 때문에 쟁합(爭合)을 못하므로 신주와 庚金이 乙庚으로 合金해서 金화격(化格)⁺이 되였고, 마침 金왕절의 酉월에 태어나 金의 세력이 풍성하므로 金화격(化格)⁺의 진격(眞格)이다.

그러니까 어느 격으로 보나 金이 용신(用神)이고, 土는 희신이며, 火는 병신이고, 木은 화격(化格)⁺과 종격을 방해하는 구신이며, 水는 약신이다. 이 경우 재성인 土가 관성인 金을 생조하여 명관과마(明官跨馬)⁺격을 구성했고, 부군성인 관성과 신주(내)가 합신하여 유정하므로 타고난 궁합이 원만한 형상이며, 천간은 乙庚으로, 그리고 지지는 辰酉로 합하여 천지덕합(天地德合)이다. 게다가 운행까지 亥子丑의 水方운과 己丑의 土운 그리고 庚辛의 金운으로 계속 달려 고인은 귀부인에 이르렀다.

편재 辛(金土)未 식신
겁재 丙(火金)申 정재　乙 甲 癸 壬 辛 庚 己
신주 丁(火水)亥 정관　未 午 巳 辰 卯 寅 丑
정관 壬(水木)寅 정인　452조

신주 丁火가 金왕절이 시작된 申월에 태어나 실령했고, 申중 壬水와 亥중 壬水가 시간에 나타나서 극신하니 신약하다. 따라서 신약방조(身弱幇助)의 용법에 의해 木火가 용신(用神)이고, 金水는 병신이며, 土는 대체로 기신이다. 이 경우 未土부터 土生金, 金生水, 水生木하여 木과 寅중 丙火가 나타나서 용신유력(用神有力)이고, 관성인 水가 인성인 木을 생조해서 木生火로 생신하니 관인상생(官印相生)＋격이다.

그리고 丁亥일에 출생하여 천합지(天合地)＋이며, 천간끼리 丁壬이 합하고 있는데 지지끼리도 寅亥가 합하여 천지덕합(天地德合)격이다. 그러므로 고인은 용신(用神)인 丙火가 부모 터인 월간에 있고 전반운행에 午未의 火方운을 만나ㅡ명문가(名門家)＋ㅡ풍성한 집안에서 성장하고 승승장구로 대발했다. 그러나 癸巳운행에 寅巳申의 삼형살로 화환(禍患)이 발생했고, 壬辰의 水土운에는 병신과 기신운이며, 火는 辰土에 화몰(火沒)＋되고, 申辰이 水局을 이루어 극신하므로 戊申년에 사거(死去)했다.

식신 己(土木)卯 편인
비견 丁(火土)丑 식신　丙 乙 甲 癸 壬 辛 庚
신주 丁(火水)亥 정관　子 亥 戌 酉 申 未 午
정관 壬(水木)寅 정인　453조

신주 丁火가 엄동설한의 丑월에 태어나 설신되고, 亥丑의 水方

과 壬水에게 극신을 당하니 신약사주다. 그러므로 신약방조(身
弱幇助)의 용법에 의해 木火가 용신(用神)이고, 金水는 병신이
다. 이 경우 寅亥合木하고, 亥卯가 木局을 이루어 용신(用神)은
유력하며 천지덕합(天地德合)이다. 그런데 중반운행에 癸酉와
壬申의 水金운, 즉 병신운이 가로막고 있어서 고인은 한창 발전
하다가 크게 불길했다.

‖ 천한지동(天寒地凍) ‖

하늘은 차고 땅은 얼었다는 말이다. 십간 중 金水는 냉한(冷寒)
에 속한다. 金은 金왕절로 가을이니 그때는 하늘에서 서리와 이
슬이 내리기 시작하면서 지구가 찬 기운이 생겨나고 水는 水왕
절의 겨울로 이때는 하늘도 차고 추워지기 때문에 金水는 한냉
(寒冷)하다. 그리고 지지도 마찬가지로 申酉월과 亥子丑월은 가
을과 겨울에 속하므로 역시 한냉한 것이다.

반대로 木火는 봄과 여름이니 한냉의 반대인 조열(燥熱)로 본
다. 그래서 조열 사주는 춘양조열(春陽燥熱)이라고도 한다. 일
년의 절후를 보는 법에 子월, 즉 대설이 되면 음이 극에 이른데
그렇게 극음(極陰)에 이르면 오히려 그 속에서 양이 시작된다고

보았다. 그래서 子월을 일양(一陽)이 시생(始生), 즉 양이 생하기 시작한다고 보았고 丑월은 이양(二陽), 寅월은 삼양(三陽), 卯월은 사양(四陽), 辰월은 오양(五陽)이 된다고 보았다. 그래서 寅卯辰월은 봄철로 양에 속하는데 1, 2, 3월에 출생한 사주에 火가 많이 있으면 더욱 조열(燥熱)되어 그런 사주를 춘양조열이라고 명명한 것이다. 그런 사주는 水가 있거나 습토들이 있어야 火洩土되어 균형이 이루어진다.

그러나 寅卯월에 태어났어도 이때는 아직 한기가 남아 있는 고로 사주에 金水가 많으면 그것은 춘양조열이 아니라 한냉의 기가 강하므로 그런 경우는 오히려 火가 필요하다. 그러므로 사주의 상황을 살펴가면서 조열인가 한냉인가를 가릴 필요가 있고 거기에 따른 처방이 필요하다.

만일 亥子丑월에 태어난 신주가 사주에 金水로 가득 차 있다면 그것은 천한지동(天寒地凍)에 속하는데 이때는 木火가 있어야 중화되어 격상된다. 그와 마찬가지로 조열(燥熱) 사주에는 金水가 있어야 중화될 것은 당연한 이치이다. 그러니까 조열된 사주는 한습(寒濕)에 속한 오행이 있어야 하고, 한냉(寒冷)된 사주에는 조열에 속한 오행이 있어야 그 품격이 격상되는 것이다. 그렇지만 그것은 어디까지나 일반적인 논리이고, 한냉하든 조열하든 한 번 짜이면 그 짜임새에 맞도록 격국과 용신(用神)을 정한다.

정인 辛(金土)丑 정관
정인 辛(金土)丑 정관 　庚己戊丁丙乙甲
신주 壬(水土)辰 편관 　子亥戌酉申未午
정인 辛(金土)丑 정인 　454조

　신주 壬水를 네 개의 土가 세 개의 金을 土生金으로 생조해서 金生水로 생신하니 土金水가 삼상격(三象格)⁺을 이룬 청격(淸格)이요, 그러면서 관성이 인성을 생조해서 생신하는 과정을 밟고 있으므로 관록에 출신할 관인상생(官印相生)⁺격도 겸했다. 이 경우 水는 지혜요 인성은 학문성인데 金水가 서로 생조하면서 금수쌍청(金水雙淸)을 이루었기 때문에 지혜가 출중한 형상이다.

　다만 사주에 온기(火)가 없어서 천한지동(天寒地凍)이므로 이기주의에 빠질 경향이 있다. 이 사주는 극신하는 土가 많아 살인상생(殺印相生)⁺과 신약의조의 용법에 의해 金水가 용신(用神)이고, 火木은 병신이다. 따라서 고인은 운행 초반에 있는 亥水의 水方운부터 발신(發身)하여 申酉戌의 金方운에 황금기를 이루어 대귀했다. 그런데 고인은 냉한사주라서 그런지 온정이 없이 냉정한 이기주의로 출세에만 정신이 없었다고 한다. 그래서 미움의 표상이 되었는데 이 사주에 거듭난 후인은 그렇게 하지 않아도 출세는 기정사실이니 미움 받을 행동은 자제해야 할 것이다.

비견 壬(水木)寅 식신
비견 壬(水水)子 겁재　癸甲乙丙丁戊己
신주 壬(水土)辰 편관　丑寅卯辰巳午未
편인 庚(金水)子 겁재　455조

　신주 壬水가 水왕절의 子월에 태어나 득령했고, 子辰의 水局과
두개의 壬水가 신주의 水에게 가세하며 庚金이 金生水로 생신하
기 때문에 水의 세력이 매우 왕성하다. 따라서 쇠왕태극(衰旺太
克)＋ 중 태왕의설의 용법에 의해 木이 용신(用神)이고, 水가 희
신이며, 火土는 사주에서 대세를 거머쥐고 쥐락펴락하는 水와
상극하니 병신이다. 이 경우 金水로만 된 천한지동(天寒地凍)인
데 寅중 丙火가 조열(燥熱)시켰다.

　그러므로 02년 생 중 한 명은 甲寅과 乙卯의 木운행에 용신(用
神)이 득세하자 변호사 시험에 합격해서 그 이름이 급부상했다.
그러나 丙辰의 火土운행에 壬丙이 충극하고, 용신(用神)인 木이
火운에 이르러 병사지를 만난 가운데 壬申년 申子辰이 水局을
이루고 寅申이 충해 용신(用神)이 손상되므로 아까운 나이에 별
안간 사거(死去)했다.

비견 壬(水金)申 편인

비견 壬(水水)子 겁재　癸甲乙丙丁戊己
신주 壬(水水)子 겁재　丑寅卯辰巳午未
정인 辛(金水)亥 비견　456조

　신주 壬水가 억센 양인월이자 水왕절의 子월에 태어나 온통 金水뿐이니 윤하격(潤下格)✝ 내지 종왕격 그리고 종강격(從强格)✝과 흡사하다. 따라서 金水木은 길신이고, 강자와 대결하는 火土는 기신이다. 이 경우 천한지동(天寒地凍)인데 신강의설 또는 왕자순세(旺者順勢)로 木이 길신이 된 것이다. 그러므로 고인은 寅卯의 木方운행에 한창 잘 발전하더니 丁巳에 巳亥가 충극하여 亥중 甲木이 손상되므로 신강의설이 안되고, 왕자(旺者)와 역세(逆勢)하여 크게 흉했다. 가상관이 파료상관✝된 것과 유사하여 크게 흉했다.

‖ 천합지(天合地) ‖

　육십갑자 가운데 천간과 함께 배치된 지지가 합하는 일진이 7개 있다. 그것들을 소개하면 (1)戊子, (2)辛巳, (3)壬午, (4)丁亥, (5)甲午, (6)己亥, (7)癸巳이다. 戊子는 子중 癸水와 신주가 戊癸로 합해서 재성인 癸水, 즉 재물을 남에게 빼앗기지 않는다.

辛巳는 巳중 丙火가 관성인데 그것이 신주와 丙辛이 합해서 관성, 즉 관록이 나와 합하므로 관록을 남에게 빼앗기지 않으며, 丁亥도 亥중 壬水와 丁壬이 합해 관록과 합해서 관성을 몸에 지닌다.

그리고 甲午는 午중 己土와 甲己가 합해 재성을 몸에 지녔고, 己亥는 亥중 甲木인 관록과 甲己가 합하며, 癸巳는 巳중 戊土인 관록과 戊癸가 합한다. 따라서 천합지(天合地)의 일진에 태어나고 짜임새가 좋으면 재물이나 관록에 출신한다.

정재 丙(火金)申 정인   09 19 29 39 49 59 69 79 89
상관 甲(木火)午 편재   乙 丙 丁 戊 己 庚 辛 壬 癸
신주 癸(水火)巳 정재   未 申 酉 戌 亥 子 丑 寅 卯
편인 辛(金金)酉 편인   457조

이 사주는 한국 국어학계에 가장 큰 별이었던 일석(一石) 이희승(李熙昇) 선생께서 1896년 경기도 시흥군 의왕면 포일리에서 전의(全義) 이씨 종식(宗植)공의 장남이자 독자로 태어나서 거쳐 간 명기다. 그는 일제 36년간의 암흑기에 맞춤법, 표준어, 고유어 등을 갈고 닦아 국어학 연구의 외길로 90여 평생을 보내 그 분야에서 탁월한 발자취를 남겼다.

특히 국어사전 편찬에 남다른 열정을 보여 「국어 대사전」을 두 번이나 편찬했고,「한글 맞춤법 통일안 강의」「국어학 개설」등의 저서도 남겼다. 그뿐 아니라 자서전으로「다시 태어나도 이 길을」「벙어리 냉가슴」「먹추의 말참견」「딸깍발이」「심장의 파편」등 수필과 시집을 냈으며, 91세에도「메아리 없는 넋두리」를 발표했다.

이 사주는 모친성인 인성의 金이 둘이다. 그래서 그의 부친이 경성(서울)에서 관직을 가지고 있을 때 첩살림을 했으므로 모외유모(母外有母)†했다. 신주 癸水가 火왕절의 午월에 태어나 실령했고, 巳午의 火方과 丙火의 재성으로 인해서 신약사주다. 그러므로 신약의방의 용법에 따라 水가 용신(用神)이고, 金이 희신이며, 土는 병신(인데 申酉의 金方이 소통시킴)이고, 火는 구신이다.

이 경우 癸巳일생이니 천합지(天合地)이고, 癸水가 巳酉의 金局과 申酉의 金方에 뿌리박아 용신유력(用神有力)†이며, 희신도 그 세력이 막강하다. 따라서 희신운인 申酉의 金方운행에 이화여전의 교수로 재직했고, 병신인 戊戌의 土운에 조선어학회 사건(1942년)으로 투옥되어 3년 간 수감되었으며, 己亥의 亥水운에 광복과 더불어 경성법대 교수가 되었다. 이어 희신인 庚辛의 金을 대동한 亥子丑의 水方운에 용신(用神)이 득세하여 학술원 종신 회원, 서울대 문리대 학장, 학술원상 공로상 및 건국 공로 훈장 등을 받았다.

그리고 68세에는 동아일보 사장, 71세에 성균관 대학교 대학
원장, 한국 어문교육 연구회 회장 등을 역임했으며, 재단법인 인
촌(仁村 金性洙) 기념회 이사장을 지냈다. 그 후 92세 己巳년
그 별이 떨어졌으니 운행은 癸卯로 사주와 卯酉가 충극해서 金
局이 와해된 통에 서거했다. 이 사주는 그의 수필집에서 발췌했
다. 이밖에 128조 234조 237조 291조 379조 452조 등등을
참조한다.

‖ 추수명검(秋水名劍) ‖

신주가 金이고, 사주에 金이 많아 金이 튼튼하면 금실(金實)이
다. 金이 실하면 火로 다스려 맥놀이⁺의 명기가 되어야 한다. 그
러나 火가 없을 경우는 水가 있어야 쇠(金)를 숫돌에 갈아서 이
름난 검(名劍)을 만든다.

식신 壬(水金)申 비견
편인 戊(土金)申 비견　己 庚 辛 壬 癸 甲 乙
신주 庚(金土)辰 편인　酉 戌 亥 子 丑 寅 卯
편재 甲(木金)申 비견　458조

신주 庚金이 金왕절의 申월에 태어나 득령했고, 세 개의 金이 신주의 金에게 가세하며 두개의 土가 생신하니 金이 무척 실해 진 태왕사주다. 따라서 쇠왕태극(衰旺太克)* 중 태왕의설의 용법에 의해 水가 용신(用神)이고, 金은 희신이다. 이 경우 壬水가 申辰의 水局에 뿌리박고 나타나서 추수명검(秋水名劍)이자 용신유력(用神有力)이다. 그래서 고인은 亥子丑의 水方(중반) 운행에 용신(用神)이 득세하여 그 이름이 드날릴 정도로 대발했다. 이 외에 62조 68조 219조 504조 등을 참조한다.

‖ 추수통원(秋水通源) ‖

가을 물이 근원에 통하여 있다는 말이다. 가령 신주가 壬癸水로 申酉월에 태어났다면 이것은 가을의 金이 水를 金生水로 연속 생조하고 있는 형상이니 이를 일컬어 추수통원(秋水通源)이라고 한다. 필자는 이것을 수원(水源)이 마련되었다고 표현한다. 그리고 이것은 가을 물이 거울같이 깨끗하고 맑다고 해서 추수명경(秋水明鏡)이라고도 한다. 그런가 하면 金水쌍청(雙淸)이라는 말도 쓰는데 여성의 사주가 이렇게 되면 대개 살결이 곱거나 미모에 속하고 남성은 지혜가 많다고도 한다. 그러나 그것도 어디까지나 혼탁(混濁)되지 않는 명조들에 속한 이야기이고, 만약 火土등이 지나치게 혼탁 되었을 경우는 오히려 추녀(醜女)나 우둔한 사람이 될 것은 뻔하다.

정재 丁(火土)丑 정관
편관 戊(土金)申 편인   丁丙乙甲癸壬辛
신주 壬(水土)戌 편관   未午巳辰卯寅丑
편인 庚(金水)子 겁재   459조

신주 壬水가 간직된 金왕절의 申월에 태어나 득기-추수통원(秋水通源)-했고, 申戌의 金方과 庚金이 생신하며 申子의 水局이 신주에게 합세하니 신강하다. 따라서 신강의극의 용법에 의해 土가 용신(用神)이고, 火가 희신이며, 木은 병신이고, 水는 구신이다. 이 경우 申중 戊土와 戌土에 뿌리박고 월간에 용신(用神)이 나타나 戌중 丁火에게 생조를 받으므로 용신유력(用神有力)이며, 살인상생(殺印相生)⁺격이다.

그래서 고인은 전반에 있는 巳午未의 火方운행에 그 이름이 득세할 정도로 드날렸다. 그러나 甲辰운행부터 서서히 기울더니 壬癸의 水를 대동한 寅卯의 木方운행에 水는 丁火를 극하고, 木은 土를 제압하여 흉해졌다.

정관 戊(土木)寅 상관

정인 庚(金金)申 정인　己 戊 丁 丙 乙 甲 癸
신주 癸(水金)酉 편인　未 午 巳 辰 卯 寅 丑
겁재 壬(水土)戌 정관　460조

　이 여조는 신주 癸水가 金왕절의 庚申월에 태어나－추수통원
(秋水通源)－ 申酉戌의 金方이 생신하니 신강하다. 따라서 신강
의극의 용법에 의해 土가 용신(用神)이고, 火가 희신이며, 木은
병신이고, 水는 구신이다. 이 경우 戊土가 戌土에게 뿌리박고 나
타났으나 戌이 金方에 가담하여 불안한 용신(用神)이다. 그래도
용신(用神)이 조상 터인 연간에 있고 전반운행에 巳午未의 火土
운을 만나 명문가(名門家)⁺에서 성장하는 형상이다.

　그래서 실제로 38년 생 중 한 여성은 친정이 잘 살았을 뿐만
아니라 결혼해서도 丙辰의 火土운행까지 2남2여를 낳고 어려움
을 모르고 지냈다. 그러다 甲寅운행 중 甲戌년에 부군(土가 木
운에 극을 당함)이 부도를 내고 자취를 감추어 엉망진창이 된
다음 연속 고전 중이다.

정재 丁(火水)亥 비견
편관 戊(土金)申 편인　丁 丙 乙 甲 癸 壬 辛
신주 壬(水土)辰 편관　未 午 巳 辰 卯 寅 丑
편재 丙(火火)午 정재　461조

신주 壬水가 金왕절의 申월에 태어나 득기(秋水通源)했고, 亥
水와 申(子)辰의 水局이 신주의 水에게 합세하니 신강하다. 이
경우 土가 신강의극의 용법에 따라 용신(用神)이 될듯하다. 그
러나 辰土가 水局에 가담해버려 戊土도 허탈해진 채 그 밑(곁)
에 있는 申金에게 설기되어 약해졌기 때문에 사용하기가 어렵게
되었다. 따라서 신강의재의 용법에 의해 火가 용신(用神)이고,
木이 희신이다.

그런데 마침 기통 찬 시각에 출생하여 용신유력(用神有力)이고,
재성인 火가 관성인 土를 생조하고 있어서 일종의 명관과마(明
官跨馬)⁺격이다. 게다가 운행이 巳午未의 火方운과 寅卯辰의 木
方운으로 놓여있다. 그래서 고인은 일찍부터 연승가도를 달려
장관급에 이르렀다.

‖ 축수양목(蓄水養木) ‖

물을 머금고 있어 나무를 배양(培養), 즉 키울 수 있다는 뜻이
다. 丑土와 辰土에 대한 것으로 丑辰중에는 癸水가 간직되어 있
어서 그것이 나무를 키워낼 수 있는 것이다. 그러니까 간직되어
있다는 말은 외부로 나타난 것이 아니고 내부로 水를 머금고 있

다는 의미이다. 亥子의 水도 나무를 배양할 수 있는데 그것은
亥중 壬水와 子중 癸水가 정기이기 때문에 이것들은 당연히 외
부로 보이는 것이므로 축수양목(蓄水養木)이라고 말하지 않는다.

또 申金 역시 申중 壬水가 있으나 그 정기는 庚金이기 때문에
金克木이 더 강해 이것도 축수양목(蓄水養木)이라고 하지 않는
다. 오직 丑辰에 한해서만 쓰는 말이다. 이것은 주로 木이 용신
(用神)이 되면서 식상제살(食傷制殺)⁺격이나 일장당관(一將當
關)⁺격에서 살피는 예가 많다.

정재 丁(火火)巳 편재
상관 乙(木火)巳 편재　甲 癸 壬 辛 庚 己 戊
신주 壬(水土)辰 편관　辰 卯 寅 丑 子 亥 戌
식신 甲(木土)辰 편관　462조

신주 壬水가 火왕절의 巳월에 태어나서 실령했고, 火가 土를
생조해서 土克水로 극신하니 신약사주다. 이 사주는 물(水)길을
土가 에워싸고 흘러갈 수 없게 하므로 그 土를 제압하여 평평하
게 낮추어야 하기 때문에 식상제살(食傷制殺)⁺의 용법에 의하여
木이 용신(用神)인데 甲木이 辰중 두개의 乙木에게 뿌리를 박고
나타나서 土를 제압해 일장당관(一將當關)⁺격처럼 되었고, 두
辰중 癸水들이 있어 축수양목(蓄水養木)이다. 이 경우 식신은
묘하게도 편관을 좋아한다.

그리고 壬水가 巳월에 태어나 재관쌍미(財官雙美)⁺격도 겸하여
귀하게 될 징조를 띠고 있다. 게다가 운행이 일생동안 寅卯辰의
木方운과 亥子丑의 水方운으로 달려 용신(用神)이 득세하고 신
약사주를 보강한다. 따라서 고인은 일취월장을 거듭하여 고관에
이르렀다. 이외에 399조도 참조한다.

〚 축수지토(畜水之土) 〛

축수양목(蓄水養木)⁺의 단원에서 본 丑辰이 이번에는 축수지토
(畜水之土)로 변해서 쓰인 경우이다. 丑중 癸水와 辰중 癸水가
있어서 거기서는 木을 배양할 수 있다고 했지만 여기서는 그 土
들이 水를 저축하고 있는 것이므로 가령 壬辰으로 배치된 채 壬
水가 용신(用神)이라면 그 壬水는 辰중 癸水라는 축수지토(畜水
之土)에 통근하여 용신(用神)으로서 힘이 있다. 그런 경우를 편
관은 묘하게도 식상을 좋아한다고 말한다. 19조 22조 262조
399조 477조 등을 참조한다.

‖ 축요사격(丑遙巳格) ‖

辛丑일과 癸丑일에 한해 사주에 丑자가 많으면 巳酉丑으로 金局을 이루면서 巳자를 맞아(遙) 들인다. 그래서 巳중 丙火는 辛신주의 관성인 관록으로 작용하고, 巳중 戊土는 癸신주의 관성으로 작용한다. 이 격은 사주에 巳자가 전실(填實)⁺되지 않아야 하고, 子자가 없어야 진격이다. 그런데 예조들을 보면 辛丑일의 경우는 丑자가 많아 자동적으로 신강하기 때문에 관성을 감당할 수 있어 비교적 고관들이 되었다.

이 경우 토다금매(土多金埋)⁺의 형상이니 모왕자고(母旺子孤)⁺의 용법에 의해서 金운행이 대길할 수밖에 없다. 그리고 子자가 없어야 한다고 했지만 戊子시는 육음조양(六陰朝陽)⁺격을 겸해서 그런지 구애가 없어 보인다. 한편, 癸丑일은 丑자가 많아 저절로 신약해서 戊土라는 관성을 감당하기가 힘들어서 그런지 크게 성공하지 못하는 공통점을 지녔다. 고서에 나온 예조들을 보기로 하자.

식신 癸(水土)丑 편인
편재 乙(木土)丑 편인　甲癸壬辛庚己戊
신주 辛(金土)丑 편인　子亥戌酉申未午
정인 戊(土水)子 식신　463조

이 사주는 세 개의 丑자가 巳酉丑으로 金局을 이루면서 巳자를 합래(合來)시켜 온 축요사격(丑遙巳格)과 辛丑일이 戊子시에 출생하여 巳자를 암합(暗合; 子중 癸水가 戊土를 간직한 巳자를 끌어와 巳중 丙火로 신주의 관성으로 삼음)하는 육음조양(六陰朝陽)⁺격도 겸했다. 이 두 격은 모두 귀격으로 火가 실제로 보인 것을 꺼리고 金水운으로 달리는 것을 기뻐한다. 그런데 마침 사주에 火가 없고, 운행이 50여 년 간 金水로 달린다. 그래서 고인은 대고관이 되었다고 한다.

비견 辛(金土)丑 편인
비견 辛(金土)丑 편인　庚己戊丁丙乙甲
신주 辛(金土)丑 편인　子亥戌酉申未午
겁재 庚(金木)寅 정재　464조

이 사주는 많은 丑자가 巳자를 巳(酉)丑으로 합해 맞아들인 축요사격(丑遙巳格)이다. 그리고 마침 이 격이 싫어하는 丙子와 丁巳가 없기 때문에 진격(眞格)인데 다만 있으면 반가운 申酉의 金이 없으므로 약간 격하된 귀격이다. 따라서 고인은 운행 丁酉에 酉와 사주의 丑이 더욱 강력하게 巳酉丑으로 합하면서 巳자를 끌고 와 일약 대발하고, 丙申에도 申金이 사주에 없었던 것을 보충하여 고관에 이르렀다. 그 후 癸巳에는 巳자가 전실(塡實)⁺되어 흉했다.

편재 乙(木土)丑 편인
편인 己(土土)丑 편인　戊丁丙乙甲癸壬
신주 辛(金土)丑 편인　子亥戌酉申未午
정인 戊(土水)子 식신　465조

신주 辛金이 많은 土때문에 흙 속에 파묻힐－土多金埋－염려가 있는 모왕자고(母旺子孤)⁺의 형상이다. 그렇지만 丑중 세 개의 辛金에 신주가 뿌리박고 있어서 걱정은 사라진 셈이고, 다섯 개의 土가 생신하니 신강하다. 따라서 신강의설의 용법에 의해 水가 용신(用神)이고, 金이 희신이다. 이 경우 丑중 세 개의 癸水와 子水가 子丑으로 水方까지 이루어 용신유력(用神有力)이고, 마침 운행도 亥子의 水方운과 申酉戌의 金方운으로 달려 금상첨화다. 金方운은 모왕자고(母旺子孤)⁺까지 한꺼번에 해결하는 운이다.

한편, 이 사주는 세 개의 丑자가 巳자를 강력하게 합해서 끌어와 巳중 丙火가 신주의 관록으로 작용하면서 신주와 丙辛이 합하여 관록과 유정한 축요사격(丑遙巳格)이요 辛일생이 戊子시에 출생하고, 관성(火)이 없으므로 육음조양(六陰朝陽)⁺격도 구성했다. 이 두 격은 모두 火가 전실(塡實)⁺됨을 꺼리고 金水운을 기뻐하는데 앞에서 본대로 운행이 水金으로 달려 두 격에 부합된다. 그러므로 고인은 장·차관급에 이르렀다.

식신 乙(木土)丑 편관
편관 己(土土)丑 편관 戊丁丙乙甲癸壬
신주 癸(水土)丑 편관 子亥戌酉申未午
비견 癸(水土)丑 편관 466조

 신주 癸水가 丑월에 태어나 네 개의 丑土가 강력하게 巳火를
巳(酉)丑으로 합하면서 맞이해 巳중 戊土로 신주의 관록(관성)
을 삼아 작용하는 축요사격(丑遙巳格)이고, 지지가 모두 丑土의
일기로만 구성된 지지일기격이다. 癸丑일 축요사격(丑遙巳格)은
관성인 戊土를 보지 않아야 하고, 金水운을 기뻐한 데 마침 운
행이 亥子의 水方운과 申酉戌의 金方운으로 달려 신약을 보강하
므로 반갑다. 다만 己土의 관성이 보여 고인은 차관급에서 그쳤
다.

⟦ 체전지상(體全之象) ⟧

 이 말은 궁통보감(窮通寶鑑) 8월 생 임수론(壬水論)에 나온 용
어로 독수(獨水)가 酉월에 태어나고 사주에 庚辛의 金이 세 개
이상 있으면 이것도 하나의 격이 되니 이른바 체전지상(體全之

象)이라고 했다. 여기서 독수(獨水)란 壬水만 한정하는 것이 아니고 癸水도 포함된다. 그렇다고 체전지상(體全之像)이라는 격국만 이루면 용신(用神)이 어떤 것이라고 정해지느냐하면 그런 것이 아니다. 가령 신강되어 건토가 있으면 土가 용신(用神)이 될 수 있고 甲木이 있으면 신강의설의 용법이 적용될 수도 있는 것이다. 그런데 궁통보감에서는 앞서와 같은 사주에 甲戌가 없으면서 체전지상(體全之像)이 되면 그 세력에 순응하는 오행이 길신이다고 했다.

```
정인 庚(金金)申 정인
식신 乙(木金)酉 편인    丙 丁 戊 己 庚 辛 壬
신주 癸(水火)巳 정재    戌 亥 子 丑 寅 卯 辰
편인 辛(金金)酉 편인    467조
```

신주 癸水가 金왕절의 酉월에 태어나 申酉의 金方과 巳酉의 金局 그리고 乙庚合金이 金生水로 생신하니 신강하다. 따라서 모왕자고(母旺子孤)⁺의 용법에 의해 水가 용신(用神)이다. 이 사주들은 金水가 대세를 완전히 장악했기 때문에 운행도 순세(順勢)하는 金水운을 크게 기뻐하고 역세(逆勢)하는 火土木운은 싫어한다. 木은 金水로 단결된 金을 寅申과 卯酉가 충극해서 단결을 못하도록 하기 때문이다.

이 경우 巳火가 巳酉의 金局에 가담해서 있으나마나 하므로 체전지상(體全之像)이다. 그러므로 고인은 水方운에 즐겁게 살다가 寅木 운행에 寅申이 충극해서 역세하고 약자(木)가 강자(金)에게 대들다가 역공을 당해 사거(死去)했다. 이외에 120조를 참조한다.

〚 천복지재(天覆地載) 〛

중용(中庸) 26장 2절에 "넓고 두터움은 만물을 싣기 위함이요, 높고 밝음은 만물을 덮기 위함이다(博厚는 所以載物也요 高明은 所以覆物也라)"는 말이 있다. 여기서 말하는 박후(博厚)는 땅을 말하는데 그것이 넓고 두터움은 만물을 싣고서(載) 길러내기 위한 것이고, 고명(高明)은 하늘을 말하는데 그것이 높고 밝음은 천하를 밝게 비추고 덮어(覆) 품에 안기 위함이다. 그러니까 천하를 덮은 것을 천복(天覆)이라 하고 그 덮은 것을 받아 지녀서 길러내는 것을 지재(地載)라고 하는 것이다.

그와 같이 사주도 천간은 하늘이고, 지지는 땅인데 천간과 지지가 서로 덮어주고 실어 길러낸 짜임새라면 천지가 호응하는 형상이다. 이렇게 간지(干支), 즉 천지(天地)가 상응하면 마치 부부가 화합하는 것과 같은 것이다. 남편이 덮어주고 부인이 실어서 길러내는 것이 복된 가정인 것과 같이 사주도 그렇게 천복지재(天覆地載)격이 되면 상당히 호명에 속한다.

그럼 어떤 짜임새가 천복지재(天覆地載)격인가. 가령 천간에 甲乙의 木이 있다면 지지에 亥子나 寅卯가 있어 서로 상응하는 것이고, 지지의 寅卯는 천간에 甲乙이나 壬癸의 水가 있는 것이다. 또 천간에 丙丁의 火가 있다면 지지에 寅卯나 巳午가 있어 서로 호응하고, 지지의 巳午는 천간에 丙丁이나 甲乙이 있는 것 등등이다. 그러니까 천간의 오행은 지지에 통하여 있고 지지도 천간에 연결되어 있는 상태이다. 그러면 서로 도와 단결하는 형상이 된다. 이때 지지나 천간들이 충극하면 손상되어 흔들리기 때문에 서로 돕지 못하므로 모두 불안 상태에 빠져 좋지 않게 된다.

정관 辛(金土)丑 정재
정인 癸(水火)巳 식신　壬 辛 庚 己 戊 丁 丙
신주 甲(木水)子 정인　辰 卯 寅 丑 子 亥 戌
식신 丙(火木)寅 비견　468조

이 사주는 丑土에서 시작해 土生金, 金生水, 水生木, 木生火, 火生土해서 오행이 멈추지 않고 빙빙 돌고 도는 순환상생(循環相生)＊격을 이룬 바람에 어느 운행이든 원만하게 소화할 수 있다. 그러면서 배득중화(配得中和)＊도 되었고, 게다가 천간에 나타난 오행들이 모두 지지에 뿌리를 박고 있어서 천복지재(天覆地載)도 겸했다. 다시 말해 辛金은 丑土와 그 중의 辛金에 그리고 癸水는 子水에게 또 甲木은 寅木에게 다시 丙火는 巳火에게 모두 통하여 간지가 서로 덮어주고 실어준 것이다.

궁통보감에 "4월 木신주는 丙火 때문에 목기(木氣)가 마르므로 癸水로 생신하여 돕고 木火통명✛하며 金水가 나란히 나타나면 등용문을 통과한다"고 하였다. 따라서 고인은 부귀를 겸했을 뿐 아니라 자녀들이 많으면서 그들이 번창했고, 장수하면서 노익장도 과시했다.

정관 壬(水木)寅 정인
정인 甲(木土)辰 상관   乙 丙 丁 戊 己 庚 辛
신주 丁(火水)亥 정관   巳 午 未 申 酉 戌 亥
식신 己(土金)酉 편재   469조

이 사주는 연간의 壬水부터 水生木, 木生火, 火生土, 土生金, 金生水해서 오행이 배득중화(配得中和)✛된 가운데 쉬지 않고 빙빙 돌고 도는 순환상생(循環相生)✛격을 구성했다. 게다가 천간에 나온 모든 오행이 지지에 모두 뿌리를 박아서 간지가 상부상조하는 천복지재(天覆地載)도 겸했다. 그뿐 아니라 년일(年日)은 丁壬과 寅亥가 각각 합하고, 월시(月時)는 甲己와 辰酉가 각각 합하여 빈틈없이 단결된 명기다. 그러므로 고인은 그 관록이 이

품(二品)에 이르렀고 재물은 넘칠 지경으로 만당(滿堂)했으며, 자녀들도 번창했고, 80여세로 노익장을 과시하며 장수했다.

편재 乙(木木)卯 편재
편인 己(土土)丑 편인　戊 丁 丙 乙 甲 癸 壬
신주 辛(金土)未 편인　子 亥 戌 酉 申 未 午
편관 丁(火金)酉 비견　470조

신주 辛金이 丑월에 태어나 세 개의 土—未중 丁火가 나타나 丑土가 해동됨—에게 생신을 받고 酉金과 酉丑의 金局이 신주의 金에게 합세하므로 신강하다. 따라서 신강의극의 용법에 의하여 火가 용신(用神)이고, 木은 희신이며, 水는 병신이고, 金은 구신이며, 건조한 戊戌未土가 약신이고, 습기 찬 己丑辰土는 화몰(火沒)⁺시키니 기신이다. 이 사주는 재관인이 삼기격을 이루었고 일록귀시(日祿歸時)⁺격이다.

그리고 乙木은 卯木에게 또 己土는 丑土에게 그리고 辛金은 酉金에게 다시 丁火는 未중 丁火와 서로 덮어주고 실어주어 천복지재(天覆地載)격도 겸했다. 그러므로 고인은 申酉의 金方운에 고전하다가 말년에 있는 巳午未의 火方운행에 큰 부자가 되고, 노익장을 과시했다.

식신 丁(火火)巳 상관

식신 丁(火土)未 편재　戊己庚辛壬癸甲
신주 乙(木土)未 편재　申酉戌亥子丑寅
정관 庚(金土)辰 정재　471조

이 여조는 신주 乙木이 土왕절의 未월에 태어나 巳未의 火方과
두개의 丁火에게 木洩火로 설신되니 신약사주다. 비록 그렇지만
未중 두개의 乙木과 辰중 乙木에게 신주가 통근하여 매우 약하
지는 않다. 이렇게 여명은 너무 신강하거나 신약하지 않은 것이
바람직하다. 게다가 천간에 나온 火木金이 모두 지지에 착근해
서 천복지재(天覆地載)을 이루었다.

이 사주는 火의 세력이 제일 강하므로 金이 조금 억제 당하고
있는데 관성이자 부군성인 庚金을 재성인 辰土가 土生金으로 생
조하고 있어서 명관과마(明官跨馬)†격을 구성했고, 운행이 金水
로 달려 火의 세력과 균형을 이룬다.

그래서 水운에는 金(부군)과 木(나) 그리고 火(자녀)가 순환상
생(循環相生)†격을 이루므로 고인은 그 부군이 고관급에 이르렀
고 자녀들도 크게 발전했으며, 그 바람에 자신도 귀부인이 되었
다. 이런 사주는 辰土가 과숙살이고, 乙未가 백호대살(白虎大殺)
이지만 무시해 버린다. 이외에 105조 108조 234조 244조 434
조 등을 참조한다.

ㅌ부

‖ 탈애진(脫埃塵) ‖

한 마디로 손에 티끌이나 흙을 묻히지 않고 편하게 산다는 말
이다. 십단금(十段錦)에 이르되 "甲己가 합화토(合化土)하고, 辰
시나 巳시에 태어나면 탈애진(脫埃塵)의 명조다. 만일 연월에
火局(火局)이 있으면 공명이 나타나서 부귀한다."고 하였다. 그
러나 필자가 세찰(細察)해 보았더니 이런 명기도 짜임새가 부실
하면 여지없이 불미했다.

편관 庚(金土)戌 편재
정관 辛(金火)巳 식신　壬 癸 甲 乙 丙 丁 戊
신주 甲(木火)午 상관　午 未 申 酉 戌 亥 子
정재 己(土火)巳 식신　472조

甲己가 合土하고, 그 화신을 생조하는 巳월생이며, 火土가 많아
土화격(化格)⁺이니 火土金이 길신이고, 水木은 병신이다. 이 경
우 甲己合土가 火왕절에 태어나고 辰巳시에 출생해서 탈애진(脫

埃塵)이다. 그러므로 70년 생 중 한 명은 午未의 火方운행에 치과대학을 졸업하고, 甲申운행에 인턴 과정을 마친 다음 乙酉운행 壬午년에 군의관으로 입대했다. 부인(癸丑, 丙辰, 丁酉, 癸卯)과 둘 정도 자녀를 둘 것이고, 丙戌운행에 상당히 안정적으로 발전할 것이며, 亥子운은 침체하리라.

정재 己(土土)未 정재
정관 辛(金土)未 정재　　庚 己 戊 丁 丙 乙 甲
신주 甲(木土)戌 편재　　午 巳 辰 卯 寅 丑 子
정재 己(土火)巳 식신　　473조

　신주 甲木이 시간의 己土와 甲己合土되어 土화격(化格)⁺인데 마침 土왕절의 未월에 태어나고 사주에 火土가 가득 찼다. 십단금(十段錦)에 이르기를 "甲己가 중앙화토신(中央化土神)인데 시주에서 辰巳를 만나면 탈애진(脫埃塵)이라. 만일 연월에서 火局을 만나면 그 이름이 크게 나타나서-方顯功名-부귀하는 사람이된다."고 하였다. 이 사주가 甲己合土해서 중앙-水는 북쪽, 木은 동쪽, 火는 남쪽, 金은 서쪽, 土는 중앙-화토신이 되었고, 辰巳중 巳시에 출생했다.

　다만 연월에서 火局을 만나지 못했으나 火土가 가득 찬 두개의 未土를 만났다. 화격(化格)⁺은 화신(化神)인 土가 많을수록 좋고 화신을 생조하는 火를 좋아한데 마침 운행이 辰巳午와 丁丙

의 火土로 달린다. 본조는 생신해 줄 水가 없기 때문에 종재격 (從財格)⁺으로 보아도 火土가 용신(用神)이다.

그래서 19년 생 중 한 명은 土가 왕성하여 토업(土業)-지물 (紙物), 부동산 등-가운데 제지회사의 사장에 이르렀다. 한편, 처성인 己土가 연간과 시간 그리고 월지의 未중 己土, 이렇게 셋이나 있으면서 신주와 자주 甲己로 합신하고, 가정궁에는 귀 문관살(鬼門關殺)⁺과 巳戌이 원진살이므로 그의 처가 신경쇠약 증에 걸려 신음한 적이 있다.

정인 癸(水土)未 정재
편인 壬(水土)戌 편재　辛 庚 己 戊 丁 丙 乙
신주 甲(木土)辰 편재　酉 申 未 午 巳 辰 卯
정재 己(土火)巳 식신　474조

신주 甲木이 己土와 甲己로 合土되어 土화격(化格)⁺이 되었는 데 마침 土왕절의 戌월에 태어나 반갑고 사주에 火土가 많으며, 화신(化神)인 土를 극하는 병신인 木이 없어서 화격(化格)⁺의 진격이다. 이 경우 甲己合土하고 巳시에 출생하여 탈애진(脫埃 塵)의 명조다.

그래서 43년 생 중 한 명은 초반운행이 불길하고 戌未의 형살 로 직업군인이 되었다. 그래서 巳午未의 火土운행에 상당한 부를 축적했고, 평화롭게 살았다. 그러다 丙辰운행 중 甲戌년에 甲木의 병신이 나타나고 일지편재(日支偏財)*가 작용해서 과부에게 푹 빠졌다. 자녀는 1남1여-戌중 辛金과 巳중 庚金-를 두었다.

⟦ 탐재파인(貪財破印) ⟧

사주에 인성은 생신하는 오행으로 모친성이자 학문성이며, 종교성에 해당하고, 재성은 내가 극하는 오행으로 처성이자 재물성인데 재성은 오행 생극 원리상 인성을 극한다. 즉 재극인(財克印)이 되는데 가령 신주가 木일 때 인성은 水이고, 재성은 土로 土克水하는 것이다. 그래서 모친과 처가 불화하는 것을 고부간의 갈등으로 흔히들 말하는 것이다.

이렇게 고부간의 갈등을 일으키면 신주는 모친(인성 水)보다는 처(재성 土)를 놓칠 수 없는 고민에 빠지지만 그렇다고 모친을 박대할 수도 없는 처지에 놓인다. 다시 말해 처를 사랑하지만 어머니를 멀리할 수가 없게 된 것이다. 이때 처를 두둔하면 모친이 크게 상처를 입는다. 그래서 처를 탐내면 어머니가 파손되는 것이므로 탐재파인(貪財破印)이다.

이것을 다른 비유로 말하면 인성은 학문성이고, 재성은 재물에 속하는데 인성으로 용신(用神)을 삼은 공무원이 되었을 경우 재물운이 들어와서 탐재파인(貪財破印)이 되면 재물로 인해서 파직되기 쉽다. 즉 뇌물죄에 해당되어 재성운에 비리가 밝혀지고 그에 따른 죄와 벌을 받게 되는 것이다. 그러므로 인성이 용신(用神)으로 된 관리는 재성운에 뇌물을 멀리해야 한다.

그리고 재극인에는 또 다른 의미도 있다. 즉 학문성인 인성으로 용신(用神)을 삼은 경우 학자가 되는 경우가 많은데 학자들은 대개 재성이 약하여 높은 학식에 비해 재물이 적게 된다. 그리고 재성이 강한 사람은 사업에만 정신이 몰려 돈은 많은데 재극인하므로 그들은 대개 책과는 거리가 멀어 지식은 얇은 것이다. 이른바 책맹(冊盲)이다. 1980년에서 2000년 사이에 부동산으로 '졸' 지에 떼 '부' 자가 된 사람들이 많은데 이것을 속칭 '졸부(猝富)' 라고 줄여서 말한다.

그들의 특징 가운데 하나가 대개 지식은 깊지 못한 경향이 많아 사람들 사이에는 이런 속어가 있다. "그랜저 속에 졸부가 탔다" 그랜저라면 이 시대에 값비싼 최고급 승용차 중 하나인데 그 속에는 그만한 인격을 지닌 사람이 타고 있는 것이 아니라 졸부가 소유하고 있다는 말이다. 사실 사기꾼들이나 여대생을 꼬시어 화간(和姦)을 저지르고 협박을 일삼는 자들 중에 최고급 승용차를 사용하는 자들이 흔하기 때문에 이런 속담이 생겼을 지경이다. 아무튼 탐재파인(貪財破印)은 재물과 지식이 대립하고 있는 것이다. 이 단원은 재인불애(財印不碍)⁺ 편과 비교하면서 공부하면 이해가 빠를 것이다.

```
비견 丁(火土)丑 식신
정관 壬(水木)寅 정인    癸 甲 乙 丙 丁 戊 己
신주 丁(火金)酉 편재    卯 辰 巳 午 未 申 酉
식신 己(土金)酉 편재    475조
```

이 여명은 신주 丁火가 木왕절이 시작된 寅월에 태어나 木生火로 생신하기 때문에 신강사주로 출발했다. 그렇지만 酉丑의 金局과 재성이 많아서 재다신약(財多身弱)⁺ 사주로 변했다. 그러므로 신약의방의 용법에 의해 火가 용신(用神)이고, 木은 희신이며, 水는 병신이고, 金은 구신이며, 습기 찬 己丑辰土는 화몰(火沒)⁺되어 기신이다.

이 경우 용신(用神)인 火가 寅중 丙火에 통근(通根)했고, 운행이 초반부터 50년 간 木火로 달려 용신(用神)이 득세한다. 게다가 관성인 壬水를 두개의 재성인 酉金이 생조하여 이른바 명관과마(明官跨馬)⁺격까지 겸비했다. 그래서 고인은 巳午未의 火方운에 귀부인이 되었다. 이 사주는 탐재파인(貪財破印)이니 木을 용신(用神)으로 사용할 수 없다.

식신 己(土土)丑 식신
식신 己(土火)巳 겁재　庚辛壬癸甲乙丙
신주 丁(火金)酉 편재　午未申酉戌亥子
편관 癸(水木)卯 편인　476조

　이 여조는 신주 丁火가 火왕절의 巳월에 태어나 득령해서 신강
사주로 출발했으나 火洩土하고 土生金으로 巳酉丑의 金局을 생
조해 土金이 강해진 통에 신약사주로 변했다. 따라서 신약의방
의 용법에 의해 火가 용신(用神)이고, 木이 희신이며, 水는 병신
이고, 金은 구신이며, 건토는 약신이다. 이 경우 卯酉가 충극되
어 卯木이 손상되었고, 탐재파인(貪財破印)이므로 卯木을 사용
할 수 없고, 재성인 金이 강해 비겁으로 용신(用神)을 정했다.

　그러므로 49년 생 중 한 여성은 午未의 火方운행에 그런 대로
괜찮았다. 그러나 壬癸의 水를 대동한 申酉의 金운행은 병신과
구신운이며, 지지끼리는 일시형충(日時刑冲)†이고, 천간끼리는
丁癸가 충극한다. 그리하여 부군(癸未, 癸亥, 戊子, 丙辰)과 1남
1여를 두고 집마저 팔아야 했다. 그 후 甲戌운행 중 己卯년에
일터로 나가 뛰고 있는데 木운행은 희신운이지 용신(用神)운이
아니므로 크게 기대할 수 없지만 그래도 중년보다는 좀 나아지
리라.

상관 丙(火土)辰 정재
정인 壬(水土)辰 정재　　辛 庚 己 戊 丁 丙 乙
신주 乙(木土)未 편재　　卯 寅 丑 子 亥 戌 酉
편관 辛(金火)巳 상관　　477조

　이 여명은 신주 乙木이 간직된 土왕절의 辰월에 태어나 火土가
강하므로 신약하다. 이 경우 재다신약(財多身弱)＊이므로 木이
더 필요하고, 巳未의 火方과 丙火가 있어서 水도 필요하다. 따라
서 신약방조(身弱幇助)의 용법에 의해 木水가 용신(用神)이고,
金土는 병신이며, 火는 기신이다. 이때 壬水가 두 辰중 두 癸水
에 뿌리박고 있어 축수지토(畜水之土)＊이니 탐재파인(貪財破印)
이 안 되고, 재인불애(財印不碍)＊가 되었으며, 신주인 乙木도 未
중 그리고 辰중에 각각 암장되어 있으므로 이 또한 약하지만은
않은 형국이다.

　그러므로 76년 생 중 한 여성은 寅卯운이 길운이므로 교대를
졸업한 후 초등학교 선생이 되어 庚辰년 현재 근무 중이다. 己
丑운행에는 丑중 辛金이라는 부군성이 있어 결혼해 자녀는 둘
정도요, 丑未가 상충하기 때문에 약간 부군과 마찰이 생길 때이
다. 亥운행에는 亥未가 木局을 이루면서 亥중 壬水가 득세하여
교장에 이르리라.

▌토다금매(土多金埋)▐

이 마당은 土가 많은데 다른 오행들이 적을 때 어떤 용어들이 적용되는가를 보기로 하자. 토다금매(土多金埋)는 土가 지나치게 많고 金이 너무나 적을 경우 金이 땅 속 깊이 묻혀(매몰埋沒)있는 형상이다. 이런 형태의 사주는 木으로 土를 파헤쳐(克)서 金을 발굴하거나 金운을 만나야 土와 균형을 이루어 길하다. 그리고 토다수산(土多水散)은 土가 많아 넓고 두터운데 水가 적으면 물인 水가 흩어져 버린 형상이다.

만일 土신주로 土가 많은데 재성이자 처성인 水가 부족하면 그 방면에 하자가 있는 명조이다. 또 토다목고(土多木孤)는 土가 많은데 木이 적은 사주는 넓은 광야에 홀로 서있는 나무와 같은 형상이다. 따라서 나무를 더 심어 넓은 땅과 균형을 맞추어야 한다. 가령 木신주로 土, 즉 재성이 많으면 재다신약(財多身弱)[+]의 형상이니 木이 더 필요하다.

그리고 토다화몰(土多火沒)은 土는 많은데 火가 너무 적으면 불인 火가 땅 속에 스며들어 없어지는 형상이다. 화몰(火沒)[+]편을 참고한다. 한편, 토다토가(土多土稼)는 가색격(稼穡格)[+]을 참조한다. 이상의 土多金埋와 土多水散 그리고 土多木孤와 土多火沒 및 土多土稼(稼穡格)의 용어들은 사주 상황을 판독하는데 필요한 것들이다. 이 아래의 예조들은 토다금매(土多金埋)의 경우 들이다.

편인 己(土土)丑 편인
정재 甲(木土)戌 편인　癸 壬 辛 庚 己 戊 丁
신주 辛(金木)卯 편재　酉 申 未 午 巳 辰 卯
정인 戊(土土)戌 편인　478조

　신주 辛金이 간직된 土왕절의 戌월에 태어나 많은 土들이 생신하니 신강하다. 이 경우 甲己合土되어 토다금매(土多金埋)의 형상이므로 모왕자고(母旺子孤)✝와 비슷해 마마보이와 유사하다. 따라서 金이 용신(用神)이고, 火는 병신이며, 木은 구신이다.

　그러므로 49년 생 중 한 명은 모친성이 많고 부친성인 卯木은 약해 일찍 아버지와 조별했고, 卯戌이 합해 재인합신(財印合身)이기 때문에 모가재취(母嫁再娶)✝로 재혼하여 이복형제들이 있다. 그리고 결혼해 딸만 둘을 두었으며, 己巳운행-巳丑이 合金-에는 어머니가 사준 상가로 임대업을 하고 있는 중이다. 戊辰운행은 金이 매몰될 가능성이 크기 때문에 불길하고 나머지도 마찬가지이리라.

편재 乙(木土)未 편인
편인 己(土土)丑 편인　庚 辛 壬 癸 甲 乙 丙

신주 辛(金土)丑 편인　寅卯辰巳午未申
정인 戊(土土)戌 정인　479조

　이 여조는 신주 辛金이 간직된 土왕절의 丑월에 태어나 土가
사주를 다 차지했다. 乙木은 엄동설한의 木으로 무능한데 丑未
가 충하여 未중 乙木이 손상되었기 때문에 연간의 乙木도 유야
무야하다. 따라서 모왕자고(母旺子孤)⁺요 토다금매(土多金埋)의
형상이므로 金이 용신(用神)이고, 火는 병신이며, 木은 구신이
다. 土는 다시 멸자(滅子)와 금매(金埋)가 되니 기신이다.

　그런데 운행에 金운이 거의 없어 평생 빛날 기간이 별로 없는
셈이다. 이렇게 화개살⁺이 중중하면 종교인으로 활동하는 것이
오히려 좋은 것을 간혹 보았다. 그래도 운이 좀 맞아야 성직자
로 성공할 수 있는데 그게 없다시피 해서 그 일도 여의하지가
않을 것이다.

　그러므로 55년 생 중 한 여성은 부군(壬辰, 丙午, 乙酉, 乙酉)
과 형제만 두고 교회로, 사찰로, 무당으로 쫓아다니며 辛巳년 현
재 온갖 방황을 다하고 있는 중이다. 그녀의 말을 듣고 있노라
면 정신이 헷갈릴 정도였다. 甲午운행에는 분식집으로 손해만
보았다. 申金운까지 기다리려면 요원하다.

정관 甲(木土)辰 겁재

684 [사주학]

정관 甲(木土)戌 겁재   癸 壬 辛 庚 己 戊 丁
신주 己(土土)未 비견   酉 申 未 午 巳 辰 卯
비견 己(土火)巳 정인   480조

이 여명은 신주 己土가 土왕절의 戌월에 태어나 득령했고, 巳
未의 火方이 생신하니 신강하다. 이 때 辰戌이 상충해서 대목지
토(帶木之土)⁺도 그 뿌리가 손상되었고, 한로의 나무는 쇠약해
질 때이므로 사용할 수 없고, 戌월은 金왕절의 끝이며, 巳중 庚
金이 있으니 신강의설의 용법에 의해 金이 용신(用神)이고, ·火
는 병신이고, 木은 구신이며, 水는 약신이다. 이 경우 戌중 辛金
과 巳중 庚金이 있으나 土가 너무 많아 토다금매(土多金埋)이다.

그러므로 64년 생 중 한 여성은 壬癸의 水를 거느린 申酉의 金
方운이 예체능에 속한 용신(食傷)운이므로 미대를 졸업하고 외
국에서 약간 유학도 했다. 그녀는 귀국해서 辛金운에 대학 강사
로 일하고, 未土운행에 스님과 한참 사귀다 그만 두고 壬午(39
세)년 현재 미혼이다. 이 여조는 甲己가 합신하지만 그 옆에서
는 未戌이 형살을 범해 곤랑도화(滾浪桃花)⁺와 유사하므로 그녀
는 남자들을 많이 상대하고 있어도 金운은 甲木이라는 남자를
식상견관(食傷見官)⁺하기 때문에 아직도 일정한 배필이 없다.
庚金운행도 그런 일이 자주 있을 것이요. 입묘살도 있으니 아예
독신녀로 사는 것이 상책일 것 같다.

피부

〖 파료식상(破了食傷) 〗

이 말은 신강사주로 식상이 용신(用神)일 경우에 한해서 쓰는 말인데 이때 식상은 가상관(假傷官)이 된다. 그런데 운행에서 인성운을 만나면 그것이 식상을 파괴(克)시킨다. 그러면 파료식상(破了食傷)이 되어 끝장이 나게 되는 것이다. 그 까닭은 식상에게 신강의설로 시원하게 토수(吐秀)하고 있는데 인성이 와서 식상을 극해버리면 토수할 수가 없기 때문이다. 그래서 명서에는 가상관에 인성운을 만나면 필멸(必滅)한다(假傷官行印星運必死)고 했다. 그렇지만 이런 가상관에 다시 식상운을 만나면 그와는 정반대로 용신(用神)운을 만났기 때문에 크게 번성하는 것이다.

만일 식상 때문에 신약-眞傷官-하여 인성이 필요(식상패인(食傷佩印)⁺)할 때에는 오히려 인성운에 크게 발달한다. 이것을 상관상진(傷官傷盡)⁺이라고 하는데 식상 때문에 신약하게 되었으니까 인성으로 그 식상을 '상(傷)'-克-하게 해서 '진'멸(盡

滅) 시킴으로써 신주가 설기되지 않고 생신을 받아 기특하게 성공할 수 있다(破了食傷 最爲奇)는 말이다. 그렇지만 이런 진상관 때는 다시 식상운을 만날 때 필멸하게 된다(眞傷官再行傷官必滅)고 했다. 왜냐하면 식상으로 신약되어 있는데 또 식상운을 만나면 신주가 완전히 설기되어 소멸되기 때문이다. 이상을 정리하면 다음과 같다.

진상관(신약의조)에 인성운은 성공하고 식상운에는 필멸한다.

가상관(신강의설)에 인성운은 필멸하고 식상운에는 성공한다.

편인 庚(金水)子 겁재
정관 己(土土)丑 정관   庚 辛 壬 癸 甲 乙 丙
신주 壬(水木)寅 식신   寅 卯 辰 巳 午 未 申
정인 辛(金水)亥 비견   481조

신주 壬水가 水왕절의 丑월에 태어나 亥子丑의 水方이 신주의 水에게 합세하고, 庚辛의 金이 생신하기 때문에 신강하다. 그러므로 신강의설의 용법에 의해 寅木-假傷官-이 용신(用神)인데 寅亥로 合木해서 용신유력(用神有力)이다. 이 사주는 연지(年支)의 子를 기준 삼아 亥는 뒤에서 따라오고 丑은 앞에서 이끌어주는 전인후종(前引後從)⁺의 형상도 구성했으며, 운행의 초반에 寅卯辰의 木方운을 만나 용신(用神)이 득세한다. 그래서 고인은 전반운(前半運)에 승승장구하고 주위의 눈길을 끌었다.

그러나 본조는 유하살이 있는 가운데 巳운행을 만난다. 그 巳
는 巳亥로 충극해서 寅亥로 결구된 용신(用神)을 갈라놓고 寅巳
로 형살까지 범하여 용신(用神)을 극도로 약화시킨 한편, 사주
의 丑과 巳丑으로 金局(인성)을 결성하여 약화된 용신(用神)을
그나마 金克木으로 극해서 파료식상(破了食傷)이다. 그뿐 아니
라 木(용신)은 火에 이르러 병사지를 만났다. 그 바람에 고인은
巳운행에 크게 흉했다.

상관 戊(土水)子 편관
편인 乙(木木)卯 편인   丙 丁 戊 己 庚 辛 壬
신주 丁(火火)巳 겁재   辰 巳 午 未 申 酉 戌
비견 丁(火土)未 식신   482조

신주 丁火가 木왕절의 卯월에 태어나 득기했고, 巳未의 火方과
시간의 丁火가 신주의 火에게 합세하니 신강하다. 그러므로 신
강의설-가상관-의 용법에 따라 土가 용신(用神)이고, 火는 희
신이며, 木은 병신이고, 水는 구신이며, 金은 약신이다. 이 경우
戊土가 巳중 戊土와 未土에 뿌리박고 나와서 용신유력(用神有
力)이고, 子卯의 형살이 있다.

그리고 관성인 水가 인성인 木을 생조해서 木生火로 생신하니
살인상생(殺印相生)⁺격을 이루어 관록에 나아갈 형상이다. 그래
서 고인은 戊己의 土운행과 申酉戌의 金方운에 약신이 득세해서

장관급에 이르렀다. 그 후 癸亥운행에 亥卯未가 木局(인성운)을
이루어 병신이 강화되자 사거(死去)했다. 말하자면 가상관에 인
성운을 만나면 진멸이라는 이론에 해당된 것이다.

‖ 편관용신(偏官用神) ‖

편관은 칠살 또는 살성이라고 해서 정관 보다 억세다. 그것이
용신(用神)이 될 정도면 신강사주다. 만일 편관이 용신(用神)이
된 사주는 대개 군·경·율의 계통에 출신해서 때(길신)를 만나
면 대귀하게 되는데 억센 직업인 군인이나 경찰 또는 율법 계통
에서 크게 활약한다.

```
편관 癸(水土)未 식신
상관 戊(土火)午 비견   丁丙乙甲癸壬辛
신주 丁(火火)巳 겁재   巳辰卯寅丑子亥
정재 庚(金水)子 편관   483조
```

신주 丁火가 火왕절의 午월에 태어나 득령했고, 巳午未의 火方
이 신주의 火에게 합세하니 신강하다. 따라서 신강의극의 용법
에 의해 水가 용신(用神)이고, 金이 희신이며, 건조한 未戌의 土

는 병신이고, 火는 구신이며, 木은 약신이다. 이 경우 재성인 庚金이 巳중 庚金에 통근하고 나타나서 관성인 子水를 생조하므로 명관과마(明官跨馬)⁺격이자 용신유력(用神有力)이다. 그리고 편관이 용신(用神)이므로 군·경·율의 계통에 나아갈 형상이다.

그러므로 43년 생 중 한 명은 丙辰의 水-子辰合水-운행에 공군에 출신해서 乙木의 金(乙庚合金)운에 일취월장하고, 약신인 木운에 승승장구해서 癸丑의 水金-巳丑이 合金-운에 장군이 되었다. 후반에 있는 亥子丑의 水方운행은 용신(用神)이 득세하므로 황금기다.

겁재 丙(火金)申 정재
편인 乙(木土)未 식신   丙 丁 戊 己 庚 辛 壬
신주 丁(火金)酉 편재   申 酉 戌 亥 子 丑 寅
편관 癸(水木)卯 편인   484조

신주 丁火가 간직된 火土왕절의 未월에 태어나 통근했고, 卯未의 木局과 乙木이 생신하며 丙火라는 태양이 삼복더위인 未월에 나타나 신주를 도우므로 신강하다. 따라서 신강의극의 용법에 의해 水가 용신(用神)이고, 金이 희신이며, 건토는 병신이고, 火는 구신이다. 이 경우 金이 未월에 약하지만 申酉로 金方을 이루어 金生水로 癸水라는 편관을 생조하고 있다. 그리고 운행이 金方과 水方으로 달린다. 그래서 56년 생 중 한 명은 속칭 일류

대를 나와 고시에 통과한 후 己亥운행에 판사(편관이 용신)로
일하고 있다. 金을 대동한 子丑운행도 반가운 길운이다.

식신 辛(金木)卯 편관
편관 乙(木土)未 비견   甲癸壬辛庚己戊
신주 己(土土)丑 비견   午巳辰卯寅丑子
편관 乙(木土)丑 비견   485조

 신주 己土가 간직된 土왕절의 未월에 태어나 득령했고, 일주가
똑같은 土이며, 생시도 土이므로 신강하다. 따라서 신강의극의
용법에 의해 木이 용신(用神)이고, 水가 희신이며, 金이 병신이
고, 土는 구신이며, 火는 약신이다. 이 경우 乙木이라는 살성이
용신(用神)인데 未중 乙木에 뿌리박고 卯未의 木局에도 통근하
여 용신유력(用神有力)이고, 가살위권(假殺爲權)이며, 시상일위
귀격(時上一位貴格)⁺이다. 가살위권(假殺爲權)은 편관이 정관으
로 가장(假裝)해서 권(權勢)을 행사한다는 말이다.

 이때 병신인 辛金도 丑중에 뿌리박고 土들에게 생조를 받고 있
어 그 세력이 만만치 않다. 그러므로 고인은 巳운 辛亥(金水)년
에 亥卯未로 木局을 이루어 용신(用神)이 득세하자 군주로 등극
했다. 그러다 壬辰의 辰土운행에 土生金하고, 辛酉년은 卯酉가
상충하여 木局이 무너지자 제살태과(制殺太過)⁺로 진법무민(盡
法無民)⁺이 되어 붕어(崩御)하고 말았다. 계선편(繼善篇)에 신

강한데 살성인 편관이 약하면 그 편관이 권이 된다. 요사하거나 가난하게 된 까닭은 너무 신약한데 편관, 즉 살성이 귀신이 되어 흉하게 작용했기 때문이라고 했다.

흉부

〖 합록격(合祿格) 〗

합록격(合祿格)에는　戊합록격(合祿格)과　癸합록격(合祿格)이 있다. 전자는 신주가 戊土로서 庚申시에 태어나고 사주에 관성인 甲木과 乙卯木 그리고 인성인 丙火와 巳火가 없으면 바야흐로 戊합록격(合祿格)이다. 만약 없어야할 것들이 있거나 운행에서 만나면 복력(福力)을 반감(半滅)하여 戊합록격(合祿格)이 우이불우(遇而不遇)＊가 된다.

이 격은 육무일(六戊日)생 庚申시에 해당한데 여기서 육무일이란 戊日로 구성된 육십갑자는 戊子, 戊寅, 戊辰, 戊午, 戊申, 戊戌이기 때문에 그렇게 부른 것이고, 庚申시에 태어나면 庚金이 乙庚으로 합하여 乙木을 암암리에 맞아들여 신주의 정관으로 삼는 것이다. 그리고 가을과 겨울의 월지에 출생해야 한다고 했다. 봄과 여름에 태어나면 木火의 월령이 되기 때문에 복력을 반감한다는 이론이 적용되기 때문이다. 왜 木火가 있어서는 안 되는가. 木은 극신하여 신약하게 만들고 火는 庚申을 극해 乙木을 합해올 수 없게 하기 때문이다. 그리고 申子를 충극하는 寅도 있으면 안 된다. 충극하면 申중 庚金이 乙木을 합해올 수 없기는 庚金과 마찬가지가 된다.

다음 癸합록격(合祿格)은 육계일(六癸日) 庚申시생에 한한 것으로 申시가 巳申으로 합해 巳중 戊土를 癸日의 정관으로 작용하는 원리이다. 이것도 신주 癸水를 극하는 戊土가 있거나 巳자가 있어 이미 巳申으로 합해 있거나 丙자가 庚金을 극하거나 寅자가 있어 寅申이 충극하면 申金이 손상되어 巳자를 합해올 수 없으므로 복력이 반감하며 운행에서 그런 것들을 만날 때도 역시 마찬가지가 되어버린다. 그리고 전실(塡實)*되는 것도 꺼린다. 이것을 일목요연하게 도표로 작성해 보면 다음과 같다.

	희(喜)	기(忌)
戊日 庚申시생	金水月	甲 乙卯(전실) 丙 巳寅은 삼형살로 충극
癸日 庚申시생	金水月	戊(전실) 丙 巳寅은 삼형살로 충극

겁재 己(土土)未 겁재
편인 丙(火水)子 정재   乙 甲 癸 壬 辛 庚 己
신주 戊(土土)戌 비견   亥 戌 酉 申 未 午 巳
식신 庚(金金)申 식신   486조

신주 戊土가 申시에 출생하여 합록격(合祿格)이다. 이 사주가 동절인 子월에 태어나서 반가우나 丙火가 있어서 약간 하자가 발생했다. 그렇지만 그 火는 네 개의 土에게 설기가 심하고 바로 밑(곁)에 있는 子水에게 강극을 당했으며, 그 火를 생조하는 木이 없어서 힘을 쓸 수가 없기 때문에 흠이 많이 제거된 형상이다. 게다가 중반운행에 癸酉와 壬申의 水金운을 만나 丙火를 제거했기 때문에 고인은 승승장구해서 장차관급에 이르렀는데 丙火가 흠의 자취를 남겨 대귀하지는 못했다.

식신 庚(金火)午 정인
겁재 己(土土)丑 겁재　庚 辛 壬 癸 甲 乙 丙
신주 戊(土火)午 정인　寅 卯 辰 巳 午 未 申
식신 庚(金金)申 식신　487조

이 사주는 戊일생이 庚申시에 출생하여 합록격(合祿格)인데 이 격이 싫어하는 甲丙寅卯가 없고, 동절(冬節)의 丑월에 태어나 진격이 되었다. 다만 金을 공격하는 火가 있어서 서운하지만 丑土에게 火洩土로 설기되어 金을 직극할 수 없으므로 흠을 보완했고, 오히려 엄동설한의 丑土를 해동시켜 金을 생조하므로 흠이 변해 길해졌다. 그러나 이 격이 만끽할 수 있는 水운행이 없어서 대귀할 수는 어렵게 되어 고인은 고관급에 머물렀다.

겁재 壬(水火)午 편재

정인 庚(金土)戌 정관　辛 壬 癸 甲 乙 丙 丁
신주 癸(水土)丑 편관　亥 子 丑 寅 卯 辰 巳
정인 庚(金金)申 정인　488조

　신주 癸水가 庚申시에 출생하고, 사주에 丙寅이 없으며, 戌월에
태어났으니 합록격(合祿格)이다. 일반론으로 보아도 火土가 극
신하니 신약사주이기 때문에 신약의조의 용법에 의해도 金이 용
신(用神)이고, 火는 병신이며, 木은 구신이고, 水는 약신이다. 이
경우 金이 튼튼해서 용신유력(用神有力)이고, 살성인 土가 인성
인 金을 생조해서 金生水로 생신하니 살인상생(殺印相生)⁺격이
며, 丑戌의 형살로 군 · 경 · 율의 계통에 출신할 형상이다.

　그리고 운행 전반에 亥子丑의 水方운을 만나 고인은 일취월장
하고, 甲寅운에 寅申과 甲庚이 충극하여 합록격(合祿格)이 상처
를 받았기 때문에 고난을 겪었다. 그러나 乙卯운에 乙庚이 合金
되므로 재기해서 고관급에 이르렀다. 이어 丙辰에는 丙火가 나
타나서 물러나고 말았다.

식신 乙(木金)酉 편인
비견 癸(水土)未 편관　壬 辛 庚 己 戊 丁 丙
신주 癸(水土)未 편관　午 巳 辰 卯 寅 丑 子
정인 庚(金金)申 정인　489조

신주 癸水가 庚申시에 출생하고, 사주에 丙巳와 戊寅이 없으므로 합록격(合祿格)의 진격이다. 다만 金水(秋冬)월에 태어나지 않아서 약간 흠인데 곧 있으면 金왕절로 넘어가니 하자를 보완했다. 일반론으로 보면 신주 癸水가 土왕절의 未월에 태어나 실령했고, 두개의 土에게 극신을 당하며 未중 乙木이 나타나서 설신시키므로 약간 약해진 신약사주다. 그러므로 신약방조(身弱幇助)의 용법에 따라 水金이 용신(用神)이고, 土火는 병신이며, 木은 극신하는 土를 제압하니 길신이다.

이 경우 살성인 土가 인성인 金을 생조해서 金生水로 생신하니 살인상생(殺印相生)＊격이고, 申酉의 金方에 뿌리박고 庚金이 나타나서 용신유력(用神有力)이다. 따라서 고인은 辛巳의 金운행(巳酉合金)부터 활발하고, 庚辰의 金土에 배치상 土生金이니 庚金의 용신(用神)이 강해져 등용문을 활짝 열었다. 그리고 말년에 있는 亥子丑의 水方운에 총리급에 이르렀다. 위에서 본 합록격(合祿格)은 모두 金水운에 성공했다는 공통점이 있다.

『 항공계(航空界) 』

寅巳申은 모두 역마·지살인데 그것들 가운데 두 개가 사주에 있으면 寅중 丙火와 巳중 丙火가 申중 庚金이라는 쇠(鐵)를 화력(火力)으로 떠오르게 하는 형상이다. 그래서 여명에 이것들이 있으면 스튜어디스(항공기 승무원)로, 그리고 남명은 비행사로 출신하는 경향이 많다. 그런데 寅巳申의 석 자 중 하나만 있어도 그런 계통에 나간 것을 많이 보았다. 예조들을 보자.

정재 辛(金土)未 상관
정관 癸(水火)巳 비견　壬 辛 庚 己 戊 丁 丙
신주 丙(火水)子 정관　辰 卯 寅 丑 子 亥 戌
비견 丙(火金)申 편재　490조

　신주 丙火가 火왕절이 시작된 巳월에 태어나 득령했고, 巳未의 火方과 시간의 丙火가 신주의 火에게 합세하니 신강사주로 출발했다. 그렇지만 辛金이 巳중 庚金과 申金에게 뿌리박고 나타났고 申子의 水局에 통근하고 나타난 癸水를 생조해서 水克火로 극신하니 신약사주로 변했다. 그러므로 신약의방의 용법에 따라 火가 용신(用神)이고, 木은 희신이며, 水는 병신이고, 金은 구신이며, 건조한 土는 약신이고, 습기 찬 土는 기신이다.

　이 사주는 癸巳월 丙子일에 출생하여 월간의 癸水는 일지의 子水에, 신주는 월지의 巳火에 각각 건록을 교환해서 사용하는 호환재록(互換財祿)⁺을 이루었는데 연월의 천간도 일시의 지지에, 일시의 천간도 연월의 지지에 각각 통근하여 이 격이 확대된 귀격이다. 다만 水火가 상전하고 있는데 未중 乙木이 있다고는 하지만 표면으로 나타나지 않아서 水火미제가 水火기제†로 확실하게 소통되지 못하고 있는 점이 아쉽다. 木은 희신으로 용신(用神)의 후원자이니 그 방면에 하자가 있는 명기(命器)다.

그래서 31년 생 중 조귀훈(趙貴勳)-필자의 둘째 처남-씨는 운행 壬辰의 水土운에 병신과 구신운이므로 빈농의 아들로 창고방에서 태어났다. 時支의 申金은 역마인데 이것이 내 몸의 丙子와 申子로 합신하니 방외출생에 해당하기 때문이다. 그는 영아일 때 뱃속의 창자가 훤히 들여다보일 정도로 허약했다. 그래서 그 부모님은 사람이 될 것인지 걱정이 태산 같았다. 그 후 辛卯의 金木운에 巳申의 형살로 군대에 들어가 조종사가 되었다. 寅巳申중 두자가 있으면 항공계(航空界)에 출신할 형상이기 때문이다.

그래서 비행기 조종사로 이삼십 년을 계속 근무했고, 寅卯의 木운행은 희신운이므로 후원자가 많아서 진급이 잘 되었다. 그러나 己丑의 土운에는 발전이 더디었고 戊子의 戊土에 발전하여 丁亥의 丁火운에 대령이 된 다음 亥水(병신)운에 巳亥가 상충한 바람에 제대했다.

그는 군복무 시절 부하들 가운데 촌지(寸志:일종의 뇌물과 비슷)를 나타내면 "다음에 보아 줄 일이 있어도 보아주지 않겠다"고 훈계했고, 부인을 통해서 들어 온 떡값은 부인을 통해 기어이 돌려주었다. 그만큼 군계일학(群鷄一鶴)이었으므로 그의 성명 석자를 여기에 서슴없이 전한 것이다. 그의 거실에는 충무공 이순신이 남긴 "살고자 하는 자는 죽고, 죽고자 하는 자는 산다"는 족자가 항상 걸려 있다.

한편, 신주와 동기(同氣)인 火는 세 개의 丙火(巳중 丙火)와 未중 丁火로 3남1여의 형제자매가 있고 자식성인 水는 셋이므로 (申중 壬水) 3형제를 두었으며, 부모님이―「이야기 사주학」책 '장모님(필자의 장모님)은 여장부' 편에 그 명조가 모두 있음 ― 다함께 구십여 세까지 무병장수했다. 그리고 丙戌운행에는 火가 戌土에 입고(入庫)되어 백 명이면 95명이 돈 날리는 주식 판에서 상당히 많은 돈을 잃었다. 그리고 庚辰년에는 풍을 맞아 수족이 불편해졌지만 상당히 회복되었다. 乙酉운행은 불미하리라.

정재 庚(金金)申 정재
식신 己(土木)卯 편인   壬癸甲乙丙丁戊
신주 丁(火水)亥 정관   午未申酉戌亥子
정관 壬(水木)寅 정인   491조

신주 丁火가 木왕절의 卯월에 태어나 亥卯의 木局과 寅亥合木이 木生火로 생신하니 신강하다. 그러므로 신강의재의 용법에 의해 金이 용신(用神)이고, 습기 찬 丑辰의 土가 희신이며, 火는 병신이고, 木은 구신이며, 水는 약신이다. 이 경우 水生木, 木生火, 火生土, 土生金하여 순수하게 사상격(四象格)＋을 이루면서 金에 사주의 기세가 집중되어 용신유력(用神有力)이고, 그렇게 되자 재명유기(財命有氣)＋격도 구성했으며, 용신(用神)이자 철(鐵)에 속한 金이 역마살이자 비상(飛上)하는 寅中 丙火와 함께 있으므로 항공계(航空界)에 나아갈 형상도 겸했다.

그래서 '20년 생 중 한 명인 조중훈(趙重勳) 한진그룹 회장은 申酉戌의 金方운행에 월남(베트남) 전쟁에서 군수물자 수송 용역사업으로 66년부터 71년 사이에 1억 2천만 달러($)를 벌었다. 64년 한국은행 가용 외화가 4천7백만 달러이었으니 그 규모는 가히 천문학적인 돈이 아닐 수 없다. 그 때는 甲申운행으로 土金(甲己合土하고 申金)운, 즉 희신과 용신(用神)이 한꺼번에 득세하는 운으로써 한국도 참전했다. 그 후 대한항공이라는 여객기 사업에 대성하여 일약 국가의 대재벌로 부상했다. 그는 트럭 한 대로 시작해 세계 수송업계에서 5위로 군림했다.

한편, 자식성인 관성의 水는 申中 壬水와 亥中 壬水 그리고 시간의 壬水로 셋이고, 庚申의 金이 그 水를 생조하여 4남1여를 두었다. 그리고 그 水들이 나(신주)와 丁壬으로 합신하여 그들과 유정(有情)하니까 합심하고 단결하는 형상이자 자식궁인 시주에 있으면서 뿌리가 튼튼하므로 네 명의 자식들이 모두 그룹을 이끌어 나가고 있다. 그는 2002년 양력11월 17일 오후 1시에 82세를 일기로 영면했다.

편관 壬(水水)子 정관
정인 乙(木火)巳 편인　甲癸壬辛庚己戊
신주 丙(火金)申 편재　辰卯寅丑子亥戌
식신 戊(土土)戌 식신　　492조

이 여명은 신주 丙火가 간직된 火왕절의 巳월에 태어나 득령해서 신강사주로 출발했으나 水木火土金이 순리적으로 상생하여 그 기세가 土金水에 쏠린 바람에 신약사주로 변했다. 따라서 신약방조(身弱幇助)의 용법에 의해 木火가 용신(用神)이고, 金土는 병신이며, 水는 기신이다. 申子의 水局이 木을 생조하여 순환상생(循環相生)⁺격을 구성했고, 巳申이 있어 항공계(航空界)에 출신할 수 있다.

그러므로 72년 생 중 한 여성은 삼남매의 형제자매가 있고 아버지(申金)가 농기구 생산업을 운영해 寅卯辰의 木方운행에 넉넉한 집안에서 대학을 졸업했다. 그리고 스튜어디스로 己卯년 현재 활동하고 있는데 壬寅운행은 寅申이 충극하니 부부가 다투겠고 亥子丑의 水方운행은 불길하여 더 큰 발전을 기대하기 어렵다. 그래도 순환상생(循環相生)⁺격이고, 여명이기 때문에 아주 나쁘지는 않을 것이다.

편재 癸(水土)丑 비견
편인 丁(火火)巳 정인　戊己庚辛壬癸甲
신주 己(土土)未 비견　午未申酉戌亥子
편인 丁(火木)卯 편관　493조

　이 여명은 신주 己土가 火왕절의 丁巳월에 태어나 巳未의 火方
이 생신하므로 신강하다. 따라서 신강의극의 용법에 의해 木이
용신(用神)이고, 水가 희신이며, 金은 병신이고, 土는 구신이며,
火는 약신이다. 그러므로 73년 생 중 한 여성은 土가 많아서 4
남매의 형제자매가 있고 土를 거느린 午未의 火方운행에 대학을
졸업한 후 巳火라는 역마살이 비상하는 형상이므로 스튜어디스
(항공기 승무원)로 己未운행에 일하고 있다. 그녀는 편관이 卯
未로 합신하여 혼전 성관계를 맺었는데 己卯년에는 결혼할 것이
다. 그러나 辛酉운행은 부군성인 관성과 卯酉로 상충하면서 식
상견관(食傷見官)ᐩ이 되므로 가정에 문제가 생길 것이다. 亥子
의 水운행은 안일(安逸)하는 기간이다.

〖 해월생(亥月生) 〗

　亥는 水요 水가 왕성한 10월이므로 신주가 水이면 더욱 신강해

질 것으로 판단하기 쉽다. 그러나 亥중에는 甲木이 장생하고 있기 때문에 신주가 壬水가 아닌 癸水일 때는 水洩木으로 설신되어 약해진 경우가 비일비재하다. 그러니까 사주에 甲木이 없어도 있는 것으로 간주하고 오판하지 않도록 주의해야 한다. 특히 寅자나 卯자 등이 있으면 신주의 강약을 구분 지을 때 더욱 조심해야 한다. 寅亥가 合木하고 寅卯가 木方을 이루기 때문이다. 9조 70조 129조 185조 235조 269조 303조 390조 등을 참조한다.

∥ 형합격(刑合格) ∥

癸가 신주이고, 甲寅시에 태어났으며, 사주에 관살이 없으면 寅시가 巳자를 형합(刑合)시켜 巳중 戊土로 신주 癸水의 관성으로 삼는 것이다. 그래서 「자고천」에 관성을 형출(刑出)하므로 귀명이라고 했다. 이 격은 庚申이 있으면 甲庚과 寅申이 충해서 巳자를 형합시켜 오지 못하므로 비액(悲厄)이 있다고 했다. 따라서 庚申과 신주를 극하는 戊己의 관성이 없으면 일생에 명리(名利)가 뚜렷해진다고 했다. 다시 말해 형해(刑害)가 없으면 관마(官馬 :관용차)를 타고 영귀(榮貴)한 주인공이 된다는 것이다.

정인 庚(金土)辰 정관
편재 丁(火水)亥 겁재　戊 己 庚 辛 壬 癸 甲
신주 癸(水水)亥 겁재　子 丑 寅 卯 辰 巳 午
상관 甲(木木)寅 상관　494조

　신주 癸일이 甲寅시에 태어나고 庚申이나 戊巳가 없으며, 水왕
절에 출생하여 형합격(刑合格)의 진격(眞格)이다. 이 격은 巳火
가 전실(塡實:실제로 나타남)될 때 불길하다. 따라서 40년 생
중 한 명인 심모씨는 강원도 농촌에서 농고(農高)를 나와 己丑
운행에 속칭 일류대 법대에 합격했다. 己丑의 丑은 巳자를 巳酉
丑으로 金局을 이루면서 합해왔기 때문이다.

　그 후 庚寅운행에 甲木(時干)이 꺼리는 庚金이 있어서 신문기
자를 지냈고 辛卯운행중 辛酉년에 11대와 乙丑년에 12대 또 戊
辰년에 13대를 내리내리 국회의원에 당선되었다. 癸巳운은 巳자
가 전실(塡實)⁺되어 조용해졌다.

편재 丁(火水)亥 겁재
비견 癸(水木)卯 식신　壬 辛 庚 己 戊 丁 丙
신주 癸(水木)卯 식신　寅 丑 子 亥 戌 酉 申
상관 甲(木木)寅 상관　495조

이 사주는 甲寅시에 출생해서 형합격(刑合格)인데 이 격이 꺼리는 戊土와 巳火 그리고 庚申의 金이 없어서 진격이다. 그러나 운행에서 甲木(時干)이 꺼리는 庚金과 신주가 꺼리는 戊土를 만나서 대귀하기는 어려우므로 고인은 고관급에 이르렀다. 이상의 두 사주 모두 金水운행에 대길했는데 다만 庚申의 金운은 甲寅과 충극되어 불길했다는 것을 알 수 있다.

이 마당에서 우리는 癸일 甲寅시생이 형합격(刑合格)으로 작용한다는 것을 알았다. 그런데 癸일 庚申시생은 합록격(合祿格)✝으로 작용한다는 사실도 이미 공부했다. 그리고 癸丑일생이 사주에 丑자를 많이 만나면 축요사격(丑遙巳格)✝이 된다는 것도 배웠다.

이상 세 가지 모두 巳자를 사용한다는 공통점이 있는데 형합격(刑合格)과 합록격(合祿格)✝은 寅申이 巳자를 형합(刑合)해서 巳중 戊土로 신주의 관성을 삼아 작용하고, 축요사격(丑遙巳格)✝은 巳酉丑으로 巳자를 합요(合邀)해와 역시 巳중 戊土로 신주의 관성을 삼아 작용하는 것이다. 그리고 세 격 모두 金水운에 성공한다는 공통점이 있음을 알았다.

〖 호환재록(互換財祿) 〗

서로 록(祿)을 교환하여 작용하는 것이다. 그래서 협록(夾祿: 록을 끼고 있다는 말)이라고도 말하는데 무슨 록을 그럴까. 우리는 건록(建祿)이라는 것을 이미 배운 바 있다. 다시 말하면 甲의 건록은 寅이고, 乙의 건록은 卯이며, 庚의 건록은 申이라는 등등을 말이다. 그것들이 예를 들어 甲申과 庚寅으로 일월이나 일시에 배치되었다고 하자. 그러면 甲은 庚寅의 지지인 寅에 건록을 그리고 庚은 甲申의 지지인 申에 각각 서로 건록을 교환하여 가지고 있는 것이다. 그렇게 놓여 있으면 서로 마음대로 건록을 교환하여 작용할 수 있다는 논리이다.

이것이 일월이나 일시로 되어 있지 않고 연시(年時)나 월시(月時) 또는 연일(年日) 등으로 구성된 예도 있다. 격국과 용신(用神)이 잘 된 사주로 이렇게 호환재록(互換財祿)이 되어 있으면 더욱 좋아진 사주가 된다. 그 도표는 다음과 같다.

甲庚 申寅	乙辛 酉卯	丙癸 子巳	丁壬 亥午	戊癸 子巳	己壬 亥午	庚甲 寅申	辛乙 卯酉	壬丁 午亥	癸戊 巳子

가령 乙酉일 辛卯월이라면 신주 乙木은 월지에 卯木에 건록을 가지고 있으며, 월간 辛金은 일지의 酉金에 건록을 가지고 있어서 서로 자연스럽게 교환하여 작용할 수 있다. 그것이 어떤 때

는 관성으로 또 어떤 경우는 재성으로 작용하는데 임의(任意)로 바꿔 쓸 수 있는 것이다. 그래서 어떤 경우는 교환재록(交換財祿)이라고도 하고, 또 어떤 때는 교환관록(交換官祿)이라고도 하며 협록(夾祿)이라고도 명서(命書)들은 말하고 있다.

예를 들면 甲申일의 경우는 일지에 申金이 관록이고, 戊子일의 경우는 일지에 子水가 재록이다. 그래서 호환재록(互換財祿)은 재성인 재(財)와 관록인 록(祿)을 서로 바꾸어 작용하는 것이다. 이 격은 삼명통회에서 이르기를 길신이 있으면 중앙정부의 재목이다(祿元互換 逢之爲貴 吉神加臨 廊廟之材)고 하였다.

정관 癸(水水)亥 편관
편인 甲(木木)寅 편인　癸 壬 辛 庚 己 戊 丁
신주 丙(火水)子 정관　丑 子 亥 戌 酉 申 未
정관 癸(水火)巳 비견　496조

이 사주는 丙子日이 癸巳時에 태어나 신주인 丙火는 時支의 巳火에 건록을 가졌고 시간의 癸水는 일지의 子水에 건록을 가져 호환재록(互換財祿)격이다. 그리고 연주의 水가 월주의 木을 水生木하고, 木은 신주를 木生火로 생신하며 신주 丙火가 木왕절의 寅월에 태어나 득기했고, 寅亥合木이 생신하며 일록귀시(日祿歸時)[+]격이니 신강하다. 따라서 신강의극의 용법에 의해 水가 용신(用神)이고, 金이 희신이며, 건조한 未戌의 土는 병신이고,

火는 구신이다.

 그러므로 23년 생 중 한 명은 초반부터 60년 간 亥子丑의 水方운행과 申酉戌의 金方운행을 만나 용신(用神)과 희신이 연속 득세한 바람에 승승장구하여 박사학위를 취득하고 의사가 되어 보건 전문대학을 설립했으며, 70세가 넘도록 장수했다. 丁未의 火土는 구신과 병신운이니 불길하다.

편인 戊(土土)辰 편인
비견 庚(金金)申 비견 辛 壬 癸 甲 乙 丙 丁
신주 庚(金木)寅 편재 酉 戌 亥 子 丑 寅 卯
편재 甲(木金)申 비견 497조

 신주 庚金이 金왕절의 申월에 태어나 득령했고, 일록귀시(日祿歸時)⁺격이며, 戊辰의 土가 생신하니 신강하다. 따라서 신강의재의 용법에 의해 木이 용신(用神)이고, 水가 희신이며, 金은 병신이고, 습기 찬 土는 구신이며, 火는 약신이다. 이 경우 申辰의 水局이 寅辰의 木方을 水生木하고 있으므로 甲寅의 木이 용신(用神)의 역할을 수행한다. 그리고 일시가 상호 건록을 교환하고 있는 호환재록(互換財祿)격이다.

 그러므로 28년 생 중 한 명은 酉戌의 金운에 고생이 많았고 癸亥의 水木(寅亥合木)운에 성가(成家)해서 甲子의 木水운행에 용신(用神)과 희신이 득세하자 농산물(인삼) 수출과 부동산으로 횡재했다. 그 후 乙丑의 金土(乙庚合金)운행 중 丁巳년에 손자 같은 아들을 두었는데 키우기가 어려워 돈 덩어리였다. 자식성인 관성이 寅중 丙火인데 寅申이 충극하여 손상되었으므로 자식을 두기도 어렵지만 키우기도 어려운 형상이기 때문이다. 그리고 乙丑운은 병신이자 구신인 丑중 辛金이 벌목(伐木)하는 병신운으로서 불길한 운에 해당하여 여러 가지로 손재가 컸다. 이밖에 17조 83조 202조 234조 490조 등을 참고한다.

〚 홍등가(紅燈街) 〛

기생 또는 창녀들을 말한다. 그녀들은 밤에만 핀 꽃들이다. 그런 사주들을 보면 첫째 관성(부군성)이 수액(水厄)을 당하고 있다. 수액은 물로 말미암아 횡액을 당한 형상인데, 수액의 水는 물이나 술(酒)이기도 하다. 그 외에도 고란살이나 관살혼잡(官殺混雜) ✢ 또는 일시형충(日時刑冲) ✢ 그리고 관성(남자)이 지나치게 무력한 형상이면서 운행이 불길한 경우들도 있다. 그 까닭을 지닌 실례를 보기로 하자.

상관 庚(金水)子 편재

비견 己(土土)丑 비견　戊丁丙乙甲癸壬
신주 己(土水)亥 정재　子亥戌酉申未午
편재 癸(水金)酉 식신　498조

이 여명은 신주 己土가 엄동설한의 丑월에 태어나 亥子丑의 水
方까지 만났는데 火가 없어서 마치 흙탕물과 흡사하다. 게다가
운행조차 초반부터 亥子의 水운을 또 만났으므로 엎친데 덮친격
이다. 그리고 미모이자 바람기인 도화살이 사주의 양쪽 끝인 연
지와 時支에 있으면서 子를 기준으로 亥는 뒤에서 밀어주고 丑
은 앞에서 이끌어 주는 전인후종(前引後從)＊을 이루고 있기 때
문에 마치 바람기가 일생동안 끊이지 않고 앞뒤에서 따라 붙어
다니는 형상과 같다.

그뿐 아니라 부군(夫君: 남편)성인 관성의 木이 나타나지 않아
서 무부상(無夫像)인데 亥중 甲木은 亥子丑의 水方인 물구덩이
속에서 부풀대로 부풀어 썩을 지경이거나 수다목부(水多木浮)＊
의 형국이다. 그러므로 60년 생 중 한 여자는 홍등가(紅燈街)로
전락했다.

편재 己(土火)巳 상관
식신 丁(火土)丑 편재　戊己庚辛壬癸甲
신주 乙(木水)亥 정인　寅卯辰巳午未申
상관 丙(火水)子 편인　499조

이 여조는 신주 乙木이 水왕절의 丑월에 태어나 亥子丑의 水方 때문에 木(신주)이 떠내려 갈-水多木浮-지경이다. 그 水 때문에 부군성인 巳중 庚金과 丑중 辛金도 물 속에 가라앉은-金浸水低-형상이고, 자녀성인 식상의 火도 강극을 당해 꺼져버린 형국이다.

그래서 29년 생 중 한 여인은 기생이 되고 말았다. 이 사주는 시상(時上)에 상관이 나타나서 당전사환(堂前使喚)이므로 술시중을 들었다. 그러니까 나(乙木은 신주)와 남자들 그리고 자녀가 水로 말미암아 모두 망해버린 셈이다. 그러므로 이 명기에 불가불 다시 중생(重生)한 여인은 목욕탕이나 수영장 등 수업(水業)으로 대체해서 술독에 빠진 것을 대신해 봄이 어떨런지.

비견 乙(木金)酉 편관
편관 辛(金火)巳 상관 壬癸甲乙丙丁戊
신주 乙(木火)巳 상관 午未申酉戌亥子
편관 辛(金火)巳 상관 500조

이 여조는 신주 乙木이 火왕절의 巳월에 태어나 세 개의 火에게 설신되고 있다. 그런데 생신해 줄 水가 전혀 없고, 연간의 乙木은 火의 세력에게 타버렸으며, 金에게 강극을 당해서 있으나 마나하므로 신주를 도와줄 수 없다. 그래서 木從火로 火를 따라

나섰는데 土가 없어서 火生土, 土生金이 안되고, 火金이 전투(克:식상견관(食傷見官)⁺)를 벌리고 있다. 그러니 이러지도 저러지도 못한 불미한 여명이다. 게다가 부군성인 金은 표면에 세 개나 있고 또 巳중에 있는 세 개의 庚金과 신주가 합신할 뿐 아니라 내 몸의 乙巳와 巳酉가 합신하면서 酉金도 합신한다.

그렇게 수많은 남자들과 합신－官多合女－해 놓고는 火의 세력으로 물리친다. 더구나 고란살마저 범했다. 그래서 45년 생 중 한 여인은 홍등가(紅燈街)로 전락해서 해가 뜨면 골방으로 숨고 해가 지면 밤의 꽃으로 빛났다. 희한한 꽃이다. 따라서 2005년 4월 14일 巳시에 여아를 분만해야 할지는 부모가 판단해야 할 것이다.

편관 癸(水火)巳 겁재
비견 丁(火火)巳 겁재 戊 己 庚 辛 壬 癸 甲
신주 丁(火水)亥 정관 午 未 申 酉 戌 亥 子
편인 乙(木火)巳 겁재 501조

이 여명은 신주 丁火가 火왕절의 巳월에 태어나 득령했고, 다섯 개의 火가 단결하여 신강하다. 그러므로 신강의극의 용법에 따라 水가 용신(用神)이고, 金이 희신이며, 土는 병신이고, 火는 구신이다. 이 경우 巳亥가 세 번이나 충극을 당해버린 통에 癸水마저 허탈해져 용신(用神) 무력이다.

그렇게 무력하게 된 水는 부군성으로 군겁쟁관(群劫爭官)✝가 되어 이녀동부(二女同夫)✝의 형상이 되었기 때문에 일정한 부군이 자리잡고 있을 수 없는데 가정궁인 일시가 巳亥로 일시형충(日時刑冲)✝까지 범했다. 게다가 자녀성인 土는 왕성한 火의 세력 때문에 시커멓게 구워졌다. 그래서 53년 생 중 한 여인은 홍등가(紅燈街)로 전락해서 무자했고, 역마·지살이 충극해서 일정한 장소 없이 떠돌았다.

그리고 얼굴이 나환자와 비슷했는데, 火가 충천하고 있은 사주에 두 방울의 물이 어설프게 충극해서 불이 대노한 형상이므로 그런 모양을 짓고 있는 것같이 보였다. 그러니 고장난 성 자판기이라고나 할까. 그리고 水가 용신(用神)이므로 술을 다루는 집에서 살았다. 이밖에 314조도 참조한다.

‖ 효자봉친(孝子奉親) ‖

이것은 한 두 개의 인성이 있고 나머지는 모두 비겁으로 짜여진 사주를 말한다. 비겁의 입장에서 보면 인성은 모친성이고, 인성의 입장에서 보면 비겁은 자식이다. 그러니까 인성과 비겁으로만 된 사주들은 어머니의 자애로움과 자식의 효도가 서로 봉양하는 조화를 이루고 있는 형상이기 때문에 효자봉친(孝子奉親)이라고 이름 붙인 것이다. 설령 다른 한 개의 잡물(오행)이 있어도 그게 도저히 지탱할 수 없으면 이것 역시 인성과 비겁으로만 짜여진 명조로 본다. 그렇게 짜인 사주는 그 오행이 용신(用神)이고, 그것을 거역하는 재관은 병신이다.

 가령 木이 신주인데 비겁이 가득 찼고 인성인 水가 한 두 개 있으면 水木이 용신(用神)이 된다. 이때 재관은 土와 金인데 土는 재성으로 인성인 水를 土克水한다. 그때 재성은 처성인데 그 처성은 모친성인 水와 싸우(克)는 형국이 되어 고부간의 갈등과 같다. 그러면 신주는 처성인 재성에 애정을 느껴 모친성인 水를 생각할 겨를이 없으니 효자봉친(孝子奉親)이 되지 않고 처로 인해 모자간에 불화가 생긴다. 그러기 때문에 효자봉친(孝子奉親)의 사주는 재성운을 꺼린다.

 그리고 관성인 金은 모친인 水를 생조 하지만 신주와는 金克木으로 전투가 벌어지니 그 상황에서 어떻게 효자봉친(孝子奉親)이 유지될 수 있겠는가. 그러므로 재관운을 꺼리는 것이 효자봉친(孝子奉親)의 명조이다. 그러나 만약 인성과 관성으로 배치된 水金운은 金生水하고 水生木－관인상생(官印相生)+－으로 연결이 자연스럽게 이루어져 그때는 효자봉친(孝子奉親)이 유지되고, 발복할 수 있다. 오직 재관으로 배치된 운을 만나면 土克水하고

金克木하여 모친성과 자식성이 모두 극을 당하니 그때는 큰 혼란이 일어나 불길한 것이다. 쇠왕태극(衰旺太克)＋ 편에 있는 극강한 경우들을 참조한다.

정인 癸(水水)亥 편인
겁재 乙(木木)卯 겁재　甲癸壬辛庚己戊
신주 甲(木木)寅 비견　寅丑子亥戌酉申
상관 丁(火木)卯 겁재　502조

신주 甲木이 억센 양인월이자 木왕절의 卯월에 태어나 득령했고, 水生木이 많아서 신강하다. 이 사주는 丁火가 있으나 많은 木이 습기(水)를 머금어 목다화식(木多火熄)으로 불이 꺼져버렸다. 따라서 水木이 사주의 전권을 장악했으므로 효자봉친(孝子奉親)의 용법에 의해 그게 용신(用神)이고, 土金은 병신이다.

이 경우 용신(用神)인 水木이 조상 터인 연월에 자리잡고 초반 운행이 木水로 달려 명문가(名門家)＋에서 성장하는 형상이다. 그러므로 고인은 부모의 음덕으로 귀엽게 성장하고, 壬子의 水운행에 등용문을 통과해 辛亥의 金水木운행－寅亥合木－고관이 되었다. 그러나 庚戌은 金土운행이므로 金克木하고 土克水하여 상하좌우로 충돌하여 하차하고 말았다. 효자봉친(孝子奉親)이 와해된 것이다.

겁재 乙(木水)亥 편인
정재 己(土木)卯 겁재　戊 丁 丙 乙 甲 癸 壬
신주 甲(木木)寅 비견　寅 丑 子 亥 戌 酉 申
비견 甲(木水)子 정인　503조

신주 甲木이 木왕절의 卯월에 태어나 다섯 개의 木이 신주의
木에게 합세하고, 亥子의 水方이 생신하므로 신주가 지극히 태
왕한 신강사주다. 이 경우 水木이 사주의 대세를 움켜쥐고 있으
므로 효자봉친(孝子奉親)의 용법에 따라 水木이 용신(用神)이고,
土金은 병신이다. 이 사주는 처성이자 재물성인 재성의 己土가
뿌리박을 곳이 없어 매우 미약하고 비겁인 木은 너무 많아 군겁
쟁재(群劫爭財)⁺의 형상이므로 처에 이상이 생길 명조다.

그러니까 어머니(水)나 형제자매(木)들의 사주(使嗾)로 인해서
끝내 처와 불화하는 형국이다. 게다가 丁丑의 火土와 丙火의 운
행 15년간은 水火가 상전하고, 火가 土를 부추겨 土水도 상전하
기 때문에 이 기간에 고인은 처와 쟁투-효자봉친(孝子奉親)이
안됨-하다가 헤어졌다.

그 후 乙亥의 木水운행에 용신(用神)운을 만나 안정하고 癸酉
와 壬申의 水金(관인상생)운행에 늦복을 누렸다. 따라서 이 명
기에 중생한 후인은 모친과 형제자매의 간섭이 없어야 하겠고
만혼(晩婚)도 하나의 대책이 될 수 있다. 풍수에 따라서는 모외
유모(母外有母)⁺하고, 이복에 형제자매가 많을 수도 있다.

∥ 화개(華蓋) ∥

문예와 종교를 상징한다. 그러니까 호명은 문학, 예술, 연예, 종교 등에 출신(出身)한다. 사주에 辰戌丑未는 거의가 다 화개(華蓋)이다. 따라서 辰戌丑未 가운데 몇 개가 있는 명조가 답답한 기간을 만났을 경우는 종교 활동으로 그 시기를 보내는 지혜가 필요할 지도 모른다. 아니면 문예에 속한 활동 다시 말해 서예, 미술, 도예나 문학 서적 등으로 어려운 시기를 극복하는 것도 무방할 것이다.

∥ 화격(化格) ∥

화지진가(化之眞假)✣ 편을 참조한다.

∥ 화다목비(火多木飛) ∥

이 마당에서는 火가 많은 반면 다른 오행들이 적은 경우들에 쓰이는 용어들을 보기로 하자. 우선 화다목비(火多木飛)는 목분비회(木焚飛灰)⁺와 같은 말로 火가 많고 木이 적으면 나무인 木이 타서 재가 되어 날아가 버린 형상이다. 그런 사주는 그 木에 해당된 육친에 심각한 문제가 생긴다. 그리고 화다화염(火多火炎)이 있는데 이것은 염상격(炎上格)⁺을 참조한다. 다음 화다토조(火多土燥)는 火가 지나치게 많고 土가 적으면 그 땅이 바싹 말라버려 땅이 건조해진 채 금이 간 형상이다. 그런 土는 木을 성장시킬 수도 金을 생산하기도 어렵다.

따라서 木과 金에 속한 육친에 문제를 안고 있다. 이번에는 화다금손(火多金損)으로 이것은 사주에 火는 강렬한데 金이 적으면 그 金은 용해되어 없어진 형상이다. 그 金에 속한 육친이 손상(損傷)된다. 다시 화다수오(火多水熬)가 있는데 이것은 적수오건(滴水熬乾)⁺을 참조한다. 이상의 火多火炎(炎上格)과 火多木飛(木焚飛灰) 그리고 火多水熬(滴水熬乾)와 火多金損 및 火多土燥의 용어들은 사주 상황을 살피는데 매우 중요한 판단 자료가 된다.

〘 화몰(火沒) 〙

火가 용신(用神)일 때 습기 찬 丑土운을 만나면 火沒土로 火의 기운이 土에 스며든 것을 말한다. 그렇게 될 때는 사업하는 사람은 부도(不渡)가 터지는 것을 많이 목격했다. 특히 사주에 木이 없는 가운데 火가 외로운 용신(用神)이면 그 확률은 매우 높다.

그리고 火가 외로운 가운데 木이 없으면서 水운을 만나면 부도를 맞고 재기(再起)하지 못하는 것을 많이 보았다. 만일 木이 있어서 火가 무력하지 않은 경우는 水운을 만나도 木이 水를 흡수(水吸木)해서 소통시키므로 약간만 흔들릴 뿐 크게 흉하지는 않았다. 그리고 火가 두 개가 있을 경우도 丑土운에 크게 흉하지 않는 것을 보았다. 辰土도 습기 찬 오행인데 그 운에는 丑土운을 만나는 것보다 나았다. 본서 36조 56조 71조 100조 145조 189조 239조 300조 346조 452조 475조 등등을 참조한다.

▌ 화위설상(化爲洩傷) ▌

이 용어는 화격(化格)✛ 사주에 쓰는 말로 화지진가(化之眞假)✛에서 다룬 화격(化格)✛ 사주들을 참조하면 빨리 이해될 것이다. 가령 甲己合土로 된 土화격(化格)✛ 사주인데 그 화신인 土가 부족한 가운데 그 土를 설기 시키는 金이 많으면 화신의 기(氣)가 많이 손상된다. 그런 경우를 화위설상(化爲洩傷), 즉 화신이 설기가 많아 손상(損傷)된다고 말하게 된다. 그렇게 된 화격(化格)⁺은 화신을 도운 오행이 용신(用神)이 된다. 화위설상(化爲洩傷)과 반대되는 용어를 다음 단원에서 보기로 하자.

▌ 화위설수(化爲洩秀) ▌

이 말은 화신이 매우 많은 사주로 그 기운을 토해내는 오행이 적을 때 사용하는 용어이다. 가령 土화격(化格)⁺이 火土가 많아 화신이 매우 강해졌을 경우 그 화신의 기운을 설기하는 오행, 즉 金이 적으면 그 金을 가리켜 화위설수(化爲洩秀) 또는 화위토수(化爲吐秀)라고 한다. 이때는 토수하는 오행이 용신(用神)이 된다. 화위설상(化爲洩傷)⁺과 화위설수(化爲洩秀)는 다음에 나오는 화지진가(化之眞假)⁺에서 그 사례들을 살피기로 하자.

▌ 화지진가(化之眞假) ▌

우리는 천간끼리 합하는 것을 배웠다. 그것은 다섯 가지로 甲

己合土, 乙庚合金, 丙辛合水, 丁壬合木, 戊癸合火 등이다. 그런데 가령 사주가 己일 甲시 또는 己일 甲월에 태어났다면 甲己가 합해 合土된다. 이때 합하여 변화된 오행을 화신(化神)이라고 말하는데 이 경우는 화신이 土이기 때문에 土화격(化格)⁺이라고 한다. 그러니까 乙庚으로 合金되었으면 金화격(化格)⁺이고, 丙辛으로 合水되었으면 水화격(化格)⁺, 丁壬合木은 木화격(化格)⁺, 戊癸合火면 火화격(化格)⁺이라고 말한다.

 그런데 연해자평 화기시결(化氣詩訣)에 보면 화격(化格)⁺은 변화된 오행과 같은 오행에 속하는 월령에 태어난 것을 비교적 성공할 수 있는 것으로 말해놓고 있다. 다시 말해 土화격(化格)⁺이라면 土(辰戌丑未월)왕절에 태어난 것, 金화격(化格)⁺이라면 金(申酉월)왕절, 水화격(化格)⁺은 水(亥子월)왕절, 木화격(化格)⁺은 木(寅卯월)왕절, 火화격(化格)⁺은 火(巳午월)왕절 이렇게 화신과 같은 오행 월에 태어난 것을 으뜸으로 삼고 있다.

 여기서 으뜸이란 화격(化格)⁺으로서 진화격(眞化格)이라는 말과 상통한데 하나 더 붙여 말하면 화신이 월령과 같은 오행이고, 다른 곳에 화신과 같은 오행이 많거나 화신을 생조하는 오행이 많으면 진화격(眞化格)이라고 강조하고 있다. 진화격(眞化格)이 있으면 가화격(假化格)도 있을 것이 뻔 한다. 가화격(假化格)은 화신을 극하는 오행이 있는 화격(化格)⁺사주를 말한다.

한편, 연해자평을 비평하며 계승 발전시킨 명리정종은 종화격(從化格)이란 마당에서 양간(陽干)으로 합하는 것은 종화(從化)하지 않는 것을 원칙으로 한다는 말을 했다. 그러나 그가 열거한 예조들을 보면 그 말과는 상관없이 양간으로 화격(化格)✝이 된 명조들이 소개되고 있다. 이 화격(化格)✝ 사주들은 매우 세심한 관찰이 필요하다. 예조를 몇 개만 보자.

```
식신 壬(水金)申 비견   金화격
편인 戊(土金)申 비견   己 庚 辛 壬 癸 甲 乙
신주 庚(金土)戌 편인   酉 戌 亥 子 丑 寅 卯
정재 乙(木金)酉 겁재   504조
```

「궁통보감」에 이르되 "지지에 金局을 만나고 하나의 壬水가 나타나면 이 또한 그 이름을 일청도저(一淸到低: 하나의 깨끗함이 끝까지 이르는 것)라고 하여 나라를 다스릴 재목이다."고 하였다. 또 지지가 金局이고, 戊壬이 천간에 나타났으며, 火가 없으면 그 이름을 백호격(白虎格: 金은 주역으로 백호)이라 한다. 운행이 金으로 가면 부귀가 크게 나타난다. 하지만 자식을 성공시키기가 어렵고 丙火가 나타나면 비록 壬水가 나타났다고 해도 평상인에 불과하다."고 했다.

그런가 하면 「삼명통회」에는 "이미 이룩된 그릇의 金은 火의 운행을 만나면 붕괴된다. 고로 金水운으로 행하여야 맑음이 모여 숫돌에 깍이는 형상이 되어 스스로 빛나는 것이다." 라고 논 천간(論天干) 음양 생사(生死)의 庚金에서 말하고 있다. 이 말을 좀더 자세하게 말하면 金이 실해져 금실(金實)이 되었으면 숫돌에 물(水)을 치면서 갈아야 명검(名劍)이 된다는 것으로서 한마디로 추수명검(秋水名劍)*이니 이렇게 짜인 사주는 이름난 (장수의) 칼로 빛나는 것이다.

이 사주가 마침 가을의 申월에 태어나고 申중 壬水가 천간에 분명하게 나타나 추수명검(秋水名劍)*이 되었다. 그리고 乙庚이 合金하는 金화격(化格)*인데 마침 金왕절의 申월에 태어나 申酉戌의 金方을 만나서 화신(化神)인 金이 풍성하다. 이렇게 화신이 풍족하면 그 화신을 설수(洩秀) 시키는─化爲洩秀*─水가 용신(用神)이고, 金이 희신이며, 건조한 未戌의 土는 병신이고, 火는 구신이며, 木은 용신(用神)을 설기시키므로 기신이다. 이 경우 壬水가 申중 두개의 壬水에게 뿌리박고 나타나서 튼튼해진 金을 숫돌에 갈아주는 역할을 확실하게 수행하고 있으므로 용신 유력(用神有力)이다.

그래서 이 명기에 태어난 노태우(盧泰愚)씨는 아닌게아니라 나라의 재목이 되어 제 13대 때 득표율 36. 6%로 대통령이 되었다. 이 사주는 모친성인 인성의 土는 착근하고 나타나서 그 어머니는 90여세까지 장수하고, 부친성인 재성의 木은 酉金의 절지 위(곁)에 놓여 7세 때 교통사고로 사거(死去)했다. 그리고

辛亥의 金水운행과 壬子의 水운행에 파죽지세로 승승장구해서 공수특전 여단장과 대장으로 전역했으며, 癸丑운행 중 戊辰년에 임기 5년의 대통령이 되었다.

운행 丑중에는 辛金이 있고 戊辰년은 申(子)辰으로 水局을 이루며 辰酉가 合金되어 용신(用神)과 희신이 창출된다. 다음 甲寅의 木운행은 기신운이자 사주와 寅申이 상충해서 壬水까지 손상되므로 명검을 위한 물의 역할을 못하게 되었다. 그런 중에 64세 乙亥년은 운행의 寅과 연도의 亥가 寅亥合木되어 사주의 金과 金克木으로 대결한다.

이 경우 거대한 金의 세력에게 미약한 木운이 대들다가 계란으로 바위 치기 식이 되어 木이 화를 자초하므로 통치자금인지 비자금인지 정치자금인지 불분명한 약 5천억 때문에 구속되어 丙子와 丁丑년에 수감되는 비운을 만났다. 乙卯운행은 乙庚合金이므로 잠시 길운이나 卯酉가 상충하여 불길하다. 丙辰의 火土운행은 金화격(化格)⁺을 공격하여 매우 불미하리라. 남동생 한 명과 1남1여—戌중 丁火와 申酉戌의 합(딸)—를 두었다. 金화격(化格)⁺으로 본서 395조 417조 451조 등을 참조한다.

정재 辛(金水)亥 편관 水화격
정재 辛(金土)丑 상관 庚 己 戊 丁 丙 乙 甲
신주 丙(火水)子 정관 子 亥 戌 酉 申 未 午

상관 己(土水)亥 편관 505조

이 사주는 丙辛이 合水하고, 지지에서 亥子丑의 水方을 만났기 때문에 水화격(化格)*이다. 辛金이 두개나 있으므로 합을 다투어―쟁투지합(爭鬪之合)―合水가 안될 것 같으나 辛亥로 배치된 辛金은 亥水에게 金洩水로 설기되어 무력해진 통에 쟁투할 수 없고, 辛丑은 土生金으로 생조를 받고 있어서 건재하기 때문에 合水한다. 水화격(化格)*은 화신(化神)인 水가 풍성할수록 미명(美命)이 되므로 水가 용신(用神)이고, 金이 희신이며, 건조한 戊戌未土는 병신이다.

그러므로 고인은 초반의 운행에 庚子의 金水와 己亥의 亥水, 이렇게 20여 년 간 용신(用神)과 희신이 득세하여 등용문을 활짝 열고 유망주로 부상했다. 그러나 戊戌의 土운 10년은 병신의 운행이다. 그것이 사주에 있는 己丑의 土와 작당해서 화신의 물(水) 길을 막아 버리고 丑戌이 형살을 이루어 土들이 난동을 부린다. 그 바람에 아깝게도 세상을 떠나고 말았다. 이 사주는 종살격(從殺格)*으로 보아도 土가 병신이다. 본서 113조도 참조한다.

식신 甲(木土)戌 편관　木화격
정재 丁(火木)卯 상관　戊 己 庚 辛 壬 癸 甲
신주 壬(水木)寅 식신　辰 巳 午 未 申 酉 戌

식신 甲(木土)辰 편관　506조

신주 壬水가 丁火와 합해서 丁壬合木으로 변화된 木화격(化格)
⁺인데 마침 木왕절의 卯월에 태어나 寅卯辰의 木方과 두개의 甲
木이 화신(化神)인 木에게 합세하므로 화격(化格)⁺의 진격이다.
화신을 극하는 병신인 辛金이 戌중에 간직되어 있으나 卯戌合火
와 寅戌의 火局에게 반극을 당하여 무력해졌기 때문에 반갑다.
　그러므로 고인은 巳午未의 火方운행에 왕성한 木氣를 木洩火로
설기-化神洩秀-시켜 관록에 출신하고, 壬癸의 水운행에 부귀했
으며, 총명과 인자를 겸한 채 장수했다.

식신 甲(木土)辰 편관　木화격
정재 丁(火木)卯 상관　戊 己 庚 辛 壬 癸 甲
신주 壬(水土)辰 편관　辰 巳 午 未 申 酉 戌
정인 辛(金水)亥 비견　507조

신주 壬水가 丁火와 合木되어 木으로 변한 木화격(化格)⁺인데
마침 木왕절의 卯木월에 태어나 卯辰의 木方과 亥卯의 木局 그
리고 甲木이 화신(化神)인 合木에게 가세하므로 화신이 넉넉하
다. 이 경우 화신을 극하는 오행, 즉 辛金이 병신이다. 그래서
가화격(假化格)이 되었는데 전반 운행에서 巳午未의 火方운이
그 辛金을 압박(克)하여 제거하므로 진화격(眞化格)으로 변해
고인은 대발했다. 이렇게 화신인 木을 극하는 병신(辛金)이 있

는 것을 고서에서는 이성고아(異姓孤兒)라고 표현했고, 운행에
서 그 병신을 제거하는 것을 능출류(能出類)하고 했다.

그래서 이성고아 능출류라는 말은 가화격(假化格)이 진화격(眞
化格)으로 변할 때 능히 출세할 수 있다는 뜻이다. 그러나 후반
의 金운행에는 크게 불길했다. 바로 앞 사주는 사주에 金이 없
어 水를 대동한 金운에도 번성했는데 이 사주는 辛金이라는 병
신이 있는 가운데 申酉의 金운이 난동을 피운 탓이다.

비견 癸(水火)巳 정재　　　　火화격
편재 丁(火火)巳 정재　丙 乙 甲 癸 壬 辛 庚
신주 癸(水金)酉 편인　辰 卯 寅 丑 子 亥 戌
정관 戊(土火)午 편재　508조

신주 癸水가 戊土와 戊癸로 火해서 火로 변한 火화격(化格)✝이
되었고, 마침 火왕절의 巳월에 태어나 巳午의 火方과 丁火를 만
나서 기쁘다. 이 경우 연간의 癸水는 丁癸가 충극하고, 火에 갇
혀 무력하기 때문에 쟁투를 벌리지 못한다. 火화격(化格)✝은 火
를 생조하고 도와주는 木火가 용신(用神)이고, 화신(化神)인 火
를 극하는 水는 병신이며, 土는 약신이다.

그러므로 고인은 寅卯辰의 木方운행에 크게 발전해서 고관급에
이르렀다. 그러나 亥子丑의 水方운은 화신을 극하는 병신운이므

로 더 발전할 수가 없었다.

상관 甲(木木)寅 상관　火화격
편인 辛(金土)未 편관　壬 癸 甲 乙 丙 丁 戊
신주 癸(水水)亥 겁재　申 酉 戌 亥 子 丑 寅
정관 戊(土火)午 편재　509조

　신주 癸水가 戊土와 戊癸로 合火하여 火로 변한 火화격(化格)＊
의 사주인데 午未의 火方이 화신(化神)인 合火에게 가세하고,
寅亥合木과 亥未의 木局이 화신의 火를 木生火로 생조하여 화신
이 넉넉하다. 이 때 화신을 극하는 亥水는 병신이고, 金은 구신
이며, 木은 희신이고, 건조한 土는 약신이다.

　따라서 운행은 초반에 있는 壬申과 癸酉의 水金운이 병신과 구
신운이므로 고인은 고향을 떠나 온갖 고생을 다 겪다가 甲戌의
木土에 甲木이 화신인 火를 생조하고 戊土가 병신인 水를 제압
하여 객지에서 별안간 대성했다. 그 후 乙亥와 丙火의 운행까지
그 여세가 미쳤고 子水(병신)운행에 子午가 충극하여 사거(死
去)했다.

겁재 乙(木土)丑 정재　土화격
비견 甲(木金)申 편관　癸 壬 辛 庚 己 戊 丁
신주 甲(木土)辰 편재　未 午 巳 辰 卯 寅 丑

정재 己(土火)巳 상관 510조

신주 甲木이 己土와 甲己合土로 변한 土화격(化格)[✝]이다. 연간
의 乙木은 바로 곁(밑)에 있는 丑중 辛金에게, 그리고 월간의
甲木은 申金에게 각각 극을 당하여 무력하기 때문에 시간의 己
土와 합(쟁합:爭合) 할 수 없으므로 土화격(化格)[✝]이 되었다. 土
화격(化格)[✝]은 土가 풍성할수록 그리고 火에게 생조를 받을수록
미명(美命)이며, 화신인 土를 극하는 木은 병신이고, 水는 구신
이다. 이 경우 甲乙의 木이 있어서 가화격(假化格)이다.

한편, 甲己合土가 辰巳시에 출생하였지만 월령이 火土가 아니
어서 탈애진(脫埃塵)[✝]과 유사하다. 그러므로 고인은 巳午未의
火方운행에 土를 생조하여 크게 발전하고, 庚辰의 金土에 배치
상 土生金하니 庚金이 강해진 채 병신인 甲木을 강극하므로 황
금기를 이루었다. 그 후 卯木운에 기울러 寅木운에 寅巳申이 삼
형살을 결성하고 병신이 가중되어 크게 흉했다.

편재 戊(土土)辰 편재 土화격
편인 壬(水土)戌 편재 癸甲乙丙丁戊己
신주 甲(木土)辰 편재 亥子丑寅卯辰巳
정재 己(土火)巳 편인 511조

신주 甲木과 己土가 합하여 甲己合土하고, 마침 土왕절의 戊월

에 태어났으며, 火土가 많고 화신(化神)을 극하는 木이 없어 土
화격(化格)✝의 진격이고, 甲己合土가 巳시에 태어나 탈애진(脫
埃塵)✝이다. 이 때 土가 화위설수(化爲洩秀)✝의 용법에 따라 金
이 용신(用神)이다.

  그런데 운행이 그만 아깝게도 亥子丑의 水方운과 寅卯辰의 木
方운으로 흘러 고인은 사람됨이 준수하고 언행에 품위가 있었으
나 애석하게도 출신을 못하여 그 뜻을 펴보지 못했고, 생활도
넉넉하지 못했다. 사주만 기통 차게 좋고 운행이 불길하여 외화
내빈(外華內貧)이다. 이밖에 1조 44조 472조 473조 474조 등
을 참조한다.

〖 회동제궐(會同帝闕) 〗

  여기서 말하는 회동(會同)은 戌亥로 나침반에는 戌乾亥가 건
(乾)을 사이에 끼고 있다. 그 건(乾)은 하늘의 관문(關門)으로
천관(天關)이다. 그 천관은 천자(天子)가 사는 궁궐이기 때문에
그것을 제궐(帝闕)이라고 한다. 그러므로 사주에 戌亥가 있으면
회동제궐(會同帝闕)격이라고 하는 것이다. 그 구성 방법은 戌亥
가 다 있거나 酉亥가 나란히 있으면 그 가운데에 지지의 순서상

戌자를 끼고 있어-酉(戌)亥-그것도 회동제궐(會同帝闕)이라 하고, 또 戌子가 나란히 있으면 그 사이에 亥자를 끼고 있다-戌(亥)子-고 하여 이것도 그 격이 구성된 것으로 본다. 물론 이것도 격국 용신(用神)이 잘 짜여진 연후에 있어야 궁궐에 출입할 수 있고 만약 짜임새가 나쁜 사주에 있으면 소용이 없기는 다른 격들과 마찬가지이다.

여기서 주의할 점을 암요제궐(暗邀帝闕)✝격과 분별해야 한다는 점이다. 암요제궐(暗邀帝闕)✝은 태어난 연지를 기준으로 그것이 충하고 있는 글자를 암암리에 맞아들이는 것을 말한다. 다시 말해 子생이면 午자를, 丑생이면 未자를 암암리에 맞아들이는 것이다.

```
정관 辛(金水)亥 편인
정관 辛(金土)丑 정재    庚 己 戊 丁 丙 乙 甲
신주 甲(木水)子 정인    子 亥 戌 酉 申 未 午
비견 甲(木土)戌 편재    512조
```

이 사주는 황극경세(皇極經世) 등의 저서와 역리(易理)에도 정통하여 후세에 천고명고(千古名高)했던 송나라의 대학자 소옹(邵雍)이 담겨졌던 명기다. 그의 자(字)는 요부(堯夫)요 시호(諡號)는 강절(康節)이다. 따라서 창성(創性)과 풍수만 합세하면 소강절(邵康節)처럼 그 이름을 천추(千秋)에 전할 수 있는 명조다.

이 명조는 신주 甲木이 엄동설한의 丑월에 태어나 생기가 잔뜩 움추러 들었는데 金을 보아서 金克木으로 벌목(伐木)까지 하려 든다. 그러므로 진태오리(震兌五理)⁺의 난법에 의하여 火가 용신(用神)이고, 木은 희신이며, 水는 병신이고, 金은 구신인데 용신(用神)이 戌중 丁火에 간직되어 水가 직극을 못하는 길신암장(吉神暗藏)격이고, 천문성인 戌亥가 양쪽 끝에서 사주를 감싸는 회동제궐(會同帝闕)격도 겸하여 중앙의 요직에 출입하는 형상이다.

따라서 운행 戊戌의 土운과 丁火, 이렇게 15년은 약신과 용신(用神)운이므로 소강절은 등용문을 열고 출신했다. 그렇지만 申酉의 金운은 구신운이므로 학문을 깊이 연마하여 乙未의 木火土와 甲午의 木火에 용신(用神)과 희신이 득세한 바람에 대발하고 천고명고(千古名高)할 업적을 남겼다.

정재 己(土火)巳 식신
상관 丁(火土)丑 정재   丙 乙 甲 癸 壬 辛 庚
신주 甲(木土)戌 편재   子 亥 戌 酉 申 未 午
비견 甲(木水)子 정인   513조

이 사주는 연지를 기준 삼아 巳자는 제좌(帝座)요 巳자가 충해서 맞아들인 亥자는 제궐(帝闕)인데 戌자와 子자 사이에 戌亥子의 순서로 암암리에 亥자를 맞아들여 암요제궐(暗邀帝闕)⁺격을 구성했고, 그렇게 맞이한 亥자와 戌자가 모여 회동제궐(會同帝闕)격도 겸했다. 이렇게 귀해질 배경을 깔고 신주 甲木이 엄동설한의 丑월에 태어나서 나무의 생기가 위축된 상태인데 巳중 丙火와 丁火가 있어서 기후를 해결했으므로 생기를 되찾았다.

 그래도 재성이 많고-재다신약(財多身弱)⁺-木洩火로 설신되어 신약사주다. 그러므로 신약방조(身弱幫助)의 용법에 따라 木이 용신(用神)이고, 水는 희신이며, 金은 병신이고, 土는 대체로 구신이며, 火는 약신이다. 따라서 고인은 亥子의 水方운부터 발전하여 癸酉와 壬申의 水金운행에 배치상 金生水하므로 이 기간에 살인상생(殺印相生)⁺격을 이루어 장·차관급에 이르렀다. 그는 명관(名官)으로 그 이름이 인구에 회자(膾炙)된 바 있다. 본서 409조도 참조한다.

∥ 흙탕물 ∥

 水가 신주이고, 水의 세력이 가득 찬 사주는 그 많은 물을 가두어 둘 제방이 필요하다. 왜냐하면 土로 물을 가두어(貯水) 두었다가 필요할 때마다 농업용수나 공업용수 또는 식수로 사용해서 물(신주로 주인공)의 효용을 높이기 위해서다. 그러므로 건조한 戊戌未土가 있어야 사주가 격상(格上)된다.

그런데 만약 건조한 土가 없고, 火도 없이 습기 찬 己丑辰의 土가 한 둘만 있으면 도리어 흙이 떠내려가 흙탕물로 변해버려 사주가 격하(格下)되고 불미해진다. 특히 여명으로 水가 신주이면서 水가 많아 홍수가 나는 형상인데 丑辰의 土가 있으면 제방이 제대로 되지 않아 남자 덕이 매우 부실한 경우들을 많이 보았다. 土는 水일여명에 부군이나 남자들에 해당되기 때문이다. 그런 사례가 본서에 많이 들어있다. 그 경우라도 火가 많이 있으면 3丑辰의 土가 건조되어 남자 덕이 그런 대로 괜찮다. 본서 116조 213조 313조 498조 등을 참조한다.

■ 닫는 글

필자의 소견으로는 사주학이 약간 발전하고 있지만 아직도 원시적인 수준을 벗어나지 못하고 있다고 보여 진다. 그 원인 가운데 하나는 돈벌이의 수단으로 잠시 익혀 사용하려는 사람들이 많기 때문일 것이다. 그리고 연구 논문이 아니면서도 자기가 책을 낸 저자란 것을 알리기 위한 수단으로 복사판이나 다름없는 사주학 저서들을 마구잡이로 시중에 내놓는 것도 문제 중 하나이다. 그 책들을 보면 제목들의 장소만 바꾸어 놓았을 뿐 그게 그것인 복사판 내지 해적판들이나 다름없는 경우가 비일비재하다.

심지어는 정치자들 명조가 일정하지 않고 저자들에 따라 엉뚱하게 다르다는 사실까지 등장하고 있다. 어떤 유명한 정치인들을 소개한 책들을 보면 사람은 한 명인데 저자마다 사주가 달라 경우에 따라서는 한 사람의 사주가 서너 개씩 된다. 책마다 설명을 보면 객관성은 전혀 없고, 모두가 아전인수 식으로 해설해 놓았다. 그러니 어떤 사주가 진짜 그 사람 것인지 도무지 알 길이 없는 것이다.

이 때문에 사주는 미신에 지나지 않는다는 인식을 확산시키고 있는 것이다. 누가 그렇게 하고 있는가. 불행하게도 그것은 사주학 책을 쓴 자칭 역학인들이다. 그들 스스로가 미신임을 자처하는 것이다. 확실히 모르면 그런 정치인들의 명조를 다루지 말아야 할 것인데도 자기가 사주학을 가장 잘 알고 있는 것처럼 서로 앞 다투어 발표하기 때문에 이런 사태에 이른 것이다. 그래서 학구적인 학도들에게는 실망만 더 안겨주고 있는 현실이다.

저자들은 자기가 책을 쓴 사람이라고 뽐내기 위해 저서를 낼 것이 아니라 객관성과 공통성이 있으면서 자기 목소리가 있는 연구적인 좀더 리포트(Report)다운 논문 형식의 책을 내놓아야 할 것이다. 그래야 후학들과 이 학문 세계를 위한 일이 될 것이 아니겠는가?

앞으로 사주학이 학문으로서 제대로 자리 잡을 날이 분명 올 것으로 확신하고 있다. 지성인의 전당인 동국대에서 사주학 박사가 나왔고 2002년 개각 때 정보통신부 장관의 프로필에도 그는 역학에 밝은 사람이라고 신문에 소개되기도 했다. 그리고 대학에도 명리학(命理學) 교수들이 하나 둘씩 생겨나고 있다. 명리학, 즉 사주학이 지식인 사회에서 점차 그 자리를 잡아가기 시작하고 있으니 이 학문을 미리서 열심히 익혀두면 언젠가는 분명 학자로서 지위를 확보할 것이다.

옛날에는 국악(國樂)이 천시 당했지만 오늘날은 초등학교 음악 교과서의 내용 중 그것이 40%나 차지하고 있는 것으로 보아 사주학도 머지않아서 그런 날이 올 것이다. 무엇이든 불모지일 때 열심히 개간해두면 문전옥답으로 사용할 때가 꼭 올 것이니 학도들은 확신을 가지고 부지런히 탐구하기 바란다. 끝으로 본서를 출간하기 위해 물심양면으로 협조해준 삼한출판사 김충호 사장님과 그 직원일동에게 한울의 공덕(空德)이 동행하기를 기원하며 이렇게 부족한 학술서를 발표해서 학도들에게 송구함을 금할 길 없다.

■ 부록

　태양계는 태양을 중심으로 수성, 금성, 지구, 화성, 목성, 토성들이라는 행성들이 돌고 있다. 그 행성들은 각각 질량과 크기가 달라 태양을 도는 공전 속도가 각기 다르다. 그래서 그 위치가 각기 다를 수밖에 없다. 그런데 이것들이 모두 일직선상에 놓일 때가 있다. 그것은 주기적으로 180년마다 이루어진다.

　그 일직선이 이루어질 때를 옛 사람들은 甲子년이라고 정했다. 그래서 맨 처음에 甲子라는 간지(干支)가 정해졌는데 갑골문(甲骨文)에 그 흔적이 발굴된 것으로 보아 대략 3000년 전부터 사용해온 것이다. 간지(干支)를 옛 사람들은 간지(幹枝)라고 했는데 간(幹)은 일신(日神)을, 지(枝)는 월령(月靈)을 각각 상징한 것이다. 숫자를 나타내는 한자가 있었음에도 불구하고 그 당시 사람들이 연월일시를 간지로 적었던 것은 태양(日神)과 달(月靈) 그리고 모든 행성들의 위치를 참작했던 것이다. 그로 보아 그 속에는 철학적인 깊은 뜻이 담겨있다고 보아야 한다.

　인간들이 살고 있는 지구는 태양을 중심으로 영원히 공전과 자전을 거듭하고 있다. 공전은 지구가 태양을 중심으로 한바퀴를 돌며 일년이란 연도가 생긴다. 그에 따라 사주에 연주(年柱)가 생기고 공전하는 가운데 절기가 바뀌면서 달이 생기므로 월주

(月柱)가 정해진다. 그리고 지구가 자전하면서 날자가 바뀌고 시간이 생겨 일주(日柱)와 시주(時柱)가 정해진 것이다. 그리하여 사주는 여덟 자로 구성되기 때문에 사주팔자(四柱八字)라고도 말한다. 이때 사주란 기둥 주(柱)자를 써서 네 기둥이란 뜻이다.

그럼 8(八)자는 무슨 의미가 있을까?

우주와 인간은 이 8자와 밀접한 관계가 있다. 저명한 과학 칼럼니스트인 K. C 콜이 쓴 「우주의 구멍」이란 책을 보면 우주의 초기 역사에 관한 한 이론에서는 우주를 낳은 태초의 무(無 또는 진공) 조각이 8자 또는 아령 모양이었다고 한다. 금세기 천재 천문학자인 스티븐 호킹은 이것이 구겨진 완두콩처럼 생겼을 거라고 말했다.

이 우주 공간은 하프의 현(絃)처럼 진동하는 줄(거대한 직물)이 있고 별들에서 나오는 이 현은 8헤르츠의 파동으로 떨린다. 현과 실로 짜여진 우주는 하나의 현, 하나의 거미줄이다. 그 파동으로 전자 하나가 태양 속에서 흔들리면, 이것이 전자기마당을 흔들고, 8분 뒤에 마당의 요동이 지구에 도착하여 눈 속의 전자를 건드려 우리가 빛을 볼 수 있게 된다. 한편, 달은 자기에게 비친 태양 빛의 8%만 반사한다.

위에서 본 바와 같이 우주는 하나의 그림이고, 생각이 지어낸

이미지들로 인간과도 밀접한 관계를 이루고 있다. 우리의 신체에는 중요한 세 가지가 있다. 하나는 송과체요 또 하나는 심장이며, 나머지 하나는 성기이다. 송과체는 송과선 또는 솔방울 샘이라고도 한다. 사람의 분비샘 가운데 가장 작은 것으로 무게는 0.16그램이고, 빨간색이다.

17세기 데카르트는 이것이 영혼의 중심이라고 생각했다. 이 내분비샘은 임신 49일 째 성기와 한 날 한 시 똑같이 생긴다. 1950년 송과체에 두 가지 물질이 생산된다는 사실이 발견되었다. 멜라토닌과 DMT, 즉 디메틸트립타민이다. DMT는 아주 정확한 파동으로 다른 물체를 진동시킨다. 그 파동의 주파수는 8헤르츠인데 별들이 발하는 우주의 파동과 비슷한 아주 낮은 파동으로 우주를 가로지르고 물질을 통과하고 육신을 통과하는 파동이다.

헤르츠는 심장이라는 뜻인데 그 심장이 8헤르츠로 박동하면, 대뇌 반구들 역시 8헤르츠의 사이클로 기능한다. 이 파동이 성기에 미치면 하나의 전지로 변해서 8헤르츠의 인간 전기가 방출한다. 그리하여 뇌와 심장과 성기가 하나로 연결되어 마침내 8헤르츠의 파동에 스스로 맞추는 것이다. 그러므로 남녀간의 애정은 성기(육체)와 관련된 사랑, 즉 에로스와 심장(감정)과 관련된 사랑인 아가페 그리고 뇌(정신)와 관련된 사랑인 필리아가 혼연일체를 이루어 동시에 폭발하는 것이다.

한편, 불도의 거두였던 성철 큰스님은 사람은 누구나 제8 아뢰야 식(識)이 있다는 것이다. 보고(眼識) 듣고(耳識) 냄새 맡고(鼻識) 맛보고(舌識) 느끼고(身識) 분별(意識)하는 여섯 가지 의식 외에도 제 7 말라 식인 자아의식이 있고 그 다음은 앞에서 말한 제8 아뢰야식으로 이것은 무의식 내지 장식(藏識) 또는 무몰식(無沒識)이라고도 한다. 장식이란 과거, 현재 할 것 없이 모든 기억을 저장해둔다는 뜻이고, 무몰식이란 없어지지 않는 의식이다. 이 의식은 과거 현재 할 것이 모든 기억을 마치 곳간에 물건을 간수해 놓듯 전부 기억해 두고 있다가, 어떤 기회가 되면 녹음기에서 녹음이 재생되듯 되살아난다는 것이다. 이것은 목숨이 끊어져도 미래 겁이 다하도록 반복(윤회)된다는 것이다.

이상에서 본바와 같이 태초의 우주는 아령처럼 8자 모양이었고 현(絃)의 줄처럼 8헤르츠로 파동 치고 있으며, 인간의 신체와 정신 역시 그 파동에서 벗어날 수 없기 때문에 제8 장식이 자리 잡게 된 것이다. 그 외에 빛이 우리 눈에 도착하는 시간도 8분이 걸리며 달도 태양 빛의 8%로만 반사하고 있다는 사실도 알았다.

이처럼 우주와 인간은 8과 매우 밀접한 관계를 맺고 있는 것이다. 따라서 사주팔자는 이 우주 가운데 지구가 공전과 자전을 되풀이면서 생겨난 것으로써 인간은 지구에서 생사를 거듭하고 있기 때문에 시시각각으로 공전과 자전하는 지구의 기운을 그때 그때 다르게 받고 태어난 것이다. 그러므로 사주팔자에는 우주와 나의 심오한 관계가 들어있다.

모든 사주는 터(위치)라고 하는 궁(宮)이 있다. 연주(年柱)는 조상의 터(祖上宮)이요, 월주(月柱)는 부모와 형제자매의 터(父母兄弟姉妹宮)이다. 그리고 일주(日柱)는 내 몸인데, 그 가운데 일간(日干) 나의 터로서 내 몸의 주인이니 신주(身主)요, 일지(日支), 즉 신주 오른쪽—옛날식으로는 신주 아래, 즉 밑에 있는 글자—에 있는 글자로서 여자 사주일 때 배우자의 터로서 부군궁(夫君宮)이며, 남자일 경우는 처궁(妻宮)이다. 부부는 일심동체이기 때문에 일주 전체를 내 몸이라고 한다. 그리고 시주(時柱)는 남녀를 불문하고 자녀의 터(子女宮)이다.

그렇다면 이 궁으로 모든 육친 관계를 다 풀 수 있느냐? 그렇지 않다. 이것은 사주를 풀 때 염두에 두고 참고만 한다. 이것보다 더 정확한 것이 있는데 그것은 별자리이다. 이 별자리를 빨리 이해하려면 먼저 오행(五行)이란 것부터 알고 넘어가야 한다. 오행은 수(水), 목(木), 화(火), 토(土), 금(金) 이렇게 다섯 가지를 말한다. 이 오행은 우주가 다섯 가지의 원소로 구성되어 있다고 본 데서 나온 것이다.

바꿔 말하면 우주는 대별(大別)해서 물과 초목(식물)과 불(태양도 포함), 그리고 땅(흙 또는 먼지나 별)과 쇠(철분) 이렇게 다섯 가지로 이루어져 있다고 본 것이다. 물의 경우를 보면 바다가 지구의 70%를 차지하고 있다.

사람도 우주처럼 다섯 가지 오행으로 구성되어 있다고 본다. 다시 말해 우리의 몸은 혈액과 침 등 약 70%가 水인 물로 되어 있고, 세포와 근육질이라는 木 그리고 36도라는 체온을 유지하는 火와 살(肉)인 土 그리고 손톱 발톱과 치아, 뼈대 등의 金으로 되어 있다고 본 것이다. 그래서 우주와 인간이 밀접한 상관관계를 맺고 있기 때문에 사주에도 그 오행이 빠질 수 없는 것이다.

그런데 이 오행은 때로는 서로 돕기도-상생(相生)-하고, 때로는 서로 배척-상극(相剋)-하기도 한다. 우주적인 견지에서 보면 전자(前者)는 순환상생(循環相生)⁺에 해당하고, 후자(後者)는 신진대사에 속한다. 이 상생과 상극을 한마디로 생극(生克)의 원리라고 한다. 이 두 가지 원리가 인간과 우주의 생명체를 유지하고 발전시키는 기본 바탕이다. 그렇다면 오행은 어떻게 순환상생(循環相生)⁺하고 신진대사를 하는가?

순환상생(循環相生)⁺은 생태계의 먹이사슬과 같은 것으로서, 수생목(水生木), 목생화(木生火), 화생토(火生土), 토생금(土生金), 금생수(金生水)… 이렇게 해서 다시 水生木하고 木生火해서 마치 염주알 돌 듯 빙빙 도는 것을 말한다. 이제부터는 오행 과 생극 정도는 한자로 쓰고 읽어갈 것으로 보고 괄호 없이 쓰 겠으니 양지해 주시기 바란다.

먼저 水生木부터 보면 水인 물이 초목인 木을 생산 내지 생조 (生助)해주는 것을 말한 것으로, 물은 나무를 키워낸다. 이 경우 물의 입장에서 보면 木을 키워내기 위해서 자신의 힘이 약화 내 지는 소멸되어 희생당한다. 이것을 木의 입장에서 보면 자기의 융성을 위해 水를 희생시킨 것이다. 먹이사슬과 유사한 것이다. 다음 木生火는 나무가 불을 피워 불꽃을 생산해 준다. 이것도 불을 위해 초목이 희생된 것이고, 나무로 인해서 불이 번성한 것이다.

이어 火生土는 땅인 土를 데워내기 위해서 불빛이 빨려 들어가 소멸된다. 만일 土가 불빛인 태양의 기운을 흡수해내지 못한다 면 가뭄 때문에 초목은 말할 것도 없거니와 인간과 우주의 생명 체도 유지, 발전할 수 없을 것이다. 이 경우 흙인 土가 만물-다 른 모든 오행-을 번성시키려면 반드시 열(熱)을 가진 불빛을 필요로 한다. 그래야 땅이 따뜻해져 그 기운을 발휘할 수 있기 때문이다. 이렇게 보면 흙은 불인 火에 생조를 받고 있는 것이 다.

그 다음 土生金은 태양인 火가 흙인 土를 데워놓으면 그 흙 속에서 쇠인 金을 파낼 수 있다. 이때 흙 속에서 나오는 金은 땅에서 생산된 것이다. 지금은 포크레인으로 아무 때나 흙을 파고 그 속에서 광물질을 파낼(생산) 수 있지만 순전히 자연적인 옛날에는 얼어붙은 흙 속에서는 쇠(鐵)를 파낼 수 없었고 따뜻한 태양이 땅을 녹여준 뒤에야 비로소 캐낼 수 있었던 것이다. 오행은 우리 조상들이 자연에 의지하며 살 때 생겨난 학문이기 때문에 土生金의 원리는 순전히 자연산(自然産)의 바탕 위에서 마련된 것이다.

그리고 金生水는 쇠가 물을 생산한다는 것으로서, 지금으로 말할 것 같으면 쇠파이프 속에서 물이 나오는(생산) 것이다. 수돗물이 그런 형상인데, 옛날 식으로 말하면 땅속에서 생산한 쇠로 삽이나 괭이 등 도구를 만들어 그것으로 샘물이나 저수지를 파서 물길을 잡아내는 것이라고 할 수 있다.

앞에서 水와 木 그리고 火에서만 먹이사슬의 관계를 말했으나 火土와 土金 그리고 金水도 마찬가지 원리이다. 그렇다면 희생된 오행은 아주 없어지는가? 그렇지 않다. 고래가 새우를 잡아 먹었다고 새우가 없어지지 않듯 다시 金生水, 水生木, 木生火…로 순환상생(循環相生)⁺을 계속하고 있기 때문에 다시 복구된다.

이번에는 신진대사(新陳代謝)에 대하여 알아보자. 가령 인체로 본다면 이것은 헌 것을 몰아내(剋)고 새 것으로 바꾸기 위한 작업이다. 그래야만 균형을 이루어 생명의 불이 단절되지 않는다. 그와 마찬가지로 우주도 오행이 신진대사를 하고 있다. 이것을 구체적으로 말해보면 水克火, 火克金, 金克木, 木克土, 土克水라고 말한다.

水克火는 水인 물이 불인 火를 제압(克)한다, 또는 꺼버린다(克)의 뜻이고, 火克金은 火인 불이 金인 쇠를 녹인다(克)는 것이며, 金克木은 금속으로 된 칼이나 톱 등이 나무나 초목을 자르거나(克) 다듬는다(克)는 의미이고, 木克土는 木인 나무가 땅 속을 비집고 들어가면서 흙을 헤쳐(극) 박토로 만든다는 뜻이 포함된다. 그리고 土克水란 土인 흙이 제방이 되어 水인 물길을 막거나(克) 흡수해서 그 힘을 약화 내지 소멸시킨다는 의미이다.

이상에서 오행과 생극의 원리를 알았다. 그러나 이것만으로는 사주를 다 읽어내기 어렵다. 사주의 기본을 이루고 있는 바탕을 더 터득해야 한다. 그러기 위해서 이 세상 어떤 사주든 모두 한결같이 적용되는 기본바탕인 도표를 이 아래에 소개했다. 그 도표들을 일단 한 번 정도 읽어본 후 이 책에 실린 사주들을 보면 굉장히 빠른 속도로 이해할 것이다.

그러므로 좀 귀찮겠지만 그 도표를 한 번 더 확인하기 바란다. 그렇게 몇 번 읽고 대강이라도 암기해 두면 더 많은 지식을 빨리 습득하게 될 것이다. 그래도 암기가 다 되기 어려울 테니 그 도표를 복사하거나 오려서 이 책에서 설명하고 있는 사주들과 일일이 대조해보기 바란다.

　모든 사주의 기본 바탕이 되는 다음 도표를 보기로 하자. 이 도표에서 기본 바탕은 29가지이다. 그 중에서 오행(水, 木, 火, 土, 金)인 다섯 자와 음양(+, −)인 두 자를 제외한 십간(十干 또는 天干)인 갑(甲), 을(乙), 병(丙), 정(丁)…과 십이지지(十二地支)인 자(子), 축(丑), 인(寅), 묘(卯)…이렇게 22자에 부여된 뜻만 정확히 알아두면 모든 사주를 독파할 수 있다. 모든 사주는 우리말이 24자를 벗어날 수 없듯이 이 22자를 떠날 수 없고, 그 변형에 불과하다. 그러므로 이 도표들을 복사하거나 오려서 각 사주들과 대조해보기 바란다.

< 도표 1 >

10간	한자	오행	음양 +-	(떠올릴) 형상	계절	색깔	방위	성품	기氣	기관	맛	인체	주역	12지
갑	甲	木	양 +	거목, 산림, 마른 나무	봄	청색	동	인仁	혼魂	간담	신맛	근육질 섬유	진震	寅卯
을	乙		음 -	초목, 등나무, 습목(濕木)										
병	丙	火	양 +	태양	여름	적색	남	예禮	신神	심장	쓴맛	체온	이離	巳午
정	丁		음 -	전기불, 용광로, 촛불										
무	戊	土	양 +	대지, 지구, 마른 흙	사계	황색	중앙	신信	의意	비위	단맛	살(肉)	간艮 곤坤	辰戌丑未
기	己		음 -	전원, 논밭, 축축한 흙										
경	庚	金	양 +	광산, 무쇠덩이	가을	백색	서	의義	백魄	폐 대장	매운맛	뼈 치아	태兌	申酉
신	辛		음 -	금, 칼, 연장										
임	壬	水	양 +	호수, 저수지, 바다	겨울	흑색	북	지智	정精	신장 방광	짠맛	혈액 눈물	감坎	亥子
계	癸		음 -	눈, 비, 이슬, 구름, 샘물										

이 도표를 보고 혹자는 왜 갑(甲)을 양(陽)이라고 하고, 을(乙)을 음(陰)이라고 보느냐며 물어 볼지도 모른다. 그러나 그것은 일단 그렇게 하기로 몇 천년 전부터 약속해 온 것이다. 세상 만사는 모두 어떤 약속을 부여해 놓고 거기에 따라서 살아 왔다. 1, 2, 3 등 숫자가 그렇고 파란 신호등이 켜지면 건너가기로 모두가 약속했기 때문에 시공을 초월하여 그렇게 하고 있듯이 말이다. 그러므로 우리는 옛날부터 지금까지 대대로 그렇게 하기로 약속한 내용만 읽혀 두면 그동안 개발되어 전수된 이론과 실제를 우리의 실생활에 적용할 수 있는 것이다. 그런데도 왜 밤을 밤이라 하고 낮을 낮이라고 했느냐며 밤낮으로 시간을 허비할 필요가 있겠는가?

여기서도 그러기로 하고 우선 甲乙부터 보자. 이것은 모두 오행으로는 木이라 하고 그 중 甲木은 양이며, 형상으로는 木 중에서도 거대한 나무 또는 마른 나무로 약속했으며, 乙木은 木중에서도 초목이나 등나무 등 연약한 나무이자 습기 찬 나무라고 그 뜻을 부여해 놓았다. 그리고 甲乙의 木은 계절적으로 봄에 속하고 색은 청색이요, 방위로는 동쪽을 가리키고 성품으로는 어질 인(仁)에 속하며 기(氣)로는 혼(魂)에 속하고 인체기관으로는 간담(간과 쓸개)으로 본다. 그리고 맛으로는 신맛이고, 인체로는 세포이자 근육질이며, 주역의 괘상(卦象)으로는 진괘에 속하고 지지(地支)중에서는 甲木에 寅木이 그리고 乙木에는 卯木이 해당된다.

이런 식으로 다른 것들도 그렇게 의미를 부여해 놓고 있는 것이다. 이 도표 중에서 가장 중요한 것은 (떠올릴)형상이다. 이것은 사주를 읽어내는 데 매우 중요한 역할을 하고 있으므로 이것을 모르면 무슨 말인지 이해하기도 어렵거니와 읽어내기도 힘들다.

이상에서는 천간(天干)인 열자, 즉 십간(十干)에 대해서만 보았다. 그럼 나머지 지지(地支), 즉 12지지에 대한 도표를 보기로 하자. 누구든 도표 1과 2만 잘 파악해두면 이 세상 모든 사주를 읽어낼 수 있다고 해도 과언이 아니다.

< 도표 2 >

12지	오행	+-	월	조기	중기	정기	시각	합변	충살	형살	삼형살	방(方)	합국(合同)
인(寅)	木	+	1월	戊	丙	甲	03:30−05:30	寅亥 合木		寅巳		寅卯辰 木方	巳酉丑 金局
묘(卯)	木	−	2월	甲		乙	05:30−07:30	卯戌 合火		子卯			
진(辰)	土	+	3월	乙	癸	戊	07:30−09:30	辰酉 合金			寅巳申		申子辰 水局
사(巳)	火	−	4월	戊	庚	丙	09:30−11:30	巳申 合水		巳申			
오(午)	火	+	5월	丙	己	丁	11:30− 1:30	午未 不變				巳午未 火方	亥卯未 木局
미(未)	土	−	6월	丁	乙	己	1:30− 3:30			戌未	丑戌未		
신(申)	金	+	7월	戊	壬	庚	3:30− 5:30		寅申			申酉戌 金方	寅午戌 火局
유(酉)	金	−	8월	庚		辛	5:30− 7:30		卯酉				
술(戌)	土	+	9월	辛	丁	戊	7:30− 9:30		辰戌				
해(亥)	水	−	10월	戊	甲	壬	9:30−11:30		巳亥			亥子丑 水方	
자(子)	水	+	11월	壬		癸	11:30−01:30		子午				
축(丑)	土	−	12월	癸	辛	己	01:30−03:30		丑未	丑戌			

모든 연도는 1월부터 시작해서 12월에 끝난다. 그리고 모든 연도의 1월은 寅월부터 시작해서 卯월 辰월…이런 순서로 되어 있다. 예외는 하나도 없다. 그러니까 어느 해든 12월은 丑월이다. 여기서 寅卯는 오행으로 木에 속하고 음양으로는 寅木이 양이며, 卯木은 음이다. 이것도 甲乙처럼 양음이 계속 반복된다.

여기서 중요한 것은 지장간(支藏干)이다. 이것은 十干에서 떠올릴 형상처럼 매우 중요하다. 지장간이란 지지(12지)가 속으로 품어 간직하고 있는 천간(天干)이라는 뜻이다. 좀더 구체적으로 말하면 寅이라는 지지에는 戊와 丙과 甲을 안으로 몰래 숨겨 간직하고 있다는 말이다. 이것을 암장(暗藏)이라는 용어로도 말할 때가 있다. 속 암자에 간직할 장자이니 암암리에 안으로 간직하고 있다는 말이다.

그럼 이것을 어떻게 암기할 것인가? 연상법을 권하겠다. 寅월은 정월(正月), 즉 1월이다. 1월에는 이제 엄동설한이 슬슬 물러날 때다. 그러니 대지인 戊土가 서서히 꿈틀대기 시작한다. 그 다음 태양─십간의 丙火를 참조─인 丙火가 서서히 그 빛을 발휘하려고 한다. 그리고는 초목이나 나무들인 甲木도 다가올 봄을 준비하기 위해서 기지개를 펴기 시작한다. 그래서 寅중에는 戊土와 丙火 그리고 甲木이 그 속에서 약동하기 시작한다고 본 것이다. 다음 卯월은 2월이다. 2월에는 寅月의 정기(正氣)인 甲木이 2월의 초기(初氣)─또는 여기(餘氣)─로 넘어오고 그 다음

乙木이 정기로 작용한다. 辰월은 3월로서 전월인 卯월의 정기인 乙木이 여기-남은 기-로서 넘어오고 3월 곡우(穀雨)를 맞이해 봄비가 내리기 때문에 癸水-천간 참조하면 더욱 이해가 잘 됨- 가 중기(中氣)로 자리 잡았으며, 그렇게 비가 내리자 이제 땅이 본격적으로 만물을 키워낼 차비를 하기 때문에 戊土가 정기로서 작용한다. 그래서 辰중에는 乙癸戊가 안으로 간직되어 작용하고 있는 것이다. 그런 식으로 나머지들도 연상하면 어렵지 않게 암기할 수 있다.

다음은 각 지지에 해당되는 시간이다. 인시(寅時)는 오전 3시 30분부터 두 시간이 지난 5시 30분까지요, 卯시는 5시 30분부터 역시 두 시간이 지난 7시 30분까지이다. 나머지 다른 것들도 그런 식으로 본다. 그런데 여기서 하나 알아둘 것은 지금까지 모든 역서들이 거의 30분을 떼고 3시에서 5시, 5시에서 7시… 이렇게 말해 왔다. 그럼 왜 여기서는 30분을 늘려 말하고 있는가? 지저분하게 여러 잔소리 늘어놓지 않겠다.

간단히 말해서 긴 막대기를 일정한 지상에 꽂고 날마다 그 그림자를 조사해 보면 낮 12시에 가장 짧아지는 것이 아니라 12시 30분을 전후해서 ±2~3분 정도이다. 한 번 여러분도 실험해 보시라. 음력 2월과 8월에 실험해 본 것이 더욱 정확하다. 왜냐하면 그때에 태양이 정 동쪽에서 뜨기 때문이다. 그 실험을 해본 다음에는 그리니치 천문대가 어떻고, 동경 몇 도가 어떻고 그런 지저분한 소리로 설명할 필요가 없다.

 사주를 공부하려면 실험 정신도 매우 강해야 한다. 이론도 무시할 수 없지만 실제가 더욱 중요한 것이다. 사주책도 역시 그렇게 엮어져야 할 것이다. 증거나 실증 없이 이론만 떠벌린 책이야말로 귀중한 시간만 허비하게 하는 골치 아픈 악서(惡書)이다. 그런 책들을 보고 나면 속된 말로 '넋 빠진' 또는 '넋 나간'이란 말이 괜히 생긴 빈말이 아니라는 것을 번번이 느끼게 된다.

 잠시 말이 제 정신을 잃고 딴 길로 갈팡질팡했다. 본론으로 이어 합변(合變)을 보면 寅자가 亥자를 보면 寅亥로 합(合)해서 木으로 변(變)하게 된다는 뜻이다. 많은 깊은 뜻이 더 있지만 그것은 기회 닿을 때마다 차차 이야기하기로 하고 여기서는 우선 이런 원리가 있다는 것만 알아두면 될 것이다.

 다음 충살(沖殺)은 충돌(衝突)해서 살상(殺傷)이 생긴 것이라고 생각하면 무리가 없다. 寅과 申이 충돌해서 寅木도 申金도 손상을 입은 것이다. 그렇게 충돌하면 寅중에 암장된 戊土도 丙火도 甲木도 손상되고, 그뿐만 아니라 申중 戊壬庚도 손상을 입게 된다. 이때 손상을 입었다고 모두 다 나쁘게만 되는 것이 아니고 좋아진 경우도 생긴다는 것을 잊어서는 안 된다. 대개는 나쁘게 작용하지만 드물게나마 번갯불을 맞고도 오히려 다른 병까지 고치는 사람이 있듯이 간혹 좋아지는 경우도 있다. 여기서는 이렇게 충돌하는 충살이 있다는 것과 그것들이 무엇 무엇이 있는가만 알아두면 된다. 형살(刑殺)과 삼형살(三刑殺)도 충살과 유사하다고 보면 되는데 충살보다는 약간 약한 것으로써 이때 형(刑)자는 싸움 또는 민사나 형사에 관계된 일들이라고 보아도 무리가 없다. 형살이나 충살 또는 삼형살이 호명(好命)에 있으면 생살권을 장악하기도 한다. 반면 불미한 사주에 그런 것들이 있으면 감옥에 갇히기도 한다. 말하자면 이런 살성들이 사주의 좋고 나쁨에 따라서 빛과 그림자로 작용하는 것이다.

끝으로 방(方)과 국(局)을 보자. 여기서 방은 방향, 국은 형국이라고 생각하면서 다음의 설명을 이해해 보자. 寅 속에 간직된 정기는 甲이고, 卯 중에 암장된 정기는 乙이다. 도표 1에서 보았듯이 甲과 乙은 봄이자 방향으로는 동쪽이다. 그러므로 그것을 간직한 寅과 卯도 방향으로는 동방(東方)이고, 달로는 1월과 2월이다. 1, 2월은 봄으로서 3월까지 이어진다. 따라서 동쪽 방향으로 이어지는 寅, 卯, 辰의 1, 2, 3월은 木이 왕성한 달이다. 그래서 사주에 寅卯辰이 다 있거나 셋 중 둘만 있어도 木方이 있다고 본다. 그리고 寅卯辰월에 태어난 사주를 木이 왕성한 달, 즉 목왕절(木旺節)에 태어났다고 한다.

그런 식으로 다음도 巳(4)월과 午(5)월, 未(6)월은 태양인 火가 작열하는 석 달이므로 이것들이 사주에 모두 있거나 셋 중 두자만 있어도 火方(火方)이 있다고 보며 巳午未월에 태어난 사주를 화왕절(火旺節)에 태어났다고 한다. 이어 申(7)월과 酉(8)월, 戌(9)월은 낫과 괭이 삽 그리고 탈곡기 등 金이 바쁘고 왕성한 달이니 금왕절(金旺節)이고, 사주에 申酉戌이 다 있거나 셋 가운데 두자만 있어도 金方(金方)이 있다고 본다. 마찬가지 亥(10)월과 子(11)월 그리고 丑(12)월은 비 또는 구름 등 수기(水氣)가 왕성한 석 달이므로 수왕절(水旺節)이라고 하며 亥子丑이 다 있거나 그 가운데 두자만 만나도 水方(水方)이라고 한다.

이것은 겨울철에 왕성한 水(겨울)가 水生木으로 木(봄)을 낳으면 겨울 다음은 봄이 되고, 木이 木生火로 火를 낳으면 봄 다음은 여름이 되며, 火가 火生土(태양 生 흙)로 땅을 데워놓으면 土가 土生金으로 金을 낳아 가을이 된다. 이어 金이 金生水로 水를 상생하면 水가 왕성한 겨울이 된다. 이렇게 순환상생(循環相生)⁺을 거듭해서 춘하추동이 계속 부활한다.

사계절뿐 아니라 하루도 냉기와 습기 또는 이슬 등 水氣가 많은 亥子丑의 水의 시간—밤 9:30에서 다음날 3:30—이 水生木으로 木을 상생하면 丑시 다음부터는 낮의 태양을 맞으러 초목들인 寅卯辰의 木의 시간—오전 3:30에서 7:30—이 이어져 밤중 다음에 새벽과 아침이 되고, 木의 시간이 木生火로 火를 낳아놓으면 태양이 솟아 빛을 내리쬐는 巳午未의 火의 시간—7:30에서 오후 1:30-이 되어 아침 다음에 낮이 된다.

 그리고 낮의 빛이 火生土로 땅을 데워놓은 다음 土生金으로 金을 상생하면 申酉戌의 金의 시간-3:30에서 9:30-이 되어 오후로 접어들어 밤이 된다. 하루도 이렇게 밤과 아침과 정오와 저녁때가 순환상생(循環相生)⁺해서 윤회를 거듭한다. 이런 자연의 이치를 따라서 만물이 생노병사와 흥망성쇠를 되풀이 할 수밖에 없기 때문에 인간사도 예외가 될 수 없다.

 이제 국(局)에 대해서 보기로 하자. 흔히 바둑을 두는 것을 대국(對局)이라고 한다. 바둑을 둘 때 처음에 판국을 짜기 위해 돌을 여기저기 듬성듬성 놓는 것을 볼 수 있다. 그처럼 사주라는 판국에도 여기저기 다음에 속한 글자들이 있으면 국을 이룬 것으로 본다.

 가령 寅午戌이라는 이 석 자가 사주라는 판국에 있으면 火局(火局)을 이룬다. 왜 그런가? 寅중에는 丙火가 있고 午중에는 丁火가 있으며, 戌중에도 丁火가 있다. 모두 火를 간직하고 있어서 이것들이 만나면-이것을 회합(會合: 모여서 합함) - 火의 형국(形局)을 이룬 것으로 본 것이다. 셋 중 두자만 만나도 반이 모여 합해-반회(半會)-진다고 본다.

 이렇게 보는 것은 다른 것들도 마찬가지이다. 亥卯未는 亥중

甲木과 卯중 乙木 그리고 未중 乙木 이렇게 木을 간직하고 있어서 이것들이 둘이나 셋이 모여 있는 사주면 木의 형국인 木局(木局)이 있다고 본 것이고, 申子辰 역시 申중 壬水와 子중 癸水 그리고 辰중 癸水 이렇게 水들을 암장하고 있으므로 그들 가운데 두자나 세자가 모이면 水의 형국이라고 해서 水局(水局)이라고 한다.

그리고 巳酉丑은 巳중 庚金, 酉중 辛金, 丑중 辛金 이렇게 金을 간직한 것들인데 그것들이 둘이나 셋이 만나면 金이 모인 형국이라고 해서 金局(金局)이라고 한다. 이렇게 해서 도표 1과 2를 대충 설명했다.

마지막으로 도표 1과 2를 활용해 별자리에 대해서 알아보자. 그래야 모든 사주를 실감나게 독파할 수 있기 때문이다. 여기서는 주로 오행끼리의 관계와 음양을 따진다는 데에 주목하면 이해가 빨라진다.

별자리(星)에는 인성(印星)과 재성(財星)과 관성(官星) 그리고 비겁(比劫)과 식상(食傷) 이렇게 다섯 가지가 있다. 이 모든 것은 신주(身主: 내 몸, 日柱에서 日干)의 오행과 음양을 기준으로 해서 판별된다.

첫째 인성은 신주를 생(生 또는 생조)하는 오행이다. 다시 말해서 생신(生身)하는 오행이다. 가령 신주가 木일 경우 木을 생조하는 오행은 水-水生木-이니 水가 인성이다. 인성에는 정인(正印)과 편인(偏印) 이렇게 둘로 구분된다. 그럼 어떨 때 정인이 되고, 어떨 때 편인이 되는가? 신주와 생조하는 오행의 음양이 똑같을 때는 편자를 붙이고, 음양이 다를 때는 정자를 붙인다. 이 원리는 다음에 설명할 다른 것들에도 똑같이 적용되므로 여기서 확실하게 알고 넘어가야 한다.

가령 신주의 오행이 甲木이라면 그 木은 음양 가운데 양이다. 이때 그것을 생조하는 水가 壬水라면 그것은 음양 중 양이니 신주와 같은 양으로서 편인에 해당한다. 만약 癸水라면 음이므로 신주와 음양이 다르기 때문에 정인이 된다. 한 번 더 부연하면 신주가 丁火일 때는 음이니 火를 생조하는 木이 인성인데 그 가운데서 甲木은 양이니 음양이 신주와 다르므로 정인이고, 乙木은 음이니 신주와 음양이 똑같아 편인이다.

왜 이렇게 자꾸 판별하려 드는가? 인성은 나인 신주를 생조하니 나를 낳아준 사람은 남녀 사주를 막론하고 어머니를 나타내는 별자리로서, 정인은 음양이 다르니 나의 정식 생모(生母)이다. 왜냐하면 가령 내가 남성이라면 양이고, 생모는 여자로서 음이니 음양이 달라 정인이다. 반면에 편인은 계모(繼母)나 대모(代母) 또는 양모(養母) 등 편모(偏母)로서 가령 내가 남성으로서 +라면 +와는 정이 없어 서로 밀어낸다. 편모가 아무리 여자인 −라고 하지만 실제에 있어서는 정답기 보다는 나(+)와는 깊은 정이 거의 없기 때문에 −이면서 +와 같다. 그러므로 편법으로 어머니 노릇만 하고 있어서 편인이 된 것이다.

이런 별자리를 알고 나서 어떤 사주를 보니 정인과 편인이 모두 있다고 하자. 그런 사주는 생모가 이혼했거나 일찍 사별한 후 십중팔구 생모 외에 편모가 있다. 어린 아이 사주가 그렇게 구성되어 있다면 예방책을 세워야 할 것이다. 이런 경우는 부적 −또는 부작−으로 해결될 사항이 절대 아니니 일찍이 대모를 정해주어야 한다. 본의 아니게 아주 어렵게 사는 여자 가장(家長)을 찾아가 형편껏 도와주면서 자기 아이의 편모 역할을 하게 하는 방법도 좋을 것이다.

인성은 육친상 이렇게 생모 또는 편모이고, 또 다른 측면으로 말할 것 같으면 스승이며, 학문성이고, 주택이며, 문서에 해당한다. 스승은 내 정신을 낳아주고 주택은 나의 보금자리로서 어머니와 같으며, 문서는 나를 이롭게 하도록 쓰여져야 하기 때문이다. 운행이나 연운에서 인성운을 만나면 아까 말한 것 중 하나나 둘이 이루어 질 때가 많다. 물론 신약사주−이것은 차차 말하겠음−로서 인성이 용신(用神)−이것도 나중에 설명하겠음−일 때에 말이다.

둘째 재성에 대해서 알아보자. 이것은 신주가 극하는 오행이다.

가령 신주가 火라면 火가 火克金으로 극하는 오행은 金이다. 이 金이 재성에 속한데 재성에는 정재(正財)와 편재(偏財)가 있다. 신주가 극하는 오행의 음양과 다른 때에는 정재이고, 음양이 같을 때는 편재가 된다. 가령 丙火가 신주라면 양이니 극하는 것이 庚金이라면 같은 양이므로 편재이고, 辛金이라면 음양이 다르니 정재가 된다. 한 번 더 설명하면 신주가 辛金일 경우 음이니 金이 극하는 木이 재성인데 甲木일 때는 양으로서 신주와 음양이 다르므로 정재가 되고, 乙木일 때는 같은 음이니 편재가 된다.

정재와 편재는 남녀 사주를 불문하고 아버지, 즉 부친성에 속한다. 왜 그러냐? 신주인 내가 극하는 재성을 부친성(父親星)으로 보는 것은 아버지가 나를 낳으며, 그 부친은 나를 먹이고, 가르치며 독립을 시켜야 하기 때문에 나를 낳자마자 갖은 고생을 겪게 된다. 그것은 나를 낳았기 때문이다. 그래서 아버지는 내가 이 세상에 태어나자마자 고생으로 늙어가고 쇠약해진다. 반면에 나는 오히려 점점 자라 왕성해져 간다. 그러므로 아버지는 나에게 극을 당하는 입장에 서 있다. 그래서 신주에게 극을 당하는 오행이 부친성인 재성이 된 것이다.

그 중에서도 남자 사주일 경우는 편재가 아버지 성이다. 왜냐하면 나와 오행이 같기 때문이다. 가령 내 신주가 戊土라면 양이고, 이것이 극하는 오행 중 壬水가 편재인데 이것도 오행이 신주와 같은 양이다. 내가 양으로서 남자이고, 편재도 나와 같이 양으로서 남자이다. 그래서 같은 양과 양으로서 남자 대 남자이기 때문이다.

그럼 정재는 누구에 해당한가? 음양이 다르니 아버지의 누이동생으로서 나오는 고모가 된다. 원칙은 그렇지만 내 사주에 정재와 편재가 많으면 아버지와 백부 그리고 숙부나 고모 등 부친의 형제자매가 많은 경우가 흔하다. 그럼 여자 사주와는 어떤 육친 관계가 성립하는가? 나인 신주와 음양이 다른 정재가 아버지에 해당하고 편재는 고모와 시부모로 본다.

그러나 방금 남자사주─이하 남명(男命: 남자 명조로 남자 사주란 뜻)─에서 말했듯이 정·편재가 혼합되어 있으면 역시 백·숙부나 고모 등 부친의 형제자매가 많은 경우로 본다. 혹은 의붓아버지에 속할 때도 있는데 그것은 사주를 실제로 읽을 때 설명한다.

그리고 재성은 남녀 공히 재물성(財物星)으로도 본다. 내가 다스리며 거느려야 하는 것이 재물이기 때문이다. 정재는 남녀를 막론하고 정식으로 차근차근 벌어들이는 재물이고, 편재는 간혹 가다 왕창 횡재하는 식으로 벌어들이는 재물이다. 전자가 꽁생원 식으로 돈을 모은다고 하면 후자는 투기 등 일확천금 식으로 그것을 모으는 형상이다. 또 재성은 남명에게 부친성과 재물성

말고도 처성(妻星)으로도 본다.

그렇게 보는 것은 아까 말했듯이 아내도 다스리며 거느려야 하는 의미도 있고 아내는 돈으로 사는 존재이므로 재물을 벌어들여 주어야 하기 때문이다. 돈이 사랑이고, 돈이 남편일 경우가 비일비재하다. 특히 자본주의 사회에서는 내가 말하는 것이 아니고 주머니가 말하는 세상이라고 해도 과히 틀린 말은 아니다. 돈 없는 남자는 지나가던 개도 돌아보지 않는다는 속담도 있지 않는가.

아니, 쓸데없는 방향으로 이야기가 흐를 뻔했다. 그건 그렇고 왜 여자사주─이하 여명(女命)이라고 함─는 재성을 시부모로 보는가? 가령 여자의 신주가 壬水라고 하자. 그러면 신주를 극하는 관성─아래에 곧 설명됨─이 부군성이므로 土이다. 그 土를 낳아준(火生土) 오행은 火이다. 이 火는 부군성을 낳아준 오행으로서 그의 어버이이다. 이때 신주인 나의 壬水 입장에서 보면 그 火는 내가 극하는 재성으로서 부군성의 어버이이자 나에게는 시부모에 해당된다.

그래서 여명에는 재성이 시부모에 속한 것이다. 만일 여명에 부군성(夫君星)이 많으면서 재성 또한 많으면 특별한 경우(종재격(從財格)✤이나 종살격(從殺格)✤)를 제외하고는 여러 번 개가(改嫁 또는 재혼)하는 수가 있다.

셋째 관성에 대하여 알아보자. 이것은 나를 극하는 오행이다. 나인 신주를 극하는 오행이 관성이란 말이다. 그러니까 극신(克身: 신주를 극함)하는 오행을 말한다. 예를 들어 신주가 金이라면 이것을 극하는 오행은 火(火克金)이다. 이 火가 극신(克身)하는 오행인데 이것이 관성이다. 관성에도 정관과 편관 이렇게 두 가지가 있다. 극신하되 신주와 음양이 똑같으면 편관이고, 음양이 다르면 정관이다.

예를 들어 신주가 木이라고 할 때 극신하는 오행은 金克木이니 金이다. 이 金이 관성인데, 신주가 甲木이라면 양이니 극신하는 金 가운데 양에 속한 것은 庚金이므로 이것이 편관이고, 음에 속한 辛金이 정관이다. 가령 신주가 乙木이라면 음이니 庚金은 양으로서 정관이고, 辛金은 신주와 같은 음이므로 편관이 된다.

이렇게 정관과 편관을 통틀어 관성이라고 하는데, 이 관성이 남명에게는 자녀성(子女星)이 된다. 왜냐하면 자녀들을 낳아놓으면 신주인 나는 늙어가고 쇠퇴해진 반면 자녀들은 앞으로 성해가기 때문이다.

앞에서 예를 든 木의 경우 金克木은 金이라는 자녀가 木이라는 나(신주)를 극하므로 나인 木은 노쇠해져 가고 金은 성장해 간다. 이런 이치로 관성이 남명에 자녀가 된 것이다. 그리고 남명

에는 관록(官祿)이 된다. 관청(官廳)은 신주인 나를 법으로 다
스려서 법도에 맞게 살아가도록 하기 때문이다. 그래서 관성은
관록으로서 명예성(名譽星)이 된다. 관록을 높게 가지면 자연이
명예가 나기 때문이다. 보통 사주에는 직장이 되기도 한다.

　그럼 여명에 관성은 무슨 뜻이 숨겨 있는가? 여자는 나를 억제
(克)하고 다스리며 이끌어 가는 존재가 남편이므로 관성은 부군
성(夫君星)이 된다. 이때 정관은 음양이 다르므로 정식 남편에
속한다. 신주가 양일 때 정관은 음이고, 신주가 음일 때 정관은
양인데 남녀는 음양이 다르므로 정식 남편이 된 것이다.

　그럼 편관은 누구냐? 편법에 의한 부군으로 재혼한 남편이나
억센 남편 또는 법을 집행하는 직업에 종사하는 남편에 속한다.
만약 짜임새가 나쁜 여명에 정관과 편관이 혼잡-관살혼잡(官殺
混雜)✝이라고 함-되어 있다면 그 여주인공은 일생 동안 여러
번 재혼을 거듭하게 되고, 그 때문에 평생 가정이 안정되지 않
아 방황하게 된다. 이런 집시의 여명은 험난한 인생살이가 이어
진다.

　넷째, 비겁에 대해서 알아보기로 하자. 비겁(比劫)이란 비교할
비(比)자에 겁탈한다는 겁(劫)자이다. 비겁은 비견(比肩)과 겁
재(劫財) 이렇게 두 가지로 나뉜다. 이 둘을 한데 묶어 비겁이
라고 하는데, 신주가 火일 때 사주 내에 있는 같은 오행들인 火

들이 비겁이 된다. 사주 내에 있는 火들은 신주인 나와 같은 오행으로서 동류(同類)이니 남녀를 불문하고 형제자매나 친구들이다. 비견이란 어깨를 나란히 견준-어깨 견(肩)자에 비교할 비(比)자-다는 뜻으로 집에서 나와 어깨를 나란히 하는 사람은 형제자매들이다. 그리고 사회에서는 친구들이다.

그럼 어떤 것이 비견이 되고, 어떤 것이 겁재가 되는가? 신주의 오행이 양일 때 사주 내에 있는 동류의 오행이 같은 음양일 경우는 비견이 되고, 음양이 다를 경우는 겁재가 된다. 가령 신주가 甲木이라면 양이니 사주 내에 다른 곳에 甲木이 있으면 같은 양으로서 비견이 되고, 乙木이 있으면 음이니 음양이 달라 겁재가 된다.

그러니까 남명에 비견은 음양이 같은 동류이니 형제가 되고, 겁재는 음양이 다르니 누이나 여동생이 되며, 여명에 비견은 자매요 겁재는 오빠나 남동생이 된다. 만약 사주에 비겁이 많이 있으면서 정인과 편인이 보이면 이복 형제자매가 있다. 이로 미루어 생모 외에 또 다른 편모-이것을 모외유모(母外有母)*사주라고 함-가 있다는 것을 알 수 있는 것이다. 실제로 그런 사주들을 꽤 많이 보게 된다.

겁재를 이복 형제자매로도 보는 경우가 있다. 어떤 경우에 그렇게 보는가는 각 사주를 해독(解讀: 풀어 읽음)할 때 설명하고 있으니 그곳에서 그 까닭을 알기로 하고, 여기서는 긴 설명을 피한다. 그리고 왜 겁재라는 이름이 붙었는가에 대해서 말해보겠다. 우리는 재성을 설명할 때 신주에게 극을 당하는 오행이 재성에 속한다는 것을 알았었다. 그 재성은 신주만 극하는 것이 아니다. 신주와 음양만 다를 뿐 겁재도 나와 더불어 재성을 극한다. 재성은 재물이라고 했으니 그 재물을 겁재가 나와 함께 극하는 것이다. 그러니까 일정한 재물을 놓고 겁재가 내 재물 (財)을 겁탈(劫奪)하는 것이다. 그래서 겁재라고 이름 붙인 것이다.

이제 마지막으로 식상(食傷)에 대해서 알아보자. 이것은 신주가 생조해 주는 오행으로서 식신(食神)과 상관(傷官) 이렇게 두 가지를 통틀어 말한다. 가령 신주가 木이라면 木生火로 생조하는 오행은 火이다. 이 火가 식상이 된다. 이때 신주와 음양이 같으면 식신이고, 음양이 다르면 상관이다. 예를 들면 甲木이 신주일 때 丙火가 식신이고, 丁火는 상관이다. 甲木은 음양 가운데 양인데 丙火도 양이니 음양이 같기 때문에 식신이 되고, 丁火는 음이니 신주와 음양이 다르므로 상관이 된다.

식상은 여명일 경우 자녀성이다. 왜냐하면 내(신주)가 생산해 놓은 오행이기 때문이다. 가령 여명에 신주의 오행이 水라고 하자. 그러면 그 水가 水生木으로 생산 내지 생조해 놓은 오행은 木이다. 水의 입장에서 보면 내가 생산해놓은 것이 木이니 이것이 자녀성이 된다. 이때 식신은 신주와 음양이 같기 때문에 자녀 중 딸이 되고, 상관은 음양이 다르기 때문에 아들이 된다. 이 것은 일반론이고, 사주에 따라서 약간 변모되는데, 그것은 사주의 상황을 따라서 다르게 된다. 이것도 각각의 사주를 해독할 때마다 그곳에서 설명하고 있으니 여기서는 이 정도로 하겠다.

그럼 남명에게는 어떤 육친에 속하는가? 남명에게 자녀성은 관성이라고 했으니 식상은 자녀성이 아니고 장모님 또는 손자손녀에 해당된다. 왜냐하면 가령 남명으로서 신주가 木일 때 처성은 신주에게 극을 당하는 土로서 재성인데, 그 재성인 土를 낳아주며 생조하는 오행은 火(火生土)로서 이 火는 처(土)의 어머니이다. 처의 어머니인 火를 신주인 木의 입장에서 보면 장모님으로서 木生火니 이 火는 식상이 된다. 그리고 그 火는 나(木)의 자녀성인 관성(金)을 극하는 관성으로서 그의 아들이 되어 나에게는 손자손녀가 되기 때문이다. 그러므로 남명인 나의 사주에 식상이 가득 찼다면 손자손녀가 크게 잘 된다는 뜻을 나타내고 있는 것이다.

그리고 식상은 내가 생하여 놓은 오행이므로 나의 기운이 설기(洩氣) 내지 발산(發散)된 것이다. 여기서 설기란 빠질 설(洩) 자에 기운 기(氣) 자로서 나의 기운이 빠져나간다는 뜻이고, 발산이란 나의 기운이 발산되는 것이다. 그래서 설신(洩身) 시키는 오행인 식상은 내가 남을 가르치는 교육적 의미도 있고 구변(口辯) 또는 기술(技術)에도 해당된다. 그래서 일명 교육자, 달변, 기술 등의 직업을 가지는 수가 많다. 탤런트나 체육, 음악,

미술 등 예체능 방면에도 속하고 저작자에도 해당된다.

 이제까지 신주와 인성과 재성과 관성 그리고 비겁과 식상 이렇게 육신(六神)에 대해서 알아보았다. 이것을 육친(六親)이라고도 말하는데, 그것은 앞에서 본 바와 같이 나 자신과 부모와 형제자매 그리고 처와 부군, 자녀 이렇게 여섯 가지와 관계를 볼 수 있는 것이다. 이것을 도표로 만들어 보면 다음과 같은데 굳이 이것을 외울 필요는 없다. 다만 위에서 설명한 것과 대조하여 사실 여부만 판단해 두면 그것으로 족하다.

< 도표 3 >

육신 신주	비견	겁재	식신	상관	편재	정재	편관	정관	편인	정인
甲(+)	甲(+)	乙(-)	丙(+)	丁(-)	戊(+)	己(-)	庚(+)	辛(-)	壬(+)	癸(-)
乙(-)	乙(-)	甲(+)	丁(-)	丙(+)	己(-)	戊(+)	辛(-)	庚(+)	癸(-)	壬(+)
丙(+)	丙(+)	丁(-)	戊(+)	己(-)	庚(+)	辛(-)	壬(+)	癸(-)	甲(=)	乙(-)
丁(-)	丁(-)	丙(+)	己(-)	戊(+)	辛(-)	庚(+)	癸(-)	壬(+)	乙(-)	甲(+)
戊(+)	戊(+)	己(-)	庚(+)	辛(-)	壬(+)	癸(-)	甲(+)	乙(-)	丙(+)	丁(-)
己(-)	己(-)	戊(+)	辛(-)	庚(+)	癸(-)	壬(+)	乙(-)	甲(+)	丁(-)	丙(+)
庚(+)	庚(+)	辛(-)	壬(+)	癸(-)	甲(+)	乙(-)	丙(+)	丁(-)	戊(+)	己(-)
辛(-)	辛(-)	庚(+)	癸(-)	壬(+)	乙(-)	甲(+)	丁(-)	丙(+)	己(-)	戊(+)
壬(+)	壬(+)	癸(-)	甲(+)	乙(-)	丙(+)	丁(-)	戊(+)	己(-)	庚(+)	辛(-)
癸(-)	癸(-)	壬(+)	乙(-)	甲(+)	丁(-)	丙(+)	己(-)	戊(+)	辛(-)	庚(+)

아래는 천간끼리 합하고 충돌하는 것으로써 이상에서 보아온 도표 1과 2와 더불어 중요하다.

甲己合土. 乙庚合金. 丙申合水. 丁壬合木. 戊癸合火.

이를테면 甲과 己가 합해서 土로 변하는 것이다. 왜 그렇게 합하게 되는가? 앞에서 설명한 바 있듯이 가령 신주가 甲木일 경우 己土는 내가 극하는 오행으로서 육신(六神)상 정재이다. 그 정재는 신주의 여자, 즉 처성(妻星)이 된다. 그러니까 내가 여자, 즉 처와 합하여 결혼하는 이치를 따라 甲이 己를 보면 합하는 것이다.

이것은 거꾸로도 합한다. 다시 말해 己土가 신주일 경우 甲木을 볼 때도 합하는 것이다. 만일 여명의 신주가 己土인데 사주 내에 관성인 甲木(남자 또는 부군성)이 여러 개 나타났다면 그 여주인공은 염문을 뿌린 수가 많다. 지장 간에 있는 甲木도 그렇다고 봐야한다.

남자도 마찬가지일 경우가 많다. 그러므로 궁합을 볼 때 그런 사주라면 처음부터 문제를 안고 있다고 보아야 한다. 왜냐하면 일생 동안 본처와는 상관없이 여러 여성과 놀아나게 되니까 말이다. 그러므로 이 다섯 개의 합의 원리는 궁합 볼 때 매우 중요하기 때문에 암기해 두는 것도 나쁘지 않다. 다른 것도 그처럼 이해하면 되는데 한 번 더 예를 들어 설명해 보자.

乙庚의 경우 乙의 입장에서 보면 庚金은 정관으로서 남자, 즉 부군성이고, 庚金의 입장에서 보면 乙木은 정재로서 여자, 즉 처성이다. 그러기 때문에 둘이 만나면 합한다고 본 것이다. 일종의 연애라고나 할까. 아무튼 마음에 맞는 남녀끼리 만나면 연애를 하듯이 천간도 만나서 기쁜 천간끼리는 합하는 것이다.

아래는 충돌하는 천간들이다.
甲庚冲, 乙辛冲. 丙壬冲. 丁癸冲.

甲木과 庚金은 金克木으로 金이 木을 충극한다. 이 경우 양간끼리 충하고 음간끼리 충한다는 사실만 알아두면 된다. 사주풀이에서 간혹 이 원리를 이용해 설명하는 경우가 있기 때문에 소개한 것이다. 이외에 학도들이 익혀야 할 기본으로 다음 도표들이 있다.

< 종합도표 ① >

신주	甲	乙	丙	丁	戊	己	庚	辛	壬	癸
건록	寅	卯	巳	午	巳	午	申	酉	亥	子
천을	丑未	子申	酉亥	酉亥	丑未	子申	丑未	寅午	巳卯	巳卯
양인	卯		午		午		酉		子	
백호	甲辰	乙未	丙戌	丁丑	戊辰				壬戌	癸丑
고란	甲寅	乙巳		丁巳	戊申			辛亥		
괴강							庚辰庚戌		壬辰壬戌	
양차			丙子丙午		戊寅戊申				壬辰壬戌	
음착				丁丑丁未				辛卯辛酉		癸巳癸亥
교록	甲庚申寅	乙辛酉卯	丙癸子巳	丁壬亥午	戊癸子巳	己壬亥午	庚甲寅申	辛乙卯酉	壬丁午亥	癸戊巳子
효신	甲子	乙亥	丙寅	丁卯	戊午	己巳	庚辰庚戌	辛丑辛未	壬申	癸酉

입묘	辛丑		壬辰		乙未		丙戌		戊辰, 戊戌	

건록(建祿)은 원래 양간에 한해서만 구성된 것으로 보았다. 그런데 어떤 명서(命書)에는 음간도 해당된 것으로 본 경우들이 있다. 일록귀시(日祿歸時)✝ 편을 참조한다.

천을은 천을귀인(天乙貴人)의 줄인 말인데 가령 신주가 甲木일 때 사주에 丑자나 未자가 있으면 귀인이 도움을 받는다는 것이다. 공귀격(拱貴格)✝ 편을 참조한다.

양인(羊刃)살은 매우 강한 것을 의미한다. 양인가살(羊刃架殺)

✛ 편과 살인상정(殺刃相停)✛ 편을 참조한다.

백호대살(白虎大殺)은 피를 본다는 흉살이다. 그러나 남명이 호명인 경우는 오히려 사람을 제압하는 위엄이 있다. 고란살(孤鸞殺)은 외로운 새로 여조에게만 쓰는 살이다. 이 두 살은 무조건 외워야 한다.

괴강살은 괴강격(魁罡格)✛ 편을 참조한다.

양차살(陽差殺)과 음착살(陰錯殺)도 그 편에 설명되어 있다.

교록은 호환교록 편에 자세히 상술되어 있다.

효신살(梟神殺)은 거의가 정인이나 편인인데 신약에는 필요하고 신강에는 오히려 흉살이 된다.

입묘살은 부성입묘(夫星入墓)✛ 편에 상술되어 있다.

< 종합도표 ② >

	원진살	귀문관	수옥살	급각살	과숙살	고신살	도화살
寅	酉	未	子	亥子	丑	巳	卯
卯	申	申	酉	亥子	丑	巳	子
辰	亥	亥	午	亥子	丑	巳	酉
巳	戌	戌	卯	卯未	辰	申	午
午	丑	丑	子	卯未	辰	申	卯
未	子	寅	酉	卯未	辰	申	子
申	卯	卯	午	寅戌	未	亥	酉
酉	寅	子	卯	寅戌	未	亥	午
戌	巳	巳	子	寅戌	未	亥	卯
亥	辰	辰	酉	丑辰	戌	寅	子
子	未	酉	午	丑辰	戌	寅	酉
丑	午	午	卯	丑辰	戌	寅	午

원진살은 자신들도 모르는 사이에 눈 흘기며 미워한다는 살이다. 그 살이 가정궁인 일시(日時)에 있으면 부부간에 그런 현상이 벌어진다는 것이다. 또 어느 육친과 그렇게 구성되어 있는가에 따라 그 육친과 서두에서 말한 대로 되어진다는 것이다. 생월을 기준으로 산출하는데 가령 寅月생으로 사주에 酉자가 있으면 그게 원진살이다. 그렇지만 꼭 생월만 기준이 되는 것이 아니고 사주 내에 서로 가까이 寅酉가 있으면 원진살이 구성된 것으로 본다.

귀문관살(鬼門關殺)⁺은 양면성을 띠고 있다. 호명에는 선견지명(先見之明)으로 작용하고 불미한 명조에는 정신이상살(精神異狀殺)로 본다. 그 구성방법은 원진살과 같은 방식으로 본다. 귀문관살(鬼門關殺)⁺ 편에 상술되어 있다.

수옥살(囚獄殺)도 양면성을 지녔다. 호명에는 사람들을 제압하는 힘을 발휘하지만 불미한 명조는 감옥에 갇힐 수 있는 살이다. 운에서도 호운과 불운에 따라 모든 살처럼 마찬가지 원리가 적용된다.

급각살(急脚殺)⁺은 수족이 불구가 될 수 있다는 것인데 寅卯辰의 木方월 생으로 사주에 亥子가 있으면 그럴 수 있다는 것이다. 급각살(急脚殺)⁺ 편을 참조한다.

과숙살은 일명 과부살이고, 고신살은 일명 홀아비살이다. 그 구성은 寅卯辰의 木方을 기준으로 볼 때 木方 바로 뒤에 있는 丑자는 과숙살이고, 木方 바로 앞에 있는 巳자(巳字)는 고신살이다. 巳午未의 火方은 뒤에 있는 辰자가 과숙살이고, 앞에 있는 申자(申字)가 고신살이다. 방(方)을 기준 삼아 다른 것들도 마찬가지인데 생년이나 일지를 기준으로 산출한다.

도화살은 일명 바람 끼라고도 하는데 어떤 사주든 子午卯酉가 있으면 그것들을 도화살이라고 여겨도 과언이 아니다. 곤랑도화(滾浪桃花)✝ 편을 참조한다. 이 살은 12신살을 검토해 보면 子午卯酉가 도화살이라는 것이 밝혀진다.

< 12신살표 >

	겁	재	천	지	연	월	망	장	반	역	육	화
木局	申	酉	戌	亥	子	丑	寅	卯	辰	巳	午	未
火局	亥	子	丑	寅	卯	辰	巳	午	未	申	酉	戌
金局	寅	卯	辰	巳	午	未	申	酉	戌	亥	子	丑
水局	巳	午	未	申	酉	戌	亥	子	丑	寅	卯	辰

이 살은 국(局)을 기준으로 삼아 산출한다. 가령 木局(木局), 즉 亥卯未년에 태어난 사람은 지지의 순서로 未자 다음에 있는 申자부터 겁살(劫煞)이 시작되고, 다음 酉자가 재살(災殺)이 되

며 그 다음 戊자가 천살(天殺)이고, 연속 그런 식으로 지살(地殺) 연살(年殺) 월살(月殺) 망신(亡身) 장성(將星) 반안(攀鞍) 역마(驛馬) 육해(六害) 화개(華蓋)✝ 순으로 나간다. 그러니까 申부터 겁살을 헤아릴 띠들은 亥년생 卯년생 未년생이 동일하다.

여기서 겁살과 재살 그리고 천살 월살 육해는 중요하지 않다. 다만 연살만이 도화살로 바꾸어 보면 子午卯酉가 모두 도화이고, 지살은 역마살과 동의어인데 둘 다 寅申巳亥이며, 이것은 망신살이기도 하다. 그리고 화개살은 종교성이자 학문성인데 辰戌丑未는 모두 화개(華蓋)✝이다. 사주에 辰戌丑未가 있는 경우 불교든 기독교든 종교를 가진 경우들이 많았다.

끝으로 한가지 학도들에게 당부하고 싶은 것이 있다. 우리는 水生木, 木生火, 火生土, 土生金, 金生水 다시 水生木 이렇게 어떤 오행이 다른 오행을 상생 한다고 만 생각하고 있다. 그러나 가령 신주가 水인데 사주에 木이 많으면 이때는 水生木으로 木을 생조한다는 고정관념을 가져서는 안 된다. 그 경우는 수설목(水洩木)으로 水의 기운이 설기(洩氣) 내지는 설신(洩身)된다고 보아야 한다. 같은 이치로 木이 신주일 때 火가 많으면 이것도 木生火가 되지 않고 木洩火로 설신되는 것이다.

그리고 반대로 水가 많은데 木이 있으면 水生木도 되지만 이때는 수흡목(水吸木)으로 보아야 한다. 말하자면 木이 水를 흡수했다는 말이다. 이 경우 火가 있으면 木은 水를 흡수해 火로 소통(疏通)시킨 것이다. 왜 이런 말을 하는가. 사주에 있는 오행들은 서로 밀고 당기며 합하는데 생조로만 보게 되면 어느 세력이 강하고 약한가를 쉽게 터득하지 못하기 때문이다. 그러면 신주의 강약을 판별하기가 어려워 사주 읽기가 까다로워진다.

그러므로 고정관념을 버리고 사주 상황을 점검하기 위해서 생신(生身) 또는 설신(洩身) 그리고 극신(克身) 등의 용어를 잘 파악하여 응용하기 바란다.

음파메세지(氣) 성명학

신비한 동양철학 51

새로운 시대에 맞는 새로운 성명학

지금까지의 모든 성명학은 모순의 극치를 이루고 있다.
이제 새로운 시대에 맞는 음파메세지(氣) 성명학이 탄
생했으니 차근차근 읽어보고 복을 계속 부르는 이름을
지어 사랑하는 자녀가 행복하고 아름다운 삶을 살아갈
수 있도록 하는데 도움이 되었으면 한다.

· 청암 박재현 저

정법사주

신비한 동양철학 49

독학과 강의용 겸용의 책

이 책은 사주추명학을 연구하고자 하는 분들에게 심오
한 주역의 이해를 돕고자 하는 의도에서 시작되었다.
음양오행의 상생상극에서부터 육친법과 신살법을 기초
로 하여 격국과 용신 그리고 유년판단법을 활용하여
운명판단에 첩경이 될 수 있도록 했고, 추리응용과 운
명감정의 실례를 하나 하나 들어가면서 독학과 강의용
겸용으로 엮었다.

· 원각 김구현 저

동양철학전문출판 삼한

찾기 쉬운 명당

신비한 동양철학 44

풍수지리의 모든 것!

이 책은 가능하면 쉽게 풀려고 노력했고, 실전에 도움이 되도록 했다. 특히 풍수지리에서 방향측정에 필수인 패철(佩鐵)사용과 나경(羅經) 9층을 각 층별로 간추려 설명했다. 그리고 이 책에 수록된 도설, 즉 오성도, 명산도, 명당 형세도 내거수 명당도, 지각(枝脚)형세도, 용의 과협출맥도, 사대혈형(穴形) 와겸유돌(窩鉗乳突) 형세도 등은 국립중앙도서관에 소장된 문헌자료인 만산도단, 만산영도, 이석당 은민산도의 원본을 참조했다.

· 호산 윤재우 저

명리입문

신비한 동양철학 41

명리학의 필독서!

이 책은 자연의 기후변화에 의한 운명법 외에 명리학도들이 궁금해 했던 인생의 제반사들에 대해서도 상세하게 기술했다. 따라서 초보자부터 심도있게 공부한 사람들까지 세심히 읽고 숙독해야 하는 책이다. 특히 격국이나 용신뿐 아니라 십신에 대한 자세한 설명, 조후용신에 대한 보충설명, 인간의 제반사에 대해서는 독보적인 해설이 들어 있다. 초보자들에게는 더할 수 없이 훌륭한 길잡이가 될 것이다.

· 동하 정지호 편역

사주대성

신비한 동양철학 33

초보에서 완성까지

이 책은 과거 현재 미래를 모두 알 수 있는 비결을 실었다. 그러나 모두 터득한다는 것은 어려울 것이다.역학은 수천 년간 동방의 석학들에 의해 갈고 닦은 철학이요 학문이며, 정신문화로서 영과학적인 상수문화로서 자랑할만한 위대한 학문이다.

· 도관 박흥식 저

해몽정본

신비한 동양철학 36

꿈의 모든 것 !

막상 꿈해몽을 하려고 하면 내가 꾼 꿈을 어디다 대입시켜야 할지 모를 경우가 많았을 것이다. 그러나 이 책은 찾기 쉽고, 명료하며, 최대한으로 많은 갖가지 예를 들었으니 꿈해몽을 하는데 어려움이 없을 것이다.

· 청암 박재현 저

동양철학전문출판 삼한

기문둔갑옥경

신비한 동양철학 32

가장 권위있고 우수한 학문 !

우리나라의 기문역사는 장구하지만 상세한 문헌은 전무한 상태라 이 책을 발간하기로 했다. 기문둔갑은 천문지리는 물론 인사명리 등 제반사에 관한 길흉을 판단함에 있어서 가장 우수한 학문이며 병법과 법술방면으로도 특징과 장점이 있다. 초학자는 포국편을 열심히 익혀 설국을 자유자재로 할 수 있도록 하고 개인의 이익보다는 보국안민에 일조하기 바란다.

· 도관 박흥식 저

정본·관상과 손금

신비한 동양철학 42

바로 알고 사람을 사귑시다

이 책은 관상과 손금은 인생을 행복으로 이끌기 위해 있다는 관점에서 다루었다. 그야말로 관상과 손금의 혁명이라고 할 수 있을 것이다. 여러분도 관상과 손금을 통한 예지력으로 인생의 참주인이 되기 바란다. 용기를 불어넣어 주고 행복을 찾게 하는 것이 참다운 관상과 손금술이다. 이 책으로 미래의 좋은 예지력을 한번쯤 발휘해 보기 바란다. 이 책이 일상사에 고민하는 분들에게 해결방법을 제시해 줄 것이다.

· 지창룡 감수

조화원약 평주

신비한 동양철학 35

명리학의 정통교본!

이 책은 자평진전, 난강망, 명리정종, 적천수 등과 함께 명리학의 교본에 해당하는 것으로 중국 청나라 때 나온 난강망이라는 책을 서낙오 선생께서 설명을 붙인 것이다. 기존의 많은 책들이 격국과 용신으로 감정하는 것과는 달리 십간십이지와 음양오행을 각각 자연의 이치와 춘하추동의 사계절의 흐름에 대입하여 인간의 길흉화복을 알 수 있게 했다.

· 동하 정지호 편역

龍의 穴·풍수지리 실기 100선

신비한 동양철학 30

실전에서 실감나게 적용하는 풍수지리의 길잡이!

이 책은 풍수지리 문헌인 조선조 고무엽(古務葉) 태구승(泰九升) 부집필(父輯筆)로 된 만두산법(巒頭山法), 채성우의 명산론(明山論), 금랑경(錦囊經) 등을 알기 쉬운 주제로 간추려 풍수지리의 길잡이가 되고자 했다. 그리고 인간의 뿌리와 한 사람의 고유한 이름의 중요성을 풍수지리와 연관하여 살펴보아야 하기 때문에 씨족의 시조와 본관, 작명론(作名論)을 같이 편집했다.

· 호산 윤재우 저

동양철학전문출판 삼한

천직·사주팔자로 찾은 나의 직업

신비한 동양철학 34

역경없이 탄탄하게 성공할 수 있는 방법 !

잘 되겠지 하는 막연한 생각으로 의욕만 갖고 도전하는 것과 나에게 맞는 직종은 무엇이고 때는 언제인가를 알고 도전하는 것은 근본적으로 다르고, 결과 또한 다르다. 더구나 요즈음은 I.M.F.시대라 하여 모든 사람들이 정신까지 위축되어 생기를 잃어가고 있다. 이런 때 의욕만으로 팔자에도 없는 사업을 시작했다고 하자, 결과는 불을 보듯 뻔하다. 그러므로 이런 때일수록 침착과 냉정을 찾아 내 그릇부터 알고, 생활에 대처하는 지혜로움을 발휘해야 한다.

· 백우 김봉준 저

통변술해법

신비한 동양철학 21

가닥가닥 풀어내는 역학의 비법 !

이 책은 역학에 대해 다 알면서도 밖으로 표출되지 않아 어려움을 겪는 사람들을 위한 실습서다. 특히 틀에 박힌 교과서적인 역술의 고정관념에서 벗어나, 한차원 높게 공부할 수 있도록 원리통달을 설명하는데 중점을 두었다. 실명감정과 이론강의라는 두 단락으로 나누어 역학의 진리를 설명했기 때문에 누구나 쉽게 이해할 수 있다. 역학계의 대가 김봉준 선생의 역서 「알기쉬운 해설·말하는 역학」의 후편이다.

· 백우 김봉준 저

주역육효 해설방법 上·下

신비한 동양철학 38

한 번만 읽으면 주역을 활용할 수 있는 책!

이 책은 주역을 해설한 것으로, 될 수 있는 한 여러 가지 사설을 덧붙이지 않고 주역을 공부하고 활용하는데 필요한 요건만을 기록했다. 따라서 주역의 근원이나 하. 도낙서, 음양오행에 대해서도 많은 설명을 자제했다. 다만 누구나 이 책을 한 번 읽어서 주역을 이해하고 활용할 수 있도록 하는데 중점을 두었다.

·원공선사 저

사주명리학의 핵심

신비한 동양철학 ⑲

맥을 잡아야 모든 것이 보인다!

이 책은 잡다한 설명을 배제하고 명리학자들에게 도움이 될 비법만을 모아 엮었기 때문에 초심자가 이해하기에는 다소 어려운 부분도 있겠지만 기초를 튼튼히 한 다음 정독한다면 충분히 이해할 것이다. 신살만 늘어놓으며 감정하는 사이비가 되지말기를 바란다.

·도관 박흥식 저

동양철학전문출판 삼한

이렇게 하면 좋은 운이 온다

신비한 동양철학 ㉗

한 가정에 한 권씩 놓아두고 볼만한 책 !

좋은 운을 부르는 방법은 방위·색상·수리·년운·월
운·날짜·시간·궁합·이름·직업·물건·보석·맛·
과일·기운·마을·가축·성격 등을 정확하게 파악하
여 자신에게 길한 것은 취하고 흉한 것은 피하면 된다.
간혹 예외인 경우가 있지만 극소수에 불과하고 대부분
은 적중하기 때문에 좋은 효과를 본다. 이 책의 저자는
신학대학을 졸업하고 역학계에 입문했다는 특별한 이
력을 갖고 있기 때문에 더 많은 화제가 되고 있다.

·역산 김찬동 저

말하는 역학

신비한 동양철학 ⑪

신수를 묻는 사람 앞에서 말문이 술술 열린다!

이 책은 그토록 어렵다는 사주통변술을 이해하기 쉽고
흥미롭게 고담과 덕담을 곁들여 사실적인 인물을 궁금
해 하는 사람에게 생동감있게 통변하고 있다. 길흉작용
을 어떻게 표현하느냐에 따라 상담자의 정곡을 찔러
핵심을 끄집어내고 여기에 대한 정답을 내려주는 것이
통변술이다. 역학계의 대가 김봉준 선생의 역작이다.

·백우 김봉준 저

술술 읽다보면 통달하는 사주학

신비한 동양철학 ㉗

술술 읽다보면 나도 어느새 도사 !

당신은 당신 마음대로 모든 일이 이루어지던가. 지금까지 누구의 명령을 받지 않고 내 맘대로 살아왔다고, 운명 따위는 믿지도 않고 매달리지 않는다고, 이렇게 말하는 사람들이 많다. 그러나 그것은 우주법칙을 모르기 때문에 하는 소리다.

· 조철현 저

참역학은 이렇게 쉬운 것이다

신비한 동양철학 ㉔

음양오행의 이론으로 이루어진 참역학서 !

수학공식이 아무리 어렵다고 해도 1, 2, 3, 4, 5, 6, 7, 8, 9, 0의 10개의 숫자로 이루어졌듯이, 사주도 음양과 목, 화, 토, 금, 수의 오행으로 이루어졌을 뿐이다. 그러니 용신과 격국이라는 무거운 짐을 벗어버리고 음양오행의 법칙과 진리만 정확하게 파악하면 된다. 사주는 단지 음양오행의 변화일 뿐이고, 용신과 격국은 사주를 감정하는 한가지 방법에 지나지 않는다.

· 청암 박재현 저

나의 천운 운세찾기

신비한 동양철학 ⑫

놀랍다는 몽골정통 토정비결 !

이 책은 역학계의 대가 김봉준 선생이 놀랍다는 몽공토정비결을 연구·분석하여 우리의 인습 및 체질에 맞게 엮은 것이다. 운의 흐름을 알리고자 호운과 쇠운을 강조했으며, 현재의 나를 조명해보고 판단할 수 있도록 했다. 모쪼록 생활서나 안내서로 활용하기 바란다.

· 백우 김봉준 저

쉽게푼 역학

신비한 동양철학 ②

쉽게 배워서 적용할 수 있는 생활역학서 !

이 책에서는 좀더 많은 사람들이 역학의 근본인 우주의 오묘한 진리와 법칙을 깨달아 보다 나은 삶을 영위하는데 도움이 될 수 있도록 가장 쉬운 언어와 가장 쉬운 방법으로 풀이했다. 역학계의 대가 김봉준 선생의 역작이다.

· 백우 김봉준 저

역산성명학

신비한 동양철학 ㉕

이름은 제2의 자신이다 !

이름에는 각각 고유의 뜻과 기운이 있어서 그 기운이 성격을 만들고 그 성격이 운명을 만든다. 나쁜 이름은 부르면 부를수록 불행을 부르고 좋은 이름은 부르면 부를수록 행복을 부른다. 만일 이름이 거지 같다면 아무리 운세를 잘 만나도 밥을 좀더 많이 얻어 먹을 수 있을 뿐이다. 이 책의 저자는 신학대학을 졸업하고 역학계에 입문했다는 특별한 이력을 갖고 있기 때문에 더 많은 화제가 되고 있다.

· 역산 김찬동 저

작명해명

신비한 동양철학 ㉖

누구나 쉽게 배워서 활용할 수 있는 체계적인 작명법 !

일반적인 성명학으로는 알 수 없는 한자이름, 한글이름, 영문이름, 예명, 회사명, 상호, 상품명 등의 작명방법을 여러 사례를 들어 체계적으로 분석하여 누구나 쉽게 배워서 활용할 수 있도록 서술했다.

· 도관 박홍식 저

동양철학전문출판 삼한

관상오행

신비한 동양철학 ⑳

한국인의 특성에 맞는 관상법 !

좋은 관상인 것 같으나 실제로는 나쁘거나 좋은 관상이 아닌데도 잘 사는 사람이 왕왕있어 관상법 연구에 흥미를 잃는 경우가 있다. 이것은 중국의 관상법만을 익히고, 우리의 독특한 환경적인 특징을 소홀히 다루었기 때문이다. 이에 우리 한국인에게 알맞는 관상법을 연구하여 누구나 관상을 쉽게 알아보고 해석할 수 있도록 자세하게 풀어놓았다.

· 송파 정상기 저

물상활용비법

신비한 동양철학 31

물상을 활용하여 오행의 흐름을 파악한다 !

이 책은 물상을 통하여 오행의 흐름을 파악하고, 운명을 감정하는 방법을 연구한 책이다. 추명학의 해법을 연구하고 운명을 추리하여 오행에서 분류되는 물질의 운명 줄거리를 물상의 기물로 나들이 하는 활용법을 주제로 했다. 팔자풀이 및 운명해설에 관한 명리감정법의 체계를 세우는데 목적을 두고 초점을 맞추었다.

· 해주 이학성 저

운세십진법 · 本大路

신비한 동양철학 ❶

운명을 알고 대처하는 것은 현대인의 지혜다!

타고난 운명은 분명히 있다. 그러니 자신의 운명을 알고 대처한다면 비록 운명을 바꿀 수는 없지만 충분히 향상시킬 수 있다. 이것이 사주학을 알아야 하는 이유다. 이 책에서는 자신이 타고난 숙명과 앞으로 펼쳐질 운명행로를 찾을 수 있도록 운명의 기초를 초연하게 설명하고 있다.

· 백우 김봉준 저

국운 · 나라의 운세

신비한 동양철학 ㉒

역으로 풀어본 우리나라의 운명과 방향!

아무리 서구사상의 파고가 높다하기로 오천년을 한결같이 가꾸며 살아온 백두의 혼이 와르르 무너지는 지경에 왔어도 누구하나 입을 열어 말하는 사람이 없으니 답답하다. IMF라는 특수한 상황에서 불확실한 내일에 대한 해답을 이 책은 명쾌하게 제시하고 있다.

· 백우 김봉준

동양철학전문출판 삼한

명인재

신비한 동양철학 43

신기한 사주판단 비법 !

살(殺)의 활용방법을 완벽하게 제시하는 책!

이 책은 오행보다는 주로 살을 이용하는 비법이다. 시중에 나온 책들을 보면 살에 대해 설명은 많이 하면서도 실제 응용에서는 무시하고 있다. 이것은 살을 알면서도 응용할 줄 모르기 때문이다. 그러나 이 책에서는 살의 활용방법을 완전히 터득해, 어떤 살과 어떤 살이 합하면 어떻게 작용하는지를 자세하게 설명하고 있다.

• 원공선사 지음

사주학의 방정식

신비한 동양철학 18

가장 간편하고 실질적인 역서 !

이 책은 종전의 어려웠던 사주풀이의 응용과 한문을 쉬운 방법으로 터득할 수 있게 하는데 목적을 두었고, 역학의 내용이 어떤 것이며 무엇이 어디에 속하는지를 알고자 하는데 있다.

• 김용오 저

원토정비결

반쪽으로만 전해오는 토정비결의 완전한 해설판

지금 시중에 나와 있는 토정비결에 대한 책들을 보면 옛날부터 내려오는 완전한 비결이 아니라 반쪽의 책이다. 그러나 반쪽이라고 말하는 사람이 없다. 그것은 주역의 원리를 모르기 때문이다. 따라서 늦은 감이 없지 않으나 앞으로의 수많은 세월을 생각하면서 완전한 해설본을 내놓기로 한 것이다.

· 원공선사 저

내가 보고 내가 바꾸는 DIY사주

내가 보고 내가 바꾸는 사주비결！

이 책은 기존의 책들과는 달리 한 사람의 사주를 체계적으로 도표화시켜 한 눈에 파악할 수 있고, DIY라는 책 제목에서 말하듯이 개운하는 방법을 제시하고 있다. 초심자는 물론 전문가도 자신의 이론을 새롭게 재조명해 볼 수 있는 케이스 스터디 북이다.

· 석오 전 광 지음

남사고의 마지막 예언

신비한 동양철학 29

이 책으로 격암유록에 대한 논란이 끝나기 바란다

감히 이 책을 21세기의 성경이라고 말한다. 〈격암유록〉은 섭리가 우리민족에게 준 위대한 복음서이며, 선물이며, 꿈이며, 인류의 희망이다. 이 책에서는 〈격암유록〉이 전하고자 하는 바를 주제별로 정리하여 문답식으로 풀어갔다. 이 책으로 〈격암유록〉에 대한 논란은 끝나기 바란다.

• 석정 박순용 저

진짜부적 가짜부적

신비한 동양철학 7

부적의 실체와 정확한 제작방법

인쇄부적에서 가짜부적에 이르기까지 많게는 몇백만원에 팔리고 있다는 보도를 종종 듣는다. 그러나 부적은 정확한 제작방법에 따라 자신의 용도에 맞게 스스로 만들어 사용하면 훨씬 더 좋은 효과를 얻을 수 있다. 이 책은 중국에서 정통부적을 연구한 국내유일의 동양 오술학자가 밝힌 부적의 실체와 정확한 제작방법을 소개하고 있다.

• 오상익 저

한눈에 보는 손금

신비한 동양철학 52

논리정연하며 바로미터적인 지침서

이 책은 수상학의 연원을 초월해서 동서합일의 이론으로 집필했다. 그야말로 완벽하리만치 논리정연한 수상학을 정리한 것이다. 그래서 운명적, 철학적, 동양적, 심리학적인 면을 예증과 방편에 이르기까지 아주 상세하게 기술했다. 이 책은 수상학이라기 보다 한 인간의 바로미터적인 지침서 역할을 해줄 것이다. 독자 여러분의 꾸준한 연구와 더불어 인생성공의 지침서가 될 수 있을 것이다.

· 정도명 저

만세력 | 사륙배판 · 신국판
　　　　　 사륙판 · 포켓판

신비한 동양철학 45

찾기 쉬운 만세력

이 책은 완벽한 만세력으로 만세력 보는 방법을 자세하게 설명했다. 그리고 역학에 대한 기본적인 내용과 결혼하기 좋은 나이 · 좋은 날 · 좋은 시간, 아들 · 딸 태아감별법, 이사하기 좋은 날 · 좋은 방향 등을 부록으로 실었다.

· 백우 김봉준 저

동양철학전문출판 삼한

수명비결

신비한 동양철학 14

주민등록번호 13자로 숙명의 정체를 밝힌다

우리는 지금 무수히 많은 숫자의 거미줄에 매달려 허우적거리며 살아가고 있다. 1분 · 1초가 생사를 가름하고, 1등 · 2등이 인생을 좌우하며, 1급 · 2급이 신분을 구분하는 세상이다. 이 책은 수명리학으로 13자의 주민등록번호로 명예, 재산, 건강, 수명, 애정, 자녀운 등을 미리 읽어본다.

· 장충한 저

운명으로 본 나의 질병과 건강상태

신비한 동양철학 9

타고난 건강상태와 질병에 대한 대비책

이 책은 국내 유일의 동양오술학자가 사주학과 더불어 정통명리학의 양대산맥을 이루는 자미두수 이론으로 임상실험을 거쳐 작성한 표준자료다. 따라서 명리학을 응용한 최초의 완벽한 의학서로 질병을 예방하고 치료하는데 활용한다면 최고의 의사가 될 것이다. 또한 예방의학적인 차원에서 건강을 유지하는데 훌륭한 지침서로 현대의학의 새로운 장을 여는 계기가 될 것이다.

· 오상익 저

오행상극설과 진화론

신비한 동양철학 5

인간과 인생을 떠난 천리란 있을 수 없다

과학이 현대를 설정하여 설명하고 있으나 원리는 동양철학에도 있기에 그 양면을 밝히고자 노력했다. 우주에서 일어나는 모든 일을 과학으로 설명될 수는 없다. 비과학적이라고 하기보다는 과학이 따라오지 못한다고 설명하는 것이 더 솔직하고 옳은 표현일 것이다. 특히 과학분야에 종사하는 신의사가 저술했다는데 더 큰 화제가 되고 있다.

· 김태진 저

사주학의 활용법

신비한 동양철학 17

가장 실질적인 역학서

우리가 생소한 지방을 여행할 때 제대로 된 지도가 있다면 편리하고 큰 도움이 되듯이 역학이란 이와같은 인생의 길잡이다. 예측불허의 인생을 살아가는데 올바른 안내자나 그 무엇이 있다면 그 이상 마음 든든하고 큰 재산은 없을 것이다.

· 학선 류래웅 저

동양철학전문출판 삼한

쉽게 푼 주역

신비한 동양철학 10

귀신도 탄복한다는 주역을 쉽고 재미있게 풀어놓은 책

주역이라는 말 한마디면 귀신도 기겁을 하고 놀라 자빠진다는데, 운수와 일진이 문제가 될까. 8×8=64괘라는 주역을 한 괘에 23개씩의 회답으로 해설하여 1472괘의 신비한 해답을 수록했다. 당신이 당면한 문제라면 무엇이든 해결할 수 있는 열쇠가 이 한 권의 책 속에 있다.

· 정도명 저

핵심 관상과 손금

신비한 동양철학 54

사람을 볼 줄 아는 안목과 지혜를 알려주는 책

오늘과 내일을 예측할 수 없을만큼 복잡하게 펼쳐지는 현실에서 살아남기 위해서는 사람을 볼줄 아는 안목과 지혜가 필요하다. 시중에 관상학에 대한 책들이 많이 나와있지만 너무 형이상학적이라 전문가도 이해하기 어렵다. 이 책에서는 누구라도 쉽게 보고 이해할 수 있도록 핵심만을 파악해서 설명했다.

· 백우 김봉준 저

진짜궁합 가짜궁합

신비한 동양철학 8

남녀궁합의 새로운 충격

중국에서 연구한 국내유일의 동양오술학자가 우리나라 역술가들의 궁합법이 잘못되었다는 것을 학술적으로 분석·비평하고, 전적과 사례연구를 통하여 궁합의 실체와 타당성을 분석했다. 합리적인「자미두수궁합법」과 「남녀궁합」및 출생시간을 몰라 궁합을 못보는 사람들을 위하여「지문으로 보는 궁합법」등을 공개한다.

· 오상익 저

좋은꿈 나쁜꿈

신비한 동양철학 15

그날과 앞날의 모든 답이 여기 있다

개꿈이란 없다. 꿈은 반드시 미래를 예언한다. 이 책은 프로이드의 정신분석학적인 입장이 아닌 미래판단의 근거에 입각한 예언적인 해몽학이다. 여러 형태의 꿈을 체계적으로 정리했으니 올바른 해몽법으로 앞날을 지혜롭게 대처해 보자. 모쪼록 각 가정에서 한 권씩 두고 이용하면 생활하는데 많은 도움이 될 것이다.

· 학선 류래웅 저

완벽 만세력

신비한 동양철학 58

착각하기 쉬운 썸머타임 2도 인쇄

시중에 많은 종류의 만세력이 나와있지만 이 책은 단순한 만세력이 아니라 완벽한 만세경전으로 만세력 보는 법 등을 실었기 때문에 처음 대하는 사람이라도 쉽게 볼 수 있도록 편집되었다. 또한 부록편에는 사주명리학, 신살종합해설, 결혼과 이사택일 및 이사방향, 길흉보는 법, 우주천기와 한국의 역사 등을 수록했다.

· 백우 김봉준 저

周易·토정비결

신비한 동양철학 40

토정비결의 놀라운 비결

지금 시중에 나와 있는 토정비결에 대한 책들을 보면 옛날부터 내려오는 완전한 비결이 아니라 반쪽의 책이다. 그러나 반쪽이라고 말하는 사람이 없다. 그것은 주역의 원리를 모르기 때문이다. 따라서 늦은 감이 없지 않으나 앞으로의 수많은 세월을 생각하면서 완전한 해설본을 내놓기로 했다.

· 원공선사 저

현장 지리풍수

신비한 동양철학 48

현장감을 살린 지리풍수법

풍수를 업으로 삼는 사람들이 진(眞)과 가(假)를 분별할 줄 모르면서 24산의 포태사묘의 법을 익히고는 많은 법을 알았다고 자부하며 뽐내고 있다. 그리고는 재물에 눈이 어두워 불길한 산을 길하다 하고, 선하지 못한 물(水)을 선하다 하면서 죄를 범하고 있다. 이는 분수 밖의 것을 망녕되게 바라기 때문이다. 마음 가짐을 바로하고 고대 원전에 공력을 바치면서 산간을 실사하며 적공을 쏟으면 정교롭고 세밀한 경지를 얻을 수 있을 것이다.

· 전항수 · 주관장 편저

완벽 사주와 관상

신비한 동양철학 55

사주와 관상의 핵심을 한 권에

자연과 인간, 음양(陰陽)오행과 인간, 사계와 절후, 인상(人相)과 자연, 신(神)들의 이야기 등등 우리들의 삶과 관계되는 사실적 관계로만 역(易)을 설명해 누구나 쉽게 이해할 수 있도록 썼으며 특히 역(易)에 대한 관심과 흥미를 갖게 하고자 인상학(人相學)을 추록했다. 여기에 추록된 인상학(人相學)은 시중에서 흔하게 볼 수 있는 상법(相法)이 아니라 생활상법(生活相法) 즉 삶의 지식과 상식을 드리고자 했으니 생활에 유익함이 있기를 바란다.

· 김봉준 · 유오준 공저

해몽 · 해몽법

신비한 동양철학 50

해몽법을 알기 쉽게 설명한 책

인생은 꿈이 예지한 시간적 한계에서 점점 소멸되어 가는 현존물이기 때문에 반드시 꿈의 뜻을 따라야 한다. 이것은 꿈을 먹고 살아가는 인간 즉 태몽의 끝장면인 죽음을 향해 달려가고 있는 인간이기 때문이다. 꿈은 우리의 삶을 이끌어가는 이정표와도 같기에 똑바로 가도록 노력해야 한다.

· 김종일 저

역점

신비한 동양철학 57

우리나라 전통 행운찾기

주역을 무조건 미신으로 치부해버리는 생각은 버려야 한다. 주역이 점치는 책에만 불과했다면 벌써 그 존재가 없어졌을 것이다. 그러나 오랫동안 많은 학자가 연구를 계속해왔고, 그 속에서 자연과학과 형이상학적인 우주론과 인생론을 밝혀, 정치·경제·사회 등 여러 방면에서 인간의 생활에 응용해왔고, 삶의 지침서로써 그 역할을 했다. 이 책은 한 번만 읽으면 누구나 역점가가 될 수 있으니 생활에 도움이 되길 바란다.

· 문명상 편저

명리학연구

신비한 동양철학 59

체계적인 명확한 이론

이 책은 명리학 연구에 핵심적인 내용만을 모아 하나의 독립된 장을 만들었다. 명리학은 분야가 넓어 공부를 하다보면 주변에 머무르는 경우가 많아, 주요 내용을 잃고 헤매는 경우가 많다. 그러므로 뼈대를 잡는 것이 중요한데, 여기서는 「17장. 명리대요」에 핵심 내용만을 모아 학문의 체계를 잡는데 용이하게 하였다.

· 권중주 저

쉽게 푼 풍수

신비한 동양철학 60

현장에서 활용하는 풍수지리법

산도는 매우 광범위하고, 현장에서 알아보기 힘들다. 더구나 지금은 수목이 울창해 소조산 정상에 올라가도 나무에 가려 국세를 파악하는데 애를 먹는다. 그러므로 사진을 첨부하니 많은 도움이 되길 바란다. 물론 결록에 있고 산도가 눈에 익은 것은 혈 사진과 함께 소개하니 참고하기 바란다. 이 책을 열심히 정독하면서 답산하면 혈을 알아보고 용산도 할 수 있을 것이다.

· 전항수 · 주장관 편저

동양철학전문출판 삼한

올바른 작명법

신비한 동양철학 61

세상의 부모들에게 가장 소중한 것이 무엇이냐고 물으면 누구든 자녀라고 할 것이다. 그런데 왜 평생을 좌우할 이름을 함부로 짓는가. 이름이 얼마나 소중한지를. 이름의 오행작용이 사람의 일생을 어떻게 좌우하는지를 모르기 때문이다. 세상만물은 음양오행의 영향을 받지 않는 것이 없다. 봄이 가면 여름이 오고, 여름이 가면 가을이 오고, 가을이 가면 겨울이 오고, 겨울이 가면 봄이 오는 것 또한 음양오행의 원리다.

· 이정재 저

신수대전

신비한 동양철학 62

흉함을 피하고 길함을 부르는 방법

신수를 보는 방법은 여러 가지가 있는데 대부분이 주역과 사주추명학에 근거를 둔다. 수많은 학설 중에서 몇 가지를 보면 사주명리, 자미두수, 관상, 점성학, 구성학, 육효, 토정비결, 매화역수, 대정수, 초씨역림, 황극책수, 하락리수, 범위수, 월영도, 현무발서, 철판신수, 육임신과, 기문둔갑, 태을신수 등이다. 역학에 정통한 고사가 아니면 제대로 추단하기 어려운데 엉터리 술사들이 넘쳐난다. 그래서 누구나 자신의 신수를 볼 수 있도록 몇 가지를 정리했다.

· 도관 박흥식

음택양택

신비한 동양철학 63

현세의 운·내세의 운

이 책에서는 음양택명당의 조건이나 기타 여러 가지를 설명하여 산 자와 죽은 자의 행복한 집을 만들 수 있도록 했다. 특히 죽은 자의 집인 음택명당은 자리를 옳게 잡으면 꾸준히 생기를 발하여 흥하나, 그렇지 않으면 큰 피해를 당하니 돈보다도 행·불행의 근원인 음양택명당에 관심을 기울여야 한다.

· 전항수·주장관 지음

이런 집에 살아야 잘 풀린다

신비한 동양철학 64

운이 트이는 좋은 집 알아보는 비결

힘든 상황에서 내 가족이 지혜롭게 대처하고 건강을 지켜주는, 한마디로 운이 트이는 집은 모두의 꿈일 것이다. 가족이 평온하게 생활할 수 있는 집, 나가서는 발전을 가져다 줄 수 있는 그런 집이 있다면 얼마나 좋을까? 그런 소망에 한 걸음이라도 가까워지려면 막연하게 운만 기대해서는 안 된다. '호랑이를 잡으려면 호랑이 굴로 들어가라'는 속담이 있듯이 좋은 집을 가지려면 그만한 노력이 있어야 한다.

· 강현술·박흥식 감수

동양철학전문출판 삼한

사주에 모든 길이 있다

신비한 동양철학 65

사주를 간명하는데 조금이라도 도움이 되었으면 하는 바람에서 이 책을 쓰게 되었다. 간명의 근간인 오행의 왕쇠강약을 세분해서 설명했다. 그리고 대운과 세운, 세운과 월운의 연관성과, 십신과 여러 살이 운명에 미치는 암시와, 십이운성으로 세운을 판단하는 법을 설명했다.

· 정담 선사 편저

사주학

신비한 동양철학 66

5대 원서의 핵심과 실용

이 책은 사주학을 체계적으로 공부하려는 학도들을 위해 꼭 알아야 할 내용과 용어를 수록하는데 중점을 두었다. 이 학문을 공부하려고 찾아온 사람들에게 여러 가지 질문을 던져보면 거의 기초지식이 시원치 않다. 그런 상태로 사주를 읽으려니 제대로 될 리가 없다. 이 책으로 용어와 제반지식을 터득하면 빠른 시일에 소기의 목적을 이룰 수 있을 것이다.

· 글갈 정대엽 저